U0745202

中国比较教育研究50年

总主编 顾明远　执行主编 曲恒昌

问责与改进

高等教育评估与质量保障

本卷主编　林杰

山东教育出版社

图书在版编目(CIP)数据

问责与改进/林杰主编. —济南:山东教育出版社,
2015
(中国比较教育研究50年/顾明远,曲恒昌主编)
ISBN 978－7－5328－9158－0

Ⅰ.①问… Ⅱ.①林… Ⅲ.①比较教育学
Ⅳ.①G40-059.3

中国版本图书馆CIP数据核字(2015)第244016号

问责与改进

高等教育评估与质量保障

本卷主编　林杰

主　　管:山东出版传媒股份有限公司
出版者:山东教育出版社
(济南市纬一路321号　邮编:250001)
电　　话:(0531)82092664　传真:(0531)82092625
网　　址:www.sjs.com.cn
发行者:山东教育出版社
印　　刷:济南继东彩艺印刷有限公司
版　　次:2015年11月第1版第1次印刷
规　　格:710mm×1000mm　16开本
印　　张:38.75印张
字　　数:582千字
书　　号:ISBN 978－7－5328－9158－0
定　　价:69.00元

(如印装质量有问题,请与印刷厂联系调换)
印厂电话:0531－87160055

"中国比较教育研究 50 年"丛书编委会

总序

我国比较教育研究始于 20 世纪 20 年代,最早的研究著作是 1929 年商务印书馆出版的庄泽宣所著《各国教育比较论》。当时,各师范院校开设了比较教育课程,但新中国成立以后就中断了,外国教育研究只以苏联教育为对象,作为我国教育改革的样板。直到 1964 年,国务院外事办公室批准在高等学校设立外国研究机构,才开始研究其他国家的教育,但仍然没有把比较教育作为一门学科来研究,只是介绍一些外国教育的制度和动向。直到改革开放以后,1980年,教育部邀请美国哥伦比亚大学比较教育学者胡昌度来北京师范大学讲学,比较教育才在我国师范院校开始恢复。

1964 年高等学校建立外国研究机构时,北京师范大学外国教育研究室就在原来的基础上扩建,并接受当时中宣部的委托编辑出版《外国教育动态》杂志,供地市级领导干部参阅。该刊经认真筹备于 1965 年正式出版。可惜好景不长,1966 年"文化大革命"开始,杂志被迫停刊,研究人员下放劳动。1972 年在周恩来总理对我国外事工作的关怀下,研究室开始恢复工作,《外国教育动态》以内部资料的形式又编辑了 22 期。改革开放以后,我国在拨乱反正、恢复教育秩序的时候,迫切希望了解世界教育发展的动向和经验,经国务院方毅副总理批准,《外国教育动态》得以复刊并在国内外公开发行,1992 年该刊更名为《比较教育研究》。从 1965 年创刊至今,曲折坎坷地走过了 50 年。

应该说,《比较教育研究》及其前身《外国教育动态》在我国比较教育学科的建设以及国家教育改革中作出了不可磨灭的贡献。

改革开放 30 多年来，我国比较教育研究走过了几个阶段：

第一个阶段，1978 年至 1985 年，是描述、介绍外国教育研的阶段。这一时期主要是介绍美、英、法、西德、日、苏 6 个发达国家的教育制度和教育思想。介绍了在国际教育上有较大影响的四大流派，即：以皮亚杰、布鲁纳为代表的结构主义教育思想、布鲁姆的教育目标分类思想、赞可夫的发展教育思想和苏霍姆林斯基的和谐教育思想。1982 年由王承绪、朱勃、顾明远主编的新中国第一本比较教育教材问世。

第二个阶段，1986 年至 1995 年，是国别研究和专题研究阶段。进入 20 世纪 80 年代中期以后，比较教育界认识到，要借鉴外国教育的经验，必须对各个国家的教育发展进行深入系统的研究，才能把握各国教育的本质特点和发展脉络，于是开始了国别研究，对 6 个发达国家的教育作了较为系统的研究。除国别研究外，许多学者开始进行专题研究和专题比较，如各级各类教育比较、课程比较和各种教育思想流派的评介。

第三个阶段，1996 年至本世纪初，是深入和扩展研究的时期。从上个世纪 90 年代中期开始，我国比较教育研究扩展到许多发展中国家，特别是我国周边国家的教育，研究内容也从教育制度发展到课程、教育思想观念、培养模式和方法、国际教育、环境教育、比较教育方法论等诸多方面。同时，比较教育关注到教育与国家发展及国家宏观教育发展战略的比较研究，以及各国民族文化传统关系的研究。如"巴西、俄罗斯、印度、中国四国教育发展与国家竞争力的比较研究"、"民族文化传统与教育现代化研究"等，重视教育与国家发展的研究；随着我国新一轮课程改革，研究介绍了各国课程改革的经验。

第四个阶段从本世纪初至今，进入全球化时代的国际比较教育研究。我国比较教育学者开展了国际问题的研究，关注国际组织有关教育的政策及其对世界教育的影响；开展了各国教育国际化的研究；更加深入地研究各国教育公平的政策和提高教育质量的改革和举措。

我国比较教育发展的这几个阶段的研究成果在《比较教育研究》刊物中均有反映。《比较教育研究》有几个特点：一是最早、最快、最新地反映国际教育改革的动向。例如，较早地介绍美国的《国防教育法》和拉开了世界教育改革序幕的 1983 年美国高质量教育委员会的《国家在危险中，教育改革势在必行》；最早介绍终身教育思想;最早地把文化研究引进比较教育;较早地研究国际组织的教育政策等。这些研究对我国的教育改革都起到了一定的借鉴作用。为此,借《比较教育研究》创刊 50 周年之际,我们选择刊物中的有价值有质量的文章编辑成册,它们是:《定位与发展:比较教育的理论、方法与范式》《博学与慎思:当代教育思想与理论》《均衡与优质:教育公平与质量》《问责与改进:高等教育评估与质量保障》《光荣与梦想:世界一流大学建设》《理念与制度:现代大学治理》《创新与创业:21 世纪教育的新常态》《流动与融合:教育国际化的世界图景》《转型与提升:教师教育的改革与发展》《质量与权益:教师管理政策与实践》《传承与建构:课程与教学理论探索》《效率与公平:择校的理论、政策与实践》。

　　这既是一种历史的记忆,又为我国今后的教育改革保存一份有价值的遗产。我想,读者可以从中找到世界教育发展的痕迹,并得到某种启发。

　　是为序。

2015 年 10 月

目 录

大学排行榜

高等教育质量保障的理论

高等教育外部质量保障

| 高等教育内部质量保障 |

导　言

　　20 世纪 80 年代迄今,高等教育质量成为西方国家和国际组织普遍关注的问题,它与招生和经费问题并列为世界高等教育改革的三大中心议题。许多国家和国际组织,从政府到民间为改进高等教育质量而不懈努力,逐步建立并完善高等教育的外部和内部质量保障体系,探索评价高等教育质量的技术与方法,从而使得高等教育质量保障活动成为一项国际性的运动。也是从 20 世纪 80 年代中期开始,《比较教育研究》开始刊发介绍和研究西方国家高等教育认证、鉴定和评估的相关论文和译文。中国认识并重视高等教育质量问题,相对西方国家较晚,始于 20 世纪 90 年代之后。1996 年,中国在北京成功地举办了以"高等教育评估与质量保障"为主题的国际学术研讨会。1998 年,中国高等教育开始大规模扩招,拉开高等教育大众化的序幕。此后,高等教育质量保障越来越受到政府和社会的重视。2000 年后,借着本科教学评估工作的全面展开,中国高等学校也日益将质量保障纳入到意识和实践中来,不断学习、借鉴西方先发国家的质量保障和评估经验,融入到高等教育国际化的宏大进程中去。从 20 世纪 90 年代后期至今,在国内学术期刊上刊发的与高等教育评估和质量保障相关的论文达上千篇。仅在《比较教育研究》上发表的论文就有近百篇,从数量到质量都蔚为大观。现遴选本刊已发表的部分研究成果并进行梳理和整合,以期清晰勾画出近三十年来世界高等教育评估和质量保障的主要内容与走势。因篇幅所限,无法录入所有相关文献,而这些文献也具有重要的学术价值和参考意义。

一、高等教育质量保障运动的背景

1. 高等教育大众化

近二三十年来,世界高等教育改革的政策和文献中频繁出现"质量""绩效""效率"等术语。这是当高等教育从精英化步入大众化阶段之后,对于公共财政的依赖增加及市场化的加深等因素推动了对高等教育机构的问责。在美国,20世纪 80 年代,大学学费上涨过快,学费、资助和科研经费的管理都存在问题,毕业生缺乏必备的知识和技能,公众认为学校不关心社会重大问题,大学高薪竞聘明星教授,上马豪华建设项目,使高等教育渐渐地失去了往日的公信力。于是,美国高等教育领域兴起了评估运动和问责运动。[1]

高等教育作为公共服务部门之一,要面对公众的责任与质量要求。但是在所有的公共机构所提供的服务当中,高等教育服务的标准与质量是最难以确定的。因此,有必要由政府和民间组织介入,以高等教育机构为问责主体,建立一个完善的质量保障体系,应对高教大众化时代国家和社会对于高等教育的多元化需求。美国由州政府对公立高校建立的问责制,是采用量和质的评价方法,对公立高校的成果以及学校效能进行测评,并对院校绩效做出比较,将信息向公众公布,而且其评价结果与教育经费拨款相联系,以提高学校教育质量和学校效能。[2]

高等教育大众化也拓展了利益相关者的观念。自 2001 年布拉格部长会议之后,欧洲博洛尼亚进程便日益强调学生参与高等教育评估的重要意义。2003年,世界经济合作与发展组织也指出:"质量应由利益相关者决定,而不仅仅是高等教育部门。"2010 年,布达佩斯—维也纳教育部长会议做出创设"教师和学生参与欧洲的、国家的和院校层面决策机制"的倡议。冰岛、丹麦、芬兰、挪威与瑞典等北欧五国的学生在高等教育质量评估中发挥着重要作用,从高等教育质量评估计划的制订、外部评估小组的设立、院校的自我评估,到现场考察与最终评估报告的发布,各个阶段都有学生的参与。[3]

也有个别国家,在高等教育大众化过程中因为政治因素而导致高等教育质量危机,被迫建立质量保障体系。如俄罗斯由于地方分权与学校自治诱发教育质量下滑危机。当今俄罗斯的教育管理体制已由过去的中央集权统一管理变为联邦、地区和地方三级的分级管理。为了适应教育管理体制的改革,除了原有的联邦教育质量评估体系外,各地区还在建立区域教育质量评估体系。[4]

2. 高等教育市场化

20 世纪 80 年代,源于西方工商企业界的一些管理理念与实践操作模式被引介到高等教育中来,推动了高等教育市场化的步伐,也对高等教育管理理论与手段带来了革新和变化。当时,全面质量管理逐渐被引入西方高等教育质量保障中,并且得到迅速推广。全面质量管理是一种哲学体系,依此建立的管理制度可以直接有效地达到组织目标,从而保障顾客的满意和投资人利益的最大化。全球工业领域对产品质量的深层认识以及伴随而来的商业成功,使得一些高等教育机构出于保持质量优势和在全球高等教育贸易竞争中获得较大利润的目的,纷纷尝试将国际标准化组织的 ISO9000 导入高等教育的实践。这些机构的探索和尝试,对其他高等教育机构产生了很大的示范效应。

经济的市场化和全球化也直接催生了大学排行。学生和其他一些利益相关者在经济市场化的过程中,观念和自身定位都在不断变化,正在从高等教育消极的接受者转化为主动的、积极的"消费者"。他们从"消费者"的角度思考大学所提供的"产品",既然是"产品"就有名牌与非名牌之分,就有排名靠前与靠后之异,于是大学排行就成了他们的"消费"指南。而在经济全球化中,高等教育成为跨境贸易的重要构成部分,既然是贸易,就会出现商品的排行,大学全球排行榜就应运而生了。[5]

3. 高等教育国际化

高等教育国际化表现为高等教育的区域化和全球化。国际化语境中世界各国高等教育面临的内外部挑战和危机,各国高等教育面临着相似的问题,发达国家和发展中国家类似。高等教育的发展关系到国家在全球范围内的战略利益。如大学排行榜在一定程度上也是高等教育国际化的产物。商业性机构或刊物无法回避在其大学排行中的商业利益考量。另外,在跨国大学排行中也可能隐藏着国家利益,例如英国在跨境高等教育服务贸易中十分活跃,在一定意义上,是否能吸引到留学生,对许多英国大学是生死存亡的问题。

而在德国,大学排名起步较晚。20 世纪 80 年代中期,当高等教育质量保障运动风靡全球时,德国却由于浓厚的大学自治观念使得其在高等教育质量保障方面成为落后者,原因是德国高教界普遍反对竞争与质量评估的提法。从90 年代开始,德国不得不参加国际化的这一进程,出现了一些单项指标的大学排名。由于经费资源的相对短缺,使得责任、竞争和质量控制为包括高等教育界在内的德国公众所接受,于是 CHE 的大学排名才应运而生。[6]

　　最近几年,在欧盟的博洛尼亚进程的影响下,在亚太、拉美和非洲,地区性高等教育质量保障系统纷纷建立。包括落后的非洲,也在尝试建立区域性的高等教育质量保障机构。如由东非共同体主导的东非大学理事会试行的高等教育质量保障框架中包含了 22 项指标,涉及的范围广泛,从学习成果到技术设备、从不同层次项目使用的质量保障方法到用于试行项目自评的学生与教师的资格认证等。[7]

二、高等教育质量的概念与保障体系

1."高等教育质量"的概念界定

　　世界各国对于高等教育质量的重要性都高度认同,但是对于"高等教育质量"却迄今没有达成一致的见解。原因在于,"高等教育质量"是一个动态的概念,是一个相对的概念,是一个模糊/主观的概念。西方学者关于"高等教育质量"的界定众说纷纭。对于高等教育质量的理解,各个国家由于需要不同而各不一样。如瑞典学者胡森认为,质量就是"人们期望学校给学生带来的不仅仅局限在认知领域的变化";美国学者塞姆尔认为,质量的指标主要意味着"丰富的资源",包括较多的专业、巨大的图书馆藏、一定数量的知名学者等指标。英国学者格林等人认为,高等教育质量是一个多维的、不断变化的概念,它通过一套多维的指标体系来衡量一所高校的表现,在其本质上是具有满足个人、群体和社会显性或潜在需求能力的特性总和,往往通过受教育者、教育者和社会发展所要求的目标、标准、成就和水平等一套绩效指标体系表现出来;高等教育的质量保证则是指特定的组织根据一套质量标准体系,按照一定程序,对高校的教育质量进行控制、审核和评估,并向学生和社会相关人士保证高等教育的质量,提供有关高等教育质量的信息,其基本理念是对学生和社会负责、保持和提高高校的教育质量水平、促进高等教育整体发展。[8]

　　教育质量的界定主要从五个角度进行:其一属于传统的解释,把质量与提供独特而特殊的产品和服务联系在一起,隐含排他性的特点,如牛津和剑桥大学的教育质量;其二则把质量与预定规格和标准的一致性作为依据,依此使不同类型的院校可能设定不同的质量标准;其三强调以高校达到目的的程度为标准,把判断质量的尺度定义为是否符合标准;其四把质量定义在实现高校办学目标的有效性上,具体标准是以高校是否具有明确的办学理念和使命的表述为特征;其五把质量定义为以高校能否满足顾主(学生及其家长、社会和政府等)规定的和潜在的需要。

最近,随着全面质量管理理论在西方高等教育中的广泛运用,一些学者对高等教育质量又有了新的解释。越来越多的学者不再单纯从一个方面来考虑高等教育质量,而是把它放到一个"全面质量"的背景下来理解。全面质量概念的提出突破了传统意义上的"质量"含义,不再以最终"产品"的标准及目标的实现程度为标志,而把"质量"视为一个贯穿于整个产品生产过程的术语。从西方学者对高等教育质量概念表述的变化来看,"质量"是一个多样化并随着时间变化而改变的概念。[9]

2. 高等教育质量保障体系

尽管西方学者对于高等教育质量难以形成统一的定义,但对于高等教育质量保障体系一般可划分为二维结构,即将质量保障体系划分为外部质量保障体系和内部质量保障体系两个层面。其中,外部质量保障体系是指由高校外部的相关组织,如政府、专业质量保证机构对高校进行质量检查或评估的体系;内部质量保障体系是指由高校自行建立的对自身教育质量进行管理和监督的体系。(参见图 1)

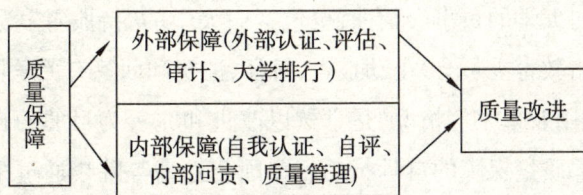

图 1 高等教育质量保障体系

外部质量保障包括外部机构对高校的认证、审计、评估以及大学排行榜;内部质量保障主要包括高校内部的自我认证、自我评估和质量管理。不同国家由于传统和国情不同,高等教育质量保障体系也内外有别:有的国家以外部认证和评估模式为主,有的国家以内部认证和管理为主。如美国高等教育质量保障体系主要由外部认证和内部问责构成。美国没有官方的专门评估机构,联邦政府不参与、不干涉高等教育质量保障活动,而是将市场竞争机制引入高等教育领域,让高等院校面向社会自主办学。美国对高等教育的质量保障主要是通过认证来进行的,并形成一种较为独特的制度,它既是美国分权制、多样化高等教育体制下的一种有效的管理制度,又是保障和提高高等教育质量的一种模式。经过认证的高校表明其质量得到公众认可并可以申请联邦财政支持,学校没有通过认证则无法得到联邦政府的资助,其学分也得不到跨校认可。[10]

高等教育认证制度是一种以自我评估和同行评估为基础的质量保障机制,同时也是美国高校自我管理的重要手段之一。认证制度与政府的法律干预及市场竞争一起成为影响和决定美国高等教育的三大要素。通过认证制度,外界环境了解高等教育的质量,而高等教育系统自身则通过认证制度来维持其最基本的质量标准,反映外部环境对高等教育的质量要求,从而减少外界环境对高等教育内部管理的过多干涉。美国高等教育认证主要有两类,一是院校认证,二是专业认证。院校认证又分为全国性院校认证和地区性院校认证。专业认证是指对某一专业的认证,是由专业职业协会会同该专业领域的教育工作者一起进行的,为学生进入专门职业工作之前的预备教育提供质量保证。[11]

除了认证之外,内部问责也是一种以自我评估为基础的质量保障机制。美国高等教育内部问责制是指美国公立高等院校为了承担大学的责任,通过在大学内部建立一定的规范和管理机制,通过特定的途径和方法(如绩效报告、院系审查等),主要向大学的董事会,有时也包括向大学的"持股者"(如大学的经费支持者、家长、州教育委员会)主动报告、解释、证明和回答有关学校内部教育质量、教育资源使用及效率等情况,是学校以改进和完善为目的的自我评价监督过程与学校内部质量保障的自觉行动。美国公立高等院校通过采用高等教育问责制来有效回应高等教育利益相关方的责任与诉求,这也顺应了高等教育自身生存与发展的内在需要。[12]

再以澳大利亚为例,澳大利亚高等教育外部保障主要是由认可和质量保证检查组成。认可主要面对的是新大学和新课程,质量保证检查面对的是所有大学的教学、科研和服务等各个方面。除此之外,还有一些外部的质量保证组织,如澳大利亚大学学历资格评定框架署负责大学和学科的注册,并公布职业教育和高等教育学位授予的标准;一些大学对高级学位和荣誉学位采取外部评审的方式;某些专业课程的设置必须由专业组织来认可,如医学、法律、会计、工程、建筑等;在分配研究基金时,采取同行评价的方式以确定基金的分配。大学的内部保证机制主要由大学内部的学术委员会和管理委员会负责。澳大利亚高等教育质量保证体系以自治大学的内部质量管理为主,辅以州和地区以及一些外部专业组织的评估与认可。[13]

3. 大学排行榜

从严格意义上讲,大学排行榜不属于高等教育质量保障体系的组成部分,也不属于外部机构对大学的评估。但大学排行榜的出现,可以增加高校办学的透明度,为政府和民间机构拨付经费,为就业单位选择毕业生以及考生填报志愿提供有价值的信息,为促进高校提高办学质量,积累声誉提供动力,有利于高校建立公平竞争的社会环境。所以,大学排行榜在一定程度上也是高等教育质量与水平的透视镜和晴雨表。

大学排行榜兴起于美国。1983 年,《美国新闻与世界报道》杂志率先推出全美的大学排名,起初每两年一次,范围是全美本科院校。1987 年后改为每年一次,并开始面向研究生教育。这种排名活动最初是为了通过排名的形式向学生和家长提供各种可比数据,以供他们在选择学校时参考。英国的《泰晤士报·高等教育副刊》于 1986 年开始公布英国高等学校分学科排名的排行榜,随后又推出每年一次的全英大学排行榜。至此,掀起了大学排名的浪潮,大学排名活动已成为一种国际高等教育评估的趋势,在世界范围内引起了广泛的关注。《亚洲周刊》也于 1997 年公布了亚太地区排名前 50 位的大学名单。

2004 年,英国《泰晤士报·高等教育副刊》联合国际高等教育资讯机构 QS(Quacquarelli Symonds)推出了"THE－QS 世界大学排名",与中国上海交通大学 2003 年发布的"世界大学学术排名"(ARWU)并肩成为两大具有世界影响的全球性大学排名项目。[14]目前,非洲、欧洲、亚洲、大洋洲、南北美洲的 40多个国家和地区建立了区域性和国际性的大学排行体系。大学排行已经影响到了诸多利益相关者(学生、院校、政府等)的决策行为,悄然地改造着国际、国内学术系统的竞争格局和资源流动。

但是,在大学排名热的过程中,排行榜的一些问题逐渐暴露出来。如大学排行榜的指标体系一般"重投入、轻产出","重定量,轻定性"。如《美国新闻与世界报道》大学排行榜所采用的评估体系由 7 个一级指标、16 个二级指标构成,这些指标中仅学术声誉一项属于定性指标(权重占 25%),其余 16 项二级指标(权重占 75%)均为定量指标。[15] 从知识生产角度看,大学排行(特别是一些国际性的排行)更多使用自然科学的文献引用指标,这对于人文、社会科学、跨学科的研究不利。大学排名的指标往往强调综合性而忽略专业性和职业性。如瑞士、德国、芬兰等非英语国家的职业性院校传统上享有较高声誉,但那些强调综合指标和科研力量的国际大学排行,在很大程度上忽略了各国高等教育系统的多样性。[16] 鉴于大学排行榜的偏颇与误导,美国几所最优商学院已经开始联合抵制排行,一些文理学院院长也联合签署了批评《美国新闻与世界报道》大学排行的公开信,并且声明抵制该刊的大学声誉排行调查。[17]

2013 年,联合国教科文组织出版了《高等教育排名与问责:善用与滥用》研究报告,从正、反两方面对现存的世界大学排名体系的善用与滥用情况展开讨论,并针对现有世界大学排名的缺点提出了改进方法。该报告对有影响力的世界大学排名的逻辑起点和方法论进行逐一分析。大学排名秉承笛卡尔以来的科学主义,认为大学进行的所有活动成果皆可量化,用来比较和排名。因此,各大学排名皆把大学的活动通过文献计量学、数据调查以及同行评议等手段,量化成数字进行统计。大学排名的商业化倾向严重。这种盲目的名次追求导致大学发展"麦当劳化",致使大学发展呈现高效性、可计量性、可预测性和可控制性等特点。教学型大学、人文社会科学实力较强大学以及非西方国家大学在这种情况下都将被迫趋同发展。[18]

大学排名作为联系高校与社会、政府、学生家长、雇主之间的纽带与桥梁,可以为促进高校之间的竞争发挥作用,为高校的质量保障发挥作用。但是大学排名如何保证自己的质量呢?任何大学的排名方法都存在一定的技术缺陷,或者在有意无意之间传递了其价值取舍和利益关系。多一种排名方式,能在更大程度上有效防止遗漏优秀者。为了充分尊重、认识并强化高等教育系统的多样性,规避已有大学排名体系使用单一的标准衡量不同类型院校,且过多强调科研实力而忽视院校其他方面特色等不足,近年欧盟委员会提出在国际背景下设计一种全新理念的高等学校排名工具——U-Multirank。U-Multirank 以三个理论视角为基础,构建了一个支撑高等学校多维排名的二维矩阵式概念框架。避免了单一维度和标准对不同类型、层次大学进行评价的困境。[19]

最近,德国 CHE 大学排名引人注目。CHE 指标体系里既包括客观数据,也包括主观判断。例如在"教学"部分里,有事实的指标如师生比、学习期限,也有教授和学生的主观判断,如关于课程组织、教授与学生之间的联系、图书、计算机设备等。CHE 采用了分层的排名方式,将大学分为三组:高组、低组和中间组,位于不同组的大学之间的差异是明显的,同一组内的大学之间被认为是不相上下的,避免了大学因精确排序而造成的误差。[20]

三、高等教育评估

1. 高等教育评估的源起

高等教育评估以及认证的源起都和高等教育质量有着直接关联。19 世纪末 20 世纪初,美国高等教育在落后于欧洲的情况下,建立质量鉴定与认证机构,大大促进了质量的提升,为超越欧洲打下基础。质量鉴定与认证机构包括院校联合会和专业学会两大类,如 1904 年美国医学联合会制定了第一个专业教育鉴定计划,1908 年推行了医学教育质量标准,结果使九所质量较差的医学院关闭。[21]

英国高等教育质量保障体系的最初建立可追溯到 20 世纪 60 年代。当时为了适应经济发展的需要,英国成立了三十多所多科技术学院。为了确保它们的教育质量和学位文凭的发放,1964 年英国成立了第一个高等教育质量保证组织——全国学位授予委员会(CNAA)。CNAA 的质量保证范围仅限于多科技术学院和其它学院,主要通过对其教学、师资、招生、课程设置、考试、学生学习等方面进行质量监控和评估,向学生、家长以及用人单位保证教育质量。[22]

在一些新兴国家,如新加坡,传统上公立高校质量高声誉好,但是私立高校质量良莠不齐。近年来,新加坡政府也加大对私立高校的评估,以期提升其办学质量,赢得世界范围内的声誉。对私立高校的评估内容包括服务质量(课程质量、教学水平、安全环境、社交等)、价格满意度、形象等级等内容。[23]

2. 各国高等教育评估的模式

由于文化传统、政治体制、大学自治程度等因素的差异，世界主要国家的高等教育评估模式各有其独特鲜明的特征。如以美国为代表的大学自主模式；以法国为代表的行政主导模式；以英国为代表的外部主导模式；以日本为代表的自律模式。[24] 不同模式的形成，一方面，是学习借鉴的结果，如日本在战后，具有民间性质的大学基准协会就是美国政府授意成立的；另一方面，是遵循各国的政治体制和文化传统使然。如法国在大革命后，一直是中央集权的管理体制，所以形成了行政主导的评估模式。

美国的高等教育认证和评估都由民间来完成，这是由美国的传统造成的：美国继承了欧洲大学的自由和自治的传统，担心受制于政府。所以，政府在高等教育评估中一直处于缺席的角色。美国高等教育评估主要是认证，这是大学自愿进行的教育质量保障方式，是独立的、非官方的和第三方的评估过程。美国高等教育认证制度是由教育或职业界自发组织形成的、教育机构实施的、建立在高校自评、中介机构定期评估和实地考察基础上的外部同行评审机制，是美国高等教育质量保障体系的核心部分。此外，为保障认证机制的质量和提高认证机制的公信度，美国还成立了美国高等教育认证委员会（CHEA）。它是代表学术力量的高等教育自治组织，通过对认证机构的认可行为，规范了学术力量对高等教育质量保障的影响。[25]

法国是欧洲最早进行高等教育外部评估的国家之一。1984 年，法国政府正式建立了以国家评估委员会（CNE）为执行主体的外部评估模式，CNE 是一个独立的评估机构，直接向总统负责。这标志着以政府为主导的高等教育外部评估模式的形成，并在 20 余年的发展和变革中，逐渐形成了与法国高等教育管理体制相适应的、较完善的高等教育外部质量评估体系。全球化的发展和博洛尼亚进程要求法国建立公正透明和易于比较的高等教育外部评估机构。法国政府在高等教育与科研项目中投入了大量经费。2006 年，法国发布法令成立了法国高等教育与研究评估署（AERES）。AERES 整合了法国原有的国家高等学校评估委员会、全国科研研究评估会等评估机构及其各项职能，负责评估法国的高等教育机构和研究机构，并协助各机构和组织开展内部评估，还参与评估外国的或国际的研究组织与高等教育机构。[26]

英国于 1997 年正式成立了高等教育质量保证署（QAA），全面负责英国高等教育的质量保障事宜。QAA 是非官方性的中介组织，其运行经费来自各高校，主要对学生、社会和高校负责。QAA 虽然并不直接接受英国政府的管辖，但也并非与政府毫无关系。QAA 的政策规划必须符合和贯彻英国政府有关高等教育的政策精神，并对其高等教育的政策制定提供建议和相关信息。QAA 的质量评价包括学术评价、学科教学评价、管理质量评价以及科研项目评价四个部分。[27]

日本的认证由政府（文部省）负责，评估则由民间（大学基准协会）负责。大学基准协会进行的质量评估是在大学自愿基础之上，体现了大学自治和大学的自我管理。[28]文部省对大学的评估是通过大学评价-学位授予机构（独立行政法人）来实施的。这两种评估都属于相对独立于政府的第三方评估。日本第三方评估法治化，有立法规定与保证，但依然带有官方色彩，这和日本集权管理体制相适应。2003 年修改完成的《学校教育法》规定，大学必须接受由相对独立于政府和大学之外的认证评价机构实施的评价。自此，接受第三者评价成为大学的义务。日本所有大学都接受经文科大臣认证的认证评价机构实施的认证评价，评价活动必须受政府的监督和管理，认证评价机构的独立性是相对的，这使日本大学第三者评价活动带有一定的官方色彩。政府对第三者评价内容、基准、方法、结果运用等方面的干预，弱化了大学的自主性。[29]

一些后发国家在高等教育发展过程中，主要是借鉴学习了发达国家的经验和模式，并结合本国国情有所创新。如南非在构建高等教育质量保障体系的过程中，非常注意国际认可和标准可比性问题，其中的国家资格框架就参照了新西兰、澳大利亚、英国的资格框架，但又侧重考虑南非的国情，结合南非高校的现实，形成了独具特色的质量保障体系。[30]再如韩国自 2007 年开始实施大学评估制度改革，特别注意大学自我评估的重要性，在法律上规定了大学自我评估的地位，高校从 2009 年起，每两年一次实施自我评估。[31]

3. 高等教育评估的内容与方法

国情不同，各国高等教育评估模式不同，评估的重点和方法也有差异。以美国为例，经过 20 多年的发展，以评估和问责为主题的美国高等教育质量运动已经发生了很大的变化。20 世纪 80 年代，评估以学校为中心，由于各校评估所用的工具、方法和指标都不尽相同,评估结果也缺乏横向的可比性。80年代后期到90年代,基于输入指标的质量评估开始向结果评估和绩效评估方向转变,输出指标和结果指标越来越多地取代了传统的输入指标。在联邦立法的规范下,在州教育委员会和非政府组织的共同努力下,越来越多的高校开始使用共同的指标体系来评估本科教育质量,这使各州和各校之间的质量评比具备了可行性,也为问责制的推广奠定了基础。[32]

在美国近些年开发的各种学生学习状况评估问卷中,总部设在印第安纳大学的NSSE是一个非官方性质的跨校调查。NSSE开发了评价有效教学实践的五项指标:学生在学习上面临的挑战性程度、积极与合作学习的数量、师生互动的质量、丰富教学经验的提供、校园环境的支持度。目前,美国近三分之一的高校将NSSE调查结果用于认证,包括地方性的和专门学科的审核。NSSE有个专门的工具包,将NSSE问题映射于认证机构的标准,用于认证中高等学校内部进行自评。[33]美国田纳西州对公立高校的绩效评价即是利用NSSE与其他全国或专业组织统一的测验(如CCTST,CAAP)结果或调查结果。

在英国,科研评估最主要,对高等教育机构的科研评估直接影响到科研经费的拨付。英国非常注重评估的国际化,由各学科的国际、国内专家组成的评估小组,依据规定的标准和工作方法对提交材料的研究质量进行同行审查评价。[34]英国高等教育科研评估的另一特色就是透明度高,在正式评估前,基金会评估机构要公布指导各高校提交报告的详细说明书,每一个学科专家组同时也公布本组评估的方法和标准,而且允许各界人士对此进行公开和充分的讨论。评估的结果,即每个评估单元的得分情况都予以公布,以显示在评估过程中从各高等教育机构提交的报告所采用的材料与先前公布的评估标准的相关性。总之,从评估单元的确定到学科专家组的任命,从评估组工作程序的制定到评估结果的公布,每个具体的信息都可以从国际互联网上英国高等教育基金会的主页上查到。[35]

近年来,俄罗斯高等教育评估的发展也令人关注。俄罗斯从前苏联的集权转为分权政治体制之后,高等教育逐渐引入社会力量参与评估。从社会利益的角度看,社会对教育质量的原则性评估标准包括:① 公民的受教育水平,包括职业教育;② 国家、地区和地方各个教育阶段的公民教育普及性;③ 教育对就业、国内生产总值、公民社会的发展、降低社会紧张度和犯罪数量等的影响力。[36]

在一些新兴发展中国家,如印度,政府也创造性地采用了新的评估手段和体系。与原先的分等级评级体系相比,新评级体系体现了许多优点,其中主要一点就是从原来的百分比改为现行的累积平均绩点。通过运用累积平均绩点体系,保证了整个院校评估的客观性和有效性。[37]

4. 大学教学质量评价

在高等教育质量保障体系中,内部质量保障是基础,在内部质量保障体系中,大学教学质量始终处于核心地位。而在各种评价中,大学教学的评价最难。美国著名高等教育学家阿特巴赫在 2006 年指出:"实际上,没有广泛接受的测量教学质量的方法,评价教育对于学生的影响是一个远未得到探讨的领域。"在一般的大学排行榜中,都倾向于大学的科研成绩,而牺牲了教学质量,虽然一些排行设计了诸如"招生选拔性""班规模"和"馆藏图书量"等与教学相关的指标,但是这些指标基本上是与大学教学输入端相关,并不一定能准确反映大学教学的输出端——质量。[38]

大学学习与教学质量是高等教育质量的重要组成部分。在过去的 20 多年里,规模的扩展与资源的紧缩成为全球高等教育发展的主流。在此背景下,各国高等教育机构都面临着巨大压力,不得不向公众、管理者、消费者等提供有关大学学习与教学质量的问责数据和证据信息,并借此来赢得声望,获得资源。

按照许多西方学者的观点,评价高等教育的质量要着重看学生是否具有独立思考并形成个人观点的能力,是否具有独特的个性以及独特的人际交往的能力,换言之,高等教育的质量要注重学生个性的发展和人格的完善。[39]因此,学生学习的"增值性评估"理念正成为当前大学教学评价的主流。[40]

在美国,20 世纪 80 年代以来,学生评教逐渐成为大学教学评价的一个主要信息来源,被广泛应用于各级各类大学。许多高校建立了完善的学生评教体系,制定了清晰的评价政策,评价技术也越来越现代化。尤其是随着信息技术的进步和互联网的出现,新的学生评教形式——网上评价逐步取代了以往纸质的评价表格,学生在校园网上可以随时对任课教师进行评价。到 20 世纪 90 年代初期,已经有了数以千计的关于学生评价教学效果的研究文献和数据。[41]

在澳大利亚,过去的 20 年中,大多数澳大利亚大学都明显地提高教学的地位并较多地开展教与学的创新活动。如昆士兰大学为了突出教学的地位,规定了员工业绩量中教学所占的比重,教学和科研所占比例都占到总业绩量的 30%;阿德雷德大学的业绩标准有四个:第一是教学,第二是科研、学位,第三是大学管理和服务的参与度,最后是专业活动。通过规定教学所占的比例,教学人员的积极性得到相应提高,进而能有效提高教学质量。[42]

在欧洲,设立大学内部的质量保障专门机构早已成为一种通行做法。大学具有"以提升质量为中心"的组织文化,有着严密的内部自律机制和自我监督程序,使影响学校质量的关键因素和关键环节在人才培养过程中始终处于被监控的状态,以便做出持续的改进和完善。尽管不同的学校可能为其机构赋予不同的名称,但发挥的作用是完全相同的。这一机构不同于常规的教学管理部门,其独特功能在于设计、组织和管理所有与质量保障相关的活动,总体监测和评价学校的教育教学质量。机构的专职人员负责协调全校的质量保障工作,定期报告质量信息,更新大学质量手册,并针对质量保障问题与其他院校开展交流与合作。[43]

四、总结与反思

1. 高等教育评估与质量保障的关系

高等教育评估的目的是为保障并提升高等教育质量而服务,但二者之间并不存在必然联系。高等教育评估并不一定能提升高等教育质量,还有可能因评估不当而妨碍高等教育目标的实现,损害高等教育的品质。西方先发国家在新自由主义、新管理主义等思潮影响下,在高等教育评估过程中出现为评估而评估的"评估主义"现象。这种评估崇尚量化管理,重效率重科研,重投入与产出的数量关系。在评估的名义下,展开一系列数字化运动:大学一切活动都必须看得见摸得着,能够可视化。这忽略了大学进行知识生产和传播,进行教学和科研时具有模糊性和难以测量的本质特点。

另外,在高等教育评估中,学术权力不是得到强化,而是进一步被弱化,大学评估反专业主义传统,对学术自由、大学自治构成新的威胁。西方一些学者通过实证研究发现,评估对教师起着指挥棒的作用。教师更愿意将时间和精力花在评估认定的那些指标上面,导致重科研轻教学,减少与同行或其他高等教育机构的合作。在学术发表和出版方面,教师们愿意提前、独立发表研究成果,倾向于发表短文章而非长文章。在选题上,不再受好奇心驱使,而对那些高创新性和高风险并存的课题敬而远之。这样的评估结果自然是与高等教育质量保障的目标背道而驰的。因此,高等教育评估中的这一问题必须得到纠正。

2. 高等教育评估模式的发展趋势

教育评估是一个世界性的难题。什么是好大学,没有统一的标准,即使有统一的标准,也难以据此进行评价。高等教育评估模式不当,评估指标过度设计,评估过程繁琐无效,都有可能给高等教育发展带来负面作用。近年来,基于对大学评估和排名所暴露问题的反省,西方先发国家已经调整了评估模式。第一,从外部评估为主转向内部问责为主。高等教育质量保障从外部转向内部,从外部评估转向自我评估。外部评估的目的主要是促进内部质量保障体系的建设。内部质量体系的重点是教学,重点是如何评价教师的教学,促进教学走向卓越。[44]高等院校自身的教育质量监控是确保高等教育质量的基础。外部的监控有时并不奏效,只有高校自身具有强烈的质量意识并切实采取质量保证措施,教育质量的保证才有希望。第二,从政府评估转向第三方评估。第三方评估已成为一些国家高等教育评估的基本原则。第三方评估可以保证评估过程、结果和判断具有专业独立性,免受政府、大学或其他利益相关者的干扰。第三,建立多元质量标准体系。大众化时代的高等教育质量观与精英教育时代的高等教育质量观区别在于,前者的质量标准呈多元化特点,即用不同的质量标准去评估不同层次、不同类型的高等院校的教育质量,而后者则主张用统一的尺度去测评所有的院校。

3. 加强高校内部质量保障体系建设

一些西方先发国家曾尝试将商业企业模式照搬到大学管理中来,而导入的高等教育机构往往是一些与工业领域有着紧密联系的技术学院和继续教育学院。这些多科技术学院并不承担发现新知识与研究深奥知识的任务,教学与培训是其主要任务。商业企业成功的管理经验未必适用于高等教育机构。曾盛行一时的全面质量管理理论受到批判很能说明问题:教育难以商品化,谁是消费者,很难界定。由于来自于大学外部问责的增加以及内部问责的需要,大学需要重新调整其战略发展的模式,思考大学的课程是应该更加广泛还是更加深入,思考大学如何在教学和研究之间取得平衡,如何在地区间发挥作用,如何去竞争资金,如何集中研究优势去发展某些领域。

参考文献:

[1] 李奇.试析美国本科教育评估中的问卷调查.比较教育研究,2008(5):80.

[2] 王春春,张男星.美国公立高校绩效评价体系内容与特点分析——以田纳西州为例.比较教育研究,2012(1):23~27.

[3] 胡子祥.英国高等教育评估中的学生参与机制研究.比较教育研究,2011(9):26~31.

[4] 王旭阳,肖甦.俄罗斯现行教育质量评估体系述评.比较教育研究,2011(2):76~80.

[5] 王英杰.大学排行——问题与对策.比较教育研究,2008(10):1~5.

[6] 李文兵,沈红.德国 CHE 大学排名的特点及对我国的启示.比较教育研究,2006(4):30~34.

[7] 郑崧,郭婧.非洲高等教育质量保障中的地区合作——以东非大学理事会为例.比较教育研究,2011(5):38~42.

[8] 刘忠学.英国高等教育质量保证体系的发展及现状分析.比较教育研究,2002(2):38~42.

[9] 施晓光.西方高等教育全面质量管理体系及对我国的启示.比较教育研究,2002(2):32~37.

[10] 陈时见,侯静.美国高等教育质量认证的运行模式——以美国南部院校协会(SACS)为例.比较教育研究,2008(12):18~22.

[11] 熊耕.美国高等教育认证制度的特点分析.比较教育研究,2002(9):8~12.

[12] 徐辉,袁潇.试论专业主义视野下的美国公立院校内部问责制.比较教育研究,2013(3):1~7.

[13] 侯威,许明.澳大利亚高等教育质量保证机制概述.比较教育研究,2002(3):22~27.

[14] 刘强,丁瑞常.QS大学排名体系剖析.比较教育研究,2013(3):44~50.

[15] 胡咏梅.中美大学排行榜的对比分析.比较教育研究,2002(8):44~48.

[16] 侯定凯.大学排行对国际学术竞争格局的影响.比较教育研究,2012(4):29~33.

[17] 王英杰.大学排行——问题与对策.比较教育研究,2008(10):1~5.

[18] 滕珺,屈廖健.反思高等教育排名重塑世界学术格局——联合国教科文组织《高等教育排名与问责:善用与滥用》述评.比较教育研究,2014(7):63~68.

[19] 王楠.欧盟"全球多维大学排名"体系的理念与实践.比较教育研究,2014(7):69~74.

[20] 李文兵,沈红.德国CHE大学排名的特点及对我国的启示.比较教育研究,2006(4):30~34.

[21] 王英杰.简谈美国高校的质量评估制度.外国教育动态,1985(5):20~22.

[22] 刘忠学.英国高等教育质量保证体系的发展及现状分析.比较教育研究,2002(2):38~42.

[23] 施雨丹,卓泽林.新加坡私立高等教育的评估要素及其相互影响.比较教育研究,2014(11):92~96.

[24] 李守福.国外大学评价的几种模式.比较教育研究,2002(6):44~48.

[25] 吴佳妮.美国高等教育质量保障体系中的权利博弈:学术、国家、市场的三角关系变迁.比较教育研究,2012(7):30~35.

[26] 胡淼.高等教育外部质量评估模式的发展趋势——来自法国的经验.比较教育研究,2012(7):42~45.

[27] 刘忠学.英国高等教育质量保证体系的发展及现状分析.比较教育研究,2002(2):38~42.

[28] 吴忠魁. 日本高等教育评估制度简介. 外国教育动态, 1986(2): 10～15.

[29] 张爱. 日本大学第三者评价的模式及特点. 比较教育研究, 2009(11): 67～70.

[30] 牛长松, 顾建新. 南非高等教育质量保障体系: 框架、特色与挑战. 比较教育研究, 2007(12): 45～50.

[31] 朴大林. 韩国大学自我评估制度分析. 比较教育研究, 2013(5): 22～27.

[32] 李奇. 试析美国本科教育评估中的问卷调查. 比较教育研究, 2008(5): 70～75.

[33] 罗晓燕, 陈洁瑜. 以学生学习为中心的高等教育质量评估——美国 NSSE "全国学生学习投入调查" 解析. 比较教育研究, 2007(10): 50～54.

[34] 王来武. 英国高等教育机构的研究水平评估及其借鉴意义. 比较教育研究, 2005(12): 68～72.

[35] 袁锐锷, 胡安娜. 英国高等教育的科研评估. 比较教育研究, 2003(8): 72～76.

[36] 王旭阳, 肖甦. 俄罗斯现行教育质量评估体系述评. 比较教育研究, 2011(2): 76～80.

[37] 郭斌, 张晓鹏. 印度高等院校评估与鉴定新方法述评. 比较教育研究, 2008(10): 66～70.

[38] 王英杰. 大学排行——问题与对策[J]. 比较教育研究, 2008, 10: 1～5.

[39] 朱镜人. 英国高等教育质量理论研究述评. 比较教育研究, 2003(6): 31～35.

[40] 吕林海. 国际视野下的本科生学习结果评估——对 "评估什么" 和 "如何评估" 的分析与思考. 比较教育研究, 2012(1): 39～44.

[41] 饶燕婷. 美国大学学生评教的影响因素研究述评. 比较教育研究, 2009(8): 36～40.

[42] 吴雪萍, 刘辉. 澳大利亚高等教育教学质量保障策略探究. 比较教育

研究,2004(9):71~75.

　　[43] 蔡敏.欧洲大学内部质量保障体系的建构与评价.比较教育研究,2012(1):68~71.

　　[44] 余秉全编译.大学教学质量的鉴定与评述.外国教育动态,1988(2):28~32.

林杰

2015 年 10 月

于北京师范大学

高等教育评估

一、简谈美国高校的质量评估制度

世界大多数国家高等学校的质量是由国家监督控制的,例如苏联通过高等教育和中等专业教育部管理质量,全国高等学校有统一的质量标准,培养同一水平的人才;英国大学虽有悠久的自治传统,国家却通过大学拨款委员会来影响高等学校的质量控制;在日本,则有议会通过的大学设置基准法控制高等学校的最起码质量。美国高等学校的管理体制全然不同于这些国家,国家虽有教育部,但并不对教育负领导之责,公立高等学校的法定领导之责在州,私立高等学校则完全不受国家制约。这是美国高等学校质量参差不齐的主要原因之一,有人说美国既有世界最高水平的大学,也有质量极低的高等学校,这不是没有道理的。但是在一个国家中,一所高等学校要能够生存,最起码要适应国家在政治经济发展中或社会生活中某一方面的需要。而要做到这一点,就要达到最起码的质量标准,那么在高度分散管理的美国高等教育体制中,最起码的质量是如何控制的呢?

(一)美国高等学校质量鉴定和认可制度的建立

美国高等学校质量鉴定和认可制度是随着美国具有自己特色的高等教育制度的建立和发展而建立的。

美国南北战争(1861~1865)是美国第二次资产阶级革命,这次革命极大地解放了生产力,促进了美国高等教育的高速度发展,高等学校,特别是非传统的农工学院如雨后春笋般地大量涌现。这样,就造成了高等学校质量极不平衡的状况,各校在录取和毕业标准等方面各行其是,有不少学院徒有虚名,不少毕业生质量尚不如中学毕业生。在这种情况下,美国当时的联邦教育部很难履行其统计职责,所以决定建立一定的标准,规定只有那些颁发学位、学生至少在其中学习两年以上课程和学生不少于二十名的学院才能被列入教育部公布的学院名单。也许可以说这是美国最初的高等学校质量控制办法。

美国由于有很强的地方分权和大学自治的传统,高等学校惧怕受联邦政府的控制,于是各个地区纷纷建立了地区学院和中学联合会,控制高等和中等学校质量。第一个联合会——新英格兰学院和中学联合会,建立于 1885 年。但是认可鉴定形成制度还在更晚些时候,1909 年,中北部学院和中学联合会首次制定了学院质量标准,并于 1916 年首次公布了获得了认可的学院的名单,然后于 1917 年和 1918 年又分别制定了初级学院和师范学院的认可标准。至 1924 年,全美各地区都成立了这样的联合会,开展认可鉴定工作。

随着学院认可鉴定机构的建立,美国许多专业学会也开始在各高等学校中开展专业教育的质量鉴定工作。1904 年美国医学联合会制定了第一个专业教育鉴定计划,1908 年推行了医学教育质量标准,结果使九所质量较差的医学院关闭。

美国高等学院的认可鉴定制度初创于 19 世纪末。在 20 世纪初具备了今天认可鉴定制度的雏形,认可鉴定制度的建立对美国高等教育质量的不断提高起了重大作用。

（二）美国高等学校质量鉴定和认可制度的实施

1. 认可鉴定的定义和认可鉴定机构

美国高等学校的质量鉴定和认可是一种为控制质量而进行的自愿活动,是高等学校进行集体自我管理的一种主要方法,是一个组织对一所院校达到预定质量标准的承认。质量鉴定虽然并不能决定一所院校或一所院校中某一专业的质量,但却可以评估质量,从而能帮助被鉴定的院校提高质量。虽然认可鉴定机构并不给被鉴定的院校排列名次,而只是根据它们的质量予以认可或拒绝认可,但是却保证把不符合质量标准的院校从被认可院校的名单中剔除,从而保证高等院校的最起码的质量标准。

目前美国有两类认可鉴定机构。一类机构对各个高等学校的整体予以鉴定和认可,也就是说不仅鉴定一所院校中各个专业的教育水平,而且还要评估一所院校对学生服务的质量、经济状况和管理水平等。这种类型的认可鉴定机构主要有九个地区的学院和中学联合会中的高等学校认可鉴定委员会和四个全国性的认可鉴定联合会,这四个联合会负责全国独立于大学之外的商学院、技术学院、家政学院和圣经学院的认可鉴定工作。另一类认可鉴定机构是全国的各专业学会或专业教育学会,这些学会只对高等学校中的不同专业教育计划进行认可鉴定。在全国,设有中等以后教育认可鉴定委员会,它负责协调全国各种高等学校认可鉴定机构的工作,每年公布它所承认的高等学校认可鉴定机构的名单。同时联邦教育部根据国会通过的一项法令,每年也公布它所承认的高等学校认可鉴定机构的名单。一个高等学校认可鉴定机构如能被列入这两个名单,其认可鉴定工作就有了权威性,就会获得广泛承认。

2. 认可鉴定的程序

在认可鉴定开始之前,认可鉴定机构首先要公布获得认可的质量标准。就学校的整体而言,鉴定通常要包括以下几方面:① 学生的学习成绩;② 教师的水平;③ 管理的效率;④ 课程的合理安排;⑤ 图书资料的数量和质量;⑥ 校舍和设备状况;⑦ 财政来源的稳定。就校内不同专业而言,各个专业学会或专业教育学会制定的质量标准各不相同,但通常涉及一个专业系或院的组织和预算、师资水平、设备状况、课程设置和学位标准等。有的学会对课程设置做了详尽具体的规定,规定主修这个专业的学生所必须学习的最低限度的主修课量和主修基础课量,以及主修理工专业的学生所必须学习的人文和社会科学课量,或主修人文和社会科学课程的学生所必须学习的理工课量,总之很具体地规定了获得这一专业学位的课程要求。

申请获得认可的院校要根据上述标准先进行全面的自我研究,找出不足之处,予以改进。可以说这是美国高等学校质量评估制度中最重要的一环,这保证了各高等学校定期的全面总结自己的工作,是改变浑浑噩噩应付工作的有力措施。学校在自我研究之后,要写出报告,报到认可鉴定机构。

认可鉴定机构随后派出质量鉴定小组到学校中视察。小组的成员通常都是由同属一个认可鉴定机构的其他院校的教授、校长、图书馆员和招生办公室主任组成,有时还包括同属这一机构的中学的代表。当然专业学会在进行质量鉴定时,鉴定小组的成员主要由属于这一学会的有关专业教授组成。质量鉴定小组要在学校住几天,同学校领导、教师和学生谈话,检查各种有关统计材料,评价课程计划,选听一些课,最后写出视察报告,分析指出学校需要改进之处,报送认可鉴定机构。质量鉴定期间所需一切费用由被鉴定院校承担。

认可鉴定机构在接到报告后,进行讨论,如讨论通过,则将这所学院列入当年公布的得到认可的院校的名单。

一所高等院校或学校中的某一专业获得认可之后,并不意味着它将永远得到认可,认可鉴定机构还要定期对其重新鉴定和给予认可。学校每年都要向认可鉴定机构写出年度报告,对自身做出质量评价。各认可鉴定机构对重新认可鉴定的时间要求不同,通常是五至十年一次,有的专业学会要求的更严格一些,例如对于工程教育计划,每两年就要重新鉴定一次。

(三) 美国认可鉴定制度中存在的问题

美国高等学校认可鉴定制度经过几十年的发展和完善,成为世界上独具特色的质量评估制度,对保证美国高等教育的基本质量起了重大作用。但这个制度还存在不少问题,在美国国内不断受到抨击,这些批评主要集中在四个方面。首先,一些人对这样的质量评估制度的性质提出挑战。他们认为,如果认可鉴定机构的成员自身就来自于被鉴定的院校,那么其性质就是自我服务的,所以虽然首次通过鉴定获得认可成为鉴定机构的成员并不容易,但一旦成为鉴定机构的成员以后,维持被认可的资格则并非难事,这样认可鉴定制度在促进质量方面的作用就有限了。其次,鉴定的质量标准也受到批评。批评者认为认可鉴定过多地强调了数量因素,例如学校的图书馆藏书量和师生比例等,而对质量因素,却很难制定比较客观的评价标准。第三方面是批评这种认可鉴定制度的有效性差。由于这种制度并不将被认可的院校分为等级,并且认可鉴定报告也只有被鉴定院校的院校长才有权发言,这样这种制度就不能使人们确定获得认可的院校的质量差异。第四,由于不少院校既要接受地区认可鉴定机构的鉴定视察,又要接受若干专业学会或专业教育学会的鉴定视察,其中涉及的很多工作是相互重叠的,所以有些院校批评这种质量评价制度缺乏统一的协调与指导,浪费了学校的时间和经费。

尽管批评很尖锐,但认可鉴定制度却长久不衰,尽管高等学校可以自由选择是否接受认可鉴定,但申请认可鉴定的院校和专业教育计划却有增无减,这是因为美国高等学校把是否能获得认可看作是有关生死存亡的大事,在美国这个激烈竞争、市场力量起极重大作用的社会中,失去认可就等于失去信誉,没有信誉的院校是不可能在竞争中生存的。学校不能获得认可,其毕业生就很难找到理想的工作,雇主通常把从获得认可院校得到的学位,看作是雇用的基本条件。各州通常只给那些从获得认可的院校毕业的学生签发从事某些职业的证书,如教师和律师等。中学根据院校是否获得认可,指导其毕业生报考高等学校,一所没有获得认可的院校是很难招揽学生的。而学生不足,就不可能获得充足的经费,因为各州都是根据公立院校学生人数提供经费的,私立院校的经费在很大程度上依赖学生的学费。联邦政府各部通常只与那些获得认可的院校签订科研合同。在今日的美国,不管是公立院校还是私立院校,科研经费的重要来源都是与联邦政府各部签订的科研合同。美国的大基金会对那些得不到认可或失去认可的院校是不会慷慨解囊相助的。所以一所新建的院校要站住脚跟,就必须申请认可鉴定,加入申请认可鉴定机构;一所已经获得认可的院校则要竭尽全力保住认可地位,而要获得或保住认可地位,就需维系最低限度的质量标准,这就是美国高等学校质量评估制度获得成功的最基本的原因。

目前我国高等教育正处在高速度发展时期,社会各界都在积极办学,各种类型的高等教育机构不断涌现,随着高教领导体制的改革,高等教育还会有更新的发展。那么如何保持高等教育机构最起码的水准,培养出符合社会主义政治经济发展所需要的合格人才,不出现"大学大家学"的状况,就成为摆在我们面前亟需解决的重大课题。美国高等教育质量评估制度尽管有各种各样的问题,但是还是有不少合理成分值得我们借鉴的,例如高等学校定期做自我研究和专家定期视察就是保证高等学校质量的行之有效的措施。本文仅是对美国高等学校的质量评估制度做了一个简要的介绍,其合理成分和弊端还有待深入研究。只要我们认真研究他国经验,结合我国国情就一定能够较快地建立具有我国特色的高等教育质量评估制度,这对于我国高等教育高速健康的发展是至关重要的。

(本文发表于《外国教育动态》1985 年第 5 期。作者王英杰,时属单位为北京师范大学国际与比较教育研究所)

二、日本高等教育评估制度简介

教育评估是由一定机构对一所学校的办学条件、教育质量及其在学校群体中的地位的一种判定。其意义在于保持一所学校作为某类学校所应具备的最基本水平，促进教育质量不断提高。在日本，高等教育评估作为加强教育管理、提高教育水平的手段，受到高度重视。

（一）历史沿革

日本的高等教育评估制度经历了较长的形成过程，它是伴随日本近代高等教育的发展，尤其是私立学校的发展而逐步建立起来的。

明治维新后，日本建立起了多样化的近代高等教育结构。中央和地方政府各自基于行政上的需要，建立起了培养国家官吏和其他高级专门人才的帝国大学、公立大学，私立大学和专门学校也开始发展。与此相适应，日本建立起中央集权的高等教育管理体制。但是，一段时间里，对高等教育评估的重要性却几乎没有认识。学校与学校之间，尤其是私立学校之间，教育质量参差不齐，甚至相差悬殊。

1884 年，对欧洲教育作了详细考察的首相伊藤博文首次从国家的角度提出了教育评估的重要性；强调为了防止一知半解的学生增多，国家有必要开展教育评估；认为对由国家设立并直接管理的国公立大学无须重新评估，但对那些自由发展起来的私立学校，为保持和提高其水平，政府有必要进行一定的干涉。具体说来就是，国家设立一定的标准，对质量不一的私立学校进行认可鉴定。对达到基本标准以上者国家予以认可，对不合标准者，有权予以取消。基于这一方针,1886 年,日本政府通过《私立法律学校特别监督条规》;1888 年,又制定了《特别认可学校规则》。规定只有通过国家认可鉴定的学校,才享有培养国家官吏的资格。这些规则可以说是日本近代高等教育评估制度的肇端。

此后,伴随日本的社会政治和产业经济的发展,大学特别是高等教育程度的私立专门学校迅速增多。但是,对具备何种条件才为大学或专门学校并不明确。各校自行其是,或以大学冠之,或以专门学校冠之,情形相当混乱。1886 年,日本政府颁定《帝国大学令》,但这只是国立大学的标准,并非是一般的大学或专门学校的标准。直至 1903 年,日本政府才颁定了《专门学校令》,以此作为国家对高等教育机构进行认可鉴定的最一般标准。《专门学校令》的颁定,在日本高等教育评估制度的发展中居于重要地位。它虽然没能解决有关高等教育评估的所有问题,但至少对具备什么条件才是高等教育机构已基本明确了。根据这一法令,日本文部省对所有专门学校作了认可鉴定,65 所专门学校中有 47 所获得认可。

《专门学校令》的颁行促使专门学校的教育质量迅速提高,经过不断努力,许多学校教育水平已达到大学程度。有的竟与帝国大学齐名,如庆应义塾、早稻田大学等。部分学校已取名为大学。但是,在制度上,私立大学仍不过是专门学校,从而阻碍了它的社会影响力及其发展。这就需要设定新的更高的私立学校评估标准。适应这一需要,1919 年,日本政府颁定了《大学令》,以此为准,对要求升格为大学的专门学校进行认可鉴定。《大学令》规定,凡属帝国大学之外的公、私立大学均需经过"临时教育会议"的审议。《大学令》公布之前,自称为大学的私立专门学校有 30 所,该法令实施后,获得国家认可的仅有 8 所。其余的私立大学此后经过了近十年时间才陆续被正式作为大学获得认可。至此,战前日本的高等教育评估制度已基本形成。

很明显,战前日本的高等教育评估是由国家进行的。国家以立法的形式规定评估标准。评估标准因学校类型的不同而有异,但都极为严格,只有达到基本标准以上者才能获得国家认可。这种中央集权的教育评估传统,对战后日本教育评估制度有着深远影响。

战后,日本对教育制度进行了根本性改造。受美国模式影响,战前的各种高等教育机构统一转换为新型的四年制大学或二年制短期大学。高等教育管理采取中央指导下的大学自治制度。同时,高等教育评估制度也发生重大变化。这一变化最集中地表现为把对大学的设置认可和对大学的质量评价分离开来。换言之,战前,由国家进行的教育评估既包括设置认可又包括质量评价(鉴定)。战后,高校的设置认可仍由国家进行,而质量评价则转为民间机构进行。

1947 年,经美国占领军授意,四十六所国、公、私立大学的校长组成了日本全国性的、最大的民间教育质量评价机构——大学基准协会。该协会类似美国的"学校认可鉴定委员会"。它以提高教育质量为宗旨开展评估活动,先后制定了"大学标准""研究生院标准""大学函授教育标准""短期大学标准"等。

此外,日本还设有许多由不同性质的大学组成的民间协会。譬如,国立大学协会、公立大学协会、私立大学联盟、全国公立短期大学协会、国立高等专门学校协会等。这些协会一般都进行一定的教育评估工作。

总之,文部省进行的高校设置认可与民间机构进行的教育质量评价相互分离,可谓战后日本高等教育评估制度的最基本特征。

(二) 制度与做法

1. 设置认可

战后,根据《学校教育法》规定,除国立大学的设置无需通过文部省外,其它各种高等教育机构包括大学、研究生院、高等专门学校、短期大学类学校、学部及学科的设置均需经文部省批准,目的在于确保高等教育的最低水准。相应地,日本建立了一套较为完整的设置认可制度,这一制度包括以下几个方面:

(1) 设置认可机构。根据法律规定,日本文部省的高等教育局内设"大学设置审议会",负责对提出设置申请的高校进行审议。审议会的委员从教育界和知识界中选拔,由文部大臣任命,任期两年。审议会又设下列几个分科会:

① 大学设置分科会,由四十五人组成,负责大学设置认可工作;② 大学设置计划分科会,由十五人组成,负责制订大学合理布局的计划等项工作;③ 大学基准分科会,由三十人组成,负责有关大学(除短大)的设置认可标准及博士学位标准等项工作;④ 短期大学基准分科会,由二十人组成,负责短期大学设置认可标准等有关工作;⑤ 高等专门学校分科会,由二十人组成,负责关于高

等专门学校的设置认可工作。

（2）设置认可标准。战前，有关高校设置认可的标准是以法律的形式规定的。战后，旧的法令均被否定。相当长的时间里，大学设置审议会设置认可的标准采用的是大学基准协会制定的有关标准。但是，大学基准协会制定的标准并不具有法律效力，因而，学校的设置认可实际上长期处于无法可依的状况。伴随对战后初期教改的重新评价和高等教育的迅速发展，1956 年日本文部省颁定了《大学设置基准》，1961 年颁定了《高等专门学校设置基准》，1974 年颁定了《研究生院设置基准》，1975 年颁定了《短期大学设置基准》。通过一系列法令的颁定，设置标准逐步趋向依据文部省颁定的各项法令。

设置标准规定了学校设置所必备的最起码条件。根据规定，各高等教育机构不仅不能低于这些最低标准，而且要不断地为提高教学水平而努力。

概括各个设置标准，其内容大体涉及以下几个方面：① 学校教育组织规模标准，其中最主要的是师生比例，尤其是教师中的教授比例。② 学校教育编制标准，包括：a. 对学部、学科和科目的要求；b. 教师资格；c. 学生入学资格及毕业条件；d. 对教学的要求。③ 学校行政编制标准。④ 学校设施设备标准，包括：a. 图书藏书量；b. 用地面积；c. 校舍等设施；d. 附属设施（机构）等。各项标准一般均实行指标化。

（3）设置认可程序。根据法令，凡准备设立公、私立大学、研究生院、高等专门学校和短期大学者，均要向文部大臣递交设置申请。若设立的是私立学校，则依据《私立学校法》首先需要对设置者进行学校法人认可。法律规定，私立大学及其学部、短期大学及其学科的设置申请须在准备开设年度前二年的 7 月 31 日前向文部大臣提出；公立大学的设置申请须在开设的上一年度向文部大臣提出；研究生院及其研究科的设置申请须在前一年的 12 月前向文部大臣提出。申请中须对办学条件及经费来源提出明确说明。文部大臣在接到申请后必须向大学设置审议会提出咨询，由大学设置审议会依照设置标准进行审议。最后由文部大臣作出许可与否的决策。只要认为符合学校设置的最低标准，文部大臣即签发设置许可。

由上可见，日本文部省对学校教育质量能否达到最低标准的判定是通过对人、力、物等构成学校教育的外部条件的认可实现的。这种对外部条件的认可，为保证所设学校具备作为高等学校的最低水平、为此后学校能进一步提高教育质量奠定了必要的基础。

2. 质量评价

(1) 大学基准协会进行的质量评价。大学基准协会是日本最主要的教育质量评价机构。长期以来,这一协会进行的质量评价主要是通过对协会成员的资格鉴定进行的。主要目的是确保高等教育质量,促进协会成员校教育水平不断提高。

大学基准协会进行的质量评价是各大学在自愿基础上进行的,可以说是大学群体自我管理的一种形式,也是更高级的大学自治。但是,正因为这种评价是自愿的,从而决定了并非所有的大学都非去接受该协会的评价不可。然而,大学基准协会的会员资格审查都较为严格,能加入协会的大都是教育质量较高的学校,因而,能否加入该协会,一般说来,是一所学校在高等教育界地位如何的一种标志。

战后,大学基准协会制定了有关质量评价的各种标准。运用这些标准首先在发起校间相互展开评价,而后,评价扩大到新申请加入协会的学校。评价标准的内容与前述设置认可标准的内容基本相同。学校的整个管理水平亦在评价之列,质量评价不是针对某一专业或某一课程进行的,而是对学校进行整体性的评价。

评价前,学校须向协会提出申请。通常,申请是在学校认为自己的教育质量已超过文部省所定的最低标准后才提出。为此,申请学校首先需要进行自我估价。这种自我估价的过程是对自身教育质量进行全面检查的过程,从中可以看到自己的优势,找出差距。对于大学基准协会来说,这种自我估价也是十分必要的。自我估价实际上成为对申请学校进行评价的背景或基础。

对于提出申请的学校,大学基准协会要进行一定的调查研究,调查研究人员由会员校人员组成。申请学校在被认为已超过或基本达到所定标准后,即可纳为会员。对纳为会员的学校协会要加以公布,但不排列名次。1951 年,获得该协会资格鉴定的学校为 38 所,至 1984 年统计已有 117 所。

但是,长期以来,大学基准协会并未能充分发挥作为质量评价机构所应具有的职能,这主要表现在质量评价缺乏连续性上。评价只是在学校申请加入协会时进行,是一次性的,并没有定期的再审制度,很难保证教育质量不再降低。为解决这一问题,1979 年,大学基准协会设立"大学自己评价委员会",决定对已通过资格鉴定的会员校定期复行质量评价。

定期复行质量评价的领域和标准由以下七方面构成,即大学的理想状态及目标、组织机构、人事、教学活动、研究活动、设施设备、财政。具体项目为:

Ⅰ. 大学的理想状态及目标,包括:a) 是否伴随社会的发展变化不断调整学校目标;b) 既定目标是否都已实现。

Ⅱ. 组织机构,包括下列方面:a) 教育、科研组织和事务组织,是否明确了权限与职责,防止了臃肿和多元化;b) 理事会,是否反映了教学人员的意见;c) 校长,是否担负起了整体的调整机能;d) 教授会,是否有专任教员的直接参与;e) 学生组织,自治组织是否健全,其效用如何。

Ⅲ. 人事,包括:a) 教师的录用,是否具有长期的教育及研究计划,是否不分国籍、性别、毕业学校加以录用;b) 教师的晋升,是否对教学、科研及学位、学会活动和其它必要的诸条件进行综合性审查,是否由众多的专家进行审查。

Ⅳ. 教学活动,包括:a) 入学考试是否公正和多样化;b) 对课程是否作了反复研究;c) 教师的教学负担是否减轻;d) 是否对每年讲义的预定情况予以公布;e) 对非常任教师的控制情况如何;f) 图书馆的相互利用及学分互换制度实行得如何;g) 通过开设公开讲座而对地区社会所作的贡献如何。

Ⅴ. 研究活动,包括:a) 教师研究业绩一览表的定期公布情况;b) 研究助成基金的设立情况;c) 研究休假制度的充实情况;d) 促进学会活动的条件具备情况。

Ⅵ. 设施设备,包括教学、科研、卫生、体育等设施设备的质量充实与管理使用情况。

Ⅶ. 财政,学校财政制度是否健全。

大学自己评价委员会制定的这些质量评价标准不仅适用于大学基准协会对成员校的评价,而且成为协会成员校开展自我评价的标准。不过,目前对如何实施评价,诸如定期质量评价的时间、程序、细则、方法等还没有具体规定。1983 年,大学基准协会设置了"自己评价实施方法检讨小委员会",决定对此进行深入研究。

　　不难看出,大学基准协会进行的高等教育质量评价经历了一个由一次完成到定期再审的过程。这一变化反映了日本高等教育界对教育评估的重要性日益重视,也实际论证了在高校享有高度的自治权条件下,教育评估对控制教育质量所具有的重要作用。

　　(2)高校自己进行的质量评价。除由一定的机构进行的质量评价外,日本各高校一般自己也要进行一定的质量评价。其评价标准或由各校自定,或根据所属协会的标准。下面是私立大学联盟制定的质量评价标准,亦是所属会员进行自我质量评价的标准。评价标准由 15 个领域、135 个项目构成。评价领域详见图1。

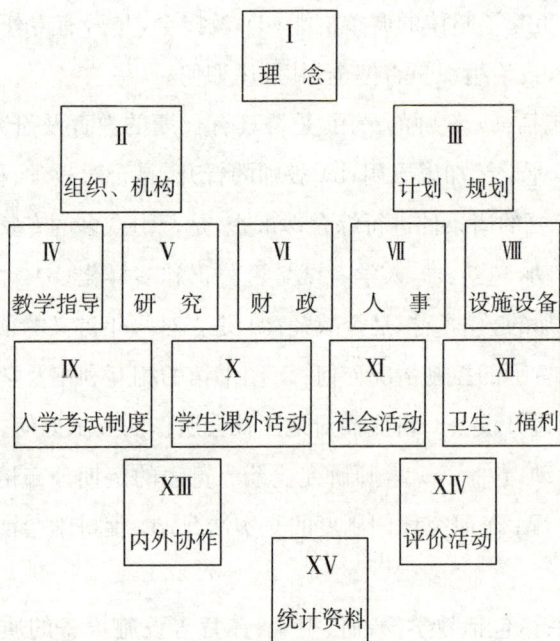

图 1

　　由图可见,评价的范围极为广泛。下面列举其中的Ⅰ、Ⅳ和ⅩⅣ项,对评价的项目作以简单介绍。

　　关于理念与目标:① 大学的作用是什么? 其中如何明确私立大学存在的意义(对私立大学与国、公立大学任务的差异及私立大学特点的认识)? ② 所属大学的办学精神是什么(设立宗旨书、财产提供、设置要点、学则、学校要览)?

③ 使其理念具体化起来的传统是什么（独自性、学风、特色）？ ④ 其理念在现代社会中的意义是什么？面向未来使之发展的方向是什么（教育目标的贴切性、应新开发的目标）？ ⑤ 如何使全校具有共同的使命感？ ⑥ 如何在尊重传统的同时，接受建设性批评？ ⑦ 学术自由是否受到保障？

关于教学内容及教学指导：① 为圆满进行教学是否配备了足够的教员？ ② 评价教学内容及教学指导的制度如何（谁评价、评价谁、何时评价、为何评价）？ ③ 应包括在教学评价中的项目有哪些（目标、内容、动机、教学法、教员的态度等）？ ④ 教材、设施等被有效地利用了吗？ ⑤ 改进教学的措施有哪些（教员的进修、物质的与人力的条件、担任教学的时数、听讲者数）？ ⑥ 教学指导制度是否被确立了？

关于评价活动：① 在何种场合下认识到了教学评价的必要性（教授会的自主活动、行政管理上的需要、来自学生的要求，来自校外的要求）？ ② 现时作为教学评价的组织形式是什么（教授会委员会，大学调查局、教育服务中心、校外者）？ ③ 评价的领域是什么（行政管理机构、教学计划、教学、研究、学生指导、社会活动、大学整体的综合评价）？ ④ 实施评价活动之际所应考虑的是什么（举办者、实施、回收方法、发表结果的方式、对人事的影响、费用与劳力）？

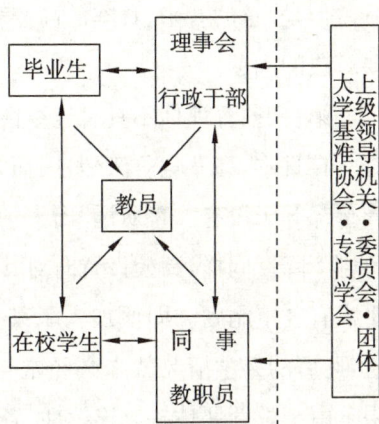

图2

质量评价的对象既包括教师、学生，也包括学校行政领导。因而，作为评价的方法，它不是由教师对学生、由学校行政领导对教师进行单向性评价，而是相互进行的多向性评价。上图是以评价教员为例描绘的评估模式。可见，评价是来自多方面的，相互进行的。相互评价可以促进全校人员对学校教育质量的关心，提高全校人员的主人翁意识。因此，相互评价本身就是检验学校管理水平的一个尺度。

日本高校自我进行的质量评价一般是不定期的，往往是在社会政治经济出现大变动以及教育面临着新的重大课题时进行的，以此作为制定学校教育改革政策和措施的依据,使得学校教育能够迅速跟上社会发展变化的步伐。

(三) 特点与问题

战后,日本形成了由文部省进行设置认可和由民间机构进行质量评价这样一种独具特色的教育评估制度,分析这一制度可以看到,文部省进行的是高校设置时的评估,民间机构进行的是高校设置后的评估。前者的目的是确保高校最起码的教育质量;后者的目的是促进其质量不断提高。可以说,这是一个目的的两个阶段。战后几十年里,日本高校教育评估制度从设置时和设置后两个环节上控制教育质量,对于日本高校能够培养出大批高质量人才确实起了一定的作用。

但是,总的看来,日本的高校教育评估并不是十分完善的,其中存在许多需要解决的问题。

第一、教育评估不具有连续性。最典型的是对学生的评价和大学的设置审查。在日本,高考竞争激烈,因而,入学考试非常严格。然而,入学后对学生的评价却等于没有。正所谓"出大学容易入大学难"。许多学生入学后知识水平急剧下降。同样,高校设置时对其审查较为严格,可是一旦获得认可,此后则近乎没有复审制度。即便加入了某一协会,也只是在入会时接受必要的质量评价,此后的办学情况就未必经常得到监督检查。教育评估的作用和影响很有限。由于教育评估缺乏连续性,各校在设置时质量相差不大,但设置后质量差距即被拉大了。

第二、质量评估不够全面、严格。日本的高校在获准设置后,是否进行质量评价完全基于自愿。各校可加入某一组织以寻求一定的评价,也可不去寻求一定的评价,这样必然会使有的学校游离于质量评价之外。由此,很难对所有学校的教育质量都有效地加以控制。

第三、评估者的范围较窄。评估者或是文部省,或是学校自身,或是由各校组成的机构,总是局限在教育界的圈子里,没有其它部门及其他社会人员参与。实际上,教育评估是项社会化活动。在现代,高校已不是孤立于社会之外的封闭体。其他社会部门参与教育评估,可以从更广阔的视野对高校教育的质量作出判定。教育评估仅由教育界进行,就使教育评价产生一定的局限性。

第四、对教育评估缺乏深入研究。战后,日本无论是对有关教育评估的目的、方法的实际探索,还是理论研究都比较贫乏。这是许多日本著名学者所承认了的。造成这种状况既有社会原因又有心理原因。就社会原因而言,由民间机构进行教育评估是战后从美国输入而来的,加之其作用有限,长期以来,人们并没有给它以足够的重视。就心理原因而言,日本是个高学历社会,人们在心目中要给各高校排列顺序,但大多数人在实际中又不希望这样做。人们惧怕高校教育评估会导致高校排列顺序从而加剧竞争,这成为阻碍教育评估研究深入的重要的心理制约条件。随着高等教育迅速发展,开展教育评估理论研究日益成为重要课题。近年来,开始出现加强理论研究的趋势。1979～1981 年,著名学者庆伊富长等在文部省科学研究费资助下进行了《关于高等教育质量评价基准的研究》,开始了日本对教育评估进行理论探讨的新阶段。理论研究开始深入与实践中大学基准协会决定定期进行教育质量评价相呼应,表明日本对高等教育评估的重视程度在迅速提高。

战后,日本形成了独具特色的教育评估制度。这套制度既有成功之处,又有需要加以完善的地方。不管怎样,这套制度使日本高等教育质量的最低标准得以维系。日本高等教育评估制度的作法及其利弊,值得我们认真加以研究。

（本文发表于《外国教育动态》1986 年第 2 期。作者吴忠魁,时属单位为北京师范大学教育学系）

三、大学教学质量的鉴定和评述

在澳大利亚,越来越多的高等院校对教师教学工作的评估开始采用美国第三产业教育学院(Tertiary Education Institute)一套方法。这套方法主要依靠学生来评估教师的教学态度及其教学效果,评估的对象包括所有参加教学工作的人员。除了评估教师的课堂教学工作外,对教师的课堂教学工作如个别辅导、教学演示、指导实习和毕业设计等种类繁多的教学手段同样作以评估。

昆士兰大学是澳大利亚的一所名牌大学,也是澳大利亚第一所使用第三产业学院的那一套依靠学生来评估教师的大学。它所采用的方法是"分科调查法",即把印有"你对这位教师的教学能力有何看法?"之类问题的调查表发给同学,然后再把所收集到的征询答案予以分类研究。

在开始使用"调查表"前,居于领导地位的校方权威人士中的意见很不一致,因为对这个学校中决定教师的任期和晋级的校务委员会来讲,要下一个"教学质量优秀"和"教学工作卓有成效"的定义是一个相当棘手的问题。校务委员会中的大部分成员对用"调查表"来作为对教师教学工作评据的重要依据之一的做法持怀疑态度,特别是对把凡是受到学生欢迎的教师与在教学工作上卓有成效的教师等同起来的论点极为疑虑。因此在开始时,校领导采取了比较谨慎的做法,即先抽一小部分同学作为"抽样试验"。两年来的实践证明:发"调查表"给学生来评估教师教学工作的做法是切实可行的,学生对一个教师的全面评估与校领导对他的看法出入并不大,尤其是在原则性问题上,双方的观点几乎是一致的。

1982 年,昆士兰大学委托第三产业教育学院设计了一种适用于该校评估见习教师的"系统评估法",其中所列举的条件是所有合格教师必须具备的。但在晋升职称时,教师的教学成绩必须在各方面远远超过令人"满意"的界限,也就是说要达到"卓越"或"杰出"的标准。这种评估法使用了一年后,隶属于昆士兰大学学术委员的教育委员会(专门负责评估教师的一个机构)才将这种评估法推广到全体教学工作者之中。

这种"系统评估法"全面使用了一段时间后,大多数教师均认为这种方法是切合适用的,因此是能够接受的。

评估调查表

通过试点和长期实践并征求了数以百计教师的意见以及参考了不少有关评估教学工作的文献材料后,昆士兰大学设计了一种有层次的能全面评估教学工作的"评估调查表"。调查表分三个部分:第一部分为核心项目,其中包括评估教师的九条标准;第二部分仅包括两个需要学生来回答的问题,第一个问题述及到学生对教材是否满意,第二个问题则是调查教师教学的全面效果。最后还得让学生给教师评分,然后再根据所有学生"批"的分数来得出教师的平均分数,这个平均分数保存在教师的个人档案中,作为决定教师是否应该继续聘任以及晋升职称时的参考;第三部分是留给教师自己填写的,教师本人记载反馈信息以及对改进教学工作的自我补充。

调查表的后页还印了两个提醒学生注意的附加问题(学生可以回答,也可以不回答),这两个问题是:你对本校教师的教学水平的总实力作何评估?你对本校如何改进教学工作有何建议?问题的安排是经过深思熟虑的,因为大多数学生均乐意回答第一个问题,但只有极少数学生肯回答第二个问题,这是由于学生平时接触最多的是教师,他们对教师最了解,他们也迫切希望教师能在教学过程中不断改进教学工作从而提高学生的素质,但对全校性的教学改革却提不出什么建设性的意见,因为他们到底还不是教育专家。

在1983~1984年度的三个学期中,昆士兰大学总共有372个班级的9 600多名学生参加了填写调查表活动,被调查的教师总数为128名,现将学生对学科和教师教学质量的评分列表如下:

分数	1	2	3	4	5	6	7	平均分数
学科	2	4	11	26	33	21	3	4.6
教师	1	2	7	19	32	33	6	5.0

标准：1＝极差，4＝满意，7＝卓越

虽然不少教师在某些学生的调查表中获得了较高的分数，但在班级总平均分数中获得 6 分或 6 分以上的教师的比例是很小的。如果认为获得 7 分或接近 7 分的教师算是"卓越教师"，那么获得六分左右的教师就可算是"优秀教师"了。被调查的教师中共有 11％获得了 6 分或超过 6 分的分数。这些教师中有代表各种不同学科的男女教师、助教和讲师、导师和教授等。他们采用的授课形式是多种多样的，其中有课堂讲授、导师辅导、演示教学和指导实习等形式。

学生对影响教学质量的各方面的因素都进行了评估，其中包括：班级规模、教师使用的教学方法、教师的性别、年龄及其社会地位、教师使用的评定成绩的方式以及教师对必修课和选修课的安排等。迄今为止，大多数班级认为班级规模是取得高质量教学的一个至关重要的因素，采用小班形式上课最受学生欢迎。下表所列说明班级规模对教学效果的影响（1984 年第二学期）：

参加班级	班级规模	平均分数
17	10 名以下学生	5.7
51	10～20 名学生	5.4
68	21～50 名学生	5.2
24	51～100 名学生	5.1
23	超过 100 名学生	4.5

如何评估教师的教学效果

衡量一位优秀教师或卓越教师的标准究竟应该怎样测定呢？是看学生分数的高低、班级中升留级学生的比例还是看学生知识面的广度和深度呢？其次，究竟在什么时候给教师的教学效果作结论最为适宜？是在每一次上课或辅导课后或是在每学期结束或学年结束时？或者更长一些时间？还有，对所谓"卓有成效的课堂教学"这条定义来讲，学生和学校领导之间的看法可能存在分歧,一个系内,教师的观点以及以日益发展的教育理论的标准为依据的"教育专家"的观点之间也可能存在分歧。所有这些都说明了一个问题,即要对一位教师作出一个恰如其分的"好教师""令人满意的教师""优秀教师"或"卓越教师"的结论是比较困难的。但如果利用调查表来作为解决问题的起点,那么就至少能对这些存在的问题提供一些补充说明,可以为学校制定评估教师的政策提供一些重要的材料。

单单依靠调查表上的平均分数来作为鉴定一位教师教学效果的依据是不充分的,学生喜欢上小班课,因此一半以上小班课的教师得到了 6 分或 6 分以上的平均分数,与之相比,上中等规模课的教师得到 6 分左右的平均分数的为教师总数的 42%,而在超过一百名学生的大班上课的教师仅有 24%得到了同样的分数。学生对上大班课的教学质量总是感到难以满意,这是因为上大班课一般都是由教师一人唱"独脚戏",教师很难使用启发式教学法,课堂上也很难出现以师生间的"相互交流作用"为主体的那种"人人都能扮演角色"的场面,但当教师在少于 20 人的班级上课时,这种启发式教学法才能比较容易地运用,而这种上课形式也经常受到学校领导的鼓励。

因此,对一位教师公正的评价应该在同层次的班级中将他与其他教师相互比较,首先看他得到的平均分数是否超过同层次班级的所有教师的平均分数,其次还得将学生所下的评语与同层次班级中的其他教师相互比较。试以该校两位比较有代表性的并且被一般学生公认为在同层次班级中比较出色地完成教学任务的某工程教育系的教师和某政治系教师为例:

教师 A 是采矿和冶金工程系的一位讲师,他年近四十岁,自从 1972 年以来每年都出色地完成任务,他对教学工作和科研工作同样感兴趣,多年来一直系统地收集学生对他的反应并尽力使自己的教学工作能与学生相适应,因此从学生对他的评估中可以明显地看出他是受到学生信任的。他所讲授的课程是门大学二年级的必修课,对象是所有工程系的 260 名学生。昆士兰大学的工程系是被全校教师所公认的最差劲的一个系,学生的纪律一向很松驰,长期以来校领导和教师们对此议论纷纷、叫苦不迭,但自从 A 教师上课以来,他从未遇到过任何棘手问题。

学生对该课程打的平均分数是 4.8 分,对教师的打分是 5.4 分(在这种规模的班级上课的教师的平均分数是 4.5 分)。学生在调查表中充分肯定了他作为教师的长处:他们对他的渊博的知识以及他在课堂中根据课堂教学实际经验所列举的结合教学的贴切的和恰到好处的比喻表示高度赞赏。此外,学生对他的生动活泼的讲课方式和他对教学工作的热忱态度评价很高,他备课充分,组织教学材料严谨,讲课清楚,言语清晰而简练,使所有学生都能记好笔记。对这门课程来讲,无论是讲课者还是学生都认为这是非常需要的。

许多学生也提到了他在课堂上乐意回答学生提出的问题和主动在课外帮助学生的优点,并指出他对学生很谅解,对班级中出现的任何不正常情况能泰然处之;他最大的优点是能干净利落地交待课堂内容,促使学生对课堂教学产生兴趣,并能严格控制全班学生的听课情绪,学生在上他的课时从来没有因为讲课枯燥乏味而影响课堂秩序。此外,部分学生也谈到他和学生相处得很好,在讲课时教态自然和富有幽默感,并能了解到学生在听课时最容易搞糊涂的地方。总之,他能将他的课堂教学与学生的思想融成一体。

另一名被调查的对象是政治系的 B 教师,她刚满三十岁,在大学中才教了三年政治课,在见习期满后不久,由于教学效果良好,被破格晋升为讲师。作为一位大学教师,她的特点是将课堂教学工作与教学研究工作放在同等地位。她认为开展教学研究工作有助于推动她的课堂教学工作,虽然她的大部分时间还是花在教学上的,她所教的两门课均被列入受"教学评估法"调查的课程;在这两门课程中,她既教课,也兼作导师。在三个学期中,她都得到了高于平均分数的分数。无论是她授课的班级或辅导的班级,在第一次调查中都给她打了不低于 6 分的平均分数,在以后的几次调查中,她得的分数每次都有所提高。她教的是大学二年级的政治课,是一门修选课,全部课堂讲授均由她一人负责。

政治课是一门比较难以"讨好"学生的课程,几乎所有学生对该学科的评价较低,在 B 教师开始开课时,学生对她的评价存在着相当大的分歧,但隔了一段时间后,学生在全面衡量了她作为一位大学教师的素质后,所有学生都认为她是够格的。她得到的平均分数是 6 分。在讲课技巧和组织教材能力这两项中,学生对她的反应极为良好。从学生学习效果来说,她所起的作用也得到了肯定。四分之三的学生认为他们在学习过程中学会了用冷静的头脑来思考问题,对学习具有主观能动性,能独立工作。此外,她的教学方法也受到了大多数学生的好评:阐述清楚,言语简练,学生容易听懂并能记好笔记。她的课堂语言的逻辑性很强,能启发学生对她的讲课方法提意见。她对教材的中心思想抓得很紧,组织得很好,她使课堂成为具有能对课题进行实事求是研究分析的场所和笼罩着浓厚的学术气氛的环境。

B教师在讲课中尽量保持不拘形式的风格,她创造了一种有利于探讨课题内容的环境,她并不将信息直接传递给学生,而是带批评性地阐述各种观点和理论,使学生在课堂中通过对问题的探讨和独立思考以及学生间的相互讨论而起到相互促进的作用。她的讲课风格完全出于自然,一点也没有矫揉造作的成分(矫揉造作是最容易引起学生反感的),她有意识地在讲课时把学生作为"平等伙伴"来对待,发给他们有关充实课堂内容的参考资料,就像在办公室内对待她的同教研室的同事一样。

作为导师,学生十分钦佩她对课程的组织能力。学生们认为他们从她那里学会了能批判性地思考问题和独立工作的能力,每一个学生都感到上她的政治课是一种乐趣,在学习中也颇能得心应手,因此每一个学生都觉得自己能在这个班级中作为一名成员是值得骄傲的。

在调查表的反面,学生再一次指出老师平易近人、关心他们的思想、学生在学习中遇到困难时乐于帮助的优点。有些学生提到,她对待学生的态度不亢不卑,与一般教师有着明显的区别。由于她有启发别人争辩的能力,因此在导师小组讨论问题时所有成员都能踊跃发言,大家都认为参加小组活动是值得的,是有所收获的。她常对学生的课外作业进行个别辅导,但坚持要学生独立完成作业。为了取得有效的反馈信息,她及时收作业、批作业和发还作业。

在做导师工作中,她注意到充分调动学生的主观能动性,并花了不少功夫来选择学生的课外泛读材料和发掘其中值得争论的问题。此外,她还重视因材施教,如对理解能力较强的学生布置额外的较难的作业。她努力使学生亲身感受到:在学习过程中师生是肩并肩、携手并进的,当学生在分组讨论中进行得不够理想时,她就把较大的组分成几个小组,以便讨论能顺利进行。她对参加辅导课的学生给以评分,并将分数和她的评分标准告诉学生。

还有不少学生在调查表中提到:B教师在课堂上不单单是教书,并且还"教人";她教会了学生能用批判性的头脑去思考问题,使学生能将概念应用于实践之中,培养了学生检验理论和研究问题的能力,从而使他们成为独立的学习者。她在讲课时所使用的突出课堂中心思想的讲课方式给学生提供了能在辅导课中有机会向教师提出建议和评估教师教学能力的上课模式。在这种相互起作用的教学环境中,她的容忍批评的美德和她鼓励学生积极展开学术性争论的教学方法,充分调动了学生学习的积极性,并使学生对学习感到轻松自如。

结论

在分科调查中,用"教学评估法"来评估教师,并从中推出"优秀教师"和"卓越教师"有什么现实意义呢?

首先,人们可以看到,在综合研究了调查表中学生对评估教师所提供的材料后,学校领导就能基本上得出一位教师的实际业务水平的概貌,如果将这些材料与学校领导在平时通过听课和检查教师备课笔记以及教师批改作业的质量等结合在一起,那就可以对这位教师下一个比较贴切和符合他实际情况的结论了。当昆士兰大学利用调查表来作为评估教师的主要手段的方法被推广到澳大利亚其它高等院校后,几乎所有使用过调查表的大学都认为这是一种有现实意义和行之有效的方法,它对提高教学质量是有帮助的。在评估过程中,不同教师的教学态度以及他们的个人风格无疑能起到相互借鉴的作用;评估中的评分虽是干巴巴的,但分科调查法却体现出了每个教师的个性和他在教学上的"特色"。集中力量收集各位教师在教学方面的长处是提高全校教学水平的一项积极和有效的措施,也是调查表的另一项重大收获。

"评估法"在一些学校中推行了一段时期后,越来越受到广大师生的欢迎,因为调查表能区分出教师谁"优"谁"劣",谁是"卓越教师",谁是"优秀教师",谁仅仅是"合格教师",同时也对极少数不够称职的教师敲响了警钟。调查表对一般教师也起到鞭策作用,它使教师能在评估过程中充分看到自己的长处和不足之处,从而取长补短、提高自己。因此,在使用调查表后,许多教师在晋级时都提出要求学校领导能对自己的教学工作作出比较全面的和客观的评估,而见习教师则欢迎学校能尽快来评估自己的教学工作。调查表也提高了教师和学生的认识,即对教师在教学工作中所起的作用有了比较一致的看法。

从调查表中还可以看出,学生也很重视教师对待学生的态度,譬如教师是否平易近人，是否对学生有热情；可是，单凭热情、友善和开朗的性格是不能赢得优秀教师的称号的。不过，如果将这些品质加上高质量的教学水平和熟练的课堂表达技巧以及丰富的教学经验，那就具备了一位优秀教师所必须具备的重要素质了。

利用调查表进行分科调查来评估教师（包括从中评出优秀教师和卓越教师）的做法充分显示了调查表的优点。经过实践后，澳大利亚采用这种评估法的大学中，原先反对这种做法的人越来越少了。但毫无疑问，在教师队伍中，也有一些人的能力并不发挥在课堂教学上而是发挥在别的教学领域内，如编写教材和教科书、收集视听教学法的资料、开发新课堂和"改造"旧课程等。当然，这部分教师的工作成就只能依靠他们的同事以及精通业务的学校领导来评估了。

现在仍然有不少教师主张，"单靠课堂传授知识是不够的，学生应该主要依靠自学和走出校门去寻找知识"。大学中的知识来源是少得可怜的，其中也包括教师和学生的时间。事实上，学生心目中最佳的老师是能传授新知识的有真才实学的老师，因为只有这些老师才能培养出具有独立学习能力和在困难和挫折面前能坚韧不拔和勇往直前的学生。如何掌握知识和巩固知识的责任在于学生；优秀的大学教师则在于运用他们的学识及其专业技术知识以及他们的崇高品质来提高学生学习的积极性、陶冶他们的性格。

（本文发表于《外国教育动态》1988 年第 2 期。余秉全编译）

四、苏联的高等教育评价制度

苏联现有高等院校 896 所,其中包括综合大学、工学院、农学院、经济学院、法学院、师范学院、医学院、体育学院和艺术学院。在苏维埃国家和苏联人民生活中,高等院校具有非常重要的地位和作用。人们认为,苏联的高等院校是国民经济总体的重要环节,是加速社会、经济、科技、文化进步的强有力的手段,是执行党和政府对内对外政策与增加苏联社会智能潜力的可靠工具,是造就社会主义知识分子的主要园地和完善苏联劳动者职业技能结构的基本渠道之一。目前,苏联的高等院校已成为国民经济中最重要的非生产部门之一,这里有 50 万教学及科研人员,有 500 万大学生,每年向国家输送近 90 万名毕业生。最近几年,苏联知识分子人数增长的速度已经超过了所有其他各社会阶层。以莫斯科的 3 所大学为例,莫斯科大学、莫斯科动力学院和鲍曼高等技术学院每年的毕业生就超过了沙皇时代全国 105 所高等院校毕业生的总和。可以认为,现在,苏联的高等教育已经达到的规模和水平使它能积极地参加一切社会经济过程,它对苏维埃社会的社会结构的发展产生着重大影响。

(一) 苏联的高等教育评价制度

苏联的高等教育事业取得如此迅速的发展,重要的原因之一就是苏联的高等教育具有一套完整发达、富有成效的教育质量评价制度。苏联的高等教育评价制度包括两个方面:一方面是国家评价制度;另一方面是学校内部评价制度。

1. 国家评价制度

十月革命成功以后,新生的苏维埃政权于 1918 年 5 月颁布了由列宁签署的人民委员部《关于教学、教育机构和主管部门的学校统一归教育人民委员部领导》的决议。文件指出,实行对学校的集中领导是为了改造教学——教育事业并使之根据新的教育学原理和社会主义原则统一与革新。1920 年 1 月教育人民委员部设立了职业技术教育总委员会,该委员会受命完成了建立高等院校的任务。1922 年 7 月教育人民委员部批准了"俄罗斯联邦共和国高等学校条例",条例规定,高等学校在教育人民委员部职业技术教育总委员会的领导和经常监督下进行工作。1930 年根据苏共中央两次全会的决定,实现了高等学校专业化,将高等学校移交给各有关部委管理(如全苏国民经济委员会、工业建设人民委员部、农业人民委员部等)。1936 年教育人民委员部专门建立了全苏高等学校工作委员会负责对全国的高等院校实行组织上和方法上的总的领导。1966 年 9 月,苏共中央和苏联部长会议联名颁布了《关于改善专家的培养和改进对全国高等及中等专业教育的领导的措施》的决议。文件规定,苏联高等和中等专业教育部是高等学校管理的国家执行机构,它对高等教育系统的现状和继续发展负责,并且要采取一切必要的措施来保证培养专家的质量以及充分满足国民经济对专家的需求。苏联高等和中等专业教育部作为管理机关,对全国所有的高等院校,不论其隶属关系如何,在组织和方法上实行总的领导,对各加盟共和国的高等院校通过各加盟共和国的高等和中等专业教育部进行职能领导,对部署大学和学院则直接进行管理。直属于苏联高等和中等专业教育部的是一些最先进的、规模很大的院校,它们在确定改进整个高等学校工作的途径以及总结推广培养专家的先进经验方面起着重要的示范作用,它们在科学研究及教学法研究方面起着中心作用。此后,苏共中央和苏联部长会议在它们所批准的每一份新文件中,都责成苏联高等和中等专业教育部加强对部属院校在组织和方法上的具体领导,同时还要担负起领导全国高等院校及其管理机关的任务。这些都说明,苏联高等和中等专业教育部对全苏的高等院校是作为一个统一的部门进行全面管理的而不是像职能管理那样局限在制定统一标准和协调高等学校的活动方面。

苏联高等和中等专业教育部作为统一的部门,对高等院校的领导职能有明显的集中和扩大的趋势。这明显地表现在该部对全国所有高等院校教育工作的监督职能和对它们的教学、教育、科学研究及教学法工作的国家检查职能上面。

　　监督、检查、评价,作为管理的基本职能之一,在管理系统的职能中是一个非常重要的方面。列宁曾多次强调过这一点。他说:"计算和监督是把共产主义社会第一阶段'调整好',使它能具备正确地进行工作所必需的主要条件"。(《列宁选集》,第 3 卷,第 258 页)他在自己的著作中还指出,自我监督和对执行情况的毫不放松的外来监督是每个工作人员最重要的义务之一,专门的监督机关的存在并不能使他免除这种义务。他还不止一次地强调监督的必要性并提出,要吸收最有威望和水平最高的干部及社会人士参加这项工作。

　　根据列宁的教导,苏联早在建国初期就建立了高等教育的监督、检查、评价系统。建立这一系统的主要目的,就在于通过高等教育评价的手段来促进高等院校提高管理水平和效率,提高教育质量,保证教育计划的完成,同时,也是为了不断地完善整个高等教育系统。

　　为了实现这个目的,高等教育的监督、检查、评价系统为自己提出了下列主要任务:① 系统分析党和国家在高等教育方面所作的各项决定以及规定了高等院校工作内容的标准文件的完成情况和质量;② 经常地全面研究苏联国民教育和各加盟共和国国民教育法向高等院校提出的基本任务的完成情况和质量,特别要注意从不断提高专家的培养质量和思想政治教育质量的观点出发,研究领导教学工作和教学法指导工作;③ 使监督、检查、评价达到防止和有效地克服缺点、总结和推广先进经验之目的。

　　为了加强对专家培养工作的质量监督,苏共中央和苏联部长会议决定在苏联高等和中等专业教育部设立"高等学校国家检查局",规定了国家检查局的任务,并制定了《高等学校国家检查局工作条例》。

　　高等学校国家检查局是具有权威的检查机构,其任务是对全国各类高等院校的工作及教育质量进行检查和评价。它所组织的具体活动包括:① 拟定各种有关实施检查、评价的文件;② 组织国家对各类高等院校的质量检查与评价;③ 组织国家对高等院校的视察工作;④ 开展有关监督、检查、评价的科研活动;⑤ 统一检查、评价的措施,协调检查、评价工作。

　　国家检查局对高等院校的检查,主要着眼点在于对高等教育发展的主要倾向以及对完善高等教育问题的一些战略决策完成情况的分析。从这一角度出发,检查工作包括下列三种基本类型:① 对几类或几门专业进行综合检查,同时对整个高等学校的工作进行综合检查;② 对高等学校工作的某些方面或专业训练的某些阶段进行全面检查;③ 对高等学校的某些部门、某些方面的工作和教学组织形式进行重点检查。

除了苏联高等和中等专业教育部的高等学校国家检查局以外,负责监督、检查、评价高等院校的机构,还有中央各部及主管部门的高等学校管理局、高等学校总管理处和各加盟共和国的高等和中等专业教育部。

由于建立了各级专门的检查机关,在苏联高等教育系统内,就形成了一个完整的监督、检查、评价工作系统。在这个系统中,各类《检查工作条例》相继制定出来。这些条例是根据高等学校工作的各方面的需要而制定出来的,因而它们各有各的特色。这些工作条例大体上都包括了下列内容:① 揭示检查对象的性质和确定检查对象的原则;② 系统阐述将要向检查对象提出的基本要求,即对于确定检查职能性质的各种因素的介绍;③ 关于评价的程序、方式方法和利用检查结果的可能性的建议。

1978 年 9 月,苏联高等和中等专业教育部颁布了《苏联高等院校主要课程质量检查条例》,这个条例包括五个部分。其第一部分是关于课堂教学、课程质量的检查;第二部分是关于实践课程、实验课程的质量检查;第三部分是关于生产实习、学年设计的质量检查……每一部分都包括总则、对内容的基本要求、对各部分的考试要求等三个方面。

对高等院校进行国家检查时,检查任务由国家检查局任命的检查小组来完成。小组的成员包括从高等院校聘请的、在科学和教育界享有崇高威望、精通本行业务、业务水平很高的专家(主要是从国内重点大学请来的优秀教师)。这样才能保证检查工作的高水平、高质量、高效率。为了加强国家检查工作的效果,又规定检查小组完成检查任务后必须通报公布其检查结果。

国家检查局除了按照检查工作条例对各学校进行质量检查外,还经常组织对高等院校的"国家视察"。每视察完一所学校,视察小组都要写一份有分析的报告书,详细报告情况。报告书首先交给该校的校长及校委会审核,然后呈报给高等和中等专业教育部。教育部研究了报告之后,对于该校如何克服缺点、如何采用及推广先进经验作出具体的指示。

各高等院校和它们的上级主管部门都非常重视国家视察报告,因为这一报告是根据国家发布的关于高等学校工作的各种法令和规定,以国家标准为尺度全面地检查学校的工作并做出恰当的评价。那些参加视察的人,不仅精通高等学校各方面的工作业务,而且还掌握各学科领域的最新成就。各高等学校都要对这一报告进行认真的研究,对报告中所提出的问题逐个或逐类地加以分析,然后要制定出今后的改进措施。如果有关的问题超出了它们的权限范围,就要提交给苏联高等和中等专业教育部部务会议讨论。各级领导部门在研究高等教育发展远景问题的时候,都积极利用这些材料,可以说,这些评价材料,应该成为分析和解决高等院校工作现实问题的相当重要的情报源。

2. 高等院校自我评价制度

1976年,苏联开始尝试建立一种高等院校的自我评价制度。他们认为,高等院校的中心任务是培养高质量的人才,要想不断提高培养质量。首先要保证高水平的管理。而要想提高管理水平,就必须采取对高等学校工作进行整体性的、全面有效的监督、检查和评价。其目的是防止并及时发现和纠正各部门存在的问题,及时总结并推广先进经验,加强工作人员的事业心、责任感、组织性、纪律性,充分发挥他们的主观能动作用和创造精神。

为了抓好这项工作,苏联高等和中等专业教育部成立了"组织与方法监督委员会",该委员会的任务就是重点研究高等院校监督系统的组织结构与标准条例。具体说来,包括三个方面:① 总结如何监督、检查、评价教育质量的经验;② 决定围绕教育质量所进行的科研及教学法研究的主要方向;③ 研究实际应用科研及教学法研究成果的途径与方法。

1979年9月,苏联高等和中等专业教育部颁布了《高等学校监督制度示范条例》,正式确立了对高等学校实行监督、检查、评价的制度,高等学校内部监督、检查、评价机构包括校、系两级,分别称为校、系组织和方法委员会。

《条例》规定了需要监督、检查、评价的内容:① 执行党和国家下达的决议及建议的情况;② 教学过程与教育过程的质量情况;③ 教师执行教学计划、完成教学工作、科研工作的情况;④ 执行校务委员会、校长办公会议、党委会的指示和命令的情况;⑤ 对来信、来访的处理情况。

《条例》所规定的高等院校的组织与方法监督委员会的职能是:① 拟订学

校行政与社会组织对培养专门人才的质量和工作效率进行监督、检查、评价的协作计划;② 从方法上指导系和教研室制订监督计划并指导其组织工作;③ 检查并分析执行监督计划的情况。

《条例》所规定的高等院校各系的组织与方法监督委员会的职能是:① 拟订系的监督、检查、评价的计划;② 按计划检查各门课的讲课质量;③ 监督、检查、评价各教研室的工作;④ 组织其他方面的监督、检查、评价活动。

校级的监督委员会委员是由校长任命的,系级的委员会委员是由系主任任命的。这两级委员会的主席都由校务委员担任。其他的委员由教学经验丰富、业务水平高、有政治远见的教学、科研或行政专家担任。委员会对系和教研室的检查、评价,每年进行2~3次;每5年要进行一次全面大检查。检查后写出的报告书,先经校务委员会讨论,然后再交给接受检查的单位,让全体教职员工参加讨论,共商改进措施。

上述的高等院校内部监督、检查、评价制度,对于学校的教学、科研、行政工作都有很大的促进作用。各校通过认真贯彻这一制度,全面地提高了学校的教育质量。例如,敖德萨国民经济学院由于内部监督、检查、评价工作搞得好,学生的学习成绩有了大幅度提高。1983 年度的统考成绩,该校学生及格率为98%(全国平均及格率为 91.5%),优良率为 59.8%(全国平均优良率为 15%)。

1979 年,苏共中央、苏联部长会议在《关于进一步发展高等院校、提高专门人才的培养质量》的决议中提出,要通过搞好国家视察和提高高等院校校长办公室对教学质量的责任心的办法来加强高等院校的监督、检查、评价工作。

校长办公室是由校长和分管教学、科研、行政总务的副校长一起组成的办公室,它集中地执行高等学校的行政管理与监督的基本职能。校长和副校长的首要任务是监督教学计划、教学大纲和科研工作计划的执行,而正是这些国家文件确定了高等院校的主要活动内容。校长办公室还直接掌握着社会科学教学及思想教育工作的领导权。校长办公室随时负责检查、评价全校各学科的教学工作及科研工作的质量。

系主任是系的领导者,他的主要职责就是直接领导全系的教学和科研工作。他要保证教学计划和教学大纲的贯彻执行,要随时检查、评价各学科的教学质量并监督课程表的制定,要保证对学生的考试和考查的质量。

(二)苏联的高等教育评价标准

苏联的高等教育完全是由苏联政府、高等和中等专业教育部统一领导、管理的。从 20 世纪 60 年代后期开始,为了确定和完善对高等院校的监督、检查、评价制度,又陆续颁布了许多改进高等院校工作的决议和条例,对学院的各方面工作提出了详细的要求和严格的标准。

1969 年由苏联部长会议颁布的《苏联高等学校条例》所规定的高等学校主要工作任务是:培养具有高深的专业理论知识和必要的实践知识,精通马克思列宁主义理论与国内外科学技术最新成就,具有崇高的共产主义觉悟和苏维埃爱国主义,具有民族和睦和无产阶级国际主义精神,善于组织群众政治工作与教育工作的高度专业技能的专家;为适应现代化生产、科学、技术、文化等各种要求及其发展的需要,不断提高培养专家的质量,进行科研工作,促进各项共产主义建设任务的解决,编写高质量的教科书和教学参考书,培养科学教育干部,提高教师和国民经济各部门具有高等教育程度的在职专家的业务水平,培养学生的爱国主义和保卫社会主义祖国的责任感;在居民中普及科学政治知识,对学生实行体育及有利于健康的其他措施。

1969 年的《苏联高等学校条例》还对高等学校教学、科研、教辅、科辅、行政干部队伍的结构及任务,对学校教学、科研机构设置,对学校科研工作的任务等等做了具体规定。此外,对学校师生应该享有的权利、应尽的义务,对学校校长、副校长、系主任、研究室主任的领导职责,对校、系、教研室的职能和工作范围等等都做了详尽的说明。

1973 年,苏联高等和中等专业教育部又颁布了《高等学校标准内部规章》,对高等学校工作人员的任免制度、教职员工的基本义务、工作量、奖惩办法、学校领导人的基本职责、教学秩序的维护办法等等做了详细规定。

苏联高等和中等专业教育部自成立以后颁布了许多有关高等教育的法令。这些法令就是对高等院校进行评价的最好标准。这些标准是全国统一的,是不能随意改变的。对于高等学校的教学管理、教学水平、课程设置、教材建设、教师队伍、学生成绩、科研管理、科研水平等方方面面,都有具体的条例和标准。

有了这一整套的标准,无论是国家评价还是学校自我评价,都有了遵循。

苏联高等和中等专业教育部从 20 世纪 60 年代起,就把提高大学生的教育质量做为工作重点。为此所采取的一项具体措施就是搞好毕业生的业务鉴定,业务鉴定主要是考察毕业生在政治思想和业务能力等方面是否符合国家所提出的要求。除了规定对毕业生的共同要求外,还规定了各个专业的培养目标及学生应掌握的专业知识、技能和技巧。可以说,各专业的业务鉴定标准,就是国家检查、鉴定、评价高等院校产品质量的统一尺度,从 70 年代起,苏联政府和各加盟共和国政府的高等和中等专业教育部动员了全国的高等院校及主管部门、企业、科学院及其他科研机构的专家和学者,对全国高等学校设置的 400 多个专业逐个加以研究,用了 10 年时间,重新制定了各个专业的业务鉴定标准。这些标准,从 1981 年 9 月起陆续公布并在全国试行。苏联高等和中等专业教育部以此作为高等院校的标准文件,用来监督、检查、评价高等院校的教育工作。

(三) 苏联高等教育评价的特点

苏联是一个高度中央集权的国家。苏共中央、苏联部长会议及其下设的苏联高等和中等专业教育部对高等教育抓得很紧,这个部对全国所有的高等院校在组织和方法上实行总的领导。对高等教育的评价活动,当然也是在这个部的统一领导下进行的。

苏联高等教育评价的主要特点是:

1. 高等教育评价的统一性

苏联的高等教育评价活动是在苏联高等和中等专业教育部的统一领导下进行的,是在该部对全国高等院校实行统一管理、监督职能的过程中实现的。

从组织机构来说,苏联没有美国式的"高等学校认可鉴定委员会",也没有日本式的"大学基准协会"等专门的教育评价机构。苏联的高等教育评价是由以苏联高等和中等专业教育部为首的各级行政管理部门、各级监督部门共同来完成的。这些组织机构,包括苏联高等和中等专业教育部的部务委员会、高等教育委员会、高等教育国家检查局、组织与方法监督委员会、各专业部的高等教育管理局、各加盟共和国的高等和中等专业教育部、各高等院校的校务委员会、学校的组织与方法监督委员会、各系的系务委员会、各系的组织与方法监督委员会等。

从评价内容、标准来说,苏联没有制定专门的高等教育评价标准或条例,有的是苏共中央、苏联部长会议、苏联高等和中等专业教育部颁布的一系列旨在提高管理水平及教育质量的各种条例和法规。这些法令、规定、条例、决定、决议、通知等文件,实际上正是对高等教育进行检查、评价的统一的客观标准,其涉及范围之广泛、内容之全面、要求之具体、约束力之严格,在世界各国中都是罕见的。各级评价机构,都用同一套标准、从同一个口径出发,这就可以严格地掌握评价标准,可以保证评价的客观性和可靠性,可以保证对评价结果的综合利用。

2. 高等教育评价的多样性

苏联高等教育评价的内容是多样的,是包罗万象的。作为一个具有严格法制的国家,苏联政府把对于高等教育的各方面要求,都以立法形式确定下来,向全国人民公布,由苏联高等和中等专业教育部所制定的法令、规定、条例、决定、决议、通知等文件从不同的侧面制约和检验着高等院校各项工作的进行,促进着学校管理、领导体制的完善,促进着教师教学水平的提高、学生学习质量的上升、科研工作的发展。这些文件的内容面面俱到,例如,关于学生听课的,有《高等学校主要课程质量检查条例》;关于学生考试的,有《高等学校学年考试、考查条例》;关于学生科研的,有《高等学校学生科研工作条例》;关于教师任用的,有《高等学校教授、教学人员空缺任补程序》;关于教师学衔的,有《高等学校学位、学衔授予条例》等等。

3. 高等教育评价的制度化、经常化

自从高等教育系统建立了各级监督、检查机构以来,对高等院校的监督、检查、评价就形成了制度。1987 年颁布的《改革基本方针》中又提出,要加强苏联高等和中等专业教育部的监督职能和对教学质量的国家检查职能,要对高等院校作出鉴定。文件认为,对高等院校的定期鉴定有助于提高组织教学教育过程的水平,所以,应当根据鉴定的结果调整学校的专业设置和人才培养的规模。文件要求高等教育系统的各级主管部门在最短时间内弄清每所高等院校的现状和工作情况,要对各校的科学教育潜力、在同有关部门相互协作中的地位与作用作出权威性的评价,苏联的各级高等教育管理机构都制订了为期五年的监督、检查、评价措施计划和为期一年的执行计划，这正是长计划与短安排的结合。每年照例进行的监督、检查、评价活动都是很认真的，说明了高等教育评价的制度化和经常化。参加检查小组的人员，都是经过严格挑选的，他们能够严肃认真地完成评价任务。

（本文发表于《外国教育动态》1988 年第 4 期。作者袁韶莹，时属单位为吉林省教育科学院）

五、国外大学评价的几种模式

　　大学,作为人才荟萃知识密集的最高学术殿堂,在当今社会发展中的地位和作用日益凸显,由此也引起了社会对高等教育的密切关注。人们关注的焦点大都集中在大学教学与科研的质量上,并从不同立场对大学作出各自的评价。因此,为使社会能够较为客观地认识和了解大学,促使大学不断提高教学质量与科研水平,开展大学的评价活动不仅必要而且必须。一些发达国家的大学评价活动已有较长的历史。近年来我国有些机构也开展了规模、形式不同的大学评价活动。虽然要对大学作出客观公正的评价并不是件容易的事情,而且大学评价的模式也因国家和时代的不同而各异,但从一些国家的评价活动中还是可以看到不少相近或相同之处。为此,本文拟介绍几个有代表性的大学评价模式,为开展我国的大学评价活动提供参考,并借此机会谈一点粗浅的看法。

(一) 大学自主型的美国评价模式

　　美国的大学评价基本上是通过标准认定形式由大学自主组织实施的。首先,由大学提供人力和经费组成大学资格认定标准协会。然后,该协会根据自己制定的标准开展对大学的评价活动。大学只有符合协会的标准才能具有会员资格,否则就会被排除于协会之外。美国这种大学自主型的评价模式,反映了在大学集团自治基础上通过自我评价提高教学科研水平的自由主义精神文化底蕴。

　　美国有 6 个大学资格认定标准协会(即大学评价组织)。由于只有被相应的大学资格认定标准协会认可的大学才有获得联邦政府资助的资格,其学生也才有获得联邦奖学金的资格,所以,一所大学即使获得了有关部门的设置认可,如果不被相应的大学资格认定标准协会所认可,也不可能作为一所名副其实的大学而存在。

大学资格认定标准协会对希望加入该协会的大学的评价以及对作为本协会成员校的大学进行的再评价,其程序基本相同。这些评价一般分为 6 个阶段:1. 标准协会的代表对被评价的大学进行预备访问;2. 大学通过自查,形成自我评价报告;3. 标准协会会同校外专家在对大学自我评价报告进行检查的基础上,组成考察团对该大学进行实地考察,并写出考察报告;4. 被评价大学校长提出对考察报告的申述意见;5. 标准协会的高等教育机构判定委员会对大学的自评报告、实地考察团的考察报告以及大学校长的申述意见进行审查,并在此基础上做出相应决定;6. 大学根据标准协会建议,制定出整改措施。

现以 NEASC(New England Association of Schools and Colleges)为例作一具体说明。大学加入 NEASC 先要提出申请,在得到同意后要用一年到一年半的时间撰写自评报告。为此,不少大学都将自评报告负责人派到协会研修,然后根据协会的标准对本校进行自查,写出自评报告。自评报告及相关资料要在实地考察之前送到协会。NEASC 从其所属大学选定的 500 余名成员中根据被考察大学的实际情况组成实地考察团。考察团人数一般在 10 人左右,团长 1 人,正式成员 6 人,非正式成员 4 人。正式成员来自大学,非正式成员多是政府的教育官员。考察团团长和团员之间在考察活动过程中也要相互做出评价,即团长对每一个团员的评价能力进行评定,团员也要对团长的能力做出评定。评定结果作为内部秘密提交协会,作为审查小组对该大学进行评价时的参考。

实地考察之后,团长写出的考察报告要征求考察团成员的意见,同时,也要征求被考察大学校长的意见,在此基础上进行修定,最后交给 NEASC。NEASC 接到报告后组成审查小组,负责对报告进行最终审查并作出结论。不合格者可以在规定的一年限期里进行整改,然后进行重新审查。

(二) 行政主宰型的法国评价模式

法国依据 1985 年 2 月 21 日令设立了全国评价委员会(CM)。该委员会由

15 人组成,任期 4 年,其中大学教授 8 人,国家审议机关和行政机关的最高负责人或者有过相应经历者 7 人。评价委员会下设事务局,负责日常事务性工作,活动经费由教育部拨付。

评价的程序是:① 事务局先向被评价的大学发出通知,校长须按通知要求,提交包括本校现状、特色和现存问题等内容的报告。② 对报告进行检讨之后,事务局组织人员进行实地访问考察。实地访问考察团由评价委员会的两名委员负责,成员包括事务局长以及其他工作人员。考察团通过与校长、学院及部门负责人的面谈了解情况,也可以要求有关方面提出补充材料。③ 实地访问考察之后,由专门委员会根据大学的报告和考察团的考察报告对大学进行评价。专门委员会的人数根据大学规模来定,一般为 15~30 人。法国具有专门委员资格的约 400 余人,其中大学教师占 80%,科研人员占 10%,其余是社会名流和少数外国教师。专门委员只能担任一所大学的评价工作,在评价期间可以停止本职承担的工作。专门委员要将各自作出的评价结果提交给专门委员会负责人。评价结果是保密的,只能在该委员会成员之间传阅。④ 专门委员会的负责人(一般由两名全国评价委员会委员担任)在对各委员提交的报告进行全面检讨之后,还要对被评价大学进行为时一天的最终访问,同该大学的负责人就大学报告和专门委员评价之间的差异以及第一次实地考察后学校的变化等问题交换意见。最后,由负责人在此基础上形成最终报告,提交给全国评价委员会进行讨论。评价的最终结果要报送教育部长并通知被评价大学的校长。

法国大学评价的内容十分广泛。就大学提交的报告看,共分 12 个项目,其中既有情况介绍,又有统计数字。内容主要包括大学的设施设备、组织机构、教师结构、科研及其评价、财政经费情况以及学生的学科分布、考试合格率、资格获得所需的平均时间、毕业生的就业分布、各专业的生均经费及教师人均经费、设备状况、卫生保健与校园文化建设等。同时,每一个项目里又细分成许多小项。例如,就业率项目又细分为过去 3 年间各专业注册人数、听课出席率、考试合格率;第二级进学率及方向;国家考试(中学教师资格考试、公务员考试等)合格率;就业趋势变化等。总之,法国的大学评价模式和内容中反映了中央集权教育管理体制的特点。

(三) 外部主导型的英国评价模式

英国大学的评价方式主要有两种,即资格许可制和 CNAA 制。资格许可制是指被认可设立的大学,自身要负起维持提高教学科研水平的责任。因此,大学设置资格证书既是大学享有作为法人团体之特权的根本保证,也是形成大学自治的基础。

由于英国没有国家制定的统一大学设置标准,而且大学设置资格证书赋予了大学极大的自治权和威信,所以获得这种资格证书绝不是件容易的事情。取得大学设置资格证书的程序和基本条件是:1. 设置主体须筹集到一定的经费并制定出大学的设置与发展规划;2. 设置主体须成立大学计划委员会,负责起草大学设置申请书,并通过政府向国王提出申请;3. 国王依据相关法令设立特别委员会对申请进行检查;4. 特别委员会认可后,同申请者就设置方案交换意见;5. 根据相关法令规定颁发设置许可证。

英国高等教育是一种双元结构,大学拥有设置资格证书的同时也就拥有了独立的学位授予权,但是多科技术学院之类的高等教育机构由于没有大学设置资格证书,所以也就没有相应的学位授予权。为此,英国于 1964 年根据国王颁布的命令设立了作为自治法人机构的学位授予审议会,简称 CNAA。CNAA 的职责是为那些在没有独立学位授予权的高等教育机构里学习的学生提供获得学位资格的机会。CNAA 本身虽然不进行教学与科研活动,但由于它起着保证这些高等教育机构具有和大学同等学术水平的作用,所以它所授予的学位和大学的学位具有同等的价值。政府不对 CNAA 进行财政补助,其活动经费主要来自那些学习被认可课程的学生的注册费,因此 CNAA 在财政上是独立自营的机构。CNAA 理事会由 32 名理事组成,理事长由教育主管大臣任命。理事会下设学术政策委员会和 4 个分科委员会,分科委员会又下设各种专门委员会,具体负责课程认定的审查工作。

CNAA 的课程认定分为行政认定和水平认定两部分。行政认定是指某高等教育机构申请认定新课程时,必须提出具体方案。该方案首先要取得该校此学科负责人的支持,再经有关院系学术委员会讨论后,提交到校学术委员会审查。校学术委员会审查通过后,还要分别通过学校教育课程委员会和财政委员会提交到学校理事会进行审查。理事会审查的内容主要是对学生需求和就业市场的预测以及财政预算等。理事会通过后还要得到其教育主管部门以及地区继续教育咨询委员会和教育主管大臣的认可，这就是所谓的行政认可。行政认可的依据主要是学生和雇用者对该课程的需求度、同类课程在本地及全国的分布状况、该课程同该校其他教学科研活动的相互关系、学科发展的均衡度以及与国家有关的高等教育政策，等等。学校在得到行政认定之后，还要向CNAA提出水平认定申请。申请报告内容包括课程设置的目的和哲学基础、学生毕业后的主要去向、入学资格要求、课程结构、成绩评价方式、主要课程简介、试验实习以及图书和设施设备、承担该课程教师的资格及经验、教辅人员的简历、基础课和专业课的构成比例等。

水平认定程序始于CNAA接到申请之后。首先由CNAA相关专业委员会全体委员对申请报告进行审查，然后该委员会组织成员到该校进行实地考察（内容包括同有关人士的座谈讨论和对设施设备的实地考察）。在被认为教学水平可以得到充分保证之后，该课程即成为CNAA认定课程。认定的有效期限为5年，期满后重新进行评价认可。

但是，这种课程水平认定的前提条件是该校已经通过了CNAA的机构认定。否则，高等教育机构在第一次申请课程水平认定之前，还必须先通过CNAA对其整体教学科研水平、条件和环境等进行的审查认定，即所谓的机构认定。机构认定同课程认定一样，也分为文件审查和实地考察两部分。文件审查是对该高等教育机构提出的申请报告进行审查，内容包括管理运营机构和教学科研组织、科研活动状况及基本方针、教学科研的发展计划、新设课程计划、经费分配关系、图书馆及教室等教学科研设施、学生宿舍与食堂等后勤设备和建设规划、教辅人员的详细资料，等等。同时，还要附有各学科每年注册的学生人数以及对未来五年的发展预测、教师队伍状况以及师生比例、考试评价方式等统计资料。实地考察团以理事会成员为中心组成，考察过程中要分别和校长等主要领导、教师和学生代表以及教学科研委员会成员进行座谈。座谈时，被考察一方要根据考察团的要求对申请报告中的某些内容作出进一步的说明，并且也可以向考察团就有关问题进行询问。这种实地考察是双向的，它为学校同CNAA进行对话提供了机会。考察报告要提交给CNAA理事会讨论通过，然后通知被考察学校及其主管部门。

(四) 基准自律型的日本评价模式

第二次世界大战后的 1947 年 5 月，日本效仿美国成立了一个由大学自主结成的大学设置基准联合协议会。该协议会负责制定大学设置标准、进行大学设置审批和开展大学评价等事宜。但是，美国教育使节团在《第一次报告书》中提出了"政府机关应负有认可学校设置、监督其保持必要基准之责任"的建议，日本国会据此在同年制定的《学校教育法》作出了关于学校设置应符合有关主管部门制定的标准并须获得其认可、大学设置的认可须咨询大学设置委员会的规定。1948 年 1 月，文部省组建了大学设置委员会，大学设置的认可权也随之完全转移到了该委员会的手中。1956 年，文部省第一次以省令的形式颁布了大学设置基准（其后又作过数次修改）。1992 年 6 月 3 日文部省第 24 号令公布的大学设置标准由 8 章 44 条及附则构成。其正文包括总则、教学科研的基本组织、教师组织、教师资格、教育课程、毕业条件、学校用地与校舍、设施设备等内容，附则对各学部的教师和学生人数、建筑面积等事项从数量上作了详细具体的规定。

大学设置基准第 2 条规定，大学为提高教学科研水平，实现自身的目的与社会使命，必须努力开展对教学科研活动的自我检查与评价。近一个时期，大学评价问题引起了日本许多学者和教育界人士的关注，一些高等教育组织（如国立大学协会、大学基准协会、私立大学联盟等）也都对大学设置基准及大学评价的内容和方法发表了各自的见解。据此，日本在 2000 年 4 月决定成立大学评价机关（暂称），其目的是推进大学评价活动的开展，对象是国立大学，私立大学自愿参加。

当前，日本大学评价的主要形式是大学根据文部省颁布的大学设置基准进行的自我评价。顾名思义，大学自我评价是大学根据一定目的和标准对本校现状进行评价，并据此提出整改措施和发展目标的过程。在自我评价开始之际，大学首先要成立一个自我评价实施方法检讨委员会，负责制定评价的项目和指标体系，然后，组建自我评价委员会。自我评价委员会的组建一般有两种形式：一种是由学校和各学部共同组建；另一种是由各学部自行组建。自我评价的内容主要包括教学科研、学生就业状况、设施设备、教育经费、社会服务等。近年来,许多大学学习美国的经验,采取了由学生对教师教学进行评价和邀请校外专家进行评价等方法。自我评价委员会要向校长或理事会报告评价结果并提出整改目标和具体措施。

此外,日本的国立大学每年都要向文部省提交一份年度报告书。年度报告书分总论、评议会等各委员会活动情况、教学科研活动、图书馆、附属学校、社会服务、学校管理以及财务等内容,并附有各种相关的统计数据。报告书要求的内容十分具体。例如,在教学活动项目中,要教师列出其具体的教学工作内容及科研成果。国立大学的年度报告制度实际上也是一种大学的自我评价形式。

(五) 关于大学评价的几点思考

所谓大学评价,就是根据一定的目的和标准对高等教育整体或个别机构进行客观的科学判定的过程。大学评价之所以必要,首先是社会的需要。高等教育是当今社会的一个重要组成部分,包括政府、社会群体以及个体在内的整个社会都为高等教育投入了大量的社会资源,以期能培养出高水平的人才和创造出高质量的科研成果。这些投入是否得到了相应的回报以及大学是否实现了所期望的目标,只有通过评价才能得到明确的回答。其次,对于大学来说,评价不仅是促进教学科研水平提高的手段,而且也是自身发展的客观需求。现代高等教育发展的一个直接结果就是大学教育的多样化和校际间差距的不断拉大。特别是随着高等教育规模的迅速扩大,学生择校(或专业)范围越来越大,学生对学校或专业的选择本身就是一种个体对大学的评价。时至今日,学生和大学的角色都发生了明显的变化,学生已逐渐从过去那种大学门前的入学乞求者逐渐转变为受大学欢迎的顾客,大学也逐渐开始从挑选学生的时代向被学生挑选的时代过渡。所以,开展大学评价活动对大学的发展来说也具有十分重要的意义。

根据我国高等教育的实际,比照国外的一些做法,笔者认为我国的大学评价应该注意到以下几个问题:

第一,更新评价观念。大学评价是大学对社会应尽的义务,也是自身发展的需要。大学肩负着为社会发展服务的使命,其设立、维持与发展都离不开社会的大量投入。作为投入主体的纳税人享有知情权,要了解大学做出了怎样的业绩。因此,大学评价首先是大学对社会应尽的义务。没有比较,没有竞争,就会丧失发展的活力,企业是这样,大学也是这样。评价既是对大学工作的检查,也是校际间的比较与竞争,是激活大学生命力的有效手段。评价结果不仅可以使大学认清自身的优势与不足,而且还关系到大学的社会地位与声望。因此,从这个意义上讲大学评价绝不是即兴之举,应该制度化和规范化。评价的结果应该得到充分的利用(例如,作为教育主管部门决策的重要依据等),而不能仅停留在大学排序上。只有这样,才能使评价的功效从根本上得到充分发挥。

第二,主体多元化。从我国的实际情况出发,实行大学评价的主体应该是多元的,形式应是多样的,既有全国性的大学评价机构,也应该有专业性的大学评价机构。全国性的大学评价机构应该由国家教育行政主管部门牵头组建,并负责提供必要活动经费。该机构的主要职能应是制定大学设置标准和评价指标体系,负责组织实施对整个高等教育的评价活动以及对新设大学资格的审查。各专业评价机构可以由各学科的学会负责组建。专业评价机构的评价对象可以是同类大学,也可以是同类院系,从某种意义上讲后者的实际意义更大。这里之所以主张成立专业性大学评价组织机构,是因为非同类的大学和专业之间缺乏一定的可比性。评价的形式也应该多样化,既要有全国性的和专业性的机构组织的评价,也要有大学的自我评价和大学或院系间的相互评价以及外部(社会)的评价。

第三,评价标准和内容。目前当务之急是应该制定出一个较为科学合理的大学设置评价标准。这个标准应该是量化的和可操作的,它不仅是判定新大学是否可设的依据,同时也是衡量现有大学是否合格的尺度。大学评价的内容除教学科研组织和水平、教师队伍结构、设施设备、管理机制、财政经费、社会服务、学生就业状况等之外,还必须包括社会评价方面的内容。社会评价主要是指用人单位对毕业生工作表现的评价、社会对大学社会服务的评价、有关单位对与大学合作情况的评价,等等。大学教学的成果如何,最终毕竟要通过其培养人才的表现才能反映出来,大学的科研成果也只有在实际运用中才能得到检验,因此,社会评价应该成为大学评价内容的重要组成部分。

参考文献:

[1] 喜多村和之.何为大学评价[M].东信堂出版,1993.

[2] 大学基准协会.大学自我检查评价指南[Z].1992.

[3] 饭岛等.大学设置及评价研究[M].东信堂出版,1990.

[4] 日本高等教育学会编.高等教育研究(第 3 集)[C].玉川大学出版部,2000.

(本文发表于《比较教育研究》2002 年第 6 期。作者李守福,时属单位为北京师范大学国际与比较教育研究所)

六、日本大学教师评估制度改革动向分析

近年来,日本全力推动大学教师评估制度的改革,其内容包括大学教师身份的非公务员化和大学内部教师评估体制的改革等。这些改革被视为日本在新时代下为重新定位大学教师职业所作的努力,其特征和针对的问题都非常突出。本文通过对日本大学教师评估制度改革的分析,意在为探寻我国高校中类似问题的出路提供借鉴。这里需要略加说明的是:本文所谓的"大学教师",特指"就职于大学、拥有专业领域、进行学术活动并拥有特定文化的教授、副教授、讲师、助教的统称",[1]而不包括大学职员在内。

(一) 日本大学教师评估制度改革的背景

1. 大学教师评估改革的外部动因

20世纪末期,日本大学的外部环境发生了巨大变化。除国际化、终生学习化、市场化、信息化等重要因素外,日本国内长期的经济低迷、出生率下降、教育经费的减少等,都对高等教育提出了变革要求。为此,日本政府大力推动高等教育的全面改革,作为高等教育体系重要组成部分的大学教师评聘制度,成为改革的焦点一。

将市场理念导入大学运营方针,形成各大学之间的竞争环境,从而进一步提高日本高等教育的整体水平和国际竞争力,是日本一揽子高等教育改革的指导思想。早在1999年7月颁布《国立大学法人化通则法》时,远山文部科学大臣就曾明确指出,进行高等教育改革的中心思想,就是要将企业的竞争原理导入高等教育管理之中。这一时期,被称为"远山计划"的高等教育改革设想,包

括国立大学的独立行政法人化、大学教师的非公务员化、高等教育经费的重点投入等内容。其中,大学教师的非公务员化被视为改变平均主义、提高大学教师科研和教育水平的重要举措。大学之间的竞争归根到底是教师科研和教学水平的较量,就在此时,竞争观念已经悄然进入大学教师的工作之中。

在此背景之下,大学教师的角色转换也成为必然趋势。日本大学教师长年存在重研究、轻教学的传统。1992 年的相关调查表明,有 72％的教师承认自己对科研的重视程度超过教学。[2]但近年来出生率不断降低,已经让不少大学开始焦虑怎样确保生源的问题。1992 年日本 18 岁的人口为 205 万人,但到 2009年,预计将减少到 120 万人。[3]高等教育适龄人口急剧减少,给各大学带来巨大的生存压力。各大学为争夺有限的生源,开始将关注的重点转向教育教学,关注作为消费者的学生的要求。社会尤其是学生看待大学的目光变得日益挑剔,学生要求大学教师能够"深入浅出地传授对我们有用的知识"。[4]为此,日本自20 世纪 90 年代开始逐渐导入学生参与下的教学评价制度。这就要求大学教师必须转换单纯的研究者的角色,开始关注大学教学教育事务。而对一向以钻研学术著称的教师们来说,这不能不说是一种严峻的挑战。

长期以来,日本的大学教师被社会看作是不问世事、与世隔绝地潜心研究高深学问的人群。对于社会的种种批评,大学教师通常以干涉学术自由、妨碍大学自治等反驳之。[5]但是,在教师评估制度改革呼声渐高的今天,却没有太多大学教师明确表示反对意见。实际上,不少大学教师也期望能够以本次改革为契机,改变大学目前的现状,解决多年沉积下来的问题。因此,他们所关注的焦点集中在怎样改而不是要不要改的问题上。

2. 约束大学教师评估制度改革的内部因素

国立大学独立行政法人化改革最大的举措之一,就是教师的身份转换,即从国家公务员变为非公务员。与此相关的改革,则有责令大学实施教师评估制度以及施行教师聘任制等。但与其他改革的力度相比,日本在大学教师评估制度改革中体现出十分谨慎的态度。深究其因,这与日本大学教师集团的形成过程及其基本特征之间存在着密切关联。

（1）大学教师集团形成过程中的国产化传统。后发现代化国家高等教育的最大特点是移植西方模式,其中大量派遣留学生,将留学回国人员聘为大学教师等被视为是不少国家迅速模仿和追赶西方大学的最有效手段。在大学的教学内容和知识体系建构上，日本虽然积极学习西方，惟在教师队伍的建设上却十分注重国产化。这一特征，与日本近代大学建立时政治上高扬国家主义旗帜具有密切关系。例如，1887年东京帝国大学建立时颁布的《帝国大学令》第一条就明确指出："帝国大学以根据国家需要教授学术技艺、探究深奥学问为其目的。"[6]东京帝国大学作为当时日本的最高学府，培养为国献身的学术人才，并向全国的高等教育机构输送大学教师，大学教师的国产化特征由此发其端绪。在该大学建立后不到20年的时间里，东京大学毕业的教师们很快将原来占主流的留学生和外籍教授排挤出去。东京大学改编为帝国大学不久，构成讲座制核心力量的73位教授中，原东京大学四个学部毕业生为49人，其他国内高等教育机构毕业生为15人，国外大学毕业生只有9人。[7]随着后来6所帝国大学的增建，这种倾向变得更加稳固。1962年新堀通也进行的全国大学教师毕业学校调查表明，当时有55％的大学教师毕业于原帝国大学系统。[8]直到30年之后的1992年，美国卡耐基基金会的相关调查仍然显示，日本大学教师中有93.5％在本国取得最终学位。[9]为在国内培养优秀的大学教师，国家不遗余力地给大学教师创造良好的科研环境。一方面，这种做法当然有利于日本迅速建立本国的大学教师队伍，自主形成国内的学术研究体系；但另一方面，它也在日本大学中造成了学阀林立、近亲繁殖等根深蒂固的症结。这种局面，显然不是几次评聘改革就能解决的。

（2）以讲座制为中心的教师任用制度。日本于1887年引入大学讲座制，即将大学的研究单位分为各个讲座，每一讲座各设一个教授和副教授、1～3个助手。职称名额、学生名额、研究经费均以讲座为单位下拨到各个大学。实行讲座制的最大目的，一是保障大学教师在稳定且少竞争的环境中安心从事研究和教学工作，并将大学教师变成具有相当魅力的职业，避免工科、法科等专业的教师跳槽或兼职；二是从制度上明确大学教师尤其是教授的学术责任。在讲座制之下，研究经费主要以讲座为单位拨付，并不考虑大学教师有无相应的研究成果；而且，同一职称的各大学教师之间在待遇上也没有明显差异。2000年，文部科学省对全国大学教师650人进行的调查显示：54.9％的教师回答本校的报酬体系是"论资排辈"；37.5％的教师回答是"按职称分配"；只有0.9％的教师回答本校的报酬体系是"按能力分配"。日本大学中的终身雇用和论资排辈体制，造就了不少无所作为的"大学懒人"。1992 年至 1993 年，美国卡耐基教育振兴财团进行的大学教师国际调查表明，在 14 个对象国中，日本大学教师的正式任用率为 99.1%，为对象国中最高者；日本教师的大学间流动率只有10%，仅高于韩国（5.0%）和俄罗斯（8.9%），[10]大学教师作为国家公务员极少有被解职的可能性。新堀通也将日本大学的这一特征称为"严格与宽容之间的矛盾"，即要成为大学教师必须经过十余年严格的学术训练、培养和筛选，但一旦进入大学就可相对自由地工作。在此次改革中，日本虽然力图改变讲座制的上述弊端，但显而易见，要改变百余年承袭下来的传统当然并非易事。

　　（3）大学自治和学术自由原则。1894 年日本文部省颁布《改正帝国大学令》，规定将大学自治作为大学的管理方针，并明确授予大学教授会人事权和学校事务决策权。从那时起，大学自治和学术自由就一直被视为是确保日本学术发展的重要法宝。大学教师的评聘权由大学教授会掌管，在大学自治原则下，大学拒绝进行来自外部的评估；在学术自由原则下，教师则拒绝他人通过评估对自己的学术研究进行干涉。而且，在高等教育大众化之前的日本社会中，大学曾被视为"圣域"，社会承认其各项自由权利。因此大学教授有权自己确定研究的学术价值，自己决定接班人的人选，他们很容易结成学阀甚而排斥外界人员。在学校内部，大学教师集团也往往提出学部自治、讲座自治等要求。在改革步伐日益临近的今天，如何让大学教师放下高高在上的架子走出"象牙塔"供人品评，同时又不会伤及大学自治和学术自由原则，这实在是日本大学教师评估制度改革中的难点所在。

（二）大学教师评估制度的改革动向及个案简析

1. 内阁、文部科学省、大学的改革动向

　　在这次改革中，教师的非公务员化，是否意味着大学教师变成了大学的聘用人员？如果是，那么对大学教师的聘用是长期聘用还是任期制？如果是任期制，应该导入何种教师评估制度？教师评估会不会与教师聘任及其待遇挂钩？上述问题，是日本在最近几年改革过程中不断尝试着回答且在不远的将来一定要得出结论的问题。

国立大学独立行政法人化改革法案颁布后,日本内阁加快了大学改革的步伐,对大学教师评聘制度改革要求随之被提上议事日程。在 2001 年内阁关于体制改革的第一次咨询报告中,即把教育作为 6 个重点改革领域之一。具体而言,在上述报告中对教育提出了包括建设大学自主管理环境、竞争性地投入科研经费和实施大学教师评价在内的改革建议。2002 年,在该会议提交内阁通过的《关于体制改革的 3 年计划》中,对于高等教育一项特别指出,2003 年内要在全国的高等教育机构全面导入大学教师评估体系,"各大学应令本校教师确立工作目标,并对目标的达成与否进行评价,建构具体的评价标准和审查体系,同时改革教师人事管理体制,明确评估结果与教师待遇之间的相关关系。"为此,该计划提议保障大学的自主管理权,确保大学自主建立"对非公务员型教师的管理制度"。[11]

在政府公布上述改革政策的同时,文部科学省也陆续发表了关于大学教师评估制度改革方面的设想。2000 年,大学审议会向文部科学省提交了题为《21世纪的大学形象与今后的改革方向——在竞争环境中闪耀个性的大学》的咨询报告。其中,在第二章"关于指向大学个性化的改革方案"中,明确提出要对教师的教育教学过程进行评估。在翌年的咨询报告《适应国际化时代要求,建构高等教育的理想模式》中,更是特别提出"增强教师的流动性"、"教师结构的国际化"以及"讲座制等教师组织体系的弹性化管理"等具体改革设想。2002 年,国立大学等独立行政法人化相关调查审议委员会提交的《关于新的国立大学法人化》则探讨了包括教师身份、教师的选聘和任免、待遇、劳动时间、人员管理等方面的具体改革方案。尤其值得注意的是,该报告明确提出,对大学教师的人事管理,要达到保障评估前提下的自主管理、确保大学的多样化管理、促进教师的大学间流动等目标。

在上述报告陆续出台的前后,各大学纷纷改革本校的教师评估制度,以备2004 年启动国立大学独立行政法人制度之所需。2001 年,90%的大学实行包括教师评估在内的大学自我评估制度并公开评估结果,80%的大学推行学生评估制度。到 2002 年底,日本共有 196 所大学导入教师聘任制,为 4 年前的 9倍。[12]不过,在大学教师任用制度的改革力度上,日本却显示出慎重其事的立场。在 2002 年《关于新的国立大学法人化》报告中,已经提出应考虑到国立大学运营方针的改变将对大学人事制度带来的影响。诸多咨询和改革报告,也多次警告对大学教师的评估要谨慎实施。例如,有人已经提出:教师评估不应直接与教师聘任挂钩,评估不应太频繁,不应因为评估影响教师的正常工作以及工作积极性等等。下面仅以冈山大学为例,简要分析一下日本大学教师评估制度改革中的一些初步特征(见表1)。

表 1　冈山大学教师评估内容

教育活动评估	自我评估	教育目标及其合理性说明	教育目标是否符合该领域教育理念,是否符合学生、社会需求。应该改进的地方(200字)。
		实际达成情况	对实际教学中的目标达成情况进行自我评述(400字)。
		教育内容上的评估	为完成教育任务设计了什么样的教学内容,这些内容是否是完成教育任务的充分必要条件(200字)。
		教育方法评估	为完成教育目标使用了何种教学方法、教材、设备,是否有效?特点及应改进的地方(400字)。
		成绩评估方面	为考察教育目标完成度,使用了什么样的评估方法?是否有效?应改进的地方(200字)。
		对学生的指导	对学生的学习及改善学习环境作了哪些努力?效果及应改进的地方(200字)。
		教学所用时间	教学时数所用时间、个别指导时间、研究指导时间以及为进行这些指导的准备时间等。该项内容属于定量评估。
		其他	其他对自己教学活动的补充说明(200字)。
	数据提示		(1)课程:课程讲义、学生人数、试题、演示材料、学生作业、成绩表; (2)本科生论文指导:个别指导资料、指导效果、学生评价; (3)研究生研究指导:研究生指导的相关资料、指导效果、学生评价; (4)临床指导、课外活动、社会服务等学生活动指导提供相关资料。
	学生评估		(1)对学生进行问卷调查,教师对问卷进行分析(200字)。 (2)教学改进计划(200字)。
	实践记录		为改善教育活动所进行的努力、教学时数、个别指导的学生人数、为改进教育所争取的课题及辅助经费、教育活动相关奖励、参与教学改革程度。

续表

科研活动评估	发表文献	(1) 论文、系列丛书、专著、译著等发表文献的书名、论文名、出版社、出版日期、本人负责部分； (2) 学术杂志编辑、论文查阅等相关工作。
	口头发表	(1) 各类学会的口头发表，包括题目、学会名称、召开地点、时间等； (2) 大型学术会议、特别讲演、邀请演讲等的时间、地点、名称、题目等； (3) 其他讲演会、小型研究会； (4) 各类学术会议的组织工作，包括具体负责的内容等。
	艺、体建筑	(1) 展览会、演奏会、体育比赛、艺术展览的时间、地点、规模、获奖情况； (2) 建筑设计、文物修复等的相关资料。
	其他	广播电视节目的出演情况、专利获得情况、学会获奖情况等。
	科研经费	(1) 各类纵向、横向、产学联合课题经费的获得情况； (2) 委托研究、共同研究、委托科研经费管理等。
	其他	对自己的研究活动的补充说明(200 字)。
社会贡献	(1) 终生学习等相关社会活动的支援； (2) 校外审议会、委员会的工作承担情况； (3) 校外各类调查、研究会等活动的工作承担情况； (4) 医院等机构的临床指导、医疗实验等工作； (5) 留学生指导、国际互访、邀请国外学者、参与国际活动等； (6) 对企业的技术支持、新技术开发等产业支援活动； (7) 其他对自己社会活动的说明(200 字)。	
学校管理	(1) 研究科长、学部主任、中心主任、图书馆长、评议员、校长助理等； (2) 校委员会、专门委员会等，其他校内管理的贡献； (3) 其他所属机构的管理活动； (4) 所属研究室的管理活动。	

资料来源：《冈山大学教师评比に与する说明材料》，笔者根据冈山大学 2002 年公表整理而成。

2. 冈山大学教师评估制度改革简析

冈山大学位于日本关西地区冈山县冈山市内。该大学成立于 1874 年(明治 8 年)，由冈山藩医学馆发展成为目前的国立综合大学，据 2003 年统计，拥有 10 707 名本科生、2 970 名研究生和 2 718 名教职员工。[13]冈山大学自 2003 年开始实施教师个人评估制度，在日本国内引起较大反响。该大学的最近一次教师评估公布于 2003 年,包括助手、讲师、助教授、教授在内的 1 183 位教师参评。

冈大提出以下 5 项评估原则:① 依据 2004 年开始实施的《国立大学独立行政法人法》和 1947 年颁布的《学校教育法》中关于大学评估的相关法律精神,对本校在职教师进行评估;② 将评估结果作为判断本校是否达到中期目标的依据;③ 将评估作为提高本校教育科研活动的动力;④ 评估应考虑对社会的说明责任;⑤ 评估应反映本校的教学科研实际情况。

教师评估分为教育活动评估、科研活动评估、社会活动评估、校内管理活动评估四大领域,采用量化评估和定性评估两种基本方法。评价周期为每 3 年一次(研究活动为每 5 年一次),用于量化评估的各类数据则由教师个人根据学校提供的"个人评估调查表"每年填写并提交到本部门负责人处。各学部、研究生院负责人对本院教师进行"特别优秀""超过平均水平""达到平均水平""有问题需要改进""需要改进"等 5 阶段评价,且公开所有教师个人的评价内容。至于评价结果是否会与教师的待遇和聘任等挂钩,冈山大学目前尚没有做出具体决定,只是指出"将进一步探讨"。

从表 1 对冈山大学教师评估制度改革的扼要介绍中可以看出,日本大学教师评价制度的改革具有以下基本特征:给予大学教师工作领域相当的自由度;对大学教师的评估尽量客观全面,尽可能多方面地评价教师的工作;将主观评估与客观评估结合起来;在评估结果是否与教师的聘任、待遇直接挂钩等问题上谨慎行事;对教师评估采取公开原则,注重多方面听取意见等。

众所周知,日本不少大学能够跻身于世界优秀大学之林,在大学教师评价的比较研究中,日本有些大学也能名列前茅,[14] 而其大学的整体学术成就更是有目共睹的。显然,日本大学的种种成就,都是由成千上万的日本大学教师构筑而成的。因此,如何在确保教师处于竞争环境的同时保障其学术自由及其合法权益,进而避免因导入竞争机制所带来的负面影响,应该是日本改革大学教师评估制度时采取谨慎态度的根本原因之所在。这种谨慎从事的态度和做法,显然是十分符合大学教师这一职业特征要求的。

参考文献:

[1][2][9][10] 有本章、江原武一编.大学教授职の国际比较.玉川大学出版部,1996:10、105、141、141.

[3][4][5] 山本真一.有本章编.大学改革の现在.东信堂,2003:59、60、56.

[6] 大久保利谦:日本の大学.玉川大学出版部,1997:263.

[7][8] 天野郁夫.教育现代化——日本の经验.玉川大学出版部,1997:277、259.

[11] 国会会议.规制改革推进ろか年计画(修正案),2002:35.

[12] 文部科学省.教育结构改革,2003.

[13] 冈山大学.冈山大学概要,2003.

[14] Robert Aylett& Kenneth Gregory(eds)(2000). Evaluating Teacher Quality in Education[M]. Washington. D. C. :Falmer Press. p65.

(本文发表于《比较教育研究》2004年第9期。作者葛新斌,时属单位为华南师范大学教育学系;作者姜英敏,时属单位为北京师范大学国际与比较教育研究所)

七、英国高等教育机构的研究水平评估及其借鉴意义

　　英国高等教育机构及其资助体系在过去的 20 年中经历了许多重大的变革,其中之一就是依据阶段性"研究水平评估"(Research Assessment Exercise)的结果不断增强对高校研究的选择性资助。研究水平评估始于 1986 年,最初是为了回应当时的保守党政府对作为公共资金消费大户的高等教育部门的担心,政府认为高等教育部门应该就花费这些资金的方式向公众作出说明。最初的评估仅涵盖了那些拥有"大学"地位的机构(不包含多科技术学院、专科技术学院或其他类似的高等教育机构)。但作为 1992 年教育改革法案(the Education Reform Act of 1992)的一个结果,许多以前的多科技术学院、专科技术学院和其他教育机构也被冠以大学的名称,导致大学的数量大大增加,使得研究水平评估的范围也相应地拓宽。1992 年的研究水平评估首次在更大规模上进行,评估由 4 个高等教育资助委员会(HEFCs)联合进行,旨在通过对大学院系的研究业绩的评价和打分,有选择地对那些运作状况良好者进行资助,以提高高等教育机构的研究绩效。最近一次(第 5 次)评估是在 2001 年进行的。[1]

(一) 英国高等教育机构的研究资助

　　英国高等教育机构所承担的研究任务比政府部门研究机构承担的研究任务大约多三分之一,大学作为公共部门的研究执行机构居主导地位,其作为研究承担者的作用也日益重要。长期趋势表明由高等教育机构承担的研究与开

展的比例还在不断上升，而政府部门研究机构承担的比例则在不断下降。[2]

作为研究执行机构，高等教育机构对其所接受的公共资助的使用拥有自主权，英国政府并不直接参与大学的管理。高等教育机构的研究主要通过所谓的"双重资助系统"获得资助，其中各研究委员会和高等教育资助委员会是向高等教育机构提供公共资助的两条主要渠道（两个渠道的资助占高校研究资金的59%，其余的资金来自政府各部、产业界、慈善基金和海外）。高等教育资助委员会负责管理和分配的资金包括由英格兰教育技能部以及苏格兰、威尔士和北爱尔兰的授权机构投向高等教育机构研究的"机构资助"（institutional funding）。高等教育资助委员会向大学研究提供"核心资助"（core funding），包括总的研究基础设施、纯理论或基础研究、研究人员成本、研究场所、图书馆以及中央计算机运算和一些研究人员培训成本。高等教育资助委员会对高等教育机构教学和研究进行资助，教学与研究资助分配的决定由高等教育资助委员会及其资助机构——英格兰的教育技能部和苏格兰、威尔士及北爱尔兰的授权管理机构共同做出。各研究委员会将研究资助分配给提出资助申请的大学。[3]

自研究水平评估推出以来，各高等教育资助委员会的资助就主要建立在选择性的基础之上。研究能力的扩展、与机构性资助相比竞争性研究资助拨款的迅速增加以及高等教育资助机构资助的选择性分配，给高校的研究带来了极大压力。

（二）英国高等教育机构的研究水平评估

英国高等教育机构的研究水平评估每4～5年进行一次。他们把高等教育机构的研究划分为69个学科，各大学以院系为单位提交评估材料，每个研究人员提交至少4篇近5年内（人文、艺术和体育领域是7年内）的研究成果参加评估。由各学科的国际、国内专家组成的评估小组，依据规定的标准和工作方法对提交材料的研究质量进行同行审查评价。进行评估的研究活动的范围十分广泛，基础研究、战略研究以及应用研究都给予相同的权重，并且所有形式的研究成果都公平对待。根据所提供的评估材料的研究质量，对各研究单位进行打分。

1992年及以前是按照研究成果的质量将研究人员和院系表现分成1、2、3、

4、5 五个分数等级。而在 1996 年和 2001 年,3 分被分为 3B(较低)和 3A(较高),5 分被分为 5(较低)和 5 *(较高),具体打分标准如下:[4]

5 *:所提交的研究材料有一半以上质量达到国际领先水平(international excellence),其余的达到国内领先水平(national excellence)。

5:所提交的研究材料近一半质量达到国际领先水平,其余的几乎全部达到国内领先水平。

4:所提交的研究材料几乎全部达到国内领先水平,某些达到国际领先水平。

3A:所提交的研究材料的 2/3 以上质量达到国内领先水平,有的可能达到国际领先水平。

3B:所提交的研究材料有一半以上达到国内领先水平。

2:所提交的研究材料有近一半达到国内领先水平。

1:所提交的研究材料没有或几乎没有达到国内领先水平。

(三) 研究水平评估的作用和影响

1. 正面作用和影响

第一,研究水平评估的结果是各高校整体研究实力排名的直接依据。高校研究实力按研究人员水平(按上述打分标准相应得 1~7 分)进行加权平均。即使一所大学有很多 7 分的研究人员,如果其他人得分太低,平均分也不会很高,从而直接导致大学排名很低。因此,一所大学要想在评估中取得好的成绩,就必须加强师资队伍整体水平的建设,并注意清除队伍中水平较低的教师。

第二,研究水平评估的结果直接关系到各大学的研究经费拨款。各高等教育资助委员会依据研究水平评估的打分结果进行研究资助的分配,尽管运用的分配方法略有差异。大约有 50 亿英镑的英国研究经费是按研究水平评估的结果下拨的。评分很低的机构一般得不到资助,评分越高得到的研究经费也越多。例如在英格兰,最高分数 5 * 能够得到的资助是有资格得到资助最低分数(3A)的 4 倍(对 3B 及以下的机构不进行任何资助)。在 2001~2002 年度,75%的英格兰高等教育资助委员会(HEFCE)的研究资金分配给了 25 所高校。在苏格兰,依据研究水平评估结果进行研究资助的分配促成了有选择性地对新兴课题领域的研究进行资助的"研发基金拨款机构"(Research Development Foundation Grant)的成立,该机构向那些对苏格兰具有战略意义的研究领域进行拨款。[5]

第三,提高了教师的研究效率。梅斯(Mace)的调查发现,尽管教师们报告说他们承受了更大的压力,而且只能花费比较少的时间于"个人研究",但作为研究水平评估的一个结果,他们在作为评估依据的杂志上发表文章的数量上升了,即使在生师比急剧上升、教师负荷加大的时期也是如此。[6]作为提高效率的证据,麦克奈(Mcnay)和希格森(Higson)报告说可以得出这样的结论:尽管研究水平评估可能的确影响教师们的研究类型以及他们发表研究成果的方式,但有证据表明,研究水平评估已经集中了他们的注意力,使他们的工作更有效率,至少到目前为止通过可见的成果产出证明是这样的。[7][8]

第四,促使高等教育机构提高研究绩效,直接导致英国高校研究水平的提升。在2001年的研究水平评估中,高得分单位(4分或4分以上)的比例从1992年的33%和1996年的43%提高到64%;低得分单位(1分或2分)的比例从1992年的37%和1996年的24.2%下降到6.1%。同时,目前英国高等教育机构中55%的多产研究人员在最高得分(5分或5*分)的单位中工作,而1996年这一数字只有31%。[9]

2. 负面作用和影响

在各资助委员会中,有观点认为研究水平评估目前已经完成了其提高高等教育机构研究绩效到理想水平的最初任务,在这方面它甚至做得"太"成功了,由于评估是在提供给各高等教育资助委员会的研究资金增长缓慢的背景下实行的,特别是英格兰高等教育资助委员会,他们发现对表现好的机构的资助水平可能难以为继了。英格兰高等教育资助委员会与教育技能部也认识到,研究水平评估的"过早"成功已经在大学对研究水平评估的应对方面产生了一些意想不到的后果。总的来说,负面作用和影响可以概括为如下三点:

第一,导致各大学研究投入加大,赤字上升,收益递减。对于高等教育机构来说,研究水平评估已经成为一种资源日益集中的过程。如果参加评估的院系的研究水平没有达到比较高的分数,等待它们的将是悲惨的命运。低得分意味着它们将失去资助,甚至只能为生存而斗争了。正所谓"上有政策,下有对策",

于是在英国一些大学里出现了"研究管理办公室"(research management service)这样的组织,其主要任务之一就是制定取得研究水平评估高分的策略。这一过程调动了研究人员资源以及长远规划的政策和战略安排的积极性。事实上,一些研究单位在一次评估刚结束时就着手准备下一次评估,而且这似乎已经成为一种趋势。将投入这一过程的努力与绝对资助水平的缓慢增长相比,有观察家认为研究水平评估开始收益递减。[10]

第二,研究水平评估的学术后果引起了人们更多的关注。其中最为重要的是研究水平评估的方式让人感觉是在"歪曲"研究以及与之相联系的活动,如发表论文。麦克奈和塔里布分别发现,当准备 1992 年和 1996 年研究水平评估时,教师们报告说他们试图针对研究水平评估专家组评判他们工作的可能偏好提交评估材料。同时,特别是在新大学,他们已经将较多的时间花在他们认为研究水平评估将会评价的那些活动上,提前出版或发表研究成果,减少与其他高等教育机构的合作。[11][12]同样地,梅斯在对一所大学 1992 年之前和 1992 年之后进行的比较中也发现,教师们正集中其研究注意力于可能在研究水平评估中具有权重的领域,而且更可能倾向于发表一系列短文章而不是比较长的文章。[13]在一项对杂志编辑进行的调查中,塔里布发现一种广泛的观点是,作为研究水平评估的一个结果,将一项研究成果分部分发表已经成为普遍现象,甚至出现了在两本杂志上以稍微不同的形式发表基本上相同的成果的情况。[14]杂志编辑们也感觉到,研究水平评估导致提交文章的"早熟",以便赶上研究水平评估的截止期限,而不是按照研究的自然进度,这阻碍了冒险和创新。

第三,妨碍学术自由,带有惩罚色彩。有学者认为,研究水平评估妨碍了历史上赋予教师们受好奇心驱使按照他们自己的兴趣自由地进行研究的权力,即如果研究水平评估将教师们的工作时间置于压力之下,而且关闭某些更具推断性(因此,在产出方面也更具有风险)的思考途径或者不符合大学的整体优先安排,可能被看作是违反了这种自由。埃尔顿(Elton)得出的结论是研究水平评估有"竞争的、敌对的和惩罚的"思想。[15]布洛德赫(Broadhead)和霍华德(Howard)也同意这一观点,他们认为在高等教育管理中的研究水平评估与惩罚相似。[16]

（四）英国研究水平评估对我国的借鉴意义

从 1993 年开始，中国国家教育部对 1976 年以来新建的、以本科教学为主要任务的普通高校，开展了本科教学工作的合格评估；从 1995 年开始，对于进入"211 工程"的重点高校，开展了本科教学工作的优秀评估；从 1999 年开始，对处于上述两类情况之间的高校，即办学历史较长、以本科教学为主要任务的高校，开展本科教学工作的随机性水平评估。2002 年 6 月，教育部将本科教学工作合格评估、优秀评估、随机性水平评估合并为本科教学工作水平评估。通过这些评估工作，促进了我国高等学校不断明确办学指导思想，推动了各高校的教学基本建设，促进了高校教学管理的规范化、科学化和现代化。而对于高等学校的研究水平评估尚未曾进行。因此借鉴英国研究水平评估的经验教训，探索切合我国实际情况的高等教育机构研究水平评估模式具有一定的现实意义。

第一，有利于各高等学校准确定位。国家教育部把本科院校划分为四种类型：教学型、教学研究型、研究教学型和研究型。从整个国家来说，这种分类有利于各高校根据自己的办学条件和师资队伍状况准确定位，突出自己的办学特色，避免资源浪费。但值得注意的是，许多三、四流的高校尽管承认自己只能算是教学型的，却都强调要向教学研究型转变，把自己的资源重点投向研究方面，而不是实实在在地抓教学。因此，我认为我们应参照英国的办法，在进行教学水平评估的同时也进行研究水平评估，并将国家的资助拨款与两项评估结果联系起来，促使各高校准确地定位自己的类型。

第二，有利于各高校加强自律，提升师资队伍的整体水平。按照英国的研究水平评估标准，在被评估的机构里即使有些人是世界级的大师，而其他成员的学术水平不高，也会导致作为整体的院系和学校得不到较高分数，因此使机构的所有成员遭受损失。这样的方法无疑会使各个机构提高自律性，杜绝那些低水平成员的进入和存在。如果国内也采取类似的评估方式的话，相信大学在合并及扩张时也肯定会三思而行，某些一流大学会因为盲目合并及扩张而从整体上沦为三流大学。

第三，有利于提高各高校的研究质量。英国研究水平评估要求每个研究人员提交 4 篇近 5～7 年的研究成果,而这些提交的材料必须达到一定的水平,否则只能降低受评单位的分数。应该说他们重在强调研究的质量而不是数量。虽然我国的部分高校也已经开始注重研究的质量,不以数量论英雄,但也有许多高校还是重量不重质,造成许多研究人员成果很多,但真正达到较高水平的却很少。

第四,有利于提高教师的研究效率。从我国高校教师的成果发表情况看,一般是在将要评职称前有大量的成果发表,而一旦评上职称,在接下来的几年里就很少出成果甚至不出成果了,这在具有教授职称的教师中表现尤其突出,许多评上教授的人在随后的多年里几乎不写论文。而采用英国的评估方式,这部分多年没有成果的人就有可能被学校"请出去"或让他们提前退休,因此,研究水平评估有助于他们"活到老、学到老、研究到老"。

第五,如何有效地避免英国式评估带来的弊端也是值得思考的。尽管研究水平评估在推动高校提高其研究绩效方面是有效的,但应当伴随着资助的不断增加以奖励研究人员和高校研究绩效的提高。否则当资助难以为继时,会造成资源浪费,并挫伤研究人员和高校的积极性。此外,对仍有研究能力的老教授,如何调动他们的积极性,以及对确有潜力的新一代年轻研究人员,如何给予足够的时间让他们沿着自己选定的方向去从事也许是高风险的研究,而不是要求得太多、太快,也是值得深入探讨的问题。

参考文献:

[1][4][9] Sharp,S. (2004). The Research Assessment Exercises,1992—2001:patterns across time and subjects. Studies in Higher Education. 29(2),p. 201,p. 218,p. 205. [Online]. Available from:http://www. oecd. org/dataoecd/[2004—12—15].

[2] OECD. (2001). OECD Science,Technology and Industry Scoreboard,Paris. [Online]. Available from: http://www. oecd. org/dataoecd/. [2004—08—20].

[3][5][10] OECD. (2004). Steering and Funding of Research Institu-

tions-Country Report：UK. p. 11,p. 14,pp. 14—15. [Online]. Available from：http：//www. oecd. org/dataoecd/[2004—08—20].

[6][13]Mace,J. (2000). The RAE and university efficiency[J]. Higher Education Review,32(2),pp. 17—35.

[7]McNay,I. (1998). The Research Assessment Exercise and after"You never know how it will all turn out"[J]. Perspectives,2(1),pp. 19—22.

[8]Higson, H. Filby, J. &Golder, V. (1998). A critique of a model for anacademic staff activity database developed to aid a department in strategic and operational decision making[J]. Perspectives of Higher Education Policy, 2(1),pp. 28—33.

[11]McNay,I. (1997). The impact of the 1992 Research Assessment Exercise in English universities [J]. Higher Education Review, 29 (2), pp. 34—43.

[12]Talib, A. (2001). The continuing behavioural modification of academics since the 1992 Research Assessment Exercise[J]. Higher Education Review,33(3),pp. 30—46.

[14]Talib,A. (2000). The RAE and publications：a review of journal editors[J]. Higher Education Review,33(1),32—46.

[15]Elton,L. (2000). The UK Research Assessment Exercise：unintended consequences[J]. Higher Education Quarterly,54(3),pp. 274—283.

[16]Broadhead,L—A. &Howard,S. (1998). "The art of punishing"：the Research Assessment Exercise and the ritualisation of power in higher education,Education Policy Analysis Archives,6(8). [Online]. Available from：http：//epaa. asu. edu. [2004—07—02].

（本文发表于《比较教育研究》2005 年第 12 期。作者王来武,时属单位为烟台大学经济与工商管理学院）

八、印度高等院校评估与鉴定新方法述评

印度政府于 1956 年通过了一项议会立法,成立了大学拨款委员会(University Grants Commission,以下简称 UGC)。作为联邦政府及邦政府与高等院校之间的一条重要纽带,UGC 负责大学和高等教育领域内的协调、决策、教学质量的保证、考试与研究活动。[1]UGC 从中央政府得到专用拨款来执行法律赋予它的职责。目前,在不同的拨款计划中,UGC 正在为全国 145 所大学和 4 600 多所学院提供资金。此外,它还直接向学者和教师个人提供资助。考虑到印度幅员辽阔,为了更好地对全国各地的高等院校进行管理,UGC 成立了 7 个地区办公室,以便在不同地区的高等院校中实施其活动。UGC 在中央政府的安排下,对全国各地的大学和学院进行评估,然后根据评估结果对它们进行拨款。没有参加评估与鉴定的高等院校将不能获得中央政府的拨款和资助。UGC 通过这些措施使得高等院校的教学质量得到提高,研究活动得到加强,学生能力得以强化,与社会各领域的联系更加紧密,从而推动了印度高等教育的全面发展。[2]

印度高等教育在过去的 50 年内得到迅速扩张,各地高等院校如雨后春笋般建立起来。尽管有内部管理机制来保证高等院校的质量水准,可是,有关基础设施不符合标准和教学质量不断下滑等的批评声接连不断。为了解决高等教育质量低下的问题,1986 年的《国家教育政策》和 1992 年的《行动计划》详细阐明了其战略性计划,即建立一个国家评估机构。国家与鉴定委员会(National Assessment and Accreditation Council,简称 NAAC,以下用其英文缩写)于 1994 年成立,总部设在班加罗尔。[3]作为 UGC 的一个自治机构,NAAC 被委以重任,对印度的大学和学院进行评估与鉴定。NAAC 依据自己的实践经验

以及其他国际质量保证机构达成的共识和不断变化的国际高等教育背景下的质量标准,着手对现行评估与鉴定方法进行重新设计。通过相关专家的多次会议咨询,并得到来自不同利益相关者的反馈和主管当局的支持,NAAC 制定了《高等院校评估与鉴定新方法》(以下简称《新方法》)。《新方法》于 2007 年 4 月 1 日起全面实施。[4]

(一) 印度高校评估与鉴定新方法的基本内容

NAAC 制定《高等院校评估与鉴定新方法》,目的在于克服原先评估方法的局限性与增强评估方法的严格度、信度和效度。除了大大减少组内评估的差异之外,便于操作的《新方法》还有望能够使 NAAC 在短期内有效地对众多院校的评估进行管理。

1. 新评估手段

(1) 两步评估方法。目前,印度拥有 350 多所大学和 18 000 余所附属学院。考虑到全国各地附属学院的质量水准参差不齐与数量巨大,NAAC 重新制定了评估手段,对此类院校实行两步评估方法。然而,如同以前一样,一步评估方法将继续适用于大学、自治学院和由 UGC 指定的重点学院(CPEs)。在第一步中,当申请院校还处于评估的计划阶段,首先要求它获得"院校质量评估资格"(IEQA)。一所院校只有获得 IEQA 才能去申请第二步综合评估与鉴定。如果该院校在第一步中没有取得评估资格,它会从 NAAC 得到反馈信息(关于为达到所要求的质量水准需要采取的具体改进措施),以便能够及时地获得IEQA。

第二步评估与鉴定类似于 NAAC 实行至今的评估与鉴定方法。它对于大学、自治学院、重点学院和已经获得 IEQA 的附属学院是通用的。各类院校都要依照该类院校具体的 NAAC 指南去准备他们相应的评估与鉴定文件。

(2) 为了更具有客观性和有效性,为了进行更加有效的评估,NAAC 从以下几个方面完善了评估手段:① 确定每一标准内关键点与每一关键点内适当的评估指标;② 规定每一标准内关键点的细分权重;③ 改变评级模式,从原先的 9 分等级改为新的 3 字母等级,即给通过鉴定的院校"A、B 和 C",给未通过鉴定的院校"D";④ 改变院校的总得分模式,从原来的百分比改为现行的 4 分等级的累积平均绩点(CGPA)体系。

2. 能够参加评估与鉴定的高等院校

(1) 依据 1956 年《大学拨款委员会法》第二章第 2 条 b、f 款和第 12 条 b 款得到承认的或依据该法第三章建立的,已创办 5 年或者至少有两届毕业生登记在册的大学(在下文中称为"认可大学")。

(2) 附属于一所"认可大学"的学院/研究机构/自治学院与受"认可大学"管理的直属学院,并且创办已有 5 年时间或者至少有两届毕业生登记在册。

(3) 受职业管理委员会和他们的鉴定机构监管的院校被认为可以参加 NAAC 的评估与鉴定,但是这些委员会要在评估与鉴定方面愿意与 NAAC 达成适当的谅解协议。

(4) 如果得到 UGC、人力资源开发部或印度政府的指导,任何其他研究机构(包括跨国的印度或国外机构)也可以被 NAAC 纳入到它的评估与鉴定中来。

3. 高等院校评估与鉴定程序

(1) 意向信件(LOI)。属于上述任何一类的、有参评意向的高等院校应该首先向 NAAC 递交意向信件。根据院校的类型,NAAC 将应用两步法(对于附属学院)或者一步法(对于大学、自治院校和重点院校)对其进行评估与鉴定。

(2) 院校准备与递交自评报告(SSR)。有意向的大学、自治学院、重点学院与已经获得 IEQA 的附属学院要求依照适当的 NAAC 指南来准备他们的院校自评报告,并把自评报告递交给 NAAC。SSR 的第一部分涉及院校的基本数据,第二部分是每一标准内各关键点有关问题的评估报告。基于院校 SSR 的完整性,NAAC 准备同行专家组文件和安排同行专家组对相关院校进行实地考察。

(3) 同行专家组实地考察。同行专家组由 NAAC 委任来对院校进行实地考察。同行专家组通过运用多种方法进行考察并收集相关的证明材料之后,确认院校在其 SSR 中做出的结论。

(4) 评估结果。① 同行专家组报告:完成了实地考察之后,同行专家组要准备一份客观的评估报告,称为同行专家组报告(PTR),主要使用一些关键词来突出它的评估判断。② 院校:NAAC 依据同行专家组报告对院校做出最终鉴定。院校质量水准的最后累积平均绩点(院校的 CGPA)、字母等级和相应的成绩符号一起构成了 NAAC 院校鉴定的证明。每一个鉴定的有效期为 5 年。

（5）申诉。① 申述受理委员会：NAAC组建了一个执行委员会，专门受理有关同行专家组考察和鉴定结果等方面的不公之诉。如果院校认为评估/鉴定过程或鉴定结果有任何不公，可以直接与 NAAC 进行接洽。② 再评估：如果需要的话，在 5 年鉴定周期内的一年之后，已鉴定院校可申请再评估与鉴定。评估与鉴定新方法仍然适用于这类情形。

（6）再鉴定。5 年鉴定有效期满之后，一所院校可以申请 NAAC 的再鉴定。再鉴定程序也要以预先确定的评估标准为依据，包括院校递交 SSR、同行专家组实地考察进行确认与 NAAC 的最后决定。评估与鉴定新方法同样适用于再鉴定。

4. 新评级体系

（1）标准、关键点和权重。新方法与过去所依照的原先版本有几点区别：标准 6 和标准 7 的术语与一些标准的细分权重方面做了修改；每一标准的关键点内增加了一项"最佳实践"；每一标准内关键点和关键点的细分权重在此新方法中也做了详细说明（具体如表 1 所示）。

表 1　新评估方法的标准、关键点和权重

标准	关键点	大学	自治学院	附属学院/直属学院
		权重		
1. 课程	1.1 课程设计与开发	90	50	10
	1.2 学术灵活性	30	20	15
	1.3 课程反馈	10	10	10
	1.4 课程改进	10	10	05
	1.5 课程方面最佳实践	10	10	10
	总分	150(15%)	100(10%)	50(5%)
2. 教学与评估	2.1 录取程序与学生特性	20	30	30
	2.2 适应不同需求		35	45
	2.3 教学过程	90	170	270
	2.4 师资质量	60	65	65
	2.5 评估过程与革新	50	40	30
	2.6 教学与评估最佳实践	10	10	10
	总分	250(25%)	350(35%)	450(45%)

续表

标准	关键点	大学	自治学院	附属学院/直属学院
		权重		
3. 研究、咨询与推广服务	3.1 研究进步	40	30	15
	3.2 研究与发表成果	90	50	25
	3.3 咨询	20	10	05
	3.4 推广服务活动	30	40	40
	3.5 合作	10	10	05
	3.6 研究、咨询与推广服务最佳实践	10	10	10
	总分	200(20%)	150(15%)	100(10%)
4. 基础设施与学习资源	4.1 学习硬件设施	20	20	20
	4.2 基础设施的维护	10	10	10
	4.3 作为学习资源的图书馆	35	35	35
	4.4 作为学习资源的信息通讯技术	15	15	15
	4.5 其他设备	10	10	10
	4.6 基础设施与学习资源最佳实践	10	10	10
	总分	100(10%)	100(10%)	100(10%)
5. 学生支持与发展	5.1 学生发展	30	30	30
	5.2 学生支持	30	30	30
	5.3 学生活动	30	30	30
	5.4 学生支持与发展最佳实践	10	10	10
	总分	100(10%)	100(10%)	100(10%)
6. 管理与领导	6.1 院校远景与领导	15	15	15
	6.2 组织管理	20	20	20
	6.3 战略发展与战略部署	30	30	30
	6.4 人力资源管理	40	40	40
	6.5 财政管理与资源调动	35	35	35
	6.6 管理与领导最佳实践	10	10	10
	总分	150(15%)	150(15%)	150(15%)

标准	关键点	大学	自治学院	附属学院/直属学院
		权重		
7. 革新举措	7.1 内部质量评估体系	20	20	20
	7.2 具体举措	15	15	15
	7.3 与利益相关方的关系	15	15	15
	总分	50（5％）	50（5％）	50（5％）
	总分	1 000	1 000	1 000

（2）评估指标。每一标准的关键点内都确定了一些评估指标，当同行专家组访问院校时，他们会利用这些评估指标作为参照而得出关键点的绩点和标准的平均绩点。笔者在此仅列举标准1内关键点1.1的评估指标来进行说明（如表2所示）。

表2　新评估方法的标准1内关键点1.1的评估指标

标准（细分权重）	关键点（细分权重）	评估指标
1. 课程 大学、自治学院和附属学院（150、100、50）	1.1 课程设计与开发 大学、自治学院和附属学院（90、50、10）	1.101 课程设计与院校的培养目标相适应
		1.102 所开发/采用的课程与地区/国家的发展需求相适应
		1.103 课程设计适应于满足学生的全面发展
		1.104 毕业生就业能力是课程设计与开发所考虑的主要因素
		1.105 培养学生的国际视野，在课程设计中体现明显
		1.106 拥有价值导向教育方面的课程
		1.107 为开发课程，在校内外与学术专家进行有效的磋商
		1.108 在开发课程的过程中，与工业/职业部门进行磋商
		1.109 全体教员在课程开发过程中勇于创新

（3）新评级方法。在新方法中，院校的每一关键点以4种级别进行评分，即A、B、C和D,分别表示很好（4分）、好（3分）、满意（2分）和不满意（1分）。接着，每一标准内所有关键点的总分就通过它的适当权重计算得出，这一标准

的平均绩点(CR-GPA)也就计算出来了。运用对每一标准所规定的权重,最终评估结果的累积平均绩点(CGPA)就通过 7 项标准的 7 个平均绩点计算得出。

(二)印度高校评估与鉴定新方法的特点及对我国的启示

印度高校评估与鉴定新方法具有如下几个特点:

1. 两步评估法

印度附属学院的数量巨大,并且质量水准参差不齐。新方法对此类院校实行两步评估法,既可以减少同行专家组与 NAAC 的工作强度,又能激励绝大部分质量较低的学院从实质上改善与提高自己,以便能够及时地参与 NAAC 的评估与鉴定。

2. 完善的评估手段

利用关键点内详细的观测点得出该关键点的绩点;然后利用各关键点的相应细分权重,得出该标准的平均绩点(CR-GPA);最后通过 7 个标准平均绩点加权平均值得出院校的累积平均绩点(CGPA)。

3. 运用累积平均绩点体系

与原先的 9 分等级评级体系相比,新评级体系体现了许多优点,其中主要一点就是从原来的百分比改为现行的累积平均绩点。通过运用累积平均绩点体系,保证了整个院校评估的客观性和有效性。

4. 评估与鉴定过程的可靠性

在评估与鉴定过程中,院校自评报告与同行专家组实地考察相结合,即自我评估与同行专家评估相结合,从而确保了院校评估与鉴定的可靠性和有效性。

我国本轮高等学校本科教学水平评估工作已经接近尾声,在取得巨大成就的同时,评估工作也暴露出许多问题。我们可以从印度高等院校评估与鉴定新方法中得到一些启示,比如说,两步评估法对我国高等教育评估就有着重大的参考价值。总之,深入研究印度高等教育评估的经验,对于搞好我国下一轮高等教育评估具有重要的借鉴。

参考文献：

［1］University Grants Commission（UGC）［EB/OL］. http：//www. education. nic. in/higedu. asp，2007－06－08.

［2］大学拨款委员会. 印度——新的知识目的地［EB/OL］. http：//www. indianembassy. org. cn/publication 2/history/2004/07，2007－06－05.

［3］Profile［EB/OL］. http：//www. naacindiaorg/aboutus. asp，2007－06－09.

［4］New Methodology of Assessment and Accreditation ［EB/OL］. http：//naacindia-org/＃,2007－06－11.

［5］New Grading System Guidelines－2007［EB/OL］. http：//naa-cindia. org/publications. asp，2007－06－11.

（本文发表于《比较教育研究》2008 年第 10 期。作者郭斌、张晓鹏，时属单位为复旦大学高等教育研究所）

九、试析美国本科教育质量
评估中的问卷调查

(一) 美国高等教育的质量运动

20 世纪 80 年代,美国大学的学费上涨过快,学费、资助和科研经费的管理都存在问题,毕业生缺乏必备的知识和技能,公众认为学校不关心社会重大问题,大学高薪竞聘明星教授,上马豪华建设项目,上述行为使高等教育渐渐地失去了往日的公信力。[1]另外,在"里根经济学"以及国内外激烈竞争环境的催化下,在全面质量管理理论和实践的影响下,80 年代,美国高等教育领域兴起了评估运动,接着是 90 年代的问责运动,这些运动延续至今,仍然在深刻地影响着美国的本科教育。

同期,学生的学习结果评估开始兴起,并逐步发展成为衡量高校卓越与否的评估方式。[2]学习结果评估主要是根据直接证据和间接证据来评估学习质量。直接证据主要包括"顶点课程"的成绩、专业和临床成绩、校外各类考试的成绩、教师命题考试的成绩等材料;间接证据主要包括学生的学习档案袋、作业以及学生、校友和毕业生用人单位的自我报告[3]等材料。由于学校之间在目标和定位方面有所不同,各个学校选用的证据也不尽相同,[4]加之院校认证和专业认证都需要反映学习结果的评估材料,[5]有效的教学也离不开信息反馈等原因,所以学生的学习结果评估在美国高校推广很快,目前它已经成为保障和提高本科教育质量的一种主要手段。

经过 20 多年的发展,以评估和问责为主题的美国高等教育的质量运动已经发生了很大的变化。20 世纪 80 年代,评估是以学校为中心的,由于各校评估所用的工具、方法和指标都不尽相同,评估结果也缺乏横向的可比性。80 年代后期到 90 年代,基于输入指标的质量评估开始向结果评估和绩效评估方向转变,输出指标和结果指标越来越多地取代了传统的输入指标。在联邦立法的规范下,在州教育委员会和非政府组织的共同努力下,越来越多的高校开始使用共同的指标体系来评估本科教育质量,这使各州和各校之间的质量评比具备了可行性,也为问责制的推广奠定了基础。

总之,美国"高等教育的质量运动带来了一种共同的学习责任感、一种倾听服务对象心声的习惯、一种数据偏好、一种持续提升的道德、一种充分开发每一位学习者才能的决心,还有一种认同,就是在工作上有对同事和服务对象负责的义务。"[6]问卷调查工具的广泛使用从一个侧面反映了美国高等教育质量观的特点。

(二)问卷调查工具

高等教育质量评估的方法有很多,有附加值评估、结果评估、输入和声望评估、专家评估、自我报告评估、过程和活动参与评估等。[7]问卷调查是自我报告评估常用的一种工具,一般用来调查学生和校友对本科阶段学习收获的看法,调查的结果通常被当作间接证据,用来说明学生的学习结果情况。尽管问卷调查只是收集间接证据的一种工具,但它却提供了一个洞察美国高等教育质量观的独特视角,独特之处在于它凸显了当代的质量观对传统的美国高等教育质量观的影响。[8]

总的来说,问卷调查工具已经广泛用来评估美国本科教育的质量,尽管这些工具的种类和数量都比较庞杂,[9][10][11]但具有全国影响力的问卷调查工具毕竟数量有限,本文将主要工具列表介绍如下(请见 P93 页)。

(三)问卷调查工具简析

问卷调查工具的广泛使用从一个侧面折射出当代的质量观对传统的美国高等教育质量观的影响——高校不仅注重内部评价,而且也开始关注外部评价;不仅注重产品和服务的品质,而且也开始关注顾客的满意度;不仅注重专业技术标准,而且也开始关注消费者的期望;不仅注重校内人员的经验和感觉,而且也开始强调通过把定量和定性评估结合起来的方式了解顾客的经验和要求，使美国的本科教育逐渐形成了"一种倾听服务对象心声的习惯"。正如马丁·特罗指出的那样，美国高等教育制度的一个基础就是竞争精神和对市场的回应力，尤其是学生市场。[12]自 20 世纪 60 年代以来，民权运动和民权立法增加了多元学生群体的就读机会，高等教育大众化和普及化的实现使教育消费心态日趋普遍；高等教育消费从卖方市场向买方市场的转移加剧了学校间的竞争；评估和问责的兴起更有效地保护了教育消费者的合法权益。因此，美国高等教育质量观的变化是一个渐进的过程，其中，学校、政府和市场之间的协调关系发挥了积极的推动作用。

问卷调查工具的广泛使用说明，传统的高等教育质量观与当代的质量观之间并不是相互排斥的关系，而是互补的关系。一方面，学生的专业知识、技能和能力的发展仍然是高等教育的核心所在，这一断言可以从衡量学习结果的证据类别上得到印证；另一方面，高校在多大程度上满足了学生的期望和要求也是判断本科教育质量的一个重要尺度，因此，自我报告成为衡量学习结果的一种证据。前者所注重的可以说是入门标准、零缺陷、卓越等内涵，而后者所注重的却可以说是适切、转化、重塑或物有所值等内涵。这样，反映学习结果的证据物化了美国高等教育的质量观，它把高校内部与外部的评价、把产品和服务的品质与顾客的满意度、把专业技术标准与消费者的期望、把感觉和实证、把定量和定性、把终结性的评价与发展性的评价、把高等教育管理与工商企业管理等貌似对立或迥异的因素调和在一起，凸显了全面质量管理的核心理念，诠释了综合规划、顾客满意、全员参与、依据事实进行管理、持续的质量提升这些全面质量管理的核心质量原则。

表中问卷调查工具的指标体系大多建立在一些重大的科研成果的基础上，问卷调查的目的和思路比较清晰。以表中工具的主要指标为例，学生的期望、经验、互动、合作和活动参与情况是问卷调查的主题，它们大致与教育研究所揭示的教育领域的六大影响力相对应——活动、合作、多样性、期望、互动和责任。[13]同样，美国学生参与度的调查问卷的指标体系大致与本科教学的最佳原则相对应——鼓励师生之间的联系、发展学生之间的合作、鼓励主体性的学习、提供及时的信息反馈、强调时间的使用效率、传递较高的期望、尊重不同的才能和学习方式。[14]这样,调查的结果不仅可以反映本科生的时间分配情况,而且还可以反映本科生参与良好的教育教学活动的情况,而判断活动好坏的标准不是个人的经验或好恶,而是科研数据,这一"数据偏好"诠释了依据事实进行管理的内涵。有理由相信,类似问卷的开发可以促进教育研究者把理论和实践更好地结合起来。此类问卷的广泛使用也可以引导教育实践者反思质量管理实践背后所蕴含的理念,使教育研究和教育实践相得益彰。

美国本科教育质量评估中的问卷调查工具一览表

	工具	主持方	调查对象/目的	主要指标
输入阶段的问卷调查工具	合作性的院校研究项目——新生调查(CIRP-FS)	加州大学洛杉矶分校高等教育研究所与美国教育委员会	新生/新集与新生人口统计学和态度有关的信息	·人口统计学特点; ·对大学经验的期望; ·中学的就学经验; ·学位目标与职业计划; ·就学的财力情况; ·态度、价值和生活目标; ·就学的原因
	大学生期望问卷调查(CSXQ)	印第安那大学中学后研究与规划中心	入学的新生/评估新生的期望,调查结果可以与后期进行的大学生经验问卷调查的结果进行对比研究	·背景信息; ·对参与学校活动的期望; ·期望达到的满意度; ·对学校学习环境特性的期望
过程阶段的问卷调查工具	大学生经验问卷调查(CSEQ)	印第安那大学中学后研究与规划中心	在读的大学生/测量大学生课内外学习经验的质量,对环境的感受,满意度以及在25个所期望的学习和个人发展结果方面的进步情况	·背景信息; ·学生参与学习活动的程度; ·学生对学校学习环境的评价; ·学生对学习目标收获的估计; ·学生对学校的满意度

续表

	工具	主持方	调查对象/目的	主要指标
过程阶段的问卷调查工具	美国大学生参与度调查（NSSE）	印第安那大学中学后研究与规划中心	一至四年级大学生/收集结果评估、本科质量与问卷的数据；对学生参与有效的教育实践活动进行测评（挑战性的程度、主体性学习、师生互动、支持性的环境等）	• 学术挑战性——课前预习时间，阅读与写作量，学校的期望； • 主体学习与协作学习——课堂参与，与人协作，辅导等； • 师生互动； • 强化教育经验——与来自不同背景的学生交谈，使用技术，参加见习、社区服务与海外学习等活动； • 支持性的校园环境
输出阶段的问卷调查工具	大学结果调查（CRS）	波特森公司	毕业高校 4 至 10 年的校友/了解毕业生的个人价值观、能力、职业、工作技能和终身学习的参与情况，利用校友的反馈建立独特的学校形象	• 终身学习； • 个人价值； • 信心； • 职业与收入； • 工作技能； • 艺术、文化、宗教和社区组织的参与情况
	综合性的校友评价问卷调查（CAAS）	全国高等教育管理系统中心	校友/测量学校效益的证据，报告校友个人发展和职业准备的情况	• 就业与继续教育； • 本科经验； • 智力发展； • 社区目标的实现情况； • 个人发展与充实； • 社区参与； • 人口统计学与背景信息

　　表中工具的工作流程体现了专业分工协作的特点。首先，问卷的开发和数据的处理、分析和报告由一个全国性的信息中心统一负责，院校研究或高校学生事务研究的专职人员主要在数据收集阶段提供支持。如此分工可以使高等教育、教育统计和高校学生事务管理领域的专家形成合力，从而在组织和人员上确保调查工具和数据的质量。其次，进入美国教育统计中心数据系统的数据必须严格遵守中心的《统计标准》，该标准从概念与方法、计划与设计、数据收集

与处理、数据分析与审核以及数据发布等方面规范了教育统计行为,从而在技术上保证了统计数据的质量可信性、有用性和信息性。[15]再次,由于信息中心统一处理问卷调查的数据,其数据系统就可以通过比较来显示学校之间的差异。可以说,如此流程既可以为高校持续的质量提升提供动力和压力,也可以为高校内部的科学管理,尤其是基准管理提供数据上的支持。

诚然,现阶段美国高校的问卷调查并非尽善尽美,其中也有瑕疵。首先,问卷调查的对象大多是学生和教师,而以毕业生用人单位或雇主为调查对象的问卷却较少,因而高校可能无法及时地了解高等教育产品质量的真实状况。另外,由于问卷调查的方法使用得越来越广,它可能已经给学校、学生和校友增添了负担,问卷调查者必须认真思考并着力解决此类问题。

(四) 结论和启示

高等教育质量缺乏统一的定义,它可以指"卓越、零缺陷、适切、转化和重塑、入门标准、提高或物有所值"等。[16]在一定程度上,美国本科教育的质量概念不仅涵盖了这些意思,而且还展示了个性特点,就是追求一种共同的学习责任感、一种倾听服务对象心声的习惯、一种数据偏好、一种持续改进的道德、一种充分开发每一位学习者的才能的决心和一种勇于负责的精神。在当代质量观的影响下,自我报告评估的重要性得到了确认,继而促进了问卷工具的开发和使用,使抽象的高等教育质量观得到了物化,使质量评估成为一个持续不断的发展过程。在此过程中,质量管理者和研究者努力认识对高校的教育环境具有重大影响力的一些要素之间的相关性,再通过选择性地增强或减弱某些相关性,达到保障和提升本科教育质量的目的。

基于美国的经验和教训,我国本科教育的质量建设至少可以从中得到如下启示:

第一,更新高等教育质量观。我国学界常把高等教育质量定义为"高等教育所具有的、满足个人、群体、社会明显或隐含需求能力的特性的总和"。如果高校认同这一定义,它们就必须设法了解并努力满足个人、群体和社会的需求。不过,目前我国高校还很少系统地了解高等教育利益相关者的需求,更不用说把这些需求系统地纳入本科教育的质量建设之中。学校似乎更注重产品或服务的内在特征和属性,强调专家的专业评判,强调管理人员和专业技术人员等组织内部人员的视角。换句话说,传统的质量观还在主导着我们的质量管理行为。在"以人为本"这一发展原则的指导下,当代的质量观特别适合用来弥补我们观念和实践上的不足。因此,了解个人、群体和社会的需求应该成为我们转变观念的第一步。

第二,加强高校内部的质量管理。目前,我国高校内部的质量管理大多是围绕教育部的质量工程和本科教学水平评估而展开的。高校还很少根据自身的定位和办学目标来开展质量建设,高校内部的质量管理总体上缺乏主动性和创新性。另外,现阶段的本科教学水平评估还是以专家评估、输入和声望评估、过程和某种结果评估为主,学生的学习结果评估和自我报告评估相对较少,且缺少系统性。因此,现阶段我国本科教育的质量管理应该注重调动高校内部的积极性,使高校内部的质量管理不仅是外部保障的延伸,而且是必不可少的补充。在内外保障的过程中,质量管理者应该注重把高等教育产品的本质以及标准和顾客的期望与满意度、发展性评价和终极性评价、专家评估和自我报告、定量评估和定性评估等看似对立的因素调和起来,使质量评价和质量保障的措施更全面、更真实地反映本科教学的质量情况。

第三,深化教育科学的基础研究。基础研究是教育科学的支柱,它以知识创新为使命,以探求规律为目的。长期以来,我国的教育科学坚持"古为今用、洋为中用"的方针,汲取了很多有益的经验,特别是在引进西方教育理论方面取得了很大的成就,但在自主研发方面还稍显不足,在以实证方法来发现规律或印证假设方面差距更大。以大学生发展的研究为例,大学生发展理论是美国高校学生事务管理的一个核心的知识领域和理论基础。由于社会心理理论、认知—结构理论和类型理论是其核心所在,美国的问卷调查工具往往从这些理论中选择切入点。另外,根据社会心理的理论,学校的目标、规模、师生关系、课程、教学、友谊与学生社区、大学生发展的项目和服务是影响学校环境的核心要素,[17]美国问卷工具的开发者也频繁地使用这些要素来建构问卷的主要维度。近年来,大学生发展这一概念在我国也得到了广泛的运用,但至今还缺少我们自主研发的理论基础。中国的大学生发展是否有规律可循、美国的大学生发展理论是否能够描述、解释、预测和指导中国的大学生发展还有待我们深入研究。

第四，保障教育统计数据的质量。为了保障官方统计信息的质量，很多国际组织和政府机构都制定了相应的统计信息标准。以美国教育统计中心为例，它的《统计标准》对问卷调查的规划设计、数据收集、数据处理、数据分析、信息审核以及信息发布等过程都做出了详尽的规定，所有进入中心统计信息系统的数据都必须遵循这些标准，从而确保数据的质量——有用性、客观性和完善性（integrity）。在某种程度上，我国的教育科研网是中国教育的信息平台，它每年都要发布大量的教育统计信息，但是，这些信息大多缺乏方法上的说明。此外，每年我国都有很多教育科研的立项课题，相当数量的课题采用了定量研究的方法，但由于缺少一套共同的教育统计标准，教育研究者和信息发布者都可能在报告或发布研究成果的过程中碰到不便，这一现状影响了我国教育统计数据的质量。因此，尽早制定一套统一的教育统计信息标准和指南势在必行。

参考文献：

[1] Garland, P. H., & Thomas, W. G. (1993). New Perspective for Student Affairs Professionals: Evolving Realities, Responsibilities and Roles. ASHE-ERIC Higher Education Report No. 7, 19—20. Washington, D. C. : The George Washington University, School of Education and Human Development.

[2] Astin, A. w. (1998). The Changing American College Student: Thirty-year trends, 1966—1996[J]. Review of Higher Education, 21, 1150135.

[3][5] Council for Higher Education Accreditation (May 2002). Student Learning Outcomes Work Shop, THE CHEA CHRONICLE, Vol. 5, No. 2. Washington, D. C. : Council for Higher Education Accreditation.

[4] CHEA institute for Research and study of Accreditation and Quality Assurance (Sept. 2003). Statement of Mutual Responsibilities for Student Learning Outcomes: Accreditation, Institutions, and Programs. Washington, D. C. : Council for Higher Education Accreditation.

[6] Marchese, T. (1993). TQM: A Time for Ideas, Change, Vol. 25, 10—13.

[7] Benett, D. (2001). Assessing Quality in Higher Education. Liberal Education, v. 87. n. 2.

[8] Ruben, B. D. (1995). (Ed.). Quality in Higher Education[M]. New Brunswick, U. S. A. : Transaction Publishers.

[9] Borden, V. M. H., & Owens, J. L. Z. (2001). Measuring Quality: Choosing among Surveys and Other Assessments of College Quality. Washington, D. C. : American Council on Education [EB/OL]. http://www. airweb. org/images/measure-quality, pdf.

[10] Steiner, L. M., Hassel, B. C., & Tepper, S. J. (2004). Measuring Higher Education: A Compendium of Assessment Instruments for Colleges and Universities. The Teagle Foundation, U. S. A. [EB/OL]. http://web. uconn. edu/ assessment/ docs/ resources/ARTICLES_and_REPORTS/Teagle%20 Foundation_Measuring%20Higher%20Education_A%20 Compendium% 20 of % 20 Assessment% 20 Instruments% 20 for % 20 Colleges% 20 and % Universities. pdf.

[11] Swing, R. L. (2003). First-Year Assessment Instrument: A Typology[M]. Center on the First Year of College, U. S. A.

[12] Trow, M. A. (2000). From Mass Higher Education to Universities of California. [EB/OL]. http://repositories. cdlib. org/cshe/CSHE1—00.

[13][14] Chickering, A. & Gamson, Z. (1991). Applying the Seven Principles for Good Practice in Undergraduate Education[M]. New Directions for Teaching and Learning. Number 47, Fall 1991. San Francisco: Jossey-Bass Inc.

[15] NCES(2002). NCES 2002 Standards [EB/OL]. http:// necs. ed. gov/statprog/2002/stdtoc. asp.

[16] Parri, J. (2006). Quality in Higher Education[M]. VADY-BA/Man-

agement, n. 2(11), 107—111.

[17] Evans, N. J. , Forney, D. S. , &Guido-DiBrito, F. (1998). Student Development in College: Theory, Research, and Practice[M]. San Francisco: Jossey-Bass Publishers.

（本文发表于《比较教育研究》2008 年第 3 期。作者李奇，时属单位为北京师范大学教育管理学院）

十、日本大学第三者评价的模式及特点

1991 年,日本大学设置基准大纲,新基准要求大学必须实施自我评价,但自我评价在客观性和透明性方面存在缺陷。为进一步完善大学评价体系,2003 年修改完成的《学校教育法》规定,大学必须接受由相对独立于政府和大学之外的认证评价机构实施的评价。自此,接受第三者评价成为大学的义务。

(一)日本大学第三者评价的基本模式

1. 日本大学第三者评价的主体

日本《学校教育法》规定,认证评价机构是具备顺利实施认证评价基础的法人。作为具有独立团体人格的组织,第三者评价机构既可以是代表国家执行行政事务的独立行政法人,也可以是由大学等自发组织成立的民间自治团体。目前,大学评价学位授予机构(NIAD-UE)和大学基准协会(JUAA)是具有代表性的评价主体。大学评价学位授予机构是隶属于文科省的教育行政机构,2004 年 4 月成为独立行政法人,实施以"国家没有必要作为主体直接管理,而完全交由民间主体又难以确保其公共性的事务和事业进行卓有成效的营运管理为目的"的公共事业,[1]对以国立、公立大学为主的大学教育研究状况进行评价是其重要职责之一。[2]大学基准协会是由国立、公立、私立大学自发组织成立的自治团体,目的是通过大学的自主努力提高教育质量,并致力于大学教育的国际合作。[3]

2. 日本大学第三者评价的目的

日本大学第三者评价的首要目的是提高大学教育与研究质量。"二战"结束后，日本的高等教育形成了双重的质量保障体制：一是政府对大学设置的认可；二是大学间的相互质量认证。由于日本高等教育质量保障的责任在政府，质量认证没有在大学扎根。[4]20世纪90年代初，大学教育与研究质量保障开始向事后转移。1991年颁布的新《大学设置基准》，通过放宽对大学设置的严格要求，使大学获得更多的办学自主权，并将自我评价定为大学的义务。但是，由于自我评价存在缺乏客观性和透明性的问题，必须导入大学外的评价机构实施的第三者评价。第三者评价的另一目的是为有效配置经费资源提供依据。20世纪90年代前，日本的高等教育财政分配有两种方式：一是统一分配，即根据师生比率配置教育经费；二是倾斜分配，即根据其他标准，通过业绩评估进行差额配置。[5]2001年通过的第二期《科学技术基本计划》提出，"对于有政策目的的项目或课题，要通过由第三者实施的外部评价"。[6]

3. 日本大学第三者评价的运行过程

第三者评价的基准由认证评价机构依据《学校教育法》和文科省的要求制定，评价过程也依据《学校教育法》的要求运行。

第三者评价的运行是对评价机构进行认证和实施评价的各要素间相互作用的过程，这一过程主要在文科省、机构、大学间展开，包括机构认证和评价实施两个阶段。对评价机构的认证，始于评价机构向文科省提出认证申请，以获得实施第三者评价资格或被拒绝。经文科大臣认证合格的机构，可以遵照《学校教育法》等的相关规定、依据经文科省认定的评价基准对大学实施评价，评价完成后要及时将评价结果通知大学，同时向社会公布、向文科大臣报告。若评价机构变更评价基准、评价方法等，必须向文科大臣提出报告。关于评价方法的具体内容，文科省的细则规定，评价方法要包含大学自我评价、评价结果分析和对大学教育与研究活动的实地调查。

（二）日本大学第三者评价的特点

日本第三者评价在中央集权教育行政体制下产生并运行，并受经济、文化等因素的影响。这些因素使第三者评价没有体现出较强的独立性，而是具有一定的官方色彩。

1. 认证评价机构相对独立

认证评价机构是具有独立团体人格的法人,但从评价机构的资格认证,到制定评价基准、评价及管理人员选用、评价实施过程、评价结果发布等,都受到文科省的管理和监督。

首先,评价机构在提出资格认证申请之前,须按《学校教育法》、文科省的机构认证《细则》、《学校教育法实施令》等的要求制定评价基准、配备评价体制、确定评价结果等;评价机构提出申请后,文科大臣、中央教育审议会审议通过后授予认证评价资格。认证过程和内容详见下图。

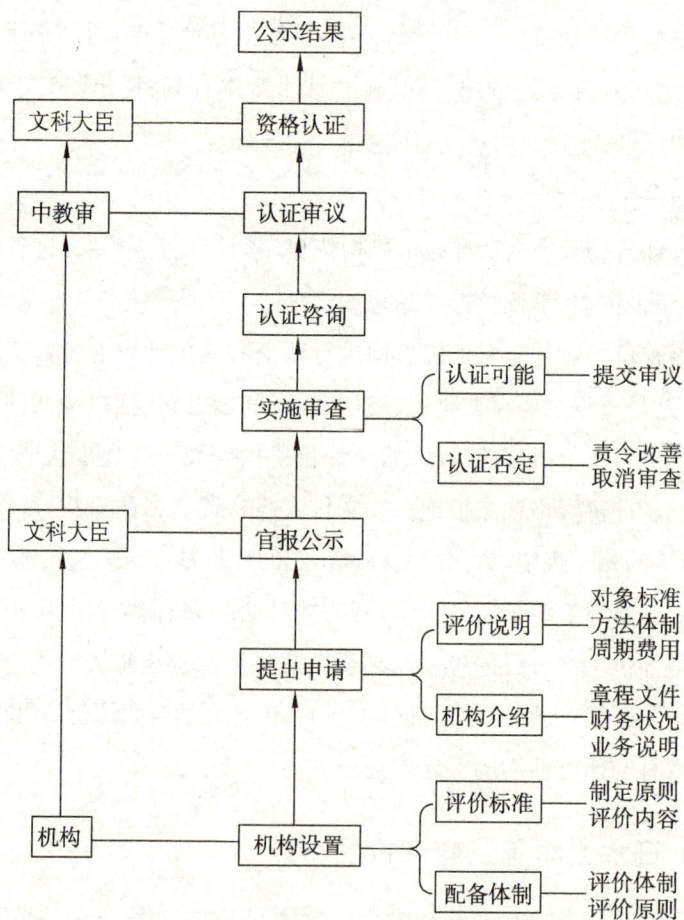

图1　对机构认证评价资格的认证过程

资料来源:根据相关法令规定整理

其次,文科省与认证评价机构存在法律关系。法律关系即在法律规范调整社会关系过程中所形成的人们之间的权利与义务关系。[7] 从两者的法律关系看,在文科省拥有的权利中,针对认证评价机构的相关权利包括:① 对申请认证机构的认证权;② 文科大臣对申请认证的机构实施认证时所用基准的制定权;③ 就机构认证评价的公正性及实施保障中存在的问题,向认证评价机构发出通知并索取相关资料权;④ 责令认证评价机构整改,甚至取消认证评价资格权;⑤ 文科大臣对认证评价机构活动的监管权。与此同时,文科省也有相应的义务:① 对申请机构实施认证时,文科大臣必须将主要内容在官报上公示;② 认证评价机构向文科大臣报告有关评价事务的变更、暂停、废止时,文科大臣必须将其主要内容在官报上公示;③ 文科大臣取消认证评价机构的认证时,要在官报上公示;④ 在对认证评价机构实施认证、制定机构认证基准、取消机构认证时,向审议会提出咨询。

第三,在认证评价机构拥有的权利中,针对文科省相关的权利,仅是在获得文科省认可的前提下方可实施对评价基准、方法及其他业务进行变更、暂停、废止权。相反,在法律规定的认证评价机构的权利与义务当中,与文科省相关的大都是必须履行的义务:① 实施评价前必须得到文科大臣的认证;② 确定适合认证评价的评价基准和方法;配备确保公正、适当评价的体制;③ 给大学异议申诉的机会;④ 对评价基准、方法及其他业务进行变更、暂停、废止时必须事先向文科大臣报告;⑤ 及时公布并向大学和文科大臣通报评价结果。因此,文科省与评价机构之间是管理与被管理、命令与服从的关系,如下表所示。高等教育第三方评价是由介于政府和高校之间的第三方机构或组织实施的,它与政府行政评价和大学自我评价的根本区别在于评价机构具有独立性,具体表现为评价机构或组织是否拥有不受政府和高校干预的独立评价权。日本所有大学都接受经文科大臣认证的认证评价机构实施的认证评价,评价活动必须受政府的监督和管理,认证评价机构的独立性是相对的,这使日本大学第三者评价活动带有一定的官方色彩。

文科省和评价机构的权利与义务一览表

		权利	义务
文科省		机构认证	
		制度机构认证基准	公示申请机构的信息及认证内容
		发出通知或索取资料	公示认证机构业务的变更
		责令评价机构整改	公示取消认证的信息
		取消认证评价资格	向审议会提出认证基准、取消认证等咨询
		监管认证评价活动	
认证评价机构		业务变更、暂停、废止	申请认证
			按要求确定基准、方法
			按要求配备评价体制
			给大学申诉的机会
			业务变更等向文科省报告公布、通报评价结果

资料来源:根据相关文献整理。

2. 大学自主性不突出

在日本第三者评价中,大学与认证评价机构间存在法律关系。在两者之间,认证评价机构拥有的权力是:① 制定评价基准;② 公开评价基准的制定或变更情况;③ 指导大学自我评价、分析评价结果,组织实地调查;④ 对大学的教育与研究组织、教师组织、教育课程、设施与设备、事务组织、财务、教育与研究活动进行评价;⑤ 通知大学评价结果。由此可见,认证评价机构的评价权利涵盖了评价基准、评价方法和评价结果所涉及的基本问题,大学须按照有关规定执行,显示出较强的统一性。

实际上,日本的大学自明治时期产生之日起,就在等级森严的社会环境中生存和发展。到 21 世纪初,日本大学开始接受第三者评价,虽然评价过程由评价机构独立完成,但是认证评价机构经政府认证,评价基准按照政府规定的原则制定,认证评价方式也由政府规定。政府对第三者评价内容、基准、方法、结果运用等方面的干预,弱化了大学的自主性,显示出一定的官方色彩。

3. 文科省制定评价基准的原则

1996 年 7 月,日本政府通过第一期《科学技术基本计划》(1996~2000)以下简称《计划》。《计划》指出,推进科学研究开发应建立对研究开发课题、研究开发机构和研究者的评价体制,以有效利用资金;要在尊重大学研究特性的基础上评价大学,导入由专家实施的外部评价机制,向社会公开评价结果;扩充竞争性资金、重点研究开发资金和国立大学及实验机构的基础性研究运营资金。[8]2001 年 3 月,日本政府通过第二期《科学技术基本计划》(2001～2005)。为达到产业创新、恢复国际竞争力的目的,第二期《计划》力图构筑能创造优秀研究成果的研究开发体系。为此,首当其冲的措施是创建竞争性研究开发环境;加倍扩充竞争性资金,彻底实施评价,评价结果与研究资金挂钩,改革评价体系。第二期《计划》指出了对于有政策目的的项目或课题,要通过第三者实施外部评价,且评价由大学评价学位授予机构实施。[9]之后的创建世界一流大学、实施 21 世纪 COE(Center of Excellence)计划,就是要求国立、公立、私立大学通过竞争获得科学研究补助金,第三者评价成为有效分配竞争性资金的重要依据。

日本实施第三者评价的目的决定了制定评价基准的基准原则。认证评价机构在制定评价基准时,不仅以高校教育质量保障和教育质量提高的需要为基础,而且还依据政府规定的原则和内容,满足资金分配的需要。由于政府对评价基准的基本内容进行了规定,所以认证评价机构制定的评价基准的基本内容趋同。例如,大学评价学位授予机构和大学基准协会的评价基准,都将大学的办学理念、目标、目的列为评价基准的首要项目,且对教育研究组织、教育课程、教师、管理运营、财务等的评价也都围绕大学的理念、目标和目的展开。从表面上看,日本第三者评价的基准与美国认证制度下的认证基准有异曲同工之处,但如果对主体的利益需求进行分析就不难发现,日本第三者评价基准的制定原则和基本内容由政府决定,且为政府所用,带有一定的官方色彩。

(三) 日本大学第三者评价官方色彩形成的原因

日本大学第三者评价官方色彩的形成,既受到本国教育传统的影响,也与当时的政治、经济、文化传统等因素密不可分。首先,从日本教育行政体制方面看,日本的中央集权教育行政体制自明治时期确立以来,一直保持至今。"二战"结束后,日本仿效美国进行了地方分权的改革,但没有改变中央集权的教育行政基本模式。相反,随着"占领期"的结束,中央集权进一步加强。日本大学第三者评价制度自产生起就深受这一体制的影响。由政府命令并引入法律手段保障实施的日本大学第三者评价,其制度变迁显示出明显的强制性。尽管社会各界对实施第三者评价的意见不同,但日本政府通过法律手段将所有评价机构置于政府的管理和监督之下,这既体现出日本大学第三者评价制度变迁的强制性特征,也说明中央集权教育行政体制对日本大学第三者评价产生一定的影响。

其次,从大学自治方面看,在第三者评价中,大学作为评价客体被动参与体现了这一制度的政府主导特征。这一特点的形成,除有日本教育行政体制方面的原因之外,缺乏自治精神也是日本大学在第三者评价中处于被动从属地位的重要原因。在日本高等教育产生并发展的一百多年当中,大学虽然也吸收了西方自由主义的思想,但它的这种"实用性"特征早在发展初期就已经根植于帝国大学,[10]所以,难以像西方大学那样追求真理、探索学问,反而始终承担着促进国家和社会发展的责任,实现自治理想缺乏相应的现实基础。第三次教育改革虽然鼓励大学张扬个性,但是面对国内经济的一路下滑和国际竞争的持续升温,日本政府不得不通过实施第三者评价将所有大学置于政府的监管之下,以切实提高教育质量,振兴经济,重塑国家形象。值得注意的是,进入政府监管范围的不仅是大学,还包括了大学自治团体。

再次,从经济发展这一外部因素看,20世纪60年代的日本经济高速发展,实现了明治以来确立的追赶西方发达国家的目标。到80年代,日本政府又进一步确定了引领世界潮流,在国际事务中发挥领导作用的国家发展方向。然而,20世纪末的经济大萧条,使日本在奔向政治、经济大国道路上遭遇重创,促使日本政府从僵化的行政体制入手,放宽对社会各个部门的种种限制,通过充分发挥出它们的活力,重振经济。但是,放宽限制并不意味着放弃权力,日本中央集权的行政体制依然保持着它牢固的地位,政府在放宽限制的同时,仍然加强对各部门的监督。日本民族文化的特性是适应性与多样性并存的。[11]这一特性折射到教育领域,表现为日本教育在对他国教育兼收并蓄的同时依然保持本国固有的传统。日本大学第三者评价制度虽然借鉴了欧美国家的经验,但它如同衣、食、住乃至宗教信仰等文化一样,在具有适应性和多样性的民族文化土壤中孕育、产生、运行，因此，日本教育的官方色彩也在第三者评价的主体、评价基准、评价方式等方面体现出来。

参考文献：

［1］独立行政法人通则法.平成 11 年 3 月.

［2］大学评价•学位授与机構［EB/OL］. http：//www. niad. ac. jp/n_hy-ouka. 2008—11—03.

［3］大学基准协会［EB/OL］. http//www. juaa. or. jp/outline/about/in-dex. html. 2008—11—07

［4］天野郁夫.大学评价の新段階. IDE. 2002(9).

［5］范文曜.马陆亭.国际视角下的高等教育评估与财政拨款［M］.教育科学出版社. 2004，7.

［6］科学技术厅.科学技术基本计画.平成 13 年 3 月.

［7］周永坤.法理学［M］.高等教育出版社. 2004. 11.

［8］科学技术厅.科学技术基本计画.平成 8 年 7 月.

［9］科学技术厅.科学技术基本计画.平成 13 年 3 月.

［10］永井道雄.日本の大学.中央公论社刊. 1994(6).

［11］顾明远.民族文化传统与教育现代化［M］.北京师范大学出版社. 1998. 1.

（本文发表于《比较教育研究》2009 年第 11 期。作者张爱，时属单位为北京师范大学心理学院）

十一、俄罗斯现行教育质量评估体系述评

高质量人才的培养取决于高质量的教育,而高质量的教育必须有一整套科学完备的质量评估体系作为保证。俄罗斯教育一直以高质量的人才培养著称,苏联时期较为完善的督导评估机制对教育质量的提高起了重要作用,但俄罗斯社会转型之后,社会、市场和教育各领域都发生了巨大变化,适应新形势需要的全俄教育质量评估新体系正逐渐形成。

2008 年 2 月,俄罗斯颁布了《全俄教育质量评估体系方案(第二版)》(以下简称《二版评估方案》)。该方案构建了一个更加完善和明确的全俄教育质量评估体系,反映了俄罗斯在教育质量评估方面一些新的理念、方法和原则等。俄罗斯各个地区和不同教育阶段的教育质量评估体系的革新和构建都是以此为基础展开的。

(一) 全俄教育质量评估体系形成的动因

1. 教育现代化改革的推动

2001 年,俄联邦政府颁布了《2010 年前俄罗斯教育现代化构想》。该构想充分论证了教育在俄罗斯社会经济发展中的作用不断增强,尤其突出教育应该成为国家和社会的优先发展方向之一。该构想强调,俄罗斯教育现代化的任务是保持教育的奠基性,保证教育的现代化质量,发展和完善符合个人、社会和国家当前以及长远需要的高质量教育。在教育现代化改革的理念下,为了保证教育质量的提高,俄罗斯有必要构建一个全新的教育质量评估体系。

2. 市场经济体制转型呼唤教育消费者的参与

随着市场经济体制的转型,俄罗斯教育管理部门允许学生在普通义务教育阶段择校或转学,而且如果学生转学,按学生人头拨付的财政经费也将随之转移,这样学生和家长就拥有了自主选择权。学生和家长成为学校教育服务的"消费者",学校成为提供教育服务的机构。这样,一方面,消费者需要获得学校办学质量的客观可靠信息,为其选择提供依据;另一方面,学校在有专业的权威机构验证其办学质量以应答公众"问责"的同时,还必须了解消费者的需求,以适应学校的市场化竞争。因此,重新构建一个引入消费者系统的教育质量评估体系也成为一种市场呼唤。

3. 地方分权与学校自治诱发教育质量下滑

危机产生于俄罗斯现行的教育管理体制中。各联邦主体可以根据本地区的文化传统和经济发展状况来制定与联邦教育法律政策不相悖的区域性教育政策和标准。同时,为了调动办学的积极性,俄联邦在自治原则的基础上,把办学权交给社会,把发展权还给学校,使学校成为在一定责任义务制约下独立自主的办学者。这样,由于地方分权自治、多元化的办学主体和学校内部管理的自主性,使不同地区和学校秉持不同的教育政策和标准要求,从而使教育质量水平参差不齐,并且很容易导致教育质量的下降。[1]因此,为了维持国家的"统一教育空间",克服地方分权管理和学校自治对教育质量的潜在威胁,保证和促进教育质量水平,建立统一的全俄教育质量评估体系势在必行。

4. 教育督导与质量评估需要统一的思想—方法体系

为了确保教育督导工作的顺利开展,俄罗斯先后颁布了一系列法律规范,而以此为依据所制定的各类评估标准,更是教育督导实施层面的具体参照。但是,俄罗斯关于教育督导与评估方面的法律规定还只限于具体的实施层面,尚未形成统一的关于教育质量评估及其测量方法的思想—方法体系。因此,俄罗斯需要构建一个更加完善的全俄教育质量评估体系,为各地区和不同教育阶段的教育质量评估工作的开展和革新提供统一的思想—方法依据。

(二) 全俄教育质量评估体系的基本构成

根据《二版评估方案》,构建全俄教育质量评估体系的首要目的在于,确保在统一的思想—方法的基础上，评估学生的教育成绩、教育机构及其各部门的工作效果，保证教育大纲能满足教育服务市场中主要消费者的需求。新体系发展的基本原则是教育系统内部与外部质量评估相结合。因此，完整的评估体系必然包括教育系统外部评估和内部评估两个部分。

1. 教育系统外部质量评估

《二版评估方案》着重强调要优先发展教育系统外部评估。一直以来，俄罗斯的教育质量评估主要是教育系统的内部评估，而作为国家—社会的外部评估始终未被充分强调。因此，该方案首先是将全俄教育质量评估体系作为国家—社会的外部评估体系而推进其发展，并明确指出教育质量的外部评估优先于内部评估，旨在构建一个由国家、生产部门、学校、社会和个人共同参与的评估体系。俄罗斯教育系统外部质量评估按照主体划分包括以下几个方面：

（1）国家评估。国家对教育质量进行评估是通过不同层级的政府管理机构来实现的。当今俄罗斯的教育管理体制已由过去的中央集权统一管理变为联邦、地区和地方三级的分级管理。为了适应教育管理体制改革的需要，除了原有的联邦教育质量评估体系外，各地区还在建立区域教育质量评估体系。

（2）生产部门评估。这种评估是依靠与企业、雇主联合会、工商局等建立社会伙伴关系实现的。生产部门对教育质量的原则性评估标准包括：① 普通和职业教育机构毕业生的教育质量及其技能水平的满意度；② 初等、中等、高等职业教育机构毕业生数量比例的满意度以及毕业生在各部门、行业和专业比例的满意度；③ 降低人员再培训的成本。

（3）社会评估。雇主、社会组织、教育界、公民的广泛社会参与是教育系统有效发展的重要因素。俄罗斯联邦、地区、市三级教育管理机关工作的"透明性"以及对教育系统的所有社会伙伴提供完整的信息是这种参与形式得以实现的基本条件之一。从社会利益的角度看，社会对教育质量的原则性评估标准包括：① 公民的受教育水平，包括职业教育；② 国家、地区和地方各个教育阶段的公民教育普及性；③ 教育对就业、国内生产总值、公民社会的发展、降低社会紧张度和犯罪数量等的影响力。

（4）公民个人评估。俄罗斯正在积极建立公民教育质量评估机制。通过公民教育质量评估机制，可以了解公民对正在接受或者已经接受教育的满意度,诸如,教育大纲的水平和教学质量、教学环境的舒适度和人身安全、接受普通和职业教育的文化资本程度等。

这种"国家—社会"性质的教育系统外部质量评估不仅扩大了教育质量监督的民主性,同时从多角度对教育质量进行评估,也满足了不同消费者群体的利益。但是,俄罗斯现行教育系统外部评估机制尚不健全,加强和完善外部评估仍是俄罗斯构建新体系的工作重点。

2. 教育系统内部质量评估

教育系统内部质量评估由5个基本要素构成:学生、教师、教育大纲、教育管理机关、教育机构保障体系(组织、物质—技术、教学—方法、信息、资金)。5个基本要素相互作用构成了3种内部评估形式:自评、互评和单向评估(见下图)。

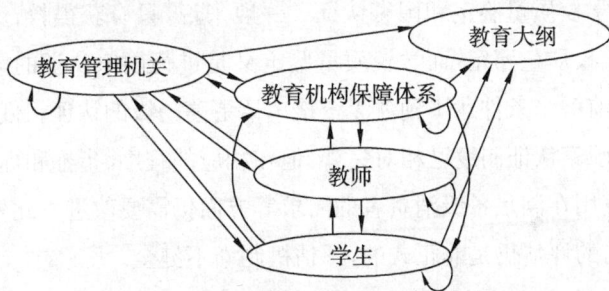

教育系统内部质量评估示意图
(评估主体→评估客体,环状封闭箭头表示自我评估)

(1)自评。教育系统内部质量评估的自评形式涉及4类主体:① 学生自我评估,是指学生依据一定的评估标准、对自己的学习活动作出分析和判断并进行自我调节的活动。俄罗斯非常注重学生自我评估的科学—方法性,强调教师的评估活动对培养学生自我评估和自我控制能力的影响。② 教师自我评估,是指教师依据科学的评估原则、对照实际的评估内容、积极主动地对自己的工作表现、业务学习及思想状况作出评估,从而确定其发展需求,制定其发展目标。它是教师通过认识自我和分析自我、从而达到自我素质提高和专业自主发展的内在机制。③ 教育机构自我评估,是通过教育机构内部质量监测得到实现的。教育机构自我评估的任务包括:对教育过程进行分析;对学校教学法和研究工作状况进行分析;根据学校各个方面最优化工作的措施体系进行分析;对教育工作者集体工作质量的客观评价和为提高他们的职业技能创造的条件;

确定学校进一步发展的前景。[2]目前,俄罗斯高等院校已经完全实现了自我评估,而普通和职业学校的自我评估机制仍需进一步完善。(4)教育管理机关自我评估。俄罗斯的教育管理机关自我评估机制尚不健全,目前仍由俄联邦政府或者地方行政管理机关依据教育机构的隶属关系对教育管理机关的工作进行评估。

(2)互评。教育系统内部质量评估的互评形式包括:教育管理机关与教育机构互评、教育管理机关与教师互评、教育管理机关与学生互评、教育机构与教师互评、教育机构与学生互评、教师与学生互评。按照互评的客体可以分为4类。

① 对教育机构的评估。教育管理机关对教育机构进行评估的主要途径是许可证发放、学校质量鉴定和国家认证。一般来说,只有获得教育活动许可证才可以进行学校质量鉴定,而学校质量鉴定又是进行国家认证的前提,各个步骤环环相扣,前一个条件达不到就无资格申请更高一级的认证。俄罗斯的学校许可、鉴定与国家认证制度已相对完善,但在相应的程序、指标和标准的客观化以及评估的效用在满足各级消费者的需求等方面仍需要改进。此外,教师和学生对教育机构的评估仍是非正式的,评估机制尚不健全。

② 对学生个人成绩的评估。对学生个人成绩的评估主要通过以下两个方面来实现:毕业生的国家最后鉴定和在教育质量内部监测系统框架下的学生中期考核。在俄罗斯,教育机构自行对毕业生的教育质量进行评估,并作为教育机构工作成绩评估的重要组成部分。但是,中等普通学校毕业生的教育质量评估在国家统一考试框架下实行独立评估机制。教育机构对学生教育质量的评估工具通常在相应的国家教育标准的基础上自主制定。

③ 对教师的考核。俄罗斯现行的教育机构管理人员和教师评估(考核)体系比较成熟,主要从两个方面进行:第一,对教师和管理人员的教育活动结果进行考核。考核的形式包括座谈、创造性的汇报、科学教学法或实验研究报告的答辩等。第二,对教师和管理人员的实际教育活动进行专家鉴定,其方法可以是各种形式的心理与教育诊断以及对职业活动效率的考查。教师考核内容包括,学生对教师所教科目的评价、教师班级管理情况、该教师所教科目的学生通过考试的人数、家长对其投诉的数量等。[3]

④ 对教育管理机关工作的评估。目前,学生、教师、教育机构或外部主体

(生产部门、社会团体等)对教育管理机关的工作进行评估在俄罗斯尚未有成形的做法。

（3）单向评估。教育系统内部质量评估的单向评估形式只有一个客体，即教育管理机关、教育机构、教师和学生对教育大纲的评估。在有关的联邦主管部门以及大型企业和学校代表的共同讨论下，联邦一级的教育标准已经制定完成。各地区、地方和教育机构可以依据教育大纲质量评估的方法、程序和要求，对教育内容进行适当修改。只是到目前为止，教育大纲质量评估的程序和方法体系仍不够完善。

从全俄教育质量评估体系的基本构成可以看出，随着俄罗斯社会民主化、市场化的改革，政府不再是唯一的评估主体。根据"国家—社会性"原则，俄罗斯引入了多元化的评估主体，即在教育主管部门的领导下，广泛吸收生产部门、社会组织和公民个人的参与。社会各界参与教育质量评估可以加强社会和学校的联系，使教育质量评估工作顺利开展。引入多元化的评估主体扩大了教育质量监督的民主性，提高了社会和学校的积极性。

（三）全俄教育质量评估体系的功能

俄罗斯在《二版评估方案》中设想，将全俄教育质量评估体系划分为 3 种功能，即信息—诊断、鉴定—分析和法律—规范。这 3 种功能分别由 3 个子系统来承担，各子系统彼此独立又相互作用，共同完成对教育质量的评估工作。

（1）信息—诊断子系统——信息供给者。信息—诊断子系统的主要任务是依据规定的指标体系直接从评估客体那里获取关于教育质量的可靠信息并对信息进行原始处理。该子系统的组成部分包括教育统计学专家机构、国家统一考试部门、不同层次和类型的监测机构。这些机构被视为教育质量状况的"监视器"，其任务是查明反映教育质量需求特点的具体情况。目前，俄罗斯正试图建立全俄教育质量评估体系信息门户网站，由监测机构对信息的准确性负责并担负起传达所获取信息的职责。

（2）鉴定—分析子系统——鉴定和决议方案的供给者。鉴定—分析子系统是掌握全俄教育质量评估体系信息流的工作经验并与消费者进行现实沟通的教育质量信息咨询机构。该子系统的主要任务是分析和解释关于教育质量的可靠信息并为消费者提供有效信息。该子系统主要是依靠信息—诊断子系统所提供的信息资源来开展工作，它可以为消费者解决所面临的某项具体任务提供合理建议。

（3）法律—规范子系统——规范行为的调节者。法律—规范子系统被称为全俄教育质量评估体系的调节者。该子系统的职能是制定和形成所有代理人活动的法律—规范，保证其在全俄教育质量评估体系的框架下开展自己的活动，并确定纳入信息—诊断子系统的监测机构以及评估客体和消费者的权利、义务和责任。

此外，俄罗斯所构建的全俄教育质量评估体系作为一个独立的系统，是按照"市场逻辑"建立起来的，因此，它的一项重要功能就是通过对学生个人教育成绩、教育大纲、教育机构及其各部门进行评估，来保证消费者获取客观可靠的关于教育服务质量的信息。离开消费者参与的教育质量评估往往会出现与客观实际的偏差，全俄教育质量评估体系在对监测信息进行加工、分析和解释的同时，必须考虑到消费者感兴趣的目标和任务。[4]

（四）构建全俄教育质量评估体系的前瞻性任务

俄罗斯在《二版评估方案》中，从学生个人成绩评估、教育大纲质量评估、教育机构工作质量评估3个方面提出了构建新体系的前瞻性任务。

（1）学生个人成绩评估。在普通教育系统，随着国家统一考试的全面铺开，俄罗斯已将统考成绩作为评估学生个人成绩的主要依据。在今后的工作中，俄罗斯会进一步加强和规范国家统一考试的各项工作，并在新模式下推广地区考试委员会采用的9年级毕业生国家最后鉴定的实践经验，进而完善普通教育质量监测体系。在职业教育系统，评估学生个人成绩将从以下几个方面展开：① 针对职业教育的特点制定学生个人成绩评估的方法和技术；② 进一步完善互联网—考试，使其成为大学生教育质量日常检查的客观有效的组织模式；③ 以第三代国家教育标准为依据，制定针对不同培养方向的检查—测量材料；④ 在雇主联合会的领导下和职业标准的基础上，建立保证职业教育学生个人成绩评估的基础设施。

（2）教育大纲质量评估。教育大纲质量评估方面的工作重点更多的是建立和完善社会参与机制。俄罗斯将广泛地吸引学者、企业雇主、社会团体和公民代表等参与教育大纲的制定和质量评估，进而使教育具有实践目标的方向性。同时,在教育大纲质量评估的发展规划中,俄罗斯将针对不同类型和种类的教育机构建立教育大纲认证数据库。

(3)教育机构工作质量评估。教育机构工作质量评估主要是通过办学许可、质量鉴定和国家认证3种形式来实现的。不断完善教育机构工作质量评估的方法和机制并针对不同类型和种类的教育机构制定相应的标准化评估工具,是俄罗斯当前的主要任务。同时,教育机构自我检查的作用将日益加强。作为教育机构工作质量评估的重要初步性成果,自我检查的结果会以工作报告的形式公开发表,它是对教育机构各方面工作实践的总结。

总之,俄罗斯构建的全俄教育质量评估体系是一个为了个人、社会、劳动力市场、国家和教育系统自身利益的基于教育结果的外部教育评估体系。构建体系的指导思想反映了当前俄罗斯社会多元化、民主化、市场化和法制化等基本特征,适应了社会发展和个人的需求。然而,从现实状况来看,俄罗斯的教育质量评估体系还不够健全,如缺少社会独立认证机构的参与、评估标准的单一化等。但是,我们有理由相信,日益完善的教育质量评估体系对确保俄罗斯教育质量的提高将会发挥更加重要的作用。

参考文献:

[1] 侯立华.俄罗斯普通学校鉴定与国家认证制度述评[J].外国教育研究,2006(10):15—20.

[2] 吕文华,李凤忱.俄罗斯教育督导述评——以伊尔库茨克第 47 中学为例[J].外国教育研究,2006(7):64—67.

[3] Зарплатуучителеймогутпоставитьвза Висимостьотуспеховучеников[EB/OL]. http://school. edu. ru/news. asp? ob_no=53883,2008—07—28.

[4]А. Н. Лейбович. Общаяструктура ОСОКО и модель еевзаи модействия с внешней средой[EB/OL]. http://www1. ege. edu. ru/component/option, 2009—04—05.

(本文发表于《比较教育研究》2011 年第 2 期。作者王旭阳、肖甦,时属单位为北京师范大学国际与比较教育研究院)

十二、中外高校科研效率评估概念、方法及研究述评

随着世界范围内"公共管理危机"的出现,对公共部门责任与效率的要求越来越强烈,高校效率问题成为政府和公众关注的焦点。英、美等国高等教育改革重点转向缺乏效率的科层公共教育体制,导致了高等教育市场化的趋势。英、美等国将科研领域引入了竞争机制,高校科研经费拨款与科研绩效挂钩。因此,英国、美国、澳大利亚等国重视高校科研绩效和效率评估,并将科研绩效作为国家研究基金的分配依据。在这种背景下,运用运筹学、统计学和计量经济学方法评估高校效率尤其是科研效率的研究,成为国际教育经济学与高等教育管理研究的一个新的、非常活跃的领域。

然而,我国目前对于高校科研绩效、效率评估还没有得到应有的重视。虽然自 2003 年以来开展了对于本科教学质量的评估,但是尚无政府或教育部主导下的科研绩效和效率评估,仅有一些民间学术机构对于大学学科排名的评估以及教育部的重点学科的资格评估,无严格意义上的全国范围的高校科研绩效和效率评估。本文通过综述中外高校科研效率评估方法、评估现状等,旨在为政府教育决策部门制定高校资源配置政策提供参考,为政府或学界对高校科研效率进行全面系统的评价提供方法论方面的借鉴。

(一) 概念界定:效率与科研效率

"效率"一词最初是经济学中的概念,反映资源的配置状况,一般用产出与投入比率表示。广义的效率包括生产效率和经济制度效率,狭义的效率特指生

产效率。1957 年,英国经济学家法雷尔(Farrell,M. J.)提出厂商的生产效率包含两部分:技术效率(technology efficiency,简称 TE)和配置效率(allocation efficiency,简称 AE)。[1]技术效率是指厂商由给定投入集获得最大产出的能力。配置效率指厂商在给定要素价格和生产技术下以最优比例利用投入要素的能力。这两方面效率测量构成总的经济效率(economic efficiency,EE)的测量。经济效率亦称"成本效率"(cost efficiency,简称 CE),反映厂商在既定产出下使投入成本最小化的能力。而且,成本效率是配置效率与技术效率的乘积,即 CE=AE * TE。不管经济学理论体系中对"效率"一词的理解存在何等差异,但对"效率"的基本认识是一致的,即效率是投入与产出的数量关系,表示以更少的成本取得更多效用的基本目标取向。[2]

上面所述的是给定投入和产出价格水平下,相对于生产技术前沿的厂商运营效率。一个厂商可能既技术有效,又配置有效,但其运营规模却不是最优的,即可能出现一个厂商运营规模太小而处于生产函数的规模报酬递增区域,也可能出现一个厂商规模过大而处于生产函数的规模报酬递减区域。在这两种情况下,厂商的效率可以通过改变它们的运营规模而提高。1998 年,法尔(Faere. R.)、格罗斯克夫(S. Grosskopf)和罗斯(P. Roos)提出了规模效率(scale efficiency,简称 SE)的测量定义,并用这一定义推导出生产率随时间变化的分解。因此,目前对厂商效率的评价一般包括技术效率、配置效率、成本效率以及规模效率。

对于"科研效率"的内涵,学界并没有统一的界定。一般而言,高校承担人才培养、科学研究和社会服务三项主要职责。高校效率评价可以从经济学的视角评估高校三项主要职责的生产效率;作为高校效率的子概念,高校科研效率指的是高等学校科研投入与产出的数量关系,一般包括科研生产的技术效率、配置效率、成本效率以及规模效率。可以借助生产理论中的生产可能集和生产前沿面来描述具有多投入与多产出特征的高校科研体系的生产效率状况。

(二) 高校科研效率评估方法

早在 1957 年,法雷尔即从微观层面探讨了厂商效率评估的新方法,第一次引入了前沿生产函数的概念,对效率研究方法的拓展作出了开创性贡献。当前，基于前沿生产函数的前沿效率分析（frontier efficiency analysis）已经逐步取代传统的生产函数分析方法，成为评估科研效率的主要方法。传统的生产函数分析方法与前沿效率分析方法的主要区别在于：首先，前者反映"平均"意义上的投入产出关系和技术水平，而前沿效率分析则可以包括所有可能的生产集；其次，由于实际生产过程并不是在最优状态下进行的，因此假定的生产函数与现实中的生产函数存在差异，而前沿效率分析则是在确定生产前沿面的前提下，对不同生产或决策单位的效率进行比较。依据是否需要估算生产函数中的参数，可将前沿效率分析方法归为两大类：非参数（non-parametric）方法和参数（parametric）方法。

1. 非参数方法——数据包络分析（DEA）

最常见的非参数方法就是数据包络分析（data envelopment analysis，以下简称 DEA）。DEA 是在法雷尔已有研究的基础上发展起来的评估具有多投入多产出同类型决策单元（decision making units，简称 DMU）相对有效性的方法，最早由查尔斯、库伯和罗兹（Charnes, A. , W. W. Cooper and E. Rhodes）于 1978 年提出。[3] 此后，DEA 方法在理论和实践上不断发展，应用范围日趋广泛，越来越多地用于如学校、银行、医院等公共服务部门运行效率的评估。DEA 作为新的效率评估方法与传统方法相比有很多优点：（1）可以对多投入多产出的复杂决策单元系统的生产效率进行评估，同时不受指标量纲不一致因素的影响；（2）DEA 模型中投入、产出变量的权重由运筹学模型根据数据产生，不需要事先设定投入与产出的比重，避免了权重分配时评价者主观意愿对评价结果的影响；（3）DEA 是一种非参数估计方法，不需要设定投入产出的生产函数形式。DEA 方法的缺点在于其生产函数边界是确定性的，无法分离随机因素和测量误差的影响；同时，DEA 效率评估容易受到极值的影响，而且决策单元的效率得分对投入变量和产出变量的选择比较敏感。[4]

2. 参数方法——随机边界法（SFA）

目前应用最为广泛的参数方法——随机边界法（stochastic frontier approach, SFA）是由艾格勒等人（Aigner, etal.）与穆森和范登·布鲁克（Meeusen& Van den Broeck）在 1977 年分别独立发展而成的。这种方法事先界定生产函数形式，并将误差分为两个彼此独立的部分：一部分为具备对称分布性质的随机误差项,代表厂商无法控制的外在干扰因素,如政治局势、天灾等;另一部分为单边分布的非负随机变量,代表厂商效率损失项。SFA方法广泛应用在金融领域和生产部门,在教育领域内少有应用。我国学者成刚(2006)采用该方法对68所教育部直属高校2002~2004年的成本效率进行了研究。[5]

相对于DEA方法而言,SFA的优势主要体现在两点:其一,可以解释模型中的噪声项;其二,可以用来研究传统的假设检验。而其缺点则表现为:一方面,对于模型中的无效率项必须设定其分布形式;另一方面,对效率的测算要事先设定生产函数的具体形式。[6]

3. Malmquist 生产率指数

Malmquist生产率指数是由瑞典经济学和统计学家斯通·曼奎斯特(Sten Malmquist)在1953年提出,后由法尔、格罗斯克夫和罗根(Faere, Grosskopf and Logan)在1985年将之发展成一种评价多投入多产出部门生产率①进步的指标。[7]由于Malmquist指数具有不需要投入与产出的价格变量,不必事先对研究主体的行为模式进行假设而且能够被分解为两个有意义的指数等诸多良好性质,因而在评价企业生产率动态变化领域被广泛采用。

国内外已有的研究中,采用Malmquist指数分析高等学校效率变化的研究极少。阿伯特和道库利古斯(Malcolm Abbott & Chris Doucouliagos)选取31所澳大利亚高等专科学院在1984~1987年间的平衡面板数据作为样本,研究这些学院在并入大学前后的Malmquist生产率、技术效率以及规模效率的变化。[8]目前国内也有少数学者采用这一方法评估高校科研效率变化。[9][10]

(三) 中外高校科研效率评估现状

1. 国外高校科研效率研究现状

国外采用DEA方法对高校进行效率评估主要以美国、英国和澳大利亚等国家为代表。该类研究主要具有以下特征:

---

① 本文将生产效率(production efficiency)与生产率(productivity)等同,均是指投入组合与产出组合的比率。分析单一投入与单一产出的厂商效率时,通常用"生产效率"一词,而考察多项投入下的多产出的厂商效率时,通常使用"全要素生产率"(multifactor or total factor productivity, MTP或TFP)来测度。

从研究对象来看,对高校整体投入产出效率评估的研究占较大比重,如吉尔·琼斯(Jill Johnes)采用DEA方法评估了英国超过100所大学的运行效率,结果表明英国高校的技术效率和规模效率平均而言较高。[11]安和赛富德(Ahn&Seiford)对美国153所高校进行了投入产出效率评估,并比较了公立、私立高校效率情况。[12]科埃利等人对澳大利亚36所大学的行政管理效率进行了评估。[13]检索发现,专门针对高校科研效率进行评估的研究较少。

就评估指标体系建构方法而言,国外对高校科研效率的评估多采用文献计量学(bibliometries)方法和同行评议(peer review)法建构评估指标体系。例如,在采用DEA方法对高校进行效率评估时,常以文献计量学方法为基础建构科研投入、产出的指标体系,如吉奥凡尼等人(GioVanni,etal.)以文献计量学方法为基础,采用DEA方法评估了意大利不同学科高校的科研效率。[14]

从指标体系的运用来看,国外研究重视对不同投入产出指标组合的比较,如盖瑞特·琼斯等人(Geraint Johnes,Jill Johnes)采用不同的投入产出指标组合对英国大学经济学系的科研效率进行评估,结果表明不同投入产出组合所得到的效率值具有很高的一致性,DEA结果对不同指标组合差异的敏感程度较小。[15]

从保证评估结果的质量来看,国外研究重视采用“Jackknifing”方法(刀切法)等手段对DEA研究结果的稳健性进行检验,以解决DEA方法难以对结果进行统计检验的不足,进而保证获得稳健的评估结果。[16][17]

2. 我国高校科研效率研究现状

我国学者对高校科研效率的评估主要采用DEA方法,如陆根书等人对54所教育部直属高校2000～2002年间的科研效率的DEA方法评估。研究发现,东、中、西部高校科研效率、纯技术效率依次递减;扩大科研规模是高校改进科研效率的主要途径。[18]田东平等人对510所高校2003年科研效率的评估,其研究发现,高校平均技术效率呈东、中、西依次递减趋势;重点高校平均技术效率高于全国平均水平10%。[19]对于国内相关研究,我们从以下几个方面做简要述评。

首先,就评估对象而言,其涵盖范围主要包括对高校整体效率和科研效率的评估,其中,高校科研效率评估的研究占较大比重。从评估对象的样本选择来看,已有研究可以归为三类:① 对国家重点高校科研效率的评估;② 对不同省、市、自治区高校科研体系投入产出效率的评估;③ 对单个学术部门或大学院系科研效率的评估。其次,就研究采用的投入产出指标体系而言,不同学者根据不同的研究偏好和数据可得性采用不同指标体系,结果也因指标体系不同而有所差异。一方面,指标的建构缺少对质量因素的考虑;另一方面,缺乏对不同投入产出指标组合分析结果的比较。再次,就评估的时间维度来看,已有评估主要局限于对高校科研效率的静态评估上,数据类型多是横截面数据或转换之后的横截面数据,对效率的动态分析或效率变化的评估很少见。最后,从评估结果来看,我国高校科研效率整体状况不容乐观,呈现东、中、西效率依次递减的区域性差异;在规模效率层面,西部地区高校多处于规模递增阶段;而地区经济发展水平与高校科研效率并没有显著相关关系。[20]

(四)研究启示

与国外同类研究相比,国内关于高校科研效率的研究起步较晚,而且已有研究在指标建构、稳健性检验以及效率影响因素的分析等方面都存在一定的局限性。因此,借鉴和吸收国外相关研究有益经验,对于改进我国高校科研效率评估有着重要意义。纵观国内外已有研究,可以得到几点启示:

1. 确保评估指标体系建构的科学性

对高校进行科研效率评估时,建议以文献计量学方法为基础建构科研投入、产出的指标体系,并采用专家咨询法、层次分析法确定各层级指标权重。

2. 保证模型的质量

DEA 效率评估方法下的评估结果对指标变量的选择非常敏感,而且随着模型所选择指标变量的增加,前沿面上的决策单元数目会上升,进而影响估计精度,因此需要重视变量的筛选以保证模型的质量。[21]一方面,建构指标体系时要考虑到投入、产出的质量因素;另一方面,要采用诸如聚类分析、典型相关等多种方法检验指标的代表性和关联性;此外,还要采用不同的指标组合,以检验评估结果的稳定性。

3. 趋于动态变化

研究应逐步趋向于采用面板数据考察高校科研效率的动态变化,而非拘泥于单一时点的效率研究。这不仅有助于从宏观与微观角度评估投入产出间的关系,而且还能评估政策(如高校合并)等因素对决策单元效率的影响,同时对高校效率影响因素的分析也更为有利。

4. 结果的稳定性

由于 DEA 方法的估计结果对极值较为敏感,研究者要通过不断剔除极值的迭代方法(即刀切法),以检验模型结果的稳定性。

5. 对象的同质性

DEA 方法评估结果的有效性取决于评估对象的同质性。当前已有的高校科研效率的研究多是对高校整体科研效率的评估,基于同一套评价指标体系对高校科研效率的评估。建议后续研究可以分为人文及社科的效率评估和自然科学的效率评估两类。

6. 须重视不同研究方法的比较和分析

参数法和非参数法各有其优缺点,只采用一种方法不仅无法获得全面信息,甚至可能导致结论片面化。因此,在研究中要重视对不同方法(DEA 方法、SFA 方法、传统多元回归方法等)得到的结果进行比较,以获得更为客观、稳定的结论。

参考文献:

[1] Farrell,M. J. ,The Measurement of Production Efficiency. Journal of Royal Statistical Society[J]. 1957,120(3):253—281.

[2][10] 骆卉慧. 基于 DEA 方法的我国高校科技系统效率研究[D]. 苏州大学硕士学位论文,2009.

[3] Charnes,A. ,W. W. Cooper and E. Rhodes. Measuring the Efficiency of Decision Making Units. European Journal of Operational Research[J]. 1978,2(6):429—444.

[4][13][17] Coelli,T. J. ,D. S. P. Rao and G. E. Battese. An Introduction to Efficiency and Productivity Analysis[M]. Boston Kluwer Academic Publishers,1998.

[5] 成刚. 我国高校的成本效率研究[A]. 2006 年中国教育经济学年会会议论文[C]. 2006:10.

[6] Coelli, T. J. , S. Perelman and E. Romano. Accounting for Environmental Influences in Stochastic Frontier Models:With Application to International Airlines[J]. Journal of Productivity Analysis,1999,11:251—273.

[7] Faere, R. , S. Grosskopf and J. Logan. The Relative Performance of Public-Owned and Privately-Owned Electric Utilities[J]. Journal of Public Economics,1985,26:89—106.

[8] M. Abbott, C. Doucouliagos. The Efficiency of Australian Universities:A Data Envelopment Analysis[J]. Economics of Education Review,2003,22:89—97.

[9] 胡咏梅,梁文艳. 高校合并前后科研生产率动态变化的 Malmquist 指数分析[J]. 清华大学教育研究,2007,28(1):62—70.

[11] Jill Johnes. Data Envelopment Analysis and its Application to the Measurement of Efficiency in Higher Education[J]. Economics of Education Review,2006,25:273—288.

[12] Ahn, T. and L. M. Seiford. "Sensitivity of DEA to Models and Variable Sets in a Hypothesis Test Setting:The Efficiency of University Operations",In Yuji Ijiri(Ed.),Creative and Innovative Approaches to the Science of Management[M]. New York:Quorum Books,1993:191—208.

[14] GioVanni Abramo, Ciriaco Andrea D'angelo, Fabio Pugini. The Measurement of Italian Universities'Research Productivity by a Non-parametric Bibliometric Methodology[J]. Scientometrics,2008,76(2):225—244.

[15][16] Geraint Johnes, Jill Johnes. Measuring the Research Performance of UK Economics Departments:an Application of Data Envelopment Analysis[J]. Oxford Economics Papers,1993,45:332—347.

[18] 陆根书,刘蕾. 不同地区教育部直属高校科研效率比较研究[J]. 复旦教育论坛,2006,4(2):55—59.

[19] 田东平,苗玉凤. 基于 DEA 的我国高校科研效率评价[J]. 理工高教

研究,2005,24(4):6—8.

[20] 李清彬,任子雄.中国省际高校科研效率的经验研究:2002—2006[J].山西财经大学学报(高等教育版),2009,12(1):7—12.

[21] 梁文艳,杜育红.基于 DEA-Tobit 模型的中国西部农村小学效率研究[J].北京大学教育评论,2009,7(4):22—34.

　　(本文发表于《比较教育研究》2011 年第 5 期,作者胡咏梅、段鹏阳、梁文艳,时属单位为北京师范大学教育学部:北京师范大学中国教育政策研究院)

十三、英国高等教育评估中的
学生参与机制研究

学生参与高等教育评估机制是国内外高等教育界关注的热点问题之一。[1][2][3]近年来,英国高等教育评估的部分责任逐渐由教师转向学生,学生已经成为高等教育评估工作的重要参与者。本文试图对英国高等教育评估中学生参与的背景与原因、过程与方式、成效及特点等进行初步探讨。

(一) 英国高等教育评估中学生参与的背景与原因

英国高等教育部门在国际社会舆论以及欧洲博洛尼亚进程的影响下,一方面借鉴北欧国家学生参与高等教育评估的积极成果;另一方面总结国内学生参加院校评估的经验,建立了全面和全过程的学生参与高等教育评估机制。其背景与原因有以下五个方面:

1. 国际社会舆论的影响

随着高等教育大众化的发展,利益相关者参与高等教育质量评估逐渐成为国际社会关注的焦点问题。早在 1995 年,联合国教科文组织就指出:"质量已经成为高等教育中人们特别关注的问题。这是社会对高等教育的需要与期望。"[4]1998 年,联合国科教文组织再次指出:"加强高等教育的重大改革和发展、提高质量及增强其针对性所面临的挑战,不仅需要政府和高等院校,而且需要所有利益相关者,如学生及其家庭、教师、工商界、公共和私营经济部门、地区、专业协会等的积极参与。"[5]2003 年,世界经济合作与发展组织也指出:"质量应由利益相关者决定,而不仅仅是高等教育部门。"[6]学生是高等教育的共同参与者和最主要的利益相关者。为了维护学生的利益诉求,高等教育质量评估中的学生参与制度在西方各国应运而生。

2. 欧洲博洛尼亚进程的推动

欧洲博洛尼亚进程的历届教育部长会议均突出强调欧洲高等教育区的学生参与。2001年,布拉格教育部长会议肯定,学生应当参与并影响高等教育机构及其教育内容。2003年,柏林教育部长会议提出,学生是高等教育治理的全方位合作伙伴。2005年,伯根教育部长会议突出强调,要推进学生参与高等教育保障工作的进展。2007年,伦敦教育部长会议再次确认利益相关者参与高等教育质量保障过程的重要性,重申推动学生参与是民主社会高等教育机构的使命之一。[7]2009年,鲁汶教育部长会议认为,过去10年欧洲高等教育区发展的显著特点就是政府、高等教育机构、学生、教师、雇主以及其他利益相关者之间的永久性合作。2010年,布达佩斯—维也纳教育部长会议做出创设"教师和学生参与欧洲的、国家的和院校层面决策机制"的倡议。总之,博洛尼亚进程使欧洲各国日益重视学生参与高等教育评估的重要性。

3. 北欧国家经验的借鉴

冰岛、丹麦、芬兰、挪威与瑞典等北欧五国的学生在高等教育质量评估中发挥着重要作用,从高等教育质量评估计划的制定、外部评估小组的设立、院校的自我评估,到现场考察与最终评估报告的发布,各个阶段都有学生的参与。[8]为了汲取北欧国家的经验,2007年10月,英国高等教育质量保障署(The Quality Assurance Agency for Higher Education,QAA)专门召开了相关组织机构和代表的团体磋商会议,研究决定是否在英格兰、威尔士和北爱尔兰的院校审核或审查小组中吸纳一名学生成员。会议建议,英国高等教育质量保障署应该汲取北欧各国在学生成员的甄选与培训、学生成员在评估组中的角色、评估报告撰写中的贡献等几个方面的经验,建立学生参与院校审核或审查的机制。[9]

4. 院校内部评估经验的汲取

英国素有学生参与高校治理的传统,实际上许多英国高校内部定期评估小组中都有学生成员。为了总结院校内部评估过程中的学生参与经验,2007年10月,英国高等教育质量保障署选择了9所高校作为典型(分别为埃克塞特大学、曼彻斯特大学、谢费尔德哈莱姆大学、伦敦大学玛丽皇后学院、伦敦皇家霍洛威大学、伦敦经济学院、利物浦大学、德蒙特福大学和阿斯顿大学),专门召开磋商会议,加以研究分析。英国高等教育质量保障署不但总结了各高校内部定期评估过程中学生成员的招募与甄选、培训与支持、学生成员在专家组中的角色、学生能力管理等方面的成功经验,而且明晰了评估高峰期分派现有学生成员参加评估组所存在的潜在困难和风险。[10]

5. 学生参与外部评估的试点

在 2008 年春季院校审核中,英国高等教育质量保障署选取了 6 个审核小组,实施学生观察员参与外部评估组的试点项目。结果 6 个小组一致认为,审核小组中吸纳学生成员是一项有益的改革,因为在审核过程中可以增强对学生问题的关注。学生观察员也反映他们对审核过程充满信心,且有能力担当全职的审核小组成员。[11]通过此次试点工作,英国高等教育质量保障署进一步总结了学生成员的招募与甄选、培训与支持、学生在专家组中的角色、评估文档阅读、评估报告撰写等方面的成功经验,为正式确立学生参与外部评估机制提供了先期准备。

(二) 英国高等教育评估中学生参与的过程与方式

目前,在英国高等教育的内部和外部质量保证过程中,学生不仅可以参与质量管理与决策,参加院校内部定期评估,还可以在外部评估中提交学生报告,出席评估组召开的学生会议,甚至还会以评估组成员的身份参加院校审核或审查。

1. 参与质量管理与决策

第一,从全国层面来看,学生通过参加高等教育质量管理机构,享有参与质量决策与管理的权利。英国高等教育质量保障署董事会主要负责政策制定、绩效管理以及财政安排。2008 年,该董事会成员由原来的 14 名增加到 15 名,新增 1 名学生董事。再如,英格兰高等教育基金委员会(Higher Education Funding Council for England)董事会也有 1 名由全国学生联合会(National Student Union)主席担任的观察员,代表学生的利益。第二,从院校层面来看,学生参与院校决策往往是通过选举出来的学生代表参加大学董事会、评议会、教学委员会、质量保证委员会以及与学生经历相关的一些委员会。譬如,在一些院校,学生代表参与决策是学生章程或学生权利的一部分;而在另一些院校,往往通过学生手册或学生指南告诉新入学学生自己的参与权;在许多院校,学生代表应邀参与合适的工作团队、磋商活动或者焦点小组。[12]尽管没有法律的强制性规定,但是许多院校学生代表均参加高校所有主要的质量保证委员会,参与院校的质量管理与决策。[13]第三,在院系层面,学生代表也以多种形式参与质量管理与决策机构或团体,如专业或课程委员会、院系委员会、师生交流与合作的咨询或指导委员会,等等。[14]以西苏格兰大学为例,学生不仅可以参与大学委员会、教工团体和教员学术管理团体,还可以参加与学生及教学相关的一些团体,如师生联络团体、课程开发团体和学生代表委员会等。

2. 参与院校内部定期评估

学生代表往往作为评估组成员参与院校内部的定期评估工作,具体方式和过程如下所述。第一,学生代表的招募、甄选与培训。大多数高校选择学生联合会的官员,因为这些官员往往以机构成员身份参与院校的高级决策,如大学评议会、董事会以及教学委员会。他们一般都接受过学生联合会官员培训,且与质量办公室和学生都有日常联系,往往对质量保证的政策与程序有深刻的理解和见解。当然,也有些院校通过与学生联合会合作,招募并培训那些感兴趣的学生,作为院系代表参与评估小组。第二,学生在评估小组中的角色。学生作为评估组全职的、平等的一员,与其他成员一样拥有同等的权利与义务,但是高校一般都倾向于任命一位资深成员担任主席,领导整个评估过程。但也有高校主张由学生代表主持实地考察中的学生会议,这样学生们会感到放松,可以消除评估小组与学生之间的沟通障碍。第三,评估信息和文档的阅读与理解。学生成员在阅读院系提交的评估文档时并不觉得困难,能够理解这些信息并做出正确的判断,况且若有问题存在的话,评估组的其他成员或质量保障官员均可提供专业支持。第四,时间保证问题。在考虑所有因素的情况下,包括阅读文档、准备会议、培训、评估会议、撰写报告等,评估组所需时间在两天到两天半之间。无论是学生联合会官员,还是学生代表,都能够保证有足够时间完成自己的职责。而且,各高校在安排院系评估时间之前就早早通知评估组成员,尽量考虑不给他们带来不便。[15]

3. 参与教育质量信息的提供

学生是高等教育服务的主要对象,他们直接参与高等教育服务过程,是高等教育服务的参与者、使用者和共同生产者,他们对高等教育质量有着最为直接的感知和体验。因此,学生所提供的质量信息往往是高等教育评估的重要依据。在英国高等教育评估体系中,学生提供信息的渠道主要有三种。第一,全国学生调查(National Student Survey)。该调查始于 2005 年,凡英格兰、威尔士和北爱尔兰所有得到公共资助的高等院校必须参与。苏格兰高校可以参与,2008 年后英格兰继续教育院校也必须参与。调查要求各高等院校毕业年级的学生对所学课程提供反馈意见,问卷共有 22 个问题,包括教学、评估及反馈、学术支持、组织管理、学习资源与个人发展 5 个维度。调查结束后,高等院校及其学生团体将收到一份调查结果,以帮助该院校明确课程质量改进的方向。第二,向院校审核和审查小组出具学生报告。在英格兰、威尔士和北爱尔兰,学生代表团体需要向审核组提供一份学生书面文档(Student Written Submission,SWS),与院校的自评报告同时提交。在苏格兰,学生代表团体要提供一份反映分析报告(Reflective Analysis,RA)。学生报告主要涉及:所出版的院校章程、专业描述等院校信息的准确性、学生的目标与需求、学生经历与体验、学生意见被院校重视的程度等。在很多情况下,学生报告是院校自评报告的有益补充。据统计,最终的评估报告中有 74% 以上提及学生报告,有 55% 以上引证次数超过 5 次。[16] 第三,参加评估小组召开的学生会议。审核小组进校的实地考察一般是 2~5 天。审核小组将面见学生联合会的主要代表(通常是 SWS 或RA 的作者),通常询问关于学生报告的内容或有关院校的一些问题。此外,审核小组还会在实地考察期间召开学生会议,询问更广范围的学生。当然,这取决于他们所关注的细节问题,比如毕业生问题、远程学习、学生参与以及学生支持问题等。

4. 作为评估组成员参与院校审核或审查

2003 年,苏格兰建立了学生参与院校审查工作的机制。自 2007 年开始,英国高等教育质量保障署开始考虑在英格兰、威尔士和北爱尔兰高等教育评估中选派学生代表,参加院校审核或审查小组。经过 2008 年春季评估试点后,自2009~2010 年度正式实施。[17] 其主要环节有:第一,学生成员的招募和甄选。

学生成员不但要符合一般评估小组成员的选拔标准,如口头与书面表达能力、计算机运用能力、团队工作能力等,还要符合另外的评估组学生成员的选拔标准,包括:① 现在或近期(两年内)为英国高校学生,且至少有 1 年全日制学习的经历;② 曾经参与过院校或学院级别的学术标准和教育质量保障工作;③ 了解高等教育部门的多样性以及高等教育质量保证和提高工作。第二,学生成员的培训与报酬。学生成员要参加自选和培训日(1 天),然后再接受一项为期 3 天的初始培训,获取相关信息,接受训练,以确保能够参与院校审核。另外,学生成员还会应邀参加有关院校审核的年度活动,一般情况下每年有两天。从 2008 年 4 月 1 日开始,非英国高等教育质量保障署职员的院校审核员的报酬为 2 632 英镑,考察期间的旅费和食宿费等另外予以补助。第三,学生成员的审核或审查工作。学生成员作为全职的、平等的评估小组成员,对整个评估过程作出积极的贡献。其主要工作包括:筹备工作、院校短期考察、考察间隔期的工作、院校考察、评估报告的撰写和修订。评估组中的学生成员往往特别关注学生学习经历以及学生在院校管理方面的参与情况。尤其是在实地考察时,往往由评估组的学生成员主持学生会议。[18]

5. 参与评估后的反馈、整改与提高

院校审核后,英国高等教育质量保障署将出版评估报告,以评价该院校是否符合国家的学术标准和质量及其信息的可靠性。评估报告中一般没有专门的章节评论学生书面文档或者院校审核中的学生参与情况,但是相关的评论往往包含在主报告之中。如果所在院校得到的评价是"有限信心"和"没有信心"的话,学生代表就要同院校方共同努力,提出行动方案,进行质量提高和改进工作。院校审核报告中也会提到关于学生联合会工作的建议,这些有助于学生与校方沟通,以改进校方工作。[19]

(三) 英国高等教育评估中学生参与的成效及特点

无论是英国高等教育质量保障署的院校审核或审查层面,还是在院校内部定期评估层面,学生参与高等教育评估机制都是行之有效的。尽管相比较北欧国家而言起步稍晚,但是目前英国高等教育评估中的学生参与情况在众多欧洲国家中已别具一格,有很多举措都值得认真总结与反思。

1. 树立以学生为中心的评估理念

"以学生为中心"的理念贯穿于英国高等教育评估的始终,也是其高等教育质量保证的灵魂。首先,从全国层面来看,英国高等教育质量保障署的基本职能是不仅通过学生参与外部评估,以促进各高校有效地保持并提升学术标准和质量,而且还通过出版指南,帮助各高校制定有效的制度,确保学生获得高质量的学习体验。其次,从院校层面来看,学校一方面提供详细的院校或专业的指南与手册,使学生明白自己所就读的是什么样的学校或专业,将会有什么样的学习体验和收获,毕业时自己会具备什么样的能力,有什么样的就业机会,学校将如何保证学术标准和质量等;另一方面,学校还招募并培训学生代表,参加各级各类的内部质量保障决策与执行机构,参与院校内部定期评估,以保证院校学术标准与质量的持续提高。

2. 构建全面和全过程的学生参与机制

首先,英国高校所有学生都有参与质量评估的机会。无论是潜在的学生、毕业的学生,还是在校学生,都可以通过英国高等教育质量保障署、英国教学质量信息网或各个院校,了解各个层面的高等教育学术标准和质量信息;所有学生都可以通过正式的渠道向院校反馈意见,如果意见得不到很好的答复,还可以向独立审裁官(英格兰、威尔士)和监诉官(苏格兰)申诉;所有毕业生都可以通过全国学生调查,反馈教学质量信息;在外部评估期间,任何一名学生若有问题,都可以与协调院校审核或审查的英国高等教育质量保障署助理理事取得联系。其次,学生参与了英国高等教育评估的全过程。无论是院校内部的定期评估,还是英国高等教育质量保障署的院校审核或审查学生都是全方位和全过程的参与。总之,全面和全过程的学生参与机制是英国高等教育评估的一个显著特点。

3. 确立广泛的合作伙伴关系

不同的利益群体对高等教育质量有不同的利益诉求。为了最主要的利益相关者——学生的利益诉求,英国高等教育质量保障署同高等教育评估的各个利益相关者通过联络、网络和宣传活动,提供沟通与信息共享机制,建立了广泛的合作伙伴关系。其合作伙伴主要有:第一,高等教育协会(The Higher Education Academy)。英国高等教育质量保障署和高等教育协会在高等教育教学质量保障领域有着共同的利益取向,在诸多层面二者可以分享观点与信息,共同开展活动。第二,教师。英国高等教育质量保障署在其各项工作领域里都向高校教师开展磋商咨询,并定期召开圆桌会议。第三,雇主。英国高等教育质量保障署同雇主开展合作,关注与工作相关的学习质量保障,并且同专业机构、监管机构和法定机构合作,合理厘定高等教育需求。第四,教育、儿童服务和技能标准办公室(The Office for Standards in Education,Children's Services and Skills,Ofsted)。英国高等教育质量保障署和 Ofsted 是英国教育界最具有影响力的两个机构,二者之间的合作可以减少重复工作,提高效率,促进学术标准的提高。第五,学生。英国高等教育质量保障署倡议建立了全国学生联合会以及其他高等教育机构,它们都以合作伙伴的形式共同致力于推动学生参与活动。此外,还有质量战略网络(Quality Strategy Network)等机构。总之,英国高等教育质量保障署同高等教育评估的各个利益相关者建立了广泛的合作伙伴关系,通过共同工作,使学生获得了更多的学习机会、更好的学习环境和更高质量的学习体验。

4. 建立积极的国际合作机制

第一,英国是博洛尼亚进程的创始成员国之一。自 2001 年布拉格部长会议之后,博洛尼业进程便日益强调学生参与高等教育评估的重要意义。受此影响,近年来英国积极构建学生参与高等教育质量评估机制。第二,英国高等教育质量保障署是欧洲高等教育质量保证协会(The European Association for Quality Assurance in Higher Education,ENQA)和高等教育质量保证国际网络(The International Network for Quality Assurance Agencies in Higher Education)的成员。例如,2006 年 10 月 19～20 日,欧洲高等教育质量保证协会在西班牙马德里召开了由 20 个欧洲国家和地区参与的一次专题讨论会,研讨各国学生参与高等教育评估的机制,英国高等教育质量保障署与会,并介绍了英国经验。第三,英国是亚太质量网络(The Asia-Pacific Quality Network)的观察员国。英国高等教育质量保障署同丹麦、爱尔兰、马来西亚和南非等国建立了双边合作协议,在诸多利益层面分享高等教育机构质量信息,开展国际高等教育质量保证与评估项目。其中,学生参与质量评估机制便是其中一个重要主题。

当然,英国学生参与高等教育质量评估也存在一些问题。首先,学生的时间与压力问题。据一项报告显示,目前学生所承受的压力比以前更大了。多达58%的学生需要工作,而其中71%的收入是为了购买必需品。而且,由于就业市场竞争性的加剧、债务恐惧感以及孤独感、隔离感的加深,1/4 的学生都出现了精神健康问题。[20]在这种情况下,高等院校以及外部组织,如英国高等教育质量保障署,若再因高等教育质量评估事宜而给学生增加压力,在某种程度上是不公平的。其次,利益冲突问题。虽然学生联合会在提交学生书面文档的过程中同院校可以保持积极的关系,但是在院系层面往往会遇到困难,因为教职员工可能会防范并抵制学生的负面报告。而且,还可能出现学生理解评估信息和文献的能力不足的问题。[21]总之,制度变革伊始,难免产生各种问题,但是只要不断总结、改进、提高,学生参与高等教育评估的机制就能不断得到完善。

参考文献:

[1][8] W. Froestad, P. Bakken, etc. Student Involvement in Quality Assessments of Higher Education in the Nordic Countries. http://www. nokut. no/en/noqa/reports. 2003/2010-08-20

[2][12][14][15][16][20][21] Hanna Alaniska, Esteve Arboix Codina, etc. Student Involvement in the Processes of Quality Assurance Agencies. http://www. enqa. eu/files/student%20involvement. pdf. 2006-10-20/2010-08-08-20.

[3] 洪彩真. 高校评估亦喜亦忧——访我国著名高等教育家潘懋元教授[J]. 教育与职业,2007(3):40—41.

[4] UNESCO. Policy Paper for Change and Development in Higher Education[J]. Published by the United Nations Educational, Scientific and Cultural Organization, 7 Place de Fontenoy, 75352 Paris 07 SP. 1995:9.

[5] 赵中建. 21 世纪世界高等教育的展望及其行动框架——98 世界高等教育大会概述[J]. 上海高教究,1998(12):6—10.

[6] OECD. Review if Financing and Quality Assurance Reforms in Higher Education in the People's Republic of China[R]. CCNM/EDU(2003)2:47.

http://www. oecd. org/dataoecd/40/33/17137038. pdf. 2010—08—20.

[7] Alessia Cacciagrano,Bruno Carapinha,Inge Gielis,Liam Burns,Ligia Deca,Mark Sciriha,Olav Oye and Viorel Proteasa. Bologna with Student Eyes 2009. Printed in:Leuven,Belgium,April 2009:36—48.

[9] Derfel Owen. Student Membership of Audit and Review Teams:Learning from Nordic Experience. http://www. qaa. ac. uk/events/smart08/StudentPaper1. pdf. 2007—10/2010—08—20.

[10] Derfel Owen. Student Membership of Audit and Review Teams:Learning from Periodic Review. http://www. qaa. ac. uk/events/smart08/StudentPaper1. pdf. 2007—10/2010—08—20.

[11] Derfel Owen,Jean McLaren,Mandy Nelson. Student Membership of Audit and Review Teams: Learning from Student Observers and Audit Team Members. http://www. qaa. ac. uk/events/smart08/StudentPaper3. pdf. 2007—10/2010—08—20.

[13] JM Consulting. The Costs and Benefits of External Review of Quality Assurance in Higher Education. http://www. scop. ac. uk/uploadfolder/rd17_05. pdf. 005—07/2010—08—20.

[17] Rachel Green. Bologna Process-UK England,Wales&Northern Ireland. http://www. ond. vlaanderen. be/hogeronderwijs/bologna/links/United _Kingdom. htm. 2006—12—15/2010—08—20.

[18] QAA. Role Specification:Student Member of Audit Teams [EB/OL]. http://www. qaa. ac. uk/students/auditteams09/RoleSpecification. pdf. 2009/2010—08—20.

[19] Derfel Owen,Maureen McLaughlin. Institutional Audit:A Guide for Student Representatives [EB/OL]. http://www. qaa. ac. uk/reviews/institutionalAudit/IA_studentRepGuide. pdf. 2009/2010—08—20.

（本文发表于《比较教育研究》2011 年第 9 期。作者胡子祥,时属单位为西南交通大学政治学院）

十四、从声望排名到质量改进

——美国博士生教育评估模式的演进

"质量"是一个具有模糊特性的概念,对博士生教育而言,质量评估更是一个艰难的课题。自 1924 年首次实施博士生教育质量评估以来,美国的博士生教育质量评估主要经历了三个发展阶段。一是声望研究(Reputational Study)阶段。作为早期重要的质量评估方法,它主要利用教师、系主任或院长们的主观评价对博士点进行排序。二是客观指标(Objective Indicator)研究阶段。这一方法尽量避免主观评估带来的问题,而主要利用教师的论著、研究资助或学生成果等客观变量来评估。三是相关定量研究(Quantitative Correlate Study)阶段。它通过确定与教师或博士生教育质量相关的变量,并将其转化为可以测量的维度,例如院系规模、联邦资助数量、图书馆资源、教师薪资和教师研究成果等来对博士生教育进行质量评估。

(一) 美国博士生教育质量评估的早期尝试

1. 1924 年和 1934 年休格斯的调查

美国博士生教育质量评估最早可以追溯到 1924 年。在这一年,时任迈阿密大学校长以及美国学院联合会(AAC)主席的休格斯(Raymond M. Hughes)对美国的博士点进行了评估,评估对象是可以授予博士学位的 38 所大学,涵盖了 20 个研究领域。[1]休格斯研究的主要目的是为本校希望继续追求高深研究的本科生提供关于博士点的相关信息,以利于学生选择。

休格斯所采用的评估方法是典型的"专家主观评估法"。他要求其所在的迈阿密大学教师们提供一份 20 个研究领域中全国最杰出的学者名单,这些学者大部分来自一流大学集中的东部和中西部地区,继而把问卷发放给每一位挑选出的学者,恳请他们根据自己的主观感受对本领域的博士点进行排序。休格斯根据每位学者的排名情况,对各个博士点的总体排名进行了分析。[2] 1925年,这一研究结论被纳入美国学院委员会的年度会议报告,这是美国最早公开出版的关于全国博士生教育的声望评估。10 年后的 1934 年,受美国教育委员会研究生教育协会(Committee on Graduate Education)委托,休格斯利用同样的方法再次对博士点进行了排名。

休格斯的研究在当时激发了很多人的兴趣,其研究结论成为大部分 4 年制学院和大学的学生指南,指导他们选择未来的学习机构,对一代学生产生了重要影响。但休格斯的研究也受到了一些批评,例如专家组的人数太少(在 20～60 人之间),同时专家组成员主要集中在东北和中西部地区,在地理分布上不平均等。尽管其采用的研究方法并不理想,但休格斯是美国历史上对博士生教育质量进行调查研究的第一人。正如劳伦斯(Lawrence)和格林(Green)所指出的,休格斯是第一个倡导利用杰出学者作为评估者、第一个强调博士生教育重要性以及第一个将教师声望作为评估博士点质量标准的研究者。[3]

2. 1957 年肯尼斯顿的研究

1957 年,作为宾夕法尼亚大学教育调查的一部分,肯尼斯顿(Hayward Keniston)也利用声望排名方法对博士生教育质量进行了评估。[4]肯尼斯顿的研究包括 25 所大学,它们同属美国大学联合会(AAU)的成员,评估的主要目的是确定宾夕法尼亚大学在其中所处的学术声望和地位。

肯尼斯顿访谈了这 25 所美国一流大学的系主任,要求他们根据教师的质量提供各自领域中最有实力的 15 个院系名单,通过对排名序列赋值的方法(排名第一得 15 分、排名第十四得 1 分)发布了这 25 所大学的声望排名。此外,肯尼斯顿还将自己的研究与休格斯的研究进行了对比,以发现同一所大学在声望排名上的变化。他也确实发现了这一点,例如哈佛大学的排名从 1924 年的第二位升至 1957 年的第一位、加州伯克利大学从第九位跃升至第二位、耶鲁大学从第五位升至第四位,而密歇根大学则从第八位升到了第五位。[5]

如同休格斯一样,肯尼斯顿的研究报告也获得了广泛关注,产生了相当影响,很多学生据此来选择未来想进入的研究生院。当然,他的研究也招致了一些批评：第一，专家组的规模太小而不足以具有代表性；第二，利用院系主任作为声望"裁判员"也不是收集"声望"信息的理想方式；第三，由于系主任年龄一般要大于教师，因此他们可能是一些传统主义者，更倾向于将历史悠久的院系排在前列；[6]第四，由于挑选出来的院系主任大部分都毕业于这些样本学校，因此可能存在着"校友偏见"；[7]第五，一些批评者甚至认为，肯尼斯顿的研究没有将"教育的声望"与"教师的声望"区分开来，将博士生质量单纯地视为教师的质量而忽略了其他重要的因素。[8]

（二）美国教育委员会的博士生教育质量评估

1. 1964 年卡特的研究

1964 年，作为美国教育委员会（American Council on Education, ACE）副主席与高等教育规划和目标委员会（Commission on Plans and Objectives for Higher Education）主任的卡特（Catter）实施了影响范围更广的博士点质量调查。这次调查有三个任务：一是更新早期博士生教育评估的定量研究数据；二是将评估扩展到美国的所有主要大学；三是尽可能了解主观性评估的缺陷和不稳定性，并在未来改进这一方法。调查研究报告《研究生教育的质量评估》（An Assessment of Quality in Graduate Education）由 ACE 于 1966 年出版。[9]

在方法论上，卡特的研究尽量弥补了早期声望评估的缺陷，更加重视样本的数量和地理分布，研究覆盖全美各地区的 106 所大学。为方便对比，卡特覆盖了休格斯和肯尼斯顿调查所涉及的学科，最终包括了 30 个研究领域中的 1 663个博士点。专家组成员包括约 900 名系主任、1 700 名杰出的高级学者和 1 400 名精心挑选的初级学者。同时，卡特还将参与了前两次调查的专家都排除在外。在大学类型上，卡特的研究覆盖了公立与私立、全国性和地区性大学，并尽量使其在地理分布上更均衡。为了避免产生"校友偏见"，卡特尽可能使专家组成员来自不同的毕业院校和地区。[10]此外，1964 年的研究还统计了 1 300 名获得联邦奖学金的学生在各学校和地区间的分布，能够获得联邦奖学金被认为是学生质量好坏的重要衡量标准。例如 2/3 的国家科学基金会（National Science Foundation, NSF）和伍德罗·威尔逊奖学金（Woodrow Wilson National Fellowship Foundation）的获得者都选择进入了排名前十的研究生院。

卡特的研究对日后美国博士生教育质量评估产生了积极影响。一方面，它从院系的角度而非大学整体来考察各领域博士生教育的质量;另一方面,它也试图制定一个可能影响博士生教育质量的指标体系,使这一研究可以复制和对比。尽管这一研究招致了诸多批评,认为它是"闲扯"(Compendium of Gossip),不过,不论是调查的目的还是他所利用的方法论,都获得了大部分人的高度认可和赞赏,研究报告 1966 年出版后,仅 ACE 的出版部就售出了 26 000 本复印本。[11]

2. 1969 年罗斯与安徒生的研究

在 1964 年质量评估初期,ACE 就决定要定期重复前一次的评估,这样才能发现各个院系在一段时期内的变化情况。1969 年罗斯(Rose)和安徒生(Andersen)的研究主要基于以上原因。在评估目的上,罗斯和安徒生强调其研究不是"鼓励自负",而是提供"情报"。他们希望报告的读者们"去思考质量的维度,而不是具体的强弱排序",这样做的另一个理由是他们认为应该保护那些在不合格博士点中就读的学生。在样本量上,他们选择了 131 所大学的 36 个学术领域,共计 2 626 个博士点,比 1964 年的样本数多了 55%。[12]

在研究设计上,1969 年的研究试图降低在很多分数评估系统中固有的强弱排序(Pecking Order)。不过,作为 1964 年的一个后续研究,罗斯和安徒生尽可能对比各博士点在这 5 年的变化和发展情况。这种对比不论对"消费者"、大学管理者、院系主任或政策制定者而言都是非常有价值的,尽管分数的变化经常出现"几家欢乐,几家愁"的局面。ACE 于 1970 年出版了《研究生项目排名》(A Rating of Graduate Programs)的最终研究报告。从报告的题名可以看出,它没有将"质量"(Quality)一词纳入进去。罗斯和安徒生认为,他们的研究并未对"质量"模糊不定的特性进行具体分析。研究也表示,单纯地依赖声望作为判断质量的方法是有问题的。例如,有人指出某个教师可能在自己的专业领域非常有声望,但他在 12 年内没有指导过一名博士生。[13]这也说明,教师的"学术声望"与"教育质量"是不同的概念,教育质量不可能完全凭借学术竞争力来进行评估。

(三) 全美研究委员会的博士生质量评估

全美研究委员会(National Research Council,NRC)对博士点的评估已有近 30 年的历史,其首次对全美范围内的博士点进行评估开始于 1978 年,迄今共实施了 3 次。NRC 调查的特点是范围广,且数据收集更全面。

1. 1980 年和 1993 年的博士生质量评估及其方法论

从 1980 年开始,NRC 对 200 多所博士生授予大学的 32 个学科领域,共计 2 699 个博士点进行了评估。其评估的目标主要包括四个方面:研究结果对国家或州的重要性;鼓励继续提高博士生教育质量;了解自 1969 年罗斯和安徒生研究以来,目前各个博士点的质量变化情况;扩展博士生教育的评估维度。在这些目标下,NRC 审慎考虑了对早期排名的批评,试图努力解决这一方法论的缺陷,其中最重要的就是利用多元化的评估方法。不过,NRC 也意识到,无论采用多少维度,评估也无法令所有人满意,尤其是那些坚持博士生教育质量无法量化的人。

NRC 的评估主要基于三方面的原则:第一,要关注与博士点质量相关的所有变量;第二,要关注收集和汇编可信赖的数据,以利于同研究领域间的对比;第三,NRC 的研究只考虑适用于其所调查学科的那些变量。[14] 基于这些考虑,NRC 对人文、社会和行为科学、生物科学、数学与物理科学以及工程学 5 个领域的博士点进行了评估。评估的维度包括:(1) 博士点规模,包括博士点的教师数量、毕业生数量(5 年内)、学生数量;(2) 学生特征,包括获得国家奖学金的学生数、获得博士学位的平均时间、毕业生就业比例、在学术领域(主要是研究型大学)就职的毕业生数量;(3) 声望调查,包括教师的学术影响力、博士点的效力、质量改进的程度(5 年内博士点质量排名变化情况);(4) 物质资源,包括图书馆资源、教师获得研究资助的比例、研究经费总额、教师的论著数等。[15]

从 1993 年开始,NRC 实施了第二次博士生质量调查,这次的方法论与 1982 年基本相同。它于 1995 年提交了《美国的研究型博士学位项目:继承与变革》(Research Doctorate Programs in the United States: Continuity and Change)的调查报告。这一次的调查领域覆盖了艺术与人文、生物科学、工程学、物理与数学以及社会与行为科学五大领域的 30 个专业,对象包括约78 000 名教师和这五个领域在 1986~1992 年间"生产"的 90% 的博士,共涉及 214 所大学的 3 634 个博士点。[16]

2. 2006 年调查及在方法论(Methodology)上的改进

从 2006 年开始,NRC 着手于第三次博士点质量评估,并于 2010 年发布了其研究报告,这一报告覆盖了 62 个研究领域,包括了 212 所大学的 5 000 多个博士点。此次调查对研究领域的选择标准是至少 25 所大学拥有这一领域的博士点,对大学的选择标准是在过去 5 年至少授予了 500 个哲学博士学位,而对博士点的选择是在过去 5 年至少授予了 5 个博士学位。[17]NRC 希望大学教师、管理者和资助人能够根据他们的数据和评估结果,比较、评价和改进各自的博士生教育,也可以让学生通过这样的比较来选择适合自己的博士点。

在每次评估之前,NRC 都会将其研究方法和研究设计以报告的形式公布于众,以使研究者以及关心美国博士生教育的人士了解研究设计、数据收集、分析以及整个评估过程,以更好地理解和使用最后的调查结论。[18]在这次评估结果发布之前,NRC 于 2009 年首先公布了调查的方法论以及对方法论的重要修订。[19]NRC 希望这一方法论成为改进美国博士生教育重要且透明的工具。

在研究设计上,NRC 关注了对教师、学生、管理者、资助人以及其他利益相关者都非常重要的维度,建立了丰富的关于大学、博士点、教师及公共资源方面的数据库,用来评估博士点的质量和效力。表 1 和表 2 是此次调查的问卷内容及指标体系。

表 1　问卷类型及内容

问卷类型	问卷设计
大学问卷	要求大学提供满足标准的博士点名单
博士点问卷	询问学生、教育和博士点的相关情况,例如过去 5 年授予的哲学博士学校数、学生的毕业时间、学位完成率以及毕业后学生的就业情况,并提供博士生导师名单
教师问卷	教师个人的教育、工作历史、出版记录、最近 5 年内直接指导过的博士学位论文数量以及他们认为与博士点质量最相关的维度或因素,并询问他们是否愿意为自己领域的博士点进行排名
学生问卷	调查高年级学生的教育背景、GRE 成绩、经济资助、论著、研究经历、研究或教育训练以及毕业后的计划
排名问卷	发放给那些回答了教师问卷并愿意进行博士点排名的教师,让他们提供一份本研究领域的博士点排名

表 2　评估指标体系

一级指标	二级指标
教师研究活动 （Research Activity）	教师人均出版记录
	引用率（除人文和计算机科学）
	教师拥有研究资助的比例
	获得的公认的荣誉和奖励（例如诺贝尔奖和国家科学院院士等）
学生资助情况 及毕业出路	获得第一年全额资助的学生比例（国家奖学金）
	在给定期限（4 年）内学生完成学位的比例
	获得学位的平均时间
	学术机构就职（包括学术性的博士后职位）的比例
	学生最终的就业情况
学术环境的多样性	来自少数族裔的教师以及女性学生的比例
	国际学生的比例（持临时护照）

　　NRC 的 2010 年报告确定了多个维度对博士点的质量和效力进行考察,较之早期的博士生教育评估,它在方法论上更科学。首先,让教师们来确定影响博士生教育质量的各个变量,避免了早期评估中单纯的声望排名所带来的局限。其次,NRC 的评估充分认识到了不同学科或研究领域间在博士生教育上的巨大差异,因此它根据学科特点并由各领域的研究者们来对各变量赋权重。总之,由于各领域博士生教育的多元化特征,难以存在单一的评估标准。NRC 研究的客观性表现在,它允许所有的利益相关者对他们认为重要的变量进行赋值,并基于这一基础对博士点进行比较,因此它在目前是一个较有说服力的评估方法。

参考文献：

[1][2][3][7] Lawrence,Judith,K. ,Kenneth C. Green. A Question of Quality:The Higher Education Ratings Game. AAHE-ERIC/Higher Education Research Report［M］. Washington,D. C. ：American Association for Higher Education,1980.

[4][5] Hayward Keniston. Graduate Study in Research in the Arts and Sciences at the University of Pennsylvania[C]. Philadelphia: University of Pennsylvania Press, 1959.

[6][8][9][10] Allan, M. Cartter. An Assessment of Quality in Graduate Education[M]. Washington, D. C. : American Council on Education, 1966: 3. 5. 7.

[11][12][13] Roose, Kenneth, D. , Charles, J. Andersen. A Rating of Graduate Programs[M]. Washington, D. C. : The American Council on Education, 1970: 3. 24.

[14][15] David. L. Tan. The Assessment of Quality in Higher Education: A Critical Review of the Literature and Research[J]. Research in Higher Education, 1986 Vol. 24, No. 3: 223—265.

[16] Marvin, L. Goldberger, Brendan, A. Maher, Pamela Ebert Flattau. Research Doctorate Programs in the United States: Continuity and Change. Washington, D. C. : National Academy Press, 1995.

[17][18] Jeremiah, P. Ostriker, Charlotte, V. Kuh, James, A. Voytuk. A Databased Assessment of Research Doctored Programs in the United States. Committee to Assess Research Doctorate Programs. Washington, D. C. : The National Academies Press, 2010.

[19] Jeremiah, P. Ostriker, Paul, W. Holland, Charlotte, V. Kuh, James, A. Voytuk. A Revised Guide to the Methodology of the Data-Based Assessment of Research-Doctorate Programs in the United States. Committee to Assess Research-Doctorate Programs. Washington, D. C. : The National Academies Press, 2010.

（本文发表于《比较教育研究》2012 年第 1 期。作者黄海刚，时属单位为清华大学公共管理学院）

十五、美国公立高校绩效评价
体系内容与特点分析
——以田纳西州为例

20 世纪 80 年代以来,为了鼓励高校有效利用教育资源,提高教学质量,回应社会公众的要求,美国逐步建立了各级各类高等教育质量保障和评估体系。如,州政府的高等教育问责制、各类专业组织的认证活动和媒体以及一些研究机构的大学排行榜等。[1]

州高等教育问责制,是指州高等教育委员会(或类似的高等教育协调机构)按照州制定的教育政策目标和院校绩效指标,采用量和质的评价方法,对州内公立高等教育系统实现州教育政策目标的情况、学校教育成果以及学校效能进行测评,并对院校绩效做出比较,将信息向公众公布,而且其评价结果与教育经费拨款相联系,以提高学校教育质量、提高学校效能为根本目的。[2]这类问责制主要表现为三种政策形式,即绩效报告(performance reporting)、绩效资助(performance funding)、绩效预算(performance budgeting)。[3]这三种绩效政策都离不开绩效评价这一环节。[4]

田纳西州是美国最早实施公立高等教育绩效资助政策的州,也是实施这一政策最为成功的一个州。本文试以该州 2010 年 7 月颁布的《2010～2015 年绩效资助质量保障》(2010～2015 Performance Funding Quality Assurance)为依据,[5]分析其绩效评价体系的内容及特点并指出其存在的不足之处。

143

（一）美国田纳西州公立高等教育概况及绩效资助政策简介

田纳西州目前共有 13 所公立大学（包括两所研究院）、13 所社区学院和 27 个技术中心（Technology Centers），共有 243 133 名注册学生。田纳西州的公立高等教育分为两大系统，即田纳西大学系统（University of Tennessee）和州立大学、社区学院及技术中心（Technology Center）系统，前者由田纳西大学董事会（University of Tennessee Board of Trustees）管理，后者由田纳西理事会（Tennessee Board of Regents）管理。[6] 田纳西州高等教育委员会（Tennessee Higher Education Commission，THEC）作为这两大系统和州政府之间的协调者，负责完成本州的高等教育报告，向立法机构和公众提供问责报告。

田纳西州高等教育委员会下设咨询委员会（Advisory Committee）和计分委员会（Scoring Sub-Committee）。咨询委员会负责制定绩效评价标准和资助经费的额度，成员共 16 人，主要由主管公立高校（包括大学和社区学院）学术事务的副校长或教务长以及田纳西州理事会的工作人员组成，具体包括两名校长、11 名副校长、两名院长和 1 名副教务长。计分委员会负责制定计分标准和机制，成员共 6 人，主要由来自各校负责院校研究与院校发展规划、主管学术事务的副校长或者主任组成。[7]

田纳西州的高等教育绩效资助政策于 1979 年正式启动，该政策将"绩效"这一因子引入到高等教育拨款公式中，改变了主要以注册学生人数为依据的拨款方式。[8] 具体来说，就是由田纳西州高等教育委员会设定一系列共同的评价指标，据此对本州的公立高校进行绩效评估，表现好的高校最高可获得 5.45% 的额外预算经费。[9] 这一政策主要是为了激励高校在实现各自使命的同时，提高教学质量和学生的学习成效。如今的绩效资助政策既是一种激励方式，旨在对绩效表现较好的学校进行奖励，同时也是一种评估方法，用来衡量公立高校的教育进展情况。[10] 田纳西州每隔 5 年都会对绩效评价标准、指标体系和资助额度进行调整。最新一轮是 2010 年～2015 年的绩效资助周期，这是田纳西州有史以来的第 7 轮绩效资助政策。

（二）2010 年～2015 年田纳西州公立高校绩效评价的标准

2010 年 7 月，田纳西州高等教育委员会公布了最新一轮绩效评价标准。

与 2005 年～2010 年相比,2010 年～2015 年的评价标准由 5 条调整为两条。

2005 年～2010 年的评价标准包括以下几个方面。① 学生的学习环境及学习效果,具体通过以下三个方面来衡量,即 a. 通识教育;b. 专业领域测评;c. 认证/项目评审/学术审查。② 学生满意度。③ 学生保持率。④ 州总体计划中的优先发展项目,具体包括以下四个方面:a. 院校战略规划目标;b. 州战略规划目标;c. 转学及其他;d. 就业率。⑤ 评估结果,具体通过以下两个方面体现,即 a. 预评估;b. 实施评估的情况。[11]

2010 年～2015 年的评价标准简化为两大类,为"学生学习及参与情况"和"学生入学质量及取得的成功"。学生学习及参与情况主要通过以下六个方面体现:① 通识教育测评;② 专业领域测评;③ 学术项目的认证与评估;④ 满意度调查;⑤ 就业率;⑥ 评估实施情况。"学生入学质量及取得的成功"主要是看各院校对下列群体的关注情况,如成人、低收入家庭成员、非洲裔美国人、西班牙裔美国人、男性、高需求的地理区域、择校生、从社区学院转到大学里的学生、获得学士学位的田纳西社区学院毕业生等 13 类群体。[12]

与上一轮绩效资助政策相比,2010 年～2015 年的绩效评价标准突出了以下特点:第一,在未来的 5 年里,绩效资助将会与基于结果的公式(Outcomes-based Formula)紧密结合,同时还将作为问责体系的一部分服务于州的总体规划;第二,2010 年～2015 年的绩效评价标准在更加关注学术整体性和院校质量的同时,大大减少了各院校提交报告的责任;第三,评价标准主要是利用现有的数据,不要求院校再收集和提交额外的信息;第四,院校的年度绩效表现结果将被公开,并与公式计算的结果一起构成系统的问责体系。

(三) 田纳西州公立高校绩效评价体系的特点

1. 建立在自我评价基础之上的第三方评价

田纳西州高等教育委员会是高校绩效评价的组织实施者。州高等教育委员会协调政府部门和高校的相关人员,以政府的政策目标为导向,共同制定绩效评价指标、权重、达标标准等评价要素,以高校提供数据进行自我评价为基础,同时利用全国或专业组织统一的测验(如 CCTST、CAAP)结果或调查结果(如 NSSE)对高校的绩效表现进行评价。

田纳西州高等教育委员会创建于 1967 年，是一个具有协调作用的组织，主要承担有关规划、控制和提出建议等方面的责任，包括学校的预算和课程的协调。一方面，它是高等教育的代言人，在与政府协商、沟通时，反映大学的呼声；另一方面，它又是政府的助手，帮助政府把适当形式的责任施加给高等学校。[13]田纳西州高等教育委员会的这一角色有利于在保证高校办学自主权的同时，确保政府拨款的有效利用，促使高校恰如其分地履行其责任。

2. 强调效率与公平的评价指标

绩效指标是绩效评价中不可或缺的一部分。绩效指标的选择体现了评价的目的和政策导向。田纳西州的绩效评价指标从 1979 年以来随着周期的推移和环境的改变而不断改进，随着政府、院校、学生、家长、商业人士需求的改变而改变。[14]虽然该州绩效评价指标在数量上经历了由简到繁，又由繁到简的过程，具体指标的权重也有所调整，但其总的导向仍然是关注州政府的相关政策目标，评价指标在内容上越来越重视教育效果和学生的学习结果，强调教育公平和效率。

2010 年～2015 年的绩效评价明确指出要以质量保障为导向，对各公立高校的具体评价指标包括学科专业评估和认证的结果、学生在通识教育和主修专业领域测验中的分数、学生的满意度调查结果、用人单位满意度调查结果以及各校组织实施绩效评价的情况。对于两年制学院而言，评价指标中还包括学生的就业情况。田纳西州新一轮的绩效资助政策新增加了"学生入学质量及取得的成功"这一指标，并赋予其 25％的权重，在一定程度上体现了该州对教育公平的追求。

3. 分类评价的原则

田纳西州高等教育委员会大体上遵循的是分类评价的原则。首先，田纳西州的绩效评价主要是针对本州的公立高校，而非所有高校。其次，在评价过程中，将公立高校区分为 4 年制大学和 2 年制学院两大类，通过指标和权重的不同来体现学校之间的差异。

在田纳西州的公立高校绩效评价中，4 年制大学和 2 年制学院共享一些核心指标，分别是：通识教育测评（15％）、专业领域测评（15％）、满意度调查（10％）、评估实施情况（10％）、学生入学质量及取得的成功（25％）。此外，为了体现出 4 年制大学与 2 年制学院的差异,田纳西州高等教育委员会专门针对 2 年制学院设置了"就业率"这一指标,其权重为 10％,而对于 4 年制大学,该指标的权重则为 0,这主要是为了激励社区学院继续改进其职业教育类毕业生的就业安置情况。与此同时,为了强调 4 年制大学的学术性,同时激励其提高学术水平,田纳西州高等教育委员会规定"学科专业质量"这一指标在这类学校所占权重为 25％,在 2 年制学院则为 15％。[15]

在分类评价过程中,田纳西州高等教育委员会规定,社区学院每个主要的职业领域(技术证书、A. A. S 和 A. S. T)都须根据毕业生的就业率接受评价。与大学相当的、专业性职业(professional)学习以及学术性证书项目的就业率则不必接受评估。

4. 借助外力获得评价依据,减轻高校负担,增加评价结果的客观性

为减少各院校提交报告的负担,田纳西州高等教育委员会的绩效评价较为广泛地利用了美国一些广为认可的考试评价机构或专业认证机构的测试结果,这样,高校就不必疲于应付各级各类的评估和认证。

例如,在衡量高校的"通识教育"这一指标时,田纳西州高等教育委员会要求各校必须在"加利福尼亚批判性思考与技能测试"(CCTST)、大学基本学术性学科测验(College BASE)、大学学术能力评估(CAAP)或者 ETS 的能力测试中选择一项,让不少于 400 名学生参加测试,并将本校学生的测验结果与全国的平均成绩做比较。在"学术性系科专业质量"这一指标上,主要衡量依据是学校通过的各类专业认证机构认证的专业所占百分比。"满意度调查"这一指标则包括在校生的满意度调查、校友满意度调查和用人单位满意度调查。其中,对在校生的满意度调查结果主要通过"全国学生参与情况调查"(National Survey of Student Engagement,NSSE)体现出来,2 年制学院的在校生满意度调查则通过"社区学院大学生参与情况调查"(CCSSE)来反映。

"全国学生参与情况调查"在全美具有深远而广泛的影响力,很多高校都积极参加这一调查。每年春季入学时,"全国学生参与情况调查"对拥有学士学位授予权的高校 1—4 年级学生进行随机抽样调查,从而对学生在各种有效教育实践中的参与情况做出评定。这些实践活动包括:协作学习、及时反馈、强调高级思维技能的课程作业等。高校可将参与"全国学生参与情况调查"的结果提

交给不同的问责机构,作为评价依据。

借助类似"全国学生参与情况调查"这样的专业调查结果作为评价依据,不仅大大减少了评价主体和评价对象的工作量,而且有助于保证评价结果的客观性和公正性,还有助于州政府对本州的公立高等教育情况与其他州进行比较。

5. 周密规划的评价过程

田纳西州公立高校绩效资助政策以 5 年为一个周期,在每一个周期内开展绩效评价的计划性非常强。就 2010 年~2015 年的绩效评价而言,田纳西州公立高校须在 2010 年就做好 5 年的整体规划,此后的每一年则重点围绕某一项指标开展评估,同时为下一年要开展的评估做好计划。

例如,2010 年 6 月、10 月,各校须分别提交通识教育评估计划和学术系科专业评估以及主修领域评估的规划文件;2010 年 11 月,各校须确定参加各种评估项目的学生群体;2010 年 12 月,各校须提交实施各项评估的时间安排。

从 2011 年开始,各校就要陆续开始实施评估计划。如,2011 年春季各校须实施学生参与度调查(NSSE/CSSE),还应于 2011 年 3 月提交校友满意度调查项目计划和用人单位满意度调查计划,并于 2011~2012 学年间实施校友满意度调查,于 2012~2013 学年间实施用人单位满意度调查。2014 年春季,各校应再次开展学生参与度调查(NSSE/CSSE)。此外,从 2011 年开始,各校每年 8 月都须提交一项年度绩效资助报告。

田纳西州高等教育委员会规定各公立高校都须严格遵守这一评估日程安排。周密规划的评价过程,有助于分散高校应对评估的任务和压力,使之有条不紊地收集数据,为提供可靠的绩效评价证据提供了时间上的保障。

6. 确保评价质量

为确保绩效评价工作质量,保证评价结果的有效性,田纳西州高等教育委员会不仅制定了周密的评价时间表和严格的评审程序和相关规定,而且还对各校参与评价活动过程中的表现进行评价打分。

例如,田纳西州高等教育委员会规定学校所有项目调查者的回应率都不应低于 95%;学校必须分专业报告免予调查者的人数和就业率。

院校参与评价活动的过程本身也要接受评价,评价结果占 10% 的权重。此举旨在对院校评估过程的成熟度和有效度进行评价。在对"评估实施情况"进行评价时,高校须回答以下问题:学校确定努力实现的目标是什么? 确定使用什么评价方法？选择这些方法的理由是什么？学校打算如何开展评价或收集证据和阐释证据？学校发生了什么？有哪些值得学习之处？学校确定用这些信息应该做些什么？高校应如何运用这些信息以提高系科专业质量？

此外，田纳西州高等教育委员会还在评估周期开始之前提早一年对评估人员进行培训。这些评估人员都是由校长提名或由治理委员会的工作人员挑选出来的。培训的目的是为了确保评估人员在年度报告评审的过程中运用的标准一致。此外，院校在评估周期中，每年都要提交一份报告，就其在开展评估过程中的表现接受同行评价打分。

（三）结论与讨论

田纳西州高等教育委员会组织开展的绩效评价结果被州政府用来作为实施绩效拨款的依据，这一做法在美国产生了深远的影响，对加强公立高校的绩效责任意识、促进公立高校的自我改进起到了积极作用。但尽管如此，这种评价机制仍有值得探讨之处。

首先，尽管田纳西州高等教育委员会采取了分类评估的原则，但由于高校的历史条件和财务状况不同，现有评价体系很难衡量其资源使用的效率。例如，有的学校用了很多的资金才得到很好的评价结果，而有的学校只用了很少的资金就做得很好，现有的评价体系很难体现出这种区别。其次，新的评价体系中较多地利用了其他测试结果或调查结果作为绩效评价依据，这虽然可以减少高校提交数据的任务，但这些调查和测试是否能全面反映高校的绩效还有待商榷。最后，田纳西州绩效资助的拨款额度最低曾经是 2%，迄今最高也只有5.45%。这一方面反映了该州的谨慎态度，应该承认，这也是该州这一政策持续时间最长的原因之一；但另一方面，过小额度的奖励对高校又缺乏足够的吸引力。这样的奖励力度能否确保学校有足够的积极性来参与评估，能否确保这一评价活动达到预期的效果，都值得商榷。

参考文献：

[1][2] 王淑娟.美国公立院校的州问责制[M].北京:知识产权出版社,2010:6,20.

［3］Michael,K. McLendon,James,C. Hearn,Russ Deaton. Called to Account:Analyzing the Origins and Spread of State Performance-Accountability Policies for Higher Education[J]. Educational Evaluation and Policy Analysis. Spring 2006. Vol. 28,No. 1:1—24.

［4］Joseph,C. Burke,Shahpar Modarresi. Performance Funding Programs:Assessing Their Stability[J]. Research in Higher Education,2001,volume 42,November 1:51—70.

［6］［7］Tennessee Higher Education Fact Book2010－2011［EB/OL］. http://www. state. tn. us/thec/Legislative/Reports/2011/2010—11％20Fact％20Book. PDF. 2011－04－24.

［8］孙志军,金平. 国际比较及启示:绩效拨款在高等教育中的实践[J]. 高等教育研究,2003,6):88～92.

［5］［9］［15］ Tennessee Higher Education Commission. 2010—2015Performance Funding Quality Assurance［EB/OL］. http://tennessee. gov/moa/documents/perf_fund_task_force/THEC％20PF％202010－15％20Guidebook. pdf. July,2010:3. 2011－04－24.

［10］Objective［EB/OL］. http://www. tn. gov/moa/strgrp_preffund. shtml. 2011－04－24.

［11］Performance Funding2005—2010Standards［EB/OL］. http://tn. gov/thec/Divisions/AcademicAffairs/PerformanceFunding/performance_pdfs/PF_2005－10_Cycle_Standards. pdf. 2010－12－23.

［12］Performance Funding2010—15Approved Standards［EB/OL］. http://www. tn. gov/moa/documents/perf_fund_task_force/THEC％20PF％202010－15％20Guidebook. pdf. 2011－04－24.

［13］［14］郑晓凤. 美国高等教育绩效拨款特征——以田纳西州为例[J]. 中国高等教育评估,2006(2):43—46.

（本文发表于《比较教育研究》2012 年第 1 期。作者王春春、张男星,时属单位为中央教育科学研究院）

十六、国际视野下的本科生学习结果评估
——对"评估什么"和"如何评估"的分析与思考

（一）引言

大学学习与教学质量是高等教育质量的重要组成部分。在过去的 20 多年里，规模的扩展与资源的紧缩成为全球高等教育发展的主流。在此背景下，各国高等教育机构都面临着如下的巨大压力，即向公众、管理者、消费者等提供有关大学学习与教学质量的问责数据和证据信息，并借此来赢取声望、获得资源。从国际的整体视角来看，各国主要通过两个渠道来对大学学习与教学的质量进行判断：一是各种教育质量排名和排行榜，如"美国新闻和世界报道"（USA News& World Report）和"高等教育时代增刊"（the Times Higher Education Supplement）的大学排行榜等。但包括美国学院与大学联合会（AAC&U）、世界经济合作与发展组织（OECD）等在内的一些著名机构都一致认为："这些排行榜往往更加关注输入、活动、输出等外在可见维度，而忽视了学生学习结果方面的相关信息。"[1][2]第二个渠道是各个国家（主要是西方发达国家）内部正陆续开展的学习结果评估，这些评估的目的在于获得各国内部不同大学之间的学生学习结果的比较信息。相比而言，后一渠道所提供的数据信息能够更加全面、准确地表征各个大学的学习与教学质量，有助于为公众的感知、政府的决策等提供更为可信的依据。本文试图以一种跨国比较的视角，从评估内容与评估机制两个方面，以文献分析（或文本分析）的方法，对美国（5 个）、英国（1 个）、澳大利亚（3 个）、加拿大（两个）、巴西（两个）、墨西哥（1 个）等国的 14 个颇具影响

力的学习结果评估工具及其机制进行分析，以期为我国在大众化背景下更好地开展本科生学习结果评估提供当前实践的国际经验。

（二）评估什么——评估内容之解析

对本科生的学习结果进行评估，首先需要解决如下两个基本问题，即如何理解本科生的学习结果？对本科生的学习结果应评估哪些内容？笔者试作如下分析。

1. 学习结果的概念

英美等发达国家的学习评估实践一致赞同帕斯卡雷拉（E. T. Pascarella）、奥托（S. Otter）等大学学习评估领域著名学者的观点，即"学习结果指的是由学习而导致的个人转变和收益。这样的转变和收益是由高等教育经验所导致的，而不是由通常的个人发展、社会性成熟和其他非高等教育机构的影响所导致的"。[3]正如美国学者艾斯纳（Athena）所言，"学习结果是学生在参与某种形式的活动之后所最终达到的状态"。[4]从评估的实践视角而言，各国的评估都强调如下的理念，即经常被各种排行榜使用的教育质量的绩效（或表现）指标（即输入、活动和输出）更强调一个机构外在的客观表现，但却忽视了对大学内部最重要的主体——学生之实际状态加以评估；只有对学生内在的学习结果进行评估，才能最直接、最准确地洞悉大学的教学表现。

2. 各国评估所指向的两种类型的学习结果

文本分析认为，各国评估工具所关涉的学习结果可分为两种类型，一种是认知结果（cognitive outcomes）；另一种是非认知结果（non-cognitive outcomes）。尽管从真实学习的视角而言，各种学习结果往往呈现出一种整合性的特点，但一种探究式的分析框架（heuristic framework of analysis）有助于我们更加深入地把握各国评估工具及其实践的真实指向与内涵。首先，绝大多数的评估工具都指向对认知结果的评估，具体表现为对知识结果（knowledge outcomes）和技能结果（skills outcomes）的评估。知识结果主要分为一般内容知识（general content knowledge）与领域特定的知识（domain specific knowledge）。一般内容知识是指那些共通性的知识，它们被认为是独立于学科专业的所有本科生都应获得的、核心的本质性知识。领域特定的知识是指在一个特定的领域中所获得的知识,如生物学、文学、地理学等。对领域特定的知识进行评估,对于比较各个大学在某一学科上的学习质量特别有用。技能结果的评估主要聚焦于一般技能结果(generic skills outcomes)和领域特定的技能结果(domain specific skills outcomes)。一般技能是指那些超越特定学科的、可在不同学科领域和情境之间进行迁移的技能,如信息加工技能、批判性思维技能、定量推理技能,等等。帕斯卡雷拉认为:"一般技能与所有的学科都有关联,它们能使学生在一系列新的情境中进行运作。"[5]领域特定的技能则是指在某一较广泛的学科领域中(如自然科学或人文学科)所使用的思维模式。"它们涉及到对如下方面的把握,即为何应用、何时应用、怎样应用特定的知识"。[6]其次,各国的评估也非常关注非认知结果。按照著名大学学习评估研究者艾威尔(Ewell)的观点"非认知发展是指信念的转变或价值观的发展"。[7]各国的评估实践都强调如下的核心思想,即大学的使命中经常会包含非认知的成分,大学的作用不仅仅是帮助学生获得知识和技能,态度、价值观的发展也同样重要。实际上,各种非认知目标不仅通过课堂教学,也会通过大学所组织的各种课外活动得以达成。这些活动包括各种咨询、指导、师生的联系、俱乐部、体育活动和其他活动等。"课外活动的存在及数量表明,大学是否重视学生的非认知学习结果,并将其作为学生课堂学习的重要补充"。[8]这些观念与做法在美国著名的本科生参与的全国调查(the National Survey for Student Engagement, NSSE)中就体现得淋漓尽致。

3. 不同评估形式指向不同类型的学习结果

文本分析表明,14 个评估工具所关注的学习结果往往因其评估形式的不同而有所差异。这表现为如下两个方面。

第一,大多数直接性评估(direct assessment)主要关注认知学习结果。直接性评估往往采用测验或考试的形式,而非问卷调查。比如,巴西的 ENC-Provao 和其后继的测试工具 ENADE 关注的就是领域特定的知识和技能。这些知识和技能被认为对于所有大学特定领域中的课程都非常重要,都具有共通性。[9]ENADE 面向 13 个不同学科领域设计了 13 个测试工具,以测评学生在各个领域中特定知识与技能的掌握情况。而在美国,很多评估工具既评估特定领域的学习结果,也评估一般性的认知结果。比如专业领域测试(Major Field

Test, MFT)既评估 15 个本科专业,也同时评估各种一般性的认知结果,如分析问题的能力、解决问题的能力、解释信息的能力等。学院学习结果评估(the Collegiate Learning Assessment, CLA)则更强调通过基于实作的任务(performance-based task)来评估学生在宽泛的学科情境(如自然科学、社会科学、人文学科、艺术等)中的各种能力。特别是基于实作的任务通常以真实生活的任务来呈现,如通过使用各种不同类型的文本和数据(这些数据必须是经过评鉴和评估的)来准备一个备忘录或政策建议报告等。

第二,学生问卷调查通常是一种非直接性评估(non-direct assessment),这类评估主要关注非认知学习结果和一般性的能力。澳大利亚的课程经验问卷(Course Experience Questionnaire, CEQ)[10]和美国的本科生参与的全国调查(NSSE)[11]就是典型的代表。澳大利亚课程经验问卷除了测量学生的一般性能力(如分析技能、书面交流技能、规划自己工作的能力)之外,重点关注学生的非认知学习结果的发展,如团队技能、自信心、对各种大学生活的满意度(如教学、大学目标、工作负担等)。美国的本科生参与的全国调查则关注学生参与大学活动各个方面的信息,如本科生如何使用时间、本科生从课程学习中收获了什么、课外活动的状况、课外活动的收获等。需要特别指出的是,在当前的各种评估工具中,存在着一种较为特殊的评估,即对毕业生一般性的职业能力(occupational competencies)的调查。这些评估也采用问卷的形式,但调查的对象却不是在读的本科生,而是已毕业的学生。比如,澳大利亚的毕业生就业目的地调查(the Graduate Destination Survey, GDS)、[11]加拿大的青年工作转换调查(the Youth in Transition Survey, YITS)、[12]英国的大学毕业生目的地调查(the Destinations of Leavers from Higher Education, DLHE)[13]等都关注毕业生近期的职业能力的发展状况、所选择的职业或继续深造的情况等。这些信息将被反馈给被调查的大学,并为其进行本科教育的改进提供决策参考。

(三) 如何评估——评估机制之考察

在对评估内容进行甄别的基础上,笔者将从组织、频率、参与者、结果使用等四个方面对各国的评估机制加以考察。

1. 参与评估的组织（organizations involved in assessment）

14 个评估工具是由政府团体、国家统计署、大学联合会、私人的测试公司以及非营利性机构等大学之外的组织加以开发的。这些外部的评估供给者实施整个测试过程，并向被评估高校提供测评报告。在美国，各种测试与评估大多由私立的评估机构来操作（如 ETS 和 ACT），各个大学直接从这些测试供给方手中订购评估材料，在大学校园中加以测试。巴西的全国性测试（ENADE）也是由私立的评估机构加以开发和组织的，但政府对其进行拨款，各个参与评估的大学不需要付任何费用。需要指出的是，绝大多数的全国性评估工具，都需要一些学术领域的代表参与测试的开发工作。从全球视角来看，尽管外部机构设计和组织的评估是当前的主流形式，但也存在着一些来自大学和学生的反对声音，例如，他们认为，评估与本校的专业、课程等不相关联，测试结果不能直接地用于改进各个具体大学的学习与教学质量。由此，越来越多的评估机构开始向大学提供顾客化定制服务，比如增加一些本土性的问题，或根据本地需求对测试项目进行选择性地改编，以增强评估测试的适应性等。

2. 评估的频率（frequency of assessment）

评估的频率可分为三种类型，即一次性测试（single testing）、横截面评估（cross-sectional assessment）与纵向评估（longitudinal assessment）。一次性测试是指在一段学习结束之后所进行的评估。墨西哥的 EGEL[14] 和美国的 MFT[15] 就是一种关注特定领域知识结果的一次性测试，其结果在一定程度上与大学专业领域中的教学质量相关。但是，因为缺少一种比较的基准，一次性评估的效度受到不少质疑。在此背景下，学生学习的"增值性评估"理念正成为当前发展的主流。[16]这具体表现为横截面评估和纵向评估两种形式。澳大利亚的 GSA[17] 和巴西的 ENADE 采用的就是横截面评估的方式，即对 1 年级新生和 4 年级毕业生同时进行测试。

对于横截面评估而言，入学新生被视为控制组，其当前状况被近似地等同于现有毕业生的当时入学状况。因此，新生和老生之间的差距就被标识为，"大学在学生的学习经验的发展上所起的作用和作出的贡献"。但是，很多大学学习评估的著名学者都指出了这种评估方式的重要缺陷，即当前的新生状况不能完全地等同于老生入学时的基准状况，其中的时间因素所导致的诸多变化和影响没有被考虑进来。对此缺陷,纵向评估就是一种较好的解决方式。纵向评估被用来测量同一组学生在时间发展序列上的学习结果变化。美国的CAAP、[18]MAPP[19]以及 CLA[20]就采用了纵向评估的形式。被测学生的群体往往在入学之时参加一次测试,经过了一段时间的学习之后,同一组学生再次接受测试。这种测试方式保证了对入学时的各种输入变量的良好控制。但是,纵向评估也存在着对影响学习结果的校外经验等环境变量无法进行控制的缺陷。最理想的解决办法就是,选择一组没有进入大学的高中毕业生,他们与进入大学的、且接受测试的学生群体在个人特征和学术背景上基本相同,并将该组学生作为控制组。尽管这是一个完美的本科生学习结果的评估设想,但困难之处就在于如何找到满足条件的控制组群体。在各国的评估工具中,加拿大YITS 评估就采用了该方案。YITS 每隔两年就对 18～20 岁的青年群体的发展情况进行抽样测量,不管这些青年是否进入大学。这些数据可以用来对进入大学和未进入大学的青年群体之发展状况进行比较,从而更准确地评估大学对于学生发展所起的真实作用。

3. 评估的参与者(participant of assessment)

评估参与者的选择和激励也是各国评估实践中的重要考量。第一,绝大多数的评估工具都指向对学业即将完成时的学习结果状况进行评估。因此,临近毕业的学生往往是各国评估测试的主要目标群体。比如美国的 MAPP、澳大利亚的 GSA、巴西的 ENADE 等,就是很好的范例。对于直接测试而言,很少以已毕业的学生作为评估对象,其共性的原因在于,组织大规模的校外测试和激励已毕业学生参与测试都比较困难。但问卷调查等非直接性测试却可能既面向在校学生,也面向已毕业的学生。例如,澳大利亚的 CEQ 就对已毕业 4 个月的学生进行调查,而澳大利亚的 GDS、加拿大的 NGS(National Graduates Survey)[21]和英国的 DLHE 则对毕业 1 年以上的学生进行调查,这些调查的目的是通过对毕业生的可雇佣性和深造情况来反推学生在校学习的质量和效果。第二,从评估规模来看,可分为普查性评估(general assessment)和抽样性评估(sampling assessment)。对于直接测试而言,普查性评估的难度比较大,因为它与每个被测个体之间有较大的利益相关性。像巴西的 ENC-Provao 普查性测试就采用了一种强制性的形式加以推进,但成本太大且收效不高。而普查性评估对于问卷调查则更加适合，加拿大的 NGS、英国的 DLHE 就是低花费、高收益的典型代表。抽样性评估则是从总目标群体中抽取出有代表性的样本进行测试或调查，其花费更小，因此被很多评估工具所采用。但如何保证样本的代表性，仍然在大学学习评估领域备受争议。第三，如何激励被评估者更认真、更投入地参与测试和调查？为此各国都做出了一些尝试。比如，巴西的 ENC-Provao 就把参加测试作为毕业的一个基本要求。而在英国，DLHE 纵向评估的参与者可获得 1 英镑的奖励。美国的一些高校则使用 CLA 的报告来对参加测试的学生给予奖励或礼物，从而调动和提高了学生参与测试的积极性和认真度。而在澳大利亚和墨西哥，相关的政府团体要求，测试的成绩可作为国家性的额外职业资格证明，参与的学生可将测试情况列入课程目录中，增强自身求职或深造的竞争力。同时，澳大利亚和墨西哥政府也积极鼓励雇主和研究生院把学生的测试表现和结果作为录用和录取学生的重要衡量指标。总之，上述这些措施都在激励参与者的积极性方面取得了较好的成效，值得仿效和借鉴。

4. 评估结果的使用（use of the findings of assessment）

各国的评估结果主要体现为两个方面的用途：一是形成性评估（formative assessment）；二是总结性评估（summative assessment）。形成性评估是指把评估的结果作为后续改进的行动指南。像美国的 CAAP、MAAP 等推行的很多评估实践，就是指向于对大学与专业的持续性改进。大学或者院系可根据这些系统性的评估结果，进行持续性的自我反思、自我学习与自我完善，不断提高和增强大学的办学质量与教学效果。总结性评估指向于为高等教育的管理部门与公众提供问责的数据，为其决策提供依据。在美国、澳大利亚、英国、加拿大等发达国家，专业认证（program accreditation）、资源分配（resource allocation）直接与一些权威的本科生学习结果评估相联系。根据笔者 2009 年对澳大利亚大学的实证性研究，"当前的澳大利亚政府每隔两到三年都会对全国所有大学进行 CEQ 调查，并根据评鉴结果对各个大学的教学质量进行排名，排名结果将作为对大学拨款的重要衡量指标"。[22] 此外，评估结果的公开也导致公众关注意识的增强，这表现，越来越多的未来大学生、家长和雇主利用学习评估结果来进行入学的选择和用人的决策。

（四）启示与建议

我国教育部在进行了第一轮本科教学评估之后，正酝酿着下一轮评估。在此背景下，我国高等教育界应加强对世界发达国家本科学习评估的经验之借鉴。首先，应加快建立专业性的评估组织，增强评估实践的实效性。具体来说，可先由政府组织建立一批专业性的评估机构、开发评估工具，并以小规模试点的方式进行尝试。然后鼓励并推进建立更多的评估机构，逐步形成多样化的、以市场化机制为导向的专业评估体系。其次，应加快开发专业性的评估工具，提高评估活动的科学性。笔者建议，可先尝试引进国外比较成熟的评估工具，如美国的 NSSE 评估等，并在使用该评估工具的基础上进行中外比较，逐步成熟之后，再尝试进行本土性的评估工具的开发。就目前而言，清华大学已经采用 NSSE 工具进行了中美研究型大学本科学习经验的评估与比较，迈出了可喜的一步。[23] UCUES（University of California Undergraduate Experience Survey）是当前美国乃至世界范围内的另一个著名学习经验评估工具，包括中国的 4 所顶尖大学、美国的 17 所顶尖大学、欧洲和南美的 6 所顶尖大学正准备借助 UCUES 工具进行全球同步调查，形成 SERU 国际联盟，这无疑将对中国高等教育的未来发展产生深远影响。再次，应加快建立完善本科生学习评估制度，以使评估活动正规化、常态化。这既包括国家及教育部层面的顶层评估制度的设定，也包括各个大学乃至各个院系建立体系化、有针对性的评估制度。总之，各种评估组织、措施、制度、方法的建立，其根本目的在于激发大学内部的潜力与活力，使大学共同体内部的所有成员真正地重视本科生的学习经历与学习质量，建立大学重视学习与教学的质量文化，最终奠定中国本科教育发展的坚实之基！

（感谢美国加州大学伯克利分校高等教育研究中心的约翰·道格拉斯教授为本文的撰写提供了诸多有价值的观点与建议！）

参考文献：

[1] AAC&U, Our Students' Best Work: A Framework for Accountability

Worthy of Our Mission. A Statement from the Board of Directors of AAC&U, Washington,DC,2004.

[2]OECDA ssessment of Learning Outcomes in Higher Education[J]. OECD Education Working Papers,OECD Publishing,2008:77—97.

[3][4][5][16]E. T. Pascarella, P. T. Terenzini, How College Affects Students:A Third Decade of Research[J]. San Francisco:Jossey-Bass Publisher,2005:37—45,78—110.

[6]R. J. Shavelson&L. Huang,Responding Responsibly to the Frenzy to Assess Learning In Higher Education[J]. Change,2003,35(1):24—35.

[7]P. Ewell, Applying Learning Outcomes Concepts to Higher Education:An Overview[DB/OL]. http://www. hku. hk/caut/seminar/download/OBA_1st_report. pdf. 2010—07—17.

[8]Middle States Commission on Higher Education,Framework for Outcomes Assessment[DB/OL]. http://www. mont-clair. edu/pages/InstResearch/AssessmentDocs/Middle％20States/Middle％20States％20Framework％20for％20Outcomes％20Assessment％20,1996. pdf. 2010—07—20.

[9]ENC-Provao(Exame Nacional de Cursos)and ENADE(Exame Nacional de Desempenho dos Estudantes)[DB/OL]. http://www. inep. gov. br/superior/enade/default. asp. 2010—08—16.

[10]AVCC&GCCA,Standard Recommended Methodology for the Graduate Destination Survey,Course Experience Questionnaire and Postgraduate Research Experience Questionnaire[DB/OL]. http://www. graduatecareers. com. au/content/view/full/1456. 2010—07—25.

[11]Graduate Careers Council of Australia,Graduate Destination Survey[DB/OL]. http://www. graduatecareers. com. au/content/view/full/867. 2010—07—25.

[12]StatCan(Statistics Canada),Youth in Transition Survey[DB/OL]. http://www. statcan. ca/English/sdds/4435. htm. 2010—08—1.

[13]Higher Education Statistics Agency,Destinations of Leavers from Higher

Education［DB/OL］. http：//www. hesa. ac. uk/man-uals/06018/dlhe0607. htm. 2010－08－17.

［14］GENEVAL，EGEL［DB/OL］. http：//www. ceneval. edu. mx/por-talceneval/index. php? q＝info. examines. 2010－08－07.

［15］ETS，Major Field Tests［DB/OL］. http：//www. ets. org/mft. 2010－10－10.

［17］Australian Council for Educational Research，Graduate Skills As-sessment［DB/OL］. http：//www. acer. edu. au/tests/university/gsa/intro/htm/. 2010－10－30.

［18］ACT，Collegiate Assessment of Academic Proficiency［DB/OL］. ht-tp：//www. act. org/caap. 2010－11－20.

［19］ETS，Measure of Academic Proficiency and Progress［DB/OL］. ht-tp：//www. ets. org/maap. 2010－11－20.

［20］Council for Aid to Education，Collegiate Learning Assessment［DB/OL］. http：//www. cae. org/content/pro_collegiate. htm. 2010－11－29.

［21］Statistics Canada，National Graduate Survey and Followup Survey of Graduate［DB/OL］. http：//stcwww. stat-can. ca/english/sdds/5012. htm. 2010－12－12.

［22］吕林海，陈申. 大学教学的内部支持性机构及其经验借鉴研究［J］. 比较教育研究，2010(8)：45－50.

［23］罗燕，史静寰，涂冬波. 清华大学本科教育学情况调查报告 2009——与美国顶尖研究型大学的比较［R］. 2009(10)：1－13.

（本文发表于《比较教育研究》2012 年第 1 期。作者吕林海，时属单位为南京大学教育研究院）

十七、高等学校专业评估制度的
国际比较研究
——以法国、英国、美国和日本为例

　　本文所说的专业评估是指政府、相关教育中介组织或其他高校外部组织依据一定的质量标准，利用合理的评估手段，对高校某个专业的办学条件、课程设置、科研状况等各方面进行系统考察，对该专业的质量进行价值判断，并提出相应建议的过程。专业评估对于改善高校各专业的质量，提高高校的管理水平意义重大。我国出台的《国家中长期教育改革和发展规划纲要》(2010 年~2020年)也明确提出，要通过推进专业评估来完善具有中国特色的现代大学制度。然而，专业评估制度的建立必然要考虑如何进行价值取向的定位，即是外部价值主导，强调迎合政府、雇主以及其他外部利益相关者的需要，还是内部价值主导，强调遵循教育自身发展的逻辑？这由此引发了由谁来评估、制定什么样的标准和采用什么程序等问题。法国、英国、美国和日本等发达国家在高等学校专业评估方面已经积累了一定的经验，对这些国家的专业评估制度进行比较研究，可为我们回答上述问题提供有益的借鉴。

(一) 高等学校专业评估的主体

　　不同的价值取向代表了不同利益相关者的价值观，因此一个国家由谁担任专业评估的主体在一定程度上可以反映该国专业评估制度的价值取向。法国、英国、美国和日本的专业评估制度在专业评估主体上可分为政府主导型、社会主导型和多元主体型三种。

1. 政府主导型

法国和英国由政府发起和主导对高校的专业评估,因此属于政府主导型。政府主导型国家在高等教育行政管理方面一定程度上都具有集权倾向,体现了政府对专业评估的外部价值控制。例如,法国自 18 世纪大革命时起就强调高等教育要为国家服务,因此对高等学校采取了中央集权的控制方式,并于 1853 年成立了帝国监督委员会进行专业评估。直到今天,虽然政府已赋予了大学较大的办学自主权,但在高校评估方面却依然发挥着主导作用,并通过高等教育教学与学位评估对高校进行专业评估。与法国的情况不同,英国政府主导型专业评估的形成是一个从分权到集权的过程。英国政府虽将大学看成是高等教育质量保证的主体,但在 20 世纪 80 年代政府加强了对高校的问责,并在 1993 年推出了"学科评审"(subject review)专业评估活动,使高校在专业建设和发展过程中不得不更多地考虑政府的要求。

政府主导型国家的专业评估机构都是由政府建立的,但这类机构在性质上又不是政府的行政部门,而是依据相关的法律与政府保持一定距离的半官方机构。以英国为例,英国现在的专业评估机构是 1997 年成立的高等教育质量保证署(QAA)。高等教育质量保证署是一个具有独立性的半官方机构,根据 1985 年至 1989 年的公司法制定的《社团备忘录》(Memorandum of Association) 运行。高等教育质量保证署的决策机构是董事会,董事会由 15 名成员组成,其中有 4 名由高校校长的代表机构任命,4 名由高等教育基金委员会任命,6 名是董事会的独立董事,具有丰富的工商、金融或专业领域的实践经验,另外还有 1 名学生代表。[1]可见,董事会人员由政府、市场和学术力量的代表三分天下。其中,政府部门联合市场领域的外部利益相关者群体占到了总人数的半壁江山,他们的价值观必然会影响专业评估的价值取向,使之更多地关注政府和市场的需求。

2. 社会主导型

社会主导型国家的典型代表是美国,其专业评估的主体不是政府,而是社会上的教育中介组织。美国专业评估的这种社会主导型模式根源于教育管理上的分权传统,即联邦政府无权管理教育,教育管理权归于各州政府。然而,各州政府在管理教育时,只是对教育机构发放许可证,各专业的教育质量究竟如何,则要通过社会上各种各样的专业认证机构来保证。

美国的专业认证机构通过董事会制度进行管理。以美国的工程技术认证理事会为例,该组织由30个专业和技术社团组成,由社团成员产生董事会、4个认证委员会和专业评价部门(program evaluators,简称PEVs)等。董事会的主要责任在于制定工程技术理事会的政策并批准认证标准等;各认证委员会负责制定各自领域的认证程序并作出认证决定;专业评价部门的评价员与其他人员共同组成了工程技术理事会的认证小组,负责对高校的相关专业进行访问和评估。[2]可见,美国的专业认证机构是学术力量的代表,它们能够更多地根据各自领域的专家意见来进行专业评估,体现出专业评估的内部价值取向。

3. 多元主体型

多元主体型的代表国家是日本,日本在对高校进行专业评估时既有政府建立的机构,又有社会上的教育中介机构。多元主体型是在日本高等教育行政管理方面从集权到分权的发展过程中产生的,反映了学术力量在专业评估活动中的增长。在过去,日本与法国一样有着中央集权的高等教育管理传统。然而进入21世纪以后,因高等教育管理体制僵化而导致的大学创新力不足的问题日益严重,为此,日本于2004年掀起了法人化改革,通过赋予大学独立的法人地位,提高其运行的自主性。[3]为了在放权的同时保证大学的教育质量,日本建立了大学评价·学位授予机构对大学、初级学院、技术学院和跨大学研究所进行各种评估。同时,允许社会上的教育中介组织,如日本技术者教育认证机构对高等教育机构中的工程教育专业进行独立评价。这种多元评估主体的模式使学术力量有机会通过教育中介组织表达自己的价值诉求,与政府等外部利益相关者的价值观形成一种共存和博弈的关系。

就专业评估的主体来说,政府主导型、社会主导型和多元主体型虽然在价值取向方面各有侧重,但在实践中还是表现出了一些共同特征。第一,权力分配的均权化,即原来较为强调政府控制的国家,如法国和日本开始适度放权,通过建立具有独立性的专业评估组织来提高学术力量的地位;而原来强调地方分权和大学自治的国家,如英国开始加强政府的控制,通过增加政府的专业评估责任来表达政府的价值诉求。第二,评估机构的中介化,即无论是哪种类型的国家,其专业评估机构都表现出了一定的中介性,即使是政府组织建立的专业评估机构也不是完全的政府行政部门,而是具有独立法人地位的半官方机构,如法国的高等教育与研究评估署、英国的高等教育质量保证署等。第三,机构组织的董事会化。与评估机构的中介化倾向相适应,这些机构在内部一般都以董事会制度来管理,即建立一个由多方代表组成的董事会,由董事会来决定有关专业评估的大政方针,设计标准和程序等,由下面的具体部门管理和执行具体事务,以促进评估工作的有效开展。

(二) 高等学校专业评估的标准

无论一个国家在专业评估主体方面属于哪一类型,就具体的评估机构来说主要可以分为政府主导的评估机构和教育中介性评估机构。英国高等教育质量保证署的学科评审标准和美国工程技术认证理事会的应用科学专业认证标准,反映了两类标准的基本情况。(参见表 1、表 2)

表 1 英国高等教育质量保证署的学科评审标准

课程的设计、内容和组织	1. 课程的设计、组织和内容;2. 预期学习结果;3. 前沿性和创新性
教学和评估	1. 教学和评估战略;2. 教学;3. 学习;4. 评估
学生升级情况和学业成就	1. 生源;2. 升级和完成率;3. 学生成就
学生支持和指导	1. 一般要求;2. 入学指导安排;3. 学术指导和导师支持活动;4. 牧师和福利支持;5. 职业生涯信息和指导
学习资源	1. 学习资源战略;2. 图书馆服务;3. 教学设备和信息技术;4. 教学和社交场所;5. 技术和管理服务
质量管理和改进	1. 质量管理;2. 质量改进

资料来源:QAA. Subject Review Handbook-England and N. Ireland(September2000-December2001)〔EB/OL〕. http://www. qaa. ac. uklreviews/subjectreview/handbooklsrhbook_part2. asp-♯41,2011-04-24.

表2 美国工程技术认证理事会的应用科学专业认证标准

一般专业认证标准	1. 学生;2. 专业教育目标;3. 专业学习结果(包括学士学位计划毕业生应具备的素质和专业学位计划毕业生应具备的素质);4. 持续改进;5. 课程;6. 师资;7. 设施;8. 支持;9. 专业标准
具体专业认证标准	1. 环境、健康、安全以及其他相关方向的具体专业标准;2. 健康物理学及其他相关方向的具体专业标准;3. 工业卫生学及其他相关方向的具体专业标准;4. 工业管理或质量管理及其他相关方向的具体专业标准;5. 安全及其他相关方向的具体专业标准;6. 测量学、测绘学及其他相关方向的专业认证标准

资料来源:Abet Criteria for Accrediting Applied Science Programs〔R/OL〕. http://www. abet. org/Linked％20 Documents-UPDATE/Criteria％20 and％20PP/R001％2010－11％20AS－AC％20Criteria％2011－09－09. pdf,2009－10－31/－2011－04－24.

通过考察英国高等教育质量保证署的学科评审标准和美国工程技术认证理事会的应用科学专业认证标准,我们可以发现,英国的高等教育质量保证署由于是政府主导的机构,它所进行的学科评审具有全国性、统一性,涉及到各类学科,因此其所设计的评估标准更加笼统。此外,学科评审更能反映政府对高等教育的要求,如其指标中包括学生的升级率和完成率的问题,就是想以此来监督高校各专业对资金的使用效率,减少因留级或退学而导致的资源浪费。美国工程技术认证理事会由于是社会上的教育中介组织,它所进行的科学专业认证只涉及应用科学这一个学科,因此其设计的评估标准更加具体,更能够反映这类学科的特殊性,较能够体现本专业教育的内在发展需要。

虽然两种标准在价值取向上有所不同,但它们也表现出了一些相似的特征。第一,强调教育的内在价值取向。虽然英国的学科评审更多地体现政府对高等教育的要求,但总的来说,上述两套标准都以内在价值取向为主,旨在按照教育自身的发展规律来控制各个专业的运行效果。这说明尽管高等教育要满足社会发展的需要,但其前提是要遵循教育自身发展的规律,这是保证其教育质量的生命线,也是任何评估主体在制定评估标准时都不能忽视的。第二,标准可划分为输入、过程和输出三个基本维度。上述两套标准都涉及输入标准,如生源、师资和教学设施等;过程标准,如课程设计、教学、评估和学生支持服务等；输出标准，如学生学业成就等。这三个维度的划分是与其对内在价值取向的强调分不开的，即体现了对教育过程不同阶段的质量要求，通过控制构成教育的基本要素来维护专业的学术水平。

（三）高等学校专业评估的运行机制

各国的专业评估由于价值取向的差异，其专业评估的运行过程反映外部利益相关者需要的程度也有所不同。如法国的高等教育与研究评估署、英国的高等教育质量保证署和日本的大学评价·学位授予机构，由于是政府主导的机构，它们更多地注重满足社会对高等教育的问责需求，因此这些机构开展的专业评估是强制性的，其最终的评估报告也要向社会公布。美国的各个专业认证机构和日本的技术者教育认证机构由于是社会上的教育中介组织，更多地注重满足高校各专业发展的需要，因此其所开展的评估是自愿的，最终也只要求高校公布某个专业是否通过认证，而不准或不强制要求高校公布评估报告。

虽然各个国家的专业评估在价值取向上有所侧重，但它们都不可避免地承认教育的内在价值，因此运行机制便表现出以下一些共同特点：

1. 以同行评审为主要形式

同行评审是专业评估的内在价值取向在具体评估活动中的表现形式，即让各个专业领域的专家组成评审小组，由其负责收集证据并对专业的发展情况进行价值判断。例如，法国高等教育与研究评估署（AERES）的高等教育教学与学位评估是一种专业评估，主要考察学士、硕士和博士层次的各个专业的教学或科研情况。这种评估采用同行评审的形式，每年都要招聘来自不同地域、文化背景和学科领域的专家，承担专业评估的主要工作。

英国的"学科评审"所采用的也是同行评审的形式，所评审的学科包括一门或多门课程或一个专业，涉及大专、本科和授课型硕士研究生等多个层次。评审小组至少由 3 名学科专家和 1 名评审主席组成，他们必须了解新评审的学科并熟悉高等教育的教学过程。如果所评审的学科较大或较复杂，学科专家的数量还可以依据专业的规模而增加。[4]

美国工程技术认证理事会也是一个同行评审机构，其所有的专业认证活动都是由来自下属委员会的专业人员进行的，而这些人员又必须是来自应用科学、计算机、工程学和技术领域的专家，[5]从而能够促进被评审专业教育质量的提高。

日本技术者教育认证机构将同行评审作为认证的原则，并致力于保持评审的权威性和中立性。为了实现这个目的，机构要求评价者年龄要超过 40 岁；具有在相关学术领域适当的专业知识；具有在相关领域良好的工程师教育能力；长期热心于学术的发展；愿意通过参加日本技术者教育认证机构组织的论坛接受进一步培训。[6]

2. 以自我评价为基础

高等教育区别于其他类型教育的特点就是要实现专业自治，尊重高校中各单位在质量保证活动中的主体地位，因此各国的专业评估都以相关单位的自我评价为基础，要求其先提供自评报告，再由评审小组在自评报告的基础上考察专业的教育质量。如法国的高等教育教学与学位评估以被评单位的自评为基础，主要考察其科研质量、与外部社会的合作情况、招生情况、培养情况、论文发表情况、论文资助情况以及未获得资助的论文数量等。

英国的"学科评审"要求高校的被评专业先准备自评报告，其中涉及的内容要与评估标准中涉及的内容保持一致并要分析该专业的优势和弱点。对于所发现的薄弱环节，该专业还要提出改进薄弱环节的步骤。自评报告为评审小组入校考察提供了行动依据，评审小组在考察时会了解自评报告的准确性，判断自评报告是否真实描述了专业的质量状况。就英国"学科评审"的自评报告来说，其基本结构涉及以下几个方面：列出自我评价中涉及的所有专业；各个专业的培养目标；生源情况；师资情况；专业的学习资源以及专业的开设单位等。

美国的新闻和大众传媒教育认证委员会(Accrediting Council on Education in Journalism and Mass Communications，简称 ACEJMC)是一个主要针对新闻和大众传媒教育的专业认证机构。该机构在对高等院校中的相关专业进行认证时要求高校首先进行自我评价，主要是系统地考察高校教育环境、使命、教育活动、成就以及对未来的规划，这是质量评估、质量改进的基础和评估小组进行专业评估的依据。[7]

日本技术者教育认证机构要求被评专业在参与专业评估时先要进行自我评价，准备自评报告，然后由评审小组确定自评报告中的内容是否真实准确并考察被评专业是否符合相关的认证标准。[8]

3. 以评审访问为中心环节

评审小组衡量高校的某个专业具体如何主要通过评审访问的方式进行。评审访问的目的是搜集、考察和检验有关教育质量的证据,并根据这些证据对该专业的整体教育质量做出判断。如法国的高等教育教学与学位评估要进行实地访问,其主要活动是访谈,访谈对象是被评单位的管理者、教师和学生,主要考察被评单位的详细信息,以及自评报告中所提供的数据和信息是否真实。

英国的学科评审在评审访问中一般会考察高校的相关课程文件、评审和报告,包括其他外部评估者所做出的评价报告;对学生的学业材料进行抽样调查(包括试卷、课程作业、项目、手工作品和学位论文等);对在访问期间发生的各种教学活动进行观察(包括对课堂、研讨会、讲习班、导师指导活动、实践活动和评价活动等);与学术人员和管理人员会谈;与在校生、毕业生或雇主会谈;检查学习资源;评审小组内部开会以分析所收集到的证据,分享相关信息并作出评审结论。

美国工程技术认证理事会的评审小组在评审访问时从事的活动也大同小异,包括考察一个专业的课程材料、学生项目,对学生的作业进行抽样考察,与学生、教师和管理人员进行会面,以判断该专业是否达到了专业质量标准,处理专业自评时所产生的问题。

日本技术者教育认证机构在专业评估时要组织工程领域的专家组成评价小组,对高校的相关单位进行实地访问。实地访问的主要活动是对专业的代表、联系人、教师、学生和毕业生进行访谈,侧重于考察光靠自评报告难以证实的事项,如是否能够保证对学生的教学时数,专业的教育方法和环境如何,专业的教育结果如何等。此外,实地访问考察的重点还包括被评专业提交的补充材料所反映的情况。

4. 以高校改进为评估目的

专业评估的目的不仅在于考察和评价专业的质量,还在于通过促使高校制定和实施一些行动计划促进教育质量的改进。如英国的高等教育质量保证署在对每个专业进行评审之后都要发布评估报告。如果评估报告中显示,被评单位在三个及以上方面只是达到及格水平,它就要制定一个行动计划,以显示如何克服这些在教育质量上的缺点。之后,高等教育质量保证署要派人再次访问被评单位,考察其执行行动计划的进展情况以及其教育质量是否获得了改进。

美国的专业认证机构在对高校的某个专业进行认证之后，还可能根据具体情况对其提出改进建议，并在几年后对被评单位进行再次访问，考察其是否改正了以往的不足之处，是否能够继续满足专业认证标准。根据被评单位的改进情况，认证小组会撰写再评估报告提交给专业认证机构，以决定是否准许被评单位再次通过专业认证。[9]

日本技术者教育认证机构在实地访问之后先要发布第一次考察报告。在第一次考察报告的基础上，高校中的被评单位可以针对报告中指出的缺点撰写一份改进报告。评价小组在改进报告的基础上要出台第二次考察报告，并最终做出对被评单位的认证决定。

（四）启示

尽管各国的专业评估在价值取向上有所不同，并在专业评估的主体、标准和运行方面表现出诸多差异，但由于人们只有遵循教育发展的规律才能促进各专业教育水平的提高，因此各国都重视教育的内在价值，并在以下三方面体现出了各国发展的共同特点，可为构建我国的专业评估制度提供有益启示。

第一，在专业评估主体方面，一个国家由谁进行专业评估以及隐藏在其背后的价值取向必然根植于其特定的历史文化传统之中。我国和法国相似，在高等教育管理方面长期实行集权体制，体制的惯性决定了政府难以在短时间内将评估权完全下放给社会，因此我们应该以政府主导的相关机构作为专业评估的主体，但同时也要借鉴各国在专业评估主体发展中表现出的共同特征，保证专业评估机构的独立性，完善机构的章程，通过建立由多方代表组成的董事会作为机构的决策者，避免政府的过多干涉影响评估的专业性。

第二，在专业评估标准方面，由于我国在评估中更倾向于政府主导，因此应该强调评估标准的普适性和原则性，为不同专业展现专业特色留出足够空间。此外，专业标准必须关注教育的内在发展过程，从输入、过程和输出三个维度出发建立评估标准，把握好人才培养和科学研究的每一个环节。

第三，在专业评估运行机制方面，我国的专业评估应该成为一种强制性的定期评估，并通过公布评估报告的方式加强社会对高等教育的问责。在具体运行过程中，我国的专业评估应以同行评审为主要形式，遵循高校自评——评审访问——提交评审报告三个基本步骤，保证内行对评估活动的控制，更好地维护和提高高校各个专业的质量。

参考文献：

［1］QAA. The QAA Board［EB/OL］. http：//www. qaa. ac. uk/aboutus/qaaBoard/board. asp,2011—04—23.

［2］ABET. Structure［EB/OL］. http：//www. abet. org/ structure. shtml,2010—04—23/2011—04—23.

［3］贾德永,王晓燕. 日本国立大学法人化改革后的大学治理结构［J］. 高等教育研究,2011(5):98.

［4］QAA. Learning from Subject Review 1993—2001［R/OL］. http：//www. qaa. ac. uk,2003.

［5］ABET. The People at the Heart of ABET Accreditation［R/OL］. http：//www. abet. org/Linked％ 20Documents-UP-DATE/Annual _ Reports/2009％20ABET％20Annual％20Report. pdf♯search＝"peer review",2009.

［6］JABEE. Guidelines for the Selection and Formation of Examination Team［R/OL］. http：//www. jabee. org/english/OpenHomePage/Selection_of _Examination_Team_2008. pdf,2008.

［7］ACEJMC. Mechanisms of Accreditation ［R/OL］. http：//www2. ku. edu/-acejmc/PROGRAM/MECHANISMS. SH－TML♯CONDUCT,2011—04—25.

［8］ABEE. Accreditation Process［EB/OL］. http：//www. jabee. org/English/OpenHomePage/e_process. htm,2011—10—19.

［9］卢晶. 高等教育专业认证制度的治理模式研究［M］. 北京:经济管理出版社,2011:73.

（本文发表于《比较教育研究》2012 年第 7 期。作者孙珂,时属单位为北京师范大学国际与比较教育研究院）

十八、韩国大学自我评估制度分析

韩国自 2007 年开始实施大学评估制度改革,特别注意到大学自我评估的重要性,在法律上规定了大学自我评估的地位,高校从 2009 年起,每两年一次实施自我评估。本文拟从韩国大学自我评估制度分析着手,以韩国的 J 国立大学和 D 私立大学为例,分析在学校层次上自我评估机制建设与运作的现状,希望能对中国大学自我评估制度建设有所启示。

(一) 韩国大学自我评估制度分析

1. 大学自我评估制度的形成背景

韩国的大学自我评估从 1988 年起,作为韩国大学教育协议会(以下简称"大教协")推行的《大学综合评估》过程中一个环节开始实施。当时,"大教协"要求大学由本校的教授和职员组成自我评估组织,根据"大教协"提供的指标和方法,在 3～5 个月期间实施自我评估,向"大教协"提交自我评估报告。各校提交的自我评估报告书只被用做大学综合评估的基本材料,没有向公众公开。也就是说,大学自我评估是大学评估实施过程中派生的一种副产物,并没有受到大学、外部评估机构及社会的关注。

2000 年,韩国高等教育毛入学率达到 52.5%,[1]进入高等教育普及化阶段。此后,由于人口出生率的减少,2004 年起大学招生数超过了高中毕业生数。[2]这意味着大学之间生源竞争加剧,各校需要对本校的生存与发展方向进行诊断与评估。政府为了实施提高大学竞争力和强化大学特色的财政支援项目以及大学与学科调整规划等政策,也需要建立大学自我评估的机制。但是,当时的"大教协"实行外部评估为主的大学评估体系无法满足需要。"大教协"的大学评估的主要目的是通过评估的鉴定功能争取社会对大学的信赖与支持，促进大学自主发展。但是其评估指标和标准单一，难以反映各校的特色，评估结果的公开性也非常有限，难以满足高等教育消费者的需求。因此，2007年，韩国政府开始推行以大学自我评估为基础的大学评估体系改革。

2. 大学自我评估制度

大学自我评估制度是在《关于大学自我评估的规则》（教育科学技术部令第21号，2008年12月，以下简称《规则》）的基础上建立而实施的，其主要内容如下：

（1）大学自我评估体系与程序。大学自我评估的施行主体是以大学校长为代表的大学本身。《规则》第三条规定："校长按照学校章程上有关规定……实施大学自我评估。自我评估的标准、程序与方法等有关项目应在本校的章程中做出规定"；"自我评估应该每两年进行一次，但是在接受高等教育法规定的外部评估认证之后，可代替一次自我评估。"另外，第四条规定："校长应设置专门的大学自我评估委员会与行政部门，规划、实施、调整和管理自我评估。"各大学根据《规则》的相关规定，按照本校自己决定的程序，实施自我评估。

（2）大学自我评估的对象与内容。自我评估的对象是学校整体，《规则》第二条界定自我评估是对教学、科研等院校进行全面检查、分析、评定的行为。除了学校整体以外，校长还可以要求学院、专业、行政部门、附属机构等实施自我评估。自我评估的内容由法规上指定的项目和各大学自己决定的部分构成，法规指定的内容包括学校章程、教学课程、招生方法及程序、招生率及在校学生数、升学及就业情况、专任教师、专任教师的科研成果以及预结算等学校会计、学费与学生经费的情况、学校发展规划、与产业界协作情况、图书馆与科研支援情况等。学校在上述内容的基础上，根据本校的需要，考虑学科、专业、行政部门等评估对象的特点，可自己开发适用的评估指标与标准。

（3）大学自我评估结果发布与应用。《规则》第五条规定："校长应该在学校网站上公布自我评估的结果。"各高校可以根据本校自我评估的目的和实施计划来决定评估结果公布范围和细节内容。自我评估结果的应用也由各校自己决定，各校根据评估结果调整学科结构、专业招生数，或只用做监测发展计划进展情况的参考材料等,情况均有所不同。

(4) 对大学自我评估的支持。政府指定"大教协"为自我评估咨询机构,研发和普及自我评估模型,建设指标与标准数据库,对各校的自我评估负责人员培训,展开对各校自我评估的咨询活动,传播和分享最佳实践成果。

(二) J 国立大学与 D 私立大学的自我评估案例分析

韩国的大学自我评估制度的最大特点是让高校根据本校的需要实施自我评估。由此,各校的评估目标、评估指标和标准、结果判定和应用等都不一样。本文选取 J 国立大学和 D 私立大学为例进行分析,两所大学都参加了 2008 年施行的"大学自我评估试点实施"项目,其评估的内容、方法、运行机制比较成熟。

1. J 国立大学的案例

J 国立大学位于某地方城市,是一所在校生人数约 2 万的大规模高校,其办学目标是培养地区所需要的人才。J 国立大学把自我评估与大学发展计划紧密结合起来,以监测成果促进发展计划目标的实现。在此基础上,对全校的行政部门、学院、学科、科研机构、附属单位等实行绩效管理,以提高学校经营的效率。

(1) 实施自我评估的组织及其职责。J 国立大学为了实施自我评估设立了评估管理委员会,由规划处长、教务处长等行政部门官员 4 名、教师 4 名和外部评估专家 1 名组成。该组织的职责是设定自我评估的基本方向、制定自我评估基本计划及审批评估结果等。J 国立大学还成立了评估管理实务委员会,由有关行政部门副处长 5 名与评估对象(行政部门、学科、研究所、附属机构)代表各 2 名组成。其职责是开发和调整评估指标、撰写评估报告书、解决评估实施过程中的具体问题等。此外,还在规划处下设了评估支援科,担任评估材料收集和分析、满意度调查、信息公开、自我评估平台网站管理等工作。

(2) 自我评估指标体系。为了实现自我评估与大学长期发展规划的有机结合,J 国立大学通过外部公司的咨询调查与对校内成员的问卷调查,形成了大学的共同愿景,从而确立了 12 个战略目标。在此基础上,参考外部评估的评估指标体系,考虑指标的可控性、适当性、可测性等,开发出了与学校整体的战略目标相应的评估指标(见表1)。

J国立大学的自我评估对象根据业务性质上的可比性可分为行政部门、学院、学科(专业)、科研单位、附属单位等5个群体(见表2)。各群体的评估指标是由反映群体特点的指标、从学校整体评估指标中选出的可适用的指标以及有关各群体的特殊指标构成的。比如,国际交流处属于行政部门,其评估指标是向海外派遣的学生人数与满意度、外国留学生人数与占学生总数的比例、国际学术交流协议数、行政程序改善成果、业务指南开发、人均教育培训时间等。

表1　J国立大学的战略目标与评估指标

战略目标(12个)	评估指标(25个)
提高顾客满意度	顾客满意度、对地区贡献度
提高对外竞争力	优秀新生入学率、大学排行榜名次
强化以消费者为主的教学	毕业生就业率、对毕业生进行去向咨询
提高国际化力量	外国学生比率、向国外派遣留学生数、双语授课课程数
培养特色专业	特色专业毕业生就业率、对特色专业的财政投入
增加科研成果	获得专利数、SCI级论文数、教师人均科研经费
强化产学协作	产学协作项目数、技术转移数
完善行政程序	行政程序改善成果、业务指南开发数
强化公关工作	公关工作绩效
改善教学条件	师生比、生均教育经费
强化组织力量	计件奖金差别程度、人均教育培训时间
提高财政自立度	总收入中自筹资金比率

资料来源:[韩]韩国大学教育协议会.大学自我评估试行结果报告书[R].2009,166.

表2　J国立大学自我评估种类、对象、指标数

评估种类	行政部门评估	学院评估	专业评估	科研单位评估	附属单位评估
评估对象数	14	15	105	65	13
平均评估指标数	10	11	24	11	10

资料来源:[韩]韩国大学教育协议会.大学自我评估试行结果报告书[R].2009,153.

评估指标的标准根据过去的成果、绝对目标、改善度、趋势值等为基准设定,再分为目标值、基准值、下限值。目标值是本指标的成果可达到的最佳状态;基准值是通过常规工作可达到的状态;下限值是学校管理层次可容忍的最小成果。本指标的成果目标值满分可得 10 分;位于目标值与基准值之间得 7～9 分;位于基准值与下限值之间得 4～6 分;下限值为 0～3 分。各指标的标准是在与评估对象单位商量后决定的。

(3) 自我评估的实施。J 国立大学的自我评估可分为三个阶段:第一阶段是该年度的评估指标的确定。在评估实施之初,自我评估管理实务委员会收集被评估单位的意见,调整各评估的指标,通过自我评估管理委员会的批准,向被评估单位通报确定的评估指标;第二阶段是评估材料的收集。被评估单位的负责人在"自我评估管理平台网站"上输入材料,输入的材料按照事前设定的公式自动处理,所有输入的材料都在"大学信息公开数据库"中进行管理;第三阶段是评估结果的判定与评估报告书的编写。评估支援科汇总并判定评估管理平台上各指标的评估结果,编写各评估种类的自我评估报告书。报告书包括被评估单位的综合成绩与改善点、各评估指标的成绩和与国内其他大学的比较表等。自我评估管理委员会审批评估结果,向被评估单位通报。

(4) 自我评估结果的判定、公开与应用。评估结果判定方式是累计各指标的得分,然后给出评估排名的先后顺序。把排位靠前单位的名单对学校内部公开,被评估单位的评估报告书只送给本单位。评估结果基本上适用于监测大学发展计划进行情况与调整各年度的实施计划。此外,行政部门、学院、专业的评估结果还会用于颁发奖励,科研单位、附属单位评估结果直接影响到本单位继续存在或解散以及预算分配。

2. D 私立大学的案例

D 私立大学位于首尔,是一所在校生约 15 000 名的大规模大学。D 私立大学把自我评估视为引入平衡计分卡(BSC:Balanced Scored Card)和目标管理(MBO:Management By Objectives)等企业的经营管理手段,通过自我评估提高学校经营效率,以达到本校的长期发展愿景。D 私立大学把自我评估分为成果评估、学科(专业)评估和科研单位评估。

(1) 实施自我评估的组织与职责。D 私立大学为了实施自我评估,指定已有的行政部门或者委员会负责自我评估。首先,由校长负责的"决策调整会议"负责组建评估规划委员会,负责自我评估的基本方向与战略的制定。其次,设置各类评估的研究委员会与自我评估实务委员会负责评估指标体系和评估模型的开发,经营评估工作组负责成果评估的研究与实施,教务工作组负责学科评估的研究与实施,R&D 项目工作组负责科研单位评估的研究与实施。

(2) 自我评估指标体系。D 私立大学的自我评估体系与本校的长期发展计划、当年经营目标和预算紧密挂钩。担当自我评估的组织根据本校长期发展计划开发各项评估指标,考虑当年的经营目标和预算分配情况等,设定指标的标准,然后收集各被评估单位的意见,调整指标与标准,最后由自我评估规划委员会审批确定。

成果评估是针对学院、行政机构与个人(教师和职员)进行的,学院评估与行政机构评估的指标如表 3 所示。对个人的成果评估使用本人隶属单位的评估指标中的部分指标和专门针对个人设计的指标。比如,教师成果评估的指标由课堂评价、发表论文数、外部科研费、教学方法及有关培训项目参与次数、学术研讨会参加次数、教务参与次数等构成。学科评估针对 48 个专业进行,指标是入学竞争率、新生的高考成绩、在校巩固率、就业率和升学率、教师人均研究生数等。科研单位评估针对 23 所大学附属科研机构进行,指标是论文数、外部科研费接受金额、对学校财政贡献度、学术大会举办实绩等。

评估指标的标准根据当年的经营目标、过去平均参与次数、目标大学的参与次数等为基准设定目标值、基准值(现在水平)。根据达到目标值和基准值的程度赋予 S-D 等级。

表3　D私立大学成果评估指标

评估对象	评估领域		评估指标
学院（12）	绩效	教育	课堂评价、就业率
		科研	论文发表数（国外、国内）、外部科研费接受金额
		国际化	双语授课课程数、外国教师数、外国学生数（限于学位课程）
		财政	预算执行适当度、捐款金额
	顾客		在校生满意度、大学消费者满意度（由"韩国生产性本部"进行调查的结果）
	行政力量强化		附属科研单位评估结果、外部资源使用成效
	自选指标		（因学院而异，两个以上）
行政机构（60）	顾客		用户满意度、投诉回信满意度
	绩效		（因行政机构而异，4个以上）
	内部行政程序		业务改善成果、当年度主要业务履行程度
	行政力量强化		

资料来源：［韩］D大学.《2010年自我评估报告书》［R］.2010，21—40.

（3）自我评估的实施。D私立大学的自我评估可分为三个阶段：第一阶段，在评估施行之初，自我评估规划委员会确定评估指标与标准，自我评估实务委员会向被评估单位与个人通报。第二阶段是评估实施。D私立大学的自我评估基本上在"自我评估统筹系统"上进行。自我评估统筹系统由成果管理系统、顾客管理系统、任务管理系统、知识管理系统、经营信息统计系统等5个子系统构成。① 成果管理系统是自我评估实施的平台，根据被评估单位和个人输入的材料以及其他系统提供的信息，按照事前设定的公式得出各评估指标的结果。② 顾客管理系统是为收集和应对学生的意见、实行满意度调查而建立的，给自我评估提供评估领域中有关"顾客"的信息。③ 任务管理系统的目标是监测学校长期发展计划与当年学校经营计划赋予任务的实施情况及其成果，提供评估领域中有关"绩效"的信息。④ 知识管理系统是为了分享改善教务的建议、管理教职员培训而建立的，提供评估领域中有关"内部行政程序"和"行政力量强化"的信息。⑤ 经营信息统计系统是为了从各子系统抽取出学校经营有关的定量性信息、进行专门管理、应对校内外的需要设立的。第三阶段是评估结果汇总与报告书编写。各评估实务委员会综合统筹系统上的评估结果,编写综合评估报告书与各类评估报告书。综合评估报告书包括全校的各任务完成程度和发展趋势、各类评估结果概要等,各类评估报告书包括各类被评估单位的评估结果、问题与改善点。

(4)自我评估结果的判定、公开与应用。评估结果的判定方式是累计各指标的得分并给出等级或位次的方式。在成果评估中,学院评估和学科评估采用排名的方式,其他评估给予等级。评估结果的公开范围由自我评估规划委员会来决定。一般来说,在学校网站上把自我评估综合报告书公开。评估结果的应用因评估种类而异。成果评估和科研单位评估直接适用于各单位的预算、人员、设备等资源分配以及用于个人的聘用和奖金等的决策。学科评估结果是学科调整的基础,排名处于最后的 7 个学科的招生名额将减少 10~15%,增加新设学科或者特色学科的招生名额。

3. 两所高校自我评估的共同特点

虽然 J 国立大学与 D 私立大学的自我评估在评估指标、标准、公开方式和应用等方面有所不同,但是在以下几个方面也存在共同点:首先,两所大学都把自我评估与大学长期发展计划紧密结合起来,用于学校经营和绩效管理。自我评估制度本身是由政府自上而下推动的,极易引起学校的抵触。但是两所高校根据校情和本校需要实施了自我评估,灵活地运用评估结果。这样,对评估的反感缓解了,绩效主义也逐渐渗入到学校文化中;其次,两所高校都建设了自我评估信息系统。自我评估信息化不但减少教授和行政职员的单纯输入材料等与评估有关的琐碎繁杂工作,而且也有助于实现评估工作的常规化;再次,重视收集和反映校内成员对本校自我评估的意见。对自我评估的反应因内部成员的特性而异。比如,有的教授强烈反感政府主导形式的自我评估制度和行政部门主导的绩效管理为主的评估模式,有的学院对不适用于本院情况的指标也有所不满。两所高校不但通过事前培训、问卷调查、研讨会等方法向内部成员说明自我评估的必要性,而且赋予被评估单位设计指标的权利。此外,每年评估实施前,还要通过吸纳内部成员的意见调整指标体系;最后,通过自我评估的设计和实施,两所大学都意识到评估尚未充分反映大学教育消费者的意见,于是都实施了学生、企业、区域社会等消费者的满意度调查。由此，大学可把握消费者对本校的需求，一定程度上提高了大学内部成员的"顾客满足"意识水平。但是，在外部人士参与评估有关委员会、开辟消费者的意见反映通道、扩大评估结果公开范围等方面还有待改善。

（三）韩国大学自我评估的成果与问题

按照《规则》的附则"所有的普通高校应该在 2009 年 12 月末前进行第一次自我评估，专业大学在 2010 年 12 月末前进行第一次自我评估"的规定，韩国的高校已有进行一次以上自我评估的经验。我们可以将这一期间内大学自我评估实施的成果概括如下：首先，大学的评估力量得到加强，评估文化在大学扎了根。大学通过设置评估专任组织、自己研发评估指标与方法、定期进行自我评估等措施，积累了评估技术与经验，培养了校内评估专家。此外，让大学根据本校现状与需要自己设计评估模型，使大学对自我评估的认识从将评估视为"程式化行为"转为改进大学的"有效工具"。其次，促使大学改善运营。多数大学把自我评估与大学发展计划紧密结合起来，用自我评估促进发展计划的实施，把自我评估作为成果管理的手段。通过自我评估灌输了成果管理、消费者满足等观念，带来了大学运行框架上的变化。[3]再次，从大学教育消费者，即学生、企业等的角度来看，大学自我评估及时提供了大学有关的具体、详尽的信息。另外，随着大学在实施自我评估中越来越重视消费者，进行满意度调查，征求消费者的意见，大学自我评估起到了大学与消费者之间沟通通道的作用。

各大学在进行自我评估中也出现了一些问题。首先，新制度的实行导致了大学评估的困难。虽然大学自我评估的设计与实施权赋予了大学，但是制度本身仍是自上而下的。而且《规则》制定日期是 2008 年 12 月，让大学在一年之内就实施自我评估，大学要完成从章程修订、评估专任组织设置到评估模式研发等自我评估准备，准备的时间不过几个月。这种强人所难的实施方案加重了大学评估施行的困难；其次，大学对自我评估与评估实施力量的认识还不充分。对有的大学来说，自我评估不是自己诊断与改善的机会，而只是政府的任务之一。有的大学虽然想设计与校情相适应的自我评估体系，但是力量不够。特别是不少地方高校对研发评估指标与建立相关信息系统感到非常困难，实际上，建设自我评估信息系统的高校不过十几所。[4]再次,大学内部成员的不满仍然存在。主要不满是针对评估本身,对强制性的形式评估不满,对引入"绩效"顾客满足等市场有关概念也有不满,还有对业务量增加不满等。无论不满的对象是什么,学校内部成员的不满是对自我评估制度顺利进行的障碍。

(四) 对中国大学自我评估制度的启示

第一,确定大学自我评估的内涵,给予大学更多的自主权。大学自我评估根据目的可分为三种:[5]一是"认证型"自我评估,即将自我评估作为外部评估认证过程中的一个环节;二是"自律型"自我评估,即无外部强制,根据本校情况和需要自己实行的评估;三是"政策型"自我评估,作为国家层次上的高等教育质量保证体系中的一个制度,是根据法规与政策文件的规定实施的自我评估。韩国的自我评估基本上采取政策型自我评估的形式,同时,赋予大学自主建立评估机制的权利,由大学自主地实行自我评估。自我评估的基础在于大学自觉认识到评估的重要性,主动地建立评估机制,积极实行评估,应用评估结果。因此,在建立大学自我评估制度的过程中,要尽量强化大学的自主权,提高高校对自我评估的认识。

第二,对各校建设自我评估提供知识和技术上的支持。从韩国的经验可见,在制度实行初期不少大学在评估指标研发、开发信息数据库和建立评估平台系统等方面,面临专业和技术上的问题。大学自我评估是大学的自主活动,而研发和普及自我评估模型、建立指标与标准数据库、各校自我评估负责人员的培训等外部的支持等,在一定程度上是对大学设计和实行评估非常有效的帮助,特别是需要考虑大学之间评估力量上的差距,给予相应的咨询。

第三,在大学层面上。应该把自我评估与学校发展计划紧密联系起来。自我评估的主要功能和价值是诊断与改进。从 J 国立大学和 D 私立大学的案例可以看出,自我评估可监测本校的发展状态,评估结果也给发展计划的制订和调整提供信息依据。两者的有机配合能够提高学校发展与问责水平。

第四,大学要尽量吸纳校内外的意见。没有对评估的共同认识,校内成员可能反对或者消极应对评估。通过问卷调查、研讨会、培训等多种方法,使校内各方形成一致的意见,就可顺利实行评估,实现自我评估的价值。还有,自我评估的功能之一是给消费者提供信息,自我评估制度反映消费者的意见,就可满足消费者的需求,获得他们的支持。

参考文献:

[1] e-国家指标网站[EB/OL]. http://www. index. go. kr/egams/stts/jsp/potal/stts/PO_STTS_IdxMain. jsp? Idx_cd=1520&bbs=IN-DX_001&clas_div=C&rootKey=6.4 8.0/2012-11-20.

[2] [韩]教育人的资源部. 为特色化的大学革新方案[Z]. 2005:13.

[3] [韩]成泰齐. 大学自我评估模式开发研究[M]. 首尔:韩国大学教育协议会,2009:163-165.

[4] [韩]蔡在恩. 大学自我评估的成果与改善点[C]. 韩国大学教育协议会. 大学自我评估活跃化方案[A]. 首尔:韩国大学教育协议会,2011:53.

[5] [韩]李永浩. 关于大学自我评估制度改善研究[M]. 首尔:韩国大学教育协议会,2009:18-19.

(本文发表于《比较教育研究》2013 年第 5 期。作者朴大林,时属单位为北京师范大学高等教育研究所)

十九、如何评价大学教育质量
——美国大学校际学生学习成果评估项目解析

　　20 世纪 80 年代,为了回应社会各界对教育质量下滑的广泛问责,美国开展了声势浩大的"评估运动",政府、学校、社会团体纷纷投身于各种评估项目,促使"学生学习成果评估"(Student Learning Outcomes Assessment)在美国高等教育界得以深度地重新讨论和实践推行。进入 21 世纪,如何科学评价大学教育质量再度成为全美高等教育界讨论的焦点问题,诸多专业教育测评机构在鼎沸的研讨声中革故鼎新、竞相发展,从而进入了教育评估群雄奋起的时代。其中,教育援助委员会(Council for Aid to Education,CAE)推行的"大学校际学习成果评估"(Collegiate Learning Assessment,CLA)项目独树一帜,为如何评价大学教育质量提供了新的视野。目前,该项目已被 600 多所高等教育机构采用,国际版的 CLA 也已在经合组织成员国中施行。CLA 项目的理念、方法与经验对于我国高等教育关注学生学习成果、科学评价大学教育质量、提升人才培养质量无疑具有积极的借鉴意义。

(一) 大学校际学生学习成果评估项目的发展历程

　　在美国历时长久、声势浩大的评估运动浪潮中,本杰明(Roger Benjamin)、克莱因(Steve Klein)和沙沃森(Richard J. Shavelson)三人开始构思一种全新的评估方式并在皮尤公司资助下着手研发 CLA 项目。1996 年,本杰明任职教育援助委员会主席后极力推动 CLA 的发展,促使教育援助委员会于 2000 年正式采用 CLA 项目。教育援助委员会希望借此项目评价高校在人才培养方面的表现,从而改善高校教师教学与学生学习的质量。经过两年的修订,教育援助委员会于 2002~2003 学年在 14 所高等教育机构进行了关于 CLA 测量和分析方法的可行性研究并获得成功;2004 年,教育援助委员会正式发行 CLA 项目,随后将纸质版本升级为在线版本;2008 年春,测试评阅改用计算机打分,最终的测试成绩通过计算效应量等统计方法,可以在不同时间、不同研究以及不同学校之间进行比较。

2009 年秋,教育援助委员会启动了 CLA 教育服务,为高校教师提供相关培训,并对他们创建测试任务的能力进行认证,从而促进教师在教学过程中更好地培养学生的能力。自此,CLA 项目日臻完善,包括学习测量(CLA Testing)、数据分析(CLA Analysis)、评估培训(CLA Education)、推进研究(CLA Research)四个内在紧密相连的部分。其中学习测量是该项目的核心,也是项目整体运行和持续发展的基础。

近年来,CLA 不断推行国际化发展战略。2010 年春,教育援助委员会与经合组织的"高等教育学习成果评估"(Assessment of Higher Education Learning Outcomes,AHELO)项目进行合作,为经合组织的 31 个成员国创制 CLA 的国际版本。此外,CLA 评估项目组已经在澳大利亚、加拿大、中国香港、日本等 18 个国家或地区进行了预测试,正有计划地在世界各国推行此项评估。

不断完善、追求卓越一直是 CLA 项目的团队精神和价值诉求。2013 年初,为了兑现定期对评估项目进行改进的承诺,教育援助委员会推出 CLA 的升级版本 CLA+(本文中统称为 CLA),在评估内容、评估工具、结果使用、评估管理等方面进一步完善。扩大评估内容的范围、推行跨文化评估是该项目的下一个发展目标,项目研究团队希望通过不懈的努力,未来将领导力、团队协作能力、道德决策能力等纳入评估范围,以适应新时代对人力资源的需求。[1]

(二) 大学校际学生学习成果评估项目的运行机制

1. 评估内容

CLA 的测量内容整体聚焦于大学生的批判性思维能力和写作交流能力,具体包括科学和定量推理能力(scientific and quantitative reasoning)、分析与解决问题能力(analysis and problem solving)、写作成效(writing effective-ness)、写作技巧(writing mechanics)、批判阅读和评价(critical reading and evaluation)和驳论能力(recognization of logical fallacies in arguments)。

认知结构理论的发展是 CLA 测量内容的重要思想源泉,新近学习理论对知识的重新定义直接影响着 CLA 测量内容的设定。CLA 团队通过研究认为,学习是高度情景化的,具有场合约定性,然而,个体从某一学科中习得的知识在其他学科领域对于提高解决问题能力、决策能力的表现则一般。在认知结构中,可以迁移的高阶能力应和相关的专业技能有联系。因此,CLA 并不测量一般推理能力,也不测量某一学科领域的专业技能,而是聚焦于大学生的高阶能力——批判性思维能力,这一能力需要通过一系列的专业学习习得并能加以运用。鉴于批判性思维的界定非常宽泛,CLA 将分析推理能力和问题解决能力作为其操作性定义。[2]

除了批判性思维能力这一核心评估内容以外,CLA 评估内容的另一个重要组成部分便是学生的写作交流技能,主要包括语言组织能力、语言说服力和准确使用语法能力。[3]因为 CLA 项目组认识到,在许多专业领域,有效地交流思想、清晰地表述问题解决的过程是一项非常重要的技能,培养学生具有一流的读写能力是许多大学教学目标的重要内容。

2. 评估方法和评估工具

CLA 的评估方法与传统的学习评估不同,它结合理性主义和社会历史哲学,认同认知建构主义并立足于具体情景,使用源于"现实世界"的学业表现任务对学生的批判性思维能力和写作交流能力进行测量,利用合适的数理统计模式估算教师或学校对学生能力增值的具体影响程度,对学校层面的学生能力增值进行多维度的比较,以反映某一高校与同类高校相比在教育质量提升方面所取得的成效。

CLA 项目提供横向采样测试(Cross-Sectional Sampling)和纵向采样测试(Longitudinal Sampling)。横向采样测试是指同时抽取入学新生和毕业年级学生作为两组不同的样本进行测试和比较;纵向采样测试指在入学新生中随机抽取一部分学生作为固定的样本,在刚入学、2 年级、3 年级、毕业的时候分别进行一次测试,将数次跟踪测试的结果进行纵向比较。总体而言,由于前者在操作和管理方面相对简单、速度更快、成本更低,因此多数高校会选择横向采样测试方式。被试抽样采用随机抽样或者按照不同专业分层抽样,每个样本组一般为 100 人左右。

CLA 的评估工具为自编试卷,测试题目包括两种题型:一个学业表现任务(Performance Task)和 25 道选择题。基于"整体优于部分之和,解决复杂的任务需要整合各种能力"这一基本假设,CLA 采用效标抽样(Criterion sampling)的方法设定学业表现任务,这种抽样源于一个简单的原理:"如果你想知道一个人知晓什么、能做什么,那么你就从这个人的行为中进行取样,观察他/她的表现从而推断他/她的能力和学识。"[4] 因而,CLA 试卷给出的学业表现任务通常为学生展示一个真实的生活场景,并提供一个文件库,包括新闻、信件、备忘录、研究报告、地图、照片、图表等相关资料。学生必须在 60 分钟内提交一份研究报告,解决生活场景中的实际问题。选择题部分共有 2～3 个材料,如博客、政治演说或者社论等,每一个材料配有 5～10 道选择题。在 25 道选择题中,10 道题评估学生科学和定量推理能力,10 道题反映学生批判阅读和信息评估能力,其余 5 道题评估学生的驳论能力。学生必须在 30 分钟的时间里分析信息,每题选择 1 个最佳答案。CLA 试卷的试题抽样采用矩阵取样(matrix-sampling)的设计,即按照一个学业表现任务加上 25 道选择题为一套试卷的标准,将题库中的试题组合成若干套试卷,而在同一次测试中,学生做的试题并不相同。这既防止了考试作弊,也因学生之间无法直接比较,从而减轻了学生参加测试的压力。

2008 年春学期以后,CLA 评分全部由计算机完成。学业表现任务的评分包括单项评分和整体评分两个部分。单项部分分为"对文件库材料的评估、有用材料的分析和整合、得出结论以及评价对方观点"四个方面,每一个方面又包括 5 个左右的细分条目。[5] 如果学生在正确使用信息的基础上达到了一个小条目的要求,则加 1 分。对于学生的整体表现,计算机打分系统根据好、中、差三类参考范文给出的具体观测点对学生选用信息状况、批判思考整体能力和写作能力给出一个总分。整体分数和单项分数相加之后,通过计算加权平方和得出学业表现任务部分的测试总分。选择题部分得分计算加权平方和之后与学业表现任务分数相加就是最后的总分。

测量的信度和效度一直是 CLA 项目组研究工作所关心的重点内容之一，也是外界对 CLA 质疑的焦点所在。CLA 通过大量且富有成效的研究，不断提高测试项目的信度和效度。比如，根据克莱因等 2007 年的研究结果，如果将高校整体的评估表现作为分析单元的话，其信度接近 0.90；[6]斯蒂德尔（J. T. Steedle）2011 年的研究证明高校 CLA 增值成绩得分的信度接近 0.75。[7]教育援助委员会研究人员和一些独立第三方的研究结果表明，CLA 项目在表面效度、同时效度和预测效度等方面均有良好的表现。

3. 评估组织与评估实施

参与 CLA 项目的高校是评估活动的具体实施者。意欲参与此评估的高校首先需要在教育援助委员会网站上进行注册，填写机构概况、测试对象的年级和数量等基本信息。注册成功之后，CLA 项目工作人员会主动联系注册高校，就测试的具体问题进行更加细致的交流和准备，双方合作事项达成一致意见后，教育援助委员会便将测试所需的操作指导手册等相关资料发送给各高校，高校在 CLA 项目代表的督导下，根据要求选择样本，自行实施测试。

整个测试通过计算机在线完成。学生通过网络登录进入测试系统，填写个人基本信息（必需填上自己的 SAT/ACT 分数或者已经完成的学术水平考试成绩——用于比较）。学生正式答题时，计算机的界面为两个分屏，左边是任务介绍和答题区域，右边则是文件库。学生在 90 分钟内在对所有信息进行选择、处理后给出问题解决方案并进行分析和论述。测试完成之后，高校将原始结果发给 CLA 项目组，其研究人员进行数据统计分析和解释之后将结果反馈给对应的高校和学生。

4. 评估结果及其功用

CLA 的测试数据经过计算机处理后形成最终的测试成绩，项目组专业人员通过不同维度的比较对测试成绩进行解释和分析并形成最终的评估结果报告。高校层面的结果报告包括：所有参评高校的平均表现、每一所高校的整体成绩、各个年级的总体表现、6 个单项能力的表现、高校增值分数及其与同类学校比较的结果、评估结果使用建议。学生层面的结果报告包括：CLA 总分、学业表现任务得分和选择题得分、各个单项能力上的得分、对比较结果的解释和分析。

对于高校来说,首先,可以根据评估结果判断自身对学生能力提升是否有所贡献,增值成绩在同类学校中的位置,借以评价其在人才培养方面的努力程度;其次,高校可以进一步分析测试结果,深入探究其成因,并有针对性地调整课程结构和教学方法以改善教与学的质量;再次,测试结果为教师和管理人员在进行分班教学、奖学金发放审核、评奖评优、招生等方面的管理决策提供参考数据;其四,参评高校之间的经验交流可以帮助各高校相互学习、取长补短。此外,一些高校使用 CLA 的测评成绩作为回应社会问责的有力证据。对于参与评估的学生来说,测试结束之后的分数报告可以帮助他们更好地了解自身的批判性思维能力和写作技能在班级、年级、学校以及整个参加 CLA 测试的高校中的相对位置,为自己的努力方向提供参照。对于毕业生而言,在求职的时候可以将 CLA 的成绩报告提交给招聘单位,作为能力水平的证明。

需要指出的是,虽然政府与 CLA 项目没有直接的关系,但作为高等教育的利益相关者,政府希望更多的高校参与此项评估,并以此结果作为考核高校教学有效性的依据,为问责高等教育、制定经费预算提供参考。政府这一意向能否达成及有关评估结果使用的范围和方式,则需要三方进行充分协商。

(三) 大学校际学生学习成果评估项目的特点与启示

1. 注重学生能力增值的比较性评估

CLA 项目强调学生学习成果的"增值",采用增值评估法(value-added assessment)评价教学质量提升的成效。对学生个体而言,测量结果的增值情况反映自身在批判性思维能力和写作交流能力方面的提高程度;而对某一高校而言,其所有参评学生的总分对比则可以从总体上反映该校学生在学习后获得了哪些教育附加值,而这些增值又可以看作高校对学生能力发展产生的"净效应"(net effect),并借此判断高校教学质量提升的程度。

除了学生、高校自身纵向度的比较外,测试结果还可以进行多维度的横向比较,比如一所高校的教师和管理人员可以根据其 CLA 增值分数和同类高校(新生测试成绩相似)相比的结果判断他们的教学质量处在什么位置。在生源质量相似的高校之间,连续变化的 CLA 增值分数则可以反映各高校在教育成效上的巨大差异,成绩不佳的高校则需要警醒和反思,改进它们在人才培养方面所做的努力。[10]

值得称道的是，CLA并不进行外在的比较和排名，亦不公开发行报告，基于多维度比较的评估结果和评估报告只反馈给相对应的高校和学生，只用于高校对自身教学质量的诊断、分析与改进。因此，参评的高校和学生无需担心评估结果不理想而造成的负面影响，可以"心平气和"地运用这些客观的评估数据和各种对比结果推动教学质量的不断提升。这种评估结果使用方式一方面保证了评估过程的公平公正、评估数据的客观准确，另一方面保护高校免受外界的"指手画脚"，促使教育质量提升成为高校"内部的自觉"。

在尊重各高校办学条件客观差异、鼓励高校特色办学、倡导分层分类评估的今天，增值评估无疑是值得借鉴的评估策略。凸显证据文化的增值评估可以更加真实地判断每所高校为促进学生发展做出了多少贡献，反映高校办学的有效性，从而促使高校自我反思并改善教与学的质量。与我国第一轮"本科教学工作水平评估"相比，"同类学校内部比较"则可以降低参评高校对评估结果优秀的"极度渴望"和对评估结果不佳的"过度恐惧"，用理性的方式参与评估过程，用正常的心态面对评估结果，真正达成"以评促建、以评促改、评建结合、重在建设"的目的。

2. 关注学生批判性思维能力的学业表现评估

教育领域向来有重视能力培养与迁移的"形式训练说"与重视知识、经验直接传授的"实质训练说"之争。CLA项目明确站在"形式训练说"一方，认为"今天的大学生不能再像以前一样，仅仅依赖于他们所精通的学科知识，而是需要分析和评价信息、解决问题和有效交流的能力"，[8]高校只有培养这样的人才才能符合知识经济的人才标准，而分析推理能力、问题解决能力和写作交流能力正是批判性思维能力的核心。因此，CLA的评估内容着重指向于大学生的批判性思维能力。

与美国教育考试中心（ETS）、美国大学测验中心（ACT）等其他测评机构广泛采用的选择题测量相比，CLA所采用的学业表现任务评估具有问题真实性、内容情景性、解答开放性等特点。这种直接的、情境性的评估可以更好地调动学生的参评积极性，可以直接测量学生在获取、建构、使用信息过程中所表现出来的真实能力。对参评学生而言，这也是一次较好的能力锻炼机会。虽然提高测量信度一直是学业表现评估面临的最大挑战,但是学业表现评估一直是 CLA 项目的重要特征之一,也是该项目引以为豪的亮点之一,因为 CLA 始终认为,"在知识经济的今天,不管是高等教育还是基础教育,如果不采用开放的、以学业表现为基础的评估,教育发展改革的诺言将无法兑现"。[9]

在我国高等教育教学改革实践中,人们对培养学生批判思维能力的重要性已达成共识并付诸于教育实践,但这方面的评估则明显滞后。这需要我们在教学评估的实践环节中,纳入批判性思维能力评估的相应方法,改进原有的评估工具,鼓励老师开发源于生活情景的真实问题,加大学业表现评估的分值,以测量学生在核心能力发展方面究竟学得如何、教师教得如何。与此同时,我们需要认识到,不能偏废专业知识的系统教学,因为系统全面的知识存储是批判性思维能力提升的重要基础。

3. 强调教师在评估和教学质量提升中的重要作用

CLA 项目顺应了美国高校教学改革的方向——从以教师讲授为主向以学生积极参与教学为主;从强调学科知识的教授转向强调学生在新情境中应用知识。但 CLA 并不排斥教师的重要作用,相反,CLA 与其他测评的差异之一恰恰在于它关注课堂与教学,重视"教师的角色",强调教师有效教学对于促进教学和学习质量提升的重要作用,因为 CLA 坚信"教师的教学决定了作为教育机构的大学对学生和雇主的价值所在"。[11]

CLA 同样认为,作为教学环节之一的评估,对于教学质量的提升具有激励与导向的重要意义,而要确保学生学习全面提高并能取得最大程度的成功,教师必须在评估过程中处于中心地位,担任关键性的角色,[12]这也是 CLA 项目日益得到认同的原因之一。因此,CLA 一直致力于在学校测量结果和教师教学对学生学习的影响之间建构联系。正如本杰明等人所强调的,"如果我们相信学生通过学业表现就能展示他们的高阶技能的话,那么我们就不会只是评估他们的这些技能,我们还会创造机会让学生发展和锻炼这些技能"。[13]

为了帮助教师提升教学能力和评估技能,CLA 一直积极作为,不断开发新项目。为每一位教师的特殊需求而量身定做的"课堂学习成果评估项目"(CLA in the classroom),在推动改善教学实践和促进学生技能发展方面已经取得了巨大成功。作为评估和教学之间桥梁的 CLA 教育培训则为教师提供了有关教学评估的学习、交流平台,培训教师开发学业表现任务、解读评估数据、使用评估报告,提升了教师的评估技能。

在建构主义学习理论盛行、信息获得快速便捷、教育倡导人文情怀的当下,"学生中心论"似乎一统天下,但我们不能因此而抹杀了教师在教育过程中的积极作用。CLA项目的经验说明,推进教育质量,良师须先行。在教育评估活动中,教师的评估能力和积极作为至关重要,这意味着大学教师必须既是学科专家,又是具有一定专业水准的评估实施者。我们可以借鉴CLA教育培训的经验,通过多渠道的平等对话加强与教师沟通,对教师进行经常性的评估培训,提供各种最直接的指导与支持,解决教师在评估实践中所遇到的技术、资源、经验、方法等方面的困难,帮助他们顺利完成评估目标。这也是我国当前促进高校教师专业发展的一项重要工作。

4. 充分利用计算机技术的在线评估

CLA项目将计算机和网络技术运用得淋漓尽致。不管是测试平台的构建、高校评估申请、学生答题,还是测试之后的评阅打分、测试结果的统计分析和报告反馈等,均通过计算机和网络在线完成。正是因为有了计算机和网络技术的帮助,项目组才能提供大量声形并茂的资料,并创设出真实而富有吸引力的学业表现测量任务。此外,在项目管理、评分和评估报告等方面,计算机和网络技术大大减少了容易发生的错误,还使得大规模、跨地域的评估成为可能。在线评估的另一重要贡献是帮助CLA测试成本降低到生均35美元左右,从而告别了纸笔测试昂贵的高成本时代。教育援助委员会主席本杰明对此直言不讳:"如果没有网络,CLA项目就无法存在。"[14]

计算机和网络技术在各种教育评估中的使用已经非常广泛,在提高评估效率方面将会发挥更大的作用。近年来,我国教育装备投入快速增长,教育现代化进程跨越发展,我们应在机房充足、网速快捷等硬件许可的地区,鼓励无纸化的教育在线评估,充分利用数据在线处理、分析智能、数据挖掘、在线报告等功能,提高评估的时效性、动态性与准确性,为改进教学质量提供便捷、多维、可比、可行的数据支持。需要注意的是,高校在施行在线评估的时候应配备专业技术人员,以保证评估的顺利进行。

参考文献：

［1］Roger Benjamin. 2013. Three Principal Questions about Critical-thinking Tests［EB/OL］. http：//cae. org/images/up-loads/pdf/Three ＿ Principal ＿ Questions ＿ About＿ Critical＿ Thinking_Tests. pdf：3. 2013－10－16.

［2］［3］［9］［10］［14］Roger Benjamin, Stephen Klein, Jeffrey Steedle, etal. 2013. The Case for Critical Thinking Skills and Performance Assessment. CAE－OCCASIONAL Paper［EB/OL］. http：//cae. org/images/uploads/ pdf/The_Case_for＿ Critical_Thinking_Skills. pdf：6,7,4,9,9. 2013－09－25.

［4］Richard, J. Shavelson. 2008. The Collegiate Learning Assessment. Paper Presented at the Forum for the Future of Higher Education, Cambridge, MA［EB/OL］. http：//net. edu-cause. edu/ir/library/pdf/fp085. pdf：18. 2009－10－12.

［5］Richard, J. Shavelson. 2009. Measuring College Learning Responsibly ［M］. Stanford University Press. Standford, California：52.

［6］Stephen Klein, Roger Benjamin, Richard, J. Shavelson ＆ Roger Bolus. The Collegiate Learning Assessment：Facts and fantasies［J］. Evaluation Review, 2008, 31(5)：415－439.

［7］Jeffrey, T. Steedle. Selecting Value-added Models for Post-Secondary Institutional Assessment［J］. Assessment ＆ Evaluation in Higher Education, 2012, 37(6)：637－652.

［8］Anon. CLA＋Overview［EB/OL］. http：//cae. org/performanceas-sessment/category/cla-overview/. 2013－10－11.

［11］［12］［13］Roger Benjamin, Marc Chun, Chaitra Hardison, etal. 2009. Returning to Learning in Age of Assessment［EB/OL］. http：//www. colle-giatelearningassessment. org/files/ReturningToLearning. pdf：13,17,14. 2012－12－26.

（本文发表于《比较教育研究》2014 年第 9 期。作者黄海涛、张华峰，时属单位为上海师范大学教育学院）

二十、新加坡私立高等教育的评估要素及其相互影响

(一) 问题的提出

在新加坡,政府是公立教育服务机构的主要提供者和驱动者,私立教育交由市场运营。近年来,新加坡政府开始关注私立教育的发展,特别是私立高等教育与新加坡在高等教育领域的优势以及新加坡发展战略密切相关。新加坡地处东南亚,战略位置独特;东西方文化在这里交汇,具有多元而丰富的学习环境;尤其是多年来新加坡南洋理工大学、新加坡国立大学等国际一流大学汇聚形成的教育品牌影响力,为新加坡私立高等教育提供了非常好的环境和条件。

新加坡政府积极利用新加坡高等教育良好的声誉,鼓励发展私立高等教育。私立教育机构的数量也从 2004 年的 166 所增加到 2011 年的 1 200 所,[1]增长了 7 倍多。同时,教育产业为新加坡经济所做的贡献由 2005 年的 2%将上升至 2015 年的 5%。[2]私立高等教育机构对新加坡经济发展的贡献不断增加,对这个缺乏自然资源的岛国来说,显然其重要性不言而喻。外在环境的保障与新加坡政府的私立高等教育战略发展政策成为新加坡发展私立高等教育特有的优势。

但是,不容忽视的问题是,新加坡私立高等教育机构目前仍存在着一些亟待解决的问题,这些先天不足将有可能影响私立高等教育稳定、高质量的发展。第一,学术水平亟待提高。新加坡私立高等教育机构到目前为止没有资格给注册学生授予学位证书,只能通过与国外大学合作授予学位文凭(twinning diploma)。这说明新加坡私立高等教育机构的办学实力和办学水平亟待提升,

通过与国外著名院校合作吸纳学生来维持市场上的地位绝不是长久之计。第二,私立高等教育机构的教师学历较低,学术训练不足。承担本科和硕士课程的大多数教师都没有获得博士学位,[3]缺乏学术上的正规训练,这势必影响学生学术素养的培养。另外,在宣传及管理方面,存在着过分吹嘘其质量及管理程序混乱等问题。[4]

基于上述原因,在新加坡公众眼中,私立高等教育机构的质量一直被认为稍逊于国内公立大学的。那么,在外在环境优势突出和内在实力不足的强烈对比下,如何改变新加坡私立高等教育机构的形象、提升其教育质量是新加坡私立高等教育机构必须面对的问题。换言之,只有着力提升其教育质量,新加坡私立高等教育机构才能在市场竞争中继续生存和保持盈利能力。

教育质量是私立高等教育机构可持续发展的长久之计,如何评估新加坡私立高等教育的质量以确保其正确的发展方向呢? 学者关于私立高等教育评估要素的研究为我们正确评估新加坡私立高等教育提供了理论视角。

1998 年,A·巴拉苏罗门(A·Parasuraman)、A·蔡特哈姆尔(A·Zeithaml)和贝利(Berry,L. L)在《服务质量评价体系:多因素范围内衡量消费者对服务质量的看法》(SERVQUAL:An multiple-item scale for measuring consumer perceptions of service quality)[5]中首次提出了服务质量的建构模型。研究者在论文中提出了影响消费者在市场进行消费的几个影响维度(服务质量、口碑和总体满意度),并深入探讨了它们之间的相互关系。后来,亚历山德里(Alexandris)、迪米特拉迪斯(Dimitriadis)[6]以及莫利纳里等学者(Moli-narietal)[7]在服务质量、口碑和总体满意度的基础上进一步拓展,他们认为,除以上影响因素外,消费者的忠诚度、组织机构的形象等级和销售产品的价格也是左右顾客进行消费的维度。

借鉴上述理论研究的服务质量建构模型来评估教育服务,我们认为,要结合新加坡私立高等教育的特点,选择适合新加坡私立高等教育的评估要素。正如前文所述,新加坡私立高等教育具有外在优势明显、内在实力不足、市场机制运营、爆发式增长等特点,其评估要素应着重关注其服务质量(service quality)、价格满意度(price satisfaction)、形象等级(image rating)、总体满意度(overall satisfaction)、重购意愿(repurchase intention)以及积极口碑(positive word of mouth)。厘清新加坡私立高等教育质量评估要素及其相互影响,有助于我们进一步深入认识全球化背景下的新加坡私立高等教育发展的方向。

(二)新加坡私立高等教育的评估要素及其相互影响

1. 私立高等教育的服务质量

在已有研究文献中,关于服务质量的概念存在以下两种广为引证的界定:第一,消费者对服务的整体优势抑或卓越的判断;[8]第二,消费者对组织机构以及它们所提供服务相对优势(relative superiority)的总体印象。[9]两个概念都明确了服务质量是一种评估或判断,同时这种评价和判断的依据是其服务的优势,也就是满足消费者需求的程度。将其运用至私立高等教育机构的服务质量,我们认为,这是消费者(学生)对满足需要程度的判断,这种需要可能是显性的,比如课程设计、教学水平等实现个人人力资本的增值的需求;也包括隐性的,比如安全、社交及环境等要素。例如,安全的环境虽然不是来新加坡购买教育服务的显性要素,但却是重要的影响因素,也是学生对新加坡私立高等教育获得总体满意度的原因之一。(如图1所示)

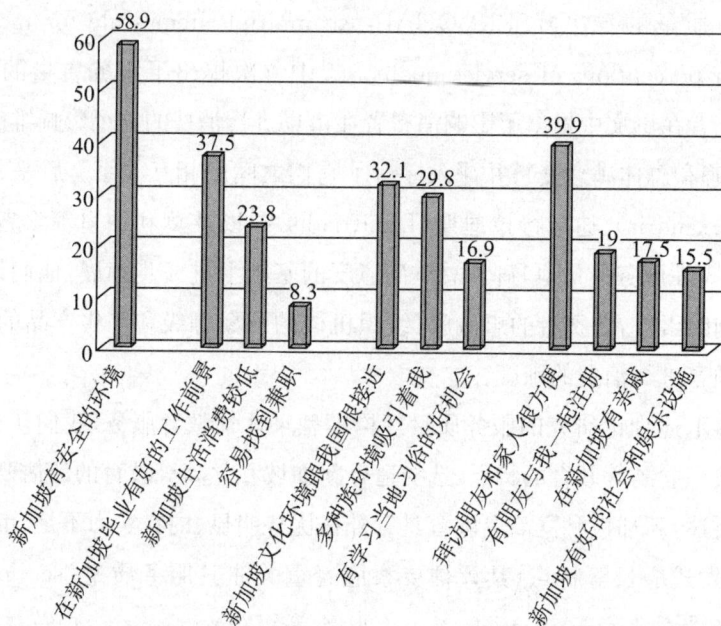

图1　国际学生选择来新加坡注册学习的文化和社会原因比例图

资料来源：Ravinder Sidhu • K. -C. Ho • Brenda Yeoh. Emerging Education Hubs：the Case of Singapore[J]. Spinger Science Business Media，2010，(2).

新加坡私立高等教育具备许多条件和环境因素帮助它成为世界知名的私立高等教育提供者，更便利地与世界一流大学合作。例如，新加坡以安全和国际大都市著称，英语是主要教学语言；作为国际金融中心拥有高效、快速的网络系统。与世界各地的信息、技术、资金、商品和人才联结在一起。但即使具备这些先天因素，新加坡私立高等教育所提供的服务质量仍然是它们获取学生青睐的决定因素之一。

从新加坡政府目前的策略来看，政府力图将新加坡建设成"区域教育枢纽"（regional education hub），以吸引大量的国际学生。这是新加坡政府为私立高等教育发展提供的外在环境保障，但问题的关键是新加坡私立高等教育首先必须确保其提供的教育服务是高质量的，才能在全球范围内吸引大量全额付费的学生来新加坡私立高等学校注册学习。这就要求新加坡私立高等教育要关注自己的服务质量，以满足国际学生不同的教育需求。

2. 私立高等教育的价格满意度

有研究预测，亚洲将在 2025 年占据全球教育产业的 70%，[10] 成为教育产业发展最为迅速的市场，而新加坡正处于这个市场的中心。新加坡周边的国家如中国、马来西亚、印度和日本等是重要的学生输出国。新加坡政府充分认识到这一优势，其教育部、经济发展局等多个政府部门着力打造"亚洲教育之都"，并充分利用新加坡在国际社会的教育品牌效应为新加坡经济发展做贡献。

但是，新加坡私立高等教育市场面临澳大利亚、马来西亚等国家的激烈竞争。因此，新加坡私立高等教育在招揽学生过程中如何在价格上做得合理且具有吸引力是重要的竞争策略之一。当然，这并不意味着只是降低学费，因为便宜的学费不一定会给新加坡私立高等教育带来显著的竞争优势。许多消费者（学生）认为价格越高，质量就越高，有更多的人愿意购买价格较高的物品，尤其是私立高等教育的课程学费。因此，新加坡私立高等教育在价格满意度的定价上不但要遵循市场价格，还要考虑学生的消费心理这一因素。

"教育在亚洲被视为一项投资"[11]。在这一社会背景下，新加坡私立高等教育要意识到，更多学生愿意支付更高的价格来购买更好的教育，以实现人力资本增值。因此,价格满意度的定位并不一定是降低学费,而是要根据市场原则、学生的实际需求确定学费,只有这样才可能满足学生的需求。

3. 私立高等教育的形象等级

新加坡私立高等教育有效地参与全球教育产业的国际竞争、塑造良好的形象,对赢得消费者(学生)的青睐至关重要。尤其在学生还未对该教育机构进行深入了解的前提下,机构的形象是他们做出注册学习的主要参考因素。有实证研究表明,历史悠久的大学通常把自己的形象与教学质量、建构课程、科研水平和声誉联系在一起。与此相反,年轻的大学则主要注重国际交流项目、充满活力的学生会活动以及最先进的体育运动设施。[12] 由此可以看出,不同的大学给自己的形象定位完全不同。虽然机构的形象在某种程度上并不反映服务质量的实际水平,但总体来说,机构形象的形成由该机构所提供服务的质量决定。形象在短时间内无法轻易被改变,它是由利益相关者和学生定位的。具体到新加坡私立高等教育的形象,主要包括学术水平、社区参与程度、优质教师的比率和所开设课程的认可度。

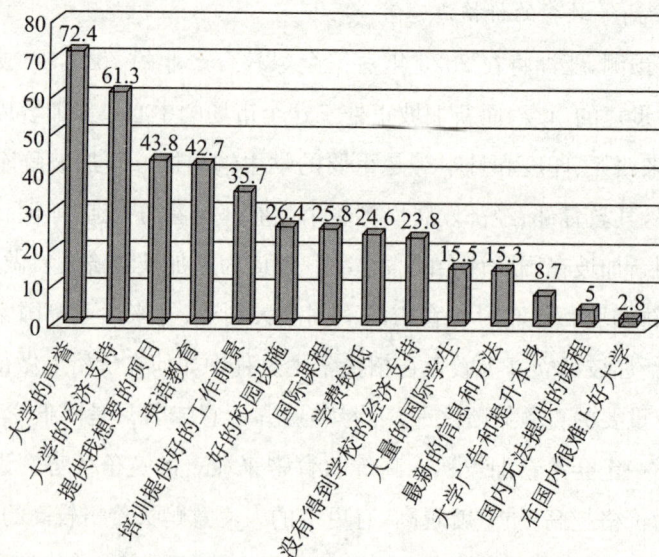

图 2　国际学生选择来新加坡注册学习的原因比例图

资料来源:Ravinder Sidhu・K.‐C. Ho・Brenda Yeoh. Emerging education hubs:the case of Singapore[J]. Spinger Science Busi‐ness Media,2010,(2).

从图 2 可以看出,新加坡高等教育的声誉是吸引国际学生来新加坡注册学习的首要因素,占 72.4%。而良好的声誉主要是基于优质的教学和训练、研究活动有足够的资源分配以及国际对新加坡公立高等教育提供学位的认可度。[13]鉴于目前新加坡私立高等教育机构的形象等级稍逊于公立大学、需要提升的现状,明确新加坡私立高等教育的形象定位是管理者必须考虑的要素,形象定位与服务质量结合是其未来发展的方向。

4. 私立高等教育的总体满意度

总体满意度是学生对私立高等教育的一个认知过程,是学生在享受教育服务后作出评价的一种感情状态。换言之,是学生在消费产品或服务时所产生的不满意或满足感。[14]私立高等教育的总体满意度将直接影响它们的市场地位,总体满意度高将增加私立高等教育机构在市场上的竞争优势。因此,新加坡私立高等教育需要把增强学生总体满意度作为机构的目标之一。

总体满意度与前文所述的服务质量、价格满意度和形象等级三个要素密切相关。服务质量是影响价格满意度进而影响总体满意度的核心因素;价格满意度是影响总体满意度的重要前提,在很多研究中,它们已被证明呈正相关联系。[15]必须注意的是,在私立高等教育市场中,如果服务或产品的满意度很高,学生是乐意接受更高的价格调整的;反之,如果私立高等教育机构所提供的服务质量稍差,那么即使稍微抬高价格都会遭致学生的强烈反对。

还有一个要素即形象等级。在私立高等教育市场,由于潜在学生未进入学校注册学习之前无法体验到私立高等教育所提供的服务质量,为此,私立高等教育在媒体、潜在学生的朋友、同伴及亲戚之间形成的积极形象对吸引学生注册学习就变得更为重要。因此,私立高等教育积极的形象可以增加潜在学生的总体满意度,进而给私立高等教育在招生市场中带来显著的竞争优势。

新加坡私立高等教育已经意识到,其教育质量在公众评价中稍逊于公立高等教育,故将提高服务质量作为发展的重要目标。鉴于服务质量、价格满意度和形象等级是构成总体的满意度的三个核心要素,新加坡私立高等教育在提高教育质量抑或说总体满意度的过程中就必须协调性地提高三个要素,不能有失偏颇,否则便很难获得质的改变。

5. 私立高等教育的重购意愿

重购意愿是指消费者在满意现有服务之后选择继续交易的决定。[16]具体到私立高等教育领域,重购意愿则指学生在同一教育机构完成某一年级的学习之后选择继续深造的决定。从市场的角度看,重购意愿是市场活动所关注的焦点之一,因为相比争取一个新的客户而言,留住原有客户所投入的花费更为便宜,而且原有客户更有可能进行大规模和更高频率的交易或投资。因此,如果私立高等教育向学生提供的服务质量得到认可,那么在私立高等教育机构获得低学历的学生可能会选择在同一个教育机构继续他们的学业。按此逻辑,私立高等教育提供更好的服务质量且价格合理,总体满意度同样就会随之提高。也就是说,价格满意度以较小支出可获得更多的收入,进而提升私立高等教育的总体满意度。这样的总体满意度自然就会增加学生重购意愿的机会。

自 20 世纪末以来,新加坡私立高等教育国际学生的数量不断增长(如下表所示),这与新加坡私立高等教育注重打造自己良好的教育品牌、塑造私立高等教育在国际社会中的影响力所做的努力密不可分。在讲究体验、直接感受的今天,开设体验学习课程成为新加坡私立高等教育进一步吸引、挽留国际学生继续深造的策略之一。为了让重购意愿取得显著的效果,新加坡私立高等教育向国外留学生开设了"体验学习"(Experiential Learning)课程。[17]"体验学习"主要是帮助具有"文化代沟"的学生更快地融入到新加坡私立大学校园环境,文化课是体验学习课程的主要课程之一。

1997～2000 年新加坡私立高等教育中不同学习层次留学生的人数变化及比例表

学习层次	1997 年			2000 年			增幅
	本地学生(比例)	留学生		本地学生	留学生		
本科生	70%	30%	13 990(人)	43%	57%	21 010(人)	50.2%
研究生	65%	34%	3 756(人)	46%	64%	6 010(人)	60%

资料来源:Marginson,Sand Grant Mcburnie. Cross-Boader Post-Secondary Education in the Asia-Pacific Regine. Bachround paper prepared for OECD/Norway Forum on Trade in Education Service,2003:42.(注:以上表格是笔者根据文中数据编制而成的)。

6. 私立高等教育的口碑

口碑是人与人之间在市场抑或商业事务上互相传递观点、评论或信息的一种方式。[18]这种观点或评价将直接或间接影响潜在消费者的消费意愿。口碑是导向潜在客户作出购买行动的主要因素之一。私立高等教育的口碑是指当学生在体验完私立高等教育机构所提供的服务、产品以及对新加坡私立高等教育品牌有充分了解后作出评价的一种非正式的沟通方式。

口碑不仅仅是消费者(学生)在体验到服务之后所作出的一种情感表现或感知,也是总体满意度和重购决定的一种心理结果。私立高等教育所提供的服务很难被评价,因此口碑极有可能对接受者的消费模式产生影响,这对教育产业来说是至关重要的。因为教学设备和教职员的教学质量在学生注册学习之前很难得以评估,在这种情况下,私立高等教育如果拥有积极的口碑,相比那些仅仅依靠广告宣传的教育机构将具有更多的竞争优势。当学生对私立高等教育所提供的服务、课程、师资力量以及各种硬件设施满意时,他们亦将给予私立高等教育良好的口碑。与此同时,他们也更有可能选择继续留在原先的私立高等教育深造。因此,提升积极的口碑对私立高等教育而言是一种重要的促销策略。以新加坡管理大学(Singapore Management University)为例,该大学为了树立良好形象、赢得学生的积极口碑,把学校所举行过的大型活动,特别是有助于提升学术形象的学术型活动制作成视频,并通过脸谱(facebook)进行推广。[19]这不但有助于提高学校的影响力,还能借助网络的形式进一步宣传学校。

(三) 结论及其建议

商业的基本目标是追求利润最大化、成本最小化。新加坡私立高等教育的市场化也难以避开此规律。综述前文分析可见,新加坡私立高等教育的服务质量、价格满意度和形象等级是学生重购意愿的重要前因(antecedents),而服务质量、形象等级、价格满意度和重购意愿是学生对私立高等教育总体满意度的影响要素(如图3所示)。也就是说,当新加坡私立高等教育增加在服务质量、价格满意度和形象等级的投资时,它们的终极目标是提升学生的重购意愿。

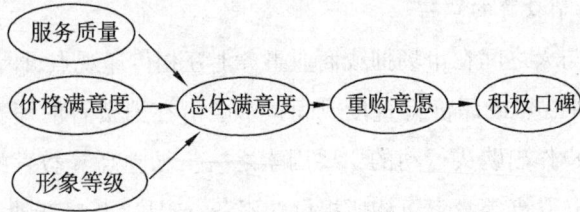

图 3　新加坡私立高等教育评估要素框架图

从图 3 我们可以清楚地看出,新加坡私立高等教育要维持市场上的地位和声誉,就需要改善所提供的服务质量、密切注意学费定价策略、增强教育机构的良好形象。但由于以上六个维度的联系都很密切,因此新加坡私立高等教育在提升市场地位和吸引学生策略的过程中,不能单独地提升其中某个维度。例如,当学生在做重购意愿的选择时,服务质量是其考虑的因素,但对学生影响最大的可能是基于专业水平和学术影响力所带来的形象等级,在没有确切体验到服务质量时更是如此。所以相比服务质量,影响学生重购意愿更重要的是形象等级。因此,新加坡私立高等教育需要分析评估要素之间的关系和影响,只有这样,才有可能吸引更多的在读学生和潜在学生来学习深造,从而不断提升新加坡私立高等教育在全球私立高等教育市场上的竞争力。

参考文献:

[1] Economic Development Board 2012 Industry Background Accessed 19 Aug 2012[EB/OL]. http://www. edb. gov. sg/edb/sg/en_uk/index/industry _ sectors/education/industry_back-ground. html♯Link5. 2014—06—30.

[2] Bharat Book Bureau, 2012[EB/OL]. https://www. bharat-book. com/market-research-report/education. html? da=Y& sortby=& searchText =&iCurpage=3.

[3][11] Lim, C. B. F. Education Hub at a Crossroads, the Devel-opment of Quality Assurance as a Competitive Tool for Singapore's Private Tertiary Education[J]. Quality Assurance in Education, 2009;79—94.

[4] Mok, K. H. Singapore's Global Education Hub Ambitions, University Governance Change and Transnational Higher Education[J]. International

Journal for Educational Management,2008,(6):527—546.

　　[5] Parasuraman, A. , Zeithaml, V. A. , Berry, L. L. SERVQUAL:An Multiple-item Scale for Measuring Consumer Perceptions of Service Quality [J]. Journal of Retailing,1988,64(1):12—40.

　　[6] Alexandris, K. , Dimitriadis, N. Can Perceptions of Service Quality Predict behavioral Intentions? An Exploratory Studying the Hotel Sector in Greece[J]. Managing Service Quality,2002,12(4):224—231.

　　[7] Molinari,K. L. ,Abratt,R. ,Dion,P. Satisfaction,Quality and Value and Effects On Repurchase and Positive Word-of-mouth Behavioral Intentions in a B2B Services Context[J]. Journal of Services Marketing, 2008, 22(5): 363—373.

　　[8] Zeithaml,V. A. Consumer Perceptions of Price,Quality,and Value:A Means-end Model and Synthesis of Evidence[J]. Journal of Marketing,1988, 52. 2—22.

　　[9] Bitner,M. J. ,&.A. R. Encounter Satisfaction Versus Overall Satisfaction Versus Quality:The Customer's Voice. in R. T. Oliver(Eds), Service Quality:New Directions in Theory and Practice[M]. Thousand Oaks, CA: Sage,72—79.

　　[10] Economic Development Board Facts and Figures Accessed 19 Aug 2012[EB/OL]. http://www. edb. gov. sg/edb/sg/en_uk / index / industry _ sectors / education / facts _ and _ figures. html. 2011. 2014—06—30.

　　[12] Ivy,J. Higher Education Institution Image:a Correspondence Analysis Approach[J]. The International Journal of Educational Management,2001: 276—282.

　　[13] Ravinder Sidhu • K. -C. Ho • Brenda Yeoh. Emerging Education Hubs:the Case of Singapore[J]. Spinger Science Business Media,2010,(2).

　　[14] Kotler, P. , Brown, L. , Burton, S. and Armstrong, G. Marketing (7ed)Pearson-Prentice Hall[M]. Frenchs Forest NSW,2008.

　　[15] Anderson,E. W. ,Fornell,C. and Lehmann,D. R. Customer Satisfac-

tion,Marketshare and Profitability:Findings from Sweden[J]. Journal of Marketing,1994:53—66.

[16] Hume,M. ,and Mort,G. S. The Consequence of Appraisal Emotion, Service Quality,Perceived Value and Customer Satisfaction on Repurchase Intent in the Performing Arts [J]. Journal of Services Marketing, 2010: 170—182.

[17] Deborah Valentine. Experiential Learning Methods in Asia Cultures:A Singapore Case Study[J]. Business Communication Quarterly,2002, (9):106—121.

[18] Engel,J. F. ,Roger,D. B. ,Paul,W. M. Consumer Behavior(9th Ed.)[M]. Harcourt Broce Joranovich College Publishers,New York,2001.

[19] http://www. smu. edu. sg/programmes/professional. 2014—06—30.

（本文发表于《比较教育研究》2014 年第 11 期。作者施雨丹,时属单位为华南师范大学教育科学学院;作者卓泽林,时属单位为华东师范大学教育科学学院）

大学排行榜

一、中美大学排行榜的对比分析

1997 年 7 月,中国网大(netbig.com)首次推出中国大学综合排行榜,[1]在中国高等教育界引起了极大的反响,关于国内大学排名的争论自此从未停息。大学排行榜在某种程度上是对中国高等教育走向社会化的深切关注,对于建立高等院校公平竞争的社会环境、增加高等院校办学的透明度、为社会用人单位选择毕业生以及考生填报高等学校志愿提供了有价值的参考信息,是必要和有益的。

大学排名最初在美国兴起。1983 年,《美国新闻与世界报道》杂志率先推出全美的大学排名,起初每两年一次,范围是全美本科院校。1987 年后改为每年一次并开始面向研究生教育。这种排名活动最初是为了通过排名的形式向学生和家长提供各种可比数据,以供他们在选择学校时参考。英国的《泰晤士报·高等教育副刊》于 1986 年开始公布英国高等学校分学科排名的排行榜,随后又推出每年一次的全英大学排行榜。至此,掀起了大学排名的浪潮,大学排名活动已成为一种国际高等教育评估的趋势,在世界范围内引起了广泛的关注。《亚洲周刊》也于 1997 年公布了亚太地区排名前 50 位的大学名单。本文将对中国和美国大学排行榜的方式、方法以及评估指标体系的科学性等进行对比分析,以便对中国大学排行榜的构建提出合理化建议。

(一) 中美大学排名方法的比较

1. 美国大学的排名方法

美国大学排行榜由《美国新闻与世界报道》(以下简称《美国》)杂志社聘请

各大学校长、学院院长和高校招生办公室主任等参加评估。他们根据社会发展对高等教育的要求以及高等教育发展的客观规律来建立评估指标体系。评估对象按卡内基的高等学校分类法划分为 4 类:[2]全国性大学(National Universities)、全国性文科大学(National Liberal Arts Colleges)、地区性大学(Regional Universities)和地区性文科大学(Regional Liberal Arts Colleges)。评委就各项指标分 5 个等级进行评分,"卓越"为 5 分,"很好"为 4 分,"良好"为 3 分,"可以胜任"为 2 分,"勉强合格"为 1 分,如果评委对被评对象"不了解"则不记分,最后计算出各校在每项指标上的平均得分,并与各项指标的权重相乘相加,得到各校的综合得分。综合得分最高的学校排名第一,其得分换算为总分100 分;次低的高校排名第二,其最终得分为其综合得分除以最高得分的相对百分数。以此类推,可以得到各高校的排名和得分。

2. 中国大学的排名方法

与美国和英国类似,中国大学的排名最初也是由民间机构(中国网大)发起的,随后一些研究机构与杂志社如《中国青年》等也参与其中。中国网大的大学排行榜是从消费者的角度来评价高等院校的办学条件、质量和效益的,其排名方法借鉴了美国和英国的大学排名方法并考虑了中国高等院校的特点。他们聘请不同类型的高等院校以及一些研究机构的高等教育评估专家、学术人员和管理人员组成专家小组,采用特尔菲问卷调查法和层次分析法收集评估指标并确定指标权重,最终得分的算法与美国大学排名类似。自 2000 年起,其排名按重点大学与非重点大学分别进行。重点大学是指 94 所国家重点院校(以国家教育部中央教育科学研究所 1998 年 4 月数据为准)与 101 所进入"211 工程"高校(1999 年 12 月教育部数据)的并集,非重点大学是指相应的非国家重点大学与非"211 工程"大学的并集。

此外,中央教科所与《中国青年》杂志社于 2001 年联合主办了"我心目中10 所最好的国内大学"的大型问卷调查活动,完全由民众来评选优秀的大学,以得票的高低进行排名(只取前 100 名)。[3]

（二）评估指标体系的对比

1. 美国的评估指标体系

《美国》大学排行榜所采用的评估指标体系（见下表 1）由 7 个一级指标、16 个二级指标构成，主要反映高等院校教育投入和教育产出方面的指标。例如，所采用的教育投入指标有录取率、报到率、SAT/ACT 成绩、师生比、财政资源等 11 项；教育产出指标有学术声誉、毕业率、校友赞助率等 5 项。这些指标中仅学术声誉一项属于定性指标（权重占 25％），其余 16 项二级指标（权重占 75％）均为定量指标。以定量指标为主有利于作出客观公正的评价。

表 1　《美国新闻与世界报道》大学排行榜的评估指标体系[4]

排名分类 / 指标		全国性大学和全国性文科大学		地区性大学和地区性文科大学	
		权重Ⅱ	权重Ⅰ	权重Ⅱ	权重Ⅰ
学术声誉	学术声誉	100％	25％	100％	25％
新生录取水平	录取率	15％		15％	
	报到率	10％		10％	
	在原中学班级中前 10％的新生比例	35％	15％	0％	15％
	在原中学班级中前 25％的新生比例	0％		35％	
	SAT/ACT 成绩	40％		40％	
师资实力	教师平均补助费用	35％		35％	
	获得最高学位的教师比例	15％		15％	
	全职教师比例	5％		5％	
	生/师比	5％	20％	5％	20％
	少于 20 人的班级比例	30％		30％	
	多于 50 人的班级比例	10％		10％	
学生保有率	毕业率	80％	20％	80％	25％
	新生保有率	20％		20％	
财政资源	生均教育费用	100％	10％	100％	10％
校友赞助	校友赞助率	100％	5％	100％	5％
毕业率履行状况	毕业率履行状况	100％	5％	0％	0％

注：权重Ⅱ为各二级指标的权重，权重Ⅰ为各一级指标的权重。

2. 中国网大的评估指标体系

1999 年中国网大的大学排行榜评估指标体系是参照《美国》的方法和标准设定的,并没有进行深入的评估指标体系构建的调研工作。由于当时难以获得数据,此排行榜只有 4 项一级指标(学术、新生质量、师资、科研经费)和 6 项二级指标,这些指标与表 1 中的相应指标类似,而且也只有一项二级指标"学术声誉"为定性指标,其余均为定量指标。[5] 2000 年,网大在指标体系的构建方面做了较广泛的调查研究,向 115 位专家(包括高等教育评估研究会成员、大学校长、教务和科研管理专家以及国家教育行政部门的负责人等)发放了调查问卷。最后形成了包括 6 项一级指标(学术声誉、学术地位、学术成果、学生情况、教师资源以及物资资源)和 17 项二级指标的评估指标体系,并且对重点与非重点大学分别赋予了不同的指标权重。2001 年网大排名的指标体系基本上沿用 2000 年的评估指标,只对部分二级指标及其权重进行了调整,其评价指标体系见表 2。

表 2　中国网大 2001 年高等学校排行评价指标体系[6]

一级指标	权重	二级指标	权重
学术声誉	15%	知名学者、专家、校长和企业家声誉调查结果	15%
学术地位	20%	博士点	4.4%
		硕士点	2.4%
		重点学科数	4.6%
		重点实验室数	4.2%
		人文社科重点研究基地数	4.4%
学术成果	22%	SCI	5.5%
		SSCI	4.2%
		EI	3.7%
		ISTP	2.9%
		A&HCI	2.2%
		中国科技论文统计和引文数据库	2.0%
		中国社会科学引文数据库	1.5%
学生情况	12%	录取新生质量	5.9%
		研究生在全校学生中的比例	6.1%
教师资源	19%	教师中获得博士学位的比例	19%
物资资源	12%	研发人员人均科研经费收入	7.5%
		生均占有图书量	4.5%

注:该指标体系出自网大 http://www.netbig.com

（三）排行榜公布形式的差异

1. 美国大学排行榜的公布形式

美国公布大学排行榜的主要目的是为学生及其家长在选择高校时提供参考信息,关注的是比较优秀的院校,所以排行榜仅排出位居全国性大学、全国性文科大学前 25% 的院校;地区性大学和地区性文科大学则按地理位置划分为北、南、中西、西 4 个地区,然后按地区列出位居前 25% 的院校。这种公布形式既满足了社会需求,又不会挫伤未能列入排名榜的高校的积极性,反而会激发它们提高办学质量的热情。

2. 中国大学排行榜的公布形式

中国公布大学排行榜的主要目的是为了推动高等院校市场化的进程,为大学检视自己的竞争力、为政府评估投资绩效以及帮助学生、家长和高校自身横向了解各校情况提供服务。因此,大学排行榜的涉及面很广,例如,网大 2001 年的大学排行榜包括 992 所高校,几乎涵盖了目前国内(港、澳、台地区除外)所有的高校。

（四）中美大学排行榜的优缺点

1. 美国大学排行榜的优缺点

美国大学排行榜评估指标体系客观、公正且相对稳定。评估方法与手段科学、客观。其评估指标体系从 7 个方面、多角度地反映社会对高等教育的要求和高等教育自身的发展规律。整个指标体系简练、可测性强,因而具有很高的可行性。此外,通过教育投入与产出方面的指标能够体现各高等院校的教育质量与教育效益,体现了客观、公正的原则,赢得了民众与高等教育界的认可,具有较高的权威性。其指标体系一经确立,基本上保持不变。评价导向的稳定性、连续性有利于各高校明确其发展目标,保持持续稳定的发展。

《美国》排行榜采用定量与定性相结合、以定量方法为主的评估方法,既减少了依靠专家主观判断所带来的评估随意性,保证了评估的客观与公正,又克服了对目前还难以量化的指标(如学术声誉)进行评估的困难。其数据收集是采用调查表的方式由高校填报数据,并通过各种途径对采集到的数据加以核实,以保证数据的真实准确。数据的统计处理由计算机完成,快速、准确、可靠,其评估结果是客观、公正和可信的。

美国大学排行榜的缺点在于,评估指标体系中没有测量高校师资科研水平和研究生教育质量的指标,涵盖的内容不全面。当今时代,培养高素质人才是高等院校的主要职责,而教师科研水平的高低是培养高层次人才的关键。另外,教师的应用型科研成果也可以转化为高新技术和先进生产工艺,即高校的科研能够直接促进社会经济的发展,因而反映高校教师科研成果的指标也应属于教育产出方面的评估指标,应该被纳入高校排名的评估指标体系中。

2. 中国大学排行榜的优缺点

中国大学排行榜具有一定的权威性、公正性与客观性,虽然自首次公布仅历时 3 年,但已成为公众乃至政府比较高校时的重要参考。以网大为例,其大学排名评估指标体系的构建经过深入广泛的调查研究,由高等教育评估方面的专家、学者、高校校长以及教育行政部门的高层管理者共同制定,其构建方法(采用特尔菲问卷调查法和层次分析法确定指标及其权重)也是科学有效的。网大的评估指标体系涵盖面较广,除"学术声誉"一项指标外,均为可测的定量指标,并且指标及其权重是由专家、学者采用科学的方法设定的,因而该指标体系具有较高的可测性和科学性。其次,目前国内从事大学排名的多为政府与高校之间的民间中介机构,能保持中立,对各高等院校给予公正、客观的评价。中介机构参与高等教育的评估工作在国外也是相当普遍的,例如《美国新闻与世界报道》、《泰晤士报》、《亚洲周刊》等杂志社 1993 年颁布的《中国教育改革和发展纲要》以及 1998 年颁布的《高等教育法》都对中介机构在高等教育评估工作中的地位和作用给予了充分的肯定。

中国大学排行榜评估指标体系尚存在一定的缺陷。从 2001 年网大的大学排行榜指标体系来看,其权重最大的为学术成果(权重为 22%),其次为学术地位(权重为 20%)。这种评估体系会使高校放松其最基本的职能(培养人才),引导教师将主要精力投入到科研之中,从而忽视学生的培养质量。学术成果与学术声誉同属教育产出指标,而学术声誉的获得很大程度上取决于高校的学术成果,因而这两项一级指标的内涵有交叉之处。学术声誉是个难以完全量化的指标,但并不等于说评估它就没有任何客观标准,只不过让专家们根据个人经验来做判断,因其依靠专家个人的主观因素太大,这种评价就很难取得一致性的结论。笔者建议,在留给专家们一定的经验判断空间的同时,将客观数据指标纳入其中,即在学术声誉这一级指标下设立两个二级指标:学术影响(由专家按 5 个等级打分)、学术成果(依表 2 设立三级指标),并使此三级指标的权重低于学术影响的权重。这样,既可使高校不过分进行论文数方面的攀比,也可使专家在进行学术影响的判断时有了一定的依据。此外,目前大学排行榜的评估指标体系中缺乏大学生思想品德、教师师德、学校管理水平等方面的指标,这种导向会导致高校忽视对大学生思想品德等方面的培养,不利于教师素质和学校管理水平的全面提高,这种排名"指挥棒"的负面影响必须引起我们的关注。

目前国内的大学排名还处于起步阶段,各种评估体系的科学性尚待验证,还需要修改与完善,故无法保持其指标体系的相对稳定性。评估的导向作用是巨大的。基于一个科学的评估指标体系所进行的排名能够促进高等学校的全面发展,有利于高素质人才的培养;相反,如果一个评估指标体系不够完善,不够科学,就会诱发高校为了提高名次而片面注重评估指标体系中的标准,不能根据高校自身的特点和优势来制定其发展方向和目标,使高校工作的重心偏离正确轨道。而且,目前这种几乎所有高校的排名均予以公布的形式会挫伤规模小、办学水平较低的学校的发展积极性,甚至会造成盲目的高校合并趋势。例如,自 1999 年网大公布大学排行榜之后,截至 2001 年 3 月 20 日,仅一年多,全国共有 104 所高校参与合校,其中 85 所高校合并成 22 所大学,19 个学校合并成 8 个学院。这种一窝蜂似的并校趋势是否经过科学的论证,是否具备相应的条件,合并的效果如何,尚需实践的检验。

(五) 中国大学排行榜的新形式

由上述分析,我们不得不为目前国内大学排行榜的形式所担忧,因为其负面影响可能会导致高校的畸形扩展或片面发展。况且这种排名的公正性与公平性还有待论证。各高校的历史起点不同,学科优势不同,所获得的政府和社会基金资助不同,将它们纳入同一评判标准进行评估排名,即使已将重点高校与非重点高校分开排名,前述差距也是普遍存在的,因而这种排名难以令各高校信服,并且会挫伤名次较低的某些高校的发展积极性;而排名有优势的高校也可能以此来提高新生录取分数线、提高入学费用,进一步拉大与其它高校的距离,不利于高校之间的公平竞争。在此,我们提出一种排行榜的新形式供大家参考——不给出具体的名次,而是按照某种方式进行类别划分。

这种方式既能对高校按某一评估指标体系进行评判,同时也能将评判结果分为不同等级的类别。这样就不会造成各高校过分追求名次、不顾自身优势与特点而只跟随排名"指挥棒"片面发展的局面。下面我们以 2001 年网大重点大学评估数据(数据见 http://rank2001. netbig. com)为例来说明这种新的排行榜形式。

借鉴美国大学排行榜公布排名的形式,我们使用 SPSS 统计分析软件,对网大排行榜中排名前 100 名高校的"综合得分""学术声誉得分""学术地位得分""学术成果得分""学生情况得分""教师资源得分"以及"物资资源得分"等变量数据进行聚类分析(上海大学、中国医科大学、首都师范大学、哈尔滨工程大学因数据不全,未参加聚类),并将之分成 6 大类,其分类结果如下:

综合得分类:北京大学、清华大学、复旦大学、南京大学、浙江大学;

学术声誉得分类:中国科技大学、上海交通大学、天津大学、北京航空航天大学、南开大学、北京师范大学、哈尔滨工业大学、同济大学;

学术地位得分类:吉林大学、武汉大学、华中科技大学、中国人民大学、四川大学、中山大学、厦门大学、东南大学、华东师范大学、山东大学、中南大学;

学术成果得分类:北京理工大学、大连理工大学、中国农业大学、华南理工大学、西北工业大学、北京科技大学、东北大学、兰州大学、南京理工大学、北京邮电大学、南京航空航天大学、北方交通大学、湖南大学、东北师范大学、重庆大学、西南交通大学、南京农业大学、暨南大学、青岛海洋大学、华东理工大学、中国矿业大学、中国地质大学、西安电子科技大学、华中师范大学、电子科技大学、北京林业大学;

学生情况得分类:中山医科大学、南京师范大学、石油大学、上海第二医科大学、华南师范大学、北京工业大学、上海财经大学、北京化工大学、北京外国语大学、湖南师范大学、西北大学、苏州大学、云南大学、中央音乐学院、河海大学、中国药科大学、上海外国语大学、武汉理工大学、东华大学、陕西师范大学、福州大学、安徽大学、山东工业大学、北京中医药大学、辽宁大学、河北工业大学、中央民族大学、郑州大学、西南财经大学、北京语言文化大学、大连海事大学、对外经济贸易大学、东北农业大学、合肥工业大学、首都医科大学、内蒙古大学、天津医科大学、中国政法大学、广西大学、南昌大学、四川农业大学;

教师资源以及物资资源得分类:华中农业大学、哈尔滨医科大学、华南农业大学、沈阳农业大学、上海理工大学、南京林业大学、昆明理工大学、西安建筑科技大学、南京医科大学。

以上各类别的划分无先后次序之别,各类大学数之比为 5:8:11:26:41:9。这种分类与网大的排名基本上是一致的,只有个别高校的类别划分由于其某些变量的得分太低(即使其综合得分尚可),仍然被分到较低的类别中,例如北京理工大学。虽然各变量的重要程度不同,但是一所高校如果在某些变量上得分过低,说明这所高校在某些方面发展不平衡,将来会影响到其持续稳定的发展。所以,赋予其较低的类别以使其重视所欠缺的方面。

通过对中美大学排行榜的对比分析,我们应该意识到,目前我国高校的质量评估指标体系尚需改善,以科学的指标体系和合理、公平、公正的排名公布形式来鼓励各高校将其主要职责回归到培养高素质人才的轨道上来,这才是评价大学的主要目的。

参考文献:

[1] http://www.rank1999.netbig.com. 中国网大有限公司.

[2] http://www.rank2000.netbig.com. 中国网大有限公司.

[3] http://www.rank2001.netbig.com. 中国网大有限公司.

[4] http://www.usnews.com/usnews/edu/college. 2000 College Rankings.

[5] 王战军、瞿斌. 美国、英国大学排名及特点[J]. 科研管理,2001(5).

[6] 李志仁. 公众投票评选:"我心目中 10 所最好的国内大学"调查结果[J]. 中国高等教育评估,2001(4).

[7] 武书连.2001 年中国大学理、工、法、教学科排名[J].中国高等教育评估,2001(4).

[8] 吕嘉.2001 年中国大学农、医、文、史学科排名[J].中国高等教育评估,2001(4).

[9] 郭石林.2001 年中国大学哲、经、管、体、艺学科排名[J].中国高等教育评估,2001(4).

（本文发表于《比较教育研究》2002 年第 8 期。作者胡咏梅,时属单位为北京师范大学教育管理学院）

二、美国研究型大学综合实力
评估的实践及启示

　　随着"985 工程"的逐步实施,高水平大学建设问题日益引起相关人士的密切关注,研究型大学综合实力评价、高水平大学评价与拨款体制改革等议题随之引发了人们颇多思考和争议。在笔者看来,对研究型大学的综合实力进行评估,首先需要解决几个基本的前提性问题:研究型大学的内涵与外延是怎样的?研究型大学的综合实力如何界定? 对研究型大学的综合实力进行评估的目的何在? 然后,才是一些相对具体的技术方面的问题(如评估主体的认可、指标体系的确立、数据资料的使用与分析、评估结果的发布等)。本文拟对美国研究型大学的界定和评估实践进行概要介绍,并提出对我国开展研究型大学综合实力评估的启示。

(一) 卡内基基金会对"研究型大学"的界定

　　对"研究型大学"的明确界定当首推美国卡内基教学促进基金会对美国高等教育机构的分类标准。[1]早在 1971 年,时任卡内基高等教育委员会主席的克拉克·科尔开始尝试对美国的高等教育机构进行分类,其主要目的是通过分类使同类中的高等学校在院校职能、学生及教师特征等方面具有一定的同质性,进而对高等教育政策研究提供支持。自 1973 年首次公开出版其分类标准和结果以来,鉴于美国高等教育系统的实际发展与变化情况,卡内基基金会已先后4 次修订重版,根据相应年度有关高校各方面表现的现实数据所揭示出的有关其目标定位情况进行分类,从而为有兴趣对各高等学校的发展状况、师生特征及整个高等教育系统运行状态进行分析的研究人员和机构提供了一个及时更

新的有用工具。其中,对研究型大学的界定既保持了相对继承性,也根据高等教育实践进行了相应的变革。(详见附表)

最初两版(1973 年版、1976 年版)的高等学校分类法对研究型大学的界定,强调联邦科研经费的总体排名先后次序及哲学博士学位的授予总数。自 20 世纪 80 年代以后,分类法在保留哲学博士学位总数指标的同时,特别强调本科层次专业设置的齐全程度及本科、研究生直至博士教育层次的完整性,而联邦资助经费的总额取代了排名的先后次序。最近公布的 2000 年版的分类标准中,联邦资助经费额度已不再作为某一高校是否为研究型大学的依据,其理由是:美国国家科学基金会(NSF)所提供的数据尽管客观、可靠,但事实上,并非所有的研究项目都由联邦资助(此指标仅突出了对联邦资金需求较大的科研项目,如生物化学研究项目),并非所有的联邦资助都与科研有关,并非所有的联邦资助科研项目都包括在内(NSF 所提供的数据集中在自然科学和工程领域,诸如由美国教育部提供主要经费的人文社会科学研究项目则不在此范围内),而且未能反映联邦经费在各高校之间的二次转移(例如几所高校合作攻关项目经费的分配)。与之相反,基金会大大强化了研究型大学在博士研究生培养方面的指标,尤其突出了博士学位授予的学科分布范围。

与此同时,研究型大学的范围和数量得到极大扩充。(详见下图)在 1973～1994 年出版的《卡内基高等学校分类》四个版本中,"博士学位授予高校"(Doctoral Granting Institutions)大类下划分为四种类型,其中研究型大学只是博士学位授予高校的一部分。而在 2000 年版的分类中,"博士学位授予高校"大类下只划分为两种类型,由此,除那些学科设置相对单一的专门性学院外,其它几乎所有有权授予博士学位的高校都被纳入了研究型大学的范围。

此外,研究型大学的具体称谓也随之发生了变化。在最早见诸于卡内基高等教育委员会相关报告中的高等学校分类中,1971 年称之为"非常重视科学研究"、"中度重视科学研究";1972 年则冠用了"研究和博士学位授予大学Ⅰ"、"研究与博士学位授予大学Ⅱ"之名。此后的版本中多标识为"Ⅰ类研究型大学"(Research Universities Ⅰ)和"Ⅱ类研究型大学"(Research Universities Ⅱ);2000 年版的分类中则标识为"广延型博士学位/研究型大学"(Doctoral/Research Universities-Extensive)和"密集型博士学位/研究型大学"(Doctoral/Research Universities-Intensive)。其中,所谓的广延型和密集型,主要区别在

于授予博士学位的数量及其所覆盖的学科领域范围。前者是每年至少在 15 个
学科领域授予 50 个以上博士学位,后者则指每年至少在 3 个学科领域授予 10
个以上博士学位或每年博士学位授予总数在 20 个以上者。

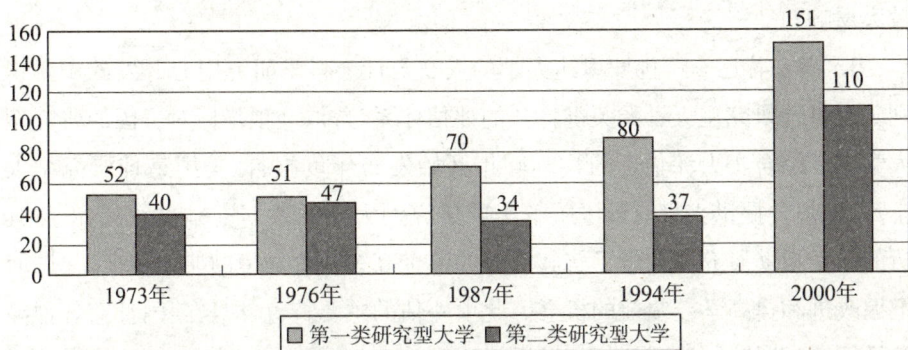

尽管卡内基基金会在其相关报告中都明确表示其分类法旨在"保持并增强
高校在类型和专业设置方面的多样性,抵制趋同化","维持高校数量的相对稳
定",并一再强调高校应确立各自独特的功能和使命,但由于其分类结果被广泛
用于新闻媒体、政府机构和基金组织对高校进行排行或提供资助的参考依据
(最典型的例子如《美国新闻与世界报道》的美国最佳大学排行榜),更有甚者甚
至将其作为一种高校排行榜,因此致使不少高校的领导都把"提高自己学校在
卡内基基金会分类结果中的类型层次"作为奋斗目标,从而出现了许多高校向
大型研究型大学趋同的趋势。鉴于此,卡内基基金会已着手实施一项新的计
划,即在 2005 年基金会成立 100 周年之际,推出全新的高等学校分类法。这将
是一套综合性的、具有广泛适应性的分类标准,全方位地展示美国高等教育体
系的复杂性和多样性,允许使用者根据自己的需求和目的,自主选取最适合的
指标,用几种不同的方式自主组合,从而形成个性化的高等学校分类结果。

(二) 佛罗里达大学人文与社会科学研究中心的研究型大学综合实力评估实践

定期对高等院校与专业教育质量实施鉴定,是美国高等教育评估的历史传
统和典型特征。但这种鉴定制度关注较多的是院校开设和专业设置的基准问
题。20 世纪 80 年代初以来,随着《美国新闻与世界报道》的高校排行榜推出,
对美国高校综合实力的检验开始得到较大发展。但在笔者看来,针对研究型大

217

学的综合实力进行评估的,当首推美国佛罗里达大学的人文与社会科学研究中心。该中心自 2000 年开始每年推出《美国最佳研究型大学》(the Top American Research Universities)的评估结果,在美国乃至其它国家和地区都产生了较大反响。[2]

1. 项目特色——佛罗里达大学的人文与社会科学研究中心开发的用于识别美国最佳研究型大学的关键特征的评估体系,选取 9 项指标对美国的研究型大学进行综合实力评估,并自 2000 年开始发布年度报告《美国最佳研究型大学》。该报告提供大量有助于了解美国研究型大学的数据资料和分析观点,其目的在于帮助研究型大学了解其所处的整个高等教育环境的典型特征,并进而把握改进和提高学校绩效的机会。此项评估的主要特色,即与美国其它各种高校排行榜(尤其是《美国新闻与世界报道》的高校排行榜)相区别的最根本特征在于:[3] ① 其目的是帮助研究型大学的管理及科研人员认识自己学校的绩效状况,并采取相应的措施克服、弥补不足,保持并扩大优势,而不在于为学生择校提供信息,因此也不带有任何商业炒作色彩;② 所有数据都用原始数据,不进行任何权重处理;③ 所采用的指标体系相对稳定;④ 只采用美国政府及全国性组织所公布的非主观性数据;⑤ 评估的结果以分组形式出现,而不是每所高校均对应于一个位次。

2. 评估对象及指标选取——中心研究人员对最佳研究型大学的评估对象的界定有两个条件:① 所获联邦科研经费的年度资助额度不低于 2 000 万美元;② 必须是经过地区鉴定组织鉴定认可且所开设的学术专业必须有资格授予经鉴定认可的学术学位的高等学校。

中心研究人员认为,研究型大学的成功有赖于诸多方面的优势,最好的大学必然在各个方面都干得最出色,最典型的特征是其在科学研究方面的核心素质和竞争能力。尽管可以反映研究型大学的综合实力的指标有很多,但有可靠数据资料支撑的却比较有限。所幸科研经费总量、联邦科研经费数、捐赠资产总量、年度捐赠情况、国家院士人数、教师获奖情况、博士学位授予数、在站博士后人数、新生的 SAT 分数等 9 项指标均有可靠数据资料支撑,虽不能反映研究型大学的方方面面,但已足以反映美国研究型大学的综合实力:

(1)科研经费额度是反映研究型大学科研活动情况的惟一兼具可比性和可靠性的指标。其中,国家科学基金会的数据仅限于理工科,而科研总经费不仅包括各学校各学科领域的科研活动情况,也包括来自企业、州和地方政府的科研经费,对联邦科研经费额度单项指标可能产生的偏差具有一定校正作用。

(2)尽管公、私立高校有着截然不同的经费来源渠道,但接受私人捐赠却是两者共同而又比较稳定的经费来源之一。捐赠资产的总量不仅代表了各大学为社会公众认可的程度,同时还在一定程度上反映了大学管理人员的投资意识和管理能力(具体体现在捐赠资产的增值情况),而每年的捐赠情况则反映了大学当前募集私人资金的能力。

(3)科研队伍的质量是学术机构竞争力的主要因素,故评估中选取国家科学院、工程院和医学院院士的人数及其在自然科学、社会科学、人文、卫生保健领域获得学术奖励的情况。

(4)研究型大学在开展研究的同时,也要致力于教育和培训新一代的科研工作者,因此选取博士学位授予数和在站博士后人数作为高级人才培养的测量指标。

(5)高质量的本科生是研究型大学的必要特征,但其质量是难以直接测量的,因此选取较少受学生规模或学校资助政策影响的 SAT 分数中位数作为本科生质量的测量指标。中心研究人员认为:除上述指标外,其他诸如学校声誉、结构、规模等指标都不能准确地反映学校的综合实力或绩效。

(6)声誉指标并不能客观地反映学校即时的真实情况。因为声誉调查本身存在很多问题,如每个人所熟悉的学校可能不会多于 10～15 所,而且一旦对某所学校形成一定印象之后就很少进行及时更新,因而采用声誉调查指标对那些知名度不很高的大学是不公平的。

(7)大学的结构对其综合实力几乎没什么影响。医学院对研究型大学的综合实力有帮助,但并不具有决定性作用。诚然,医学院是研究型大学出杰出科研人才、高水平成果的主要部门,但也并不是所有的最好的研究型大学都设有医学院,也并不是所有设有医学院的大学就具有最强的综合实力,因为每所大学都是根据自己的学科优势调配、组织师资和科研人员并开展科研与教学的。在农、工、医等方面实力较强的大学,其科研的重点可能会围绕生命科学及相关学科展开,而上述学科不很强大的学校可能会在人文社会科学及其它学科领域重点发展。再如,有些学校的经济学研究项目是在商学院进行的,有的则是在人文学院经济系开展的。由于内部组织的差异,诸如学院及学科设置等结构方面的问题对大学综合实力的影响并不太大。

（8）规模并不能说明绩效。诸如赠地学院的使命、卫生保健与工程专业的开设、附属实验室及附属医院以及专门职业学院的设置等，都会大大地扩充大学的规模，但这些要素只不过是为研究型大学充分发挥其科研功能提供了一种环境和条件而已，并不对研究型大学的成功与否和绩效高低产生决定性作用。而事实上，学生人数、教师编制以及经费预算额度等规模悬殊的高等学校，散布在美国最佳研究型大学榜单的各个层次上。

3. 评估结果与结论——在中心 2000 年度的美国最佳研究型大学报告中，公、私立研究型大学的综合实力评估是分两组分别进行的。依据是在各自小组内进入前 25 名的指标数量，且最少有一项进入前 25 名。结果有 35 所私立大学、47 所公立大学分别进入《美国最佳私立研究型大学》和《美国最佳公立研究型大学》的名单。2001 年的报告中，公、私立研究型大学的评估是合为一组进行的。其依据是进入前 25 名的指标数量以及进入 26～50 名的指标数量，且最少有一项指标进入前 25 位或 26～50 位。结果有 87 所高校榜上有名，其中 35 所私立高校，52 所公立高校。

如前所述，《美国最佳研究型大学》的评估结果最终是以梯队的形式出现的。9 项指标全部位居前 25 名者归为第一组，8 项指标位居前 25 名者归为第二组，以此类推。各组内的高校以学校名称字母依次排列。

从评估结果看，美国的最佳研究型大学队列中，私立大学占据了最好的席位，但公立大学中综合实力较强者在数量上远远超出私立大学。以 2001 年的评估结果为例，进入榜单的全部 87 所高校中，从绝对数量看，公立高校远远超出私立高校；但从榜单上的相对位置看，第一组的 5 所高校，无一例外都是私立的。即使在第二组中，列在前面位置的也是私立高校，其中有两所高校另外一项指标处于第 26～50 位，而公立高校中最好的成绩只有 8 项指标排在前 25 位，而另外一项指标则排在 50 位之外。

（三）美国研究型大学界定及综合实力评估的启示

长期以来，在我国高等教育界，"国家教委（国家教育部）直属高校"、"国家重点高校"等几乎成为我国高等教育最高水平的代名词。随着 20 世纪 80 年代初开始的学位制度的逐步实施，有权授予博士学位乃至博士学位授权学科点的多少逐渐发展成为衡量一所高校科研水平高低的重要指标之一。90年代以后,"211工程"学校"985工程"学校等新的称谓不断涌现。教学研究型大学、研究型大学等多少有些舶来品味道的说法也不断充实着我国的高等教育词汇。虽然限于高等教育结构、体制和发展水平的根本差异,中国研究型大学的界定及其综合实力的评估不可能直接套用美国的标准或指标体系,但其某些理念和基本做法仍对我们有所启示。

首先,尽管对研究型大学的界定可能只是为了强化研究对象的同质性,但我们必须承认,此界定本身已经包含了某些综合实力评估的成分,至少是一种有关"资格"或"基准"的判断。"研究型大学"和"最高水平的大学"之间几乎是可以划等号的。卡内基基金会的高等学校分类结果总是被某些学校视作排行榜,即使基金会再三声明也改变不了高校力图提高各自类型层次的客观事实。因此,对研究型大学的界定必须谨慎,尤其是所采用的标准应尽可能符合我国高等教育的实际情况,简单明了,避免产生歧义。当然,也可将研究型大学界定为一个相对开放的系统,让处于临界状态的高校自主选择归属的类型。但同时必须对可能进入研究型大学行列的学校数有一个基本的控制,一般以不超过学校总数的3～5%为宜。

复旦大学高教所参考美国研究型大学的定义,结合我国高等教育的实际情况提出:凡在中国大陆的大学,如果其一级学科的博士学位点授予权数占全校一级学科总数的50%以上,二级学科硕士学位点授予权数占全校二级学科总数的80%以上,而且其年度科研费用相当于或超过年度教学经费的大学,都属于中国研究型大学。[4]尽管这一界定能否赢得共识尚不得而知,但至少这是一个不错的尝试。

其次,研究型大学区别于其它类型高等学校的根本在于"研究"二字。如前所述,研究型大学的典型特征是其在科学研究方面的核心素质和竞争能力。从卡内基基金会界定研究型大学的标准和佛罗里达大学实施研究型大学综合实力评估的指标体系都可看出,与科研活动高度相关的指标,包括科研经费额度、高层次人才培养数量、科研队伍质量等,构成了研究型大学的核心竞争力。但强调科研竞争力并不意味着研究型大学不重视教学,而是更强调科研与教学的紧密结合,以科研带动教学和科研后备力量的培养。因此,博士学位授予数、博士后在站人数、本科生质量等都是衡量一所大学是否为研究型大学的重要标志,而诸如结构、规模等要素是否对研究型大学的综合实力产生根本性影响,尚有待于今后进一步考证。

第三,高等教育评估要么用于各高校或整个高等教育界的自我评估、自我约束、自我发展、自我更新,要么用于社会、国家、消费者对高校进行监督、检查、管理、控制,或二者兼具。佛罗里达大学的美国研究型大学评估项目,旨在帮助各研究型大学了解整个高等教育环境,认识自己学校的绩效状况,以采取相应措施改进和提高。

我国自20世纪80年代中期逐步确立高等教育评估制度以来,政府部门直接参与或委托进行的评估一直占据主导地位。90年代以后,社会中介机构对高等学校实施监督的排行性评估获得较大发展。但总体而言,政府主导的评估实际效果并不理想,而社会评估的机制依然不够完善。"985工程"巨额经费的投入,引发了人们对项目投入方法和经费使用效益的高度关注。在这一背景下提出对研究型大学(或者说高水平大学)进行综合实力评估,其目的显然有别于已往的评估,应更多地考虑产出和绩效。甚至可以考虑将尚未投入的经费与本次评估结果挂钩,以评估结果为基础改进高等教育项目经费拨款方式。果真如此的话,将意味着我国高等教育评估体制的重大突破。

附表 卡内基基金会"研究型大学"界定标准的演变

年度	第一类研究型大学	第二类研究型大学
1973	在1968~1969年,1969~1970年及1970~1971年三个学年度中,至少有两个学年位居联邦学术科研资助经费的前50名;1969~1970学年至少授予50个哲学博士学位(如果医学院也处于同一校区可将医学博士学位计入)。	在1968~1969年,1969~1970年及1970~1971年三个学年度中,至少有两个学年位居联邦学术科研经费的前100名;在1969~1970学年度至少授予50个哲学博士学位(如果医学院也处于同一校区可将医学博士学位计入),或者在1960~1970的十个学年度中哲学博士学位的授予总数位居前50名。
1976	在1972~1973年,1973~1974年及1974~1975年三个学年度中,至少有两个学年位居联邦学术科研资助经费的前50名;1973~1974学年至少授予50个哲学博士学位(如果医学院也处于同一校区可将医学博士学位计入)。	在1972~1973年,1973~1974年及1974~1975年三个学年度中,至少有两个学年位居联邦学术科研经费的前100名;在1973~1974学年度至少授予50个哲学博士学位(如果医学院也处于同一校区可将医学博士学位计入)。其中至少25个为哲学博士学位,或者在1965~1975的10个学年度中哲学博士学位的授予总数位居前60名。

续表

年度	第一类研究型大学	第二类研究型大学
1987	本科专业设置齐全,开展研究生教育,有权授予博士学位,每年至少授予 50 个哲学博士学位,高度重视研究,每年获得的联邦资助经费不少于 3 350 万美元。	本科专业设置齐全,开展研究生教育,有权授予博士学位,每年至少授予 50 个哲学博士学位。高度重视研究,每年获得的联邦资助经费在 1 250～3 350 万美元之间。
1994	本科专业设置齐全,开展研究生教育,有权授予博士学位,每年至少授予 50 个哲学博士学位。高度重视研究,每年获得的联帮资助经费不少于 4 000 万美元。	本科专业设置齐全,开展研究生教育,有权授予博士学位,每年至少授予 50 个哲学博士学位。高度重视研究,每年获得的联邦资助经费在 1 550～4 000 万美元之间。
2000	广延型博士学位/研究型大学 学士学位专业设置覆盖面宽,开展研究生教育,有权授予博士学位。在 1995～1998 年间,每年至少在 15 个学科领域授予 50 个以上博士学位。	密集型博士学位/研究型大学 学士学位专业设置覆盖面宽,开展研究生教育,有权授予博士学位。在 1995～1998 年间,每年至少在 3 个学科领域授予 10 个以上博士学位,或者每年所授予的博士学位总数不少于 20 个。

参考文献:

[1] http://www.carnegiefoundation.org 相关资料.

[2] http://www.thecenter.ufl.edu 相关资料.

[3] Diane D. Craig. The Top American Research Universities(powerpoint slides). Dalian,China,August 6—9,2001.

[4] 林荣日. 中国研究型大学综合实力评价指标体系设计[Z]. 2001 年复旦大学"研究型大学综合实力评价研讨会"论文.

(本文发表于《比较教育研究》2002 年第 8 期。作者董秀华,时属单位为上海市教育科学研究院高教所)

三、美国大学排行的产生与发展

大学排行是指在一定的理念指导下、根据某一具体的划分质量的标准、采用数学为主的方法、对高校质量水平进行综合或单项评估并排出名次或等级的一种社会评估方式。相对于传统评估方法，大学排行具有简洁、直观的特点，它采用量化手段直观地呈现大学间质量的差距，满足了社会公众了解大学办学状况的需要。排行结果的公布，不仅影响消费者对高校的选择，而且间接影响着高校的管理和高等教育资源的配置，其社会影响力不容忽视。

美国是最早进行大学排行的国家，其排行发展至今已较为成熟，能够满足社会多方面的需要，对世界其他国家大学排行的兴起与发展也有一定的影响。因此，对美国大学排行的产生与发展情况进行深入地研究具有积极的意义。国内一般将美国《美国新闻与世界报道》1983 年发布的大学排行榜作为世界大学排行的发端，其实早在 20 世纪初，美国就出现了以若干指标进行大学学术质量优劣排行的活动。根据大学排行择优性、社会性、简明性、公开性、完整性若干特征，[1] 尤其根据排行指标的完善程度，笔者将美国大学排行的历史划分为萌芽期、初创期、发展期和成熟期四个时期。

（一）萌芽期（19 世纪末至 20 世纪初）

19 世纪中后期，随着《莫雷尔土地赠予法案》的颁布实施，美国高等院校的数量迅速增加，至 1901 年就已达到 647 所，其规模远远超过了欧洲任何国家。高等教育的迅速发展，使院校间质量水平参差不齐的状况日益明显，因此，19 世纪末，不少组织机构出于各自不同的需要，开始依据办学质量优劣对高校进行分类/分等的尝试。

1870年,美国联邦教育局收集了100多所院校的数据,依据这些数据反映出的办学水平,将这100多所院校分为三类:大学和学院、理科学校、专科学校。1907年天主教南部教育董事会,依据院校收入、全职教师数量、管理等几方面,将其所辖63所院校分为四类:大学、A类院校、B类院校、其他机构。20世纪初,伊利诺斯州的高校认证机构对本州所属高校提出十个方面的要求,如:师资储备、入学要求、捐赠收入等,并据此将所属院校分为A+、A、B、C四个等级。此外,20世纪初,美国医学教育委员会也曾尝试以十项指标将全美医学院分为质量高低的五个等级。[2]

19世纪末出现的这些对高校进行分类、分等、选优的活动,虽然涉及面较小,评价结果也很少对外公布,缺乏大学排行公开性和完整性的特征,与严格意义上的大学排行有一定差距,但这些活动均以社会需要为立足点,以定量手段直观反映院校办学水平的差距,明显带有依学术质量进行选优的色彩,是对传统高等教育评估的突破和补充,表明依据质量进行高校排行的活动已经出现。

(二) 初创期(20世纪初至20世纪60年代)

排行榜的产生与美国文化传统及高等教育的发展密切相关。首先,美国自由民主的文化传统,使社会对大学发展状况具有强烈的需求;其次,高度自治和竞争的环境,使学术声誉对于大学的发展意义深远;再次,美国高校数量急速膨胀,而分而治之的管理体制又造成院校水平差异显著,使学生择校和跨校际交流存在困难。在这种情况下,面向公众直观量化的排行榜应运而生了。

1910年,美国心理学家卡特尔(James McKeen Cattell)在《科学》杂志上发布了"1910年科学实力最强的20个机构",[3]明确提出通过高等院校和科研机构中"明星"科学家的数量来反映院校的学术和科研实力。该排行榜依据的假设是:"科学家的拥有量能够体现院校的'相对实力'"。采用的评价指标只有一个,即院校中"明星"科学家的数量及占全体教师的比例。具体采用的评价方法是:在前人研究的基础上,对美国1 000名杰出科学家进行排序,再通过一套复杂的公式计算出每位科学家的贡献力,最后统计各院校明星科学家的得分数,排出院校学术实力。排行结果依照统计数据,由大到小列出(见表1)。同时,提供了详细的评价依据及方法论的阐释。

表 1　1910 年美国科学实力最强的 20 个机构[4]

大学/科研机构	得分	平均偏差	大学/科研机构	得分	平均偏差
哈佛大学	146.0	+16.3	地质勘测局	43.8	−12.2
芝加哥大学	94.6	+18.0	农业部	40.9	−4.9
哥伦比亚大学	79.3	−13.3	马萨诸塞州技术学院	37.7	+9.5
霍普金斯大学	63.4	+14.2	密歇根大学	37.1	−3.5
耶鲁大学	61.7	+12.2	加利福尼亚大学	32.4	−5.0
康奈尔大学	57.6	+4.6	卡耐基研究院	30.9	+19.4
威斯康星大学	49.0	+22.3	斯坦福大学	30.0	+4.8
普林斯顿大学	28.6	+7.5	宾夕法尼亚州大学	24.4	−4.5
史密森学会	26.0	−7.3	标准局	18.9	+0.1
伊利诺斯州大学	25.0	+16.7	克拉克大学	16.0	+2.0

　　这就是美国历史上第一个明确提出反映院校实力并按照实力强弱依次排序的排行榜。其突出的贡献是：在质量分等的基础上排序，第一次以简明直观的方式凸显机构间学术实力的差距且公开发表了排行结果。此后，卡特尔的这种排行评价逐渐引发了一些效仿者。20 世纪 20 年代至 60 年代中期这种依据"精英数为标准"衡量高等院校学术和科研实力的方法获得了广泛采用。与此前的选优分层不同，这一时期的排行评价不仅公开发表，明确表明采用相应的指标反映高校的质量，详细说明方法论和数据来源，而且按照高校质量优劣顺序依次排座，凸显了院校的实力差距，符合前述大学排行的五个特征。然而，这一时期的排行评价规模小，排行主体多为个体，评价标准、内容单一，在社会上尚未引起广泛重视和应用。

（三）发展期（20 世纪 60 年代至 20 世纪 80 年代中期）

　　20 世纪 60 年代政府对高等教育的投入剧增，高校数量迅速上升，学龄人口入学率上升到 50％左右，美国高等教育走向普及。同时，这一时期科学技术取得新的突破，知识技术成为推动社会发展的关键因素，作为知识的主要生产基地——高等学校，与社会生活的联系日益紧密，也受到了更多的关注。这一时期大学排行规模显著扩大,评价指标更加丰富,而且开始进行分学科、分专业排行。70 年代,社会公认的权威排行榜是罗斯(Roose)和安德森(Andersen)的"研究生专业排名"(Rating of Graduate Programs),该排行采用"声誉问卷调查法"[5],对艺术、科学、工程几个学科分别进行评价,覆盖了全美 130 所具有研究生专业的高校。声誉调查包括教师质量和课程效果两个方面。

1982 年,美国研究型大学质量特色评价委员会制订的美国研究型博士专业评价(Assessment of Quality-Related Characteristics of Research-Docterate Programs in the United States),分别对 32 个学科和 2 000 多个专业进行排行。[6]该排行的评估指标更加丰富,包括专业规模、学生状况、声誉调查、图书馆规模、科研支持、出版物等,向公众呈现了完备的大学信息。(见表2)

与初创期排行内容、指标单一的状况相比,这一时期的排行不仅评价规模明显扩大,而且开始分学科排行,排行的内容和指标更为丰富,采用的评价方法,不仅有定量评价,而且加入了"声誉调查"定性评价方法,以弥补定量评价的不足。此外,部分排行在数据处理上没有赋予指标权重、求综合分,而是各指标单独计算,更为清晰地反映了院校间实力的差距。

表 2　美国研究型博士专业评价:数学与物理科学的排行指标体系[7]

一级指标	二级指标	一级指标	二级指标
专业规模	师资数量	声誉调查	师资队伍学术水平
	最近 5 年的博士生数量		专业总体效果
	在读学生数(包括非全日制学生)		近五年中专业质量提高的程度
学生状况	获国家研究基金或培训资助的学生比例	科研支持	教师的知名度
	获博士学位的平均年限		获国家科学基金等项目资助的教师比例
	从事研究事业的毕业生比例		大学用于该专业研究与发展的经费总额
	在具有博士点的高校里从事科研工作的毕业生比例	出版物	年度论文发表数量
图书馆规模	图书馆的藏书量		年度论文的影响度

（四）成熟期(20 世纪 80 年代中期至今)

20 世纪 80 年代,美国高等教育质量下滑,教育评估受到了空前重视。同时,由于政府资助的锐减,高校必须更多地依靠社会筹措资金,院校间的竞争更加激烈。此外,学费的剧增也使公众在投资高等教育时更为谨慎。上述原因促使大学排行持续升温,并在世界范围内扩散开来。《美国新闻与世界报道》(以下简称《美新》)发布的"美国最佳大学排名"是这一时期最知名的排行榜。1983年《美国新闻与世界报道》首次进行本科大学排行,依据卡内基分类法将美国1308 所本科院校分为五类,并采用问卷调查法,每类排出前五名。1988 年《美国新闻与世界报道》在问卷调查的基础上,增加了客观量化评价指标并逐渐固定在学术声誉、生源质量、师资实力、财政资源、学生保持率五个方面(见表 3)。《美国新闻与世界报道》的排行依托媒体宣传优势,通过连续多年持之以恒地排行,逐步在社会上引起广泛重视。与以往的排行相比《美国新闻与世界报道》的突破在于:首次进行分类排行,解决了不同类型院校间相互比较的困难;首次进行本科院校排行,扩大了排行在社会上的影响。该排行规模较大,数据来源可靠,具有较高的参考价值,因而在美国乃至世界都获得了广泛应用。世界性的大学排行热也由此兴起。

除了《美国新闻与世界报道》发布的排行榜外,这一时期较有代表性的排行还有:佛罗里达大学人文与社会科学研究中心发布的"最佳研究型大学排行",该排行以为管理者了解并改进学校的绩效状况为目的,评价内容包括科研经费、捐赠资产、教师获奖等 9 项;[9]普林斯顿大学发布的大学排行榜,以帮助学生择校为宗旨,评价内容涉及管理、学术、课程等 10 项;[10]美国研究型委员会发布的排行榜,侧重于美国博士学位专业排行,着重为研究型大学的管理服务等等。这些排行榜目的各异,形式多样,从不同角度、不同层次反映出了美国高校的实力。

美国大学排行经由几十年的发展,加上近 20 年强烈的社会需求,呈现出了蓬勃的发展态势,无论是其评价内容、纬度,还是评价方法、形式,都表现得更为成熟了。

表3　《美国新闻与世界报道》大学排行榜所采用的评估指标[8]

一级指标	二级指标	权重	一级指标	二级指标	权重
学术声誉	学术声誉	25％	师资实力	教师平均补助费用	20％
生源质量	录取率	15％		获得最高学位的教师比例	
	报到率			全职教师比例	
	中学班级中排前 10％的新生比例			生/师比	
	中学班级中排前 25％的新生比例			少于 20 人的班级比例	
	SAT/ACT 成绩			少于 50 人的班级比例	
学生毕业及保持率	毕业率	20％	校友赞助	校友赞助率	5％
	新生保持率		毕业率履行	毕业率履行状况	5％
财政资源	生均教育费用	10％			

（五）结语

追踪美国大学排行的历史进程，可以看出美国大学排行逐步成熟的过程：在评价内容上由侧重科研评价到兼顾科研与教学；在评价指标上由单一指标到多项指标综合评价；在评价方法上由定量评价发展到定量与定性结合评价；在评价对象上由侧重研究生教育到兼顾本科教育；在评价方式上，由单项评估到综合评估再到分学科、分类评估。

这样的一条发展轨迹顺应了事物由易到难的内在发展逻辑，同时，也反映出美国大学排行与美国传统文化、社会发展以及高等教育发展密切相关。首先，美国特有的文化传统孕育并推动着大学排行的产生和发展。美国民主自由的文化传统，促使社会对高等教育发展状况产生强烈的需求，而排行榜正具有沟通社会与高校的桥梁作用，这就推动着大学排行的出现，并决定了排行评估的社会性。其次，社会的发展、科技的进步，为排行的发展提供了有力保障。20世纪 60 年代科学计量学的发展，为定量科学研究提供了基础，也为以量化为特征的大学排行的发展提供了技术支持，使大学排行在评价规模和内容上获得了长足进步。最后，排行逐步走向成熟与美国高等教育的发展密不可分。当美国高等教育迅猛发展、高校作为知识生产基地与社会的联系更为密切时,高校的发展状况也就备受社会的关注。

参考文献:

[1] 裴云. 大学排行理论研究[D]. 厦门:厦门大学,2003:7—9.

[2][3][4][5][6] David, S. Webster. Academic Quality Rankings of American Colleges and Universities[J]. 1986:29—58, 115—117, 117, 121, 121—124.

[7] An Assessment of Research-doctorate Programs in the United States:Mathematical&Physical Sciences. National Academy Press[J]. Washington,D. C. 1982:13—31.

[8] U. S. News&world report[J]. 2003(9):87.

[9] 董秀华. 美国研究型大学综合实力评估的实践及启示[J]. 中国高等教育评估. 2002(3):8.

[10] http://www. princetonreview. com/college/research/rankings/rankings. asp.

(本文发表于《比较教育研究》2006 年第 4 期。作者黄欣,时属单位为北京师范大学学科规划与建设处;作者吴志功,时属单位为华北电力大学)

四、德国 CHE 大学排名的
特点及对我国的启示

（一）德国的 CHE 大学排名

德国的大学排名起步较晚。20 世纪 80 年代中期开始，高等教育质量保障运动风靡全球，而德国却由于浓厚的大学自治观念使得其在高等教育质量保障方面成为落后者，原因是高校界普遍反对竞争与质量评估的提法。从 90 年代开始，才在一些媒体上出现了一些单项指标的大学排名。直到 90 年代中后期，质量评估在德国还是一个新领域。由于经费资源的相对短缺使得责任、竞争和质量控制为包括高等教育界在内的德国公众所接受，于是 CHE 的大学排名才应运而生。德国 CHE 大学排名是由"德国高等教育发展中心（Center for Higher Education Development，以下简称 CHE）"与有关媒体联合发布的。CHE 是 1994 年 4 月由德国大学校长会议（the German Rectors' Conference）和 Bertelsmann 基金会发起成立的组织，中心有 26 名成员。中心成立的意图是发起并帮助德国高校进行改革，CHE 自己宣称是起"思想库"和咨询作用的组织。作为非盈利性组织，CHE 没有党派之争和政治目的，只发挥促进高校发展的作用，密切学术组织与政府的关系，为高校的未来发展作出选择。大学排名是 CHE 的一项主要工作，1998 年开始第一次大学排名，1999 年与《明镜》周刊（Stern）合作，2005 年开始与"DieZeit"合作，合作者的责任是严格区分的，CHE 只负责数据收集与排名，而新闻媒体只负责市场和发布。[1] 由于资源有限，CHE 大学排名中选择的排名学科是分年度的，不同年度排名的学科如表

1。几年来 CHE 大学排名涵盖全德大学的 34 个学科，排名涉及的学生占德国大学学生总数的 75%。

(二) CHE 大学排名的价值取向

大学排名的价值取向对排名的方法、过程和结果有着最直接的影响作用。德国 CHE 大学排名之所以表现出与众不同的鲜明特色，其根本的原因就是在价值取向上有着不同于其他大学排名的特点，具体表现在以下几个方面：

第一，德国 CHE 大学排名旗帜鲜明地将中学毕业生和大学新生作为自己的服务对象。大学在学科专业、修业年限以及课程设置方面表现出的复杂性和差异性常常使得中学毕业生和大学新生们感到困惑，他们面临着在 300 所高校和 9 000 门课程中做出选择。中学毕业生和大学新生在选择学校和专业时也表现出很大的差异性，一些学生可能倾向于大学的研究实力（如研究基金、出版物等），而其他一些学生则倾向于大学良好的师生关系、好的指导教师、较短的学习期限等。大学的复杂性和学生选择的差异性使得 CHE 在进行大学排名时更倾向于学科排名而不是综合排名，更强调学生的民主参与。排名力图有更大的透明度并努力为学生的选择起到咨询与引导的作用，而促进高校之间的竞争和引导高校进行改革则成了 CHE 排名的间接目的。

表 1　CHE 大学分年度排名一览表

年度	排名学科
1998 年	经济学、化学
1999 年	法律、自然科学
2000 年	工程类
2001 年	人文学科
2002 年	经济学、法律、社会学科
2003 年	医学：包括医学（不含兽医学）、牙科；自然科学：包括生物化学、生物、化学、计算机科学、食品化学、数学、计算机工程、药剂学、物理
2004 年	人文学科：包括英语研究（含师范），德语研究（含师范），历史（含师范）、教育学；工程类：包括建筑学、土木工程、电子工程与信息技术、机械工程、物理工程、加工工程、测量

年度	排名学科
2005 年	经济学、法律、社会学科:包括法律、工商管理、经济学、政治科学/应用社会科学、社会学/社会科学、社会福利与教育事业、工商计算/信息系统、工业工程、工商法、媒体/通讯研究/新闻学
2006 年	自然科学、医学
2007 年	工程类、人文学科

第二,德国 CHE 大学排名只对高校的学科进行排名,而不涉及大学的综合与整体实力。他们认为不存在最好的大学,大学的学科之间也有着各自的优点和不足,例如有的高校在研究上处于领导地位,但在学生的设备方面却很差等等。他们还认为,综合分数的计算可能会使学科的优势和不足相抵消,从而使学科间的差异和特点变得模糊不清。给大学一个综合分数对于希望从事某个专业学习的学生来说起不到什么帮助作用。CHE 声称自己是多维的排名(multidimensional ranking),用多维的排名来勾画出大学各学科的优势与不足,以便更好地为中学毕业生和大学新生在学科专业选择方面提供帮助。

第三,德国 CHE 大学排名只对大学的学科进行分层,而没有明确的名次。许多大学排名都给某所高校一个确定的名次,这种方法有一个问题,那就是名次可能并不能真实地反映大学的质量,综合分数的微小差别可能会误导人们对大学行为与质量的真正理解。以《美国新闻与世界报道》2001 年的排名为例,在第 13 名和第 22 名之间的综合分数只差 6 分(满分 100 分),这样确定的名次实际上是由不精确的数据产生的。CHE 大学排名为了避免这种做法所带来的问题,采用了分层的排名方式,将大学分为三组:高组(top group)、低组(bottom group)和中间组(middle group),位于不同组的大学之间的差异是明显的,同一组内的大学之间被认为是不相上下的,而这些大学自己往往也这样认为,这也是采用精确名次的其他大学排名经常遭到来自大学的批评的一个真正原因。[2]

(三) CHE 排名指标与数据来源

指标的选择对于大学排名来说是至关重要的。指标与排名的服务对象有很高的相关性,在近两年的准备时期里,CHE 会定期地组织一些讨论,根据服务对象需求的变化来调整指标。这些讨论会邀请评估专家、专业人员、大学协会的有关人员参与,也会组织中学毕业生、大学生进行讨论。在这些讨论咨询的基础上,CHE 设计了一个包括九个组成部分的"指标模型",九个部分包括大学及所在城市、学生、产出、国际化、教学、资源、研究、劳动力市场及就业能力、学生和教授的整体评价等。每个组成部分都包含一些二级指标,总共有 35 个,范围从大学(规模、成立时间、类型)及其所在地的原始信息(例如租金)、学生的特点、教学与课程、就业的问题、研究与劳动力市场和来自教授与学生的整体评价。这套指标既包括客观数据,也包括主观判断。例如在"教学"部分里,有事实的指标如师生比、学习期限,也有教授和学生的主观判断,如关于课程组织、教授与学生之间的联系、图书、计算机设备等,情况如表 2 所示。

表 2　CHE 排名的数据来源情况一览表[3]

调查对象	调查范围	调查项目	数据性质
大学	280 所高校(其中 132 所综合大学和 148 所应用科学类大学)	费用、住宿、学生、中心服务	客观数据
院系	约 2 000 个	专业、教职员、研究	客观数据
教授	21 000 个左右	教学大纲、资源和研究状况	主观判断
学生	210 000 个左右	教学大纲、资源、学习状况、生活条件	主观判断
毕业生	抽样调查		主观判断

　　把学习期限作为大学排名的一个重要因素是与德国大学的特点有很大关系的。在德国,不仅不同大学的各个专业的修业年限有很大差别,而且不同大学的相同专业修业年限也不尽相同,以社会学为例,规定学习期限范围是 9~16 学期,但是最快的 50% 的学生只要三年半就可以拿到学位。因而学习年限是德国学生在选择大学与专业时考虑的一个重要因素,CHE 大学排名必须将其作为一个重要的指标加以考虑,而这个指标对于一些学习年限比较固定的国家来说则是无关紧要的。

　　CHE 排名没有把学生中学时的成绩作为一个指标来考虑,而其他国家的大学排名则很看重学生选择(指学校对学生的选择,而非学生对学校的选择)指标,如《美国新闻与世界报道》的排名"学生选择"指标的权重为 15%,其中学生

SAT 成绩占 6％,高中成绩占 5.25％;英国《卫报》的排名,学生在中学时的成绩占 14％(2003 年以前是 10％);加拿大《麦克林》的排名,学生在中学时的平均成绩占 11％。德国之所以不将高校对学生的选择作为大学排名的一个指标,是因为德国的高校在学生选择方面没有多大的自主权。在德国,除了少部分专业(如医学和心理学)外,其他专业对所有的学生申请者来说,都会根据申请者的意愿分配到相关的高校与专业。德国的中央权威机构"大学名额分配中心(Zentralstelle fürdie Vergabevon Studienpl？tzen,ZVS)"会根据申请者的意愿,考虑申请者所在中学的类型、申请者居住地与大学的距离等因素后将其分配到各个不同的高校,在这个过程中,高校几乎没有什么发言权。ZVS 是 1973 年在多特蒙德成立的政府机关,其任务是分配国立大学以及其它国家认可的大学入学名额并发放入学通知书。近年来大学获取了一些很不充分的选择学生的权利,大学被容许在 ZVS 分配了 80％学生以后才能对学生做出选择。

对于工程类专业,CHE 还会对其专利获奖情况进行分析。因为德国大学没有很好的校友联系,对毕业生的调查有较大难度。许多大学既没有系统的校友信息,也没有他们的地址簿。CHE 排名在以后的排名中还会进一步加强毕业生调查方面的工作。

(四) CHE 排名在学生分类方面的特点

强调大学排名服务对象的不同需求是 CHE 大学排名的独有特点,根据学生的不同需求 CHE 排名将学生分为三类,如表(3),再根据三类不同学生的需求和关注点,分别对各个大学的不同专业给出分层排名,这种做法是其他国家与地区大学排名所没有的。现有的大多数大学排名与其他高等教育的评估形式一样,都不可避免地存在着一个致命的弱点,即促使所有的大学都向所谓的"最优秀大学"看齐,因为评价的指标是根据"最优秀大学"而制定的。这与高等教育的多元化发展趋势和受教育者的多样化追求的特点是相背离的。CHE 大学排名根据学生的不同需求对德国的学科专业进行分类分层排名,这与高等教育的发展趋势与大众化高等教育的发展方向是一致的。

表 3　CHE 排名不同学生类型的需求特点与相关指标[4]

学生类型	需求特点	指标
想法单一型学生（The single-minded student)	希望得到好的指导、辅导和管理服务，并能尽快完成学业。	与学生较多接触的讲座和合理的生师比。
研究型学生（The research student)	立志从事科学研究工作，希望到研究型大学学习。	教授们的建议、教授们对研究条件的好评、每个教授的博士数、合同研究费用数和学术出版物的数量。
实践型学生（The practical student)	希望学到实用知识，要求专业特点与实际联系密切，学习年限不必太长，教授与企业界和经济界联系密切，对实习有很高的期望值。	学生的评价意见、大学在实践学期有较好做法并拥有好的实验仪器设备。

（五）CHE 排名的质量保障

　　大学排名作为联系高校与社会、政府、学生家长雇主之间的纽带与桥梁，无疑可以为促进高校之间的竞争发挥作用，为高校的质量保障发挥作用。但是大学排名如何保证自己的质量呢？从我国有关大学排名的研究文章中可以看出，对我国现有大学排名的批评很多是针对排名本身的质量问题，如前提假设的科学性、排名方法的客观性、指标权重的合理性、排名结果的权威性等。所以，大学排名本身的质量是大学排名可持续发展的根本保证。德国 CHE 大学排名在如何保障排名本身的质量方面也有一些制度安排和具体做法。

　　第一，具有较高的透明度是保障大学排名质量的措施之一。CHE 大学排名强调排名方法应该有较高的透明度，在数据来源和排名的过程方面要尽可能的透明。关于 CHE 大学排名的各种细节，任何人都可以在互联网的 CHE 大学排名网站的"方法报告"中查阅。[5]

　　第二，保障数据准确性方面的制度安排。CHE 大学排名的数据来源是多方面的，在收集到大量的数据后，CHE 排名先计算得分，而后将这些数据反馈到各个高校和院系,高校有机会进行核对以修正失实的数据并改正错误。对于主观判断性的数据信息,CHE 排名会对这些信息进行平衡,然后再使用。CHE 排名坚持只发布可靠和有效的数据,所以对于那些极端性的个案和有冲突的数据,平衡后仍不能使用的,CHE 排名则会放弃这些数据信息,所以每年的排名都会有相当的数据不能使用。

第三,建立各个学科的大学排名顾问委员会。CHE 每年都会组织各个学科的顾问委员会,成员来自教工协会或学科协会的代表。该委员会就指标、问卷和其他方法问题提出有自己学科领域特点的建议和意见。此外,委员会的经验和知识也可以作为检查排名结果有效性的工具。这一步是质量保障的工具,也叫有效性控制。

CHE 排名已经在德国产生了一些影响,调查显示,大约有 1/3 的学生是根据大学排名来选择自己的专业的,这个数字在排名长期不为公众所接受的德国来说已经显示了大学排名的实际效果。不同的学科,学生对排名的参考程度也是不同的,调查显示工程类学生占 50%,而文学类只占 19%。还有一个信息能够说明 CHE 大学排名的效果,在第一个大学排名公布一年以后,排名靠前的专业申请者人数显著增长。“研究型”学生增长了 19%,“实践型”学生则增长了 13%。

(六) 德国 CHE 排名给我们的启示

第一,大学排名必须与本国的大学发展实践相结合。CHE 大学排名特别强调大学排名的文化传统特色,针对德国高校没有选择学生权力的特点,CHE 大学排名放弃了其他大学排名较为重视的中学学习成绩指标的做法;又根据德国大学各个专业学习期限不同的特点,将学习期限作为排名的一个重要指标。反观我国的大学排名,在借鉴国外大学排名方法时也应该充分考虑我国的大学发展特点与文化传统,体现我国高等教育发展的特点。

第二,大学排名必须首先明晰自己的服务对象。德国 CHE 大学排名旗帜鲜明地将中学毕业生和大学生作为自己的服务对象,强调排名首先要根据他们的需求特点,充分发挥为他们服务的作用。我国的大学排名虽然也强调为中学生及其家长选择高校而服务,但在实际排名中却过分强调大学本身的特点而忽视了学生群体的具体需求。例如在排名发布方式上,我国一些大学排名是发布在学术期刊上的,具有一定的研究取向,还有排名是用英文在互联网上发布的。

第三,大学排名要尽力克服高等教育评估的趋同化弊病。大学排名和其他高等教育评估形式一样,可能会导致大学的趋同化发展,由于评估指标多是依据优秀的、研究型大学的状况来制定的,所以排名一旦发挥作用,就可能使得大学为了取得较为靠前的名次而盲目效仿"样板"大学,使指标成了大学发展的指挥棒,这与大学发展的多样化趋势是相背离的。CHE 大学排名根据学生的需求不同而将高校分为三种不同类型,每种类型都有自己的优秀、中等和不足的高校,这对于高校的多样化发展有很好的促进作用。这一点,从一定意义上对解决困扰我国大学排名的可比性问题有很好的借鉴作用。

第四,大学排名要有自己的质量保障机制。大学排名的质量是大学排名活动可持续发展的前提,所以我国的大学排名也应该建立大学排名本身的质量保障机制,在发展中找不足,在修正不足中求发展,这样,大学排名才能够走上一条健康发展的路子。大学排名活动的历史只有二十多年,没有哪个排名是十全十美的,排名在不同国家的发展也谈不上发达与落后。改革开放以来我们需要学习西方发达国家的东西很多,也许正因为如此,我们在借鉴国外大学排名的做法时更多地考虑的是学习而忽视了自身的特色。就大学排名而言,我们应坚持在自己文化特色的基础上进行大学排名,我们在结合自己大学发展实际的基础上进行的大学排名就是自己的创新,也可能为国外同行所借鉴。所以我们认为,借鉴是在同一起跑线上的相互学习,而不是单向的信息流通。

参考文献：

[1] http://www. university-ranking. de,2005—11—17.

[2] Gero Federkeil. Some Aspect of Ranking Methodology—The CHE-Ranking of German Universities[J]. Higher Education in Europe,Volume ⅩⅩⅤⅡ,No. 4,2002:389—397.

[3][4] European Centre for Higher Education,Ranking and League Tables of Universities and Higher Education Institutions Methodologies and Ap-

proaches(德国部分),for the 1st Meeting of the Working Group of the Project on"Higher Education Ranking Systems and Methodologies:How They Work, What They Do"10—11 December,Washington,DC,USA:31—33;建钧.德国大学排行榜[J].21 世纪,2002(6):40—41.

[5] http://www.che.de/assets/images/AP36.pdf,2005—11—15.

（本文发表于《比较教育研究》2006 年第 4 期。作者李文兵、沈红，时属单位为华中科技大学教育研究院）

五、大学排行——问题与对策

　　大学排行是当前影响大学发展的一个重要因素。当一所大学在某一个排行中排名靠前时,大学或者窃窃自喜,或者弹冠相庆,甚至在校内外广泛传播这一信息。如果在国际上著名的排行中榜上有名,则可成为国家生活中的大事。反之,如果排名下降,在校内就可能紧急动员举校检讨,在校外则会对该项排名大加挞伐,痛斥其排名方法之不科学。大学排行已经在扭曲大学的办学行为,影响大学的工作。为此,美国几所最优商学院已经开始联合抵制排行,24 位文理学院院长也联合签署了批评《美国新闻与世界报导》(以下简称《美新》)大学排行的公开信,并且声明抵制该刊的大学声誉排行调查。在我国也已经听到了几位著名大学校长对大学评价和排行的尖锐批评。但是,大学排行并没有因此销声匿迹,而是大有澎湃发展之势。《美新》每年载有大学排行的当期发行量也是其全年发行量之最,这即为明证。自 1983 年《美新》发表了首次大学整体排行以来,英国、加拿大、澳大利亚和德国等国相继推出了大学排行,我国也有了几家颇具影响的排行,特别是上海交通大学的排行在国际上产生了始料未及的重大影响,可能在我国当代高等教育研究的国际影响中没有哪一项研究可以与其比肩。看来大学排行不会以大学的意愿而转移,既不会无缘无故地产生,也不会无缘无故地消失。

　　首先,大学排行是在大学大众化和大学不断从社会的边缘走向社会中心的过程中产生的。随着大学在社会生活中的重要性不断提高,政府拨款相应增加,公众高等教育投入也相应增加,因此公众有权利了解大学向公众提供的服务有什么实质性的提高。但是,当代大学在从象牙塔演化成公众机构以后,其行为并没有发生根本的变化,大学没有主动地发布准确和详尽的信息,造成了大学与公众之间信息的严重不对称。于是,各种校外机构"乘虚而入",竞相发布有关大学的信息。《美新》的一位编辑不失时机地说:"我们并没有要求做这项工作,我们没有要求当高等教育的仲裁者,是这项工作落到了我们的肩上。"[1]其次,经济市场化和全球化催生了大学排行。学生和其他一些利益相关者在经济市场化的过程中,观念和自身定位都在不断变化,正在从高等教育消极的接受者转化为主动的、积极的"消费者"。他们从"消费者"的角度思考大学所提供的"产品",既然是"产品"就有名牌与非名牌之分,就有排名靠前与靠后之异,于是大学排行就成了他们的"消费"指南。而在经济全球化中,高等教育成为跨境贸易的重要构成部分,既然是贸易,就会出现商品的排行,大学全球排行榜就应运而生了。第三,信息化为大学排行提供了信息基础和信息处理技术手段。当然,在这些原因之后是人性使然,在有人群的地方就会有竞争,在有机构群的地方就会有竞争,排行是大众最喜闻乐见的、最简单明了的展示竞争结果的方式。正如美国麻省大学(阿默斯特)校长隆巴蒂(John V. Lombardi)所说,"排行是愚不可及的,但是它代表了美国人的强大偏爱","人民喜爱任何与声望相关的排行"。[2]既然大学排行不可避免,人民喜欢它,我们就应学习、了解和研究它。

大学排行在一些大学校长和教师的眼中可以说是"愚不可及"、漏洞百出的。

其一,大学排行必然有利于一些大学而牺牲另一些大学。任何一种排行都是目标驱动的,结果是由所设计的指标体系的内在价值决定的,因此我们可以说,现有的排行都不能说明大学在其全部使命中的表现,但是几乎所有排行都声称是对大学的整体排行。一般排行都倾向于大学的科研成绩,而牺牲了教学质量,虽然一些排行设计了诸如"招生选拔性""班规模"和"馆藏图书量"等与教学相关的指标,但是这些指标基本上是与大学教学输入端相关的,并不一定能准确反映大学教学的输出端——质量。美国著名高等教育学家阿特巴赫(Philip G. Altbach)2006年指出,"实际上,没有广泛接受的测量教学质量的方法,评价教育对于学生的影响是一个远未得到探讨的领域"。[3]排行对于科研的偏好无疑强化了当前大学趋同的世界性趋势,使得原本存在的、适应不同社会需求的、不同类型的院校向综合性研究型大学靠拢,大学在纵向上的差距被排行人为地膨胀了,与此同时掩盖了高等学校在横向上的差别。目前的排行武断地将不同类型的指标加权,然后相加得出大学的整体排行名次,这种排行减少了原设计指标的效度,扭曲了指标原来设定的目的与评价结果之间的关系。《美新》为了回应对于其整体排行的批评,聘请了全国舆论调查中心的一位专家来评价自己的排行方法。但是,事与愿违,该专家经过深入的研究,认为:"目前方法主要的不足是使用权重把若干测量结合起来构成一个总体的评价的做法,缺少可靠的实证或理论基础。"[4]

其二,大学排行指标的设计以及赋权主观武断,缺少必要的效度、信度和可比度。从下表我们可以看出大学排行在指标选定上存在巨大差异。

世界大学排行指标赋权对照表(%)

	上海交大	泰晤士报	麦克林	美新	墨尔本	卫报
新生成绩	0	5	11	15	11	28
输入——教师	0	25	20	20	3	35
输出——资源	0	0	48	15	11	10
学习输出	10	0	5	25	13	10
最终成果	0	0	0	0	5	17
科研	90	20	0	0	40	0
声誉	0	50	16	25	17	0

资料来源:Kathryn Mohrman, Educational Exchanges: What China Should Not Adopt from U. S. Higher Education, Conference on Contemporary China Studies, University of Hong Kong, January 5~6, 2007.

上海交大的排名号称为"世界大学学术排行",但是其对学术的定义显然完全偏向了科研,他们相信排行惟一可信的数据是可以广泛获得的、国际上可比较的、可测量的科研成绩数据。因此在指标选定上,只选择了有关学习输出和科研的指标,前者的赋权仅为10%,后者则高达90%[3]。关于学习输出,也就是教育质量,指标仅有一项,即诺贝尔奖和费尔茨奖获奖校友的数量,显然对于教育质量的理解也是相当狭隘的。实事求是地讲,我并不相信上海交大研究人员对大学学术和教育质量的理解会如此狭隘,他们不会认为大学学术不包含教学,而可能的是,他们认为没有"客观"的数据支持教学质量的跨国比较。这应该是哲学理念让位于功利主义技术优先的一个典型案例,这是依数据"可靠性"、"客观性"和可比性为据所设计的一套经典的指标体系,也正因为此,它在世界上被广为引用。但是,无疑这样的排名突出了综合性、研究型大学模式。即使在有关科研的指标的选择中也有主观武断之嫌,指标过分偏重教师中获得诺贝尔奖的人数(权重 20%),高引用率教师人数(权重 20%),在《自然》和《科学》两刊物上发表的论文数(权重 20%),被引用的论文数(权重 20%),当然这些指标是"客观"的、可"公正"获取的。但是,这里我不想多谈诺贝尔评奖中的复杂政治因素,仅以在两个刊物上发表的论文数来判断科研水平似乎也有失偏颇,这两个刊物也并没有声称给予各个学科以平等的关注。关于引用率也有值得探讨的地方,欧洲许多研究人员认为,它有利于美国大学,美国大学研究规模巨大,而美国研究人员倾向于引用美国本土刊物发表的论文,哈佛大学有 168 位高引用率论文的教师,斯坦福大学有 132 位,加州大学(伯克利)有 74 位,麻省理工学院有 74 位,而剑桥大学却仅有 42 位。[5]

在各项排名指标中声誉是最具争议性的,如果仅对少数几所大学排行,使用声誉调查来排行可能不会引发多少争议,因为学界和社会对少数几所最优大学会有大致的共识。但是,通过声誉调查为所有大学排行注定是问题百出的。《美新》对校长、教务长和招办主任等进行大学声誉调查,回复其问卷调查的人数日趋减少,2003 年 67% 的接受调查者回答了问卷,到 2006 年就下降了 6 个百分点,那些回答了调查问卷的也只给问卷所列受评院校的 56% 打了分。[6]美国 24 所文理学院的校长联合抵制《美新》声誉调查反映了大学对声誉指标及其权重的不满。应该说《美新》声誉指标权重还是比较适中的,为 25%。上海交大和《卫报》的排行根本就没有设定声誉指标,而《泰晤士报高教副刊》赋予声誉指标高达 50% 的权重,很难看出其依据在哪里。

其三,大学排行的指标偏重过去的成绩,预测未来的功能有限。实事求是地讲,大学排行的功能就在于评价以往的成绩,要求其预测未来似乎勉为其难,但是有些指标的设定对于过去的偏重似乎也有些离谱了。例如,多数诺贝尔奖获得者获奖之时都是在大学毕业十几年甚至几十年之后,我们很难用某诺贝尔奖获得者在某大学学习时的质量说明该大学今天的教学质量。同样,许多诺贝尔奖获得者在获奖时早已经离开了从事其获奖研究时所在的院校,但是分却加在了其获奖时所在的院校上。这里所做的分析应该同样适用于指标所定的其他奖项和诸如院士数等指标。但是,高引用率论文的教师的数量这一指标却正好相反,把分数加给了高引用率论文的教师被排行时所在的院校,回避了论文被大量引用时教师是否在该校工作,似乎这一指标又注重了被排行大学当前的状况。这不能不说在指标设计的指导思想中,存在着内在逻辑的不一致。

其四,商业性机构或刊物无法回避在其大学排行中的商业利益考量。美、英最有影响的大学排行都是商业机构进行的,这可能可以部分地解释其排行指标设定的武断以及修改的频率。发行量是商业刊物的生命线,我们试想如果某一商业刊物每年发布的大学排行榜都一样,是否还能吸引读者购买呢? 因此每年修改指标就成为必然。例如,1999 年在《美新》大学的排行榜中加州理工学院排行第 9 名,2000 年指标修订后上升到第 1 名,在引起一片反对声之后,于次年再一次修改指标,加州理工学院随之滑落到第 4 名。也许这样的变化正是商业性的排行所期许的,引起公众注意、吸引公众眼球从而扩大发行量。而大学是一个相对稳定的机构,提高质量亦是一个漫长的过程,从这一理性出发,我们可以认为大学排名也应该是相对稳定的,不会是波浪迭起、新闻百出的,但这与商业理性绝对是背道而驰的。当然,我们不能断言商业刊物每年大学排行指标的修订完全是从利润出发的,商业也要可信,也要取之有道,才能持久。另外,在跨国大学排行中也可能隐藏着国家利益,例如英国在跨境高等教育服务贸易中十分活跃,我们可以说,在一定意义上,是否能吸引到留学生,对许多英国大学来说是生死存亡的问题。《泰晤士报高等教育副刊》大学排行榜给予大学国际化水平以特别的关注可能恰恰反映了这一点,它在赋权达 50% 的声誉调查中调查的是国际学术领导和全球企业雇主,同时还直接给国际教师所占比例和国际学生所占比例各 5% 的权重。于是,与上海交大排行相比,在前 100 所大学中,《泰晤士报高等教育副刊》大学排行中英国大学数量大增而美国大学数量相对减少。更匪夷所思的是,在《泰晤士报高等教育副刊》排行中,澳大利亚大学在前 100 所大学中占 12 所,而加拿大仅占 3 所,这无疑与澳大利亚大学雄心勃勃的跨境招生计划相关。

其五,大学排行从大学直接提取的数据可能缺乏信度。在 2008 年 1 月召开的经合组织教育部长有关高等教育成绩评价非正式会议上,部长们认为,"大学排行和(大学)国际'分类排行榜'……可能会导致院校行为的扭曲"。[7]美国的一项研究表明,雇主们付给排行靠前的商学院毕业生更高的工资,即使他们知道某些排名并不太靠前的商学院教学质量较高,他们也不会给予这些学院的毕业生较高的工资。于是,在较不知名的商学院学习的学生在回答排行调查时就刻意给出对就读院校非常满意的回答,甚至一些学院的领导授意学生如何填写类似的问卷。[8]当然,我们不能把大学的行为完全归咎于大学排行,但是毋庸置疑的是,大学排行给大学造成的巨大压力导致了一些大学的扭曲行为。

其六,大学排行可能误导读者。一般而论,不存在各个学科都同样优秀、所提供的服务方方面面都同样优秀的大学,但是排行的结果可能被读者误解为大学的表现如排行顺序所示。尽管排行者可以郑重声明,排行是由不同指标测量之后相加而生成的,各大学在各指标中表现是不同的,但是读者经常会对排行的过程闭目塞听、视而不见,而仅关注最后的排名结果。更何况,许多排行置信空间过大,使得排行位置即使有较大的差别,在统计学上也是没有什么意义的。但是,这种排行位置上的差距在读者眼中却意义重大,常常影响考生的判断。同时,读者也可能被大学误导,例如有的大学为了提高招生录取方面的分数,在招生宣传上大做文章,不惜做出虚假的许诺,尽量提高报考人数,而在录取时却提高录取标准,人为地把一些合格的考生挡在门外,这样招生录取方面的分数是提高了,但是考生的利益却受损了。

总而言之,大学排行存在着重科研轻教学、重数量轻质量和重大学纵向差别、轻横向差异等问题,但是,对大学排行有广泛的需求,起码在目前还不可替代,正如阿特巴赫所言:"它对消费者、教育政策制定者与学术机构来说仍是相当有价值的,因为可用来与国内外大学进行比较。"[9]因此,我们必须研究和改进大学排行,思考开展大学排行的一些基本原则。

首先,大学排行要反映"大学使命的主要因素或'遗传特征',具体说就是教学、研究和社会服务",[10]要避免以某种单一的大学模式为标准评价所有的大学。大学排行的指标必须反映大学的核心学术标准,清晰描述大学的学术使命,以及系、院、校或者学科和专业所处的独特环境。

其次,排行应该避免成为竞争和推销的"明星评选",避免对大学的整体排行,努力使大学排行逐渐演化为提供大学全面、客观、准确、清晰信息的平台,改变大学信息不对等的状况。所有关心大学的人或机构,不管是考生、在校学生、大学管理者和教师、决策部门或基金等社会机构都可以根据自己的需要从中获取信息,并且根据自己的需要给指标赋权和进行排行。

第三,要有专门的机构研究大学排行相关的问题,特别是大学排行的评价指标体系。我们相信大学办学有规律可循,如果我们考察各种大学排行榜,不难发现排在靠前位的大学多少年不变,以美国大学排名为例,经常排在前 10 名的大学很少会跌出前 15 名。据此我们是否可以说,存在某种"暗物质"(dark matter)影响大学的质量,对各种排行指标都产生重力作用。[11]如果存在的话,我们就应该深入进行研究,挖掘和确定这些"暗物质",这不仅对于我们建设世界一流大学有重要作用,也会对其他大学提高质量产生积极的影响。此外,我们可能还要研究在大学排行中如何体现那些无法量化而又对大学质量产生重大影响的文化和制度因素。伟大的物理学家爱因斯坦的一句名言——"不是所有可以量化的东西都重要,也不是所有重要的东西都可以量化"——应该成为大学评价的一项指导原则。当然还应该研究大学排行指标设计的其他指导原则以及数据的收集、储存、分析和发布等问题。

第四,与大学排行相关的各方应该找准自己的位置,发挥各自的作用,为完善大学排行做出各自的贡献。目前制约大学排行的一个重要因素是公共政策的缺位,许多政府对大学排行的基本态度是不鼓励、不承认,但是实际上,政府的某些相关机构自己也进行大学排行或评价。政府应该明确自己的作用,退出评价或排行活动,制定政策,集中规范大学的数据统计口径,要求大学定期发布准确的数据,从而为各种大学排行提供数据依据,逐渐使大学排行建立在可靠的数据基础之上。大学无需对每项排行提供数据,而应该定期发布全面和准确的数据,把这作为一项经常性的工作和必须履行的社会责任。大学相关的研究机构可以、也应该开展大学排行的研究,但是不应该以大学排行为自己的经常性工作。因为从制度安排的角度分析,大学在排行中既当运动员又当裁判员肯定会引发利益冲突,或者引起利益相关者对排行动机与目的的质疑。笔者在这里并不特指某些大学的研究机构,实际上,据笔者所知,这些机构所做的排行还是相当公正的。但是从长远讲,如果这些机构进行的排行不是以研究为目的,而是经常性的工作,那么这些机构应该从大学中分离出去。大学排行的主力应该是中介机构。当然,商业性的排行也可以有一席之地,在市场经济的社会中毕竟是市场决定了商品的供给。但是,政府要管理和引导这一市场。大学、公众和决策机构要正确解读大学排行,首先要了解某项大学排行的目标是什么,是对大学的整体排行还是对学科专业的排行,切忌以局部代替整体。大学应该将排行作为一个诊断工具,寻找自己的不足,改进自己的服务。公众不要把排行作为子女选择院校的惟一依据,要充分认识排行的局限性,对于子女教育而言,最适合自己子女的院校就是最好的院校,而非排行越靠前越好。政府在将拨款与大学排行结果建立起联系时,不仅要奖励排在最前端的大学,而且要关注排在尾端的大学和激励多数大学。经合组织的教育部长们一致认为,"将评价结果与院校激励制度联系起来,包括提供额外的资金,可以是质量保障和质量改进及推动院校间相互竞争的强有力杠杆。同时注意到,评价也可能导致国家内(院校间)差异的扩大,这对制定政策、鼓励处于评价尾端的院校改进质量是一个巨大的挑战"。[12]

不管大学或政府喜欢还是讨伐大学排行,它都顽强地存在,并且正在引起公众和媒体的强烈关注。因此,我们要研究大学排行存在的问题,积极改进大学排行工作,充分利用大学排行不断提高大学的质量。

参考文献:

[1][2][4][6] Elizabeth, F. Farrelt Martin Van Der Werft Playing the Ranking Game, The Chronicle V. 53, Issue 38. All, 2005—25—5.

[3][5] Simon Marginson, Marijk Van Der Wende, To Rank or To Be Ranked: The Impact of Global Rankings in Higher Education[J]. Journal of Studies in International Education, Vol. 11, No. 3/4, 2007:306—329.

[7][12] Chair's Summary, Informal OECD Ministerial Meeting on Evaluating the Outcomes of Higher Education, Tokyo, 11 — 12 January 2008, Chaired by Kisaburo Tokai, Minister for Education, Culture, Sports, Science and Technology, Japan.

［8］Marguerite Clarket，The Impact of Higher Education Rankings on Student Access，Choice and Opportunity［J］. Higher Education in Europe，Vol. 32，No. 1，2007：59—70.

［9］Gero Federkeil，Some Aspects of Ranking Methodology— The CHE-Ranking of German Universities［J］. Higher Education in Europe，Vol. 27，No. 4，2002.

［10 ］Rolan Proulx，Higher Education Ranking and League Tables：Lesson Learned from Benchmarking［J］. Higher Education in Europe，Vol. 32，No. 1，2007：71—82.

［11 ］Alex User，Massimo Savinot，A Global Survey of University Ranking and League Tables［J］. Higher Education in Europe，Vol. 32，No. 1，2007：5—15.

（本文发表于《比较教育研究》2008 年第 10 期。作者王英杰，时属单位为北京师范大学国际与比较教育研究所）

六、大学排行对国际学术竞争格局的影响

(一) 大学排行对院校竞争策略的影响

目前,遍布非洲、欧洲、亚洲、大洋洲、南北美洲的 40 多个国家和地区建立了区域性和国际性的大学排行体系。大学排行已经影响到了诸多利益相关者(学生、院校、政府等)的决策行为,悄然地改造着国际、国内学术系统的竞争格局和资源流动,成为高等教育全球化的一个有力注脚。

英格兰高等教育拨款委员会(HEFCE)一项对 91 所英国大学的在线调查显示,许多大学已经将排行评估的绩效指标作为自己的战略目标和内部改革的推动力。[1]受排行的影响,院校更加注重高等教育质量方面数据的采集。2006年一项世界范围大学排行如何影响院校决策的调查得出了类似的结论。[2]在这项调查中,有 57% 的受访者认为,排行对自己院校的声望具有积极影响,只有17% 的受访者认为没有影响。该项调查表明,各国应对院校排行竞争所采取的策略包括:① 科研。增加投入以提高文献引用率;鼓励教师在英文期刊上发表成果等。② 组织。合并院校或学科;成立卓越中心(Centre of Excellence);扩建留学生设施;加强院校研究等。③ 课程。推行欧美课程模式;重点扶持自然科学和生物科学;撤销绩效不高的课程;提高生师比等。④ 学生。提供有吸引力的奖学金,有针对性地招收优秀学生;推行更多的国际交流项目;提高留学生工作的专业化水平等。⑤ 师资。招聘有国际影响力的教师;建立基于市场和绩效的聘用和工资制度等。⑥ 公共关系和营销。招生、公共关系部门的专业化;在有关出版物上印制统一的院校"品牌"标识;在《自然》《科学》等一流学术

刊物上登载广告;扩大国际联盟和网络等。

上述院校行动不一定直接由大学排行引起,但与一些国际大学排行指标有较高的相关性。例如,多数排行较一致地强调"投入"变量(新生质量、师资资历、科研经费等);比较而言,各排行榜的"产出"变量则缺少一致性,其影响力也相对较弱。排行榜的这种"重投入、轻产出"的特点,也"复制"在院校的改革举措上。

在一定程度上,大学排行折射出的大学的地位变迁,颠覆了杰出大学需要漫长历史积淀的传统,那些虽名不见经传却充满创业精神的大学获得了发展机会。[3]被誉为"创业型大学"(entrepreneurial university)的英国沃维克大学(University of WarWick)就是这方面的典型。该大学成立于 20 世纪 60 年代中期,凭借其大胆、创新的办学理念,在短短三四十年内实现了跨越式发展。目前,该校已经稳居英国大学前 10 位。沃维克大学校长明确提出:到建校 50 周年的 2015 年,沃维克大学要实现世界大学排名前 50 的目标,为此该校制定了一系列有针对性的战略措施。[4]

"后起之秀"的另一个例子是位于美国卡罗莱纳州的克莱姆森大学(Clemson University)。该大学的传统优势学科是农业和机械工程。近年根据本州发展需求,该校与宝马(BMW)公司建立了战略合作关系,将学校发展定位于汽车研究和教育的主要基地。该校公开宣称的发展目标就是进入《美国新闻与世界报道》大学排行的公立大学综合排名前 20 名。2001 年,该大学的综合排名只有第 74 名。2005 年为第 34 名,而到了 2010 年已跃居至第 23 名,该校还被《美国新闻与世界报道》评为美国"最佳后起之秀"(up-and-comers)的第 9 名。克莱姆森大学在其学校网站上直截了当地表明本校在各类学术排行上的位次,以此作为对外宣传的手段。[5]

尽管普通大学可以通过特定战略实现大学排行位次的提升,但是有研究发现,大学排行结果对后继的同行评议(peer assessment)有很大影响力。[6]这些评议与排行之后大学的组织管理和绩效是否改善无关,"声望"指标的"晕轮效应"导致院校的地位具有相对稳定性。社会学家安东尼·吉登斯(Anthony Giddens)曾提出"结构的二重性"(duality of structure)的概念。[7]我们发现,大学排行中也存在"声望的二重性"——一方面,排行测量出声望分层结构;另一方面,排行结果强化了声望的分层结构。[8]

同时,强调教育和科研经费支出的排行可能不利于大学管理效率的提高。目前有 95％以上的排行指标直接或间接地与院校的"财富、声誉和入学排他性(exclusivity)"有关。[9]高等教育市场信息的不充分,导致内涵不清的"学术声望"指标替代"学术质量"进入公众视野。就声望指标的负面影响而言,精英大学的高等教育支出成为其他院校追逐的方向。[10]使用经费支出的排行指标对提高办学效率具有负面作用。生均经费的评估指标将导致学校难以降低成本和学费。有分析显示①,大学排行上的学校名次与教学支出呈正相关关系,因此人们担心大学排行正推动一场"学术军备竞赛"(academic arms race)。为了提高声望,学校可能会无节制地消耗资源。[11]另外,大学排行在推动院校竞争的同时,其绩效指标与政府和院校的其他政策目标(如社会公正、社区服务等)也存在冲突。

从知识生产角度看,大学排行(特别是一些国际性的排行)更多使用自然科学的文献引用指标,这对于人文、社会科学、跨学科的研究不利。[12]排行中的学科倾向与各国政府高度重视自然科学、生物医药、工程技术在国家经济发展中的地位有一致性。同时,大学排行还发挥着经济学上的"信息传递功能"(signaling)——较高的排名有助于院校吸引优秀学生和教师、提升内部士气、增强行政人员的工作安全感等,这些功能印证了心理学中"自我实现预言"(self-fulfilling)的理论。[13]

院校排行地位的起伏并不必然反映其综合办学水平的变化(尤其在一年一度排行的背景下)。通过对统计方法(指标选择和权重变化等)的"操纵",排行机构可以在大学不改变办学现状的情况下"实现"院校地位的变化。根据国际知名的传媒机构 2009 年底对 30 个国家 350 名大学师生的在线调查,有 71％的

---

① 有报告显示,经费与排行名次的关系因排行指标的差异而有所不同,如 Forbes/CCAP 排行指标强调大学生关心的教育质量问题(如学生满意度、毕业生的成就、学生债务、四年内的毕业率、学生获国家级奖项等),此排行中生均支出与排行名次呈负相关关系。

被访者认为,"一些院校为了提升排名位次而操纵自己学校的数据"①。[14]从这一意义上说,当人们批判排行本身缺乏准确性、误导消费时,我们是否应该反思:大学自身是否提供了可利用的、关于办学的准确数据呢?

(二)大学排行对国际学术系统竞争格局的影响

从国际学术系统的角度看,大学排行具有双重意义:一方面,不同指标体系下的排行结果为公众提供了多角度观察学术生态的机会;另一方面,排行结果又通过各种机制悄然地改变着现有不同高等教育系统的地位格局。

以欧洲为例,该地区享有悠久的高等教育历史和声望,却一直受到现有国际大学排行体系的困扰。例如,瑞士、德国、芬兰等非英语国家的职业性院校传统上享有较高声誉,但那些强调综合指标和科研力量的国际大学排行,在很大程度上忽略了各国高等教育系统的多样性。面对国际大学排行中不尽如人意的地位,不同欧洲国家的态度是复杂的。例如,面对国际性大学排行,法国人一方面感到愤怒,因为他们认为现有主导性的大学排行榜只对有盎格鲁-撒克逊传统的大学有利,却不利于法国精英的高等专业学院(grandesé coles);另一方面他们也感到惊讶,因为法国公认最好的巴黎第六大学,也只位列上海交通大学排行的第 45 位。[15]

于是,一些欧洲国家提出:不应该只由别人来制订大学评价标准(尤其是当本地区高校的排名难以名列前茅时)。欧盟提出应该建立有利于本地区大学"气质"和特点的排行。[16]德国"高等教育发展研究中心"(Center for Higher Education Development)于 2007 年开始发布"欧洲卓越大学排行"(CHE Excellence Ranking),旨在为那些希望在欧洲国家攻读硕士和博士学位的学生提供不同学科的信息。2009 年,欧盟国家还推出了由德国、荷兰、比利时、法国等国研究机构组成的"高等教育与研究绩效评估联盟"(The Consortium for

---

① 为了提高排名,克莱姆森大学也采取了缩小班级规模、提高入学标准等手段,操纵了一些数据,如校长在填写声望调查表时,对其他大学课程的分数都打到平均分数以下。有意思的是,克莱姆森大学公开了这些手段。参见:College Rankings:The Good,the Bad and the Ugly Behind Assessing Higher Education[EB/OL]. http://education-portal. com/articles/College_Rankings_The_Good_the_Bad_and_the_Ugly_Behind_Asssessing_Higher_Education. html. 2010—01—15.

Higher Education and Research Performance Assessment)的大学排行,旨在克服已有国际大学排行的弊端,凸显被评高等教育系统在语言、文化、经济和历史背景方面的差异,强调院校在使命和结构上的可比性。[17]迄今为止囊括学校数量最多(达到 12 000 多所院校)的是西班牙"国家研究委员会"(Spanish National Research Council)推出的"世界大学网络排行"(Webometrics Ranking of World Universities),它让发展中国家的大学也能获得自己相对地位方面的信息——即使它们目前还不是"世界一流"。

大学排行广泛的国际影响力,促进研究人员更多地思考排行的科学性问题并做出积极回应。近些年日益多样和灵活的大学排行功能和类型的出现,就反映了这一趋势。例如,总部设在布鲁塞尔的欧洲智库"里斯本委员会"(Lisbon Council)2008 年针对经合组织(OECD)17 个国家的高等教育系统(而不是单一院校)进行了排名,其评价指标包括:大学生毕业率、入学机会、大学毕业生薪水、吸引留学生的能力、变革能力和终身教育水平。结果显示,澳大利亚、英国、丹麦、芬兰和美国位列前 5 名。[18]对传统大学排行的批判和反思,催生了体现新高等教育质量理念的排行制度。

香港城市大学凯文·唐宁(Kevin Downing)分析了自 2007 年以来由不同机构发布的大学排行的变化趋势,发现在过去 3～4 年间得益于亚洲各国政府(包括中国、韩国、新加坡)公共投入的增加,越来越多的亚洲大学取代美国、英国和欧洲大陆的院校而进入世界 200 强。[19]不断提升的大学排名又被这些亚洲国家用来吸引西方的合作伙伴,如宁波诺丁汉大学的前任执行校长高岩(Ian Gow)提出,政府机构正在敦促地方高校把合作伙伴限定在前 20 位的外国高校。[20]这意味着这些亚洲大学的排名有望通过这样的国际合作而进一步提高。有学者预期,未来院校的声望不再取决于排行本身,而取决于围绕排行建立起来的院校协作网络。[21]这种协作网络的方式包括科研合作、教师和学生交流项目、大学联盟等。

由于科研论文的引用率是很多大学排行的重要指标,而一些发展中国家的学者很少有机会在国际性刊物上发表成果,导致他们的科研成果很难进入国际科研数据库。有鉴于此,最近在泰国的倡导下,东盟国家(ASEAN)希望通过共同创办高质量的学术刊物、建立东盟国家的科研引用指标体系等途径,搭建起服务本地区大学的科研平台（research clusters），最终提高本地区科研的国际知名度（visibility）。[22]诚如阿特巴赫（Philip G. Altbach）评论的那样，在全球化时代，那些处于世界学术边缘地带的院校，有可能在没有精心规划和充裕资源的情况下获得跨越式发展；个别院校、学系和学者也拥有比以往更多的机会在国际上争得一席之地。学术边缘与学术中心之间变得更有渗透性（尽管这种渗透依然困难重重）。[23]

国际学术系统对大学排行的回应方式，受到了各国政府建立世界一流大学政策的强化。概括起来，各国相关的公共政策有两大模式：第一是所谓"新自由模式"（neo-liberal model）。此模式将大学排行作为一种市场机制，它或打破原有院校之间的均衡格局（如德国、法国），或强化原有的院校分层结构（如日本、中国），或强化科研评估（如英国），进而建立少数世界一流的研究型大学。第二是"社会—民主模式"（social-democratic model），它旨在建立一种横向分化、高绩效、面向全球和强调学生经验的高等教育体系，采用此种模式的包括澳大利亚、爱尔兰、挪威等国。不管各国采取何种策略，大学排行已经深刻地将高等教育质量保证、科研评估等一系列改革与追求世界（排行）一流的目标结合在一起了。

（三）讨论与建议

1. 加强大学排行的问责制

有效、可靠的有关学术质量的信息关乎公共利益，不能全部交由市场力量来执行。为了保证大学排行发挥更积极的影响力，首先需要确保排行数据的准确性，这方面院校、排行机构和政府部门都负有重要责任。政府应该制定相关政策，确保院校能提供可靠的办学信息；确保院校有动力利用这些信息来提高教学、研究和服务质量。各类大学排行从不同侧面反映了人们对高等教育质量内涵的理解。这方面，澳大利亚的"优秀大学指南"（Good University Guide）提供了一个范例。为保证信息的可靠性，澳大利亚政府专门拨款实施"大学生课程经验问卷调查"和"毕业生就业去向调查"以收集数据，并通过强制性的学术审计（academic audit）和竞争性的教学绩效基金（Learning and Teaching Performance Fund）分配，激励院校更积极地使用调查所得的数据。

2. 对高等教育质量问题的反思

在目前的排行指标体系下,拥有悠久历史和资金充裕的研究型大学的地位依然难以撼动。国内少数精英大学和普通大学、发达国家与发展中国家大学之间学术水平的鸿沟依然存在。但是,我们也看到不同经济发展水平的国家正积极开展多样性的大学排行活动;不断完善的大学排行制度正在给"后起"的大学提供机会和竞争策略。大学排行可以成为我们重新审视"高等教育质量"多样化的内涵及其应对策略的契机。这对于思考如何推动我国高校个性化发展具有积极意义。

3. 从关注个别量化指标转向院校核心竞争力

院校如想在不同排行体系中一贯地处于优势地位,就不能依赖"论文发表数量"之类粗放的发展方式,而需要将资源倾向于院校核心竞争力——教学、科研和社会服务的原创成果。以上海交大"世界大学学术排名"为例,虽然在过去10多年里,中国一些顶尖大学的排名有所起色,但是我们注意到,这些大学整体地位的提升较多依赖"科学引文索引"(SCI)和"社会科学引文索引"(SSCI)被收录论文的数量。事实上,我国顶尖大学在这一指标上的排名远好于它们的综合指标排名。只有强调科研成果的原创性,我国的大学才能在论文"被引用率"等更能代表学术质量的指标上取得突破。

4. 从建立"一流大学"转向建立"一流高等教育系统"

从公共政策选择看,与其把资源集中在少数精英大学身上,还不如将目标定为建立一个具有世界竞争力的高等教育系统。政府应该着眼于建立一大批各具特色的大学,每所大学都能吸引世界级的专家和优秀的学生。一流的大学系统更能动员高等教育整体的潜力并发挥其杠杆作用。这无疑是重大的高等教育政策理念的转向:政府需要克服将大学排行变成一种"零和游戏"的倾向(即以牺牲大众化院校和普通学生的利益为代价,维护少数精英院校和尖子学生的利益),应通过设计一个更加平衡的高等教育制度来最大限度地兼顾学术卓越与社会公正。

参考文献:

[1] Hazelkorn, E. Rankings and the Battle for World Class Excellence:

Institutional Strategies and Policy Choices[J]. Higher Education Management and Policy,2009(1):1—22.

[2] Hazelkorn, E. Impact and Influence of League Tables and Ranking Systems on Higher Education Decision-making[J]. Higher Education Management and Policy,2007,19(2):87—110.

[3] 安东尼—史密斯,弗兰克—韦伯斯特. 后现代大学来临[M]. (侯定凯译). 北京:北京大学出版社,2010:19.

[4] Thrift, N. Message from the Vice-Chancellor [EB/OL]. http://www2. warwick. ac. uk/about/vision2015. 2011—02—05.

[5] Presentation by Chris Przirembel Vice-President for Research and Economic Development,Clemson University[C]. at MIT Conference on Local Innovation Systems,Cambridge,Massachusetts.

[6] Bastedo, M. and Bowman, N. U. S. News&World Report College Rankings:Modelling Institutional Effects on Organizational Reputation[J]. American Journal of Education. 2010(116):163—183.

[7] Giddens, A. The Constitution of Society:Outline of the Theory of Structuration[J]. CA:University of California Press,1986,25—28.

[8] Barbara, M. and Bjm, S. (eds.). University Rankings,Diversity,and the New Landscape of Higher Education[J]. Rotterdam:Sense Publishers,2009:19.

[9] Carey, K. Beat Them,Join Them,or Leave Them Be? [J]Currents,2007,33(6):50—52.

[10] Massy, W. F. Markets in Higher Education:Do They Promote Internal Efficiency? In:Teixeira,P. ,Jongbloed,B. ,Dill,D. and Amaral,A. (eds.). Markets in Higher Education:Rhetoric or Reality? Dordrecht,the Netherlands:KluWer,2005:13—35.

[11] Myers,L. and Robe,J. College Rankings:History,Criticism and Reform[R]. A Report from the Center for College Affordability and Productivity (CCAP),2009:3.

［12］Hazelkorn, E. The Impact of Global Rankings on Higher Education Research and the Production of Knowledge. UNESCO Forum on Higher Education, Research and Knowledge. Occasional Paper, No. 15. Paris: UNESCO, 2009.

［13］Sander, M. and Lancaster, R. Do Ranking Matters? The Effects of US News&World Report Rankings on the Admissions Process of Law Schools[J]. Law & Society Review, 2006, 40(1): 105—134.

［14］Adams, J. and Baker, K. Global Opinion Survey: New Outlooks on Institutional Profiles. Thomson Reuters, 2010: 2.

［15］Lessons from the Campus: Special Survey Section on France. The Economist, 2006—10—28.

［16］Boulton, G. University Rankings: Diversity, Excellence and the European Initiative. League of European Research Universities, Advice Paper No. 3, 2010.

［17］Centre for Higher Education Development. The CHERPA-Network Wins a European Tender to Develop a Multi-dimensional Global Ranking of Universities[EB/OL]. http://www. che. de/cms/? getObject＝302&getNeWsID ＝983&getCB＝309&getLang＝en. 2009—06—02.

［18］Ederer, P. , Schuller, P. and Willms, S. University Systems Ranking: Citizens and Society in the Age of the Knowledge [EB/OL]. http://www. lisboncouncil. net/publication/publication/38-university-systems-ranking-citizens-and-society-in-the-age-of-knowledge. html. 2011—02—12.

［19］Sharma, Y. ASIA: Universities' Rise Beginning to Eclipse US. University World News. 2010—11—21.

［20］Hazelkorn, E. The Problem with University Rankings[EB/OL]. http://www. scidev. net/en/science-and-innovation-policy/aid-for-higher-education/opinions/the-problem-with-university-rankings. html. 2009—03—11.

［21］Sharma, Y. OECD: Higher Education Conference Attacks Rankings. University World News. 2010—09—14.

［22］Sharma, Y. ASEAN May Create Research Citation Index. University

World News. 2010—10—05.

[23] Altbach, P. The State of Rankings. Inside Higher Ed. 2010—11—11.

[24] Salmi, J. The Challenge of Establishing World-Class Universities (AppendixF). Washington, D. C. :World Bank,2009.

[25] 周克荣. 从世界大学排名看我国高校发展中的问题[A]. 第五届民盟上海高教论坛论文集 [C]. 上海:复旦大学,2011:59—66.

[26] Hazelkorn, E. Rising Popularity of Rankings. Campus Review[EB/OL]. http://arrow. dit. ie/cgi/viewcontent. cgi? article = 1006&context = dirreart. 2008—05—27.

（本文发表于《比较教育研究》2012 年第 4 期。作者侯定凯,时属单位为华东师范大学高等教育研究所;澳门理工学院）

七、大学排行榜对高等教育的影响及思考
——基于世界主要大学排行榜的分析

(一) 大学排行榜对高等教育的影响

1. 大学排行榜对地区及国家高等教育发展政策的影响

当今,世界各国出现了数量众多的大学排行榜。大学排行榜已成为高等教育全球竞争的一个体现,深刻地影响到高等院校的战略决策和日常运作。大学排行榜正被一些国家及地区作为加快高等教育发展和建立精英大学的政策工具。"世界一流"一词开始出现在高等教育的讨论、高校使命的陈述以及政府教育的政策中。在欧洲,全球大学排行榜具有重大影响。尽管欧洲是近现代高等教育的发源地,但欧洲大学处于国际大学排行榜顶端的数量却很少。2010 年上海交通大学发布的《全球大学学术排行榜》中,只有两所欧洲大学进入前 20 名,而美国是 17 所;进入前 50 名的欧洲大学也只有 11 所。同样,欧洲大学在《泰晤士报·高教副刊》的全球大学排行榜中也处于劣势。欧洲高等教育在全球大学排行榜中的表现引起了欧盟层面和各个国家层面的政策反应和行动。在欧盟层面,里斯本战略是提高高等教育绩效的主要手段,其目标是将研发(R&D)资助提高到 GDP 的 3%,将高等教育财政资助提高到 GDP 的 2%;增加研究生总数和数学、科学和技术专业的研究生数;减少人才流失;增强高等教育和科研对创新和经济发展的贡献。最近的预算分配包括向欧盟第七个 R&D 项目提供为期 7 年、总额为 500.5 亿欧元的总预算,成立欧洲研究理事会,向创新和突破性基础研究提供为期 7 年、总额为 75 亿欧元的预算。[1]

在国家层面,各国通过集中资源和提供额外资助采取了各种行动以提高该

259

国教育和科研的全球竞争力。英国的研究评估制度(The Research Assessment Exercise)和新西兰的基于绩效的研究资助(Performance-based Research Fund)都是为了鼓励和奖励研究的卓越成就。突出的例子是德国的一流大学建设,各大学通过全国竞争获得额外资助,以成为能够参与全球竞争的精英大学。丹麦则对现有大学进行合并,以产生规模大、实力强的大学。在荷兰,3 所理工大学联合形成了一个全国性联合体。在我国,尽管教育部表示不支持对大学进行排名,但在 20 世纪 90 年代我国先后制定和实施了"211 工程"和"985 工程",力争在 21 世纪初使若干所高校和一批重点学科达到或接近世界先进水平。

2. 大学排行榜对高等院校发展的影响

(1) 大学排行榜对高等院校发展战略的影响。许多大学在确定战略发展方向时都直接或间接地受到大学排行榜的刺激,将"成为全球最佳大学之一"(澳大利亚莫纳什大学,2005)列为学校的使命,或提出"成为世界真正的优秀大学"(美国俄亥俄州立大学,2007)、"21 世纪世界顶尖大学"(首尔国立大学,2006)。[2]一些大学还明确地将提高排名作为学校的战略目标,并将资源分配、人事聘用和其他决策与该目标联系起来。例如,2004 年美国明尼苏达大学(University of Minnesota)校长将该校的战略定位确定为"(使该校)成为世界前 3 名研究型大学之一"。[3]澳大利亚的麦考瑞大学(Macquarie University)计划到 2014 年该校建立 50 周年时成为澳大利亚最好的 8 所大学之一和世界最好的 200 所大学之一。[4]英国的华威大学(War Wick University)宣布到 2015 年该校建立 50 周年时要成为世界最好的 50 所大学之一。[5]日本的东北大学(Tohoku University)也宣布计划在未来 10 年进入世界前 30 名一流研究型大学行列。[6]大学排行榜也是各高校大多数高层会议的重要议题。MHE/IAU 的研究表明[7]已经建立了一个正式的内部机制,以审查学校的排名和地位。大多数高校运用大学排行榜设立目标或基准,根据实际的绩效对指标进行分析和定位,以识别学校的优势和劣势,进行资源分配,向各院系/部门分派关键性绩效指标。可以说,大学排行榜为高校进行根本变革、加快改革和追求特定目标提供了证据或标准,它使高校的管理更加商业化。根据丹尼尔·莱文(Daniel Levin)的研究,[8]许多大学校长为了提高排名都突出强调某一方面:88%的校长强调在校生的保持率;84％强调校友捐赠;75％强调毕业率;71％强调入学分数;63％强调教师津贴;31％强调生师比。

（2）大学排行榜对高等院校人事及组织结构的影响。大学排行榜正在影响高等教育组织的形态。一些高校对一个系或整个学校进行合并、重组与整合,在校内组建外部组织。或者相反,通过成立半自治的研究所/中心或研究生院而将本科生和研究生活动分离,其目的并不仅仅是追求更高效率,而是通过重要的质量指标体现学校成绩的显著性,如更多的研究人员、更具竞争性的研究资助和更显著的科研产出。

许多高等院校正在将其招生、市场宣传和公关活动进行专业化,设立专门的办公室负责这些事务,并投入大量的资金和人力。一些高校纷纷设立或扩展国际事务办公室,目的是吸引更多的国际学生,因为国际学生的人数正是一些大学排行榜的一个指标。许多高校专门成立了院校研究办公室收集数据,监控学校的绩效,更好地向公众或其他官方公布学校的数据。

大学排行榜还被用于一些高校校长的任命或解聘。[9]例如,在 2001 年,因数据报告错误导致霍巴特-威廉·史密斯学院（Hobart and William Smith College)在 2000 年《美新排行榜》的名次比预料的低,对这一错误负有责任的高层管理者被该校解聘。[10]同样,马来亚大学在《泰晤士报·高教副刊》排名中的名次下滑 80 名后,该校副校长也被解雇。[11]

大学排行榜影响到高校的人事决策,尤其是教师招聘和聘用。例如,由于上海交通大学《全球大学学术排名》的指标强调教师的获奖情况,爱尔兰和英国大学纷纷招聘诺贝尔奖获得者。[12]《美新排行榜》将教师薪酬作为一个指标,所以很多高校聘用更多的非终身教师,这样可以省出资源提高终身教授的工资。[13]

（3）大学排行榜对高等院校资源分配和资金募集的影响。大学排行榜影响了高等教育的优先发展领域,促使国际学生的专业硕士学位项目不断发展。最大的变化是促使大学重新平衡教学/研究和本科生/研究生活动,向那些更具有生产力和能产生更好绩效的领域重新分配资源,艺术、人文和社会科学尤其受到影响。

大学排名还影响一所院校的财政决策。首先,可以影响管理人员和教师的工资。例如，美国亚利桑那州立大学(Arizona State University)2007 年批准了一项合同，如果该校校长能提高学校的排名，将获得 1 万美元奖金。[14]澳大利亚麦考瑞大学(Macquarie University)规定，如果该校副校长能提高学校排名，将获得 10 万澳元奖金。[15]大学排行榜将教师工资作为指标将促使高校增加教师工资，这样就会相应招聘和留住优秀教师，其潜在的结果是向学生提供高质量的教育和产生更多的科研成果。

其次，由于一些大学排行榜考虑生均开支，迫使高校作出关于财政分配优先性的困难决策。如果高校削减生均开支，将可能消极影响学校的排名，这样就很难保持学费不上涨。随着世界各国高等教育公共财政的削减，而对于高等教育的问责持续增加，高等院校面临降低成本的压力，大学排行榜鼓励提高生均开支将给高校带来很大的财政负担。

最后，排名会影响高校的资金募集。高排名能够提升学校的形象，对捐赠者也更有吸引力。排名还会影响高校募捐的目标对象。例如，《美新排行榜》只考虑校友捐赠的比例，有些高校就将资源用于提高校友捐赠比例上而不是获得最多的捐赠资金。[16]

（4）大学排行榜对学生择校和大学招生的影响。越来越多的证据表明，大学排行榜确实影响到学生入学人数、申请者的质量和学校的声誉，而排名的变化则对申请者和学生的入学决定起着重要影响。澳大利亚莫纳什大学在大学排行榜中的位置和声誉成为许多学生选择入读该校的决定性因素，对于国际学生来说尤其如此。[17]英国的一项研究[18]证实，92％的国际学生认为英国大学排行榜对他们选择就读学校重要/非常重要。61％的英国学生在作出择校决定前参考了大学排行榜，70％的学生认为大学排行榜重要/非常重要。在美国，大学排行榜对优秀学生、第二代学生和亚裔背景的学生很重要。麦克多诺(McDonough)等人[19](1998)认为，虽然只有 40％的美国学生使用大学排行榜，但有 11％的学生认为排行榜是影响他们决策的一个重要因素。克拉克(Clarke)[20](2007)引用英国、德国和新西兰的经历，认为成绩优秀的学生更有可能使用大学排行榜作为择校参考，高排名导致院校申请人数的增加。

在美国，高等院校招生极大地受到排名的影响。蒙克斯(Monks)和埃伦伯格(Ehrenberg)[21](1999)发现，在大学排行榜和学生申请人数之间存在直接的相关性。因为"学生选择性指标"(student-selectivity indicator)通过申请学生被录取的百分比、注册率、入学新生 SAT 或 ACT 平均分数以及录取新生在高中班级中排名前 10％的比例进行衡量)是《美新排行榜》的关键指标,所以高校会采取各种招生策略以提高自身的排名。在美国,高校一般通过 3 种方式提高录取学生的注册率。一是增加"提前录取"学生的比例;二是增加优才资助的数额,以吸引成绩优秀的学生;三是大力投资宿舍、光纤计算机网络、体育及休闲运动设施等基础设施建设,以吸引优秀学生。大学调整招生政策来提高排名,对高等教育入学机会和多样性都会产生不利影响。当高校强调 SAT 分数时,通常对少数民族学生和社会经济地位低的学生不利;更多的优才资助意味着减少贫困资助同样对处境不利的学生不利。

(二) 高等院校对大学排行榜的反应

高校对大学排名的反应一般表现为以下几种情况:积极应对大学排行榜的影响,调整或改变学校的战略和运作以获得更好的排名;对大学排名不理会;对大学排行榜进行公开抵制与反对;运用一些手段和策略对大学排行榜进行影响。

由埃伦·黑兹尔克姆(Ellen Hazelkorn)开展的国际调查[22]显示,56％的受访院校都有一个对其排名位次进行评估的正式内部机制,通常由副校长或校长负责(55.8％),也有由董事会负责的(14％)。学校的高层领导高度重视排名结果,将其纳入学校的战略规划机制,对学校进行重组以争取更好的排名。一开始,大学排行榜并未受到高校的重视,高校通常采取不理会的态度。当大学排行榜的影响力不断扩大、并且对一些高校产生了不利影响后,部分高校便开始对排名活动加以抵制或反对。1999 年,东京大学声明不再向《亚洲周刊》提供数据,19 所中国大学也发出同样声明。随后,《亚洲周刊》放弃了大学排名。[23] 2006 年,11 所加拿大大学表示不再参与 Maclean 杂志的排名。[24] 2007年春天,美国 24 所文理学院的院长在一封公开信中签名批评《美国新闻与世界报道》提供误导性的信息,拒绝《美新排行榜》。[25] 2007 年,12 名美国大学校长表示将不再参加《美新排行榜》的同行声誉评估,也呼吁其他院校响应。最后,签名响应公开信的高校达到 65 所,占美国授予学士学位高校的 1/4。关于美国高校反对《美新排行榜》的原因,教育保护组织(The Education Conservancy)在公开信里谈到:"我们相信,这些排名正在误导未来的大学生,在帮助未来的大学生选择大学方面并不能很好地服务于学生的利益。关于其他原因,我们相信这些排名意味着一种错误的精确度和权威,因为所使用的数据不能保证这种精确度和权威性;一个单一的等级标准不能反映不同高校教育使命的重要差异;这些排名没有提到或很少提到学生在特定的高校的实际学习情况;这些排名鼓励高校为了提高自己在排行榜中的位次而浪费开支和采取一些虽不违规但并不光明的行为;大学排名忽略了学生在教育过程中的重要性以及大学声誉在教育过程中的重要性;降低了学生选择大学的过程的教育价值。"[26]

排行榜的流行和影响力也会导致高校试图对排名活动进行干预与影响。美国一些高校为了提高自己的排名,还故意虚增 SAT 分数和毕业率。有的高校请求校友进行名义上的捐赠,以提高校友捐赠率,鼓励学校并没有意向录取的学生提出申请,以降低录取率。一些大学对涉及排名的重要数据还进行人为操纵。例如,通过去掉最低分数或不报告国际学生的分数,以试图提高学生的平均入学分数。康乃尔大学(Cornell University)就通过不计算那些曾在该校上学但没毕业的学生来降低校友的数量,从而提高校友捐赠率。[27]

(三) 关于大学排行榜的思考与建议

1. 正确认识大学排行榜的作用

大学排行榜自产生以来,无论在数量和影响力方面都不断增长,可见,排行榜的存在有其合理之处。首先,大学排行榜为学生、家长及其他关心和希望了解高等院校的各方人士提供了重要的参考信息,填补了高等院校与公众之间因信息不对称而存在的"信息真空"。其次,排行榜的流行和强大影响力使得高等院校成为公众关注的焦点,高等院校再也不能无视外部公众的态度和反应了,这无形中给高等院校施加了一定的外部压力,迫使高校通过战略规划和战略变革,不断提高教育质量和办学水平。第三,大学排名不仅给大学排出了先后次序,而且其科学的评估指标体系通常能诊断出大学在教学、科研、行政管理等方面存在的诸多问题,帮助高校明确自己的优势和劣势以及与其他同类高校的差距,便于高校有针对性地制定发展对策。第四,大学排行榜在一定程度上能够帮助识别一个国家高等教育发展及科技创新的水平和一所高校的办学水平及实力。

当然,排行榜的消极作用也是不容忽视的。由于不同的大学排行榜都偏重于一些评价指标,这些指标对某些类型的高校极为有利,但对另外一些院校却很不公平。例如,美国的社区学院招收了美国 45% 的专科和本科学生,但却没有一所社区学院列入《美新排行榜》。《高等教育纪事》(The Chronicle of Higher Education)对《美新排行榜》过去 24 年的数据进行分析后发现,《美新排行榜》并没有为所有竞争者提供一个公平的竞技场,其排名标准压倒性地偏向私立院校。[28]再如,上海交通大学推出的《全球大学学术排行榜》主要依据高校教师及校友获得顶级学术奖励和在国际顶级学术刊物上发表科研成果的数量,这对重教学而科研不突出的高校显然是不利的。

批评者认为,量化排名不能确切反映高校真正的优势和劣势或它向学生提供的教育的质量;排名影响处境不利学生的入学机会;对科研过分强调,导致科研与教学失衡;全职与兼职教师的比例失衡;以关键排名指标的改进取代院校综合性的战略规划;以牺牲大多数院校的利益重点资助少数一流大学;排名中一些因素的权重不公正,而且与高等教育的使命相悖;大学排行榜以对政策目标产生消极影响的方式改变大学的行为,排名所运用的标准并不完全与公共政策的目标一致,尤其是在教育平等和多样性方面。就大学排行榜的影响力而言,大学排行榜使高校丧失了控制其品牌和成功条件的自由和独立性,将不同大学放入了一个模子,影响了高等教育的多样性,因此影响到高校的决策和日常运作方式。

2. 努力避免大学排行榜的消极影响

如何提高大学排行榜的科学性和合理性,避免其消极影响,以发挥其应有的功能和作用?对于这个关键问题,大学排行榜的设计和发布者责无旁贷。目前,大学排行榜的发布者主要包括新闻媒体(报刊、杂志和网站)、中介机构和学术组织(包括大学)内设研究机构。由于各机构都是基于自己的一套指标体系和标准进行排名的,因此有必要加强各大学排名机构之间的协作与交流,在一些关键指标和评价标准上取得共识,增强大学排行榜的权威性和可信度。2004年,联合国教科文组织欧洲高等教育中心和华盛顿的高等教育政策研究所成立了国际大学排名专家小组（the International Ranking Expert Group, IREG）。2006 年,该排名专家小组讨论确立了《关于高等院校排名的柏林原则》(Berlin Principles on Ranking of Higher Education Institutions)。[29]该原则一共包括16 条基本原则,涉及 4 个方面的内容:高等院校排名的目的和目标;排名指标的设计和权重;排名数据的收集和处理;排名结果的发布。

对于高等院校来说,既不能无视排行榜的存在,也不能让排行榜牵着鼻子走,片面迎合排名而偏离自己的使命、目标和办学特色。大学排行榜之所以受到社会的热议和学生及家长的青睐,是因为在高校和社会之间存在严重的信息不对称问题,大学排行榜不过是较好地满足了公众了解高等院校相关信息的需要。因此,高校可以通过信息发布、招生宣传和设立校园开放日、加强高校与学生及公众的沟通和交流方式,增进学生、家长及社会对大学的了解、理解与信任,减少或避免各种大学排行榜因信息不全面、方法指标不科学等对高校产生的不利影响。

高等院校的政府主管部门应该保持中立、不参与、不介入的态度。同时,主管部门不应该将高校在排行榜中的名次作为资源分配、绩效考核和领导问责的依据,为高校的发展与变革创造一个宽松的环境。政府教育主管部门应该督促高等院校做好数据统计和报告工作,要求高校主动公开与公众利益相关的信息,建立高等教育发展的全国数据信息中心,防止高校为提高排名而提供虚假数据和在数据信息方面弄虚作假。

参考文献：

[1] Marijk van der Wende. Rankings and Classifications in Higher Education: A European Perspective. In: J. C. Smart (ed.). Higher Education: Handbook of Theory and Research, 2008:55.

[2][11][17][23] Marian Thakur. The Impact of Ranking Systems on Higher Education and Its Stakeholders[J]. Journal of Institutional Research, 13(1):91,89,90,83—96.

[3] University of Minnesota. Advancing the Public Good: Transforming

the University of Minnesota into a World Class Research University[EB/OL]. 2007－12－15,http://www. academic. umn. edu/provost/reports/dec2007update. pdf. 2011－05－21.

[4] S. SchWartz, Statement by the Vice-Chancellor[EB/OL]. http:// www. mq. edu. au/university/index. html. 2011－03－18.

[5] N. Thrift. Vision 2015:A Strategy for Warwick Message from the Vice-Chancellor [EB/OL]. http://www2. warwick. ac. uk/about/vision 2015. 2011－05－18.

[6] A. Inoue. Inoue Plan 2007－Rap Map to Becoming a World Class U-niversity[EB/OL]. 2007－03－29. http://www. bureau. tohoku. ac. jp/presi-dent/open/plan/Inoue_Plan. pdf. 2011－05－24.

[7] Ellen Hazelkorn. Learning to Live with League Tables and Ranking: the Experience of Institutional Leaders. Higher Education Policy, 2008, 21:199.

[8] Levin,D. J. The Uses and Abuses of the US News Rankings[J]. Pri-orities,2002,20 (Fall/Autumn):6—7.

[9] B. Bollag. College Rankings Catch on Overseas[J]. Chronicle of Higher Education,53(38) (2007):A17.

[10] R. G. Ehrenberg. Reaching for the Brass Ring:The U. S. News & World Report Rankings and Competition[J]. The Review of Higher Educa-tion,Volume 26,Number 2,Winter,2002:148.

[12] B. Bollag. College Rankings Catch on Overseas[J]. Chronicle of Higher Education,53(38),2007:A17.

[13][16] R. G. Ehrenberg. Method or Madness? Inside the US-NWR College Rankings. Paper Presented at the Wisconsin Center for the Advance-ment of Post-secondary Education Forum on the Use and Abuse of College Rankings,Madison,Wisconsin,November 2021,2003.

[14] E. F. Farrell and M. Van Der Werf. Playing the Rankings Game[J]. Chronicle of Higher Education,53(38),2007:A38.

[15] H. Alexander and G. Noonan. Macquarie Uni Falls in List[J]. The Sydney Morning Herald, Nov. 9, 2007.

[18] Roberts and Thompson. More Students Using University League Tables But New Research Shows Recruitment Impact Only Felt by Top 10. [EB/OL]. 2007－02－26. http://www. the knowledgepartnership. com/docsandpdf/leaguet-ablepr-essrelease. pdf. 2011－05－15.

[19] McDonough, P. M. , Antonio, A. L. , Walpole, M. and Pe′rez, L. X. College Rankings: Democratized College Knowledge for Whom? Research in Higher Education, 1998, 39(5):513—537.

[20] Marguerite Clarke. The Impact of Higher Education Rankings on Student Access, Choice, and Opportunity[J]. Higher Education in Europe, Vol. 32, No. 1, April 2007.

[21] Monks, J. and Ehrenberg, R. G. The Impact of the US News and World Report College Rankings on Admission Outcomes and Pricing Policies at Selective Private Institutions. NBER Working Paper No. 7227, National Bureau of Economic Research, Cambridge, MA, 1999.

[22] Ellen Hazelkorn. The Impact of League Tables and Ranking Systems on Higher Education Decision Making[J]. Higher Education Management and Policy, Vol. 19, No. 2, 2007.

[24] Birchard, K. (2006). A Group of Canadian Universities Says It Will Boycott a Popular Magazine Ranking. The Chronicle of Higher Education[Online]. Retrieved August 16, 2006, from http://chronicle. com/daily/2006/08/2006081506n. htm.

[25] Elizabeth, F. Farrell and Martin Van Der Werf. Playing the Rankings Game[J]. The Chronicle of Higher Education, Volume 53, Issue 38, Page A11.

[26] Robert, J. Morse. The Real and Perceived Influence of the US News Ranking. Higher Education in Europe, Vol. 33, No. 2/3, July-October, 2008.

[27] David, D. Dill&Maarja Soo. Academic Quality, League Tables, and

Public Policy: A cross-National Analysis of University Ranking Systems. Higher Education,005(49):495—533.

[28] Elizabeth,F. Farrell and Martin Van Der Werf. Playing the Rankings Game[J]. The Chronicle of Higher Education, Volume 53, Issue 38, Page A11.

[29] IREG. Berlin Principles on Ranking of Higher Education Institutions[EB/OL]. 2006—05—20. http://www. che. de/downloads/Berlin_Principles_IREG_534. pdf 2011—05—25.

（本文发表于《比较教育研究》2012 年第 4 期。作者张旺,时属单位为暨南大学管理学院公共管理系、MPA 教育中心、教育经济与管理研究所）

八、QS 大学排名体系剖析

2004 年,英国《泰晤士报高等教育增刊》(Times Higher Education Supplement,THE) 联合国际高等教育资讯机构 QS(Quacquarelli Symonds)推出了"THE-QS 世界大学排名"(THE-QS World University Rankings),与我国上海交通大学 2003 年发布的"世界大学学术排名"(Academic Ranking of World Universities,ARWU)并肩成为两大具有世界影响的全球性大学排名项目。2010 年,QS 公司改与《美国新闻与世界报道》、英国《周日时报》、韩国《朝鲜日报》合作,以 THE-QS 排名为基础研发了"QS 世界大学排名"(QS World University Rankings)系统。之后根据市场需要逐步建立起一个以其世界大学排名为核心的跨国型大学排名系统,其中包括 QS 世界大学排名、2009 年发布的 QS 亚洲大学排名(QS University Rankings:Asia)、2011 年开发的 QS 拉丁美洲大学排名(QS University Rankings:Latin America)以及 QS 世界大学学科排名(QS University Rankings by Subject)和 2012 年启动的 QS 年轻大学 50 强(QS TOP 50 Under 50)项目。[1]本文将以 QS 公司的四大跨国型大学排名项目为研究对象,对 QS 大学排名体系的对象、原理、方法做一个全面的剖析,旨在为高校正确认识 QS 大学排名体系、有针对性地制定战略规划提供参考。①

(一) QS 大学排名体系的评价对象

在 QS 世界大学排名中,全球所有符合 QS 公司基本要求的大学均可申请

---

① 本文所引数据均来自 QS 大学排名项目官方网站:http://www. topuniversities. com/university-rankings. 2012—12—25,此后不再逐一标注。

参与排名。这些基本要求包括：参与排名的大学至少在"艺术与人文"、"工程与IT技术"、"生命科学"、"自然科学"以及"社会科学"中的一个学科领域开设了本科、研究生项目（联合培养项目不计入其中）；大学能够提供师生规模、学费方面的准确数据以及相关自述材料以论证自己有资格参与排名，比如提供该大学在地方大学排行中的名次。然后，QS公司根据申请名单，同时参考全球学术调查及雇主调查的反馈结果并适当兼顾地域均衡等因素，最终选定参与世界大学排名的大学名单。

按照社会认同理论，"个体需要通过实现或维持积极的社会认同（social identity）来提高自尊，而积极的自尊来源于内群体与相关的外群体的有利比较。"[2]因此，大多高校都本能地希望跻身世界大学排名，从而对QS世界大学排名的发展提出了扩大评价对象规模的市场需求。为此，QS公司多次扩大世界大学排名规模，如今能进入其世界大学排名的高校已扩展到700所。QS指出，"学术引用"（academic citations）数据表明这些高校已基本能覆盖学生、雇主和研究机构可能感兴趣的所有一流大学（除了少部分不设本科或是只专攻少数学科的一流机构）。[3]尽管有学者指出，"全球大约有17 000所大学，但世界大学排名却只能涵盖极少的精英式大学，这使得世界大学排名对于大多数大学毫无意义"，[4]但事实上，任何排名都不可能容纳进世界上所有的大学。因而，QS公司开发了两个区域型大学排名，在满足择校生消费需求的同时，也满足了那些难以进入世界大学排名的高校对于社会地位认同的诉求。QS公司选定其他大学排名体系评价对象的思路与世界大学排名基本相似，只不过因各自排名的特定目的增加了一些特定的条件限制，如参与"年轻大学50强"评选的大学必须建于1962年以后。

（二）QS大学排名体系的评价指标体系与权重系数

在QS大学排名中，假设用 y 表示一所大学的综合表现，用状态向量 x_i（i＝教学、科研、国际化……）表示该校在 i 方面的运行状况。QS首先将 x_i 分解为若干能从某一侧面反映该校 i 方面现状的分向量 x（如同行评议、论文引用等），然后通过一定的渠道获取 x_{ij} 观测值并将其转化为无量纲的标准分，最后通过集结模型 $y＝f(\omega_{ij}, x_{ij})$（ω_{ij} 即是与指标 x_{ij} 相应的权重系数，$\omega_{ij} \geqslant 0$ 且 $\sum \omega_{ij}$

＝1)将各指标观测值标准分合成为一个整体性的综合评价值,并根据 y 值对各个大学进行排序。从集结模型 $y＝f(\omega_{ij},x_{ij})$ 很容易看出,决定最终 y 值及排序结果的自变量就是指标 x_{ij} 以及相应的权重系数 ω_{ij} 。

QS 世界大学排名的指标体系及权重系数多年以来没有发生明显变化,后来陆续推出的亚洲大学排名、拉丁美洲大学排名、世界大学学科排名的指标体系基本也是衍生自世界大学排名。(具体参见表 1)

表 1　QS 公司四大跨国型大学排名的指标体系与权重系数

评价领域(x_i)	评价指标(x_{ij})		权重 ω_{ij}			
			WR	AR	LR	SR
科研质量	同行评议(学术声誉,Academic Reputation)		40%	30%	30%	40%～90%
	论文及引用率	师均引用率(Citation per Faculty)	20%	—	—	—
		篇均引用率(Citation per Papers)	—	15%	10%	0～50%
		师均论文数(Papers per Faculty)	—	—	10%	
	网络影响力(Web Impact)		—	—	10%	
教学质量	生师比(Student-Faculty Ratio)		20%	20%	10%	
	PhD 教职比例(Staff with PhD)		—	—	10%	
国际化	国际师资比例(International Faculty)		5%	2.50%	—	
	国际学生比例(International Students)		5%	2.50%	—	
	入境交换生比例(Inbound Exchange Students)		—	2.50%	—	
	出境交换生比例(Outbound Exchange Students)		—	2.50%	—	
毕业生质量	雇主评议(雇主声誉,Employer Reputation)		10%	10%	20%	10%～40%

图表说明:① WR:世界大学排名;AR:亚洲大学排名;LR:拉丁美洲大学排名;SR:世界大学学科排名。②"—"表示不采用此指标。③ 世界大学学科排名的指标设置及权重分配因具体学科而异,表中只列出权重极值。④ 数据来源:http://www.iu.qs.com/university-rankings/rankings-indicators/http://www.iu.qs.com/university-rankings/subject-tables/(2012－12－17)。

1. 声誉

QS 公司将大学的"声誉"(如今包括"学术声誉"和"雇主声誉"两项)视为大学排名中最重要的评估指标,最少权重 40%(亚洲大学排名),世界大学英语学科排名甚至将声誉作为唯一的评价指标。然而,相比"客观性"的硬数据,声誉这种软数据不免显得主观性太强,这在很大程度上使得 QS 公司的大学排名方法饱受批评。在这一问题上,哥伦比亚大学教授保罗·瑟曼(Paul Thurman)认为,客观性的测量固然重要,但它无法捕捉到大学在质量方面的所有差异。想要全面评价一所大学,并在一系列复杂机构间形成综合比较,了解学者和雇主对该大学的看法至关重要。尽管见解看似主观,但当大量有识之士的看法高度一致时,这些见解便值得相信。此外,人们对于大学排名信息的需求不仅是一些硬性数据,也包括相关群体的见解。进行大学排名时,不考虑关键客户群体、雇主的看法可能会导致更令人怀疑的论断。[5]因此,尽管 QS 公司针对各种反馈意见逐年对声誉评估的具体操作方法相应地做出了一些调整,但始终坚持赋予"声誉"以极高的权重,并将 QS 全球学术声誉调查和雇主声誉调查作为评估大学声誉的唯一数据来源。某种程度上来讲,重视大学的"声誉"是 QS 大学排名区别于其他大学排名体系的关键特征。

2. 师资与生源

师生的质与量基本上是所有大学排名通用的评价指标,QS 大学排名也不例外。QS 世界大学排名、亚洲大学排名均将生师比作为评价教学质量的唯一指标。世界大学排名与亚洲大学排名对于大学国际化的评估也是以国际师生或出入境交换生的比例作为唯一的测量指标。QS 排名指标中的"教师"包括规划、指导以及承担教学、科研工作的所有职工,含校长、副校长、常务副校长、学院首脑、教授、副教授、助理教授、首席讲师、导师以及博士后研究员,但不包括研究助理、参与教学的博士生、住院医生、交换学者以及客座(访问)教职。计算学生数量时一般将本科生和研究生分开统计再相加得出总分,其中本科生指那些攻读学士学位或同等学位的学生,不含副学士学位,研究生指攻读硕士或博士学位的学生,如果无法获取这些明细数据,那 QS 只能代以所有学生的总数(即包括参与非学位项目的学生)。国际师生的"国际"指的是其"国籍",欧盟中来自不同成员国的师生均算国际师生,香港学校中来自中国大陆的师生也算国际师生,对于具有双重国籍的人员,则以出生国籍(首个护照国籍)为准。

QS 公司统计国际学生时并不计入交换生,但鉴于亚洲大学往往更注重交换生项目而非招收全日制外籍学生,在亚洲大学排名中单独列入"入境交换生比例"和"出境交换生比例"作为评估大学国际化的重要指标,并分别赋予2.5％的权重,同时将国际师生比例权重减半。

3. 论文与论文被引用情况

论文及其被引用情况是评估大学科研质量的惯用指标。QS四大排名的指标体系共涉及三个与此相关的指标:师均论文引用率、篇均论文引用率和师均论文发表数。

许多学者指出,采用文献计量法评估大学科研产出会因国际论文数据库偏重收录英文文献而存在严重的英语偏向弊端,致使非英语地区的大学在排名中处于不利地位。在这一问题上,QS公司认为,世界大学排名看重的是大学科研成果的国际性,文献计量偏向英文期刊情有可原;但区域型大学排名注重反映机构在所在地区的地位与贡献,在文献计量时就不能再偏向英文期刊。因此,QS在亚洲大学排名和拉丁美洲大学排名中采用师均论文数而非师均引用率,并尽可能计入地方语言发表的论文以全面反映大学科研产出情况,同时通过测算篇均论文引用率以衡量机构论文的质量。二者的结合既兼顾了大学科研成果的数量与质量,又减少了文献计量中的语言偏见。此外,QS世界大学排名中以相对性的"师均论文引用率"替代绝对性的论文引用数以防止大学规模影响文献计量结果。

许多研究者都认为,论文及其被引用情况是反映大学科研产出的最佳指标,因而许多大学排名体系赋予了这类指标以极高的权重,然而QS却只赋予论文和引用率方面的指标20％～30％的权重。QS认为,采用文献计量法不可避免地存在着学科偏见,过分注重论文及其被引用情况对于那些偏向人文社科的院校是不公平的。因此相比看似"客观"的文献计量,QS更注重"主观"的学术声誉在评估机构科研质量中的作用。

4. 网络影响力

2004年起,西班牙国家研究委员会(CSIC)每6个月发布一次"世界大学网络排名"(Webometrics Rankings of World Universities,WRWU),评比全球大学对于网络学术资源的贡献。目前该排名体系设置了四个主要指标:Google、Yahoo、Bing和Exalead搜得的机构网页数量(进行对数标准化后取中值)占20％权重,用同样方法搜得的丰富文件(包括odf、doc、ps和ppt格式)数量占

15％的权重，被 Google Scholar 收录的机构论文数量占 15％的权重，Yahoo 和 Exalead 显示的外部连接数占 50％权重。[6] QS 认为，从全球层面来看，英语国家的大学在这种网络计量排名中可能占有很大优势；但从区域层面来看，尤其在一个非英语地区，语言偏见问题已得到控制，那么大学的网络影响力便可以成为一个有意义的比较点。基于此，QS 公司在其拉丁美洲大学排名中设置了"网络影响力"指标并赋予 10％的权重，但鉴于 WRWU 排名中有关学术文章方面的数据与 Scopus 有所重叠，QS 在使用网络计量时，删去了 Scholar 部分。

(三) QS 大学排名体系的指标观测值获取途径

1. 通过 QS 全球大学声誉调查获取学术同行评议和雇主评议方面的数据

诚如保罗·瑟曼所言，"独特的世界学者和毕业生招聘调查是 QS 世界大学排名的基石"。[7] 2012 年，QS 公司的学术声誉调查收到了 46 079 份回复，雇主声誉调查收到了 25 564 份回复。这些调查数据直接决定了所有参与排名的机构在"声誉"指标上的最终得分，甚至在某种程度上因其极高权重而决定了其最终排名。

QS 的全球大学学术声誉调查和雇主声誉调查均分为五大模块：第一部分要求受访者注明自己的姓名、工作单位等基本个人信息；第二部分要求受访者表明自己熟悉的国家、地区及学科和专业领域，以防出现"外行人妄评内行人"的情况；第三部分和第四部分是调查的核心部分，要求受访者在自己熟悉的国家、地区和学科、专业领域按要求列出一些自认为表现卓越的院校，但自 2007 年起不再允许受访者在此列举自己所在机构；第五部分为附加信息部分，主要要求受访者针对以往出版物以及各种大学评价措施的重要性提出反馈意见。

表 2　QS 全球大学学术声誉调查和雇主声誉调查内容

模块		学术声誉调查内容	雇主声誉调查内容
个人信息		姓名,机构,职称(职位)及类别,所在部门,进入学术界年限	
知识说明	国家	列出自己最熟悉的国家(不一定是自己所在国家)	
	地区	从"美洲"、"亚洲、澳大利亚和新西兰"、"亚洲、中东和非洲"三个选项中选出自己熟悉的机构所在地区(可多选)	
	学科领域	从艺术与人文、工程与技术、生命科学与医学、自然科学、社会科学五个选项中选出自己专长的学科领域(可多选)	
	专业领域	选择自己专长的专业领域(最多可选两项)	
国内顶级机构		在每个自己所属学科领域中选出 10 个科研最佳的国内机构(不允许选择自己所在机构)	选出 10 个适合用来招聘毕业生的国内机构
国际顶尖机构		在每个自己所属学科领域中选出 30 个科研最佳的国际机构(必须在自己熟悉的地区中选,不允许选择自己所在机构)	选出 30 个适合用来招聘毕业生的国际机构(必须在自己熟悉的地区中选)
附加信息		对以往出版物、大学评价措施的重要性的反馈意见等。	

　　既然声誉调查能对排名结果产生如此大的影响,那么受访者的来源、权威性和代表性势必成为人们关注的问题。2004 年,QS 主要从"世界科技出版公司"(World Scientific)数据库中获取参与学术同行评议的学者信息。经过逐年的改革,如今参与 QS 两大声誉调查的受访者总共有七大来源。(具体参见表 3)

表 3　QS 全球大学学术声誉调查和雇主声誉调查的受访者来源

来源	解释	AR	ER
历届受访者	邀请之前已接受过 QS 大学声誉调查的受访者继续提供他们对所处领域大学质量的最新见解。	√	√
世界科技出版公司	QS 基于学科和地域代表性,从世界科技出版公司获取了 18 万份数据。但由于这一途径的有效性逐年下降,QS 自 2011 年起更多的从 Mardev 名单中获取信息。	√	×
Mardev-DM2	QS 公司 2011 年从中抽取了 200 000 条记录。	√	×

来源	解释	AR	ER
学术注册 Academic Sign-up	QS公司在2010年开发了一个学术注册程序,吸引学者积极参与学术调查。为了防止某些机构通过大量注册来人为操控数据,QS要对注册者进行筛选。	√	×
大学提供的名单	2007年起,QS公司要求受访大学提供一份雇主名单,以便邀请他们参加雇主调查。2010年起,要求这些大学也提供相关的学者名单。所提交的名单都要接受审查,反馈信息如超过400条便要对其进行随机抽样。	√	√
QS数据库	QS在20多年的运作中已建立一个全球主要市场的雇主信息库。	×	√
QS合作伙伴	QS有包括国际媒体组织和工作门户网站在内的广泛的合作伙伴,他们可以帮助QS发放调查邀请。	×	√

图表说明:① AR:声誉调查;ER:雇主调查。②"√"表示选用此途径;"×"表示不选用此途径。

从2011年QS大学学术声誉调查数据来看,52%的受访者已在学术界工作20年以上,52.7%为教授或副教授。这些受访者分别来自80多个国家和地区,其中65.7%的学者表示熟悉美洲,48.6%的学者熟悉亚洲、澳大利亚和新西兰,75.3%的学者熟悉中东和非洲。就学科分布而言,受访者覆盖了艺术与人文(17%)、工程与IT科技(23%)、生命科学与医学(16%)、自然科学(19%)、社会科学与管理(25%)五大学科领域和50多个专业领域。

在选择"雇主声誉"调查受访者时,QS关注的是受访者所熟悉的行业与专业领域而并非其所从事的工作或所在机构的性质,并且要求所有受访雇主必须有过在大学招收毕业生的经历。从2011年的有关数据来看,27.6%的受访雇主来自人力资源部门,超过50%的受访者担任总裁、副总裁、首席执行官、总经理等要职。这些受访者分别来自110多个国家和地区,其中47.6%的雇主表示熟悉美洲,40.2%的雇主熟悉亚洲、澳大利亚和新西兰,52.1%的雇主熟悉中东和非洲。就行业分布而言,受访者覆盖了20多个行业领域(具体数据参见表4)。

表 4　受访者行业分布

行业	比例	行业	比例	行业	比例
航空/国防	1.10%	IT/电脑服务	7.50%	人才招聘/人力资源服务	5.40%
建筑/房地产	3.80%	法律	1.50%	零售	2.80%
咨询/专业服务	12.30%	制造/工程	9.30%	电信	2.50%
电子/高科技	3.70%	媒体/娱乐与艺术	2%	交通运输/分销	2.10%
能源	3.50%	金属/采矿	1.40%	旅游/休闲/酒店	2%
金融服务/银行	10%	制药/生物技术与医疗保健	5.60%	公共事业	1.10%
快速消费品	4.40%	公共部门/政府/非营利机构	8.60%	其他	9.30%

2. 通过高校和第三方提供的统计资料获取师生数量方面的数据

在 QS 的大学排名系统中,多个指标涉及到师生数量问题。如生师比、PhD 教职比例、国际师生比例、出入境交换生比例,在计算师均论文引用率和师均论文发表数时同样要用到教师数量方面的数据。QS 大学排名中的这些数据主要由参与排名的院校提供,所以 QS 规定申请参与 QS 大学排名的院校有义务提供相关数据。同时,为了防止高校人为操控数据,QS 公司还从全球56 个国家的 139 个教育、统计部门及相关网站上获取这方面的相关数据,通过多方信息的比对来提高数据的可信度。

(三) 通过"爱思唯尔"(Elsevie)的文献计量数据库"斯高帕斯"(Scopus)获取论文及引用率方面的数据

全世界有三个主要的出版物及引文数据源:汤森路透社的"科技网络"(Web of Science)、爱思唯尔的 Scopus 和谷歌学术。2007 年以前,QS 通过统计科技网络"基本科学指标"(Essential Science Indicators,ESI)数据库中近 10年的有关数据来评估大学论文发表量及论文被引情况。但后来有人指出,尽管拉长统计年限能更好地体现大学在科研方面的丰硕成果,但这对于年轻院校来说是不利的。因此 QS 后来将数据统计范围缩短至最近 5 年,更加注重机构的最新科研产出。自 2007 年起,QS 转向使用 Scopus,主要是因为 Scopus 的学术刊物覆盖范围更广泛。截止 2012 年 11 月,Scopus 已涵盖 5 000 多家国际出版社出版发行的 20 500 多种刊物,其中包括 19 500 种同行评审期刊(含 1 900 种开源期刊)、400 种商业出版物、360 种丛书、3 850 多种期刊的"在编文章"(Article-in-Press)、4.9 亿项 1823 年以来的档案,覆盖科学、技术、医学、人文、艺术和社会科学多个学科领域。[8] 此外,Scopus 收录了大量的非英语文献(只需有英文摘要),这可以减少文献计量过程中的语言偏见。除了转换数据源,QS 自 2011 年起不再将"自引"(self-citations)算入文章引用率。

(四) QS 大学排名体系的数据处理与计算

1. 声誉调查数据的筛选与加权处理

(1) 数据的筛选。为了增大样本的规模和稳定性,QS 公司会参考近 3 年的声誉调查数据,对于接受过一次以上调查的受访者,QS 会取用最新数据。此外,QS 公司设置了大型的垃圾数据过滤程序和异常数据检测程序,以此来识别和剔除那些无效的和投机性的回复,从而消除无效数据的干扰和防止某些机构人为操控调查数据。

(2) 加权处理。第一,根据受访者熟悉区域的分布及国内外的回复结果,对五大学科领域的国内外调查数据分开进行加权处理,以保证每组数据都具有均等的区域代表性。① 第二,分别将五个学科领域国内外调查数据的加权结果转化为百分制得分。第三,对国内数据和国外数据进行加权汇总。对于学术声誉数据,国际数据和国内数据按 17∶3 的比例进行总计;对于雇主声誉数据,国际数据和国内数据按 7∶3 的比例进行总计。QS 指出,这一比例是根据 QS 分开收集国内数据和国外数据以前的调查数据分布设定的。第四,对五个学科领域的总计数据分别进行开平方根处理。QS 认为,如果大学在某一个学科领域表现得尤为突出,那该学科领域的卓越表现应当对最终得分产生一定影响,但影响也不能太大,而开平方处理恰好能够达到这一目的。第五,将五个学科领域的数据分别转化为百分制得分。第六,将五个学科领域的得分按同等权重总

---

① 本研究发现,QS 公司没有公布此处具体的加权公式。

计出最后的声誉调查得分并进行标准化处理。

2. 师生"全日制当量"(Full Time Equivalent,FTE)的换算

不同国家、不同大学中有着不同比例的兼职师生,在计算师生人数时,如果简单的计算人口总数必定会对一些大学造成偏见。基于此,自 2007 年起,QS公司将所有有关教师和学生人数的数据折合成全日制当量。换算过程中,QS公司采用的是美国的经典 FTE 计算公式,用全职人员数加上兼职人员数的三分之一,即默认兼职人员的平均工作量为全职人员工作量的三分之一。如果大学没有提供师生全日制当量,QS 会参考机构所在国或所在地区的其他大学所提供的师生总数与师生全日制当量的比例估算有关当量。

3. 各项指标数据的标准化处理与加总

在运用综合评价函数计算最终得分之前,要先将每项指标的得分都转化为无量纲的标准分。在 2007 年以前,QS 公司采用了简单的标准分计算公式:$Score = \dfrac{x_i}{x_{max}} \times 100$,式中 Score 表示标准分,$x_i$ 表示机构 i 的某项指标得分,x_{max}表示参与排名的所有机构在该指标的最高得分。但 QS 意识到这种标准分计算方法存在着三个主要的弊端:不恰当地使用权重、缺乏对离群值(outliers)的控制、得分最高机构的成绩中的微小误差可能会对排名结果产生极大的影响。因此,从 2007 年起,QS 改用 z 分数计算指标标准分。首先,对所有指标的得分取自然对数,以防非显著性差异数据对总分产生过大影响;然后,计算每项指标的平均得分和标准差;最后,根据公式 $Zscore = \dfrac{x-X}{\sigma} \quad \sigma = \sqrt{\dfrac{\Sigma(x-X)^2}{N}}$ 计算出 Z分数,式中 Zscore 表示 Z 分数,x 表示某指标得分,X 表示该指标的平均分,σ表示该指标得分的标准差,N 表示样本容量,即参与排名大学的总数。

当所有指标得分均转化为 Z 分数之后,通过线性函数 $y = \sum \omega_{ij} \cdot Zx_{ij}$($Zx_{ij}$表示指标 x_{ij} 的 Z 分数,ij 表示与指标 x_{ij} 相应的权重系数,$\omega_{ij} \geqslant 0$ 且 $\sum \omega_{ij} = 1$)算出最终整体性综合评价值 $y = f(\omega_{ij}, x_{ij})$($y \in [0,100]$ 且精确到小数点后一位),并根据 y 值对各个大学进行排序。

(五) 启示

QS公司作为一家商业性质的高等教育资讯机构,进行大学排名活动的初

衷是为国际择校生提供大学质量方面的信息，但也正是 QS 大学排名结果对国际学生择校行为的指向作用，使之对各国高校的声誉、生源、经济资助等各个方面都产生着不可低估的影响。因此，高等教育决策者、高校管理者有必要更加审慎、系统地认识 QS 大学排名体系，并有所选择地将其应用到高校的管理和决策活动中去。

第一，高校应全面了解 QS 大学排名的原理与方法，而不仅仅是关注 QS 大学排名的最终结果。从理论上来讲，对类型各异的大学进行跨学科、跨地域的统一化质量评估和排名是不可能的。QS 大学排名所谓的"综合"评价，事实上只是对不同意义的指标得分进行主观性的加权汇总，而这本身就存在着理论上的缺陷[9][10][11]。如果不全面了解 QS 大学排名的原理、方法，其排名结果很可能会误导读者[12]。

第二，QS 大学排名作为一种第三方质量评估机制，可以为高校分析自身优势与不足提供参考信息。高校应当有选择地根据 QS 排名方法采取相应的措施，将提升排名、建设世界一流大学和履行大学基本职能有机结合起来。比如鼓励师生在国际知名期刊上发表英文文章，加强国际交流，提高国际师生比例，尽可能地降低生师比，提高师资队伍的整体水平，加强与用人单位的沟通与合作，加强数据统计工作并积极向排名机构提供可靠的数据源等。

第三，包括 QS 大学排名在内的所有大学排名只能成为高校制定发展战略规划的参照物而不能成为指挥棒，提升排名只是高校实现更好发展的途径而非终极目的。大学在发展过程中注重通过提升排名来获取更多的资源、得到更好的发展本身无可厚非，但千万"别让排名挤掉大学使命"[13]。

参考文献：

[1] QS 大学排名项目官方网站[EB/OL]. http://www. topuniversities. com/university-rankings. 2012—12—20.

[2] 张莹瑞，佐斌. 社会认同理论及其发展[J]. 心理科学进展，2006，14（3）：476.

[3] Martin Ince. (2012). QS Ranking since 2004：Changes to the Global

Order[R]. 2012/13 QS World University Rankings Report,19.

[4] Andrejs Rauhvargers. (2011). Global University Rankings and Their Impact. Belgium,European University Association,60.

[5][7] Paul Thurman. (2012). "Subjective intangibles": the case for QS reputation surveys[R]. 2012/13 QS World University Ranking Report,16.

[6] Isidro,F. Aguillo and Noelis Gutie rrez Labajos. (2010). Ranking Web of World Universities[J]. Journal of International Higher Education,2010(10):153.

[8] What does Scopus cover? [EB/OL]. http://www. info. sciverse. com/scopus/scopus-in-detail/facts,2012—12—29.

[9] Turner,D. R. (2005). Benchmarking in Universities:League Tables Revisited[J]. Oxford Review of Education,2005(3).

[10] Provan,D. and Avercromby,K. (2000). University League Tables and Rankings:A Critical Analysis[J]. CHEMS Paper,2000,30.

[11] Brooks,R. L. (2005). Measuring University Quality[J]. Review of Higher Education,2005(1).

[12] 王英杰. 大学排行——问题与对策[J]. 比较教育研究,2008(10):4.

[13] 沈祖尧. 别让排名挤掉大学使命[N]. 人民日报,2011—07—11.

(本文发表于《比较教育研究》2013 年第 3 期。作者刘强、丁瑞常,时属单位为教育部人文社会科学重点研究基地北京师范大学国际与比较教育研究院)

九、稳定性与差异性:"QS"与 "ARWU"世界大学排名的实证分析

自《美国新闻与世界报道》(US News)1981 年起推出全美范围的大学综合排名以来,世界各地掀起了一股大学排名风潮。如今的大学排行榜"品种"丰富,不仅有许多国家的国内大学排名,还有地区范围的大学排名(如亚洲大学排行榜),针对性很强的学科或学院排名(如商学院排名)等,其中面向世界范围的几个大学排行榜更是引人注目。排行榜的影响力逐渐朝各方面渗透,不仅引导着公众判断,在某些情况下也成为政府参考的重要工具之一。例如,在阿根廷和巴基斯坦,大学排名已成为大学认证的一个因素;另外,像英国和新西兰大学的科研成果排名还会直接影响到政府对相关院校的拨款。[1]

创建世界一流大学是我国高等教育发展的目标之一,衡量其成效如何最简便的方法可能就是考察我国大学在世界大学排行榜上排名的异动情况,公正、严谨、科学的世界大学排行榜则是一种有效的参考工具。根据维基百科资料显示,近年来最具影响的三大世界大学排行榜分别是:《美国新闻与世界报道》的"世界最好大学 400(World's Best Universities 400)";《泰晤士报》的《高等教育副刊》于 2004 年起推出的"世界大学排名";中国上海交通大学高等教育研究所于 2003 年开始颁布的"世界大学学术排名"(ARWU)。其中,前面两个机构都是先后与"QS"(Quacquarelli Symonds,一家跨国性质的教育及学术资讯信息公司)合作推出大学排名。2009 年前,"QS"与《泰晤士报》合作推出世界大学排名;2009 年起,"QS"则与《美国新闻与世界报道》开始合作。《美国新闻与世界报道》对放弃原有评价体系采用 QS 评价体系的官方解释是:"QS 拥有世界

上最领先的教育网络,他们的排行榜不仅对学术界影响不断增强,而且对政府决策和学生未来规划的影响也愈发重要"。因此,最具影响的世界大学排行榜其实就是"QS"和"ARWU"。本文主要以"QS"的"World University Rankings"与上海交通大学的"ARWU"为对象进行比较分析。

(一)"QS"与"ARWU"数据的稳定性分析

"十年树木,百年树人。"大学实力的积累并非一朝一夕之事,同一指标体系中大学历年的排名不可能跳跃性太大,而应当有一定的稳定性。因此,"QS"与"ARWU"发布数据的稳定性如何可以衡量两套指标体系的质量,也是对两者进一步比较的基础。

通过 SPSS17.0 对"QS"2010 年发布的世界大学前 100 名数据和 2009 年数据进行相关分析。[2]结果(见表 1)显示:相关系数为 0.99,呈高度相关;再对数据的差异性进行检测,结果(见表 2)显示:两套数据没有显著性差异,且具有良好的一致性。

表 1　"QS"2009 与 2010 数据的相关性检测

		QS 排名 2010	QS 排名 2009
QS 排名 2010	Pearson 相关性	1	0.944 * *
	显著性(双侧)		0.000
	N	100	100

* * 在 0.01 水平(双侧)上显著相关

表 2　"QS"2009 与 2010 数据的差异性(Wilcoxon)检验

	QS 排名 2009~2010
z	−0.715ᵃ
渐近显著性(双侧)	0.475

通过 SPSS17.0 对"ARWU"2010 年发布的世界大学前 100 名数据和 2009 年数据进行相关分析,结果(见表 3)显示:相关系数为 0.99,呈高度相关;再对数据的差异性进行检测,结果(见表 4)显示:两套数据没有显著性差异且具有良好的一致性。

以上为对"QS"与"ARWU"2010 和 2009 两年公布数据的检测,如果采用 6 年的数据进行分析,可以得到同样的结论(见图1)。

表3 "ARWU"2009 与 2010 数据的相关性检测

		ARWU 2010	ARWU 2009
上海交大 2010	Pearson 相关性	1	0.990**
2010	显著性(双侧)		0.000
	N	100	100

**在 0.01 水平(双侧)上显著相关。

表4 "ARWU"2009 与 2010 数据的差异性(Wilcoxon)检验

	ARWU 2009~2010
Z	-0.307[a]
渐近显著性(双侧)	0.759

通过 SPSS17.0 对"QS"2010 年排名中的前 20 所大学及其在 2004 年~2009 年的排名进行比较分析,结果显示其近 6 年的数据在 0.01 水平上显著相关,相关系数最大的为 0.947,最小为 0.647,呈高度相关。对近 6 年的数据做差异性检测,数据没有显著差异,具有良好的一致性。

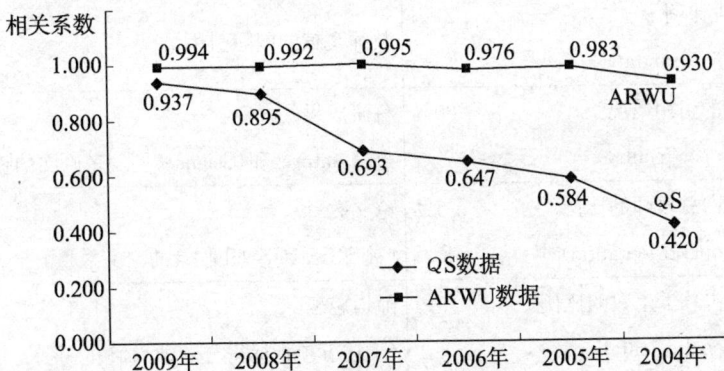

图1 "QS"与"ARWU"2010 年数据与 2009~2004 年数据的相关性

通过 SPSS17.0 对"ARWU"2010 年排名中的前 20 所大学及其在 2004 年~2009 年的排名进行比较分析,结果显示近 6 年的数据在 0.01 水平上显著相关,相关系数最大的为 0.998,最小为 0.982,呈高度相关。对近 6 年的数据做差异性检测,数据没有显著差异,具有良好的一致性。

由以上结论可见,尽管大学排行榜自诞生之日起就受到各方面的批评和指责,但两套体系在不断进行调整的同时基本上都坚持了自己的评价标准和评价方法,数据稳定性较高,这也有利于下一步对两者的差异性进行研究。

(二)"QS"与"ARWU"数据的差异性分析

虽然两个排行榜中名列前茅者都是耳熟能详的世界一流名校,似乎差异不大,但从严格的统计意义上来说,两者是否具有较高的一致性呢?

首先,"QS"与"ARWU"的评价体系就大相径庭。两套体系各有6项指标,每项单独计分,最后根据权重得出总分进行排名。其明细和权重(见表5)。

表5　"QS"与"ARWU"评价指标明细及权重

"QS"的评价指标体系及权重		"ARWU"的评价指标体系及权重	
学术领域的同行评价 (Academic peer review)	40%	教育质量 (获诺贝尔奖和菲尔兹奖的校友折合数)	10%
学生就业评价或基于雇佣者的评价 (Recruiter review)	10%	教师质量 (获诺贝尔奖和菲尔兹奖的教师折合数)	20%
教师/学生比例 (Faculty student ratio)	20%	教师文献的国际引用情况	20%
教师文献的引用情况 (Citations per faculty)	20%	科研成果 (在《Nature》和《Science》上发表论文的折合数)	20%
国际教师占总教师的比例 (International orientation)	5%	论文数量 (被 SCIE 和 SSCI 收录的论文数量)	20%
国际学生占总学生数的比例 (International orientation)	5%	师均表现 (上述五项指标得分的师均值)	10%

从表5可以看出,这两套评价体系中上海交通大学的"ARWU"侧重纯学术类指标,"QS"的纯学术类指标权重为60%,其余可划归为教学类指标。就世界大学排行榜的受众群来看,人们不会去细分两者在评价体系上的具体区别,而是直接寻找所关心的大学在排行榜上的位置,也就是说会直接将其视作大学

综合实力的排名。那么，就此数据，可以引出以下问题：

（1）两者的评价指标体系不同，是否发布的数据之间也同时存在差异呢？通过 SPSS17.0 对 2010 年"QS"和"ARWU"发布的世界大学前 100 名数据进行相关分析，相关系数为 0.493，呈中度相关；对两份数据进行差异性检测，结果（见表 6）显示，两份数据在 0.01 水平上存在显著性差异。即"QS"和"AR-WU"2010 年发布的数据不具有一致性，有明显差异。

表 6　"QS"和"ARWU"2010 数据的差异性检验

	QS2010－ARWU2010
Z	－4.682[a]
渐近显著性（双侧）	0.000

表 7　2010 年"QS"学术评分－"ARWU"评分差异性检验

	QS 学术评分－ARWU 评分
Z	－6.901
渐近显著性（双侧）	0.000

（2）这种差异是否是由于指标体系结构不同而造成的呢？上海交通大学的"ARWU"是世界大学的"学术排名"，更加注重的是大学的"学术成就"，那么以上差异是否是因为指标针对性不同而造成的呢？这需要进一步的分析。"QS"的评价指标中关于"学术成就"的有两项指标，分别是占 40％权重的"学术领域的同行评价"和占 20％权重的"教师文献的引用情况"，把这两项指标及其分值单独挑出，经过处理合成为"QS 学术评分"，然后与"AR－WU"的总评分进行分析，结果（见表 7）仍然显示两套数据存在显著性差异。即仅从"学术成就"来考虑，两套评价体系仍然存在显著不同。

（3）"QS"与"ARWU"2004 年～2010 年数据变化的差异性。"QS"与"ARWU"数据的差异性还表现在两者历年来数据变化的情形不同。如对 2010 年两个排行榜排名前 20 的大学在 2004 年～2009 年排名中的位置变动情况进行分析，"ARWU"的数据钝性远远超过"QS"的数据："QS"2010 年的数据在与前期数据保持一致性的同时，时间间隔越远，相关性递减越明显；而"ARWU"的数据则常年高度相关。仔细研究名单也会发现，"ARWU"中相当一部分大学的排名这 7 年内位置几乎没有变动或变动极小。

"QS"与"ARWU"的差异除了以上通过数理统计能够得出的整体性结论之外,直接观察数据也能发现一些明显不同。其中容易引起我们关注的是中国两岸四地的大学,这些大学在两份数据中的位置截然不同:如北大、清华、香港大学、香港科技大学、香港中文大学、台湾大学,在"QS"中分别位列 46、47、24、41、43、94;而在"ARWU"中则分别位列 117、178、243、240、171、109。后者较前者不仅整体位置后移,各大学排名的先后秩序也有些颠倒。

值得一提的是,大学排行榜面向的主要对象是非专业人士,如有求学和深造意向的学生和关心他们的家长、寻求合作伙伴或捐赠对象的工商界人士、拥有资金决策权和政策制定权的政府要员等。在当代社会,排名机构又倾向与权威媒体搭建共同平台,使其影响越来越大,如"QS"先与《泰晤士报》合作,后改弦易辙与《美国新闻与世界报道》合作,这些世界知名媒体的介入和宣传使得大学排行榜更加深入人心。但是,面对两份差异较大的排名,非专业的人士难免产生诸多疑惑和烦恼:到底哪一份数据更具借鉴性呢?

(三)"QS"与"ARWU"数据差异的深度分析

"QS"与"ARWU"大学排名数据的差异不仅仅是由于指标体系的不同,其直接原因在于评价方法的差异。"QS"的数据更富弹性,主观评价地位重要;而"ARWU"的各项数据则属于硬指标,主观评价几乎不做考虑。"QS"与"AR-WU"一者青睐"软数据",另一者青睐"硬数据",从更深层次来看,这种评价方法的差异源于两者截然不同的评价理念。

1. 学术成就指标中的"软数据"与"硬数据"

"学术质量声誉对于学生今后如何选择一所高校来说是至关重要的,良好的声誉将帮助毕业生获得一份重要的工作"。[3]"QS"总分中占 40% 权重的学术同行评价分数(Academic peer review)是根据 3 年内来自世界各地学者的网上调查而得出的,即 2010 年颁布的排名结果是 2008 年至 2010 年数据的综合考虑。调查从有影响的 Mardev 机构的国际图书信息服务中提取了不同领域的180 000名学术人员的电子邮箱地址,这其中包括 500 多名高校领导。受访者根据主观感受对被评价对象的学术概况予以评分,"QS"制定了一些规则如"受访者不得选择自己的学校"、"受访者只对自己熟悉的学术领域发表评价"等。"QS"数据的可靠性受到诸多质疑,而"ARWU"学术评分的方法似乎言之有据得多,不管是诺贝尔奖和菲尔兹奖、《Nature》和《Science》论文发表情况还是引用率等,各项数据的可靠性基本没有多少质疑。其实"ARWU"的评分方法和国内的学术评价方法一致,我们的各项评审(如职称、课题等)都习惯先比数据,虽然看上去客观、公正、易于操作,但是否真的能反映学术水平高低呢?

数据有时候确实能说明很多问题,中国大学对学术成就的管理也在日益追求数字化、模型化,因为这似乎代表着管理的科学性。但应当明确的是,数据虽然客观、明确,但选择什么数据却是主观的,甚至理由是模糊的。如"AWRU"选择获得诺贝尔奖或者菲尔兹奖的教师人数或校友人数作为指标并赋予了30%的权重,这就是明显带有中国"诺贝尔情结"的主观性指标。这个指标也一直受到质疑,因为"有些支撑起大学排行榜的诺贝尔奖获得者已经去世将近一个世纪了";而"北大"、"清华"这两所中国的顶尖学府,也曾是名师荟萃、俊彦云集的,他们的辉煌已沉淀在大学深厚的文化底蕴中,但这些成就并不能进入"AWRU"的学术指标之中。所以"QS"中这两所大学排名分别为46、47,但在"ARWU"中排名则为117、178。北大、清华的实力可以通过"同行评议"去感受,但在人为选择的硬指标面前则会逊色一些。

数据处理其实也有其辩证的一面:数据本身虽然精确,但也许并不能充分体现客观事实,因为支配数据的毕竟是主体性极强的人;个人的主观判断可能带有随意性和情感色彩,但若通过科学方法的采集和处理,就能更加接近客观事实。从常识的角度来讲,比较合理的结果是北大和清华应该在世界大学中名列前100名,在这个意义上说,"QS"学术评价的数据应该更接近大学学术成就的全貌。

2. 教学指标的建构

大学评价应以"软数据"为主、"硬数据"为辅,这种需求在教学类指标中体现得更为明显。"QS"指标体系虽然对学术成就的反映比较贴近真实情况,但对大学教学水平的评估却有些失真。虽然权重只有30%,可也直接导致了最后总排名顺序的一些变化。除了师生比这一项占20%权重的指标理由不够充分外,其中更不合理的是国际教师占总教师数的比例(权重5%)和国际学生占总学生数的比例(权重 5%)两项。这对大国非常不公,欧洲各国和一些地区学校则占尽优势(见表 8)。如将 2010 年剑桥大学与哈佛大学的评分相比,在教师与学生的国际性这两项得分上,剑桥要比哈佛多出 1.65 分,而位居榜首的剑桥总分只比哈佛多出 0.8 分;同样将中国内地的大学和中国香港地区的大学相比,北京大学在排名上较香港科技大学和香港中文大学靠后,其中国际教师和国际学生权重差距分别为 7.3 分与 6.55 分,而总分差距却只有 2.3 分和 1.5 分。众所周知,欧洲国家远比中国、美国和俄罗斯等大国规模要小,欧盟成员国公民的流动也使其更容易"国际化",性质特殊的香港地区更是如此。因此这两个项目的设置及其分值权重可以说很不合理。如果剔除这些因素,上述大学的排序将会有所颠倒。

同时,《泰晤士报》新的评价指标在教学评价方面的改进值得借鉴。在这套指标体系中教学水平的权重占 30%,其中与教学相关的声誉调查占 15%,另外 4 项硬指标合计占 15%(博士学位授予数占 6%,师均在册本科生数占 4.5%,师均收入占 2.25%,博士与学士学位授予比占 2.25%)。声誉调查是最为关键的部分,这部分采用"软数据"其实更接近大学现实,那些可量化或不可量化的成就都能通过个体的主观意见反映出来,当调查样本的数量达到一定规模时,这种主观表达就具备了较可靠的客观性。

3. 差异的价值

荷兰移民局从 2009 年 1 月 1 日起开始实施关于高技术移民的新规定:毕业于荷兰高等学院与世界知名大学者均可申请在荷兰居留 1 年,世界知名大学的界定主要是指根据英国《泰晤士报》(原与"QS"合作)和上海交通大学公布的世界大学排名"ARWU"中的前 150 名的大学。[4]

任何大学的排名方法都存在一定的技术缺陷,或者在有意无意之间渗透了其价值取舍和利益关系。然而,作为传递信息的一种有效方式,"QS"与"AR-WU"在国际上之所以能获得较高声誉,正是因为两者的数据相对透明、合理,给许多业内外人士的参考简洁明了。而多一种排名方式,又能在更大程度上有效防止遗漏优秀者。如"ARWU"的 500 强名单遗漏了"出身显赫"但近况有些复杂的"柏林自由大学",而"QS"将其排在 71 位,参考两份数据,就能起到拾遗补缺的作用。因为虽然两份名单的数据差异客观存在,但凡是能进入前 150 名的大学,绝对都不是泛泛之辈。

此外,虽然"ARWU"的数据倾向于用学术数据说话,没有关注大学的历史和文化底蕴,但是,不管大学的历史多么悠久、声名多么显赫,躺在功勋簿上终归不是长久之计,所以作为"大学之母"的博洛尼亚大学也只是刚刚进入 500 强之列。"ARWU"的数据即使不够全面,但切切实实地起到了警示作用,因为在国际化的大潮中,大学也是如逆水行舟,不进则退。

总的来说,"QS"与"ARWU"的数据确实存在显著差异,这种差异可能也会给公众造成一些疑惑,但同时必须强调差异的积极意义。任何独树一帜的评价方法都不可能尽善尽美,多元的评价体系为大学发展和公众选择提供了多角度的参考工具,也将在客观上促进大学排名体系本身的发展和进步。这也是"QS"与"ARWU"越来越为人们所接受的重要原因。

表 8 "QS"2010 年部分大学"国际教师"和"国际学生"两项指标对总分的贡献值

	QS 排名	总分	"国际教师"项得分	"国际学生"项得分	两项贡献分值
剑桥大学	1	100	96	95	9.55
哈佛大学	2	99.2	71	87	7.9
香港科技大学	40	78.7	100	98	9.9
香港中文大学	42	77.9	97	86	9.15
北京大学	47	76.4	18	34	2.6

(四) 结语

大学排行榜从诞生之日起便饱受批评和指责,但却在各种不信任中茁壮成长。今天,世界范围、地区范围、国家范围的或者各个专业领域的大学排行榜如雨后春笋般冒了出来。"信息时代"衍生出"榜时代",这符合大众需求,因为我们需要专业人士为我们"提纯"信息。[5]

"QS"和"AWRU"之所以能获得较高声望,重要原因即是因其以比较令人信赖的专业背景和稳定、互补的评价体系,从不同角度展现了当代大学的真正实力。

大学对自身在排行榜的位置其实也颇为在意,因为声誉是大学的通用货币,是大学赖以生存和发展的基础。大学的声誉广泛影响着学者和学生的选择,改变着投资者的取舍。"国际性排行榜在国际学术市场承担着质量保证的角色",[6]建立在公正基础上、有着严格统计学意义的大学排行榜是时代的需求。"QS"和"AWRU"正在这个方面发挥了正面作用,即使两者在技术层面也许或多或少存在一些问题,但在道德和诚意方面获得了社会各界的广泛信任。当然,这种信任也要求发布机构能严格自律和不断改进,因为其中承载了一份社会公信的义务。

参考文献:

[1] [摩洛哥]杰米尔·萨尔米,[加]阿勒诺什·萨拉杨.作为政策工具的大学排行榜[J].教育研究,2010(1):60

[2] (1)本文关于"QS"大学排名数据及其说明均来自 QS 门户网站 http://www.topunive:rsities.com/;(2)本文关于《美国新闻与世界报道》的大学排名数据及其说明均来自 http://www.us news.com/education/worlds-best-universities-rankings;(3)本文关于上海交通大学高等教育研究所的"ARWU"数据及其说明均来自其门户网站 http://www.arwu.org/Chinese/ARWU2010.jsp;(4)本文关于《泰晤士报高等教育副刊》大学排名数据及其说明均来自其门户网站 http://www.timeshighereducation.co.ukyworld-university-rankings/2010—2011/top—200.html.

[3] Robert,J.Morse.《美国新闻与世界报道》大学排名经验及美国高等教育政策[J].评价与管理,2010(4):7.

[4] 荷兰移民法新规定,荷兰在线.http://www.mw.nl/chinese/article/344600.

[5] 张静.拿什么拯救排行榜[J].人民文摘,2005(6):28.

[6] [加]亚历克斯·埃舍尔,马斯莫·萨维诺.差异的世界:大学排名的全球调查[J].清华大学教育研究,2006(10):8.

(本文发表于《比较教育研究》2013 年第 11 期。作者上官剑,时属单位为湖南师范大学教育科学学院)

十、反思高等教育排名　重塑世界学术格局
——联合国教科文组织《高等教育
排名与问责:善用与滥用》述评

大学排名是近年来高等教育领域的一大热点话题,尽管质疑和非议不断,但却不可回避。2013 年 6 月,联合国教科文组织出版了《高等教育排名与问责:善用与滥用》(Rankings and Accountability in Higher Education:Uses and Misuses)研究报告。研究报告分为方法论反思、执行与应用、国际视角、改良措施四大部分,从正、反两方面对现存的世界大学排名体系的善用与滥用情况展开讨论,并针对现有世界大学排名的缺点提出了改进方法。

(一) 大学排名的缘起与发展

报告对大学排名的缘起与发展情况进行了阐述。大学排名最初源于考生和家长的需求,早在 1983 年,美国《美国新闻与世界报道》周刊就推出全美最佳本科学校排名,把美国本科教育的各种信息通过排名方式传递给高中生及家长。1993 年,英国《泰晤士报》也相应推出了"英国优秀大学指南"(Good University Guide)。1997 年,《亚洲新闻周刊》的"亚洲最佳大学排行榜"也随之问世。这一时期的大学排名主要是某一国家或区域内部的排名。但 21 世纪后,随着高等教育国际化的快速发展,各国政府纷纷提出建设世界一流大学的发展目标,不同利益群体对高等教育质量的关注及对大学相关信息需求大幅增长。在此背景下,众多世界大学排名应运而生。

2003 年,上海交通大学为满足中国争创世界一流大学的需要,设立世界大

学学术排名(Academic Ranking of World Universtiy,简称 ARWU),基于教育质量、教师质量、研究产出以及学校规模几个因素推出世界前 500 名大学榜单,主要为大学管理人员和政府相关部门提供参考信息。这是全球第一个建立较为完善评估系统的世界大学排名。同年,西班牙国家研究委员会(Spanish National Research Council)依据全球院校在互联网出现信息量多少以及数字化学术文献引用次数建立"世界大学网络排名"(Webometrics Ranking of World Universities,简称 WRWU)。2004 年,英国《泰晤士报高等教育副刊》(Times Higher Education Supplement,简称 THES)联合国际高等教育资讯机构 QS(Quacquarelli Symonds,简称 QS)推出"THES-QS 世界大学排名"(THE-QS World University Rankings)。台湾高等教育评鉴中心(HEEACT)于 2007 年公布"世界大学科研论文排名"(Performance Ranking of Scientific Papers for World Universities)。2008 年,荷兰莱顿大学科学与技术研究中心(Centre for Science and Technology Studies,University of Leiden)发布"莱顿排名"(Leiden Ranking)。同年,美国《美国新闻与世界报道》(US News and World Report)周刊开始进行"世界最佳学院与大学"(World' Best Colleges and Universties)排名工作。2009 年,SCImago 基于 Scopus 数据库对世界各高等教育研究机构所发表论文数量及引文数量与质量进行院校排名(SCImago Institutional Ranking)。俄罗斯调研机构 Reitor 也在这一年推出了"全球大学排名"(Global University Ranking)。

随着大学排名井喷式的发展,社会各界的质疑和批评也随之而来,如 QS 所提供的同行评议反馈率低,不能真实反映高校声望与口碑,引文统计法不考虑学科间的差异等。[1]为此,各大学排名纷纷调整了评价系统。上海交通大学的"世界大学学术排名"从 2007 年起对自然科学、工程科学、社会科学、生命科学以及医药学五大学科进行分学科排名,并于 2009 年公布了全球大学在数学、物理学、化学、计算机科学、经济学和商学五个学科领域的排名。[2]2010 年,《泰晤士报高等教育副刊》与信息提供机构汤姆森路透(Thomson Reuters)合作建立了更为重视教学的全新世界大学排名(THE2011)。QS 也于同年推出 QS 世界大学排名,并按照地区、学校层次以及学科相继推出"QS 亚洲大学排名"(QS University Rankings:Asia)、"QS 拉丁美洲大学排名"(QS University

Rankings：Latin America）、"QS 年轻大学 50 强"（QS Top50 Under 50）以及 "QS 世界大学学科排名"（QS World University Rankings by Subject）。[3]

与此同时，一批新的大学质量评估工具出现。联合国教科文组织报告认为最具代表性的有经济合作与发展组织 2010 年起执行的关注大学生学习成果产出的"高等教育学习结果评估"（The Assessment of Higher Education Learning Outcomes，简称 AHELO），以及欧盟委员会 2009 年正式启动的"多维度全球大学排名"（Multi-dimensional Global University Ranking，简称 U-Multi-rank）。至今为止，全球范围内共有国家大学排名 50 余个，世界大学排名 10 个。[4]其中，由政府机构作为主办方进行的有 12 家，独立机构主持的大学排名有 14 家，15 个大学排名是由媒体作为主办方进行的。不同的主办方进行大学排名的目的各不相同。政府机构的目的在于为本国高等教育机构寻找一个全球位置，旨在发展本国高等教育；而独立机构与媒体的大学排名则多少有一些商业目的掺杂其中。

（二）大学排名的方法逻辑和社会效应

《高等教育排名与问责：善用与滥用》对有影响力的世界大学排名的逻辑起点和方法论进行逐一分析。大学排名秉承笛卡尔以来的科学主义，认为大学进行的所有活动成果皆可量化，用来比较和排名。因此，各大学排名皆把大学的活动通过文献计量学、数据调查以及同行评议等手段，量化成数字进行统计。通过对报告分析的归纳，我们可以从科研、教学和国际化三个维度解读大学排名的方法逻辑。

首先，科学研究是大学的重要功能之一，世界主要大学排名都重视大学科研的评估。在上海交通大学的最新评估因素及权重中，科研产出分数占排名总分数的 40%。其中大学在 Nature 和 Science 两本顶尖学术杂志上发布文章数量，以及 SCI 和 SSCI 上的引文数量各占总排名分数的 20%。此外，也有些大学排名注重同行评议，如 QS 世界大学排名就是基于 34 000 名同行评议人的调查结果，查看各大学的研究质量。有些世界大学学术排名还看中教师队伍中多少人获得诺贝尔奖以及菲尔兹奖等世界著名奖项。[5]当然，也有些专门的大学科研排名，如台湾高等教育评鉴中心（HEEACT）的"世界大学科研论文排名"与荷兰莱顿大学科学与技术研究中心的"莱顿排名"就是完全运用文献计量学方法,对学术论文的数量、论文发表期刊的影响力、论文引用率、论文引用影响力等内容进行评估。

其次,教学是大学最基本的功能之一。教学作为一个重要的评估因素越来越受到各大学排名系统的重视。世界大学学术排名就通过调查毕业生获得诺贝尔奖及菲尔兹奖的人数来判断大学的教学质量。[6]THE2011 世界大学排名从与教学有关的声誉调查、博士学位授予数、生师比、师均收入、博士与学士学位授予比五个维度,对大学的教学进行评估,占总评估份额的 30％。[7]QS 世界大学排名是基于生师比、雇主对毕业生反馈情况对大学教学质量进行评估。

再次,随着经济全球化的发展,高等教育国际化日渐成熟。高等教育机构之间国际化竞争激烈。各国都希望通过高等教育国际化提供自身国际竞争力。THE2011 从国际国内师资比、国际国内学生比和国际合作论文比例三个因素来评估大学国际化程度。[8]QS 大学排名则从国际教师比例与国际学生比例两方面查看大学国际化程度。

总的来说,当下大学排名的方法逻辑是基于世界一流大学特征而建立的。主要排名的评估因素无外乎论文发表数量与质量、科研经费、教师获得国际顶尖奖项人数、生师比、研究生与本科生比例、杰出校友人数、教师国际化程度、学生国际化程度等。这些排名结果为政府、政策制定者、用人单位、投资者、学生与家长以及院校本身等利益相关者提供了充分的信息。但与此同时,由于现存大学排名本身的缺陷以及利益相关者对大学排名的盲目追求,产生了较多大学排名滥用的现象。

其一,大学排名的商业化倾向严重。QS 和 THE 都是具有商业目的的大学排名,其潜在利益动机影响排名。如 QS 本身是商业咨询机构,为想要提高排名位置的大学提供咨询服务。提供咨询的机构又为排名执行机构,机构会觉得有责任让自己的客户在排名中的位置有所提高。[9]其二,政府和大学对大学排名的盲目追求导致大学的发展完全以大学排名指标为导向。这种盲目的名次追求导致大学发展"麦当劳化",致使大学发展呈现高效性、可计量性、可预测性和可控制性等特点。[10]现存大学排名强调科研、自然科学以及偏西方化。教学型大学、人文社会科学实力较强大学以及非西方国家大学在这种情况下都将被迫趋同发展。其三,政府依据世界大学排名一味强调本国或地区一流大学的建设而忽视本国或地区世界一流高等教育系统的建设。这种大学排名的滥用忽视了大学的多元化功能,致使大学进入恶性竞争。其四,一些大学为了提高大学排名名次,虚报大学生师比等数据,并鼓动学生回馈给大学排名的机构较高的就读满意度。[11]最后,基于大学排名对高等教育国际化的重视,部分大学基于提高国际声誉,而吸收很多没有经过严格审核的国际教师和国际学生。这种鼠目寸光的做法长远来看将降低大学声誉。总的来说,一味地以大学排名马首是瞻,盲目追逐世界大学排名将会导致大学丧失真正的学术文化,忘记大学最本质的使命。[12]

(三) 反思评价标准,回归大学本质

针对以上问题,《高等教育排名与问责:善用与滥用》报告从国际视角出发反思现有大学排名评价标准的不足。此外,报告还对"高等教育学习结果评估"和"多维度全球大学排名"这两个新兴的大学质量评估工具进行分析,认为关注学生的学习产出、重视大学社会服务功能、对不同类型大学进行分类排名等排名准则代表未来大学排名发展的方向。基于对报告的分析,我们认为现有大学排名评价标准存在理想模式单一、重理轻文、排名标准西方化、覆盖面窄、透明度不高以及忽视大学的社会服务功能六大问题。大学排名应该充分考虑大学对当地社会、经济、文化发展的影响,基于文化圈而建,多样化发展。基于此,大学排名才能回归大学本质,有力地推动世界大学格局重塑。

1. 反思评价标准

(1) 评估模式单一。当今的大学排名是一种精英式的大学质量评估,是基于世界一流大学特征制定的评估标准,科研产出、国际顶尖学术期刊论文发表数量等都是重要的大学排名评估因素。但各类型大学有着不同的大学发展模式和办学理念,用一种美式研究型大学的标准去评估各个国家各种类型的高等教育机构显然是不公平的。此外,这种单一的理想模式让许多大学在追求世界一流大学的过程中备受压力。教学型大学和发展中国家大学提升大学排名的过程即是牺牲大学原本所具有的独特的国家特征和独立性格的过程。[13]

(2) 重理轻文。大学排名看重科研,而现有的科研评估因素明显有利于理

工类学科发展而忽视人文社科类学科的特性。大学排名看重大学学者在国际学术期刊发表论文数量。理工类学科本身的研究特性决定了学者能在一年内发表数篇高质量论文。而人文社科类学科的学者往往需要几年才能积累一篇高质量论文。由于文科的特性,非英语国家人文社科类学科学者发表英文论文具有较大挑战。而理工类学者则不存在这个问题。此外,理工类学科顶级国际学术期刊较多且引用率明显高于同类人文社科类学术期刊。因此,在当下世界大学排名体系中,人文社科类学科实力较强大学处于不利地位。

(3)大学排名西方化。世界大学排名以西方大学发展指标为基准进行大学评估。可以看到,自从有了世界大学排名,北美和西欧的高等院校在排行榜上的出现频率远远高于世界其他地区学校。[14]众所周知,SCI 和 SSCI 期刊论文数量和引文数量是决定大学排名的重要因素。欧美国家尤其是美国和英国拥有大多数 SCI 和 SSCI 学术期刊。其次,各世界大学排名运用文献计量学进行评估的学术期刊数据库中大多为英文学术期刊。QS 从 2007 年开始把其学术期刊数据库中的非英语学术期刊比重增加到 21%,但英语学术期刊数量仍占大多数。这些指标明显都不利于非西方国家大学。非洲 90% 以上大学不能进入世界主流大学排名。[15]拉丁美洲大学进入世界大学排名的数量也极少。拉丁美洲大学尤其是公立大学所发挥的功能与西方研究型大学有所差别。[16]

(4)覆盖面不广。全球共有 17 000 多所大学,能进入各种大学排名的学校数量仅 500 所,仅占全球大学总数的 3%。在高等教育不发达地区,很少有大学能够进入主流世界大学排名体系。排名总是把焦点聚焦在全球前几百名的大学。这些大学往往拥有上百年的建校史,拥有至少 25 000 名学生以及超过 2 500 名教师。这些学校每年获得的捐赠基金在 10 亿美元以上,每年的预算超过 20 亿美元。[17]而不在榜单的大学也需要大学排名保障高等教育质量,促进大学功能实现,为利益相关者提供信息。

(5)评价因素选取与数据透明度有待加强。当下大学排名许多评价标准的有效性值得怀疑。QS 和 THS 的大学排名中参考大量同行评议收集来的数据。研究显示大学排名中的同行评议仅仅是一种调查而不是真正的学术评议。[18]存在着"调查回收率极低,评议专家往往依据刻板印象进行评价,基于光环效应对著名大学或著名学者的评价产生正偏向"的问题。[19]此外,大学排名单纯用生师比来判断教学质量,其有效性值得怀疑。教学质量必须基于大学生就读经验进行评估。[20]排名通过杰出校友的数量来查看大学教育产出质量不具有说服力。杰出校友只占大学毕业生的极小部分,其成就很难反映大学的整体教育质量。[21]最后,大学排名评估数据来源于政府、学校以及商业咨询机构,数据的真实性受到社会各界质疑。

(6)忽视大学为国家和社会服务的功能。当下大学排名关注大学教学、科研的功能,却忽视了大学为国家发展和社会进步服务的功能。大学排名没有关心大学为国家和社会发展所做出的贡献,更没有考虑大学在当地文化创建和发展中所起到的作用。而世界众多大学尤其是公立大学至关重要的功能即是为社会经济发展服务,传承和发扬文化,解决国家棘手问题。

2. 回归大学本质

首先,大学排名应充分考虑大学对当地社会、经济、文化发展所做出的贡献。1998年,联合国教科文组织举办世界高等教育会议指出,高等教育的使命不仅仅是教学、研究,高等教育应该有更为广阔的目标如促进可持续发展,进行文化传播,消除贫穷、偏见、暴力、文盲、饥饿、环境恶化以及疾病。[22]2008年,世界高等教育会议又提出高等教育是一项公共事业。大学应承担社会责任,高等教育不仅仅为现在和未来世界培养技术人才,更重要的是要培养有道德的公民,致力于和平文化传播,维护人权以及传播民主的价值。[23]现有大学排名极力用量化的方法评估大学科研能力和教学能力,却从根本上忽视大学对国家和地区社会、经济以及文化发展所做出的贡献。我们应该纠正现有世界大学排名逻辑和方法,增加对大学为国家和地区的社会、经济、文化等诸多方面服务情况的评估。马来西亚建立国家大学排名系统(SE-TARA),除查看科研产出、教师质量等传统评估指标外,已开始着重评估大学知识市场化以及知识转化对政策形成、社会发展产生的影响。[24]

其次,进行区域合作,建立基于文化圈的大学排名。基于西方标准的大学排名致使许多发展中国家和地区的大学未能进入榜单。这些国家和地区的大学不能从大学排名中受益。因此不同区域国家和地区应该基于实际情况建立属于自己文化圈的大学排名,充分发挥大学排名促进大学使命完成、为利益相关者提供参考信息的功能。非洲基于区域情境建立了属于非洲大学的排名即非洲大学质量评价机制(African Quality Rating Mechanism, AQRM),力图纳入更多非洲大学,满足更多非洲大学质量保障要求。[25]此外,拉丁美洲大学正在积极建设以葡萄牙文和西班牙文为主的文献数据库以用来评估大学科研产出情况。建设符合区域或国家实际情况的大学排名,可以保护和发展本土大学的特性,避免大学陷入追逐单一理想大学模式的恶性竞争中。

最后,发展多样化大学排名,保证大学排名的有效性。大学排名应多维度评估大学并保证评估因素科学有效。经济合作与发展组织推出"高等教育学习结果评估",对高等教育毕业生学习产出情况进行国际比较。该评估力图证明高等教育机构对毕业生个人成就、国家发展以及社会进步的影响,依据大学生就读经验有效评估大学教育质量。[26]世界银行从高等教育机构、高等教育系统两个层面出发,提议在全球高等教育系统中建立基本标准,对各个国家高等教育系统和高等教育机构进行检查。基准的建立可保证高等教育均衡发展,提供各国高等教育系统和机构互相比较、取长补短的平台。通过这个基准,政策制定者能够用长远眼光和完整视角看待大学排名,制定高等教育发展战略。[27]欧盟推出"多维度全球大学排名",评估标准多元化。[28]在价值客体方面,该排名提出多维度思想,不仅将大学职能纳入排名设计中,而且还将大学使命考虑进来,较为全面地关注大学特点。价值主体方面,"多维度全球大学排名计划"力图满足所有高等教育利益相关者需要。[29]由此不难看出,UNESCO 在世界大学排名这一问题上的立场,即力图通过发展大学排名打破重理轻文、西方中心的学术秩序,以重塑世界学术格局。而中国的大学在面对不可回避的大学排名时,也应抓住未来大学排名发展的趋势,充分发挥大学服务国家和社会的功能,加强同文化圈的区域合作,形成自己的特色,以培育"世界高等教育的第三极"。[30]

参考文献:

[1]戚巍,缪亚军.世界大学排名方法解构与比较研究——基于 THE 与 QS 的分析[J].研究生教育研究,2012(3):9—14.

[2]程莹.上海交通大学的世界大学学术排名体系[J].世界教育信息,

2012(7):34—35.

[3] 刘强,丁瑞常. QS 大学排名体系剖析[J]. 比较教育研究,2013(3):44
—50.

[4][5][6][7][8][9][10][11][12][17][20][24][25][26][27][28] P.
T. M. Marope,P. J. Wells,E. Hazelkorn(eds). Rankings and Accountability in
Higher Education:Uses and Misuses. Paris:UNESCO,2013:190. 26. 26. 48.
48. 217. 14. 237. 194. 14. 193. 195. 149. 282. 12. 258.

[13][23] IESALC(International Institute for Higher Education in Latin
America and the Caribbebean). The Position of Latin America and the Carib-
bean on Rankings in Higher Education[C]. Fourth Meeting of University Net-
works and Councils of Rectors in Buenos Aires,2011:5.

[14] 董会庆,董真. 全球大学排名及其影响解读[J]. 世界教育信息,2011
(9):32—35.

[15] Salmi,J,Saroyan,A. League Tables as Policy Instruments:Uses and
Misuses[J]. Higher Education Management and Policy,2007(2):24—62.

[16] P. G. Altbach,J. Balán(eds). World Class Worldwide:Transforming
Research Universities in Asia and Ameica[J]. Baltimore:Johns Hopkings Uni-
versity Press,2007:189—215.

[18] J. Sadlak,N. C. Liu(eds). The World-Class University and Ranking:
Aiming beyond Status[J]. Bucharest:UNESCO-CEPES,2007:87—121.

[19] Van Dyke, N. Self-and-Peer-assessment Disparities in University
Ranking Schemes[J]. Higher Education in Europe,2008(2—3):285—293.

[21] Marginson,S. Global University Rankings:Implication in General
and for Australia[J]. Journal of Higher Education Policy and Management,
2007(2):131—142.

[22] UNESCO. World Declaration on Higher Education for the Twenty-
First Century:Vision and Action[C]. World Conference on Higher Education,
UNESCO,Paris,1998(10).

[29] 梁卿. 欧盟"多维度全球大学排名"述评[J]. 比较教育研究,2012(4):

40—43.

[30] 洪成文. 培育"世界高等教育第三极"中国高校如何发挥出影响力 [N]. 光明日报,2014—01—07(13).

（本文发表于《比较教育研究》2014 年第 7 期。作者滕珺、屈廖健,时属单位为北京师范大学国际与比较教育研究院）

十一、欧盟"全球多维大学排名" 的理念与实践

2013 年 1 月 30 日，在爱尔兰都柏林召开的欧盟轮值主席国会议上，经过欧盟多年开发与设计的"全球多维大学排名"体系（以下简称"U-Multirank"）正式对外发布并启用。它是一个多面向、多维度、多层次、用户导向的全新大学排名体系，在理念与应用方面与以往的排名体系有着本质上的区别。欧盟于 2013 年至 2014 年斥资 200 万欧元利用该多维排名体系对全球至少 500 所高等学校，以及这些院校在机械、电子工程、商学和物理四个研究领域进行首次排名尝试。[1] 这一全新的排名体系是否会对各国大学在高等教育"声誉竞赛"中的位置产生冲击？是否能够像原有的排行榜一样定位各国所谓的"世界一流大学"？这些都引起了各国学者与教育管理者的重视。本文对 U-Multirank 的创建目的、排名理念、概念框架、排名方法、指标体系和排名结果呈现形式等问题进行了梳理和澄清，以期为我国学界和管理者提供一些参考与借鉴。

（一）创建目的与排名理念

为了充分尊重、认识并强化高等教育系统的多样性，规避已有大学排名体系使用单一的标准衡量不同类型院校，且过多强调科研实力而忽视院校其他方面特色等不足，欧盟委员会提出在国际背景下设计一种全新理念的高等学校排名工具，[2] U-Multirank 在这样的背景下应运而生。在创建之初，U-Multirank 就非常明确自身的使命，创建这一排名工具的目的绝不是定位"世界一流大学"或促进全球范围内已经非常激烈的院校"声誉竞赛"，而是为充分认识高校在不

同指标中的绩效,帮助利益相关者了解院校,并为提高高等教育系统的透明度提供一个灵活实用的工具。[3]

在明确的目的指引下,U-Multirank 的排名理念有着以下几个特点:

第一,强调"多维评价"。现有的大学排名体系更多地关注大学的科研水平,尤其是"硬科学"方面的研究水平,忽略了大学在社会科学、教学以及地区参与等其他方面的表现,这种排名趋势往往抑制了高等学校的多样化发展。U-Multirank 试图纠正这种过度的科研倾向,提出优秀的评价标准不应该是单一和绝对的,在科研、教学、社会服务等方方面面的表现都应该被平等地重视,因此强调从多个维度定义"优秀"。[4]

第二,强调"目标契合"。现有的大多数大学排名体系往往忽视了"不同类型的高校承担不同的责任与使命"这一高等教育系统内部的基本规律,不论高校各自设定的目标及肩负的使命是什么,都以同一标准衡量及评价高校的绩效,这种排名方法往往仅有利于那些有能力获得国家重视并赢得更多资源的世界顶尖研究型大学,却忽视了其他类型的院校,因此排名结果的受众面较小,针对性较弱,往往引起争议。U-Multirank 则以院校的"目标契合度"为理念评价院校的绩效,强调根据不同类型的高校所设定的不同目标来评价院校的目标完成情况,即根据高校"做了什么"来评价高校"做得如何"。[5] U-Multirank 首先通过院校分类寻找具有可比性的院校,而后对其进行排名,排名的结果因此更加具有说服力。

第三,强调"用户导向"。已有的大多数排名往往没有区分不同的排名使用者,所以在排名的针对性方面较弱。U-Multirank 则在维度与指标的选择和排名结果呈现等方面充分考虑到了不同使用者的兴趣和利益诉求。[6] 不同的用户可以选择自己认为重要的指标建立灵活多样的个人排名体系,使得排名真正为用户所用,具有更强的针对性。院校可以定位自身发展特色以制定发展战略,教育管理者可以横向比较各国的院校情况以制定符合实际的教育政策,学生和家长则可以根据排名结果选择升学或出国留学的院校及课程项目。

(二) 概念框架与排名方法

U-Multirank 以三个理论视角为基础,构建了一个支撑高等学校多维排名的二维矩阵式概念框架,并在此基础上提出了"两步分类法"。

概念框架的构建基于三个理论视角。首先,从"高等学校职能"的视角出发,高等教育的主要职责与使命是"处理"知识。"处理"包括发现新的知识(研究),或者将知识转移到高等学校以外的群体中(知识转换),抑或将知识传递给各种类型的("学习者"教育)。由此,高等教育的主要职能包括教学、科研和知识转换。其次,从"高等学校受众群体"的视角出发,现有的政策讨论当中主要强调两类"受众群体",因此高校同时具备两种"导向"。其一是高等教育的国际化导向。它强调高等学校作为国家的社会门户,其面向全球的使命与作用,比如在话语权方面,高校既要接纳外来的影响,同时也要对世界做出贡献。其二是高等教育的地区化导向,它强调高等学校参与地区事务、推动地区经济发展的使命与作用。高等学校既要满足国际受众群体的需求,同时也需要关注本地区内受众群体的需求。第三个视角是"开放系统"的视角。高等教育系统作为一个开放的系统,既可以从外界环境接收以学生、员工、经费等形式的输入,也向环境输送以毕业生、科研成果、咨询建议等形式的输出。[7]高等教育的全过程包括输入、处理、输出、产生影响四个阶段。输入与处理阶段主要反映了高等学校进行的活动,即高校"做了什么",而输出与产生影响阶段主要反映了高等学校的绩效,即高校"做得如何"。[8]这三个理论视角共同组成了 U-Multirank 的概念框架(见表1)。这一概念框架纵向上构成了 U-Multirank 的五个维度,为实现"多维评价"奠定了基础,横向上区分了院校活动与院校绩效的考察范围,为实现考察"目标契合度"指明了方向。

表1　全球多维大学排名的概念框架

过程职能 & 取向		U-Map 分类工具		U-Multirank 排名工具	
		院校活动(考察院校"做了什么")		院校绩效(考察院校"做得如何")	
		输入	处理	输出	影响
职能	教学				
	研究				
	知识转换				
取向	国际化取向				
	地区参与				

在这个概念框架的指导下，U-Multirank 将已经设计完成、经过测试并已投入使用的欧盟高等学校分类工具（以下简称"U-Map"）整合到 U-Multirank 排名工具中并提出"两步排名"的新方法。

第一步，运用 U-Map 锁定具有可比性的院校。U-Map 由欧盟委员会拨款，由荷兰特文特大学高等教育政策研究中心开发，经过四个阶段的推进与完善已经正式上线使用了。U-Map 作为高等学校分类工具，着重考察院校在输入与处理阶段所进行的院校活动，即院校都做了什么。U-Map 通过六个维度之下的 29 个指标来考察院校活动，并帮助院校建立"院校活动概况图"，以直观地审视不同类型院校所进行的活动概况。用户可以根据自己的需要和不同的目的，选择特定的维度及指标作为分类标准，利用 U-Map 开发的在线工具——"特征搜索器"对院校进行分类，寻找特定类型的高校并生成分类子集，[9]这一子集中的院校都肩负相似的使命，进行着相似的院校活动，更加具有可比性。

第二步，运用 U-Multirank 建立个性化的院校排名。U-Multirank 作为高等学校排名工具，着重考察院校在输出与产生影响阶段的院校绩效，即院校在其所承担的责任与使命方面做得如何。U-Multirank 可以提供两种不同的排名，一是在院校层面上，将院校作为整体进行排名；二是在学科层面上，对不同院校的学科进行排名。用户同样可以根据自身的需求，选择相应的维度与指标，对院校子集中的院校进行排名，建立个性化的排名表。目前无论在国际上还是各国的排名体系之中，这种"两步排名"方式都是一种全新的排名方法。

（三）指标体系与排名结果

项目组以相关理论为基础，通过与广泛的利益相关者协商，并参考针对维度与指标的信度、效度、可行度在 150 所院校进行试测的结果，最终分别确定了"院校排名"和"领域排名"的维度与指标体系（见下页表 2）。[10]项目组可以通过采集院校在各项指标的数据，衡量高校在不同指标中的表现并进行两种排名。

U-Multirank 排名结果的呈现也非常多样和人性化，充分彰显了其强调"用户导向"的理念。首先，用户可以使用 U-Multirank 生成个性化的排名表。U-Multirank 生成的排名表摒弃了传统的综合名次排行榜，也不通过对维度和指标赋值将所有维度和指标整合成一个总分数，而是运用独创的"多维排名表"

展现高校在不同指标中的绩效。"多维排名表"选择使用不同颜色的圆圈代表绩效的优劣，且这种优劣没有绝对的名次，仅有相对的位置，绿色的圆圈代表优秀组，表示院校在该指标中的得分处于最高层次，黄色的圆圈代表中等组，表示院校得分居中，而红色的圆圈代表较差组，表示院校得分较差。项目组充分尊重用户的需求，鼓励用户根据自身的需求和兴趣建立个性化的排名表：第一步，用户可以选择建立"院校排名表"或"领域排名表"；第二步，用户可以选择排名的维度及指标，既可以使用某一维度的全部指标进行排名，也可以在不同维度中分别选择某几个指标进行排名；第三步，用户可以选择排名结果的呈现范围，既可以将优秀组、中等组和较差组中的院校同时呈现出来，也可以选择仅仅呈现其中某一个组内的院校。[11]这种个性化的显示方式展现了院校在各个指标上的相对位置，弱化了名次，突出了各自的优势与不足。

第二，用户可以从 U-Multirank 中获得院校绩效概览图。除了排名表以外，项目组根据每一所院校的绩效以"森伯斯特图"（Sunburst）的形式建立了院校绩效概览图。在森伯斯特图中，每一根光线代表一个指标，而每一束光线的颜色代表了该指标所在的维度。院校在每一个指标上的表现通过每一束光线的长度来表示，光线越长，说明该院校在该指标中的绩效越优。[12]用户可以以"森伯斯特图"的形式浏览不同院校的绩效概况。这种形式更为直观地展现了院校概况，把使用者的注意力从排名的结果转向了评价的内容。

另外，除了以上两种图表以外，U-Multirank 还可以为用户提供文本形式的院校绩效信息表，该文本文件中罗列了院校在每一个指标当中具体的绩效数值。[13]如果用户希望了解某些院校绩效的细节，还可以通过这些文本文件来获取更为具体的信息。

（四）评价与展望

作为一个全新的排名体系，U-Multirank 将其创新的排名理念贯穿于排名实践的每一个环节当中：在构建概念框架的过程中，U-Multirank 将对院校绩效的考察置于多维的视角中，奠定了"多维评价"的理论基础；在设计排名方法的过程中，U-Multirank 运用了高等学校分类工具，在锁定具有可比性的院校后进行排名，使得"目标契合"的理念得以落实；在设计排名的维度与指标体系的过程中，U-Multirank 不对维度和指标赋予权重，保证了指标之间平行且平等的关系，在设计排名呈现方式的时候，也摒弃了传统的综合排行榜，而是针对每一个指标分别进行排名，真正实现了"多维评价"的目标；在生成排名结果的过程中，U-Multirank 将排名的权力交给用户，鼓励使用者根据自己的需要选择指标来创建个性化的排名，彰显了"用户导向"的特色。U-Multirank 不仅在理念上强调"多维评价"、"目标契合"、"用户导向"，且这些理念在排名的实践中得到了很好的体现与应用。

这一全新的排名体系有利于提高排名的针对性、用户的参与度以及高等教育系统的透明度，并在此基础上引导院校多样化发展。

U-Multirank 得到了各界的重视，也获得了一些评价与反馈。项目主持方给 U-Multirank 充分的肯定。欧盟教育专员安德拉（Androulla Vassiliou）在新闻发布会上提出，该体系"将会是当前尖端的排名体系，能充分把握高等教育的多种特色，针对大学质量提供更精确和便于比较的指引"，[14] 从而帮助年轻人做出正确的学习选择，激励院校在各个方面进行完善，同时也便于决策者更好地制定有效的高等教育策略。U-Multirank 合作伙伴莱顿大学 CWTS 项目主管泰森（Robert Tijssen）教授认为这一排名体系评估大学的视角更加广阔，更具专业针对性。[15]

学生团体部门希望 U-Multirank 能够更加重视学生的参与。欧洲学联（Eurouean University Association，EUA）认为 U-Multirank 将会成为一个非常重要的工具，帮助学生在多元的欧洲高校中做出选择。瑞典学联总会（National Union of Students in Sweden，SFS）主席艾瑞克（Erik Arroy）认为，"创造一个多维排名体系是对现有排名方法的有力补充，但是一定要让学生深度参与排名指标的选取"。[16]

高校给予 U-Multirank 的反馈褒贬不一。一些大学认为它是一个更为科学的认识高等教育系统的工具，并且有利于高校在全球化的大背景下进行质量比较。但另一些院校却对它提出质疑。比如欧洲研究型大学联合会（League of European Research Universities，Leru）主动提出不参与 U-Multirank 项目，认为它所选择的指标难以取得可靠、有效的数据；国家与国家之间缺乏可比性；大学收集数据的负担繁重；整个项目缺乏对现实情况的核查等。[17] 针对 LERU

的担忧,U-Multirank 项目组给予了官方回应,强调他们致力于取得可靠的数据,并将对数据的信度和效度进行进一步的核查。他们会通过使用已有数据资源的方式尽量减少数据采集的负担,同时也允许高校展示他们自己的优势和特点。[18]不过他们支持 LERU 能够一如既往地提出他们的看法和立场。

目前,U-Multirank 正在积极地向全球各个国家和地区的高等学校发出邀请,希望高校参与到这一全新的排名体系中来。项目组计划于 2013 年上半年向院校发出邀请,于下半年收集并统计院校数据,于 2014 年年初发布囊括至少 500 所院校在内的第一轮院校排名及学科排名结果。项目组还将继续扩展参与的院校及学科,计划在 2015 年的第二轮排名中加入社会学、物理学、社会服务、计算机科学和音乐等学科的排名。

表 2　全球多维大学排名的维度及指标体系

维度	指标	院校排名	领域排名
教学	生师比		√
	毕业率(学士与硕士分别计算)	√	√
	具有博士学位的学术人员比例		√
	在正常时限内毕业的学生比例(学士与硕士分别计算)	√	√
	毕业生就业率	√	√
	学位课程中是否包括实习经历		√
	学生问卷中的指标		√
	对学习过程的总体评价		√
	课程与教学的质量		√
	课程的组织		√
	教师的支持		√
	社交氛围		√
	硬件设施(图书馆、实验室、教师、信息技术设备)		√
	教学的科研导向		√
	是否包含实习经历或实践要素		√

续表

维度	指标	院校排名	领域排名
科研	外部科研经费收入（每名专职学术人员）	√	√
	博士教育产出		√
	科研出版物产出总量（每名专职学术人员）	√	√
	艺术成果产出	√	
	领域标准化引用率	√	√
	高引用率科研出版物	√	√
	跨学科科研出版物	√	√
	教学的科研导向（学生问卷）		√
	博士后职位数量	√	
知识转换	来自私营渠道的收入（服务合同、咨询、执照、特许经营权、临床试验）	√	√
	校企合作出版物数量	√	√
	获得专利数量（每名专职学术人员）	√	√
	校企合作申请的专利数量（每名专职学术人员）	√	√
	高校衍生公司数量（三年周期内的平均值）	√	
	科研出版物引用专利情况	√	√
	提供专业持续发展（CPD）课程的收入	√	
国际化定位	外语授课的专业数量（学士与硕士分别计算）	√	
	学位课程的国际化定位		√
	出国学习的机会（学生问卷）		√
	学生流动（包括接收、派出及联合培养的学生）	√	√
	国际学术人员比例	√	√
	国际学生中获得博士学位的比例	√	√
	国际合作科研出版物数量	√	√
	国际科研经费收入	√	√
地区参与度	在本地区工作的毕业生比例	√	√
	在本地区实习的学生数量	√	√
	与本地区产业合作产出的学位论文数量		√
	区域性合作科研出版物数量	√	√
	区域性收入来源	√	√

参考文献：

［1］ U-Multirank Public Kick-off［EB/OL］. http://www. u-multrirank. eu/news/article/typo3-celebrates-20th-anniverary, 2013 — 01 — 30/2013 — 03 —22.

［2］U-Multriank-Key Questions and Answers［EB/OL］. http://www. U-Multirank. eu/fileadmin/user_upload/documents/UMR_key_questions_and_answers. pdf, 2013—01/2013—05—12.

［3］［4］ CHERPA-Network. Design and Testing the Feasibility of a Multidimensional Global University Ranking［EB/OL］. http://ec. europa. eu/education/higher-education/doc/mutirank_en. pdf, 2011—06/2013—03—20.

［5］ Don Westerheijden, Frank Ziegele. U-Multirank The Implementation of a Multidimensional International Ranking［EB/OL］. http://www. u-Multirank. eu/fileadmin/content_upload/UMR_Dublin_Conference_Jan2013. pdf, 2013—01—30/2013—05—10.

［6］［8］［11］［12］［13］ Frans Avan Vught and Frank Ziegele(Eds). Multidimensional Ranking:The Design and Development of U-Multirank［M］. Dordrecht:Springer,2012:1—6,86—94,169—172,173,174.

［7］ The Center for Higher Education Policy Studies(CHEPS). U-Map: The European Classification of Higher Education Institutions［R］. Enschede: The University of Twente,2010:24—25.

［9］ The Centre for Higher Education Policy Studies(CHEPS). U-Map:A University Profiling Tool 2011 Update Report［R］. Enschede:The University of Twente,011:3—16.

［10］ Frans van Vught, Frank Ziegele. U-Multi rank:A User-driven and Multi-dimensional Ranking Tool in Global Higher Education and Research ［R］. Enschede:The University of Twente,2013:11.

［14］ U-Multirank is Launched, 500 Universities Expected to Sign up

［EB/OL］. http：//www. universityworldnews. com/article. php? story ＝
20130201144343699,2013－02－01/2013－04－01.

［15］U-Multirank：The Start of Multi-dimensional International Ranking
［EB/OL］. http：//www. socialsciencesleidenedu/cwts/news/u-Multirank-20130102.
html,2013－01－02/2013－04－1.

［16］The Dangers of University Ranking Systems［EB/OL］. http：//
www. esu-online. org/news/article/6001/The-dangers-of-university-ranking-
system/％20external-link-new-window,2013－02－27/2013－04－01.

［17］Universities Pull out of EU's 'Unjustifiable' U-Multirank［EB/
OL］. http：//www. timeshighereducation. co. uk/story. asp? storycode ＝
422606,2013－02－07/2013－04－01.

［18］U-Multirank Reaction to LERU's Worries［EB/OL］. http：//www.
umultirank. org/article/u-multirank-reaction-tolerus-worries,2013－02－27/
2013－04－01.

（本文发表于《比较教育研究》2014 年第 7 期。作者王楠,时属单位为北京
航空航天大学高等教育研究所）

高等教育质量保障的理论

一、战后英国高等教育学科结构
的调整及其对我们的启示

英国高等教育的最大特点是重视文科、轻视理工。甚至有人认为,战后英国经济发展缓慢是与这一特点分不开的。两年前国家教委高教司委托我所研究国外高等文科教育的概况及其发展情况。利用这一机会,我考察了战后英国高校学科结构的状况及其变动情况,现将部分研究成果整理成文,以飨读者。

(一) 重文科轻理工的强大传统

人们认定英国高教最大特点之一是重文科轻理工并不是没有道理的。以文科见长的牛津和剑桥大学享誉世界,但却没有任何一所以理工为主的大学可与之匹敌;英国的高校培养出了莎士比亚、拜伦等一大批名震全球的文豪,培养了亚当·斯密、马歇尔、凯恩斯等众多长期影响世界各国经济发展的经济学家,等等,但出自英国的世界知名的科学家仅有牛顿、达尔文等为数较少的人,至于工程技术人才,属于世界级的人物实在找不出几个。

上述现象确实反映出长期以来英国高教存在着重视文科轻视理工的倾向,而且,这种倾向已形成一种传统。反映这一传统的最直接证据,莫过于在校学习文理工各科的学生比例,即学科结构的失衡。英国最古老、最有名的牛津、剑桥大学是适应教会培养主教、牧师等需要于十二三世纪创办的。其它形式的高等教育机构如教堂学校、天主教四大托钵修会、四法学协会等,也是适应教会和培养政府官员、律师等需要而创立的。因而,在整个中世纪,英国高等学校实施

315

的基本上就是文科教育,各门课程通常建立在七门人文学科的基础上。十八九世纪后,随着近现代科学的发展,高校中文理工开始分科。与此相应,剑桥大学设立了科学学科和卡文迪什实验室;新创立的以工业城市为依托并为其服务的十一所城市大学不仅是教学中心,而且是工商研究的中心。然而,尽管理工教育开始进入英国高等学校的讲堂,但文科仍牢牢占据统治地位,直至第二次世界大战。以大学各学科在校学生人数比例为例,1925～1929 年、1930～1934 年、1935～1938 年三个时期内,文理工科学生之比分别为(以文科为 1)1:0.32:0.17;1:0.34:0.18;1:0.35:0.2。如果将理工作为一大学科的话,那么,同期文科与理工科之比分别为 1:0.50;1:0.51;1:0.56。这表明,14 年中虽然理工科略有增加,但二者在校生合计也仅及文科的一半左右。特别是工程学科,学生人数更少,尚不足文科的 20%。

诚然,我们不能用现今的学科比例标准去判断六七十年以前的比例,但是,即使与当时英国科学技术和社会经济发展需要相比,或与美国、德国相比,英国高校学科结构也严重失衡,文科过于突出,理科特别是工科相对弱小。

不同高校和不同学科毕业生在社会上的不同地位和身份,从另一侧面反映出英国重文科轻理工,特别是轻工科的倾向和传统。

长期以来,英国大学文科毕业生在社会上的地位和收入始终高于理科和工科,这种状况甚至一直持续到 20 世纪 60 年代。例如,1564 年对 7 000 名大学毕业生的职业和薪金状况所作的调查表明,在化学家、电子工程师、数学家、民用工程师、经济学家、化工工程师、会计师和文人等 8 种专业分类中,如果按年龄大小将他们分成 5 个年龄组的话,文人的起点年薪就比化学家多 400 英镑,到第 4 个年龄段时,他们至少比其他专业人员平均高出 600 英镑[①]。不同学科毕业生不同的收入水平清楚地揭示了英国重文科轻理工的传统。

这一传统还可以从不同学科在英国社会政治、经济、文化发展中所起作用的不同反映出来。英国大学,特别是牛津和剑桥这两所以文科为主的大学是英国社会精英的摇篮,是培养各层官吏的主要基地,对维护和强化大英帝国的统治发挥了举足轻重的作用。例如,1815 年至 1914 年,有 15 位首相毕业于这两

① 参见王承绪:《战后英国教育研究》,第 300 页。

所大学;1584 年在大约 400 名下院议员中,有 145 人来自牛津和剑桥;1918～1935 年,在抽样的 1 003 名保守党议员中,一半左右有大学学历。相反,作为工业革命或第一次科技革命发祥地的英国,其大学却置身于创造发明之外。例如,对工业革命发挥巨大推动作用的蒸汽机、纺织机和火车等都是由大学以外的从事实践的能工巧匠发明的,大学没有发挥过任何作用(阿什比语)。在以电气为标志的 19 世纪末的第二次科技革命中,英国大学的作用也非常有限。不同学科所起作用的巨大反差既是英国重文轻理更轻工这一传统的反映,又是它的必然结果。

众所周知,中世纪各国的高等教育,最初几乎都是适应宗教或国家政权建设的需要而创立的,因此,当时的大学教育基本上就是文科教育;近代科学技术问世后,理工科开始引入大学教育之中。这表明,各国的高等教育都曾有过偏重文科的历史。问题在于,随着近现代科学技术的迅猛发展,许多国家(例如美国、德国)逐步加大了科技教育在高等教育中的比重,淡化了过份偏重文科的传统,文理工之间达到了较为均衡的发展。为什么直至二次大战前后,英国仍固守这一传统不放呢? 我认为,这与英国特定的国情密不可分。

凭借着 17 世纪中叶最早成功的资产阶级革命和随之以能工巧匠为先锋的工业革命,英国建立了庞大的日不落帝国,聚敛了巨额的财富。因此,在很长一段时期内,摆在英国统治集团面前的第一位的任务,就是如何培养数量足够、质量优秀的各级各类官吏和专业人员,以维护和巩固大英帝国的统治。正是在这一特定国内国际条件下,主要担负培养官吏职责的高校,特别是大学文科备受英国社会和统治集团的青睐。19 世纪末兴起于美国的第二次科技革命虽然对英国有所触动,但并没有从根本上动摇它的利益。这是因为,尽管英国科学技术相对落后,但它仍然可以凭借在世界各地,特别是在大英帝国范围内的各种商业特权继续掠夺大量财富、称霸一方。笔者认为,这是英国长期以来轻视科技教育、轻视理工、偏重文科的传统难以淡化及高校学科结构失衡的根本原因。

(二) 20 世纪五六十年代高校学科结构的调整

二次大战沉重地打击了英国。战争摧毁了它的 25% 的财富,它在资本主义世界工业生产和贸易中所占比重大幅度下降。尤为重要的是,战争期间和战后,殖民地纷纷摆脱英国统治而宣告独立,日不落帝国土崩瓦解,从而使英国的政治经济实力大为衰落,在某种程度甚至不得不依附美国。这一切意味着,英国种种保守传统赖以生存的基础已彻底动摇。面对着这种生死攸关的形势,英国统治集团开始认识到,只有变革才有可能挽回颓势。在社会领域大力实施福利国家政策,在经济领域实行国有化政策,在政治领域更加鲜明地推行两党政治等,这是英国政府实施改革、缓和阶级矛盾、调整生产关系、恢复经济活力、力图东山再起的基本战略措施;大力发展高等教育、加强科技教育、调整高等学校学科结构,也是这一基本战略方针的有机组成部分。

战后不久,英国政府和教育界的许多人士在总结第二次世界大战的经验时普遍认识到,现代战争的胜败和国家的强弱在很大程度上取决于高等教育,特别是高等科技教育的发展及其应用,因此,要振兴英国,首先应大力发展高等教育,特别是高等科技教育。这一认识虽不全面,但确有一定道理和针对性。当时英国高等教育存在的主要问题有两个,一是发展缓慢,二是学科结构严重失调,科技教育滞后。英国高教当时大大落后于其它发达国家,例如,二次大战前夕,全国在校大学生总计只有 5 万人,将近 1 000 名居民中才有一名大学生,这不仅低于美国 200 名居民便有一名大学生的比率,而且低于任何一个西方发达国家。

英国科技教育滞后既表现在高教学科结构失衡、理工过轻上,也表现在专业划分过窄、过细和人文与自然科学的严重割裂上。例如,英国的大学通常为攻读荣誉学位的学生仅仅开设一门主要课程,教师和学生的精力都集中在这门学科上,而这些学科的学生又占学生总数的 70%;学习两门学科课程的学生很少。20 世纪与此相对应,高校中人文科学与自然科学的课程设置和学习严重分割,互不相通。五六十年代乃至 70 年代后的英国高等教育改革与发展,基本上就是围绕着上述问题展开的。

为了扶植和推进高校科技教育,英国政府和教育界首先进行了大张旗鼓的舆论宣传,努力改变人们根深蒂固的重文科轻理工的旧观念。战后不久,政府便组织专家学者开展调研,相继发表了有名的《帕西报告》和《巴洛报告》。这两个报告的主要结论是,为了振兴英国经济,克服科技人员数量和质量都严重不足的问题,大学和技术学院必须联手大力发展科技教育,中央政府应提供更有力的财政支持。与此同时,政府首脑也亲自出马,大力宣传科技教育。例如,前首相邱吉尔在一次演说中公开提出:苏联的技术教育和技术开发已经取得了很大成绩,为了避免落伍,英国人民必须奋起直追。当时的在职首相艾登则更明确地宣称:"胜利不属于人口最多的国家,而属于拥有最佳教育制度的国家","我们需要培养更多的科学家、工程师和技术人员,以弥补英国以往在这方面的缺陷"。

在较充分舆论准备的基础上,英政府于1956年2月颁布了技术教育白皮书,不仅进一步阐明了发展高等科技教育的必要性和紧迫性,而且规划了发展的蓝图。同年,教育部发出通知,决定按地方、地区、大区和高级技术学院等四个层次发展高等科技教育,决定设立10所可以开设第一级学位和研究生课程的高级技术学院,提高科技教育的学术地位和档次。与此同时,政府决定选择帝国理工学院等以理工科见长的高校作为重点扶植和资助的对象。在这些政策和措施的推动下,20世纪50年代科技教育形成了一次发展的高潮,科技教育的水平和所占比重,特别是工科比重明显提高,学科结构失衡问题初步得以纠正。例如,1957年,英国高等学校在校生文理工科的比例为1:0.29:0.51(或文科占55.3%、理科占16.5%,工科占28.1%);文科与理工的比例为1:0.81。到了1960年,文科所占比重降至53.8%,而理科和工科分别增至17.2%和28.9%。这与二次大战前夕相比的1:0.35:0.20或1:0.56的比例形成了鲜明的对比。

60年代英国高等教育进入一个大发展的时期。1963年发表了影响深远的《罗宾斯报告》。该报告提出,"所有具备入学能力和资格并希望接受高等教育的青年都应该获得高等教育的机会",应成为英国高等教育最重要的办学原则。政府接受了该报告的基本原则和它提出的发展目标规划并采取相应的措施。一方面加速高校的发展;另一方面着力纠正专业划分过窄、过细和文理彼此割裂的弊端。在种种举措中,影响最大的当属创建10所"新大学"。

前已谈及,英国大学发展极为缓慢,从12世纪剑桥大学创立到20世纪60年代初,大学总数才增加到20多所;除牛津、剑桥和伦敦大学外,其它大学规模都不大,1962年,全部在校生仅有11.8万。60年代创立的10所新大学平均规模为5 000人,这意味着,它们的创立使大学在校生人数10年间猛增了50%,

成为英国历史上大学发展速度最快的十年。新大学"新"在它打破了大学由民间团体和私人举办,以及大学必须经过多年"学徒期"这一英国近代大学的传统;新大学均由国家创办,大学自成立之日起就是正规大学。新大学"新"在办学思想新,新思想主要体现在两方面,一是采用新的教学组织模式,力图解决大学专业过窄、过细的问题;二是加强文理交流,克服二者割裂的问题。

与老牌大学通常只为学生开设一门主要学科(单科)的荣誉学位课程不同,新大学大多按学群为学生提供学位课程。学群带有强烈的跨学科的特点:每个学群包含许多单科,以便为学生提供广泛的学术和知识基础。理工学群除了向学生提供更宽广的理工基础外,还要提供文科课程;同样,文科学群除了向学生提供更加宽广的文科基础外,还要提供理工课程;同一学科往往设在不同学群中,以便各个学科的知识相互贯通。

总之,新大学在加速高教发展、加强文科和理工科的联系、克服文理割裂方面成绩斐然。

此外,英国在20世纪60年代还创立了全国学位授予委员会,为大学以外的学位课程学生授予学位;正式实行高等教育的"双重制"(the binary system);50年代的10所高级技术学院升格为正规大学。它们都对英国高教发展发挥了明显作用。

(三) 20世纪七十年代的再调整

60年代英国高等教育获得迅猛发展,文理分割、专业过窄过细的弊端在一定程度上也得到了纠正。然而,过快的发展却使50年代刚刚得以大致均衡的高教学科结构再度失衡。例如,文科所占比重从1960年的53.8%上升至1965年60.5%,1970年更升至65.0%,比十年前增加了11.2个百分点,与此相应,理工科特别是工科大幅度下降。这种再度失衡是与新大学的创建密不可分的。这是因为,这些新大学都是文科所占比重超过理工科的综合大学,从而导致整个高等教育学科结构再度严重失衡。

人们通常把70年代称作英国高教的调整期,实际上,这种调整主要不是体现在放慢发展速度上,而是体现在学科结构的再调整和端正高校理工科科研方向上。

二次大战后,英国政府始终把加强科技教育、扭转高教学科结构失衡作为推进高教发展战略的重要组成部分。60 年代工科教育无意中的再度跌落以及 70 年代经济形势的恶化,促使它采取更果断、更有力的举措,力图彻底解决这一问题。

创立和发展多科技术学院便是更重要的举措。在 1965 至 1973 年的短短几年内,正式成立的多科技术学院有 30 所,经过 5～6 年的发展,其在校学生数已与所有大学在校生数大体相当。多科技术学院主要为全日制和部分时间制学生提供第一级学位、研究生学位和国家高级文凭等高级技术类和职业类课程。当然,基于重视文科的传统,也为了满足各地社会经济文化发展的需要,多科技术学院也提供一定数量的文科特别是应用文科的课程。由于这类学院在校生数量众多,提供的课程水平较高,理工科的学生明显多于文科学生,因而,它的创立和发展不仅大大提高了英国科技教育的水平,而且再次扭转了文科与理工科学科结构失衡的局面。例如,到 1975 年,高校文科学生所占比重已从 5 年前的 65.0％降至 48.7％,下降了 16.3 个百分点,而理工科则从 35.0％增至 51.3％。从 70 年代中期至今,英国高校文科所占比重一直稳定在这一水平上。它表明,此次学科结构调整比较成功。

此外,这一时期创办的蜚声世界各国的开放大学,也对英国高级职业和技术教育的发展起了推动作用。

由上可见,对英国重文科轻理工的说法应做具体分析,不能一概而论。从时间上看,20 世纪 70 年代以前这一问题确实较为突出,但在此后,如果仅从学科结构看,这一问题已基本解决,文理工比较均衡(见附表)。再从成效看,自 1901 年设立诺贝尔奖到 1980 年,如按人口平均计算,英国始终是该奖项获奖最多的国家,这是英国理科科研水平和成就的最重要标志。实际上,说英国轻理工一是相对于对文科的过分偏爱;二是指在科技教育中重基础研究而轻视技术的开发和应用,理论研究与开发应用严重脱节。众所周知,英国在物理学、化学、海洋和环境等基础学科领域中,其研究处于世界先进水平,但它们大都停留在实验室中,许多成果却很快被日本和西德拿去实验应用了。

英国政府和高等教育界的许多有识之士逐步认识到这一问题的严重性,从 70 年代起开始把加强基础研究与应用研究的紧密结合作为推进科技教育、从而促进经济发展的重要手段。为此,政府采取措施,将以往大学关门搞科研的模式改为由政府部门确定所需研究项目、特别是具体的应用开发课题而由有资格的专家学者提出申请、获准后由政府拨付研究经费的新体制,从而将高校科学研究与科技的工商业应用比较密切地联系起来。80 年代后,英国高教的许多改革措施,诸如设立教学公司、与企业签订科研合同、实施研究生综合培训计划、建立科学园等,都是立足于克服科技研究与开发应用严重脱节的弊端、加强科技教育、促进社会经济发展这一战略方针展开的,因此,从某种意义上说,它是 70 年代高教学科结构再调整的继续和发展。这一方针已取得一定成效。

总之,自 20 世纪 70 年代中期以来,英国高教文科和理工科基本上各占半壁江山,即一半对一半;如果说有什么变化的话,那就是理工科之间有所调整:理科略有下降而工科相应提升,工科明显高于理科(见附表)。与此同时,文理相互联系、渗透有所加强,科技教育与实践的联系进一步紧密。这一切意味着,英国高教学科结构的调整已告一段落,取得了相当的成功;英国社会长期存在的重文轻理更轻工的传统也大为改变。

(四) 几点启示

考察英国高教学科结构的调整,从中可以得出许多有益的启示。

1. 学科结构合理与否关系到一个国家精神文明建设和物质文明建设的大局。长期以来,大英帝国的统治为什么比较巩固? 人们为什么普遍认为英国统治手腕"高明"? 重要原因之一是英国极为重视文科教育,培养了大批得心应手的官吏和专业人员。为什么二次大战前很长一段时间内以及 20 世纪 70 年代以前英国在工程技术方面落后于美国和西德,其生产率和经济增长缓慢? 主要原因之一是英国对理工科,特别是工科重视不够,且理论研究与应用开发严重脱节。80 年代后,英国经济形势较许多发达国家为好,其原因固然很多,但它调整后的高教学科结构较为合理,各类人才的需要都能得到相应满足,基础研究与开发应用更紧密地联系起来,不能不说是重要因素之一。这就清楚地表明,学科结构应当合理调整,否则将影响全局。

2. 何为学科结构合理? 这是学科结构调整必须回答的问题。对英国和其它发达国家的考察研究表明,不存在统一的一成不变的标准,它取决于一个国家科学技术和社会经济发展水平、产业和职业结构以及文化传统等诸多因素。通常,科学技术相对落后时科技人才需求量较少,因而文科所占比重较大;随着科学技术的不断发展,高技术产业所占比重增大,文科比例将会下降,而理工科相应提高,二者比例处于相对均衡之中,目前发达国家大都处在这一阶段。随着信息时代的发展,未来直接从事物质生产的人员将逐步减少,而从事经营管理的人员将不断增加,与此同时,人们生活质量将进一步提高,享受闲暇的时间更多,因而,高教文科人数将逐步增加,理工科人数则将相对减少,从而形成新的学科比例结构。当然,这只是国际上的一般趋势,具体到一个国家,则必须根据特定的国情做出正确的判断和决策。例如,作为发达国家的日本,其文科所占比重大大超过其它发达国家,而理工科则远远低于其它国家。这主要是因为,日本政府采取了大力发展私立高教的方针。那些渴望上大学而又难以支付私立大学理工科专业高昂学费的学生,特别是女生,只好选择收费较低的文科专业,因此,战后以来,日本理工科所占比重始终大大低于文科。显而易见,这种文重理轻的学科结构是与日本政府发展高教的特定方针有关的。

3. 学科结构调整绝不是一项纯技术的工作,而是一个艰巨的不断使教育与科学技术和社会经济发展相适应、不断地与某些旧文化传统决裂的过程。英国重视文科,重视培养等级分明的绅士式人物的传统是很强大的,要扭转绝非易事,它用了几十年的时间才使学科结构调整基本告一段落。例如,在20世纪60年代末70年代初,政府确定的理工科招生人数明显超过文科,但大多数学生都宁愿报考文科而不报考理工科。因此,应充分认识高校学科结构调整的艰巨性,积极、耐心地做好工作,特别是决策者的观念转化工作。

4. 学科结构调整中起直接作用的因素是什么?市场经济和产业结构、职业结构的变化,无疑对学科结构的调整、旧传统观念的改变有决定性的影响,但是,政府的认识、态度、决策和措施却是直接起作用的因素。政府不应屈从落后的旧传统和某些眼前利益,而应站在时代的前列,代表人民的根本利益,深入调查研究,采取果断的正确措施,同时,应广泛动员舆论,开展宣传教育工作,以保证政策和措施的贯彻执行。

5. 考察各国高教学科结构后,有一个问题百思不得其解——为什么政府文件,报告和官员们口头上最强调政治思想工作,最重视精神文明建设的社会主义的中国和前苏联,却最不重视主要承担干部培养和精神产品生产的文科教育,其文科仅占高教学生总数的大约 30%,而口头上似乎不怎么强调政治思想工作的资本主义大国,却普遍比较重视文科,其文科学生通常占学生总数的一半或一半以上?

附表　若干国家高等教育学科结构(在校学生人数所占%数)

英国	文	55.3	53.8	60.5	65.0	48.7	49.9	48.8
	理	16.5	17.2	15.2	14.7	24.4	21.6	17.7
	工	28.1	28.9	24.1	20.2	26.8	28.6	33.5
法国	文		48.1	54.1	60.0	58.2	—	59.9
	理		33.1	27.4	18.6	16.7	—	21.7
	工		18.7	18.5	21.4	25.0	—	20.6
西德	文		42.1	42.9	44.9	42.8	48.8	47.8
	理		16.9	17.0	22.1	20.9	15.1	15.3
	工		40.9	40.0	34.4	36.2	36.5	36.8
日本	文		58.6	65.3	66.3	65.4	65.2	65.6
	理		8.3	7.6	7.8	7.8	8.0	7.3
	工		33.1	26.9	25.8	26.7	26.7	27.1
美国	文		54.2	55.2	56.0	54.3	53.3	56.9
	理		27.3	27.3	26.0	24.4	19.5	17.3
	工		16.0	17.5	18.0	13.7	19.0	25.9
前苏联	文			23.2	23.3	22.8	—	31.8
	理			15.5	15.0	14.6		68.2
	工			61.3	61.6	62.6	—	

注1:1975年以前的数字为大学本科学科结构

资料来源:根据 UNESCO 统计年鉴(1965、1970、1978～1979、1985、1993年)的数据计算

参考文献:

[1] W. C. Stewart:Higher Education in postwar Britan[M]. The Macmillam press ltd. 1989.

［2］The Centrel office of information：universies in Britan，1973.

［3］奥尔. 德里奇. 简明英国教育史［M］. 诸惠芳等译. 北京：人教出版社，1987.

［4］王承绪，徐辉. 战后英国教育研究［M］. 江西：江西教育出版社，1992 年.

（本文发表于《比较教育研究》1997 年第 6 期。作者曲恒昌，时属单位为北京师范大学国际与比较教育研究院）

二、西方高等教育全面质量管理
体系及对我国的启示

　　20 世纪 80 年代以来,高等教育质量成为西方社会与学界普遍关注的问题,它与招生和经费问题并列为世界高等教育改革的三大中心议题。许多国家为改善高等教育质量而作出的不懈努力,已促使高等教育质量保障活动成为一项国际性的运动。有资料表明,早在 1993 年,高等教育质量保障机构国际网络(QA)已拥有 34 个团体成员、12 个联络成员。另外,一些高等院校开始将广泛流行于西方商业和军事领域的"全面质量管理制度"和"ISO9000"系列标准引入高校内部管理并取得了较好的质量与效益。例如,英国现在已有 26 所大学按照"ISO9000"系列质量标准构建自己的质量体系。尽管如此,人们对于高等教育质量保障体系的许多基本理论问题并没有达成共识,而国外高等教育质量保障活动也基本处于"边争论,边保障"的状态。90 年代以来,我国政府提出了高等教育"规模、结构、质量、效益协调发展"的改革思路,高等教育质量保障问题受到社会和高校普遍的重视。我国学术界也开始探讨一些相关的理论问题,其中亟待研究的就是高等教育质量及其保障体系的问题。本文拟从比较高等教育的视野探讨西方高等教育质量及其有效管理保障体系的理论与实践,为我国加强高等教育质量管理提供可资借鉴的参考。

(一)高等教育质量:一个存有争议的概念及其特征

　　高等教育质量保障体系所指向的对象是高等教育质量。正确理解高等教育质量的内涵自然成为问题研究的必要前提。在西方,尽管目前"高等教育质量"一词是各种有关高等教育理论研究的文献、文章和书籍中出现频率最高的术语之一,但是对其界定仍然众说纷纭。例如,瑞典学者胡森(Husen)认为,质量就是"人们期望学校给学生带来的不仅仅局限在认知领域的变化";美国学者塞姆尔(Seymour)认为,质量的指标主要意味着"丰富的资源",包括较多的专业、巨大的图书馆藏、一定数量的知名学者等指标;英国学者戈林(Diana Green)则指出:"虽然人们能够对质量有一种直觉上的理解,但却难以清楚表述"。经过分析,戈林认为,学者们有关高等教育质量的界定主要从五个角度进行:其一属于传统的解释,把质量与提供独特而特殊的产品和服务联系在一起,隐含排他性的特点,如牛津和剑桥大学的教育质量;其二则把质量与预定规格和标准的一致性作为依据,依此使不同类型的院校可能设定不同的质量标准;其三强调以高校达到目的的程度为标准,把判断质量的尺度定义为是否符合标准;其四把质量定义在实现高校办学目标的有效性上,具体标准是以高校是否具有明确的办学理念和使命的表述为特征;其五把质量定义为以高校能否满足顾主(Customers,即学生及其家长、社会和政府等)规定的和潜在的需要。最近,随着全面质量管理理论在西方高等教育中的广泛运用,一些学者对高等教育质量又有了新的解释。越来越多的学者不再单纯从一个方面来考虑高等教育质量,而是把它放到一个"全面质量"的背景下来理解。全面质量概念的提出突破了传统意义上的"质量"含义,不再以最终"产品"的标准及目标的实现程度为标志,而把"质量"视为一个贯穿于整个产品生产过程的术语。从西方学者对高等教育质量概念表述的变化来看,我们可以判定这样一个事实,即高等教育质量的概念在许多西方学者的认识中如同高等教育概念本身一样是存在争议的。正如英国学者罗伯特·伯纳德所说:"不同的高等教育的概念最终导致人们对其质量概念多样化的探索。"

一般而言,判断高等教育的质量可以参照如下几个指标进行:

1. 以"卓越"(Excellence)或"一流"(First-Class)为标准

伯纳德认为:"卓越就是更确信地表达某些院校可以保持'顶尖级'(Very Highest Standard)的标准。"在他看来,所谓"卓越"就是非常优秀的、超出一般的标准,往往指那些各种可比性指标在同类院校中都名列前茅的院校。这种排名一般通过评估机构或新闻机构评出的"大学排行榜"的形式得以确认。例如,美国的《美国新闻与世界报道》大学排行榜、英国大学拨款委员会（今称基金会）的大学排行榜，等等。这些大学排行榜都具有广泛的社会影响和认可度。

2. 合适的目标（Fitness for Purpose）

这一指标包含两层含义：其一，高等院校是否具有明确的办学方向和发展目标（这对任何一所高等院校都是至关紧要的）。一所高等院校清晰的"使命"（Mission）陈述是衡量质量高低的重要标志。当然，目标本身是独特的、动态的和发展的。其二，高等院校的目标能否有效地达成。不同院校的目标应该随其类型和能级的不同而有所差别。人们不应该用一所研究型大学的标准来要求另一所教学型大学的质量，那样的话，后者无论如何也不能达到"高质量"的目标。

3. 满足高校内外顾客的要求

这项指标规定了高等院校能够在多大程度上满足校内外顾客的需要。其目的是力求改变高等院校封闭式的"象牙塔"形象，以适应市场化竞争的需要。从目前来看，伴随西方高等院校间竞争的日趋激烈，世界各国高等教育质量已不再仅仅由管理者和理论家们来定义，而更多地由全体教职员工和建立在科学量化基础上的事实和数据来认定。

4. 持续的质量改进（Continuous Quality Improvement）

主要指高等院校为自身及其顾客提供更多收益的目的，在整个组织内所采取的旨在提高各项活动的效益和效率的措施。美国学者刘易斯（Ralph Lewis）认为，"质量就是一种与能满足或超过期望的产品、服务、人员、过程和环境相联系的动态的状态。"其中，"动态"的含义认为，"被称为'质量'的东西随着时间的迁移和环境的变化可以而且确实得到了改变"。

（二）全面质量管理的体系建构：高等教育质量的保障

全面质量管理（Total Quality Management，英文缩写为 TQM）是目前广泛流行于西方社会许多领域（包括高等教育在内）的一种管理理论和方法。它最早应用于商业和军事领域。20 世纪 80 年代末 90 年代初，随着人们对高等教育质量问题的关注，这种理论开始被普遍地应用到高等教育领域，并对不断改进高等教育质量产生了积极影响，成为高等教育质量保障的有效方式和手段。

1. 全面质量管理的概念框架

与高等教育质量的概念一样,全面质量管理同样是一个缺乏统一性的概念。按照国际组织(ISO)的定义,全面质量管理是"指一个组织以质量为中心,以全员参与为基础,通过让顾客满意和本组织所有成员及社会收益达到长期成功的途径"。刘易斯则认为,"全面质量管理是一种哲学体系,依此建立的管理制度可以直接有效地达到组织目标,从而保障顾客的满意和投资人利益的最大化"。还有学者指出,全面质量管理是"指不断改进使用选择的工具和技术、训练指导决策和规划行动的过程,使高等院校各个领域不断接近最优化的目标"。尽管存在认识上的分歧,但所有的学者都不否认,全面质量管理是作为一个整体的概念体系而存在的,其中涉及的最主要的概念有:

(1) 质量体系(Quality System)。指为实施质量管理所建构的组织结构、实施程序和所需资源的总和。它是整个全面质量管理的基础。

(2) 质量方针(Quality Policy)。指由组织的最高管理者正式发布的该组织总的质量标准与质量改进方向。对外,它代表组织对产品用户和服务对象的质量承诺;对内,它是为组织所有部门和员工确立的行动指南。

(3) 质量手册(Quality Manual)。指根据质量方针制定的纲领性文件,具体阐明组织的使命、目标及行为准则。

(4) 质量控制(Quality Control)。指为达到质量要求所采取的贯穿于整个活动过程中的操作技术和监视活动。目的在于及时发现问题,消除生产和活动中不利的消极因素。

(5) 质量保障(Quality Assurance)。是一种特殊的管理形式,其实质是组织机构通过提供足够的产品和服务信任度,阐明其为满足顾客和服务对象的期望而做出的某种承诺。

(6) 质量审核(Quality Audit)。是确定质量活动和有关结果是否符合计划安排以及安排是否有效实施并达到预定目标的系统而独立的检查过程。

(7) 质量评估(Quality Assessment)。特指高等教育评价机构对高等院校所进行的教育质量检查。目的在于通过自我评价和校外评价相结合的方式,督促高等院校进行课程设置、办学方向、学生学业成绩等方面的改进。

2. 全面质量管理的基本特征

(1) 系统性。质量体系实质是把高等教育全面质量管理作为一个由大大小小的系统组成的整体来看待。美国学者特瑞巴斯(Tribus)认为,全面质量管理体系至少包含三个子系统:其一是社会性系统,涉及与正规或非正规组织特点相关的因素,如校园文化、教师个体与群体关系的质量、教师与教师、教师与学生、管理者与教师、管理者与学生等群体之间的行为模式,等等;其二为技术性系统,涉及管理过程中所采用的工具和有效手段等因素;其三为管理系统,涉及组织结构(如正式规划、方针政策、职能部门、权力类型等)、组织使命与目标、组织运行活动(如计划、实施、指导、检查和控制)等。

(2) 全面性。全面质量管理的概念与传统质量管理概念之间的最大区别在于,前者不再单纯强调产品能够在多大程度上实现生产目标和与产品规格的一致性,相反,是从更"全面"(Total)的意义上对质量加以界定。刘易斯认为,"全面"包括三个方面的内容:其一,全面质量管理涉及每个过程,包括设计、建筑、开发、核算、营销、维修等各个环节的质量管理,而非仅限于对生产过程和产品的质量管理;其二,全面质量管理涉及到每一项工作,不仅要求工作生产环节不出现差错,而且还要求不出现类似秘书打字、会计核算和校长决策上的错误;其三,全面质量管理涉及到每一个人,要求所有的人对其所做的工作负责。显而易见,全面质量管理使"质量"概念的内涵变得更加复杂和多样化了。

(3) 发展性(或称为动态性)。全面质量管理的核心观念是不断地进行质量改进、及时根据情况的变化和顾客需要调整目标和策略,从而实现更高的质量标准和更高的顾客满意率。英国学者辛姆斯(Serbrenia Sims)认为,全面质量管理关注每一个过程是如何改进的,并且及时提出完善的目标、标准和评价方法。

3. 全面质量管理的原则

全面质量管理作为一种特殊的活动,有其自身的行为标准和行动准则,可以概括为如下几个方面:

(1) 高度关注顾客利益的原则。高等教育的顾客主要由"内部顾客"和"外部顾客"两部分组成。内部顾客主要指学生。随着西方人口出生率的下降和入学人数的减少,高校之间的竞争日趋激烈,各个高等教育机构不得不采取各种办法来吸引学生。这些都迫使高校不断强化内部管理、改进课程设置、完善教学环境,以保证教育教学质量的稳步提高。外部顾客则主要指学生未来的雇主、投资人、学校股东等。随着西方高等教育财政预算的削减,高校教育经费异常紧张,几乎所有的学校都把多渠道争取资金作为一项重要的任务来抓。为了获得更多经费,高等院校不得不对支持其办学的外部顾客的态度和意见予以重视。

(2) 承诺不断改进质量的原则。由于社会环境不断变化,使得校内外顾客对高等教育的要求越来越高。质量标准处于不断变化之中,每一所高等学校都应该不断地调整目标,调整质量标准,向着"更高、更好、更强"的方向改进。

(3) 坚持决策科学化的原则。传统高等教育管理往往青睐于直觉和经验。相反,全面质量管理要求以事实为依据,用指标和数据说话。以英国高等教育质量评估和经费配额为例,以往的做法是专家们凭自己的印象来确定哪所大学好、哪所大学不好,并以此为依据分配大学经费,难免存在不客观、不公平的现象,甚至有"关系网"、"人情帐"的问题。而自 20 世纪 90 年代英国进行高等教育经费拨款制度改革之后,其经费配额的多少已开始由高校各项指标的真实情况来确定。

(4) 尊重个体存在的原则。传统管理模式基本属于一种"机械模式"或"生物模式",忽视了教职员工个体作用的发挥。全面质量管理属于一种"社会模式"。它高度重视人力资源的开发和利用,在尊重人的价值的前提下,强调全员参与、团队精神和协调工作。这使得所有层次的管理者和各学院(系)的每位教师都能理解学校总的宗旨和目标,清楚自己的工作职责,从而提高高等院校的工作效率。

4. 全面质量管理的操作方法

全面质量管理不仅是一种理论,同时也是一种方法。一些研究者和实践者开始将它应用于个案研究。例如,美国学者哈德尼(Edwards Hardney)已经尝试把全面质量管理应用于他所领导的社区学院。与全面质量管理相关的可操作性方法包括:

(1) 策略管理法(Strategy Management)。这是一种最具广泛性的决策方法,它要求在高等院校重大发展和建设问题的决策方面采用"团队攻关"、"头脑风暴"等方法,组织全员参与讨论,广泛听取来自基层的意见。例如,在关于学校使命和任务的阐述、学科建设、课程设置等方面,都要广泛听取来自基层的意见,这样,就使得从校长到教师的每一位成员都不仅有了主人翁的感觉,而且都深刻地了解这些问题的关键所在。一般而言,计划或方案的制定过程越具有广泛性、参与性,计划或方案的执行就越顺利。

(2)过程管理法(Process Management)。这是一种通过不断优化操作过程、提高效率等手段,达到问题得以解决的方法。这种方法要求所有主要的工作过程都必须与预先设计的目标和任务相一致。在高等院校中,每一个部门就是一个相对独立的系统,有各自的职能和责任,但是,其中有些职能和责任又是重合的、跨部门的(例如学位的问题、课程计划的问题,等等),需要跨部门的合作(Interdepartmental Collaboration),以减少时间和精力的浪费。

(3)项目管理法(Project Management)。这是通过建立能够有效地计划、组织、实施和控制所有资源和活动的系统,进而成功地完成某种任务的方法。实施这种方法需要组成专门的项目小组。小组的一切活动都应该与项目的具体操作目标和最高目标紧密联系在一起。项目管理法的成功要素包括:控制系统、计划程序、运行机制、操作指标和技术分析,等等。欧洲一些大学的教师培训项目及成立课程开发小组,实际上就是一种项目管理的方法。

(4)个人管理法(Personal Management)。这是指通过调动所有教职员工积极性、挖掘个人工作潜能和责任心而达到持续改进质量的目的的方法。这种方法强调个人在活动中作用的发挥,要求每位教职员工都制订个人的工作计划,明确其职责和任务,使他们的工作更加具有主动性和目的性。

(三)启示:加快建立我国的高等教育全面质量管理体系

尽管全面质量管理模式应用于西方高等教育的时间不长,许多问题仍然处于争论之中,但是,二十多年以来,全面质量管理实践已经从西方的工业部门扩展到了建筑业、交通邮电业、商业服务业以及高等教育领域的事实,足以证明其存在的合理性。西方高校实施高等教育全面质量管理所取得的经验,对改进我国高等教育管理水平、持续提高高等教育质量具有参考价值和借鉴意义。

1. 要充分认识到引进全面质量管理模式的迫切性

20世纪90年代以来,随着我国高等教育办学规模的扩大,数量与质量之间的矛盾日益突出,质量问题也成为高等教育理论和实践研究中的热点。1996年,我国在北京成功地举办了以"高等教育评估与质量保障"为主题的国际学术研讨会。此后,高等教育质量保障越来越引起人们的广泛注意。尤其是1999年高校扩招之后,急剧膨胀的入学人数导致高等学校传统管理模式越来越不能适应——一些领导干部思想观念落后、管理水平较差以及部分教师对学校总体教育任务和办学宗旨缺乏了解,等等。因此,当务之急是将西方的全面质量管理模式引入我国高校并普遍地加以推广。其理由如下:其一、全面质量管理模式是高等教育市场化发展的必然产物。随着我国市场经济体制的建立,高等教育竞争变得更加激烈,尤其是高校扩招之后,社会、家庭和个人对高等教育质量提出了更高的要求,许多高校都切实感到"质量就是核心,就是生命线"的巨大压力;其二,目前世界各国高等教育普遍存在经费短缺的问题,我国高等教育经费投入不足的问题更为严重,经费不足已成为影响高等教育数量发展、质量提高的"瓶颈"因素。要想解决这个问题,除了改革投资体制之外,还要提高管理水平,提高管理效率,用市场规律性的观点解决教育的效益与效率问题。由于高等教育全面质量管理的核心概念是强调以最小的成本投入获得最优化的效益和效率,因此它是解决经费不足问题的有效手段和措施之一。

2. 应该看到引进全面质量管理的可行性

尽管高等教育领域引进全面质量管理是近几年的事,但是早在1978年,我国一些大型企业就已开始了全面质量管理的实践并取得成功的效果。这就是说,全面质量管理在我国已经存在一定的实践基础。从西方国家高等教育全面质量管理形成与发展的过程来看,基本上走的也是一条从工业领域到高等教育领域的发展过程。在我国,尽管学术界对高等教育产业化存在争论,但市场经济条件下高等教育所表现出的产业性毋庸置疑。高等学校的人才培养、科学发明创造以及为社会服务三大职能活动的过程,也表现出与企业生产的类似性和自身的渐进性。在西方,人才培养过程就如同生产产品的过程,其基本环节包括:招生宣传(广告)——招生(进原料)——在校教育(加工生产)——毕业考核(产品检验)——毕业分配(出厂)——用人单位的使用及毕业生信息反馈(质量跟踪)。我国高等教育的市场化趋势日渐明显,客观上存在引进企业管理模式和思想的需求。而且,随着我国高等教育对质量问题的关注,近几年学术界也开始有人研究全面质量管理理论与我国高等教育实践结合的问题,试图借鉴西方全面质量管理思想,改进我国高等学校的办学质量。这些都为我国高等学校开展全面质量管理活动提供了很好的基础。

3. 引进全面质量管理模式要结合中国实际和高校实际

一方面,要考虑到高等学校与工业、商业机构的本质差别,不能把适用于这些领域的管理成功经验完全照搬到高等学校;另一方面,还要考虑国情的不同,同样的理论和成功经验在不同的文化背景下会产生不同的效果。我国高等教育制度与西方高等教育制度既有相似性,又有特殊性,因此,在引进西方高等教育全面管理模式时,切忌生搬硬套、囫囵吞枣。

参考文献:

[1] Jann,E. Freed. Quality Principles And Practices in Higher Education [M]. Ainerican Council on Education,1997.

[2] Serbrenia Sims. Total Quality Management in Higher Education[M]. Westport Connecticut London,1995.

[3] Ralph,G. Lews. Total Quality Education[M]. St. Lucie Press Delray Beach Florida,1995.

[4] Diana Green. What is Quality in Higher Education? [A]. Society for Research into Higher Education[M]. Open University Press,1994.

[5] 陈玉琨.建设高等教育的质量保障体系[J].江苏高教,1996(2).

[6] 刘福银.全面质量管理理论在高校人才管理中的运用[J].高等农业教育,1999(7).

[7] 赵中建.高等教育全面质量管理的概念框架[J].外国教育资料,1997(5).

(本文发表于《比较教育研究》2002 年第 2 期。作者施晓光,时属单位为沈阳师范学院教育系)

三、英国高等教育质量理论研究述评

20 世纪 90 年代以来,英国高等教育界关于高等教育质量的理论研究进入一个高潮阶段,除发表一大批论文之外,还出版了一批探讨高等教育质量的著作。其中影响较大的有:《高等教育的改善:质量研究》(Ronald Barnet 著,1992)、《大学教学质量的保证》(Roger Ellis 主编,1993)、《什么是高等教育的质量》(Diana Green 主编,1994)、《继续和高等教育质量评估》(Allan Ashworth 等著,1994)、《高等教育教师质量评估》(Kenneth Gregory 著,1996)、《质量与高等教育质量》(John Radford 等著,1997)和《高等教育质量管理国际视角看院校评估与改革》(John Brennan 等著,2000)。本文拟对他们探讨的一些问题和观点作简要评述希望能对我国高等教育质量建设提供一些参考。

(一) 高等教育的本质、特征与高等教育质量

英国高等教育理论界有学者认为,讨论高等教育质量首先必须探讨高等教育的本质和特征,因为"在高等教育基本概念和质量研究之间存在着许多内在的逻辑联系"。[1]对高等教育本质与特征认识上的差异不仅会形成不同的质量观而且会导致实际质量监控工作的差异。

1. 高等教育的本质与高等教育质量

对于高等教育本质的问题,在众多的观点中,伦敦大学教育学院教授巴尼特(R. Barnet)的观点具有代表性。他提出,对高等教育本质的认识可以从两个方面进行:一方面,从高等教育概念中的"高等"的含义来认识高等教育的本质;另一方面,可从探讨柏拉图和纽曼的高等教育思想入手。

首先,从概念上看,巴尼特认为,高等教育概念中的"高等"含义有三点。第一,就学生发展的水平和学生所获得的资格水平以及高等教育在整个教育制度中的地位和影响而言,高等教育可以简单地理解为最高层次的教育;第二,高等教育通过教学活动将学生送到了知识的前沿(frontiers of knowledge),尽管在现代社会,知识尤其是自然科学知识发展迅速,知识边界难以界定,特别是"前沿"界线的不断拓展使人难以判定究竟哪些知识属于"前沿知识",但高等教育可以帮助学生了解知识发展的最新动态;第三,高等教育重在发展学生的思维能力,教给学生的是对事物的深层次的理解,而非一些泛泛的浅层次的知识。让学生明白一个道理:就学习知识而言,所有知识非经自己思考不可信以为真,从而促使学生形成自己的观点。[2]

其次,从柏拉图和纽曼的高等教育理想看,柏拉图和纽曼都认为,在知识的学习中,获得对知识真正的理解(true understanding)要高于对知识的一般性理解(conventional understanding)。对知识真正理解的标志在于能否提出一种建立在常识(common sense)之上的新观点。柏拉图和纽曼都强调,这种新观点不是那种没有根基的浮在云层之上的"假说",而是建立在原有观点基础之上并摆脱了原有观点局限与不足的新思想。[3]

巴尼特认为,柏拉图和纽曼的上述观点对理解现代社会的高等教育具有参考价值:

第一,在现代社会,不同学科间的知识交融性愈来愈突出,概念间的相互联系愈来愈紧密。但从逻辑上看,其中有的概念或思想似乎要"优越"一些,具有更大程度的包容性,属于高一层次的概念和思想。高等教育所要追求的正是这些高一层次的概念和思想,高等教育决非为了获得低层次的事实和信息。[4]

第二,高等教育追求的是培养学生的批判性反映能力(critical reflection)或批判性反省能力(reflexivity)。这是因为知识的追求和实践的探索永无止境,不可能建立一种永恒的标准供人们参考。因此走出死胡同(cul-de-sac)的方法就是通过学生自我意识和自我评价能力的培养形成学生的批判性反映能力,使其能够构建自己的思想和活动。[5]

第三,现代学习理论表明,知识具有层次性。从理论上说,高等教育是不可能将学生带入终极层次的知识领域的。因此,高等教育应当培养学生反省性态度,使学生懂得,所学知识需要随时准备接受更高层次的检验。

巴尼特的观点很明确,由于高等教育不可能将终极的知识传授给学生,因此,高等教育传授知识的目的在于促进学生批判性能力的发展,从而使学生具有吸取知识和创造知识的能力。按照巴尼特的理论,高等教育的质量评估的重心应当放在学生批判性能力和态度测评上。高等教育质量的评估应当围绕这一问题展开,而以知识为中心的考试成绩是不能作为质量评估的主要依据的。

2. 高等教育的特征与高等教育质量

在这一问题上,英国高等教育界的观点大致有以下 4 点:[6]

(1) 高等教育是一个特殊的生产过程,"生产"的是合格的劳动力,学生是"产品"或"产出",其实用价值(utility value)将在劳动力市场上得到体现。学生在劳动力市场的能力如何是高等教育质量高低的一个标志。因此,可以用就业率,尤其是薪金多少即经济回报率(rates of economic return)来衡量高校的教育质量高低。

(2) 高等教育是未来研究工作生涯的训练。一些从事学术研究的人员认为,高等教育是未来从事研究工作的准备阶段。因此,高校教育质量的高低不是表现在学生的学习成绩上,而是表现在学校教学人员的研究水平上。持这种观点的学者认为,只有研究水平高的院校才能培养出未来的高水平研究人员。因为,在研究水平高的院校,高水平的学术文化氛围会使学生受到潜移默化的影响,这是一种学术文化的传递(transimition)。他们提出,衡量高校研究水平的指标体系包括:皇家学会成员数量的多少、研究收入的多少以及论文和著作出版量的多少等。他们主张,为了保证学校的研究水平,高校的师生比不能过高。只有在师生比例较低的院校,教师才有时间和精力去从事科研。

(3) 高等教育是一种对教学工作进行有效管理的教育。英国高等教育界有学者认为,高等教育大众化使英国高校师生比上升,生均成本下降,高等学校因此面临着一种压力,即如何进行有效的管理以确保学生的培养质量。在他们看来,在高等教育大众化时代,管理的效率应该是高等教育的特点之一,于是提出要用管理的效率(efficiency)来衡量高等学校的教育质量。但管理的效率不是指学校的办学规模的大小,而是指学校为社会输送合格毕业生的数量。因此,衡量高校教育质量的指标体系应当由不合格率、合格率、优秀率、师生比以及学校的教育教学资源等组成。

（4）高等教育是拓展生活机遇（extending life change）的教育。这种观点认为，高等教育的价值在于为学生提供进入主流社会和成为现代社会受益者的机会。按此观点，衡量高等教育的成就和质量要看学生数量的增长，尤其是社会中弱势群体家庭的学生数量的增长以及学生的毕业率。

对于上述四种观点，英国也有学者提出了批评意见，认为其共同的特点在于将高等教育视为一个完整的系统：学生作为"投入（input）"进入系统，经过加工（processed），学生又作为"产出（output）"离开系统，其明显的不足在于忽略了作为人的学生的发展，把教育系统变成了一个"黑箱"，只关注投入与产出是否符合期望，而不关注"黑箱"是如何操作的。而研究高等教育任务和质量时，应当充分考虑学生的发展以及高等教育在学生发展方面的作用。这些学者认为，高等教育应当在学生发展方面起到四方面作用。

第一，高等教育可以发展学生思想自治（autonomy）的能力，帮助其成为具有独立人格的人。

第二，高等教育可以帮助学生形成罗宾斯（I. Robins）1963 年提出的普通智力（general powers of mind）。

第三，高等教育可以强化学生个性，帮助学生获得文化资本（cultural capital）即帮助学生获得一种与众不同的社会-语言互动形式的人际交流风格。这种交流风格以人格化的话语（discourse）方式为特征。

第四，发展学生对主流社会（host society）的评判能力。

按照这些学者的观点，评价高等教育的质量要着重看学生是否具有独立思考并形成个人观点的能力，是否具有独特的个性以及独特的人际交往的能力，换言之，高等教育的质量要注重学生个性的发展和人格的完善。

（二）高等教育的质量理论

什么是质量？什么是高等教育质量？英国高等教育界的认识是不统一的，学者们见仁见智。有的学者认为，"质量像'自由''正义'一样令人难以捉摸"。[7]还有人认为，对高等教育质量的认识就像葡萄酒评酒师评酒一样在于个人的感觉。[8]因此，质量观是建立在人们的文化价值观念基础上的。

1. 英国传统的质量观

有学者认为,传统的质量观强调的是,产品(服务)应当与众不同、特色鲜明,往往赋予拥有者或使用者某种身份地位。凡质量上乘的产品(服务)或因造价昂贵或因材料稀有,一般百姓是无缘消受的。因此,传统的质量概念中隐含着"独占性(exclusivity)"。[9]就高等教育而言,人们在谈到质量时,往往以牛津和剑桥大学为典范。这两所大学的确在学生质量、研究方法和成果等方面与众不同,特色鲜明,且表现出较明显的"独占性",即两校学生一直是上层社会子弟的求学场所。即便在今天,其入学门槛也较高。

英国学者认为,用这种传统的质量观去衡量大众化时代所有的高等学校教育质量是不合适的。这是因为,在高等教育大众化时代,人们是不可能将所有的高等学校都办成牛津和剑桥的。于是,高等教育质量观的讨论便在英国高等教育界引起了广泛的兴趣。

2. 关于高等教育新质量观的讨论

在高等教育质量观的讨论中,出现了以下几种观点:

(1) 质量应与产品的说明和标准一致。这一观点源于工业生产的质量观。在工业生产中,有关产品服务的说明和标准是测定质量的标尺,符合说明和标准的被视为质量合格。

有的学者认为,将这种质量观运用于高等教育质量评估有其优点也有其不足之处。优点在于通过建立不同层次和类型的学校办学目标和标准,可以为所有的院校提供"追求质量"的机会。不足之处在于,弹性的质量标准会使院校间的质量难以比较。在理论上就会出现诸如是牛津、剑桥大学的质量高呢还是另一所不知名大学的质量高之类的问题,因为它们都符合各自的标准。

(2) 质量应与目的或目标相适应。更多的学者认为,高等教育的质量应与高等教育目的一致。[10]他们认为,离开了产品(服务)的目的或目标,质量就无从谈起。质量是对产品(服务)达到目的或目标程度的裁定。按照这一观点,不同层次和类型的高等学校质量应当依据其办学目的或目标来评定。不过,按照这一原则评估高等院校的教育质量需要注意:第一,随着社会的发展,高等院校的办学目的或目标会不断地修订,质量评估的标准也需要不断地调整。第二,高等教育目标的多元化隐含着目标之间的相互冲突,如强调人的发展的目标和为经济发展以及社会其它方面发展服务的目标之间的矛盾,如何处理这些矛盾是高等教育质量评估需要研究的问题。

(3) 质量与高等院校达标过程中的效率一致。这种观点认为,一所高质量的院校应当能够清楚地阐明自己的使命或办学目标,并且能够在达标的过程中取得效益和效率。英国大学校长委员会(CVCP)的学术监控部(AAU)曾明确表示,高等教育质量评估不实行"金本位"制度,即不实行统一的质量标准。质量标准由院校自行决定。学术监控部的任务是检查该校制定的质量标准和质量保证措施能否实现其办学目标以及办学效益和效率。

(4) 质量在于满足消费者明确表达的和隐含的需求。近 20 多年来,企业界在评定产品或服务的质量时,不仅要看产品(服务)是否符合规定的标准(目标),还要看其满足消费者需要的程度,甚至在产品(服务)标准的设计时,企业就已经将消费者的需求作为重要的因素考虑在内。用这种原则评定高等教育质量可以促进高等教育与实际社会生活的联系,但会碰到下列的问题:谁是高等教育的消费者? 是高等教育的受教育者,还是为子女交纳学费的家长? 是政府或企业雇主? 还是全体纳税人? 或者上述的人员都是消费者? 他们各自的需求如何鉴定? 有学者提出,在诸多需求中,受教育(学生)的需求最难鉴定。这是因为存在着学生是否真正具有了解和表达其需求能力问题。对此,有的学者提出,不能将学生的需求(needs)和近期的要求(wants)混为一谈,两者是有区别的,前者着眼于学生的未来,而后者则强调眼前的利益。[11]

3. 与高等教育质量相关的几个概念

英国涉及高等教育质量理论和实践的诸多概念中,有几个概念使用的频率最高,如质量控制(quality control)、质量保证(quality assurance)和质量强化(quality enhancement)等。

(1) 质量控制。英国人认为,质量控制概念涉及两个因素:控制者和受控对象。控制者分校内和校外两类。校内分校级和院系级控制者,校外的监控者则是国家有关部门、基金委员会和非官方的学术质量委员会等;受控对象包括课程、教学计划、学科发展和专业人员、教师的发展。质量控制概念源自企业管理理论。这一概念的不足之处在于强调监控者即管理者的质量意识和质量管理责任的同时,忽略了被管理者的质量管理意识和责任,让雇员误以为质量管理非其职责,于是企业界提出了质量保证概念来修补质量控制概念的缺陷。[12]

(2) 质量保证。这一概念有三点含义:第一,企业中所有成员都对产品(服务)的质量负有责任。这样,通过层层工序严格把关,最后的成品必定是质量合格的产品。因为不合格的产品已在生产过程中被淘汰。第二,企业每一个成员都应了解并能运用质量维持和强化系统以确保产品的质量。第三,管理者、消费者及有关人士定期检查质量保证系统的有效性(validity)和可靠性(reliability)。英国学者认为,将这一概念运用于高等教育质量管理则强调学生、教师、行政人员以及校和院系领导都要对学校的教育教学质量负责。[13]质量保证概念目前是英国比较流行的一个概念,因为这一概念更多地强调院校自身的质量监控意识和措施,更多地强调院校的自我评估。有的学者甚至认为"一切监控质量行动的基础必须是院校的自我评价。来自外界的监控有时并不奏效。"[14]

(3) 质量强化。这一概念与前两个概念有相似之处,但它同时又可以作为质量控制和质量保证的原因和结果。人们认为,质量强化有四个阶段:第一,检查当前的工作,提出新的质量目标和预期成果;第二,采取改进措施;第三,尝试新的方法;第四,重新检查,重新构建质量观念,重新制定质量目标。[15]

(三) 结语

从英国高等教育质量理论的研究中,我们可以获得如下的启示:

第一,大众化时代的高等教育质量观与精英教育时代的高等教育质量观区别在于,前者的质量标准呈多元化特点,即用不同的质量标准去评估不同层次、不同类型的高等院校的教育质量,而后者则主张用统一的尺度去测评所有的院校。显然,在各国努力走向高等教育大众化甚至普及化的时代,后者的质量观是不合时宜的。大众化时代高等教育质量标准的多元化表明,不同层次、不同类型的高等院校之间可能存在水平高低的差异,但没有质量上的差异,所有院校都必须培养合格的毕业生。

第二,英国学者关于高等教育的本质和任务的观点值得我们思考。除了政治方面的要求和不同层次、不同类型高等院校对专业知识和技能要求的差异之外,所有的高等学校都应当发展学生批判性思维能力和培养完善的人格,但这又是教育质量评估的一个难题。不过,有一点可以肯定,如果将此项内容纳入我国高等教育质量评估的标准,势必加速我国高等院校的教学内容和方法以及考试内容和方法的改革。

第三,高等院校自身的教育质量监控是确保高等教育质量的基础。正如英国人所说,外部的监控有时并不奏效,只有高校自身具有强烈的质量意识并切实采取质量保证措施,教育质量的保证才有希望。

第四,高等院校的质量保证基础在于强化全员的质量意识,使教师、学生、行政人员和各级负责人都自觉地维护和强化教育教学质量。

参考文献:

[1][2][3][4][5][6][8] Ronald Barneett. Improving Higher Education. ERHE and Open University Press[M]. 1992. p16. p26. p26. p26. p27. p18—19. p54.

[7][9][10][11][12][13][14] Diana Green ed. What is Qualityin Higher Education SRHE and Open University Press[M]. 1994. p12. p13. p15. p17. p105. p106. p109.

[15] Frank Coffield&Bill Williamson ed. Repositioning Higher Education SRHE and Open University Press[M]. 1994. pp48—49.

(本文发表于《比较教育研究》2003 年第 6 期。作者朱镜人,时属单位为安徽教育学院)

四、ISO9000 与西方高等教育质量管理：商业与学术的一次邂逅

在高等教育的质量管理中导入 ISO9000，作为一种客观存在的现象，发生在 20 世纪末的英美发达国家高等教育领域，并随后在其它国家与地区中涌现。作为高等教育理论认识和分析的对象，它在国际化话语框架和市场化生存背景下出现并引起人们的争论。因此有必要对其在西方理论视野中的真实景象加以客观的分析，以了解真相，启示现实。

(一) 背景与最初的热情

西方高等教育领域中对导入 ISO9000 的讨论始于对高等教育在市场化的生存环境中对质量的关注。20 世纪 90 年代，随着全球工业领域对产品质量的深层次认识与关注以及伴随而来的商业成功，在工业领域中有关质量控制与保证的理念与实践操作模式开始为一部分高等教育机构所模仿。一些高等教育机构出于保持质量优势和在全球高等教育贸易竞争中获得较大利润的目的，纷纷出现将 ISO9000 导入高等教育的实践尝试，因为全球化市场的形成对高等教育也具有相同的意义。"教育的竞争将在全球范围内展开，我们将会有在质量、价格和实用性各方面都具有竞争力的世界级的教育产品吗？"[1] 类似的问题开始在高等教育全球化的现实平台上频频出现，并激起人们将教育与工业作类比的想象。"在高等教育中导入 BS5750（ISO9000 在英国的称谓-作者注）有如下的好处：建立了一种让教师群体在已知的框架内根据专业弹性来工作的质量管理系统；还有，在学院里可以形成一种质量的氛围，这种质量意识与氛围将使

我们所提供的服务符合官方、非官方的要求。"[2]正是在这样的想象与一些高等教育机构开始申请 ISO9000 认证的现实基础之上,英国国家标准局在 1991 年出台了《BS5750 应用于教育与培训的指导意见》,以指导和规范教育与培训领域导入 ISO9000 的行为。之后,英国的里查德·弗里曼出版了第一本有关 ISO9000 与教育的专著—《教育与培训中的质量保证—如何应用 BS5750(ISO9000)标准》。在这本专著中,他以英国的高等教育与成人培训领域导入 ISO9000 的经验为基础,系统地对高等教育导入 ISO9000 的理论与实践操作进行了分析,以一种积极的姿态向人们展示高等教育机构导入 ISO9000 之后对质量保证和市场竞争能力提升的益处。"这本书的目的在于展示 BS5750 可以在满足教师与学习者利益的前提下被应用于教育机构,而且在教师们多年来所发展的专业标准方面一点都不妥协。"[3]

在同一时期,美国罗斯福大学的罗杰·G·格雷系统地将 ISO9000 应用于高等教育的设想进行了描述,提出了"ISO9000 对高等教育意味着什么"的问题。"ISO9000 与高等教育有何相干? 在一个官僚、等级森严的机构里,在一个几乎不提及'质量'这个字眼或者'顾客满意'的机构里,ISO9000 有它的位置吗? 是的,(关于 ISO9000 的)任何一个要素都可以使用,一些甚至可以直接使用,比如管理责任,其余的可以加以修正而使用,比如交付、运输、储存、包装。"[4]可以说出于确立更好的市场形象与竞争优势,在西方高等教育的最初视野中,虽然 BS5750(ISO9000)是源自于工业的一个质量管理模式,但对其认同并没有什么困难。而且人们有一种想象,认为这些原则与管理理念如果被正确地导入的话,高等教育机构可以获得巨大的好处,而不是仅仅挂在墙壁上的一张证书。"尤其当你的顾客来自于商业机构时,就明显具有了商业优势。"[5]于是全面质量管理、可持续性质量改进、商业过程再设计和其它提高质量的方法就成为众多大学的流行话题。其中最吸引人注意的一种,就是在全世界最为认可的质量系统标准—ISO9000。[6]

(二) 时尚还是需要:导入的真相与范围

里查德·米勒说得好,在高等教育领域经常性地会有各种改革的时尚。他提醒说:"ISO9000 也好,TQM 也好,都只不过是近几年众多流行的管理策略中的一种。而时尚来了就走,一般而言,一种时尚流行的周期一般不超过七年。"[7]在实践中,随着导入 ISO9000 的高等教育机构的增多,导入过程中出现种种实践问题和价值冲突不可避免,认识开始趋向于复杂化。

一些学者认为 ISO9000 在高等教育中的应用是高等教育发展的内在需要。对于大学而言,不是不能使用 ISO9000,而是如何克服自身机构中的不足来迎合 ISO9000 的管理理念。高等教育作为公共服务部门之一,要面对公众日益清晰的责任与质量要求,摆脱在质量管理方面的缺陷是义不容辞的,因为高等教育机构一贯以学术价值为基准来陈述其质量,在所有的公共机构所提供的服务当中,高等教育服务的标准与质量是最难以捉摸的。但是,以学术活动效果的滞后性与学术自由为理由,在给一些研究深奥知识的教授提供了自由的同时,高等教育服务也招致了众多批评。从高等教育市场化生存的角度来看,一种服务要想赢得顾客,提供服务的机构必须遵守它的承诺,否则我们就不可能与顾客或其它利益相关者形成一种信任关系,我们也不可能指望顾客们会相互推荐我们所提供的服务,但教育机构在这方面却非常令人失望。这可说是"教育品牌的失败,作为服务的提供者,在大学的顾客眼中,在建立品牌策略方面大学已经基本上失败了。当我们将大学作为一种得到社会授权的组织来看待时,教师和研究者群体真实地感受到了这种授权的好处,而顾客(学生)和大学的公众拥有者与社会上的大多数人,却较少感受到这种授权带来的好处"。[8]

另有一些学者则指出必须分清将 ISO9000 导入教育与高等教育的区别。"在英国,BS5750(ISO9000)确实已经被应用于一定范围的服务部门当中,并且也确实有一些建议,认为该标准可用于教育的质量保证。然而,对应这种观点的事实只是有一些继续教育学院(further education colleges)导入 BS5750,并将其适用于其它的活动。继续教育学院在英国是中学后教育机构,它们提供大量的次学位(sub-degree)学术和技术的教育,还包括技能训练。我们必须将它们从大学之类的高等教育机构当中分离出来,高等教育机构是提供更高层次的学位水平和研究生水平课程的"。[9]对导入 ISO9000 最感兴趣的是处在高等教育服务提供者次级层次的机构,比如被高质量的、研究型、学术的传统大学排斥在根据学术标准所建立的联盟之外的新兴高等教育机构,由于它们在资金的获得和声誉方面都处在不利位置,而短时间内无法达到传统大学的质量标准,为了获得更多的发展机会,它们更愿意借助 ISO9000 这张"名片"来进入高等教育服务市场。"技术大学、英国的一些多科技术学院、在继续教育领域的一些高等教育机构和大学里的一些支持系统看上去是最倾向于执行 ISO9000 质量系统的了。"[10]

确实,真正的高等教育机构实际上并不热衷于 ISO9000,在美国直到 1997 年,"没有一个学院、一个大学或者学校系统已经全面执行 ISO9000,因此,对 ISO9000 好处的真正讨论尚不成熟"。[11]对于一些导入 ISO9000 的教育机构,只是在一些学校的教学与科研辅助领域,比如教务管理、招生程序、后勤工作等方面导入 ISO9000。在导入全面质量管理的方面,情况也是类似的。"大约一打的学校教育机构,比如威斯康星大学、怀俄明大学、哥伦比亚大学和俄勒冈州立大学等,都只是在学校行政方面导入"。[12]在这方面,最明显的例子是英国最先导入 ISO9000 的高等教育机构往往是一些与工业领域有着紧密联系的技术学院和继续教育学院。这些多科技术学院并不承担发现新知识与研究深奥知识的任务,教学与培训是其主要任务,但它们并不甘于在高等教育服务市场中处于次级供应商的位置。除了 1994 年伍尔弗汉普顿大学成为第一个获得 BS5750 认证的大学之外,在英国获得 BS5750 认证的多为高等教育双重制未取消前的非大学高等教育机构。同时,在继续教育学院之间,也有市场竞争,为了获得更好的市场认可,继续教育学院,尤其是那些提供技术教育的学院,不得不导入 ISO9000 以获得企业的培训合同。

(三)学术自由与管理主义:导入的困难与深层的价值冲突

对于视学术自由为基本价值的大学来说,ISO9000 强调文件化管理和标准的建立会带来一些高等教育不愿意看到却无法回避的问题。"ISO9000 可能会使组织变得官僚化,所有活动文件化的管理要求也可能使组织承担极高的管理成本。这不仅难以做到刺激组织持续进步,反而会有保守的效果;ISO9000 质量管理系统是以制造业为导向的,其话语与结构在强调学术自由标准的组织当中可能不很适合。"[13]将一个新的质量系统管理程序加于已经存在的行政工作负荷之上,高等教育将处于一种危险的境地,它所创造的"质量"比它失去的东西要少。在具体实践中,将 ISO9000 质量管理的术语翻译成高等教育管理术语时,会遇到很多困难,对最基本术语的界定都会产生歧义。比如,对于什么是高等教育活动的顾客,什么是高等教育活动的产品,往往没有一致的看法。根据英国标准局的解释,顾客被定义为"学生、公共机构或者其它从教育机构中购买服务的工业实体"。[14]但有些学者认为"学生作为高等教育的消费者,可以被看作是最主要的顾客。这个主要的顾客群体可以分为潜在的学生与正在接受服务的学生,前者还可以分为在教育领域中的潜在学生和将准备回到教育领域的潜在学生"。[15]同样,对于什么是高等教育的产品,也难有共识。依据英国标准局的指南中的解释,"教育与训练机构的产品是能力的提升、知识、理解和根源于学习经验的学生的个人发展"。[16]但是,"在伍尔弗汉普顿大学,产品是'学习经验',而在克劳雷学院(Crawley College),学生却被定义成产品,过程则可能是被要求提供给学生的所有核心活动,甚至在'学生'与'顾客'之间没有任何区别"。[17]认识上对关键定义模糊不清,势必会造成实际行动上的混乱与困难。

一些人同时担心,ISO9000代表了管理主义势力,会对高等教育机构的灵魂"学术自由、自治"等原则产生影响,使高等教育机构丧失自身内在的逻辑,成为外部效率与效益要求的牺牲品。从ISO9000的理念出发,"质量作为公共部门的市场动机,是与管理主义紧密联系在一起的。在高等教育领域,造成的影响就是要求在定义质量时减少专业群体的影响,增加市场与消费者的导向。直白地说,这种观点是专业群体在高等教育决策过程中的影响力的威胁。质量被管理者殖民,质量必须被管理,没有一点商量的余地"。[18]出于对更高效率的需求,ISO9000展示出的正是一种管理主义,而管理主义在高等教育领域,指的是由专业管理人员而不是学术专业群体在高等教育的决策方面起绝对重要的作用。"高等教育对ISO9000最初的兴趣是与管理主义的法律提案联系在一起的。一些机构的管理者正在寻找的是一种新质量保证方法,这种方法不是牢固地建立在学术结果基础之上而是他们必须为之负责的,如财政与人事。"[19]此外,在大多数高等教育机构当中,所拥有的质量奖惩制度都是与学术质量紧密联系在一起的,较少同外部团体发生关系。但是当拨款机构将高等教育质量与拨款联系在一起时,一些高等教育机构发现了ISO9000作为展示其符合规定的质量要求的潜力。一旦高等教育将ISO9000导入到质量管理过程当中,专业的管理者将会替代学术专业群体,最可能的话语会是这样的:"我们已经尝试并且做到了节约成本,现在我们要将我们的行为建立在ISO9000的平台之上,不言自明的原因在于(A)提高质量,(B)成本控制,这完全取决于你们。你们了解每个大学在节约经费方面承受的压力吗?"[20]

此外,高等教育机构导入 ISO9000 还必须付出额外的社会成本,尼尔·莫兰德(Moreland Neil)和麦克·克拉克(Clark Michale)在对导入 ISO9000 的教育机构的个案研究中发现,发展 ISO9000 的社会成本包括:"一方面,是一些员工的被排除感;另一方面的成本是迅速上升的官僚主义和在机构中创建质量管理系统的结果——非人情化。"[21]

或许,在理解 ISO9000 与高等教育质量管理的联系时,我们可以从英国学者戴尔的一番言论中得到启示。他认为,"在教育领域,有一个从'特许自治'向'管制自治'的变化。在'特许自治'条件下,教学享有相当的自由,教学与研究活动处在专业群体的规则约束之下;而在'管制自治'的条件下,政府获得了更细致、全面的控制"。[22]市场化生存之后的高等教育,这种管理特征的变化在国家与机构层面都存在。ISO9000 正适合这种转变,它给管理者提供了一套方法,借助这套方法,管理者可以将对工作过程的知识与理解编纂成程序,从而通过过程审核使个人对程序负责。但是这种过程正是教师专业判断的官僚化,这显然是同高等教育质量管理的学术传统相冲突的。

(四)结语

在西方高等教育的理论话语当中,导入 ISO9000 在某种程度上已不再是一个热闹的话题。在 21 世纪,除了 OECD 等国际组织出于推动全球高等教育服务贸易的需要仍在推广各国的高等教育机构导入 ISO9000 系统之外,较少看到对高等教育机构导入 ISO9000 的争论。"没有任何证据显示,ISO9000 将会在国际范围内成为高等教育质量保证系统的重要部分,几年前的一种担忧的声音——认为高等教育必须建立那些在工业领域广泛使用的质量系统,以及警告——高等教育没有必要急于拥抱 ISO9000,看起来是有些过虑了。"[23]对于国内的实践尝试与理论来说,这或许是一个启示。

参考文献:

[1][4] Clery,Roger,G. ISO9000 Quality System:Application to Higher Education,from:www. eric. com. 4. oct 1993.

［2］Cockburn，M. Macrobert，Sandwell College Gains BS5750 Registration［J］. Journal of the Scottish Further Education，Unit，18，1991：pp. 2—3.

［3］Richard Freeman：Quality Assurance in Training and Education：How to Apply BS5750(ISO9000) Standards，Kogan Page Limited，1993：p11.

［5］Solomon，Hazel：Total Quality in Higher Education，Management Services，Oct 1993. Vol.

［6］［11］Charles Bennett：ISO9000 and Higher Education：Can this Approach to Quality Work on Campus?，NACUBO Busness officer，July，1997.

［7］Richard，I. Miller：The Quality Movements in Higher Education in the United States，Higher Education in Europe，Vol. XXI，No. 2—3，1996.

［8］John Peters：Educational Accreditation through ISO9000，Quality Assurance in Education，1999，Vol，7.

［9］Tannock，James，D. T. Burge，Start，E. The EPC Model for Quality Assurance in Higher Education，European Journal of Engineering Education，1994，Vol. 19，Issue 3.

［10］Lundquist，Robert：Quality System and ISO9000 in Higher Education，Assessment and Evaluation in Higher Educaiton，1997，vol. 22.

［12］Academe Gets Lessons from Big Business，The Wall Street Journal，B！，1992，Dec，15.

［13］Bergman，B. Klefsjo，B. Quality from Customer Needs to Customer Satisfaction，McGraw-hill，press，1994：p93.

［14］［16］Guidance Notes on the Application of BSENISO9000 for Quality Management Systems in Education and Training，BSI Quality Assurance，London，1994：p123，p157.

［15］Samuel，K. Ho，Katrina Wearn：A TQM model for Higher Education and Training，Training for Quality，1995，Vol. 03，25.

［17］［19］［23］Harvey，Lee：Quality Assurance System，TQM，and the New Collegialism，Assessment and Evaluation in Higher Education，1999，vol. 20.

［18］Murgatroyd，S. Morgan，C. Total Quality Management and the

School,Open University Press,1993:p283.

[20][21] Moreland,Neil;Clark,Michael:Quality and ISO9000 in Educational Organizations,Total Quality Management,1998,Vol. 19.

[22] Dale,R.（ed）:The State and Education Policy,Open University Press,1989:p134.

（本文发表于《比较教育研究》2006 年第 8 期。作者温正胞,时属单位为杭州师范学院教育系）

五、从兴盛到衰落：西方高等教育中的全面质量管理

在西方高等教育领域中，全面质量管理（以下简称为 TQM）曾经盛极一时，如今却逐渐走下坡路。由于全面质量管理的概念含混、与学术文化的冲突、未能聚焦于高等教育核心领域而被边缘化等原因，全面质量管理在西方高等教育领域中已成为一种过去的时尚。

（一）从兴盛到衰落

20 世纪 80 年代，起源于工商业界的全面质量管理逐渐被引入西方高等教育质量保障中，并且得到迅速推广。在美国，1985 年有两所学院首次尝试将 TQM 引入高等教育质量管理中。到了 1990 年，有 78 所高校准备或正在实施 TQM。1993 年的一项研究调查了 139 所大学与 46 所学院，发现其中 78% 的大学与 70% 的学院实行了 TQM。在 1994 年一项类似的调查中，所调查的 206 所高校中有 84% 的学校正在以某种形式实行 TQM。[1]另有研究表明，美国实施 TQM 的学院与大学从 1991 年的 92 所增加到 1992 年的 220 所。几年后，其数目迅速增加，1994 年有 415 所高等教育机构实施 TQM。[2]1996 年，弗瑞德（Jann E. Freed）和马丽·克卢格曼（Marie R. Klugman）调查了 168 所高等教育机构，发现在 1991 年前只有 41 所实施 TQM，而从 1991 年到 1994 年早期，就有 124 所实施 TQM。[3]英国高等教育领域开始实行 TQM 比美国晚，最初的尝试是在 20 世纪 80 年代后期至 90 年代早期，随后也有一个较大的发展。[4]相关的论文如雨后春笋，频频出现于各种期刊杂志之上。高等教育管理实践者与

学术理论界大都对全面质量管理持乐观态度,全面质量管理仿佛成为强心针与万灵药,通过它,高等教育管理中的质量问题似乎就可以得到彻底解决了。

　　然而,在西方高等教育领域中,围绕全面质量管理运动的最初热情并没有持续下来。到 20 世纪 90 年代晚期,TQM 在高等教育领域中逐渐走下坡路。1996 年,马尔契斯(Marchese)的研究表明,过去 20 年质量管理谈得最多的 TQM 对美国高等教育影响并不大。艾丁(Entin)的一项研究跟踪了 90 年代早期在马萨诸塞州波士顿地区实行 TQM 项目的 10 所高等教育机构。他发现,3 年后,其中有 5 所放弃了 TQM,有 4 所在他们的机构中有选择地实行 TQM,只有 1 所学院在 1 个系里将 TQM 制度化。达瑞(Dar-EI)认为,3/4 的院校实行 TQM 是经济上的灾难,TQM 项目的成功主要集中在非学术领域,如注册与房产。[5] 1999 年,伯恩鲍姆与德秀特斯(Birnbaum&Deshotels)对美国 469 所高等教育机构进行了调查,其结论是:在学术上采用 TQM 是"神话与错觉"。2000 年,威热娜(Vazzana)等学者对美国 400 所商业学院的调查,再次得出类似的结论:几乎没有学院使用 TQM 去管理核心学习过程。[6]赫尔姆、威廉姆斯与尼科(Marilyn M. Helms,Ashley B. Williams&Judy C. Nixo)指出:TQM 在商业组织中有积极的经验,但在教育管理中的成功有限。[7]可以说,在西方高等教育领域中,全面质量管理正在从兴盛走向衰落。在高等教育领域实施全面质量管理的过程中,为何成功者寥寥无几? 全面质量管理为何从喧嚣一时到渐归沉寂,从充满希望到前景黯淡?

(二) 全面质量管理的困境

　　纵观西方高等教育领域全面质量管理研究者与实践者的反思,全面质量管理未能如期所愿的原因很多。斯塔拉科史米·维肯春曼(Sitalakshmi Venkatraman)曾总结了高等教育领域中实行全面质量管理的具体障碍:对 TQM 哲学的错误解释、对过程缺乏理解、在实施 TQM 中缺乏正确的领导、在促进质量提高过程中中层管理者扮演先锋的关键角色没有得到清楚的理解、教师对变化的抵制、课程设计的薄弱、缺乏足够的资助与资源等。[8]考特(Coate)指出,高等教育机构实施 TQM 有六个方面的障碍:怀疑主义、时间、语言、中层管理、大学统治、功能失调。[9]西摩尔(Seymour)认为,在高等教育领域中,全面质量管理的持续提高原则遇到的障碍主要有四个：不愿意改变、割裂、缺乏竞争、遵照最低要求。[10]类似的归纳还有很多。

尽管每位学者对全面质量管理困境的总结不一，但纵观大量的相关文献，高等教育领域中全面质量管理的困境主要集中于三大原因：全面质量管理概念的含混、学术文化与全面质量管理的冲突、全面质量管理未能聚焦于高等教育核心领域。

1. 全面质量管理概念含混

在高等教育领域中，全面质量管理的概念含混主要表现在两个方面：一是全面质量管理本身的界定是含混的；二是全面质量管理的一些核心概念在工商业中非常明确，但一旦运用于高等教育领域就变得含混了。

关于什么是全面质量管理，其界定各不相同。经常会看到这样一些表述，如"一种……的方式""一种……的哲学""一种……的文化""一种……的方法""一种……的商业战略"等。在高等教育领域中，人们对 TQM 的看法也不尽相同："那些在高等教育中采用了 TQM 的人们有不同的观点：有的将 TQM 看成一种管理体系，其关系要素是使消费者或学生满意；有的将 TQM 看成一种哲学、培育组织或教育机构内的变化。"[11]这些界定的着眼点各不相同，由此引起诸多争议。因此，有的学者认为："大学接受全面质量管理的困难在于全面质量管理观念的含混。有许多关于全面质量管理的描述，但实际上几乎都没有明确界定。"[12]由于全面质量管理概念本身存在着这么多的争议，因此移植于高等教育领域必然面临诸多问题。就"质量"这个概念来说，其内涵模糊，多年来也未有定论。拉科姆斯基与马歇尔（Lakomski&Marshall）曾指出："尽管正在进行的讨论超过了 10 年，学术人员与政策制定者看来还不能开发一个公认的质量概念的界定。"[13]"质量，象'自由'或'正义'一样，是一个令人难以捉摸的概念。"[14]

全面质量管理中的一些核心概念，如消费者、产品等，当运用于工商业时，其含义是明确的；但是当它们被运用于高等教育领域时，其意义却显得相当含混，以至于使全面质量管理难以发挥功效。就消费者来说，在高等教育领域，谁是消费者呢？耀科与欧威格（Jauch&Orwig）认为，在高等教育中，很难确定谁是真正的消费者：是学生、雇主、纳税人或者整个社会？ 不同的消费团体对教育质量有不同的观点,有时利益相互冲突,并且经常不知道他们想要得到的质量是什么。学生可能希望选最容易的课程以得到最好的成绩,雇主可能希望短期的相关知识而不是长期的智力技能,纳税人可能主要对缩短大学研究的持续时间感兴趣。[15]尤瑟夫(Youssef)等学者曾指出,高等教育中的消费者非常分散,不容易界定。他们包括学生、教师、父母、校友、运动爱好者、艺术支持者、专业运动队、商业公司、利用教师研究的人、租用设备的人、农夫、高科技组织、政府等,这还只是高等教育可能消费者中的一小部分。因为很难区别谁是高等教育的消费者,要测量消费者的满意度就非常困难。[16]劳伦斯与罗伯特(Lawrence&Robert)认为,在高等教育中,以消费者为中心很难,因为对学术机构来说,不可能严格地识别适当的消费者。因此一些 TQM 实践者变得困惑,开始怀疑 TQM 的价值与有效性。[17]

就学生而言,他们既可以说是高等教育的消费者,也可以说是高等教育的原材料或产品,还可以说是高等教育中的劳动者等。这样,学生的身份就变得模糊不清。如果将学生界定为消费者,一系列的矛盾也随之而来。比如,学生的学费并不是他们的全部教育成本,因此学生不是完全消费者,不能按照商业模式进行成本－收益核算;学生与学校相互选择,而不是商业中消费者选择商家的单向选择;学生还要接受学校教师的评估,而作为消费者在商业中是不会有商家对其进行评估的;学生并非标准化的零部件,他们具有经验、情感与个性特征,因此,将他们看成产品忽略了作为一个独一无二的学习者的学习过程的复杂性。科布(Cobb)总结说:"如果你试图运用 TQM 术语,你会发现鉴别消费者与产品充满了含混。学生是消费者(这使得课程成为产品),或者学生是产品(这使得他未来的雇主或下一个教师成为消费者)。"[18]因此,麦卡洛克(Mc-Culloch)提醒人们,采纳 TQM 语言时需要小心。他相信像消费者、产品、输入、输出、指标与效率这样的术语在高等教育中是有问题的。[19]

2. 学术文化与全面质量管理的冲突

全面质量管理是从工商业中移植而来的,然而高等教育的学术文化与工商业文化是不相同的。由此,学术文化与全面质量管理发生冲突,导致全面质量管理在高等教育领域中实施困难。尤瑟夫(Youssef)等人曾指出,虽然 TQM 背后的一般哲学与语言对几乎所有的学术人员都有吸引力,但现代大学文化中的许多因素使得 TQM 实际实施起来有困难。[20]

首先是学术自由与全面质量管理的冲突。学术自由作为经典的大学文化之一,显著区别于工商业界。大学教师有教学自由与研究自由,教学方式、课程内容、研究性质、专业价值,全都包含于学术自由之伞下。然而全面质量管理却要求加强控制,严格执行管理流程。耀科与欧威格(Jauch & Orwig)强调,学术文化是反对管理控制的。[21]汉森(Hansen)指出,许多学术人员并不将他们的工作看成是为他们学校的产出作直接贡献或者让消费者满意。西摩尔(Seymour)从大学组织特性出发,认为大学组织的运行像各种因素的随机组合,没有统一的目的,在不同的方向前行。沙弗尔(Schaffer)指出大学中的自治精神是使得领导力变得非常困难的因素。[22]因此,有的学者认为:"也许在学术文化中,TQM 失败最重要的因素是学术自由的学说。"[23]

其次是终身制与全面质量管理的冲突。考奇(James V. Koch)指出:工商业界的管理者可以通过命令下属的方式实施 TQM,处罚甚至开除那些不这样做的人。在高等教育机构中,由于教师享有学术终身制,事实上不可能这样做。而且,评估、提升、薪水等并不仅仅依赖于管理者的命令,而主要是教师的学术表现。强烈的学术传统通常意味着高等教育中的管理者(行政人员)不能充分利用行政权力,频繁地激励与处罚并不见得是强有力的。[24]瑟万其(Mete. B. Sirvanci)从高等教育机构组织结构进行分析,认为高等教育机构建立在很强的院系模式基础上。院系结构更进一步得到这样的强化:对教员来说终身制和提升决定是由院系开始的,院系互相竞争大学资源。这种强有力的院系结构的结果是,在学校推行 TQM 变得困难。[25]因此,终身制的存在导致了全面质量管理的困境。

第三,教师工作方式与全面质量管理的冲突。尤瑟夫等人指出,教师倾向于个体工作而不是经常一起工作。小组教学活动非常少,许多学科的专业研究倾向于个体的行动。因此,事实上,高等教育与社会上的其他部门不同,集体工作(team work)与群体的方法一般少于社会上的其他部门。然而,集体工作是 TQM 的要旨。兹巴拉基(Zbaracki)认为,TQM 的影响,如果有的话,是加强了教师对委员会、会议与过程定位的活动的偏好。[26]考奇指出,在 TQM 实施过程中,许多教员回避 TQM 项目的一个重要原因是,这样的项目被看作是"商业性的"(business-like)侵入,它的出现对校园来说是不合适的。[27]

最后,"共享管理"与全面质量管理的冲突。共享管理、教授治校是一种强有力的学术文化,尽管在不同的国家强弱不同,表现方式各异,但总的来说,它是一种强有力的管理文化。这种管理文化使得行政管理人员和教师共享管理与共同运用高等教育机构的权力。在学术事务上,教授会、学术委员会等组织做出的决定,其权威远大于行政管理人员做出的决定;就是在非学术领域,教授会、学术委员会成员也会有所参与。"非学术人员发现这种共享管理的机制是神秘的、令人惊叹的事。一个大学校长宣布他要实行 TQM 项目是一回事,他能完成他所宣称的又是另一回事"。1998 年,凯莉(Carey)的研究表明,教师并没有卷入所有的 TQM 中,在其所分析的 60 个机构中,其比例大约只有一半。[28]

3. 全面质量管理未聚焦于高等教育核心领域而被边缘化

由于种种原因,许多大学在行政领导方面实行全面质量管理,而避开了教学与课程问题。布里格姆(Brigham)认为,高等教育需要重新思考质量管理在它的核心学习功能中的位置。[29]巴纳德、加拉斯、欧威格、科尔(Barnard,Jaugh,Orwig,Keller)等众多学者的研究表明,TQM 在管理大学支持领域,如注册、维持、自助餐厅、广告等,可能比在学术指导方面更可利用,更容易实施。[30]考奇与费舍尔(Fisher)指出,TQM 项目成功的例子主要在高等教育的非学术领域,如注册与房产管理。[31]2000 年,威热娜(Vazana)等学者曾对美国 400 所商业学院进行调查,调查的结果表明,几乎没有院校正在用 TQM 去管理核心学习过程。[32]还有的学者指出:高等教育中 TQM 主要引入到非学术过程,如票据托收、检查作品、入学申请、物理设备的清单、工作安排表等。这就是说,TQM 的实施聚焦于非学术过程与主题的效率上。[33]

高等教育的核心领域应该是教学与科研等学术领域。然而,高等教育领域中的全面质量管理却未能聚焦于这些核心领域。对此,有的学者指出,今天高等教育机构面对的最大的挑战是课程问题,是应该教什么、教授终身制的合法性、教员时间的利用、教学中技术革新的适当性、远程教育的影响与合理性、学生在校园中是否真正在学习、本科生与研究生之间资源与关心的分离、高校应该卷入经济发展风险到何种程度、学费水平、校园多样性、酗酒与吸毒等。但事实是,TQM 对这些主题价值非常有限。所有这些说明,TQM 忽略了今天最重要的高等教育问题。它聚焦于学生怎样注册而不是他们学什么或教授终身制。因此,TQM 在学术界贡献不足的最重要原因是,它不对学院与大学面对的最重要的问题发言。[34]考奇也指出,TQM 在高等教育中经常聚焦于非学术活动。在高等教育中,真正重要的、承载价值与集中资源的教育政策问题并不受TQM 指导。TQM 对教授终身制、本科生课程等讨论没有什么贡献。[35]

(三)结语

由于种种原因,特别是上述三大困境,使得在西方高等教育领域中,曾经风行一时的全面质量管理渐渐归于沉寂。许多学者的研究表明,TQM 未能产出所期望的结果。[36]有人宣称,TQM 时代已经过去了,尽管它的表现形式还存在。TQM 只不过是一种"时髦",已变成了一个难听字眼(dirty word),已变得陈腐、夸张与教条化。它的支持者已经失去他们的革命热情,它已被分割、变异、解构多时,以至于它几乎总是被曲解与被误用,尽管最初的观念有一些合理性。[37]

在我国的高等教育领域中,全面质量管理还方兴未艾,各种研究与实践层出不穷,相关文献有增无减。然而,从西方相关经验来看,全面质量管理遭遇诸多困境,西方高等教育领域中的全面质量管理正从兴盛走向衰落。对于我国高等教育领域中正在兴盛的全面质量管理浪潮,虽然成功与失败还有待于实践的进一步检验,但西方的相关经验应该引起我们的反思与警醒。

参考文献:

[1][8][17][29][36] Sitalakshmi Venkatraman. A Framework for Implementing TQM in Higher Education Programs[J]. Quality Assurance in Education,vol. 15,No. 1,2007:96,98,99,99,97.

[2][5][31] James,M. Ritter. The Applicability of Total Quality Management to Higher Education:A Comparative Study of Perceptions of Community College Chief Academic Officer and Chief Financial Officers. Kent State Uni-

versity(Doctoral Dissertation),2005:63,3,4.

[3] Jann,E. Freed and Marie R. Klugman. Quality Principles and Practices in Higher Educaiton. American Council on Education and The Oryx Press,1997:220.

[4][9][10][19][22] Mohammad S. Owlia and Elaine M. Aspinwall. TQM in Higher Education-A Review [J]. International Journal of Quality&Reliability Management, Vol. 14, No. 5, 1997: 534—537, 537, 531, 531,531.

[6][32] G. Srikanthan&John F. Dalrymple. Developing a Holistic Model for Quality in Higher Educaiton[J]. Quality in Higher Education,Vol. 8,No. 3,2002:215,215.

[7][11] Marilyn, M. Helms and Ashley,B. Williams and Judy,C. Nixon. TQM Principles and Their Relevance to Higher Education: The Question of Tenure and Post—Tenure Review. [J]The International Journal of Educational Management 15/7,2001:326,326.

[12] Hakanwiklund,Bengt Klefsj! Pia Sandvik Wiklund and BoeEdvardsson. Innovation and TQM in Swedish Higher Education Institutions-Possibilities and Pitfalls. [J]The TQM Magazine. Volume 15,Number 2,2003:99.

[13][30] Gavriel Meirovich and Edward,J. Romar. The Difficulty in Implementing TQM in Higher Education Instruction. [J]Quality Assurance in Education. vol. 14,No. 4,2006:325,325.

[14] Diana Green. What is Quality in Higher Educaiton. Society for Research into Higher Education&Open University Press,1994:12.

[15][21] Andreas Hoecht. Quality Assurance in UK Higher Education: Issues of Trust,Control,Professional Autonomy and Accountability[J]. Higher Educaiton,2006(51):549,549.

[16][20][23][24][25][26][27][28][33][34][35][37] James,V. Koch. TQM:Why is Its Impact in Higher Education So Small? The TQM Magazine [J]. Volume 14,Number 5,2003:331,328,329,329,383,329,331,330,328,

328,332,325.

[18] Margaret,A. Ray. Total Quality Management in Economic Education: Defining the Market [J]. Journal of Economic Education. 1996 (summer):276.

（本文发表于《比较教育研究》2008 年第 3 期。作者黄启兵、毛亚庆，时属单位为北京师范大学教育管理学院）

六、美国高等教育质量保障体系中的权力博弈：学术、国家、市场的三角关系变迁

伯顿·克拉克曾把高等教育系统的协调看作是国家、市场和学术三股力量之间博弈、制衡的三角关系，并建构了学术权威、国家权力以及市场三足鼎立的"三角协调模型"（如图1）。借用这个模式分析美国高等教育质量保障体系，①可以发现，学术、国家、市场的力量在美国高等教育保障的运行机制中，存在着此消彼长、相互制衡的关系。

（一）美国高等教育质量保障体系中的三股力量

1. 学术力量及其实现机制

在美国高等教育质量保障体系中，代表学术力量的主体主要由以大学联盟及认证机构为代表的专业组织构成。它们位于大学与外界其他利益相关者之间的"缓冲地带"，扮演着大学的"同行"角色，并以自身的专业自律、文化自觉和学术信誉对高等教育质量实施专业性干预和行内自治，发挥着维护学术自由、院校自治和高等教育质量完整性的重要作用。

学术力量在高等教育质量保障中的权力主

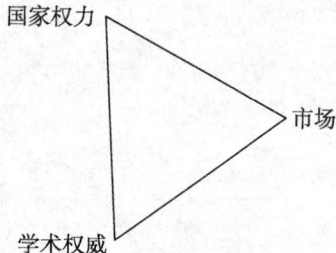

图 1　克拉克三角协调模型[1]

---

　①本文中的"美国高等教育质量保障体系"包括认证机构认可、高等教育认证、大学排行的外部质量保障体系与高校内部质量保障体系。其中，高等教育认证是该体系的核心和基础部分。

要通过认证制度实现。美国的高等教育认证制度是由教育界或职业界自发组织形成的、教育机构实施的、建立在高校自评、中介机构定期评估和实地考察基础上的外部同行评审机制，是美国高等教育质量保障体系的核心部分。[2]此外，为保障认证机制的质量和提高认证机制的公信度，美国还成立了美国高等教育认证委员会(Council for Higher Education Accreditation, CHEA)。它是代表学术力量的高等教育自治组织，通过对认证机构的认可行为，规范和加强了学术力量对高等教育质量保障的影响。

2. 国家力量及其实现机制

在美国高等教育质量保障体系中，代表国家力量的主体由联邦政府、州政府、联邦教育部(U. S. Department of Education, USDE)及州级教育委员会组成。联邦政府对于高等教育质量保证的干预机制是通过联邦教育部官方认可及财政资助的联合构建而成的，其影响是柔性、间接的。美国宪法未赋予联邦政府直接管理高等教育事务的权力，联邦政府无法直接介入高等教育质量标准的制定或评估活动之中，只能通过教育部对认证机构实施官方认可，对官方认可机构所认证的高校予以一定的经费资助，并通过财政资助官方认可的联媒构成对高等教育质量保障的间接干预。

对于州政府而言，指导和协调州内高等教育是宪法赋予的权力。州政府在高等教育保障体系中的权力是直接、刚性的。美国州政府和认证组织之间具有密切的联系，各州与认证组织的合作与互助方式不同：有的州以认证代替州的审批，有的州把认证通过或即将认证通过作为延续审批的一项条件。[3]

综上所述，美国政府部门主要通过立法规范、经济手段以及评估三种手段对高等教育质量保障体系施加影响。此外，在代表国家力量的政府系统内部，州级政府相对于联邦政府拥有更多指导、协调高等教育的实权，并与民间认证组织联系合作。联邦政府与州政府之间本身也存在着自治与控制的制衡张力。

3. 市场力量及其实现机制

代表市场力量的主体是由学生、家长及企业雇主组成的教育消费群体。根据市场类型，进一步可以分为由学生和家长消费者群体构成的"择校市场"和由企业雇主构成的"就业市场"。在市场力量的影响下，信息资源的性质、开放程度以及由此带动的资源配置处于中心地位，大学对社会需求回应的敏锐性受到考验。

在美国,市场力量在高等教育质量保障体系中主要通过声誉评估和以资源为基础的质量评估机制实现。声誉评估是以发布大学排行榜来定义大学的教育质量的。如《美国新闻与世界报道》发布的本科院校年度排行榜就是对全美大学进行的每年一次的声誉评估。在市场机制中,声誉与资源相互关联,学校声誉的提升能够为大学吸引更多优质的资源,而优质资源的增长又会进一步提升大学的声誉。因此,在完全自由的市场竞争机制作用下,高等教育发展容易产生"马太效应"。

此外,美国高校内部自发的教学管理实践如学生评教、学生满意度调查以及最近施行的"自愿问责制",均是基于学生、家长等高等教育的消费群体而设计的高等教育质量保障机制,为高校内部管理与改进传达市场的声音,同时也为学生、家庭和企业提供有关高校的有价值的信息。

(二)美国高等教育质量保障体系中的权力博弈与三角制衡关系变迁

在美国高等教育质量保障这一场域中,学术、国家、市场这三股力量通过权威、操纵及资源分配的形式确立了它们作为权力主体的地位。然而,作为权力主体,它们代表了不同的价值诉求和立场。学术力量代表的是高等教育从业者团体(practitioners)的利益,主张由行业内部掌握成员资格标准及资源配置权力,通过行内自治与大学自我评估实现高等教育质量的保障。政府作为代表国家利益的权力主体,主要有两个层面的价值诉求:一是作为统治阶级的代言人,试图加强国家意志对高等教育的渗透与干预;二是作为社会事务的重要管理者,试图通过高等教育质量保障机制协调、分配社会成员中各群体的利益,以社会稳定、社会公益为导向。市场的主要价值取向是追求利润的最大化。因此在高等教育质量保障体系中,市场的力量将引导高等教育重视输出结果、突出实用价值、快速回应消费者需求。

以上三者代表着不同价值立场,同时它们又不能彼此完全割裂与分离。因此,将克拉克的"三角协调模型"加以延伸、发展,可以构建出美国高等教育质量保障体系中的"三角制衡模型"(如图 2):学术、国家、市场三方之间存在着价值冲突与矛盾,这是一种内在的离心力;三者在实际活动中,互相之间常存在一定的合作和依赖关系,这是一种内在的向心力;在离心力与向心力的拉扯与相互作用下,大学(学术)、政府、市场三者之间构成了充满张力的三角制衡模型。

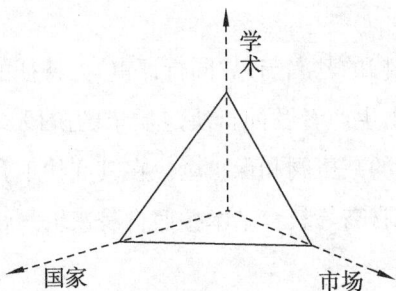

图 2　三角制衡模型①

大学、市场、政府三个主体并非一直处于如图 2 所示的静态、均衡的制衡关系中。相反,各权力主体在努力实现自身利益最大化的同时,不可避免地产生在一定规则下的竞争、冲突。通过协商、交易、控制、反控制等手段,各个权力主体之间会达到一种暂时的平衡状态,形成一种新的权力结构,这一过程便是权力的博弈过程。透过权力博弈的视角及三角制衡模型的构建,有助于展现美国高等教育质量保障体系发展历史中权力主体的关系变化及权力重心的位移轨迹,从而揭示其发展背后的推动力量与价值选择。

1. 学术力量主导时期

19 世纪末 20 世纪初,美国高等教育迅猛发展,形成了私立大学与州立大学并行、赠地学院与教会学院同在的多层次高等教育系统。与此同时,高等教育开始面临办学标准不一、质量参差不齐的问题。在这样的背景下,高等教育质量保障成为高校自发考虑的一个重要问题。1885 年,美国新英格兰地区成立了"新英格兰院校协会"(New England Association of Schools and Colleges, NEASC),其宗旨是通过相互合作和行内监测,保障成员院校的办学质量。随后,"中北部院校协会""南部院校协会"等中介机构纷纷建立,开始通过实施"校外同行评审"以保障高等教育的办学质量。1885 年被许多美国学者定义为"高

---

① 在三角制衡模型中,本文构建了代表学术力量、国家力量以及市场力量的三维坐标系;离坐标原点越远代表相应的力量越大。本图代表大学、市场、政府三者处于均衡的制约形态。

等教育认证机制"的诞生之年。[4]因此,自 1885 年始到"二战"以前,美国高等教育质量保障体系中认证机制中的"校外同行评审"成为质量保障的主要手段,而认证活动的执行主体——带有行会性质的认证中介机构成为了这一时期代表学术权威的权力主体。

这一时期,中介机构的勃兴与以"同行评审"为特征的认证机制的盛行使美国高等教育基本处于由生产者及同行决定质量的阶段。中介机构有效充当了大学与政府、市场之间的减压阀和保护伞。在其庇护下,政府、市场对大学的影响力量得到缓冲和抑制,高等教育基本按照自身逻辑与行业规范开展教学活动(如图 3)。

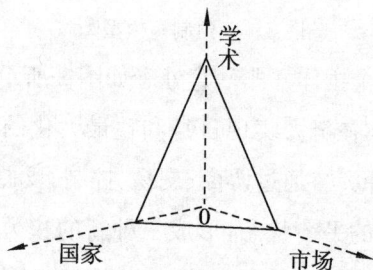

图 3　学术力量为主导的三角制衡模式①

2. 国家力量渗透时期

"二战"以后,美国联邦政府逐步认识到高等教育在国家发展中的重大战略意义,进而试图通过立法和财政资助加强对高等教育的干预和影响。在高等教育质量保障领域,国家力量与学术权威力量展开了控制与反控制的权力博弈。这一时期,联邦政府借助立法大量设置奖学金和助学金、贷款等实施对高等教育的间接影响。例如,1944 年的《军人权利法》为复员军人进入高等学校设置奖学金,《国防教育法》《高等教育法》设置了"国防学习贷金""佩尔助学金",等等。

联邦政府通过立法设立的教育资助项目使联邦政府对资助院校的问责权利合法化。自 1952 年起,联邦政府开始设立机构对民间认证机构进行官方认可,并规定只有经过官方认可的认证机构认证的院校才有权获得联邦政府的经

---

① 在这一模式中,学术的力量占据主导位置,因此三角形与学术维度的横轴交点离原点较远。

费资助。1965 年颁布的《高等教育法》进一步规定了联邦教育部作为全国官方认可机构的权威性。此后,通过与资助资格挂钩的官方认可,美国联邦政府增强了国家力量对高等教育质量保障活动的影响。

面对联邦政府日渐积极的干预态势,代表民间学术力量的中介机构迅速做出了应对。从 1949 年全国认证委员会(National Commission on Accrediting,NCA)的成立到 1996 年高等教育认证委员会(The Council for Higher Education Accreditation,CHEA)的成立,美国原本分散、无序的地区性院校认证开始走向联合,使全美认证活动逐步走向正规化和制度化。

因此,在美国高等教育保障的权利博弈场中,最能体现这一时期特征的就是官方认可机构与非官方认可机构的分庭抗礼。二者为自愿申请的认证机构提供监督与质量保障的服务,并通过认可(recognition)行为赋予认证机构学术声望或获得联邦政府资助的权利。各认证中介机构可以自由选择申请联邦教育部或高等教育认证委员会的认可,也可以同时申请二者的认可。不同的是,联邦政府利用高校对财政资助的依赖性,使其不得不接受或默认联邦政府以资助为"诱饵"的干预和影响,从而将国家力量渗透于高等教育质量保障体系之中。自此,美国高等教育质量保障活动不再是一个"内部人的游戏"(insider's game)。[5]联邦政府通过软调控绕过了宪法的阻碍,成功将国家目的渗透在高等教育质量保障体系之中。在权力三角的场域中,政府权力的强度与活动范围增加。(如图 4)

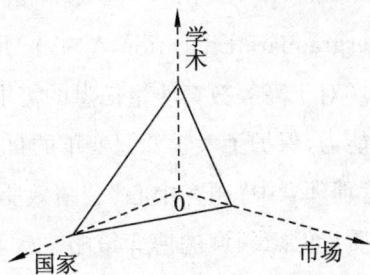

图 4　国家力量渗透与加强的三角制衡模式①

---

① 在这个时期,三角形与国家力量这一维的横轴相交点离原点更远,代表着联邦政府影响力的增加。

3. 国家与市场走向联合时期

进入 21 世纪以来,美国的经济萧条导致政府对高等教育采取财政紧缩政策。政府拨款减少导致高等教育生均成本和学费的攀升。曾长期处于"神坛"之上、享有权威和声望的高等教育开始面临日益压缩的资源与不断增长的成本与外部批判,成为社会公众问责的对象。

这一时期,教育部长玛格丽特·斯佩林斯(Margaret Spellings)发起了一场以改革认证制度为核心的高等教育变革。这个变革明确显现了政府力量与市场力量的联合态势。在这场变革的推动下,市场与政府共同发出了对高等教育开展行业外部问责的呼声,美国高等教育质量保障体系从原先以行业内部自治为主转向由多方利益相关者参与治理的变化趋势更为明朗化了。[6]

2006 年,美国斯佩林斯委员会(The Spellings Commission)报告提出:"学院和大学必须在成本、价格和学生成功方面变得更加透明,并且以一种聚合形式(aggregate form)公开报告,以便消费者和政策制定者衡量不同院校的效能。"[7]面临来自政府和市场各方的问责压力以及日益紧缩的外部资源支持,大学以及高等教育机构组织一方面坚守认证制度的民间性与相对独立性;另一方面积极开展基于高校"自愿"的问责制改革,以完善美国的高等教育质量保障体系。针对政府对认证制度的改革呼声,高校学者及高等教育协会负责人通过撰文以及积极的院外活动成功地游说了国会代表,众参两院要求教育部长斯佩林斯暂停对认证机构的政策调整。[8]2007 年 11 月,"美国州立学院及大学协会"(AASCU)和"美国公立及赠地大学协会"(APLU)联合发起推行"公立院校本科教育自愿问责制"(Public Universities and Colleges Voluntary System of Accountability for Undergraduate Education,VSA),并将有关信息向社会公布。这一方面服务了市场对于高等教育质量信息的需求;另一方面也向公众展示了高校的责任和管理能力,保护了大学驾驭变革的自主性和主导性。

总体而言,新公共管理理念中"顾客中心"、"绩效驱动"等原则与技术影响着美国政府在高等教育质量保障领域的博弈策略。政府力量开始走向与市场联合的态势,通过导入市场机制,政府逐步将资源配置的权力让渡于市场。与此相伴,大学、政府、市场的关系得以再造,私营部门、教育消费者等来自市场的利益相关者在整个关系结构中的地位变得更加重要(如图 5)了。

观察美国质量保障体系中学术权威、政府权力与市场力量三者的权力博弈与制衡模式变迁过程,不难发现,政府与市场的力量对于高等教育质量保障体系的影响在不断加深,并且政府与市场逐步走向联合,一同与高等教育行业内部自治力量形成拉扯。这表明,当前美国大学发展在其以内在逻辑为本的基础上,同时需要更多地回应市场及国家的需求。同样,影响大学的力量重心由学术权威一端逐渐向政府和市场二者之间位移:大学教育质量不再只是高等教育的内部事务,而是与民族国家发展休戚与共、与普通民众切身利益息息相关的事务。

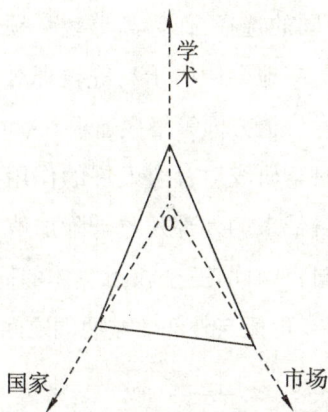

图5　政府与市场联合的三角制衡模式①

(三) 权力博弈背后:永恒的价值矛盾

综观美国高等教育质量保障体系从萌芽发展至今一百余年的历史,其三大权力主体相互妥协、争夺、控制、反控制的博弈过程一直贯穿着三个对立而又不可分割的矛盾。

1. 自治与控制

高等教育在知识领域具有先天的排他性,从而在管理上具有自治的倾向。如克拉克所言,"广阔的知识领域是高等教育机构和系统的一个独特和主要的特征,为这一特征所驱使而形成的高等教育特殊形态并非是习惯于其他社会组织部门所易于理解的"。[9]因此,代表高等教育行业利益的学术力量倾向于抵制其他利益相关者介入高等教育质量评估与认证,以保护学术价值与学术自由。

---

① 在这个模式中,代表国家与市场的两个横坐标轴之间角度缩小,且三角形与其相交点离原点较远,代表国家力量与市场力量逐步走向联合并不断壮大,与学术力量制衡。

然而,政府和市场则期望引导大学走出象牙塔,在人才培养和科学研究方面更多地考虑政府和社会的要求,并增加社会服务的功能,这些与大学的自治传统形成矛盾。然而,大学又无法真正脱离政府和市场,实现完全独立的发展。现代大学对外部资源日渐增长的依赖性为政府及社会提供了控制大学的筹码。

2. 工具理性与价值理性

论及高等教育质量保障的目的与手段,不同利益主体在工具理性与价值理性两个向度之间往往有不同的选择:作为高等教育领域从业人员,在考虑高等教育质量保障的目的时,更多地会倾向于高等教育对于促进基础科学、文化知识的发展,追求真理和学术价值方面等终极追求,侧重价值理性;而对于政府和市场来说,更多地会考虑科学研究对社会发展的作用,能为各利益群体带来什么回报,追求高等教育发展带来的外部效益与附加值,而非高等教育主体的内在价值,属于工具理性倾向。因此,三个权力主体的博弈与制衡过程将引导高等教育质量保障标准在内在价值与外部效益两端之间移动。

3. 近期利益与长远利益

在对于学生培养、课程设置的质量判断中,市场倾向于从高校所提供的短期利益来衡量其好坏,而那些只有在遥远的未来才能体现的价值往往被学生与企业雇主所忽略。因此,若高等教育质量评价与认证偏向以市场需求为导向时,高校教学与科研的近期利益与长远利益冲突将越加凸显。

当前,在美国高等教育质量保障体系中,无论是专业认证组织还是大学,自身的独立性与自主性都面临着挑战:基于内部自治、同行评估的认证的基本价值不断削弱;政府创造或认可、资助并控制市场,权力的意图以市场竞争的面目出现,政府目标与市场力量相互靠拢,出现了某种合流。[10]在此背景下,受到最大威胁的便是学术的力量。然而,正如阿特巴赫(Philip G. Altbach)所言:"大学力量是道德权威影响的力量,在一个紧张和对抗的时候,这些因素只有极有限的力量。"[11]因此,在当前多方利益相关者共同治理和价值优先性不明确的状况下,美国高等教育质量保障的标准、信念和价值究竟会被引向何方? 被称为"知识的献祭"的大学的古老荣耀,在今天乃至未来是否会逐渐暗淡直至消失? 这些应该都是美国未来高等教育质量保障体系发展中应该做出的审慎回答与选择。

参考文献：

[1][9] 伯顿·R·克拉克. 高等教育系统——学术组织的跨国研究[M]. 王承绪等译. 杭州：杭州大学出版社, 1994：159, 14.

[2] 陈学飞. 美国高等教育发展史[M]. 成都：四川大学出版社, 1989：122—123.

[3] 孔令帅. 美国高等教育质量保障中的政府作用[J]. 中国高等教育评估, 2011(2)：63.

[4] El-Khawas, E. (2004). Accreditation in the United States：Origins, Development and Future Prospects. Pairs：OECD.

[5] Swanwick, T. , Ghana, N. Workplace Assessment for Licensing in General Practice[J]. British Journal of General Practice, 2005(55)：461—467.

[6] 李明华. 美国高等教育认证制度的变革趋势（上）[J]. 复旦教育论坛, 2010(8)：4, 74.

[7] A Report of the Commission Appointed by Secretary of Education Margaret Spellings. A Test of Leadership：Charting the Future of U. S. Higher Education [EB/OL]. http://www. eric. ed. gov/ERICDocs/ciata/ericdocslsql/ccmtent storage—01/0000019b/80/29/e0/ce. pdf, 2010—01—13.

[8] 李明华. 美国高等教育认证制度的变革趋势（下）[J]. 复旦教育论坛, 2010(8)：5, 79.

[10] Burke, Joseph, C. Reinventing Accountability：From Bureaucratic Rules to Performance Results. Burke, Joseph, C. Achieving Accountability in Higher Education：Balancing Public, Academic, and Market Demands San Francisco：Jossey-Bass, 2005：231.

[11] 菲利普·G. 阿特巴赫. 比较高等教育[M]. 符娟明, 陈树清译. 北京：文化教育出版社, 1985：61.

（本文发表于《比较教育研究》2012 年第 7 期。作者吴佳妮，时属单位为北京师范大学国际与比较教育研究院）

七、试论专业主义视野下的美国公立院校内部问责制

高等教育问责制自 20 世纪下半叶以来成为世界高等教育改革的一个热点问题。美国公立高等院校通过采用高等教育问责制来有效回应高等教育利益相关方的责任与诉求，这也顺应了高等教育自身生存与发展的内在需要。其中，美国公立高等院校内部问责制逐渐成为美国高等教育管理的重要手段及制度。研究专业主义视野下的美国公立高等院校内部问责制的内涵、理论基础及实践意义，可以加深外部群体对高等院校内部问责制复杂性的理解，并以更加理性的态度来反思和追寻高等院校问责制的发展方向。

（一）美国公立院校内部问责制的提出及内涵

1972 年，美国宾夕法尼亚州立大学教授肯尼斯（Kenneth P. Mortimer）在其著作《高等教育问责制》（Accountability in Higher Education）中首次提出了高等院校"内部问责制"（internal accountability）的概念。肯尼斯认为，高等院校内部问责制是学院与大学的内部政策决议，是学院与大学理事会迫于外部的压力而授权管理学校行政人员、教师和学生的行为，在这一管理过程中，学院与大学理事会拥有终极权威，并对学校的绩效负有责任（accountable）。[1]20 世纪 90 年代，美国学者格拉汉姆（Patrucia Albjerg Graham）、马丁·特罗（Martin Trow）、约瑟夫·伯克（Joseph C. Burke）等人进一步发展了"内部问责制"的概念。美国高等教育问责制主要指向公立高等院校，由于私立院校没有接受政府的拨款和绩效考核，所以政府对私立院校的管理权限较小。

本文认为,美国高等教育内部问责制是指美国公立高等院校为了承担大学的责任,通过在大学内部建立一定的规范和管理机制,通过特定的途径和方法(如绩效报告、院系审查等),主要向大学的董事会,有时也包括向大学的"持股者"(如大学的经费支持者、家长、州教育委员会)主动报告、解释、证明和回答有关学校内部教育质量、教育资源使用及效率等情况,是学校以改进和完善为目的的自我评价监督过程与学校内部质量保障的自觉行动。公立院校通过内部问责制履行大学的责任,内部问责的基本理念是提升高等院校的自主管理质量与内部教育质量。

(二) 专业主义视野下美国公立院校内部问责制的理论基础

专业主义视野下的美国公立院校内部问责制主张问责制是一种由学校专业人士控制的问责模式,通过学校学术评议会、教师或专业化社会组织来对教师的行为、学生的学业成绩以及教师的人事绩效方面进行问责,教师的业绩和学生的成绩被认为是能真实代表学生进步和学校发展的核心指标。美国高等教育问责制最早由中小学问责制运动掀起,因此,研究美国公立院校问责制的理论基础必须追溯到美国公立中小学问责制的理论,代表人物主要有美国学者布伦达·纽曼(Brenda Neuman-Sheldon)、理查德·艾尔默(Richard F. Elmore)以及约瑟夫·伯克。他们分别从各自的理解出发,对美国公立院校内部问责制的专业控制特征进行了阐述,由此形成了美国公立院校内部问责制的专业主义理论。

1. 布伦达·纽曼的"问责制框架"(accountability frame works)

美国教育政策中心的教授布伦达·纽曼认为,问责制在美国公立学校是一种微妙的平衡。布伦达·纽曼通过对美国密歇根州公立学校问责制的研究发现,"密歇根教育评估计划"(Michigan Educational Assessment Plan,MEAP)成为公立学校绩效表现的"指示器"(indicator),成为密歇根州公立学校问责的典型代表。布伦达·纽曼建议将公立学校问责制视为一种过程、结果和关系进行研究,因此他将问责制表述为"问责制框架"(accountability frameworks)。布伦达·纽曼的"问责制框架"由"规范性的导向"(normative orientation)和"技术要素"(technical elements)组成。规范性的导向的社会决策表征涉及到对谁问责、什么内容、教育组织和行动者谁被问责等,"规范性的导向"决定了问责制"技术要素"的特点;"技术要素"主要表征为问责制中操作的层面,例如,问责制主体与对象、评价标准或绩效规范的确定、绩效指标的内容、问责制的奖惩、改进措施等。

布伦达·纽曼在 1998 年美国教育研究协会年会(the 1998 American Educational Research Association Annual Meeting)上指出,美国历史上的公立教育问责制主要受到三种问责制模式的影响:民主问责制(democratic accountability)、专业问责制(professional accountability)和市场问责制(market accountability)(详见下页表 1)。布伦达·纽曼解释了三种问责制的内涵:[2]

(1)民主问责制(democratic accountability)。学校通过政府机构预设的公共目标选举和任命学校管理人员,问责的规章及制度由外部创建,由校内的教师实施。

(2)专业问责制(professional accountability)。学校在支持教师专业自主发展和自主决策的基础上组织问责,问责的标准由专业的团体,例如教师决定。

(3)市场问责制(market accountability)。学校在尊重消费者选择的基础上组织问责,消费者可以自由选择各种学校,以此来满足特定学生或团体的需要。

表 1 布伦达·纽曼的问责制框架

	民主问责制	专业问责制	市场问责制
问责制主体与对象	学校民主问责制的问责对象是政府或公众选举或任命的学校组织者或董事会,他们为了保证学校内部学生的学习质量和纳税者的钱花得明智而被问责	学校内部的专业问责基于两个前提:专业人士的价值选择和他们拥有的这些知识来确定他们的价值选择,从这个角度讲,教育工作者必须向这些专业人士表明他们的工作价值所在,而不是向公众	以市场为导向的学校问责制通常由家长和社区成员做出教育决策,学校像在资本主义市场一样竞争优秀的学生,学校通常接受学生、家长、社区成员及学生组织的问责

	民主问责制	专业问责制	市场问责制
评价标准或绩效规范	学校民主问责制的标准通常被视为"共同的优点"。学校被视为是培养所有儿童进入美国社会成为社会生产力的场所,学校应提供机会让政府改善经济、塑造道德环境、统一美国文化。学校民主问责制支持政府的政策方针,并在理论和行为规范上得以体现	学校内部的专业问责制的标准可以概括为"最佳实践",教师的素质、与学生的关系、学习环境、组织环境都可以成为专业问责制的实践"肖像特征"。专业问责制的标准在于教师的专业知识是否达到了学生的学习需要,"最佳的实践"由教师的专业知识决定、代表和制定	以市场为导向的学校问责制的标准由学生、家长、社区成员及学生组织根据他们的利益制定,学校在遵从美国社会的习俗的同时,制定个性化的标准,学校必须满足"顾客们"的需要
绩效指标的内容	学校民主问责制是一种信息民主问责制,它需要向公众提供有关学生成绩、教育成本、就业信息、学校董事会的政策和实践、州以及联邦的政策和实践、家长对学校的评价等,民主问责制的信息来源依赖于检查和报告机制,被公众视为"标准的操作程序"	学校内部的专业问责制侧重于对教师的行为、学生的学业成绩以及教师的人事绩效方面进行问责,教师的业绩和学生的成绩被认为是能真实代表学生进步和学校发展的核心指标	以市场为导向的学校问责制的绩效指标通常分为两类:一类是帮助学生及家长选择学校的信息,一类是学校在同行中的绩效,通常这些指标都是相似的,学生、家长及社会满意的学校被视为教育中的优质资源
问责制的奖惩	学校民主问责制的奖惩措施通常具有选举的性质,由政府和公众投票决定奖惩,当政府和公众作出判断后,学校问责制办公室将出台相关的奖惩措施	学校内部的专业问责制侧重于内部奖励和改进实践	以市场为导向的学校问责制的奖惩主要取决于该学校是否保持开放,是否达到同社区内学校的教育标准

续表

	民主问责制	专业问责制	市场问责制
修正的机会	学校民主问责制从理论上向公众提供了通过民主选举获得教育决策的机会,公众通过学校董事会的投票表决,有机会让政府、州和各级地方政府听到他们的声音,以此来修正教学实践	学校内部的专业问责制允许外部审查的介入,并对学校的绩效进行审查,包括对教师职业的审查,通常他们会对学校的治理结构、教师与管理人员等提出修正意见和申诉程序	在以市场为导向的学校问责制中,学生、家长及社区对学校的修正机会是"退出选择",家长和社区成员可以选择学校,以此来激励学校改进办学质量

资料来源:Brenda Neuman. Accountability and Competing Reform Strategies:Michigan Professional Development&Charter Schools[J]. Paper Prepared for the 1998 American Educational Research Association Annual Meeting;SanDiego,California April 15,1998:1~25.

布伦达•纽曼指出,传统的公立学校民主问责制和以市场为导向的学校问责制由于无效(ineffectiveness)和反应迟钝(unresponsiveness)而饱受批评。新的改革方向在于公立学校应放松管制和官僚似的管理,加强更高标准的自我问责制(self-imposed accountability)。布伦达•纽曼继而提出"专业发展学校"(professional development schools,PDS)的概念,他认为"专业发展学校"旨在通过专业问责制提升学校的绩效。"专业发展学校"的发展依靠两个基本假设:① 在一个由学校和大学实践者组成的跨机构合作模式里,研究与反馈都是为了更好地指导实践;② 专职教育工作者应承担起教育改革规划的主要任务,"专业发展学校"从理论上受到专业标准的"最佳实践"的问责,而这些专业标准是由教师及其大学合作人制定的。

2. 理查德•艾尔默的"问责制模式"(models of accountability)

美国哈佛大学研究生院的教授理查德•艾尔默是研究公立学校问责制较有代表性的学者之一,在研究问责制时首先提出"专业发展"(professional development)的概念。著名教育学者加里•芬斯特曼彻(Gary D. Fenstermacher)和戴维•伯林(David G. Berliner)曾指出,"专业发展"是指通过特定的方法和途径来提高教育工作者的职业知识和技能。[3]理查德•艾尔默认为,"专业发展"这一概念在专业术语中应区别于"职前教育"(pre-service education),它是发生在教师及其教育工作者的日常教育活动中的;在实践中,"专业发展"涵盖了大量的专业发展活动。例如,一些有很强针对性的特殊教育课程、教学短期实践、课程现场模拟讲习班等。"专业发展"与教育工作者的知识技能的关系是最密切的,它直接决定了教学的质量与学生的学业表现。理查德·艾尔默认为,"专业发展"与问责制之间的关系是互相作用的(reciprocal)。对专业知识与技能的投资是为了获得"专业发展",而"专业发展"是问责制的核心理念。[4]

理查德·艾尔默认为,美国公立学校的工作正慢慢变得复杂与艰巨,公立学校组织在很大程度上是静态的和僵硬的,如果外部力量硬推这样的刚性结构,必然会打破这种结构,伤害学校里面的人员,这便是美国公立学校的危险状态。[5]理查德·艾尔默指出,造成这种状态的原因很简单——学校正处于被问责的状态,学生们必须有高水平的学术表现,而学校和教职工们必须保证他们的学生而且是全体学生,达到这样高水平的学术表现。问责制的形式往往千变万化,包括高风险的学生测试、关闭或重组薄弱学校、政府接管薄弱学校和学区等。不幸的是,公立学校系统并未对问责制做好充分的准备,并未将这种压力转换成有意义的工作来提高学生的绩效表现,公立教育的未来便显得很危险。随着问责制在美国公立教育系统的加强,公立学校被要求参与到系统性的问责制中,突出表现为不断改进学生的受教育质量和测量学生的学业表现,而很多公立学校已经有专业人员专门从事这样的工作。

理查德·艾尔默认为,美国学校的组织文化如同在 19 世纪末和 20 世纪初一样,教师在很大程度上仍然是"独奏者"(solo practitioners),他们彼此孤立地工作,并被严厉禁止接触到做同样工作的人。普遍的假设是,教师必须在进入教室之前知道如何教学,而教师的学习主要来自于他们在教学中的经验。这通常意味着他们对自己所能达成的与学生学业成绩相关的期望有所降低,学校作为一种组织在这时看起来是敌对的或不支持他们的工作。这就要求教师成为教育管理者。然而,行政工作往往很难与教学的内容发生联系,因此教师必须在外部侵扰中孤立地工作。学生对学习的期望取决于教师的这种独奏模型。教师们为了晋升和增加薪水通常累积他们所授大学课程的学分,虽然这种工作与他们的日常工作是无关的,但却反映了整个组织的实际绩效表现。于是,一个以绩效表现为基础的问责制体系(a performance-based accountability system)逐渐形成,并成为一种文化。

理查德·艾尔默从技术、市场与专业的观点阐释了问责制的三种模式(详见表2):

(1)技术模式(technical models)。技术模式问责制主张学校的教学与领导惟有掌握科学的核心技术,才能促进学校改善。因此,技术模式问责制必须建立清楚的目标、定义绩效表现指标,然后收集客观的绩效资料以利于下一次计划的参考。

表2 理查德·艾尔默的问责制模式

	技术模式	市场模式	专业模式
改善的决定性条件	教学与领导措施都必须经过科学的验证,以有效的知识为基础	教育工作者直接对顾客(学生、家长与社区成员)负责	教育工作者及领导者的专业发展、专业自主与参与决策
改革的策略目标	学校教育的核心技术	教育服务的提供者与顾客的权利相对关系	教师和学校领导者的专业化
适宜的改革策略	运用新的有效知识并有效地执行,以及定期调整权利关系的结构	增加顾客选择权、政策回应与资源管理弹性化	提供专业化的条件,如自主、资源、尊重及专业知识
重要的知识基础	客观地测量学校的绩效表现与学习成果	政治、市场与相关利益人关注焦点之间的主要观点调和	有效学习的专业规范
理论依据	管理主义	消费主义	专业主义
适宜的绩效程序	建立目标与绩效指标,收集客观的绩效资料以利于下次计划的参考	政治、市场与管理机制。顾客参与学校决策,增加其竞争力,并扮演外部审查者的角色	依据专业授权重建学校教育,合作计划并协同教学与学习
实例	全面品质管理、学校改善策略	特许学校的管理措施和评鉴	行动研究

资料来源:R. J. S. MacPherson. Educative Accountability: Theory, Practice, Policy and Research in Educational Administration[M]. Oxford, U. K. : Pergamon Publishers, 1996:8.

(2)市场模式(market models)。市场模式问责制是一种以顾客为导向的观点,市场模式问责制认为,教育工作者必须对其顾客(学生、家长、社区成员)负责,学校应透过政治、市场与管理机制来改善质量。

（3）专业模式（professional models）。专业模式问责制赋予教育工作者与领导者更多的专业发展、参与决策与专业自主的机会，学校的办学品质应有专业人员改善。

理查德·艾尔默认为，问责制的参与者必须是专业人士（professionals）。[6]政策制定者和公众普遍认识到，基于绩效表现的公立学校问责制的核心问题是教师的知识和技能，这正是专业教师的优势所在，这也预示着一种新型问责制的来临——内部问责制（internal accountability）。理查德·艾尔默认为，低绩效表现学校的问题正是他和他的同事们研究的"内部问责制"的问题。如果学校缺乏内部激励机制和相关措施的学习，这势必会影响学校的教育质量。在理查德·艾尔默和他的同事们的研究中，只有高质量的内部问责制才能直接反馈回学生的学习表现，因此理查德·艾尔默成为支持内部问责制的研究者之一。

3. 约瑟夫·博克的"问责制模型"（accountability models）

美国纽约州立大学教授约瑟夫·伯克建构了由"国家优先权"（state prioritiest）、"学术问题"（academic concerns）和"市场力量"（market forces）组成的"问责制三角形"（the accountability triangle）。约瑟夫·伯克主张，无论是公立高等院校还是私立高等院校都无可回避地要对"国家优先权"、"学术问题"与"市场力量"负责。[7]约瑟夫·伯克认为问责制是一个多维的概念，包括向上问责（upward accountability）、向下问责（downward accountability）、内部问责（inward accountability）和外部问责（outward accountability）。向上问责代表了下属对上级的传统关系，是一种过程的、科层的、法律的或垂直的问责；向下问责强调代理人在参与性决策中向下属负责或指高等教育中的学院管理；内部问责在组织中经常由专业人士控制，集中作用在于专业或道德的标准，如在大学和学院内部的问责制成为专业的问责；外部问责意味着要对外界的顾客、利益相关者、支持者做出回应，主要指市场和政治问责。约瑟夫·伯克据此提出了他的"问责制模型"（accountability models）（详见表3）。

表 3　约瑟夫·伯克的问责制模型

	官僚主义问责	专业主义问责	政治问责	管理问责	市场问责	管理市场问责
途径	规章条例	专业知识	政策法规	管理	市场	市场政策
代理者	官员	同侪	政策制定者	管理者	企业家	企业家决策者
目标	效率	质量	优先权	生产率	市场反应	市场反应优先权
指标	输入过程	过程	结果	输入与输出	输出	输出与结果
条件	稳定性	自治权	一致意见	市场推动力	需求能力	需求能力激励措施
技术	管理法规	咨询磋商	规划	成本效益分析	顾客满意度	顾客满意度优先计划权
结果	保持与法律制裁	重在参与忽视结果	激励与损失	晋升与降职	盈利与损失	盈利激励措施与损失
管理	中央集权	大学与学院	分权指挥	分权	市场动力	公私合作
理论基础	科学管理	大学治理	国家政策	重塑治理	市场经济学	市场控制
程序（program）	财务审计	评估、认证、学术审计、标准化测试	报告卡、绩效报告、资金预算	绩效报告	顾客满意度调查、信誉评级	特许学院、财政资助

资料来源：Joseph C. Burke. Achieving Accountability in Higher Education：Balancing Public，Academic and Market Demands［M］. San. Francisco：Jossey-Bass Press，2005：12～13.

　　约瑟夫·伯克认为，每一种问责制模型都有其独特的途径、代理者、目标等，每一种模型都需要一定的条件才能实施，如专业问责制模型在高等院校中必须在自治的环境中才能得以完成。高等院校内部问责制带有鲜明的专业性倾向，是一种传统的"资源—声望"（resource-reputation）型思维路径，强调高等教育对学术资源的专业控制，鼓励通过扩大投入的方式，如招收高质量的学生、吸引优秀的教师以及募集更多资金，来维持学术标准和社会声望。

（三）专业主义视野下美国公立院校内部问责制的实践意义

　　作为一种内部治理制度，专业主义视野下的美国公立院校内部问责制对高等院校的自主管理和质量提升产生了积极的影响。

1. 专业主义视野下的美国公立院校内部问责制是高等院校自治的基础

自从问责制在美国公立高等院校诞生之日起,就伴随着问责与自治的双重拷问。专业主义视角下的美国公立院校内部问责制在学术管理委员会的学术层级中运行,它通过学校教师或专业化社会组织来对学校进行问责。专业控制模式的重要特点就是自我报告和评价,学校要对外部的评议要求做出反应,同时还要保持和延伸自己的专业独立性,高等院校尤其要紧紧地掌握自治权。首先,专业主义视野下的内部问责制与自治有着同样的目标。专业主义视野下的内部问责制试图从专业主义的角度对高等院校内部的教育质量及运行效率进行调查。专业主义视野下的问责制实质上是内部问责与自治,问责的焦点是学术质量,目标是为了提升高等院校内部的教育质量与自治程度。其次,对于问责的结果没有奖惩,只作为改进工作的参考,这可以视为一种自治的权利,是高等院校高度自治的体现。根据美国堪萨斯大学公共管理系的巴巴拉·罗姆泽克(Barbara S. Romzek)教授的观点,专业问责制属于高等院校内部问责,是高等院校高度自治的体现(详见表4)。专业问责反映在自治能力较强的高等院校的工作安排上,政治问责反映在利益群体关注的决定或选择上,如选举官员。巴巴拉·罗姆泽克还指出,高层次的问责制度模式没有低层次的问责制度表现得明显,高层次的问责制度没有明确的规则,如专业问责,它表达了对专业知识的尊重,专业控制视角下的内部问责制是高等院校自治的基础。

表4　巴巴拉·罗姆泽克的问责制类型

		内部问责制	外部问责制
自治程度	低	分层问责制	法律问责制
		价值取向:效率	价值取向:法治
		行为预期:服从组织命令	行为预期:遵从外部要求
	高	专业问责制	政治问责制
		价值取向:专业知识	价值取向:应答性
		行为预期:尊重个人的判断和专业知识	行为预期:回应关键的外部利益相关者

资料来源:Barbara S. Romzek. Dynamics of Public Sector Accountability in An Era of

Reform[J]. International Reviews of Administrative Sciences,2000(1):21～44.

2. 专业主义视野下的美国公立院校内部问责制是教育质量保障的重要制度

专业主义视角下的美国公立院校内部问责制是学校以改进和完善为目的的自我评价监督过程与学校内部质量保障的自觉行动。首先,在高等院校内部教育质量保障体系中,最根本的作用机制是问责机制,专业问责制的出现在一定程度上促进了美国公立高等院校内部教育质量的提升。[8]高等院校在本质上是一个学术组织,其核心责任是学术责任,学术责任体现在高校的人才培养、科学研究、服务社会以及文化传承等各项活动之中。专业主义视野下的美国高等院校内部问责制的出发点和目的围绕着学术责任开展,是高等院校为维持和提高自身教育教学质量而主动采取的全部有计划、有组织的系统管理过程,是高校作为一个自主发展的学术自组织,运用科学有效的管理方法与评价机制的具有自我改进、自我约束、自我发展功能的教育教学质量管理系统。其次,构建高等院校内部质量保障体系是大学自身践行责任的过程。构建高等院校内部教学质量保障体系是对其责任意识的回应,根本目的不是为了追究责任,而是为了使得大学以更加自觉的责任意识来开展教育教学工作。学校内部的专业问责制侧重于内部奖励和改进实践,内部问责制没有奖惩,只作为改进学校内部教育质量和机构效率的依据。学校内部的专业问责制允许外部审查的介入并对学校的绩效进行审查,包括对教师职业的审查,通常外部审查会对学校的治理结构、教师与管理人员等提出修正意见和申诉程序。专业内部问责制赋予教育工作者与领导者更多的专业发展、参与决策与专业自主的机会,学校的办学品质应由专业人员改善。据此得出,构建高等院校内部教学质量保障体系是大学内部问责制度的应有之义。

(四) 专业主义视野下的内部问责制是美国公立院校问责制的发展趋势

综上所述,布伦达·纽曼、理查德·艾尔默、约瑟夫·伯克所主张的专业主义问责制实质是一种"内部问责制",是高等院校系统内部学术机构的自我问责和规范,这恰恰是高等院校自主和自治的表现。专业主义视野下的美国公立高等院校内部问责制的核心理念是构建高等院校内部教育质量保障体系,这将成为高等公立院校问责制的发展趋势之一。专业主义视野下的美国公立高等院校内部问责制的建立与发展,将成为世界高等教育质量保障与高等院校问责制发展的新趋势。不可否认,当前高等院校多种问责制的存在是高等教育质量得以提升的必要条件。正如美国加利福尼亚大学公共政策学系的教授大卫·克里普(David L. Krip)指出的那样,"问责制框架"并非是独立存在的,很少有学校只采取一种模式的问责,事实上公立学校的问责是多维度并相互影响的,而对于某一种模式的侧重是一种权利分配的体现。美国学者达林·哈蒙德(Linda Darling-Hammond)认为"问责制框架"虽然试图满足公立学校政治、法律、官僚、专业、市场等方面不同目标,但总是有所侧重的。每一种模式的问责都存在局限性,混合形式(hybrid forms)的运用是公立学校选择的最佳方案。

专业主义视野下的美国公立高等院校内部问责制作为一项必要和有效的工具,对高等院校的管理产生了强大的功能作用。传统的政府控制模式和市场控制模式的问责制强调对政府或对市场负责,学校管理主体的责任和义务就是执行规则,而无需对结果承担必要的责任,这两种模式所导致的必然后果是学校管理责任机制的缺失和管理主体责任意识的淡薄。专业视野下的美国公立高等院校内部问责制主张问责制是一种由学校专业人士控制的问责模式,学校学术管理委员会、教师或专业化社会组织成为学校问责制的主体,强调对教师的业绩和学生的成绩负责。专业模式问责强化了高等院校管理的责任机制与管理主体的责任意识,是衡量高等院校教育质量水平最好的尺度之一,代表了美国高等院校问责制的发展趋势。

参考文献:

[1] Kenneth, P. Mortimer. Accountability in Higher Education[M]. American Association for Higher Education, 1Dupont Circle, Suite780, Washington, d. c. ,1972:25.

[2] Brenda Neuman. Accountability and Competing Reform Strategies: Michigan Professional Development&Charter Schools[J]. Paper Prepared for

the 1998 American Educational Research Association Annual Meeting;SanDiego,California April15,1998:1—25.

[3] Gary,D. Fenstermacher and David,G. Berliner. Determining the Value of Staff Development [J]. The Elementary School Journal, 1985（3）: 281—314.

[4] Richard,F. Elmore. Bridging the Gap between Standards and Achievement:The Imperative for Professional Development in Education[R]. Published by the Albert Shanker Institute,Spring,2002:1—44.

[5] Richard,F. Elmore. Accountable Leadership[J]. International Sports Law Review Pandektis,2005(2):134—142.

[6] Richard,F. Elmore. Building a New Structure for School Leadership [J]. American Educator,2000:1—9.

[7] Joseph,C. Burke. Achieving Accountability in Higher Education:Balancing Public,Academic and Market Demands[M]. San. Francisco:Jossey-BassPress,2005:21—24.

[8] Kevin Carey and Mark Schneider. Accountability in American Higher Education[M]. New York:Palgrave Macmillan Publishers,2010:121—1140.

（本文发表于《比较教育研究》2013 年第 3 期。作者徐辉、袁潇,时属单位为西南大学教育学部）

八、中外合作大学三维质量保证
体系的国际导向探析

中外合作大学是在中国高等教育国际化道路上出现的一种新型的高等教育机构。自中国第一所中外合作大学——宁波诺丁汉大学 2004 年获得中国教育部批准成立以来,在不到 10 年的时间里中国大陆又相继出现了西交利物浦大学、北师浸会大学(参照中外合作大学的相关政策执行)、温州肯恩大学、昆山杜克大学等若干中外合作大学,已经培养出的毕业生无论是在升学、就业方面,还是在综合素质和专业能力的发展方面都取得了可喜的成绩,获得了社会的广泛认可。然而,中外合作大学究竟是如何保证其教育质量的? 这类高校是否已经建立了一套完善的质量保证体系? 带着这些疑问,宁波诺丁汉大学中外合作大学研究中心考察团于 2012 年 9 月 24 日出发,先后对西交利物浦大学、昆山杜克大学、北师浸会大学和温州肯恩大学进行了走访,对其颇具特色的质量保证体系进行了系统的考察。

(一) 质量保证体系的三维结构

根据高等教育质量保证体系的相关理论,针对一般高校建立的高等教育质量保证体系具有二维结构,即将质量保证体系划分为外部质量保证体系和内部质量保证体系两个层面。其中,外部质量保证体系是指由高校外部的相关组织,如政府、专业质量保证机构对高校进行质量检查或评估的体系;内部质量保证体系是指由高校自行建立的对自身教育质量进行管理和监督的体系。

通过考察中外合作大学的质量保证实践可以发现,这类大学除了对内自行监控自己的教育质量、对外接受政府和社会的质量评估之外,还要接受作为其举办者的中外双方高校,特别是外方高校的质量监督,而外方高校的监督究竟算是外部监督,还是内部监督则是值得探讨的。就中外合作大学的法律地位来说,这类高校都是具有独立法人资格的大学,从这个角度讲外方高校对这类独立大学的监督应该是一种外部监督。然而,法律上的独立性难以切断这类大学在实际运行过程中与其中外合作高校的血脉联系,特别是在学术发展方面,许多中外合作大学整体引进外方高校的专业和课程,采用外方高校的学术标准,利用外方高校的师资,进行全英文授课,使中外合作大学与其外方合作高校形成一种水乳交融的关系,似乎也可以将二者作为一个整体来看待。而如果从这个角度来考虑,外方高校对中外合作大学的监督似乎又成了一种内部监督。

在这种情况下,中外合作大学的质量保证体系便呈现出一种三维结构模式,包括宏观、中观和微观三个层面。其中,宏观层面的质量保证体系相当于一般大学的外部质量保证体系,主要指政府和社会对中外合作大学的质量保证;微观层面的质量保证体系相当于一般大学的内部质量保证体系,更侧重于中外合作大学在具体的教育教学过程中所进行的质量控制;中观层面的质量保证体系主要指由中外合作大学的中外合作高校对学校整体或某个专业进行的监督评估。由于中外合作高校既不能完全与中外合作大学脱离关系,又并不是中外合作大学内部的组成部分,因此它针对中外合作大学建立的质量保证体系应介于外部和内部质量保证体系之间,本文称其为中观层面的质量保证体系。

与国内的一般大学不同,中外合作大学的三维质量保证体系具有鲜明的国际导向性。就宏观层面的质量保证体系来说,这类高校虽然也要接受我国政府的监管,但我国政府只对它进行授予其基本办学资格的认证。而其运行过程中的定期评估,则由这类高校的外方合作大学所在国的权威质量保证机构,或其他国际性的评估机构来进行。就中观层面的质量保证体系来说,中外合作大学的外方合作高校普遍承担着对它的评估职责,或是对中外合作大学的整体办学情况进行评估,或是将这种评估职责下放到各个学院,由学院领导部门对中外合作大学的相关学院进行对口评估。就微观层面的质量保证体系来说,它虽然强调中外合作大学对教育质量的自我监督,但这种监督也不是完全独立于外方合作高校,而是要依据外方高校的学术标准,对教师出的试题以及学生的答卷的评审也要有外方独立考官的参与。

（二）中外合作大学的质量保证体系

各所中外合作大学由于它们的中外双方的合作方不同,具体的质量保证措施和方法有所差异,但其质量保证体系总的来说都可以分为三个维度,即宏观层面的质量保证体系、中观层面的质量保证体系和微观层面的质量保证体系。

1. 宏观维度:权威机构的认证评估

宏观层面的质量保证体系主要指由中外双方的政府或专门的质量保证机构,对中外合作大学进行整体认证和评估的体系。根据我国的《中外合作办学条例》,中外合作大学在举办时先要获得教育行政部门的审批,其办学条件、组织管理和教育教学等方面符合国家的标准,才能够获得办学资格。这种做法通过政府认证的形式,为中外合作大学的举办把住了第一道质量关,从而保证了中外合作大学的质量至少符合中国政府对教育质量最低限度的要求。

然而,中国政府对中外合作大学的认证,只是最基本的、对其办学资格的认证。在中外合作大学的运行过程中,进一步保证和提高其教育质量,主要依靠国外专业质量保证机构的质量评估。例如,在中外合作大学中,宁波诺丁汉大学和西交利物浦大学的国外合作大学都是英国的大学,这些英国的大学自身就要定期接受英国高等教育质量保证署(The Quality Assurance Agency for Higher Education,简称 QAA)的评估,因此这两所大学与中国合办的大学也要定期接受 QAA 的评估。QAA 对中英合作大学的评估在原则和程序上与其对本国大学的评估是一样的,都是以同行评审形式进行的,基于证据的评估过程。在评估开始之前,英国高等教育机构要提供一份简短的文件,描述其海外合作大学的基本情况。具体的评估通过访问的形式进行,如宁波诺丁汉大学在2012 年 12 月接受的 QAA 评估就包括一个持续一天半的访问。QAA 对中英合作大学的评估并不是以院校为单位的,而是以国家为单位的,虽然最后 QAA会发布针对个别中英合作大学教育质量的报告,但它同时还会对中国大陆中英合作办学的总体情况进行总结概括。[1]

昆山杜克大学和温州肯恩大学等中外合作大学则是与美国大学合作创办的大学,由于与其合作的美国大学自身要接受所在地区的地区认证组织的教育质量认证,因此这些中外合作大学也要接受美国相关地区的地区认证组织的认证。例如,温州肯恩大学的外方合作大学是美国肯恩大学,因此该大学要与美国肯恩大学一样接受美国中州高等教育委员会(Middle States Commission on Higher Education,简称 MSCHE)的认证。根据 MSCHE 的政策,如果其所辖的美国大学想要与国外大学合作办学,它必须通知 MSCHE 并向其提交一份新大学的运营计划,写明所开设的专业、未来的收入和支出以及资金流动情况、新大学的运行、管理和物质资源等。当 MSCHE 评价了美国大学提交的运营计划,并采取了其他措施确定新大学在教育、财政、运行、管理和物质资源都符合 MSCHE 的标准,才能够将对该美国大学的认证拓展到对新大学的认证。此外,MSCHE 还要在新大学建成并开始招生的 6 个月内对新大学进行实地访问,并对其真实办学情况予以确认。[2]

2. 中观维度:外方高校的积极监管

中外合作大学虽然是具有独立法人资格的高等教育机构,但它们与其中外合作高校依然保持着密切的联系,特别是由于中外合作大学的宗旨是引入国外优质教育资源,因此外方合作高校对它的监督力度更大。例如,西交利物浦大学和宁波诺丁汉大学的外方合作高校都是英国大学,根据英国 QAA 的规定,英国大学作为中外合作大学学生的学位授予者,必须定期监督中外双方的合作情况,保证双方持续有效地履行合作协议中的条款。除了监督协议履行情况,英国大学还要根据本校的相关标准,定期考察中外合作大学学生的入学和升级情况,检查学生的学习结果,了解学生的学习体验等。[3]基于这一规定,英国利物浦大学每年都要对西交利物浦大学进行评估,主要包括评审西交利物浦大学提交的相关材料以及来校实地访问两个部分。2011 年 10 月 16 日,英国利物浦大学首次对西交利物浦大学进行年度评估,评估内容主要涉及教学质量保证、科研发展、英语教学和研究生学位设置等。英国利物浦大学的专家组对西交利物浦大学进行了为期 2 天的访问,期间分别与该校的高层管理团队、教学委员会、科研委员会、考试委员会成员以及学生代表进行了座谈,对相关情况进行了了解。此外,专家组还对该校的电气与电子工程系、数学科学系、建筑系以及语言与文化系进行了考察,以了解这些专业在教学、科研质量保证方面的情况。专家组对西交利物浦大学在过去一年取得的成就进行了充分的肯定,希望西交利物浦大学通过设立科研会议基金、科研发展基金等形式进一步促进科研水平的提高,同时也表示要重新审视未来的年度评估形式,以促进西交利物浦大学的进一步发展壮大。[4]

英国诺丁汉大学对宁波诺丁汉大学的监督职责主要在于各个学院,由英方的学院为宁波诺丁汉大学的相关学院制定质量保证规则。也有一些学院赋予了宁波诺丁汉大学的相关学院一定的自治权,但一些基本的监管权力还是为英方学院所掌握。例如,在教师聘任方面,英方学院保留对宁波诺丁汉大学相关学院的教师聘任权,具体程序由英方与中方协商决定。在课程设置方面,当宁波诺丁汉大学推出新的课程计划或对现有课程进行调整时,它必须向英国诺丁汉大学的相关学院提出申请并根据学校的程序进行审批,以保证宁波诺丁汉大学的教育质量与英国诺丁汉大学一致。

北师浸会大学也要定期接受其境外合作高校——香港浸会大学的评估。2007 年 6 月和 2008 年 12 月,香港浸会大学的学术咨询团对北师浸会大学进行了考察,对其教学、学术研究和管理情况进行了评价,在评价报告中肯定了北师浸会大学在过去 3 年取得的成绩。[5]除了由学术咨询团进行定期评价,当北师浸会大学开设新专业,或对原有专业进行重大调整时,学校也要报请香港浸会大学审批。具体的程序是,由北师浸会大学的专业规划委员会提出新的专业设置计划,并经过学术发展委员会和质量保证委员会的评审,交由校董会投票通过。新的专业设置计划获得通过后要报送香港浸会大学的质量保证委员会进行评审,并由其向香港浸会大学的校董会提出建议,在获校董会批准之后,北师浸会大学新的专业设置计划才能得以实施。[6]这种专业认证措施正是体现了中外合作大学国外/境外合作高校对它的质量监督,力图通过这种方式使中外合作大学所开设的专业的质量至少与其国外/境外母校的质量保持一致,从而使中外合作大学的学术水平得以保持和提高。

3. 微观维度:考评过程的严格把关

宏观层面和中观层面的质量保证体系都强调相关机构对整个中外合作大学,或中外合作大学的某一个专业进行评估和监督。而在教学这个微观层面形成的质量保证体系,则被称为微观层面的质量保证体系。微观层面的质量保证体系属于内部质量保证体系的范畴,强调高校自身对教育质量的管理责任。但由于中外合作大学在课程教学方面与其外方合作大学一脉相承,因此其教学过程中的质量保证过程和方法也注重与外方合作大学相协调。如在教学评估方面,中外合作大学注重利用国外高校惯用的校外考官评审制来评审学生的试卷,以保证中外合作大学的教学质量。例如,宁波诺丁汉大学对于所有的本科课程和授课型硕士课程,都要与英国诺丁汉大学合作聘请独立的校外考官,且每个对学位授予有影响的考试都必须有一到两名校外考官的参与。在考试之前,教师编写的所有试题都要寄到英国诺丁汉校本部由校外考官评审,评审通过后才能在考试中使用。考试结束后,所有由教师打过分的考卷都要寄回英国诺丁汉大学,从中抽出一部分样卷供校外考官审阅,以确定教师所给的分数是否恰当。对于没有被抽到的试卷,如果校外考官想看,也可以随时调阅。校外考官除了要评阅具体试卷,还要对考试程序进行评审,以确定其是否与学校的相关规定相一致。最后,校外考官还要撰写一份年度书面报告,对考试评审的结果进行总结报告。[8]可见,宁波诺丁汉大学的整个考试评价过程是非常严格的,它一方面保证了宁波诺丁汉大学的学术标准与英国诺丁汉大学的一致性,另一方面还保证了评分的准确性,杜绝了教师受学生请托随意为学生提高分数的情况,从课程的出口上严把教育质量关。

其他的中外合作大学也是如此,如西交利物浦大学在每次考试结束后,学生的试卷就会被抽出一部份寄到英国利物浦大学,由一名成绩核对人和一名校外考官评审,确保评分公正,并与学校的相关标准保持一致。在抽样评审过后,所有的试卷都要被送到本校的相关学院,以作最后批准,然后成绩才能被公布。[9]北师浸会大学聘请的相关人员被称为"外校测评官",这些人有来自香港浸会大学的教师,也有来自香港其他高校的教师,由他们负责制定相关的测评标准,并定期视察北师浸会大学,检查学生的试卷,并提出建议。[10]

另外,学生的考试成绩还直接与学生获得的学位等级相挂钩。以宁波诺丁汉大学为例,该校采用的是英国诺丁汉大学的三级学位制度,具体包括一级荣誉学位、二级甲等荣誉学位、二级乙等荣誉学位和三级荣誉学位,一个学生能够获得哪级学位是由考试成绩换算来的。一般来说,完成一个课程模块需要经历多项考试,这些考试成绩按照权重计算出的成绩之和就是这个课程模块的总成绩。多个课程模块的成绩还要根据每个课程模块的学分数量进行加权平均,最后算出一个学生的总平均分。可见,这种学位分级制与中国的一般大学是很不同的,由于学位的等级对日后的升学和就业有重大影响,因此学生不能仅仅满足于"60分万岁",而是要尽可能地取得较高的成绩。这样,学生学习的积极性通过授予不同学位被调动起来,从而能够起到激励学生努力学习,保证和提高教学质量的作用。

(三) 结论和反思

三维质量保证体系为中外合作大学所特有,是为适应高等教育国际化过程中中外合作的办学形式,而对传统质量保证体系的变革和调整。总的来说,中外合作大学的质量保证体系渗透了更多国际化的因素,如,在质量保证的主体方面,突出了国外质量保证机构和国外合作大学的责任;在质量保证标准方面,更多地寻求与国外质量保证机构和大学保持一致;在质量保证的程序和方法上,也更多地借鉴国外相关机构的做法。作为一种全面引入国外优质教育资源的高等教育机构,更多地利用国外质量保证的机构、标准和方法无论对于中外合作大学自身的发展,还是对中国其他大学的发展来说都有重要意义。一方面它有利于维护教育引进的完整性,避免出现国内一般大学在质量保证方面出现的弊端;另一方面它对于国内高等教育界借鉴国外在质量保证方面的优秀做法,也能够发挥桥梁和纽带的作用。

然而,中外合作大学的质量保证体系在彰显国际化特色的同时,也反映出中方相关部门对其质量监管的缺失。首先,在宏观层面的质量保证体系中,中外合作大学主要接受国外专业的质量保证机构的评估,而中国政府只是在学校刚建立时予以审批,当学校步入正轨后缺乏对其定期评估的机制。其次,在中观层面的质量保证体系中,中外合作大学虽然是中外高校合作建立的,但在学校的教育和学术活动中占主导地位的往往是外方合作高校,因此外方高校对学校教育质量的监督非常积极,而中方高校则倾向于对此持放任态度。再次,在微观层面的质量保证体系中,中外合作大学在教学过程中的相关评估活动主要依据外方合作高校的标准和方法,并在活动中与外方合作高校建立起了一种合作关系,相反中方合作高校在这一过程中却无甚作为,特别是在一些只颁发国外学位的中外合作大学中,中方高校几乎将教学质量的管理职责全盘委托给了外方高校。

　　开办中外合作大学的目的是通过引入国外优质教育资源推动我国高等教育的发展,而不是简单地在中国国境内为国外高校开辟一个活动平台,因此中方的相关部门应该在针对中外合作大学的质量监管方面发挥更大的作用。首先,中国政府应该建立,或委托社会上的相关机构建立一套针对中外合作大学的质量评估体系,在考虑这类大学自身特点和参考国外做法的基础上制定出既符合中国国情,又能够凸显这类高校国际特色的制度、标准和方法。其次,中外合作大学中的中方合作高校应该加强对学校质量保证的责任意识,特别是在以"强强联合"形式开办的中外合作大学中,中方合作高校应该将自身在质量保证方面的优秀做法引入这类大学,并注意以此为平台吸收国外高校的质量保证经验。再次,在具体的教学评估过程中,中方合作高校应主动参与学术标准的制定和评估活动的实施,使中外合作大学的教学质量既保持与国外高校相当的水平,又能够更好地使之适应中国社会发展的需要。

参考文献:

[1] QAA. Review of Overseas Provision [EB/OL]. http://www. qaa. ac. uk/InstitutionReports/types-of-review/overseas/Pages/default. aspx, 2012 — 10 — 12.

[2] Middle States Commission on Higher Education. Substantive Change [EB/OL]. http://www. msche. org/documents/updated-Substantive-Change-policy — 11 — 18 — 10. pdf, 2010 — 11 — 18/2012 — 10 — 12.

[3] QAA. UK Quality Code for Higher Education[R/OL]. http://www. qaa. ac. uk/Publications/InformationAndGuidance/Documents/Quality-Code-Chapter-B10. pdf, 2012 — 12 — 18.

[4] 华禹教育网. 利物浦大学 2011 年度认证评估团访问西交利物浦大学 [EB/OL]. http://www. huaue. com/unews/201111192314. htm, 2011 — 11 — 01/2012 — 11 — 02.

[5] BNU-HKBU United International College. Quality Assurance[EB/OL].

http：//uic. edu. hk/en/index. php? option＝com_content&task＝view&id＝58&Itemid＝188,2012－11－02.

[6] BNU-HKBU United International College. Programme Accreditation Process [EB/OL]. http：//uic. edu. hk/en/index. php? option＝com_content&task＝view&id＝556&Itemid＝188,2011－04－20/2012－11－02.

[7] University of Nottingham. Appointment and Responsibilities of External Examiners [EB/OL]. http：//www. nottingham. ac. un/academicservices/qualitymaual/external-examining/appointment-and-responsibilities-of-external-examiners. as-px,2012－10－12.

[8] University of Nottingham. Appointment and Responsibilities of External Examiners [EB/OL]. http：//www. nottingham. ac. uk/academicservices/qualitymanual/external-examining/appointment-nd-responsibilities-of-external-examiners. as-pk,2012－10－12.

[9]Xi'an Jiaotong-Liverpool University. Examinations[EB/OL]. http：//www. xjtlu. edu. cn/en/learning-teaching/current-student/examinations. html,2012－10－12.

[10]北京师范大学－香港浸会大学联合国际学院. 教学品质保证[EB/OL]. http：//uic. edu. hk/index. php? option＝com_content&task＝view&id＝58&Itemid＝188,2012－10－12.

（本文发表于《比较教育研究》2013 年第 8 期。作者孙珂,时属单位为宁波诺宁汉大学中外合作大学研究中心）

高等教育外部质量保障

一、英国高等教育质量保证体系的发展及现状分析

对于高等教育质量和高等教育质量保证的理解，各个国家由于需要不同而各不一样。英国学者 John Sizer 和 Diana Green 认为：高等教育质量是一个多维的、不断变化的概念，它通过一套多维的指标体系来衡量一所高校的表现，在其本质上是具有满足个人、群体和社会显性或潜在需求能力的特性总和，往往通过受教育者、教育者和社会发展所要求的目标、标准、成就和水平等一套绩效指标体系表现出来；高等教育的质量保证则是指特定的组织根据一套质量标准体系，按照一定程序，对高校的教育质量进行控制、审核和评估，并向学生和社会相关人士保证高等教育的质量，提供有关高等教育质量的信息，其基本理念是对学生和社会负责、保持和提高高校的教育质量水平、促进高等教育整体发展。[1]

英国的高等教育质量保证体系已有几十年的历史，其建立、发展和运行都体现了以上的基本内容和理念。

（一）英国高等教育质量保证体系的建立与发展

英国素以"精英教育"闻名于世，但随着科技和经济的发展，这种教育已经不能满足社会的需要。自 20 世纪 60 年代以来，英国不断扩大其高等教育规模，使高等教育日益走向大众化、普及化。但高等教育的质量问题也日益突出。教育水平下降和管理混乱等问题日益受到社会各界的关注，要求对高等教育进行质量保证的呼声与日俱增。在这种背景下，英国开始研究并着手建立高等教

育质量保证体系。

英国高等教育质量保证体系的最初建立可追溯到 20 世纪 60 年代。当时为了适应经济发展的需要,英国成立了三十多所多科技术学院。为了确保它们的教育质量和学位文凭的发放,1964 年英国成立了第一个高等教育质量保证组织—全国学位授予委员会(CNAA)。CNAA 的质量保证范围仅限于多科技术学院和其它学院,主要通过对其教学、师资、招生、课程设置、考试、学生学习等方面进行质量监控和评估,向学生、家长以及用人单位保证教育质量。

70 年代末,由于英国经济的恶化和高等教育规模的进一步扩大,高等教育经费严重紧缺,大学的教育质量曾经一度急剧下降,受到了社会各界的强烈批评。1983 年,大学校长和副校长委员会(CVCP)和大学拨款委员会(UGC)联合成立了"学术标准小组",对大学教学和管理质量进行了一系列的研究,从此拉开了英国大学质量标准讨论的序幕。1984 年,"学术标准小组"发布了 Reynolds 报告和拟定了新的学术标准,并在各个大学介绍和宣传大学的质量保证体系。不久,以 Norman Lindop 为首的公共高等教育(非大学体系的高等学校)学位与课程审核委员会,在经过周密的调查后,也发布了《公共高等教育学术标准的调查与证实》的报告。报告建议,在公共高等教育系统也要建立有效的内部审核和监督机制,以便确保其质量水平。在这两个报告的基础上,英国政府于 1985 年 5 月发表了高等教育绿皮书,希望大学在保持学术自由的同时,对社会、学生和教师负责,改善和保证其教育质量。

1986 年,"学术标准小组"向英国政府正式递交了《大学学术标准》报告,在报告中详细介绍了大学学术标准体系和保证学术标准的一套措施、制度。1987 年,英国政府发布了高等教育白皮书,基本上接受了《大学学术标准》里的建议和观点,建议大学应建立一套统一的学术标准审核体系,并要求 CNAA 加强对多科技术学院和其它学院的质量审查。《1988 年英国教育改革法》建议,成立大学基金委员会(UFC)取代 UGC,创立多科技术学院和其它学院基金委员会(PCFC),由它们分别对大学和公共高等教育体系进行拨款和质量评估。由此,形成了以 UFC 和 PCFC、CNAA 为主的"双轨制"的拨款与质量保证体系。

但是,由于"双轨制"造成高等教育体系内部的等级分化,也不符合英国社会的发展需要,因此,英国政府于 1991 年发布了《高等教育——一个新框架》,

建议建立一个"一轨制"高等教育体系,废除 CNAA 的质量保证工作,声明多科技术学院和其它学院可根据其意愿摆脱地方和一些组织的控制升格为大学,并由高等教育基金委员会(HEFC)统一拨款。HEFC 虽为非政府组织,但其中很多官员来自政府部门,并对英国国会负责,这样就加强了政府对整个高等教育体系的控制。CVCP 和多科技术学院院长委员会(CDP)立即对此做出反应,于1992 年 5 月成立了高等教育质量保证委员会(HEQC),对高等教育的质量进行统一的审核和认证。由于 HEQC 和 HEFC 的质量评估有很多重复之处,并且标准不一,弊端很多,于是,1996 年 12 月成立了高等教育质量合作规划小组来履行 HEQC 和 HEFC 对高等教育的质量保证职能。1997 年 3 月,在该小组的基础上正式成立了现在的高等教育质量保证署(QAA),全面负责英国高等教育的质量保证事宜。1999 年 11 月,QAA 颁布了《高等教育质量保证框架—6》。2000 年 4 月,QAA 又出版了《学术审核及运行手册》。至此,英国的高等教育质量保证的新框架已经确立。[2]

(二) 英国高等教育质量保证体系的现状分析

目前,英国高等教育质量保证主要是由高等教育质量保证署(QAA)来完成的。以下通过对 QAA 的使命、运行、质量保证框架和质量评价等方面的介绍和分析,来揭示英国高等教育质量保证体系的现状。

1. QAA 的使命及运行

QAA 质量保证的范围是英格兰、威尔士和北爱尔兰地区的 170 多所大学和学院、270 所成人继续教育学院和一些海外的高等教育办学机构。QAA 质量保证的主要使命是向学生、学生家长和社会相关人士保证高等教育的质量,[3]并与其它高等教育机构合作保持和提高高等教育的质量。其主要职责如下:

① 向学生、学生家长和社会其他人士提供高等教育的质量信息;② 向HEFC 和其它资助机构提供高等教育质量的数据和信息;③ 与其它的高等教育部门合作,制定和发展高等教育的质量保证框架;④ 就高校学位发放权和高校是否有资格享有大学头衔等问题向政府提供建议;⑤ 对高校教育质量进行审查、控制并给予评价;⑥ 研究高等教育质量保证的方法。

由此可见,QAA 的质量保证工作对英国整个高等教育体系以及高校自身的发展都非常重要,它通过质量保证提高了高等教育质量的整体水平,同时也规划了高等教育体系的发展蓝图。QAA 质量评估的结果与高校自身利益息息相关,直接影响到高校的声誉、招生和经费获得的多少,因此,各个高校对此都非常重视。

QAA 质量保证工作的重要性决定了它的运行模式[4]必须公正、合理。从性质上说,QAA 是一种非官方性的中介组织,其运行经费来自各高校,主要对学生、社会和高校负责。QAA 虽然并不直接接受英国政府的管辖,但也并非与政府毫无关系。QAA 的政策规划必须符合和贯彻英国政府有关高等教育的政策精神,并对其高等教育的政策制定提供建议和相关信息。QAA 的最高管理机构是一个由 14 人组成的理事会,其中 4 人来自高校(由所在高校副校长指定),4 人是 HEFC 成员,6 人为社会人士。这种广泛的人员构成也正反映出各方利益的均衡和其管理运行的公正性、合理性。QAA 的日常工作是由理事会任命的首席执行长官负责,下设几个办公室,各办公室分别负责不同的评估工作和其它事宜。其评估人员主要来自:QAA 的成员、各高校推选的教师和管理者、教育评估专家、与高等教育利益相关的工商界人士(其中有的评估人员身兼几重身份)。为了确保评估者能够秉公行事,QAA 对评估人员进行严格的选拔和培训,并有严格的工作要求。QAA 规定,评估者不能对与自己有关系的高校进行评估,在评估中必须公正、客观,否则要给予一定的处罚。QAA 的质量评估耗资巨大,任务繁重,仅靠 QAA 自身难以完成使命,因此 QAA 通常与一些高等教育质量评估机构和认可协会合作。在合作中,双方必须严格遵守 QAA 制定的合作条款(Collaborative Provision)。QAA 以定期或不定期的形式对高校的质量进行考察和评估,方法有访谈、座谈、抽样调查、亲身体验、审查管理文件和材料、成果的统计和分析、撰写报告等。QAA 的不定期评估带有一定的突然性,能够比较真实地了解高校教育质量的现状,在评估中不仅重视成果的产出,更强调过程,着重取得考察成果的投入与保障机制。为了全面真实地了解高校的教育质量,避免一些高校领导的暗箱操作,QAA 的评估人员还深入基层对学生、教职工进行访谈和座谈。

2. QAA 的质量保证框架

QAA 的质量保证包括质量控制(Quality Control)、质量审计(Quality Audit)和质量评价(Quality Evaluation)三个方面。[5]

质量控制是指各高校为保持和提高教育质量而实施的教育质量水平监控机制,主要包括学生入学质量控制、教学过程质量控制和学生学习结果的质量控制三个方面,具体体现在学生的入学政策、课程的内部认可、教学评估机制、校外审查制度、教员质量控制、学生和教员的申诉制度等方面。质量控制是高校内部对教育质量进行监控的一套机制。QAA 有责任监督和帮助高校建立和完善一套行之有效的内部质量控制机制。

质量审计是指高校外部的同行和社会相关人士对学校质量进行监控的机制,主要考察和评论以下内容:① 高校保持质量的程序及其在实践中的运行情况;② 高校战略计划的实现和实施情况;③ 高校学术标准的保证和提高机制;④ 高校的校外监察员制度;⑤ 对学术标准达到国家要求的高校予以认可并评论其经验,等等。质量审计包括三个过程:① 审阅学校的管理文件。这些文件主要包括:年度报告、计划书、工作手册、规章制度、实施中的政策、校外审核报告、学校各级管理委员会的会议备案等成品性的文件。② 核实文件。主要通过考察、访谈、座谈、抽样调查和分析的办法对以上文件的真实性进行核实。③ 撰写审计报告。在核实以后,审计小组必须撰写一份书面报告,报告要对高校质量保证体系进行评价并提出一些具有建设性的建议。质量审计一般是在高校邀请的前提下进行,审计结果一般不向社会公布,主要是帮助高校了解和改善其教育质量。

质量评价是在学科和高校的水平上参照一定指标体系对教学质量、学生的学习成绩和经验、学校的管理水平给予一定的评价。评价的结果要在全社会公布,因此它具有一定的残酷性,不合格的学科和学校将会受到警告,如果在一定的期限内质量不能得到改善,基本经费将可能被取消和削减。评价结果还关系到大学的综合排名,直接影响其招生和收入。由此可见,质量评价是 QAA 最富挑战性和重要性的工作。

3. QAA 的质量评价

QAA 的质量评价从其发展上可分为学术评价、学科教学评价、管理质量评价以及科研项目评价四个部分。[6]学术评价是从 80 年代的《大学学术标准》发展而来的,现在主要采用苏格兰地区的一套学术标准体系并遵照 QAA 的《学术审核及运行手册》来进行。学术评价包括学术水平评价、学习机会与质量评价和学术管理评价三个方面。学术水平评价主要考察学生在该学科上的学习成绩、学校的课程设置和学习评价方法等方面。对学习机会的质量评价主要包括教学和学习资源状况、学生的发展情况等。学术管理评价主要考察高校学术管理制度、外部审核制度、科研项目申请、学位授予的程序和过程,等等。学术评价主要以高校自评为主,高校自评后形成一个评估文件,QAA 的学术审核小组再对文件进行分析、核实,最后做出评判。评判标准分为学科、学校两级水平。学术水平评估是在学科水平上进行的,其判断标准有:Confidence、Limited confidence 和 No confidence 三种。[7]Confidence 意味着对现在的学术水平比较满意,并且对其将来充满信心;Limited confidence 则表示对现在的学术标准基本满意,但对将来的发展持怀疑态度;No confidence 表示对现在学术水平不满意。对学习机会的质量评估也是在学科水平上进行的,评判标准为 Commendable、Approved 和 Failing 三种。Commendable 表示学习机会质量优良,Approved 表示基本通过,Failing 则表示不合格。学术管理评价是在校级水平上进行的,其评价标准与学术水平评价标准基本相同。

学科教学质量评估是由 HEFC 的教学质量发展而来的,现在主要参考《学科标准体系》(Benchmarking of Subject Standards),[8]考察学科的教学目的、教学计划、教材的编写、学生从中获得的技能、教学组织情况、教师授课水平、学生的学习情况、学生的学科成绩评价等多方面,并根据实际情况给出优秀、满意或不满意的评价。优秀表示学科教学质量非常高,满意意味着教学过程和预期目标之间基本符合,不满意则表示学科教学质量太差,不可接受。

管理质量评价是从一些高等教育认可协会的工作发展而来的,现在主要依据《高等教育质量框架－6》[9]的一些指标体系。其主要内容包括:高校外部审核制度评价、内部审核制度评价、教职员和学生申诉制度评价、学生就业和生活方面指导的评价、对残疾学生在各方面照顾情况的评价、招生入学制度评价、财务管理评价、高校管理人员绩效评价,等等。根据评估实际情况给出 Essential、Advisable 和 Desirable 三种评价结果。Essential 意味着当前的管理状况存在着严重问题,急需改善;Advisable 表示管理存在着潜在的问题,必须采取一定的措施加以防范;Desirable 则表示管理质量很好。

科研项目评价[10](Research Program Evaluation)是从 HEFC 的科研评估发展而来的,主要参考科研评估练习(RAE)的标准体系,考察科研项目的说明书、科研项目的管理制度、经费的有效利用、科研项目的申请、研究生对科研项目的参与情况、科研成果的质量水平,等等。其中,科研成果分数权重直接影响到科研拨款,科研成果分数的高低主要根据发表论文的杂志级别、科研项目在国内和国际的影响力的大小决定,其结果要递交到 HEFC 和其它资助机构,以供拨款参考用。

以上四个方面的评价工作分别由不同类型的评估人员参照不同体系进行,表面看来 QAA 的质量评价仍有些重复,但实际上在评估内容上已做了相应的划分。在某些特殊情况下,教学、科研、管理之间并没有一条明晰的界限,为了避免工作的重复,QAA 对重复出现的评估内容一般采取以前的评价标准。这样大大地减少了评价的工作量,使得评估时间比以前少了许多。

(三) 结语

英国高等教育质量保证体系在保持和提高高等教育质量、建立学生和社会各界人士对高等教育的质量信任感上起到了很大的作用。它的成功之处在于:

1. 实现了"问责"[11](Accountability)与"提高"(Enhancement)之间的平衡

所谓"问责"是指通过质量保证向学生、社会以及其他利益相关者确保高等教育的质量。所谓"提高"则是指高等教育的质量标准体系的不断发展变化。QAA 在向学生和社会相关人士保证高等教育质量的同时,还要推动整个高等教育的发展,在"问责"与"提高"之间达成一种平衡。

2. 实现了内、外质量保证(内部质量保证是指高校自身质量保证体系,外部量保证是指 QAA 的高等教育质量保证体系)的平衡

QAA 充分地利用了高校内部质量保证机制的作用,通过对高校内部的质量保证的审计,大大地降低了外部审核的负担,改变了只通过外部审核来保证社会利益相关者的传统做法,有效地实现了内外部质量保证的平衡。

3. 满足高校及其"顾客"(指学生、家长及其他与高校利益相关的社会人士)的需求

QAA 一方面要了解学生、社会相关人士对高等教育的需求,为他们提供高等教育的质量信息,向他们保证高等教育的服务质量;另一方面要兼顾高校自身发展的需要,帮助高校提高教育质量,建立良好的社会声誉,督促和激励高校的发展。QAA 在这两者间达成一种和谐,促进了整个高等教育体系的可持续发展。

4. 符合政府政策规定,调控高等教育整体发展

英国政府一般并不直接干预高校的管理与发展,总是通过一些非政府性的中介组织去贯彻和执行其政策精神,实现政府对高等教育的宏观调控功能。QAA 作为一种中介性组织,它的政策规定必须符合政府的政策精神,在对学生、家长及其他人士负责的同时,也贯彻了政府方针、政策,协调了高等教育的整体发展,促进了政府、高校和社会之间的利益均衡。

英国当前的质量保证体系也并非完美无缺,仍有些问题。比如,如何保证质量标准的可比性一直是各界争论和研究的热点。由于只有通过有效的比较标准才能区分出高校质量的高低,而实际上由于各高校的背景不同,在有些地方上很难找到一个非常有效的可比标准,这就使 QAA 质量评价工作的真实性和公平性打了折扣。再如,利用统一的质量标准来评价高校的质量,不利于高校的自主发展。高校往往结合自己的实际,形成各自的办学特色,而统一的标准在某种程度上约束了高校的"个性",不利于教育创新与自主发展。目前,英国的一些教育专家已深刻地认识到这些问题,并正在这方面做深入的研究和探索,努力使其高等教育质量保证体系走向更加完善和科学。

参考文献:

[1] Diana Green. What is Quality in Higher Education[A]. The Society for Research into Higher Education[M]. 1994:3—21.

[2][11] Roger Brown. The New UK Quality Framework[J]. Higher Education Quarterly,54(4):323—325.

〔3〕 What's our mission? 〔EB/OL〕http：//www. qaa. uk. ac/about QAA. htm♯mission. 〔2001—12—01〕

〔4〕〔7〕 How does it work? 〔EB/OL〕http：//www. qaa. uk. ac/about QAA. htm♯how itworks

〔5〕 John Brennan. Standards and Quality in Higher Education〔M〕. Jessica Kingsley Publishers，122—46.

〔6〕 Code of practice〔EB/OL〕. http：//www. qaa. uk. ac/public/cop/codes of practice. htm

〔8〕 Subject benchmark statements〔EB/OL〕. http：//www. qaa. uk. ac/crntwork/bench-mark/benchmarking. htm

〔9〕 National Qualifications Frameworks〔EB/OL〕. http：//www. qaa. uk. ac/crntwork/nqf/nqf. htm

〔10〕 Programme Specifications〔EB/OL〕. http：//www. qaa. uk. ac/crntwork/prospec/contents. htm

（本文发表于《比较教育研究》2002 年第 2 期。作者刘忠学，时属单位为北京师范大学国际与比较教育研究所）

二、澳大利亚高等教育质量保证机制概述

高等教育的质量问题是世界高等教育发展进程中一个倍受关注的问题。质量是任何一个迈向大众化高等教育的国家和地区所面临的首要问题。澳大利亚的高等教育在二战后得到了迅猛发展，在数量和层次上有了很大提升，在海外留学生市场上占有重要的地位。如何确保高等教育的质量，增强高等教育的国际竞争力是澳大利亚政府近年来一直思考并致力于解决的一个问题。澳大利亚政府在这方面做了许多卓有成效的工作，对原有的质量保证机制做了一些改革，以适应高等教育的大众化和全球化的挑战。

（一）原有的高等教育质量保证机制

根据 1901 年生效的澳大利亚联邦宪法，教育由各州负责，大学享有自治权。高等教育机构分为两大类：一类是具有自我认可权的大学（self-accrediting universities），这类大学是在联邦、州和地区立法下建立起来的，它在建立之初要得到州和地区认可机构的认可，在获得认可之后它有权自我认可所设课程，有权进行学位授予。这类大学的办学经费主要由联邦提供，但也从全国性的研究组织和工商业、企业获得科研资助。另一类是无自主审核权的院校（non self-accrediting institutions），这类院校虽然得到了政府的允许建立，但所设课程必须接受外部机构的认可。另外，近年来出现了大量的私立大学和海外高等教育机构，它们的课程也必须得到有关机构的认可。20 世纪 80 年代中期以来，高等教育的质量越来越引起世界各国政府的重视，"质量"一直是联合国教科文组织有关高等教育发展的三个核心理念之一。[1]澳大利亚的高等教育在迅

速变幻的国内国际环境下,也面临着质量的保证与提高问题。长期以来,澳大利亚高等教育的质量保证形成了由外部保证和内部保证相结合的质量保证机制。

外部保证主要是由认可和质量保证检查组成。在澳大利亚,公私立大学的建立必须通过立法和有关规章规定,必须通过认可来获得自治大学的地位。认可是一个评价过程,它考察一所高等院校或课程是否达到了一定的标准与要求,被认可的大学有权决定自己的课程和学术项目,有权授予学位。认可可以由州和地区政府注册机构或专业组织进行,也可以由州和地方政府设立或授权认可机构,负责接受大学的认可申请。各认可机构严格建立认可标准,认真组织各大学的专家和学者对标准进行评议,努力与国际及国内的标准保持一致,以保证认可标准的通用性。无自主审核权的院校的建立也要参照自我认可大学设立的标准。质量保证检查是用来监控大学的运作,确保大学具有一个合理有效的自我审查和评价机制的一系列管理与评价过程。如果说认可是对大学运作成效的静态评价,那么质量保证检查就是对大学运作成效的动态评价。认可主要面对的是新大学和新课程,质量保证检查面对的是所有大学的教学、科研和服务等各个方面。除此之外,还有一些外部的质量保证组织,如澳大利亚大学学历资格评定框架署(Australian Qualification Framework),负责大学和学科的注册并公布职业教育和高等教育学位授予的标准;一些大学对高级学位和荣誉学位采取外部评审的方式;某些专业课程的设置必须由专业组织来认可,如医学、法律、会计、工程、建筑等;在分配研究基金时,采取同行评价的方式以确定基金的分配。澳大利亚副校长委员会多年来经常组织一些学科认可和采取一些措施以帮助其成员解决质量问题。联邦政府对高等教育进行宏观管理和监控,如要求所有参与"三年财政计划"的大学必须提交一份质量保证和提高计划,在计划中必须详细制定出教学、科研、社区服务、管理等领域所要达到的目标和拟采取的措施,以及成果的详细考察指标。澳大利亚高等教育委员会仔细审核该计划,并有权决定政府对每所大学的资助幅度。联邦政府每年还组织两个全国性的调查:大学生对教学满意度调查和大学毕业生的就业情况调查。这两个调查结果公开发布,以便让公众了解大学的质量。[2]

大学的内部保证机制主要由大学内部的学术委员会和管理委员会负责。

具体要求有:大学内部要有对新课程和研究项目的评价和定期审查;要有对各系、院、所和研究中心的审查;有学生对教学的评估;高级学位论文和荣誉学位论文要有校外督察员审查;要对毕业生和雇主进行调查,以了解毕业生的满意率及毕业生在应聘时是否达到了所需要的知识技能以及毕业生在工作中的适应性。大学在管理和资金分配上要有考察指标,要有改进教学的计划及对教学优异者的特殊奖励。

80 年代中期以来,澳大利亚形成的高等教育质量保证体系可以分为宏观的体制层面和微观的院校层面。从前者看主要措施有如下几个:1993 年澳政府成立了由澳大利亚大学校长委员会原主席、昆士兰大学校长布赖恩·威尔逊(Brian Wilson)教授领导的"高等教育质量保证委员会"(Committee for Quality Assurance in Higher Education),开始了为期 3 年的大学质量评估工作。1995 年成立了澳大利亚大学学历资格评定框架署,负责对高等教育系统各类院校进行资格授予。1998 年,联邦政府决定把质量提高与资金分配挂钩,要求从本年度起每个大学都要提交质量保证与提高计划,并由教育部公布。[3]

(二) 原有质量保证机制存在的问题及改革的动因

实际上,澳大利亚高等教育质量保证体系以自治大学的内部质量管理为主,辅以州和地区以及一些外部专业组织的评估与认可,这种质量保证机制严格说来是一种"自我认可"(self-accrediting)。这种体系有其优势,如费用低廉;可以避免政府干预大学事务;大学可以根据自身条件确定目标和管理方式,保持自身特色;一些外部管理机构的介入既保证了教育质量,又体现了社会各界对高等教育质量管理的参与等。但这种体系也暴露出不可忽视的弊端:由于办学质量的监控基本上属于各个院校的内部事务,各个大学自行其是;州与州之间的标准不一,标准落后于大学的发展;整个机制缺乏公开性与监督;缺乏一套系统的、统一的现代质量保证标准,不适应新的国际国内环境的变化需要和高等教育自身发展的要求。事实上,政府部门和社会对于大学的办学质量无从过问,大学的办学状况处在失控的状态。近年来,澳大利亚的高等教育发展出现了一些新的特征,这些特征要求质量保证机制作出相应调整,以适应发展的需要。这些特征主要表现在以下几个方面:

第一,近年来,与世界许多国家一样,澳大利亚的高等教育也经历了迅猛的发展,许多学院升格为大学。大学适龄青年接受高等教育的比率已经达到45％。[4]大学规模扩充过快,由于学业标准的降低,大学考试的及格率过高,大学的教学质量受到严重影响。大学课堂的讲座学生人数达数百人,辅导课学生也有50人以上。本科教学,尤其是低年级的本科教学,授课人员要么是临时聘用的,要么是由研究生担任。原先这样的教学主要由教授或高级教学人员担任。随着高等教育大众化的到来,规模的扩张对质量产生了威胁和挑战,如何确保质量成为了政府高度关注的课题。

第二,随着社会的不断发展,特别是信息技术的迅猛发展,高等教育的形式日趋多样化,远程高等教育、网络教学和海外办学等发展迅速。这也带动了教学组织形式、课程、教学方法和管理的多样化。澳政府意识到必须加强高等教育的质量监控,使得各种非传统高等教育的质量处在与传统大学大致同等的水平。各种类型大学的出现促使高等教育的质量保证和认可制度进一步趋向标准化和国际化。

第三,澳大利亚是一个十分重视教育产业,以教育作为国际贸易重要领域的国家,保持高水准的高等教育显得尤为重要。伴随着高等教育国际化的到来,西方发达国家的高等教育为了争夺海外留学生市场,纷纷建立了统一的国内质量保证体系,有些还加入了国际通用的质量体系。澳大利亚显然在这方面已落后于其它主要国家。澳大利亚的一项调查报告指出,在国际留学生市场上,"若能与美、英有效地竞争是非常重要的。国际学生都视美、英大学为惟一值得进修学位的地方,澳应努力使其改变这一观点"。在国内,最近几十年,社会各界和公众要求高等教育质量公开和采取绩效制的呼声也越来越高,纳税人和教育投资者有权了解所受教育的质量。

鉴于以上原因,澳大利亚政府于1999年10月18日通过了在联邦资助的大学中建立新的质量保证机制的议案,并于2000年3月成立了澳大利亚大学质量管理机构——大学质量保证署(Australian Universities Quality Agency),与州和地区及大学协商共同开展质量保证工作。[5]至此,澳大利亚高等教育新的质量保证机制的轮廓已经形成。

（三）新的质量保证机制及其运作

　　新质量保证机制仍然采取内部保证和外部保证相结合的方式，它并不取代原有的质量保证体系，而是试图在保持大学多样化的同时，实现更大的标准化和统一化。质量保证机制的建立遵循一些原则，主要包括以下几方面：如坚持院校的多样性，保持学校特色；检查要有公开性、可信性和高效率，要有利于促进和提高质量，有利于好的经验的传播；要有内外监督；要减少指令性和官僚性做法，减少开支；外部质量保证是内部质量保证的补充，不能干涉或替代内部质量保证；检查不仅仅评价大学已取得的成就，更要评价它所确定的目标与取得的成就是否一致，检查的最终目的是帮助大学达到它确定的目标，促进大学质量的提高；要和有关部门充分协商（如专业学术团体、澳大利亚副校长委员会、海外教育认可委员会等）。[6]联邦政府、州与地方政府、大学、大学质量保证署、澳大利亚大学学历资格评定框架署五方组成一个质量保证机制，各方职能明确，既分工又合作。[7]联邦政府负责向大学提供资金，公开大学调查报告，以此促进大学的质量。大学要向联邦政府提供质量保证计划和研究计划。州和地方政府根据有关规定负责所属大学的资格认定。大学负责自身的内部管理和质量保证。大学质量保证署负责开展外部质量检查，并提供最终检查报告。澳大利亚大学学历资格评定框架署负责大学的注册和学位颁发。

　　大学质量保证署是一个独立的、非营利性的机构。它由澳大利亚就业、教育、培训与青年事务部倡议建立，它在董事会的领导下，独立于政府开展工作。它既要与政府和高校保持一定的距离，又要协调好与两者之间的关系。大学根据自愿的原则成为其会员，质量保证署负责对会员院校开展外部检查，并公布检查结果。它的常务委员会由 12 人构成，5 人来自大学（自我认可的或无自主审核权的），6 人来自政府（联邦政府、州和地方政府），还有 1 人是常务理事。在进行具体检查时，委员会可聘请专业人员和管理人员组成检查小组，负责对特定领域进行检查。检查小组由熟悉大学事务的专家组成，他们在检查前要接受一定的培训，要熟悉所检查学校的各方面情况和检查的程序、重点与注意事项。委员任期 4 年。质量保证署的经费来自联邦政府、州和地方政府及接受检查的院校，院校按规模交纳。经费用于委员会的行政开支、雇员的工资和质量小组成员访问院校的旅行及食宿费用。

质量保证最主要的目的有三个：一是建立统一规范的质量标准，保证院校或学术项目的质量；二是通过检查机制促进院校或学术项目的改进和提高；三是联邦政府根据质量报告决定其财政分配的份额。质量保证的功能可分为三个方面：① 就公众方面来说，即，a. 保证对院校和学术项目有一种外部评估，证明它们是否实现了公众对高等教育的期望；b. 确认一所院校是否自愿地采取了旨在提高其质量的明确的活动，并表明这样的活动是否成功。② 对学生而言，即，a. 确保一所院校或项目是令人满意的，从而能够满足学生的需要；b. 由于参加质量保证体系的院校学分可以互换，所以这些院校的学生可以允许申请高级学位，其学分也可以转到被接收院校。③ 对院校而言，即，a. 质量保证是对院校进行自我评估和自我提高的一种激励；b. 通过质量保证署的检查和咨询，可以强化院校或学术项目的自我评价；c. 由于检查的标准是高等院校普遍接受并得到公众认可的，所以可以提高被检查学校或学术项目的声誉。

质量保证检查标准的制定及实施有以下几个要求：① 质量保证署要与教育机构一起协商建立标准；② 标准与检查过程要适应不断变化的国际形势；③ 应有利于标准的不断改进与提高；④ 质量保证检查的标准应该是一个基础性的标准。它的内容应覆盖大学的所有学术和科研领域，包括课程设置、教学实施、教师资格、科研、学术咨询、决策机制，大学的服务部门与后勤设置。

为了全面说明质量保证检查的具体实施标准，现以对澳大利亚格林尼治大学的质量保证检查标准为实例，加以说明。[8]

1. 大学的认可标准

(1) 由法律授权，实施高等教育课程，并保证这些课程符合澳大利亚国内及国际标准。

(2) 有利于学生学习高深知识和探寻未知领域。

(3) 具有学术探讨和学术自由的良好风气，鼓励学生参与基本的教学活动和创造性的学科前沿领域活动。

(4) 教师、研究人员、课程设计者和评价人员都有责任促进学术自由与发展。

(5) 管理、实施规则、组织机构、行政、财政运作及质量保证过程都必须以大学所追求的价值与目标为基准。

虽然不同大学之间在具体组织机构、管理过程及方法上有很大不同,但是它们必须确保达到自己的目标。

2. 其它有关教学、科研、管理等方面的具体标准

(1)质量方面:具有质量控制(质量保证)机制,有达到具体目标的措施,有评定成绩的资料汇总(定性和定量相结合),有一定的记录,并能实施与教学、对学生的支持、管理等内容相关的活动;具有合格的教师;有对课程的质量保证备案,如学生的反馈材料及内外检查小组的评定,以便改进课程;学生学习成就(包括就业率、学生对教学的满意率);学生学习的质量水平应保证与澳大利亚同等水平的大学保持一致。

(2)学术研究的地位:学术研究的地位应在大学的目标中加以阐明,这是认可大学的一个必要条件;教师应在学历资格、教学经验和科研成就上都具有必须的资格标准。

(3)教学方面和对学生的支持:要检查教学内容和教学方法,学生能否通过大学接触知识与信息,学生能否在大学提供的有利条件下提高学习效率;要有建立在质量保证机制上的学术委员会,该委员会在评价课程和决定学术政策上发挥重要的作用。这些政策包括学生进步的评价政策、课程的实施授予权、课程的检查与控制权。课程要符合国家与国际标准;大学应有一定的基础设施和资源,以确保能够达到标准及提高教学质量;大学要向学生公开其政策、管理规程和计划;要向学生提供充足的服务,如通讯和信息技术设备,以确保学生完成课程。

(4)法律和财政方面:大学必须遵守有关的联邦和州立法,如反对歧视、主张机会平等和职业健康与安全;大学必须具有产业经营活力,必须向检查小组出具详细的经营计划、预算和其它财政资料;必须有财政检查机制;大学必须能够表明其具有财力,能够达到所确定的目标,能够保证教育的质量。

(5)管理方面:管理机制必须能够使大学完成其学术自治,独立探索和自我管理的使命;必须有一个合理的管理机构(如大学委员会),有明确的法律职责,有权建立、检查和实施基本政策以实现大学的使命。管理机构必须和行政机构及所有权分离,以便赢得公众信任。

(6) 其它方面:大学如关闭,学生已付的学费必须有保障。

质量保证检查的重点体现在以下几个方面:① 检查大学的质量保证和提高计划与大学本身的特点和使命是否相符;② 检查大学自身评价课程与学术组织的机制是否严格,考核指标是否与计划相符;③ 检查大学在国内和海外办学中,在监控学习产出与学科基准上的有效性;④ 检查大学是否有效地把学习产出和学科标准呈现给学校参与者。

质量保证检查的程序有如下步骤:① 自我检查。学校依据上述既定标准,进行深入的自我评估,陈述自身如何保证质量,评估其自身的绩效;② 外部检查。在研究该大学自评报告的基础上,由质量保证署组成一个小组,访问该大学,以决定其是否达到了既定的标准;③ 分析统计资料,应用检查标准衡量大学业绩,调查在校生、毕业生、雇主、专业团体的意见,公布初步报告,要给予该大学校长阐述自己意见的机会;④ 质量保证署对该大学的自评报告、实地考察报告及该大学对此报告的反馈意见进行研究,在此基础上公布最后报告;⑤ 接受检查的大学根据自评和检查团的建议,进一步研究自身的工作,采取改进的行动;⑥ 对检查结果严重不合格的学校,联邦政府将停止其财政拨款,甚至取消其认可资格,建议其改进并接受进一步的检查;⑦ 质量检查每 5 年进行一次。

(四) 新质量保证机制的特点

1. 质量保证机制内外结合,质量保证机构由分散走向统一

良好的高等教育质量需要院校内部与外部共同努力才能实现。学校自己来保证质量是应该的,但是这种单一的质量保证不足以全面履行社会责任。因此,教育的质量仅有"内部保证"是"缺少保证"的,必须有外部力量的参与,将外部保证与内部保证结合起来,才能取得成效。新质量保证机制坚持外部保证与内部保证有机结合,因而得到方方面面的认可。当前,世界各国对高等教育的质量认可与评估的机构出现了两种趋向:以国家政府机构为主导的认可与评估模式趋向于把权利下放到地方与民间专业组织,而以地方中介组织为主导的分权化的认可评估模式趋向于加强中央控制。总的趋势是两种模式的融合。澳大利亚是以地方分权管理教育的国家,由于激烈的国际竞争和高等教育规模的

不断扩大,政府目前正通过质量保证署与拨款机制加强对大学的控制,以提高高等教育的质量,增强高等教育的活力。

2. 质量保证机制试图与本国国情相适应

澳大利亚在建立新体系时特别强调要适合本国国情,必须考虑联邦体制的特点和本国的历史传统与大学的特色,不能盲目模仿其它国家的模式。澳大利亚高等教育虽然深受英国模式的影响,但它并没有照搬英国的国家主导的评价评估模式,它认为这种模式耗资巨大,而且过分干涉大学的管理。而美国的以非政府的民间组织为主的评价评估模式过于分散,过多引入了企业管理规则,忽略了大学管理的学术特色。欧洲国家的大学与地方联系过于紧密,削弱了政府的管理力度。澳大利亚的新模式既由政府倡导和组织,又脱离政府单独行使职权,而且强调政府只是提供一个质量保证的框架,现存的联邦和州及地方认可与管理机制应继续得到巩固和加强。要使大学的自治得到保障,必须把质量管理的职责赋予大学,把外部检查和内部保证相协调。

3. 注重质量保证的标准性与保持大学的特色相融合

"标准"与"特色"似乎是一对矛盾的概念,如何做到两者的融合是澳大利亚高等教育质量保证机制所要面临的一个难题。素有州与地方管理教育传统的澳大利亚,在建立统一的质量保证机制时,仍然特别注重大学的特色。质量保证标准只是一个基础性的标准,它构建了一个标准的框架体系,在标准的实施中,它不否定大学的特色,相反它鼓励大学的特色,质量检查的重点是看大学是否达到了它自己确定的目标,以及这些目标的可行性与前瞻性。另外,整个质量保证活动都是按章办事,目标明确,措施得力,较好地避免了工作的盲目性、随意性。对于违章行为或违章行为引起的后果,被检查学校具有要求听证或对簿公堂的权利,这从一方面制约了评估组织的行为,对其活动的质量提出了更高的要求。

4. 质量保证检查由重视投入和过程到重视结果

质量保证检查的内容主要覆盖教育资源、教育过程和教育结果三个方面。传统的检查比较重视教育资源和教育过程,并且有了一套比较完整的评估方法。20 世纪 90 年代中期以来,评估转向偏重结果,但也不忽视资源和过程。瑞典的胡森教授认为"高等教育质量的高低,就是指高等教育活动所产生的结果(或效果)达到既定目标的程度,或者说满足社会及受教育者需求的程度。"[9]这一重点的转变从统一认识到落实方法需要较长时间的努力。一般来说,其做法是:要求被评大学或专业制定明确的教育目标,拟订达到这一目标的途径和方法;以充分的材料证明已达到的教育结果;提出下一轮改进和提高教育质量的措施。

5. 质量保证检查从性质上来讲是一种自愿的活动

质量保证是一个庞大的体系,既有地区性评估,也有全国性评估,既有高校自律组织的评估,也有政府和社会的外部评估。但不管是哪一类评估,其目的都是为了促进发展,都以充分尊重学校的意愿为前提。从指导思想上来看,不再把"评估"作为一次性通过的活动,而是不断修改评估标准,对学校进行定期检查。检查并不介入学校的管理和运作,它是依据一系列的标准和准则,对高校的质量和效益所做的判断,承认并尊重院校的自主性和多样性。质量保证检查的权威性、客观性与公正性是强烈吸引大学参与其中的重要因素。另外,激烈的竞争与公众压力也是大学参与质量检查的主要因素。学校接受质量保证检查,使其在接受联邦拨款上具有优先权,而且可以提高学校声誉,因此,学校都积极主动参与这一活动。与强制性的政府行为的检查相比,自愿的行为是一种自发的积极的行为,更容易产生全面质量的真正提升。

参考文献:

[1] UNESCO. 21 世纪的高等教育,展望和行动世界宣言[N].

[2] Quality of Australian Higher Education. Institutional Quality Assurance and Improvement Plans for the2000—2002 Triennium. Department of Education, Training and Youth Affairs, Higher Education Divis ion. www. aqf. edu. au

[3][4][5][8] Quality Assurance and Accreditation in Australian Higher Education. Commonwealth of Australia 2000,ISBN 0 642 45593 7(Internet copy). 13,20,48,63. www. auselii. edu. au/au/legis/cth/consol-act/esfosopafral1991. 909.

[6] Repositioning Quality Assurance and Accreditation in Australian

Higher Education. Grant Harman, Vlynn Meek, Center for Higher Education Management and Policy, University of New England 00/2, May2000, p11. www. detya. gov. au

[7] The Australian Higher Education Quality Assurance Framework, Higher Education Division Department ofEducation, Training and Youth Affairs, 00/G, Occasional Paper Series, p4. www. detya. gov. au/highered/mceetya-cop. htm

[9] [瑞典]托斯坦·胡森. 论教育质量[J]. 华东师范大学学报(教育科学版),1987(3).

（本文发表于《比较教育研究》2002 年第 3 期。作者侯威、许朋,时属单位为福建师范大学教育科学与技术学院）

三、美国高等教育认证制度的特点分析

高等教育认证制度是一种以自我评估和同行评估为基础的质量保障机制，同时也是美国高校自我管理的重要手段之一。认证制度与政府的法律干预及市场竞争一起成为影响和决定美国高等教育的三大要素。[1]通过认证制度，外界环境了解高等教育的质量，而高等教育系统自身则通过认证制度来维持其最基本的质量标准，反映外部环境对高等教育的质量要求，从而减少外界环境对高等教育内部管理的过多干涉。

认证制度在美国有 150 多年的历史。1885 年，第一个对教育质量进行管理的民间组织—新英格兰地区学院与中学联合会建立。1901 年，美国整骨协会对于相关院校进行评估，这堪称美国认证制度的真正开端。1910 年，中北部大学与中学协会进行了全国首次真正意义上的院校认证。[2]后来，随着高等教育的发展，认证的职能有所增加，一些特殊的学科和职业，如法律、工程学等也进行认证，以避免行业敲诈、欺骗行为，维持本行业的职业道德标准。认证制度作为美国高等教育的一大特色，在其过程操作、机构管理等方面有着许多独到之处。

（一）自愿与强迫相济

在美国，高校的注册办学与认证是两个分开的过程。个人或集体获准注册办学并不等于通过了认证。[3]认证机构标榜认证是自愿的民间行为。一些学者认为，寻求认证完全是高校的自愿行为而非教育行政主管部门的行政命令。但事实上，处于政府、社会和市场之间的高校不得不寻求认证，因此高校参加认证具有实质上的强制性。

415

首先，二战后，伴随着《退伍军人法》的实施，认证机构又承担了一项重任——决定高校是否具有获得联邦资助的资格。高校获得联邦政府的学生资助、科研基金或其他项目资助的先决条件就是要通过经认可的认证机构的认证。每年大约有600亿美元的联邦学生资助和和其它联邦款项以及几十亿美元的州政府资金的去向要靠这些认证机构来决定，因为这些资金只拨给那些通过认证机构认证的高等院校而不拨给那些未通过者。[4]其次，高校要获得社会的承认，在竞争日益激烈的学生市场获得足够的生源，使自己的毕业生为雇主所接受，聘请到优秀杰出的教职员，拓宽自筹资金的来源，也需要获得认证资格。获得认证资格也就意味着获得了学术界的承认，在高等教育界取得了一席之地。最重要的是，从法律意义上讲，认证也具有强制性。《1998年高等教育法修正案》总则的第一部分规定，高等教育机构必须通过全国认可的认证机构或组织的认证，或者未通过这样的认证但已获得教育部长认可（即教育部长确信由该组织或机构颁发准认证资格的学校在未来一段时间内会达到该机构或组织的认证标准）的机构或组织颁发的准认证资格。[5]从这一角度讲，高校要成为法律意义上的高等教育机构，就必须寻求认证。由此可见，美国高等教育认证并非完全是自愿的，也具有强制性，特别是在二战后，其强制性增强。

（二）独立与制约相倚

美国高校的认证无论是对政府还是社会各界都有很大影响。政府对于高校的资助，社会团体和个人对学校的投资，雇主们选择雇员，学生和家长们择校，都要考虑学校是否通过了认证。所以认证的结果受到政府、社会团体和个人投资者、雇主、学生和家长的热切关注。然而，美国高校的认证不受以上任何一种力量的左右，认证是由一些民间的非营利机构具体操作的。这些认证机构既不从属于某些社会团体或个人，也不受控于某些高校，更不隶属于某个政府部门。它们只是作为一种社会中介机构，为高校提供认证服务。认证机构的独立性还表现在其经费的独立上。认证机构的经费来自接受认证服务的院校，包括初次参加认证交纳的评估费、认证机构会员每年交纳的会员费，除此以外，现场评估人员的食宿、交通费用等也由院校来承担。由此可见，认证机构与其认证对象之间并非行政上的上下级关系，而是一种服务者与服务对象间的相对独立关系。认证机构不会插手院校的日常管理,也不会让院校干涉其认证活动。认证机构的独立性是确保认证活动客观公正的重要前提。认证机构对于以上任何一方的屈从,都会增加认证过程中弄虚作假的欺骗行为,从而影响认证的质量。

认证机构在独立的同时,并非可以一手遮天,为所欲为。它们对大学、院校和专业进行认证,要对公众和政府负责,所以认证机构内部要进行常规性的组织自评,同时也要接受其他组织定期的外部评估,也就是认可组织的认可。认可组织对认证机构的认可就是对认证机构进行制约、协调和管理。目前美国负责认证机构认可的组织有两种:民间性质的"美国高等教育认证委员会(the Council of Higher Education Accreditation,CHEA)"和政府性质的美国教育部(the United States Department of Education,USDE)-美国高等教育认证是完全的非政府行为,但认证机构的认可却不一定。CHEA 是私立的非政府组织,它的认可标准重点强调学术质量的保障和提高,要求认证机构重视学术质量的提高,责任心强,鼓励有目的的变革和改进,在判定认证结果和以后的评估中保持公正。CHEA 对已获得认可的认证机构每 10 年要进行一次复评,以决定是继续认可它还是取消它的资格。另外,在第 5 年时,认证机构还要提供一份中期报告。CHEA 认可的过程也包括自评和实地考察。而 USDE 是政府部门,它的认可标准强调院校或专业是否有资格获得联邦资金、学生助学金和其他联邦项目资金,这些标准要求认证机构在以下具体方面保持一定的标准:学生成绩、课程、教师、设施(配备和供应)、财政和行政能力、学生服务、招生、学位目标和学位标准等。USDE 对认证机构的认可评估每 5 年进行一次。评估主要是通过与认证机构的交流进行的,认证机构要提供书面报告,USDE 也会派人去实地考察,而后 USDE 向"全国院校质量与整合顾问委员会"(The National Advisory Committee On Institutional Quality and Integrity,NACIQI)作推荐,由 NACIQI 决定是否认可该认证机构,最后 NACIQI 再向教育部长报告决定的结果。对于认证机构来讲,它要确定认证机构的学术合法性,巩固其机构和他所认证的院校及专业在全国高等教育领域中的地位,就要寻求 CHEA 的认可。如果认证机构要使它所认证的院校或专业有资格获取联邦资金和学生资助,它就要取得 USDE 的认可。认证机构可以同时获得 CHEA 和 USDE 的认可。

（三）科学性与民主性兼顾

美国高等教育认证体现了严格的科学性。这主要表现为：第一，在认证过程中，自我评估与同行评估相结合，书面评估与实地评估相结合。认证过程具体包括自评、同行评估（他评）、实地评估、判定和复评。自评是院校根据认证机构的标准进行自我评估并形成书面的自评报告。自评一方面可以使院校通过严格的自我分析达到自我改进的目的，同时也为同行评估提供了基本材料。同行评估由于是建立在同行领域共同认可的价值和技能标准上，所以具有合法性权威。[6] 在认证过程中，审阅自评报告和进行实地考察的评估小组以及决定评估结果的评估委员会的成员大多是从事高等教育工作的专家。这些专家不但有专深的知识、还有丰富的经验，对于高校的各个部门、各个工作环节都非常内行。自我评估与同行评估的结合不但充分发挥了院校在认证过程中的主动性，而且也体现了同行领域学术的权威性。这种内外结合的评估模式非常有助于客观认识认证对象，发挥外因作用，通过内因提高其教育质量。书面评估主要是指认证机构的专门委员会对于自评报告的审定。在此基础上，专门委员会根据院校的性质，成立实地评估小组。实地评估小组一般在所认证的院校停留三天左右。在这期间，实地评估小组要与院校主要的行政人员、教师和学生代表、董事会成员会面，对院校进行全面评估，并将评估结果通报院校的主要行政人员，然后形成最后的评估报告及向专门委员会推荐。书面评估与实地评估相结合既能有效地避免评估中弄虚作假的现象，又加强了评估者与被评估者之间的沟通与了解，从而真正达到促进质量提高的认证目的。

第二，在认证过程中，从认证标准的制定，到技术手段的选择，到评估程序的具体操作，认证结果的判定，都有着确凿的科学依据和严格的科学论证以认证标准为例，各认证机构都有专门人员对认证标准的有效性进行研究，定期修改，从而确保认证标准能有效地衡量院校质量。这种研究要进行广泛的调查，调查要覆盖使用认证标准的各种类型的高等院校。调查的对象除了认证活动的直接相关者，如有关认证委员会成员、具体评估人员、院校主要行政负责人、院校自评的参与者等以外，还有包括认证活动的间接相表者，如幼儿园、中小学的教育管理者,因为他们雇用认证院校毕业生作教师和职员,另外还有认证机构中的公众代表、联邦政府、州政府的官员、教育组织和教育基金会人员等。在认证程序的具体操作中,最值得一提的是:认证并非"一次定终身",一旦通过认证便可以一劳永逸,高枕无忧。认证程序是循环进行的,周期一般为5～10年。通过认证后,每隔一个周期,都要进行一次复评,复评不用申请,但仍包括自评、实地考察、同行评估等基本程序。认证程序的周期括在很大程度上,可以避免高校在认证后逐渐松懈、名不符实的倾向,使其不断进取以维持与所获得的认证资格相一致的水平。由于认证机构是专业性的服务机构,同时认证机构也要接受认可,所以,认证机构对于认证的科学性非常重视,积极致力于认证理论研究和实践总结。

美国的高等教育认证过程在体现科学性的同时,也受到美国分权政治的影响,表现出民主性的特点:

第一,认证职能分散。美国的认证机构有三种:一是地区性认证机构。美国现有由6个地区性认证机构,主要负责公立、私立大学,营利、非营利性大学,两年和四年制大学的综合评估、认证。二是全国性认证机构。这类机构主要是对单一目的的院校进行认证,比如远程大学、私立职业学校、宗教学校等。三是专业(或职业)认证机构。这主要是对特定的专业或学院,如法学院、医学院、工程学院等进行认证的。认证职能的分散既可以避免职能集中可能带来腐败,也有利于认证的专业化和科学化,当然,这同时也增加了高等院校的负担。

第二,社会公众参与认证过程。认证评估小组的成员除了高等教育专家外,还有关心高等教育的公众代表。至于什么人可以做公众代表,《联邦管理条例》的第34款第602部分——《教育部长对认证机构的认可》有着严格的规定:"公众代表必须①不是已申请或正在取得认证(或准认证)资格高校(或专业)的雇员、董事、股东或顾问;②不是与该认证机构有任何联系的贸易组织或其他各种组织的成员;③不是①或②中所涉及到的人员的配偶、父母或子女。"并且"公众代表至少要占认证机构裁决委员会的七分之一。"[7]由以上的规定可以看出:公众代表为中立身份,他们与参加认证过程的高校和认证机构都没有任何利益关系,他们代表了社会公众代表参与认证,增加了认证过程的透明度,加强了高等教育与社会的联系,使高等教育能及时听到社会的声音,了解社会的动态,从而满足社会的千变万化的需求,同时也充分发挥了民主,让全社会都来关注、监督、保障高等教育的质量和发展。

另外,按照有关联邦法规的要求,在认证过程中,认证机构必须接受一般社会人士对于所认证院校或其中个别专业质量的评判,这个评判必须要有确凿的事实依据,而且不涉及个人与院校的各种争端。这个书面评判会由认证机构转交给有关院校,有关院校必须在规定的时间内作出答复。对于有关院校违反认证标准的指控,认证机构非常重视,一般首先送交有关院校自省改正,若院校予以否定,就要成立由至少两名认证委员会成员组成的专门小组进行审查,并向认证委员会提出解决方案。

(四) 自治与责任并重

认证制度就是高等教育行使自治权,进行内部调节,自我管理的一种形式,同时也是避免各级政府过多干预的一种手段。它集中体现了同一事物的两个不同侧面—自治(Autonomy)和责任(Accountability)。其实,认证组织颇有些行会的性质,一方面建立和维持高等教育自身的质量标准,满足政府和公众的问责;另一方面成为政府—公共资源的提供者和社会—公共资源的消费者与高等院校间的协调机构,避免外界包括政府的过多干涉。

美国六大区域性高等教育认证机构最初都是由各个区域的高等院校联合建立的,其认证标准也是由各高校协商制定的,通过其标准就成为该认证机构的成员,作为认证机构成员的高校有义务按照认证标准不断地提高教育质量并接受认证组织的周期性再评。受权力相互制约的政治理念的影响,各种认证机构也必定需要制约、协调和管理,目前执行这一职能的是"高等教育认证委员会(CHEA)"。CHEA 的前任——"中学后教育认证委员会(COPA)"由于对内管理的无能和对外交涉的不力,受到高等教育界的重责,终于在 1993 年自动解散。导致这一结果的直接原因是 1992 年在对 1965 年高等教育法修正过程中,国会由于高校学生贷款拖欠率过高而对传统的认证制度的作用产生了怀疑,于是批准在各州建立"州中学后教育评估机构(State Postsecondary Review Entities,SPREs)",来处理令人头疼的学生贷款拖欠率问题。国会这一举措引起了高等教育界极大的恐慌。[8] 国会的意思很清楚,如果高等教育不能有效处理自身事务,政府就要插手管理。为了维护自治权,一些大学校长和理事倡议并通过大学投票表决,于 1996 年建立了 CHEA。CHEA 是一个民间、非营利的全国性组织,代表着美国 3 000 多所高校、60 多个全国性、地区性和专业性认证组织。CHEA 作为全美认证和质量保证重要代表,上要对国会和教育部负责,下要对公众各界人士包括学生和家长负责。它一方面要处理认证和质量保证的事务,包括对认证机构的认可,提供全国性论坛等;另一方面要代表高校协调与政府的关系,参与制定有关法律和规则的制定。1998 年 6 月,教育部为实施《1998 年高等教育法修订案》,重新修改联邦政府关于认证的规定,CHEA 不仅参与了与政府的协商、修订工作,还准备了详尽的备忘录及材料,为增强政府对传统认证制度的认识和信心,维护认证的独立性,减少政府对认证的控制做出了重要贡献。由此可见,认证制度在高等教育和外界环境(包括政府和社会)之间起着不容忽视的作用。它必须将自治与责任很好地集于一身,以达到保证高等教育质量的目的。

美国的认证制度尽管有许多独特之处,成为维持美国高等教育高水平发展的重要因素之一,但它并非是完美无缺的,也存在着许多问题。一种极端的意见认为,认证过程本身就是不合理的,将是否通过认证作为衡量高等教育质量的标志也是不科学的,因为认证机构在对高等院校进行认证时,总是以院校自己制定的目标任务和自己的定义解释为根据,确定它是否达到自己制定的目标,完成自己规定的任务。[9]这种内在的不合理性根本无法有效地保证高等教育的质量。还有学者认为:认证是高等教育内部的一种机制,同行评估,有包庇之嫌,几乎所有的院校都能获得认证,不可能存在认证被拒绝的现象,这样认证就去了其存在的意义。另外,还有人抱怨认证名目众多,过程繁杂,周期冗长,对于高等院校来讲是一项耗时费力的负担。这些批评引起了美国高等教育界的重视,对于认证制度的改革也正在进行当中,但对于认证制度在美国高等教育中所起的重要作用,社会各界包括联邦政府都给与了积极的肯定。《1998 年高等教育宪法修订案》取消了"州中学后教育评估机构(SPREs)",减少联邦政府强加于认证过程的行政负担,远程教育的评估也不再另定标准,而是套用认证的质量保证标准。[10]由此可以看出,联邦政府通过法律形式给予认证制度以强有力的支持。

　　认证制度为保证和提高美国高等教育质量作出了巨大的贡献。美国高等教育是世界上最发达的高等教育,其成就有目共睹。美国现共有 6 500 所经认可的学位颁发院校和非学位颁发院校,1 500 万学生,年授予 200 多万各级各类学位,雇佣 270 万全职和兼职教职员,年花费 2 300 多亿美元。[11]从开支比例来看,美国高校执行着全国基础研究任务总数的近 60%。[12]在国际上,美国高校中的世界名牌最多,吸引的留学生也最多,占世界留学生总数的近三分之一。美国获诺贝尔奖的人数也最多,在 1990 年～2001 年间,获得诺贝尔物理奖、化学奖、经济学奖、医学奖和生理学奖共有 102 人,而在美国受过高等教育的就有 70 人,有过在美国大学工作经历的有 70 人。[13]应该说,这些成绩的取得与美国高等教育认证制度在质量保障方面所发挥的作用是分不开的。

参考文献:

　　[1] 李延成.美国高等教育认证制度:一种高等教育管理与质量保障模式[J].高等教育研究,1999(6):97.

　　[2] Bogue,E. Grandy and Saunders,Robert L. (1992). The Evidence For Quality[M]. San Francisco:Jossey-Bass Publishers. 36—37.

　　[3] 陈秀兰.美国高校非官方特点分析与思考[J].江苏高教,1999(1):107.

　　[4] About Accreditation[EB/OL]. http://www. chea. org

　　[5] 1998Amendents to Higher Education Act of 1965Title I-General Provisions,Part A-Definations.

　　[6] Finch,Janet(1997). Power, Legitimacy and Academic Standards, in Brennan,P,de Vries and Williams (eds). Standards Quality on Higher Education. London:Jessica Kingsley.

　　[7] The Secretary's Recognition of Accrediting Agencies,The Code of Federal Regulations,Title 34,Part 602,Subpart A-General. 1999:10.

　　[8] Glidden,R. (1996). Accreditation at a Crossroads. Educational Record. Washington:American Council on Education (Special Annual Meeting

Issue).

[9] Marcus,Laurence,R. Self-Study in Higher Education:The Path to Excellence. ERICDigest 84—1.

[10] HEA98-Details of Accreditation Provisions[EB/OL]. http://www. chea. org

[11] About Accreditation[EB/OL]. http://www. chea. org

[12] 沈红. 美国研究大学形成与发展[M]. 华中理工大学出版社, 1999:191.

[13] http://www. nobleprizes. com

（本文发表于《比较教育研究》2002 年第 9 期。作者熊耕,时属单位为北京师范大学国际与比较教育研究所）

四、英国高等教育的科研评估

英国高等教育评估包括教育质量评估和科研评估:教育质量评估侧重于本科和课程型硕士学位教育;科研评估则主要用于衡量高等教育机构的科研水平及其博士和学术型硕士学位教育质量,并与英国高等教育基金会的拨款直接挂钩。关于教育质量评估,《2002 年中国教育绿皮书》中有专章介绍,[1]本文拟对英国高等教育科研评估进行评述。

科研评估(Research Assessment Exercise,简称 RAE)是由英格兰高等教育基金委员会(Higher Education Funding Council for England,简称 HEFCE)、苏格兰高等教育基金会(Scottish Higher Education Funding Council,简称 SHEFC)、威尔士高等教育基金会(Higher Education Funding Council for Wales,简称 HEFCW)和北爱尔兰教育部(Department of Education for Northern Ireland,简称 DENI)联合对全英范围内的高等教育机构进行的。在 2001RAE 中,将近 25 万个科研项目、约 5.6 万科研人员参加了评估。

(一) RAE 的宗旨及其运作

RAE 的目的在于提供全英范围内高等教育机构科研质量的排名,它将直接用于高等教育基金机构的拨款,即拨款是根据科研的质量有选择地进行的,每年拨给高等教育机构科研工作的金额相当巨大。当然,RAE 的目的不仅在于有选择地进行拨款,更主要的是促进高质量的科研。由于评估以相关学科是否达到国际先进水平为基准,所以其目的归根到底是要竭力发挥英国高等教育的优势和增强其国际竞争力。

　　RAE 几乎集中了所有的学科专家，通过同行专家的评估来实现。评估要求专家运用专业的技能、知识和经验做出判断，这不是一个机械的过程。科研项目分为 68 个评估单元（Units of Assessment，简称 UOA）进行评估，这些评估单元都是以学科为基础的。每一个评估单元由一个评估组负责，评估组的成员在 9～18 名之间，其中大部分来自学术界，也包括一些来自非学术部门的人士。每一所高校尽可能多地提交评估单元参加评估。提交的报告包括被评估的学科单元的基本情况以及每一位科研人员的四项科研成果。学科评估组根据研究成果达到国内或国际先进水平的数量从低到高给与 1、2、3b、3a、4、5、5* 7 个等级的评分。高等教育基金机构根据科研评估的排序把科研基金拨给其资助的大学，各个高等教育机构所采取的拨款方案不同，但有一点是相同的，那就是有选择地进行资助—科研质量越高，基金资助越多。例如，在 2000～2001 年度，英格兰高等教育基金会对得分是 1 或 2 的高校没有拨款，而对于同样数量的科研项目，给予得分是 5* 高校的科研基金约为得分是 3 的高校的 4 倍。

　　RAE 的运作除了北爱尔兰由教育部（Department of Education for Northern Ireland）组织外，其他均有高教基金委员会组织评估。在英国，科研评估的对象称为评估单元。2001RAE 中共有 68 个学科评估单元，每一个单元涵盖了相当多的相关学科领域。例如机械工程、航空技术工程和制造工程就同属一个单元；戏剧、舞蹈和表现艺术又同属另一个单元。评估单元是经由高等教育部门协商以后确定的，这些单元力图继续反映高等教育机构（Higher Education Institutions，简称 HEIs）科研模式的变化。RAE 的评估周期是每 3～5 年一次，首次评估始于 1986 年，已先后在 1986、1989、1992、1996 和 2001 年进行了 5 次评估。

　　RAE 的评估方式是以同行评估为主。2001RAE 总共有 60 个学科组，通常一个学科组负责一个单元的评估，但也有两三个学科由一个联合评估组（joint panel）负责。评估组的主席由 1996RAE 的成员提名、由英国四个地区高等教育基金机构指定。学科评估组的候选成员来自各种不同的机构和组织，包括科研协会、学术团体、专业机构和那些代表工商业界和其他运用科研成果的机构。然后，根据评估组主席的建议，并基于每人在各自研究领域内的经验和身份，由高等教育基金机构选定评估组正式成员。高等教育基金机构还设法从地域、性别和高校类型的角度考虑评估组成员的构成情况,要求每一个评估组的主席和成员仅仅代表个人,而不代表某一特定团体或可能的受益者。在2001RAE中,将近一半的评估组建立了次级评估组,其成员不在主评估组之列,次级评估组在科研评估的学科领域的子领域方面提供建议。评估组还借鉴专家的建议,这涵盖了评估组成员经验以外的特殊领域的专门知识。另外,所有的学科组还与海外专家协商,以确认是否符合国际先进水平的标准。RAE的评估步骤包括:

1. 高等教育机构提交评估材料

英国每一所公立高校和学院都要提交科研情况的资料参加评估,这些资料是评估组做出判断的基础。提交的报告要符合标准的格式,其中应包括量化的和质化的资料。大部分的资料都是按特定规格编制并以软件形式提交的。提交多少报告视每所参加评估的高校的科研项目的多少而定,哪些科研人员和哪些学科(即哪些评估单元)参加评估由高校自己决定。无论是对应用研究、基础研究或是战略研究都平等对待,评估组关心的仅仅是科研的质量。

以2001年RAE为例,提交的材料具体包括:2001年3月31日仍在工作的待评估科研人员名单:在给定期间(一般是人文学科7年,其他学科5年)待评估的每一位科研人员4项科研成果,研究成果可以是书籍、论文、杂志文章和录像带等等。提交报告的截止日期是2001年4月30日,其间之所以隔了一个月是为了让各高等教育机构给提交的报告最后定稿。其实,早在提交报告截止日期的12个月前就公布了提交报告要求的详细说明。高等教育机构提交的资料可分为数个不同的类别(见表1)。[2]

表1　参加科研评估的学科单元资料

类　　别	描　　述
科研人员的信息	·所有教师的概要 ·科研人员的详细情况 ·辅助研究人员和助理研究员
研究成果	·每位科研人员提交4项研究成果

续表

类　别	描　述
正文部分	· 有关科研环境、机构和政策的情况 · 科研开发的策略 · 关于科研绩效和赢得尊重的措施的质化资料
其它相关资料	· 科研基金的数量和来源 · 研究生的数量 · 科研奖学金的数量和来源 · 颁发的研究型学位的数量 · 赢得同行尊重的指标

2. 评估组做出判断

在随后的 2001 年 5 月～10 月期间,评估组成员运用各自的学科专长,并利用提交报告的所有资料,形成对每份提交报告的评估单元内所有科研活动的总体质量的看法。

为了公平和连续性起见,每个评估组都草拟了一份描述其评价标准和工作方法的声明。这份声明如前所述,是先于提交报告公布的。评估组据此检查所有提交的报告,而且有选择地阅读其中纪录的研究成果的部分。由于评估组关心的是质量而不是数量,因此对所有公开发表的成果并不做要求。与教育质量评估最大的不同是,评估组不把访问高等教育机构作为工作的一部分。

3. 评分排序

学科评估组运用一个标准评分等级为每一所高校排序,如前所述,根据有多少研究成果达到国内或国际先进水平,评分从 1 到 5* 不等。表 2 给出了每一个评分等级的含义。[3]一般说来,参加评估的科研人员比例越高,说明该高校的声誉和质量也越高。例如,沃威克大学(The University of Warwick)参加 2001RAE 的教师比例达到 90.8%,其中有 55% 的教师供职于得分是 5 或 5* 的学科。[4]

表 2　评分等级

评分等级	描　　述
5*	有一半以上的科研成果质量达到国际先进水平,其余的达到国内先进水平
5	将近一半的科研成果质量达到国际先进水平,其余的达到国内先进水平
4	实际上所有的科研成果都达到国内先进水平,其中有些或许能够达到国际先进水平
3a	超过三分之二的科研成果达到国内先进水平,有些可能达到国际先进水平
3b	超过一半的科研成果达到国内先进水平
2	将近一半的科研成果达到国内先进水平
1	没有科研成果达到国内先进水平,或者没有提交科研情况的报告

4. 公布结果

2001RAE 的结果是在 2001 年 12 月底前公布的。2002～2003 年开始运用该结果分拨基金。除了评分等级外,通常还要公布每一个评估单元的报告。出于保密原因,关于提交报告的反馈意见将单独寄还给每一所高校。

(二) RAE 的特点及其启示

1. 评估机制

就评估机制而言,科研评估(RAE)与教学评估(QAA)分别独立进行是英国高等教育评估的一大特色。RAE 负责全英高等教育机构科研质量的评估,侧重于研究型硕士和博士生教育,与高等教育基金会的拨款直接挂钩;QAA 则专门负责高等学校教学质量的评估,主要用于本科和课程型硕士生教育。从 2000 年开始,QAA 在英格兰和北爱尔兰所进行的学科教学评价产生了很大的影响,备受媒体关注。2002 年,QAA 又进一步与高等教育部门合作推出了"学术评价"(academic review),这是一个聚焦学术标准和质量的建立、保持与提高的崭新的整体性评估体系。[5]由此可见,为适应高等教育发展的新趋势,英国在最近几年中刻意构建新型的高等教育质量保证体系,既监控高等学校的教学质量,又监控科研质量;既依靠高等学校的内部质量保证机制即自我约束,又形成了高等教育质量的外部保证机制;既有统一的评价机构与评价标准,又对全国高等学校进行分层分类评估。这较之运用教学、科研等综合指标对高校整体水平进行排名的笼统做法更有针对性。我国自1999年以来加快了高等教育大众化的发展步伐,高等学校普遍扩大了本科生招生规模,部分高校同时扩大了研究生的招生数量,科研经费也大幅增加,但完善有效的高等教育质量保证机制尚未真正建立起来,在这方面认真借鉴别国的经验是有益的。

2. 评估主体及对象

就评估主体和对象而言,RAE凸显其社会性和广泛性。英国高等教育科研评估是由高等教育基金会这样一些非政府组织承担的,政府通过拨款机制这一杠杆间接管理高等学校;另外,参与评估的学科专家组来源广泛,在评估组的组成方面,英国特别强调应有社会人士参加,尤其是对那些应用性较强的学科实施的评估,目的是促进学术与应用的结合。例如,在第34个评估单元——"城乡规划"的13个评估组成员中,就有3名成员来自非学术部门的市、郡议会。[6]又如参与2001年RAE的评估专家中,除了有465名来自英国国内各大学的教授、学者外,更有多达345名的海外顾问,其中不仅包括哈佛大学、斯坦福大学、普林斯顿大学和麻省理工学院等世界一流大学的教授,也包括瑞典、瑞士、法国、澳大利亚和新西兰等国的大学教授,这些做法对我国也颇具借鉴的价值。长期以来,我国高校重点学科和研究生教育质量的评估一直是由国家有关部门组织专家评估组进行的,从1994年起虽然此项工作交予高等学校与科研院所学位与研究生教育评估所这一专门的评估机构具体操作,但政府部门仍事无巨细——参与,结果是政府有关部门不堪重负,力不从心,管理上鞭长莫及。因此,加大力度转变政府在高等教育评估中的职能势在必行,应当使社会监督成为我国高等教育质量保证机制中的一个有机组成部分,让政府从日常大量的繁琐事务中解脱出来,通过立法、规划、政策、拨款、督导等方式对高等教育质量进行宏观调控。可喜的是,党的十六大提出的建设政治文明的目标,为我国高等教育质量保证机制的建设创造了条件。具体到学科评估组的成员结构,以往我国高等教育评估的专家组成员主要是了解本学科专业国内外发展前沿,能够对被评估的学科专业的学术水平作出权威分析的专家,近年来已开始强调应有社会人士参与评估,试图提高高等教育评估的社会关注度,但在实际操作中,社会参与评估的广度和力度尚嫌不够,对此也未有制度上的规定,所以英国高等教育评估的社会性和广泛性仍然是值得我们探讨的一个特点。

3. 过程和结果

就评估的过程和结果而言,RAE 体现了公开和公正的理念。英国高等教育科研评估的另一特色就是透明度高,在正式评估前,基金会评估机构要公布指导各高校提交报告的详细说明书,每一个学科专家组同时也公布本组评估的方法和标准,而且允许各界人士对此进行公开和充分的讨论。评估的结果,即每个评估单元的得分情况都予以公布,以显示在评估过程中从各高等教育机构提交的报告所采用的材料与先前公布的评估标准的相关性。总之,从评估单元的确定到学科专家组的任命,从评估组工作程序的制定到评估结果的公布,每个具体的信息(除了需要保密的资料)都可以从国际互联网上英国高等教育基金会的主页上查阅得到。由于各高校的规模和整体水平悬殊,办学又各有特色,因此只比较综合办学水平难于体现公正,为解决这一问题,英国高等教育科研评估以学科而非整所大学为评估对象,这种做法显然也值得借鉴,因为不同高校的同一学科无疑比整所大学更具可比性。例如,在英国,那些名不见经传的高校根本无法与历史悠久的世界一流大学相比,但由于评估是按学科进行的,这就使得某些一般高校能以自己的特色学科突围,在 2001RAE 中,东方和非洲问题研究学院(School of Oriental and African Studies)获得了"历史"评估单元的最高等级 5*,而牛津大学只获得这一评估单元的 5 分,就是一个很好的例子。而在我国,对重点学科和研究生教育质量的评估,除少数有关人员外,社会对整个过程知之甚少;另外,评估多以高等教育机构的整体水平为对象,导致多数高校和科研机构不重视特色、优势和质量,而是盲目追求重点学科、基地、学位授予点的数量,有的甚至不惜造假以求之。诚然,英国高等教育科研评估也不是尽善尽美的,尽管其中有不少可取之处,但同样存在着一些值得进一步探讨的问题,例如,RAE 主要着眼于科研成果的质量等,然而评估得高分的高等教育机构和科研院所并非都能提供高质量的科研训练和研究生教育。相反,一些大学的系所科研评估得分不高,但却能为研究生提供很好的科研环境。另外,还有一些深层问题同样涉及评估指标体系的设计,例如,物质生产的经济效益是可以计量的,但科研成果的经济效益却难以估计,而且不同类型科研成果在经济效益方面差异巨大,许多科研成果,尤其是基础科学研究成果是知识形态的,通过学术论文、科研报告、科研著作、技术方案等反映和表现出来,对他们的使用价值在相当长的一段时间里很难确定和比较,英国高等教育科研评估是以信息价值来估算经济效益的,RAE 根据有关机构科研成果达到国际、国内先进水平的数量给予由高到低的 7 个等级分数,并以之为英国高等教育基金会拨款的依据,虽然这在当前不失为一种可操作的方法,但显然还需进一步完善,以使评估更加客观与精确。

参考文献:

[1][5]国家教育发展研究中心. 2002 年中国教育绿皮书[M]. 北京:教育科学出版社,2002:193—197.

[2][3]A Guide to the 2001 Research Assessment. http://www. hero. ac. uk/rae/Pubs/index. htm

[4]2001 Research Assessment Exercise:The Outcome/2 Overview of the 2001RAE. http:/ /www. hero. ac. uk/rae/Pubs/4_01/section2. htm

[6]Town and County Planning. http:// www. hero. ac. uik/rae/Pmembers/panel34. htm

(本文发表于《比较教育研究》2003 年第 10 期。作者袁锐锷、胡安娜,时属单位为华南师范大学教育科学学院)

五、北欧五国高等教育质量保证机制概述

位于欧洲北部的丹麦、芬兰、冰岛、挪威、瑞典五国上个世纪末均已完成了高等教育由精英教育到大众化教育的转变。在这一转变过程中各国高等教育质量保证机制对本国高等教育发展起到了重要作用。面对欧洲一体化和高等教育国际化的挑战,这些国家在高等教育质量保证方面不断进行改革试图建立起与变化的内外环境相适应的质量保证机制,使本国的高等教育实现可持续健康发展,并在国际教育大市场中享有良好的声誉,赢得更多的教育市场份额。

(一)北欧五国建立高等教育质量保证机制的背景与原因

北欧五国由于其地缘关系及文化、传统相近,其高等教育发展所面临的问题与挑战也有许多相似之处。因此,促使五国建立高等教育质量保证机制的原因也有许多共同之处,可以归纳为以下几个方面:

第一,高等教育国际化发展趋势使各国高度重视教育质量。随着高等教育国际化的发展,各国高等教育机构与人员的交流与合作日益频繁,高等教育正在成为一种新兴的产业,进入国际教育大市场进行激烈的角逐与竞争。能否吸引更多的外国留学生是衡量一个国家高等教育质量优劣的重要尺度。作为高等教育发源地的欧洲,曾是各国学生留学的首选地,但由于长期缓慢的发展速度和对变革的抵触使欧洲的高等教育止步不前。近几年,它已失去了海外留学市场的霸主地位,让位于美国、英国、澳大利亚等一些以英语为通用语言的国家。因此,无论是从高等教育的产业职能,还是从高等教育的文化传播职能来看,欧洲国家的高等教育都强烈需要重塑形象,以高质量的教育服务在国际化

大市场中占有一席之地。

第二,欧洲一体化进程的加快需要各国间加强资格认可与质量保证。从欧盟的建立到欧元的发行,欧洲一体化的进程正不断地向前推进。欧洲统一大市场的建立加快了各国间劳动力的流动、学历、资格的跨国认可成为人员雇用的前提条件。与此同时,学生的跨国流动也需要学分互换及专业与学位的跨国认可。欧洲国家已经认识到了这一问题的紧迫性,并正在积极地采取行动。如1999 年由 29 个欧洲国家教育部长共同签署的《波洛尼亚宣言》,提出建立一个统一的欧洲学分转换体系以及高等教育质量保证可比性的欧洲标准。[1]此外,美国等其他一些国家认可机构对欧洲高校一些专业课程也提供认可服务,对欧洲国家的认可体系产生了竞争与挑战,也是促使欧洲国家建立地区性认可机制的重要原因。

第三,"无边界"高等教育的出现需要与之相适应的质量认可与保证体系。在全球化背景下,"无边界"高等教育主要表现在国内外各种教育空间、教育形式、教育机构等的相互渗透和跨越,如学生国际流动的增加、高等教育机构的拓展及国际性合作的多样化、远程教育的跨国发展等。无边界高等教育的发展和高等教育商业化趋势对学习评价和资格认证产生重大影响,有赖于各国质量保证和资格认证体系的适时更新。

第四,新公共管理理念强调的绩效制强化了社会各界及高校自身对质量的关注。20 世纪 80 年代以来,在一些经合组织国家中,对公共部门的管理出现了一种新的理念—新公共管理理论。[2]该理论强调对公共部门的管理进行一系列改革,如下放权利、目标管理、产出控制、评估和绩效等。其目的是形成竞争和监控机制,增强公共部门的效率和活力。对高等教育机构来说,国家鼓励高校自治,但同时以严格的认可与评估来调控高校的质量。对高校评估的社会公开性使公众了解办学质量,在选择高校时有更多的自主权。高校为生存,必须把质量视为生命,市场体系的自由竞争、优胜劣汰原则强化了高校对自身质量的重视。

(二) 北欧五国高等教育质量保证机制的形成与发展

北欧五国发展高等教育的理念和路径不同,环境与条件各异,其质量保证机制也显示出不同的特色,通过对五个国家的分析,可以看出不同模式之间的异同。

1. 丹麦

丹麦的高等教育由大学和其他以提供职业课程为主的高等学校组成。教育部所属的高等教育处统一管理整个高等教育体系。2001 年丹麦的高等教育入学率达到 56％。[3]

丹麦评估研究所隶属于丹麦教育部,是官方机构,行使一定的自治权,负责对包括高等教育在内的整个教育体系进行系统评估,其中也包括对高校的认可。认可主要是针对私立高等教育机构和继续教育机构,这些机构只有通过国家认可,才能使在此就学的学生得到丹麦国家奖学金。认可每 4 年进行一次,参照 13 个学科领域的 40 条标准进行。标准包括教学目的与内容、在劳动力市场中的前景与能力、教育结构、考试制度、招生、师资组织管理、财政、学习辅助设施、内部质量保证等。认可程序包括院校根据丹麦评估研究所发布的评估手册进行自评、做出书面报告,丹麦统计局进行劳动力市场调研,以判断毕业生是否在劳动力市场取得了相应的职位,最后由丹麦评估研究所组织为期一天的现场访问,通过与学生、教师、外部督察员的面谈与实际的观察,做出是否认可的最终裁决。

除了认可以外,丹麦的高等教育质量保证还包括对新院校课程的国家审批、外部督察员的监督及定期的评估。国家授权教育部对所有的新课程和新院校进行审批。2000 年议会通过一项改革高等教育的法案,把教育部的审批权下放给高等教育中心。审批除了要考虑大学自身的办学条件外,还要考虑学校的地理分布、地区发展的需要等一些外部因素。外部督察员是丹麦高等教育质量保证的一大特色,他们负责监督与确保大学的考试与评估符合教育部所制定的规章要求,保证对学生的评价公平合理,同时要及时地向院校做出有关质量问题的反馈意见。从 1992 年开始,丹麦评估研究所(后更名为高等教育评估与质量保证中心)开展了对所有高校课程的第一轮评估,评估依照的标准主要是院校目标的适切性,其程序为自评;外部专家小组评定;学生、家长、雇主评定和现场访问。丹麦评估研究所在 2001 年对高校进行师资评估,并考虑采取其他质量评估框架以取代当前以目标适切性为主的评估模式。[4]

2. 芬兰

芬兰高等教育由 20 所大学和 29 所多科技术学院组成。2001 年,高等教育入学率为 66%。大学全部公立,国家提供 70% 的办学资金,多科技术学院既有地方政府所属的,也有私立性质的,由国家和地方政府共同资助。每所大学和多科技术学院都要和教育部签署一个为期 3 年的有关办学目标及成果的协议,以决定有关招生、专业、资助等具体安排。

高等教育的质量保证主要由芬兰高等教育评估委员会(Finnish Higher Education Evaluation Council)负责。该组织建立于 1996 年,是一个具有独立性的专家组织,主要通过认可和评估来促进各高等教育机构质量的提高。大学的建立由国务委员会决定,得到法律认可。高等教育评估委员会所进行的认可活动主要是针对多科技术学院进行的。认可参考以下标准(1) 院校的办学使命及目标;(2) 课程设计(课程的多样性、现代性和合作性);(3) 执行计划的力度;(4) 学生数量;(5) 教学与学习;(6) 图书和信息服务;(7) 与企业的合作;(8) 与其他高等教育机构的合作;(9) 国际合作;(10) 院校服务地区的目的;(11) 院校的质量保证体系。此外,该委员会从 1996 年起,还对一些专业课程进行认可,为此,委员会专门成立了专业课程认可理事会,以评价专业课程,做出认可裁决。专业课程认可采取自愿原则,院校可以自由决定是否申请认可。认可包括提出申请和出示书面文件、现场访问、信息反馈和做出决定等几个环节。近年来,芬兰高等教育评估委员会和一些国际认可组织进行了合作,开展了一些国际性认可,如芬兰的一所多科技术学院的酒店、旅游管理专业所开设的学士学位课程已经得到了欧洲酒店管理专业认可委员会的认可。[5]

芬兰高等教育评估委员会所开展的评估和认可活动,其目的不在于控制高校,而是尽可能地赋予高校更多的权利,提供更多的信息,促进高校的教学与学生的学习。该委员会所进行的评估活动重点不在于质量活动的结果,而是质量活动开展的过程,即高校如何达到学术标准与要求。多科技术学院得到认可后要每隔 2 年接受一次评估。专业课程认可后的定期评估由院校自己进行,但要向专业课程认可理事会做出汇报。由于远程高等教育的出现,对认可与评估形成了新的挑战,目前芬兰正考虑如何建立新的标准对这些高等教育新形式进行认可与评估。

3. 冰岛

作为一个北欧小国,冰岛只有 8 所高等教育机构,其中 5 所公立,3 所私立。[6]教育、科学与文化部负责管理高教系统。根据冰岛高等教育法的规定,大学有责任建立内部质量保证机制,教育、科学与文化部有权力进行外部的评估与检查。为此,1996 年该部成立了一个独立的评估与检查处,负责对从学前教育到高等教育的所有学校进行评估。目前所进行的高教评估主要集中在课程与学科,重点是在教学与学习领域。采取的方式主要有自评、同行评价、做出报告、公开发表报告等。1999 年教育、科学与文化部通过了一个管理条例,要求所有大学必须建立起一个正规的内部质量评价系统;其中要有对教师工作的系统评估,包括学生对教学的评价、教师的自评、所在系、科的意见等,其目的是促进教学质量的提高。到 2001 年 5 月,所有高校必须向教育、科学与文化部递交一份内部质量保证机制的详细汇报材料。

在认可方面,私立大学的建立必须得到教育部的同意,教育部根据法律条文的规定,有权对达不到教学与科研标准的私立大学撤消认可,取得认可资格的大学有权授予资格与学历证书。近年来,一些专业还逐渐得到了国际国内组织的认可,如冰岛大学的工程学院在 1992～1993 年间,得到了美国工程专业认可部的工程技术认可委员会的注册认可。

冰岛高校质量评估的目的是促进教学质量的提高,鼓励高校运用质量管理的各种方式与手段提高自身运作的效率与水平,增强内部管理的灵活性及自身对质量的责任感,评估结果不与政府对高校资助的幅度相联系,但评估能否达到目的以及如何开展评估目前正在进一步的研究与尝试。

4. 挪威

1998 年,网络挪威委员会(Network Norway Council)成立,它是教育部建立的一个分支机构,直接对教育部负责,承担起高等教育的国家质量保证职责。到 1999 年底,该委员会已进行了各种形式的高校评估,建立起了覆盖所有高校的质量保证体系,并在 4 所院校进行首批实验,预计到 2003 年全面推广该体系。除此之外,委员会还具有向教育部提出建议和提供政策咨询的职能。

挪威高等教育机构以公立院校为主,私立院校为辅。公立高校接收 92% 的高校生源,国家提供 98% 的办学经费。1995 年颁布的《大学和学院法》规定了管理公立院校的规则。依此法律,国家有权决定高校的学位授予、课程、专业设置等有关事宜,同时也赋予院校一些自主权,如院校可以认可一些私立院校和跨国机构提供的教育服务;院校可以提供不超过 120 学分的初级学位课程。院校在开设新课程时为了获得批准,必须提交详细的计划书,包括师资能力、课程内容、考试制度、教学辅助设施,如图书馆、计算机及其他一些必要设备的情况。网络挪威委员会评价该计划书,并向教育部做出是否批准的建议。

对私立院校的管理依据,1986 年发布的《私立学院法》。私立院校只要能够证明具有与公立院校相同的质量,就可以获得认可,获得一定的公共资助和学位、学历等名称的使用权。私立院校要在入学条件、课程内容、教学方法、师资力量、外部督导和考试规章等方面做出详细的说明,证明其具有高质量。网络挪威委员会听取专家小组的意见,对教育部提出建议,教育部做出最终认可裁决。

挪威高等教育质量保证目前主要是通过政府的认可和审批来进行。网络挪威委员会主要负责对院校的评估和进行政策咨询。这是一种单一的外部质量保证机制,而且认可没有周期性,院校缺乏发展的内部驱动力。同时,院校的内部质量保证体系没有建立起来,不利于高等教育的长期发展。目前,国内改革这一体系的呼声很高。[7]

5. 瑞典

瑞典的高等教育在行政管理和质量保证方面近年来做出了很多改革。1993 年颁布的新的高等教育法取消了国家课程体系,赋予高校自主授予各种学位等更多权力,同时加强了质量控制,建立了以表现为基础的国家资助体系,强调高校实行绩效制。

1995 年成立了国家高等教育署,其任务是开展质量检查、对学科及专业的评估和对院校和专业的认可。该署由政府授权,但不完全由政府控制,有一定的自主权,其经费开支由议会负担。2001~2006 年间,高等教育署预计开展为期 6 年的对高校的所有学科与专业的评估。评估的标准由该署与高校共同协商制定。具体标准如下:

有关教育的必备条件:① 招生及生源情况;② 教师的教学技能、知识储备、专业发展机会;③ 教育目的、内容和组织;④ 图书和其他信息支持;⑤ 教学设施与设备。

教育过程：① 学生的学习条件；② 教师的工作条件；③ 专业结构；④ 考试方式；⑤ 对学习的反思与创造。

教育结果：① 具有以促进质量提高为目的的在课程、专业、院系、大学内部对质量的调控与保证机制；② 有来自毕业生和雇主的对质量的反馈；③ 合格毕业生的数量。

评估分为以下几个步骤：① 参考指导手册进行自评；② 由国际评估人士和学生代表等组成的外部评估小组所进行的同行评价；③ 评估小组的现场访问；④ 评估小组提出建议，允许高校对此做出解释和说明；⑤ 做出公开报告；⑥ 6 年一次的周期性评估。评估的主要目的是激活高校内部发展动力，促使高校建立完善的内部质量保证体系，提供学生更好的参与学校质量管理的机会。

（三）北欧五国高等教育质量保证机制的共同特点

从以上五国高等教育质量保证机制的发展历程和未来走向的介绍与分析中，我们不难看出其中的一些共同特征。

1. 各国均通过教育立法来构建高等教育的质量保证体系，使评估工作有法可依，有章可循

冰岛政府 1999 年发布的《大学管理条例》、挪威 1995 年颁布的《大学和学院法》和瑞典 1993 年颁布《高等教育法》，都对大学的内部质量保证体系和政府的外部质量调控做出了明确的职权划分，对认可、评估、检查等概念做了比较清晰的界定，使质量保证工作目的更明确，过程更合理与公正。

2. 普遍由政府建立一个独立、自治性质的国家高等教育质量评估机构

各国通过立法、拨款资助建立或扶持一个独立、自治的机构，由该机构以促进学校建立质量保证机制和自评为主要目的、制定标准、要求计划、组织和培训同行专家对学校和专业、课程进行外部评估，利用评估报告和结果，保证和推动高等教育质量，为政府决策提供较为准确和科学的依据。这种机制既有利于增强人们对质量评价、评估和检查活动的信心，又使政府通过立法、拨款、批准和任命评估机构部分成员等方式保留自己的主导、监督和奖惩作用，使政府仍然牢固掌握质量控制的大权。

3. 各国质量保证的目的相似,质量保证的程序趋同

各国政府建立质量保证机制的最终目的都是促使高校重视、维护内部质量,致力于自身质量的完善与提高。政府对高校的检查与评估,其目的不是控制高校,而是激发高校内部发展动力,促进高校质量的稳步提高。在质量保证程序上,无论是对学生的整体评估,还是对某一专业课程的评估,一般都包括院校自评、同行实地考察、做出初步评审报告、公布正式评审报告等步骤。在此过程中,充分尊重高校自主权,高校本着自愿原则参加评审,对评审报告有发言权。

4. 各国均重视与加强质量的国际认可

高校取得国际认可,可以提升在国际教育市场中的竞争力,吸引更多留学生,发挥高等教育的产业功能。为此,各国均积极致力于质量的国际认可,一方面请国外知名认可机构进行认可,另一方面在欧洲范围内建立欧洲高等教育评估体系,取得地区性的认可。

参考文献:

[1] Bologna Declaration. The European Higher Education Area. Joint Declaration of the European Ministers of Education Convenedin Bologna at the 19th of June 1999[see:http://www. unige. ch/creBolognaForum].

[2][3][7] Quality Assurance in the Nordic Higher Education European Network for Quality Assurance in Higher Education Helsinki. p14,p18,p26—29.

[4] William, F. Massy. Energizing Quality Work:Higher Education Quality Evaluation in Sweden And Denmark[M]. National Center for Postsecondary Improvement. p12—15.

[5] Haug and Tauch (2001). Trends in Learning Structures in Higher Education(II). Follow-up Report Prepared for the Salamanca and Prague Conferences of March/May 2001. National Board of Education. Finland. Edita Oy. on http ://www. oph. fi/publication/trends

［6］International Initiatives and Trends in Quality Assurance for European Higher Education. The European Network for Quality Assurance in Higher Education Helsinki. p23—25.

［8］National Policies for Internationalisation of Higher Education in Europe Stockholm National Agency for Higher Education p10—42.

（本文发表于《比较教育研究》2003 年第 8 期。作者侯威,时属单位为福建师范大学教育科学与技术学院)

六、南非高等教育质量保障体系：框架、特色与挑战

1994 年之前,南非高校之间质量参差不齐,缺乏综合的、系统的质量保障机制,南非大学校长联合会(SAUVCA)和技术学院教育证书委员会(SERTEC)分别对大学和技术学院的质量进行监控和评估。民主政府成立后,建立一个公平、有效、能对社会需求做出回应的高等教育系统成了南非高等教育重建和变革的核心目标,而国家质量保障体系是实现这些目标的重要策略之一。为此,南非政府出台了一系列的政策和法规,构建了颇具特色的高等教育质量保障体系。

(一) 南非高等教育质量保障体系的政策和法律基础

从 1994 年到 2001 年《高等教育国家规划》颁布这段时期,南非政府试图实行"合作治理"(cooperative governance)政策,希望通过整合性补助拨款(block grant funding)和院校的自我监控来保证院校自治和学术自由,希望大学将国家重建和发展目标放在首位。然而,到本世纪初,大学治理出现危机,尤其是传统的黑人大学缺乏自我管理能力,大学系统的低效促使政府加强对高校的干预。以 2001 年《高等教育国家规划》的发布为转折点,南非政府开始利用规划、拨款和质量保障三大政策工具控制高等教育的投入和产出。

南非政府决意对大学实行外部质量保障政策源于国家高等教育委员会(National Commission on Higher Education, NCHE)的相关研究。1996 年,国家高等教育委员会发表了《国家高等教育委员会报告:变革框架》(Report of the National Commission on Higher Education: A Framework for Transformation），具体阐述了质量保障的问题。国家高等教育委员会相信综合的、以发展为导向的质量保障体系有利于解决不同院校间质量差异的问题，并可将私立高校纳入到整个高等教育体系之中。[1]国家高等教育委员会还建议将质量作为高等教育的一项原则，质量不仅是高校内部的事务，而且是处理政府和大学之间关系的基本要素，政府既要通过管制和立法手段，又要通过激励和常规评估来引导大学的发展。继国家高等教育委员会的报告之后，1997 教育白皮书再次重申质量问题，[2]指出政府在促进高等教育系统质量提升和保障方面必须发挥重要作用。

南非高等教育质量保障进入法律程序的第一步是 1995 年《南非资格局法案》（South African Qualifications Authority Act）的颁布，该项法案促成了教育与培训质量保障团体（Education and Training Quality Assurance Bodies，ETQAB）的建立。1997 年的《高等教育法案》（Higher Education Act，1997）以立法形式将高等教育质量保障的责任授权予高等教育委员会（Council on Higher Education），2001 年高等教育委员会成立了永久性的下属委员会—高等教育质量委员会（Higher Education Quality Committee，HEQC）。1998 年，南非资格局颁布《南非资格局条例》（SAQA Regulations），对教育与培训质量保障团体的职能作出了详细规定。

（二）南非高等教育质量保障体系的基本框架

南非高等教育质量保障体系由南非资格局、国家资格框架和高等教育质量委员会组成。高等教育质量委员会作为高等教育领域教育与培训质量保障主要团体在国家资格框架内运行，经由南非资格局认证，遵从《南非资格局法案》及相关政策，尤其要遵照 1998 年《南非资格局条例》。这三者共同建构了完整的南非高等教育国家质量保障体系。

1. 南非资格局

根据 1995 年的《南非资格认证法案》（1995 年第 58 号法案），南非资格局的主要职能是监督国家资格框架的制定和实施。南非资格局由教育与劳动部长任命的 29 名成员组成，代表教育与培训系统的利益相关者。其组织机构分为两部分：一是由标准制定和开发董事会、咨询小组、标准产生体（SGB）构成的标准制定团体。咨询小组由学科和资格专家组成,负责对资格和标准进行评估。标准产生体负责制定标准和资格,并向咨询小组推荐;二是 SAQA 认证、负责保证学习质量与培训质量的保障团体。

2. 国家资格框架

国家资格框架包括一整套原则和指南,利用这些原则和指南,学习者的学业成就得以注册,学习者的技能和知识获得国家承认,进而鼓励终身学习。构建国家资格框架的理念支撑是:(1) 建立一个关于学业成就的一体化全国框架;(2) 促进教育、培训和职业途径的容易进入、相互流动和行进;(3) 提升教育和培训的质量;(4) 加速矫正以往在教育、培训和就业机会方面的不平等;(5) 促进个体的全面发展和国家社会、经济的发展。国家资格框架是一个涵盖 12 个学科领域,从水平 1 义务普通教育和培训(直到 9 年级)到水平 8 博士教育的开放式框架。高等教育和培训级别(水平 5 到水平 8)的资格包括国家证书和文凭、高级文凭、国家一级学位、荣誉学位、专业资格、硕士学位和博士学位。

3. 高等教育质量委员会

为了保证质量保障系统与另两个政策工具—财政和规划的协调一致,HEQC 对质量进行如下定义:[3](1) 包含差异和多样性的国家框架之内与特定任务相关的目的适切性(fitness for purpose);(2) 按照高等教育白皮书所阐述的高等教育全部目的来判断"物有所值"(value for money),这种判断不局限于对劳动力市场的回应和成本收回,还包括教育效率和效益;(3) 从开发个体学习者能力与社会发展以及经济和就业增长的角度看教育变革(transformation)。从国家的宏观目标和优先领域出发,HEQC 的职能分为 5 个方面:院校审核、教学项目认证、国家评估(national review)、质量提升和能力发展、自行评审。高等教育质量委员会管理南非所有的高等教育机构,这样有利于建立单一整合性的高质量高等教育系统,增加院校间的透明度,从而给学生更多的选择机会,学生的学分可以自由转换。

(1) 院校审核。HEQC 院校审核指对公立和私立高校的教学、科研、社区服务(service learning)以及相关教学服务方面的院校内部质量管理系统的有效性进行审核。HEQC 将考查院校质量管理政策和质量管理系统的开发和运行、院校质量管理的参与程度、促进和提高质量的具体做法。[4] 院校按照 HEQC 规定的 19 项指标提供自评报告,陈述其与质量相关的投入、进程和产出情况。HEQC 组织同行、专家组成的评估小组,利用 HEQC 的标准并参照教育部设置的院校最低要求对院校自评报告的内容进行实地考察。根据考察结果,HEQC 将评审报告送达院校,在肯定成绩的同时,也提出需要改进的建议。院校审核以 6 年为一周期,审核方式包括院校自我评估、外部评估、一份公共报告和后续活动。

(2) 项目认证。HEQC 项目认证的主要目的是:[5] ① 对满足 HEQC 最低标准的教学项目授予许可权;② 保护学生免受低质量教学的侵害;③ 鼓励和支持院校超越最低标准;④ 增加公众对大学的信心;⑤ 增加不同高校之间的透明度。认证模式将新教学项目和现存项目的认证加以区分,新项目需按最低标准经过两个认证步骤,即候选资格阶段(candidacy phase)和全面认证阶段。只有达到标准后,大学才能设置新教学项目,才能在国家资格框架内注册。

(3) 国家评估。国家评估是一种特殊的认证形式,是对特定学科或教学领域现有教学项目的再认证,国家评估遵照 HEQC 的普通认证标准,但同时包含针对某一学科的特定标准。国家评估全面考虑专家、利益相关者的观点和学生的利益。评估包括三个部分:教学项目再认证、关于再认证结果的后续进程、认证结果分析基础之上的报告。

(4) 自行评审。目前南非高等教育领域有近 25 000 个教学项目,除了那些参加国家评估或由于特殊原因进行再认证的项目,HEQC 没有能力也没有足够的资源对现存所有的教学项目进行再认证,因此高等教育机构必须承担起自我认证的责任。那些被 HEQC 授予自行评审权的高校可以对现有的教学项目自行评审;那些没有自行评审权的高校需按照 HEQC 的标准对现有项目加以评审,然后接受 HEQC 专家小组的评估,最终的评估报告将在网站上公布。

(5) 质量提升和能力发展。面对大学间质量的差异和新的国家质量保障体系的要求,HEQC 将质量提升和能力发展作为其主要任务之一,旨在加强院校质量保障的系统性知识和能力,建设高校质量文化,促进质量的持续性提高。为此,HEQC 开展了各种不同活动:[6] ① 教与学提高工程,此项工程的目的是加强院校规划和监督教与学的能力,提高教师教学设计、教学评估能力;② 学生质量素养工程,增加学生质量知识,提高学生质量意识;③ 远程教育质量提高工程,指导远程教育机构提高自我评审能力;④ 职业资格工程,目的是促进高质量职业资格的开发;⑤ 高等教育准入水平资格工程,目的是提高高校准入水平资格(水平 5)的质量;⑥ 院校审核员和教学评估员的培训工程,旨在建立一支高水平的审核和评估队伍。

(三) 南非高等教育质量保障体系的特色

南非高等教育质量保障体系在构建过程中,非常注意国际认可和标准可比性问题,例如国家资格框架就参照了新西兰、澳大利亚、英国的资格框架,但又侧重考虑南非的国情,结合南非高校的现实,形成了独具特色的质量保障体系。

1. 理念上的创新性

南非在构建高等教育质量保障体系的过程中提出了一些创新的理念。首先,国家资格框架的开发建立了教育与培训整合的创新机制,即无论学习者在什么地方,以何种方式接受教育,也无论是全日制、部分时间制、远程教育或工作场所培训,其学习成果均可纳入国家资格框架,学习者可以在教育与培训系统中自由地变换和行进,并且先前的学习和经验(prior learning and experience)通过评估都予以承认。[7]这就增加了更多人获得国家承认资格的机会,尤其增加了那些曾经被排除在正规教育系统之外的人的机会。其次,高等教育质量委员会采取了宽泛的质量概念,为教育供给者在不同的院校环境和使命下理解质量提供了空间,为利益相关者判断教育和培训的质量提供了一个框架,为HEQC本身制定适当的政策和质量保障程序提供了可能。在国际和南非国内学界对质量概念颇有争议的现实情况下,HEQC对质量的理解—目的适切性、物有所值、变革,无疑是理念上的创新。

2. 价值取向上的多元性

1997 教育白皮书系统阐述了指导高等教育变革的系列原则,包括公正与矫正、民主化、发展、质量、效率和效益、问责等内容,这些原则在构建国家质量保障体系时得到了全面的考虑。为了使质量要求不影响高等教育的入学率、创造性和多样性,HEQC把质量目标的实现与公正和促进高等教育的创新性及多元化结合起来。另外,HEQC主张用一种发展性和形成性的质量保障方法来看待高等教育供给的问责性要求。HEQC 的标准是：是否符合国家发展的首要战略和目标，是否对文化多元性有利，是否盈利，是否兼顾公平，是否对社会经济发展和就业增长有益，是否同时加强受教育者个体的发展。

3. 体系上的全面性

与其他国家质量保障模式相比，南非高等教育质量保障体系具有整合性和单一性的特点。从范围上来看，该保障体系针对南非所有的高校，包括历史上的优势大学、弱势大学、私立高校等，甚至还涵盖了最近几年才出现的跨国教育机构。从内容来看，HEQC 对高校教学、科研、社区服务等进行全方位评估。从评估方法上看，它包括院校自评、同行评估、专家实地考察、质性和量化的绩效指标考核等。从 HEQC 职能来看，它包括项目认证、院校审核、国家评估、能力开发、质量提升、质量保障协调和交流、质量保障研究、国际联络等。

4. 程序和策略上的互补性

HEQC 十分注重内外部质量保障机制的互补，在实施高校质量外部评估和认证的同时，将高校内部质量提升和能力发展作为委员会的重要目标，开展了覆盖教学、科研、社区服务、教学服务、质量管理系统建设等有关高校质量提高的各种活动，实施了各种旨在加强院校自身质量意识和促进可持续的质量提高的策略，如开发了《质量提升和能力发展框架》(Framework for Quality Promotion and Capacity Development)。高等教育质量委员会还将自行评审作为促进高校质量保障自我监管的一项重要策略，对满足院校审核标准、满足教育部和南非资格局其他相关质量要求的高校授予 6 年期的自行评审权。HEQC 在政策制定和实施过程中，还积极协调各方力量，通过协商、合作的工作方式，在更广的领域确保质量保障机制的有效性和认可度。它与高校、国家和地区的高等教育组织、各专业委员会、各行业教育与培训局(Sector Education and Training Authorities,SETA) 广泛建立了伙伴关系；通过双边和多边协议，协调高等教育领域其他质量保障团体的活动；促进高校之间分享创新性的教与学实践。

（四）南非高等教育质量保障体系的实施情况

到 2004 年底，南非高等教育质量保障体系关键系统的构建基本完成，《院校审核框架和标准》《项目认证框架和标准》终稿分别于 2004 年 6 月和 11 月发表,开始进入全面实施阶段。

1. 院校审核的实施情况

6 年一轮的院校审核于 2005 年正式启动,目前审核了 3 所研究性大学和一些私立高校。从高等教育质量委员会 2007 年发布的院校审核的实施报告可以看到:[8]

(1) 院校审核促进了大学内部质量概念的重建,加深了大学对质量问题的反思。过去,很多高校对院校审核认识不足,甚至存在抵触情绪,认为院校审核削弱了院校自治和学术自由,给高校增加了额外工作负担,不过是政府的一种短期行为。通过参与审核,高校对与质量相关的问题有了新的理解和认识,明确了院校审核的长期目标,建立了质量意识。以罗德斯大学为例,在访谈中,此大学的一位主任提到保证研究生考试和科研标准的新方法;其他接受访谈的教师谈到对审核的标准都很关注。

(2) 院校审核发现了大学质量方面存在的不足,促进了大学的改进。通过院校审核,被审核院校发现了自己质量管理的不足领域,例如南非管理学院被指出应该在他们的教学项目中补充当地的内容,并更新大学的图书馆设备等。被评审大学根据质量委员会的审核报告,制定院校“质量改进计划”(Quality Improvement Plans,QIP),提出院校质量改进的具体措施。

(3) 院校审核带来了大学文化、治理结构等方面的变革。参与院校审核的过程加强了不同院系和部门之间的联系,促进了相互合作。注重商业价值的私立高校开始关注学术话语;一些监管严格的院校认识到监管并非一定带来质量提升的结果,有时反而会限制个体的创造力和创新。一些院校的治理结构也发生了变革,例如中央技术大学(CUT)的治理管理部(Unit for Quality Management)由先前的行政部门变成为向学术部门直接汇报工作;City Varsity 媒体与艺术创作学院的变革更为显著,学术委员会中新任命了学术带头人和质量保障主任,引入了核心化记录系统等。

2. 项目认证和国家评估的实施情况

南非高等教育质量委员会开通了在线认证申请系统,一些提出项目认证的高校可以直接在网上申请。2005 年至 2006 年间,公立高校共提出 32 份新项目认证申请,22 项获准评估,19 项通过认证,认证成功率为 86%。私立高校的项目认证较为复杂,分为以下几种情况:(1) 新项目认证。私立高校的新项目认证通过率较低,因此一些私立高校按照规定在收到认证报告的 21 个工作日内提出陈述请求,其中一些请求被通过,获得认证;(2) 多教学点高校的评估。一所有 19 个教学点的私立高校提出 173 个申请认证的项目,通过案头评估和实地考察,7 个教学点和 36 个项目通过认证;(3) 条件性认证的私立高校再次提出认证申请。条件性认证的私立高校经过 1 年的改进,其中一些得到全面认证资格。

继 2004 年完成 MBA 项目国家评估后,HEQC 又重点对教育领导与管理专业 23 个教育硕士(MED)项目进行了再认证,并预计在未来两年里完成对教育学士(BED)、教育研究生证书(PGCE)和教育高级证书(PGCE)项目的国家评估。

此外,HEQC 继续举办各种旨在促进院校质量提升和能力发展的活动,开发出《社区服务质量管理指南》等资源供高校之间分享。

(五) 南非高等教育质量保障体系面临的问题与挑战

1. 外部质量保障机制的固有不足

从南非高等教育质量保障体系的政策背景、目标和职能来看,HEQC 应属于官僚政治模式(bureaucratic rationality),这种质量评估模式往往与高等教育的外在目标相关联,反映的是外部质量保障机构和政府的价值与兴趣,通常是政府为了达到指导、监控高校的目的而发起的。学者们对国家资格框架和南非资格局提出一些批评和质疑,认为国家资格框架不考虑获得知识的地点和方式,将知识看作等同并可以交换的商品。根据马茨伦·阿兰斯(Matseleng Allais)的观点,国家资格框架是新自由主义、市场导向机制,国际上只将其用于职业培训,南非是惟一试图将国家资格框架和结果本位教育强加给整个教育和培训体系的国家。[9]恩索尔(Ensor)指出,南非资格局将教育与培训整合在一起的做法忽视了不同高校的不同知识逻辑,对于高校复杂的学科知识和科研并不适合。[10]

2. 质量与公平之间的冲突

HEQC 成立之时就提出了带有公平的质量概念。南非教育部长指出，[11] HEQC 是高等教育变革过程中的关键部分，是达到社会公正和经济繁荣的一项工具，HEQC 必须将优异与特权分离，将高质量作为所有高校内在的价值。高等教育委员会在 2004 年的一份报告中强调了高校和 HEQC 必须处理公正和质量两者之间的冲突，"不求质量的公正是没有意义的，也不能忽视高等教育公正的目标单纯追求质量"。[12]事实上，大量"准备不足"（under-prepared）或"教育弱势"（educationally disadvantaged）学生涌入高校就会造成系统的低效，质量与公平之间的冲突是必然的。此外，在问责和院校自治之间也存在张力，教育部对此已做出反应，1997 年《高等教育法案》就指出要保持院校自治和公共问责之间的平衡。因此，HEQC 要达到问责、公平和院校自治的三个价值取向将是一个极大的挑战。

3. 问责与改进之间的冲突

南非高等教育质量委员会力图通过外部官僚性的质量保障机制在发挥问责作用的同时，起到促进和催化作用，实现大学内部质量提升和能力发展。但是，很多学者认为问责（accountability）和改进（improvement）是两个相互冲突的概念，同一质量保障体系不可能同时达到这两个目标。一些学者认为，作为同一轴线的两个端点，其中一端必然占有优势地位，例如强调问责一端必然会牺牲提高和改进。哈维（Harvey）和奈特（Knight）指出，问责要求和持续的质量改进之间存在深层的冲突，尽管很多质量保障体系自称问责要求能带来质量提高，但这两位学者认为这是一种伪假设。因为问责导向的质量保障会挫伤学术人员提高质量的积极性。[13]其次，问责本位就会忽略一些改进措施，如不重视教师发展、忽视教学实践的推广和课程革新等。

参考文献：

[1] National Commission on Higher Education. Report of the National Commission on Higher Education：A Framework for Transformation[R]. Pretoria：Department of Education，1996.

[2] Department of Education. Education White Paper 3: A Programme for the Transformation of Higher Education. Pretoria: Government Gazette. No. 18207,1997.

[3] HEQC. Founding Document. Pretoria: CHE,2002.

[4] HEQC. Framework for Institutional Audits. Pretoria: CHE,2004.

[5] HEQC. Framework for Programme Accreditation. Pretoria: CHE,2004.

[6] Naidoo,P. and M. Singh. In the Aftermath of Liberalization: Designing a Common Framework for Public and Private to Serve National Development Goals. Presentation in "Policy Forum on Accreditation and the Global Higher Education Market". Paris,13—14 June 2005.

[7] Madumetja,Kgobe. The National Qualifications Framework in South Africa and "Out-of-School Youth": Problems and Possibilities[J]. International Reviewof Education,1997,43(4) :317—330.

[8] CHE. HEQC Evaluative Study of Institutional Audits 2006. [EB/OL] http://www. che. ac. za/documents/d000144/index. php. 2007— 3—24/ 2007—9—3.

[9] Allais,S. The National Qualifications Framework in South Africa: a Democratic Project Trapped in a Neo-liberal Paradigm? [J]Journal of Education and Work,2003,16(3):305—324.

[10] Ensor,P. and N. Ogude. The Development of the National Qualifications Framework and its Implementation in Relation of Higher Education and Training. Unpublished report to the Council on Higher Education. Pretoria: CHE,2001.

[11] Asmal,K. Opening Address at the Launch of the Higher Education Quality Committee of the Council on Higher Education. In Council on Higher Education (ed.) Quality Assurance in the 21st Century: Lessons for a New Quality Assurance Agency. Pretoria: CHE,2001:5—19.

[12] CHE. South African Higher Education in the First Decade of Democracy. Pretoria:2004:153.

［13］Harvey，L. and P. T. Knight. Transforming Higher Education. Buckingham：The Society for Research into Higher Education & Open University Press，1996：162.

（本文发表于《比较教育研究》2007 年第 12 期。作者牛长松、顾建新,时属单位为浙江师范大学非洲研究院）

七、美国高等教育质量认证的运行模式
——以美国南部院校协会(SACS)为例

美国没有官方的专门评估机构,联邦政府不参与、不干涉高等教育质量保障活动,而是将市场竞争机制引入高等教育领域,让高等院校面向社会自主办学。美国对高等教育的质量保障主要是通过认证(Accreditation)来进行的,并形成一种较为独特的制度,它既是美国分权制、多样化高等教育体制下的一种有效的管理制度,又是保障和提高高等教育质量的一种模式。[1]经过认证的高校表明其质量得到公众认可并可以申请联邦财政支持,学校没有通过认证则无法得到联邦政府的资助,其学分也得不到跨校认可。所以,无论是公立高校还是私立高校都需要得到权威认证机构的认证。

(一) 组织机构的建立

目前,美国高等教育认证主要有两类,一类是院校认证(institutional Accreditation);另一类是专业认证(specialized or programmatic Accreditation)。院校认证是针对整个学校的认证,主要是对学校的办学目标、物质条件、经费来源、师资质量和师资队伍建设、教育质量、学生工作、毕业生就业情况、毕业生实际工作能力、办公及体育设施、各级管理水平、总体办学效益等方面进行整体性评估。[2]院校认证又分为全国性院校认证和地区性院校认证。专业认证是指对某一专业的认证,是由专业职业协会会同该专业领域的教育工作者一起进行,为学生进入专门职业工作之前的预备教育提供质量保证。目前,美国专业认证的领域有医学、卫生护理、法律、林学、音乐、工商管理、工程等专业。院校认证由取得认证资格的地区性认证机构(Regional Accrediting Organizations)和全国性认证机构(National Accrediting Organizations)负责;专业认证由取得认证资格的专业性认证机构(Specialized and Professional Accrediting Organizations)负责。

全国性认证机构共有 11 个,可分为两类,一类是负责对全国职业和专门职业院校(vocational and professional institution)实施认证的机构,如职业教育委员会(Council on Occupational Education);另一类是负责对全国信仰院校(faith based institution)进行认证的机构,如基督教学院委员会(Transnational Association of Christian Colleges and Schools Accreditation Commission)。[3] 地区性认证机构是按新英格兰地区、中部地区、南部地区、中北部地区、西北部地区和西部地区设置的单位认证机构,这 6 个地区的大学和学院按照地区归属组成了 6 个联合会,分别简称为 NEASC、MSA、SACS、NCA、NWA、WASC。南部院校协会(Southern Association of Colleges and Schools)是美国六大地区性认证机构之一,于 1895 年成立于佐治亚州的亚特兰大,是一个私立的、非营利性的民间组织。协会由高等院校委员会(Commission on Colleges)和中小学促进与认证理事会(Council on Accreditation and School Improvement)组成。高等院校委员会负责对授予学位的高校进行认证,中小学促进与认证理事会对小学、中学进行认证。

南部院校协会下属的高等院校委员会负责南方 11 个州以及拉丁美洲被授予副学士、学士、硕士或博士学位的高等院校的认证,并负责实施认证程序。这 11 个州包括亚拉巴马、佛罗里达、佐治亚、肯塔基、路易斯安那、密西西比、北卡罗莱纳、南卡罗莱纳、田纳西、得克萨斯、弗吉尼亚。高等院校委员会有 800 多所会员学校,专职工作人员约 25 人,每年有 500 万美元的活动经费,其中 300 万美元用于人员津贴。

SACS 的高校会员代表大会、高等院校委员会及执行理事会等都有明确的分工。高校会员代表大会(the College Delegate Assembly)由各会员单位推荐的一名投票代表(一般为会员单位的校长)组成,其主要职责包括:① 选举出高校委员会的 77 名成员,指导该委员会的工作;② 审核、修订高校委员会推荐的所有认证标准;③ 审批高校委员会推荐的候选单位和成员单位的会费;④ 选举上诉委员会,并接受、处理某些认证决定的申诉;⑤ 选举南部院校协会董事会的委员会代表。高等院校委员会的职责包括:① 推荐高校代表大会采用认证单位成为候选资格和成员资格的标准;② 对高校的认证地位拥有最终决定权;③ 推荐和确定高等院校继任和离职的委员会会员;④ 选举委员会的执行理事会(Executive Council),在委员会和大会休会期间代理其职责;⑤ 在必要时指定特别调查委员会(ad hoc study committees);⑥ 审批高校委员会的政策与程序是否符合协会的章程与规定。

执行理事会是委员会的主要力量,在会议期间代表委员会和高校代表大会行使其职责。执行理事会的主要职责:① 解释委员会的政策和程序;② 制定程序并监督特别调查委员会和常务委员会(standing committees)的工作;③ 审查常务委员会的工作目标和经费预算;④ 检查常务委员会的工作并进行年度评估;⑤ 提出新的计划、方案和政策建议。理事会负责接收来自特别调查委员会和常务委员会的报告并递交给高等院校委员会。在高校申请获得候选和成员资格以及再认证时,执行理事会应有来自委员会的推荐信,并把推荐信上交给具有最终审批权的高校委员会。

可见,该组织虽然是一个行业自律性的民间组织,但却建立了良好的运行机制,通过认证的形式吸纳会员,既保证了高等教育起码的质量水准,也达到了高等院校竞争实行市场准入制度的目的,与政府之间也形成了默契的合作关系。一方面该机构要接受政府的资格认可;另一方面,政府也充分利用其认证的结果,以此作为教育项目资助和拨款的依据,从而在政府、高校、认证机构三者之间形成了一套有效的运行机制。

(二) 基本认证要求

美国南部院校协会(SACS)高等院校委员会的认证要求主要包括诚信原则、核心要求、综合标准和政府规定等四个方面。

首先是诚信原则(The Principle of Integrity)。诚信是高等教育认证目的的本质所在,它就像一份基本的合同一样,维系着高等院校委员会与每个成员以及申请认证单位之间的关系。在这种关系中,各方同意开诚布公地相互交谈。没有这种许诺,高等教育委员会、委员会成员及认证单位之间的关系将不复存在或不能维持。在认证过程中,诚信有利于理解同行评议。委员会的要求、政策、程序及决定等都建立在诚信基础之上。高校委员会期望用诚信来控制认证单位的运作。因此,对公众故意隐瞒信息、为公众提供虚假信息、不能为委员会提供及时而准确的信息,或者不能遵守认证原则进行公正的自我评价,不能向委员会递交自我评价等诸如此类行为都将被看作是没有完全遵守诚信原则。任何一所高校没有遵守诚信原则都可能导致失去认证或候选的资格。

其次是核心要求(Core Requirements)。核心要求是一所高校通过高校委员会认证的最基本、最基础的条件,反映了委员会对候选者和认证单位的基本期望。主要包括:① 学位授予权,即高校必须有来自政府机构的学位授予权;② 董事会,即有一个至少 5 人组成的董事会,董事会对高校的计划和运作有重要的影响,在政策决定中发挥着积极的作用;③ 首席执行官,即有一位首席执行官,他的主要职责是负责管理高校;④ 学校宗旨,即认证单位必须有一个对学校宗旨进行阐述的详细而全面的书面陈述;⑤ 学校的有效性,即高校需证明能有效完成其宗旨;⑥ 持续的运转,即高校处于持续的运转中,有学生加入学位计划;⑦ 计划与通识教育,即高校提供一个或多个学位计划,计划基于至少60 个学期学分或者达到副士水平,至少 120 个学期学分或者达到学士学位水平,至少 30 个学期学分或达到后学士学位(postbaccalaureate)、硕士学位或专业学位的水平。在每一个本科学位计划里,学校都要求学生能完成通识教育课程并达到学院要求的水平;⑧ 教学人员,即全职教师的数量要足够保证满足学校教学的需求。在申请候选资格时,高校要证明教学人员能满足教师资格的综合标准;⑨ 学习资源与服务,即学校为学生提供足够的学习资源与服务。这些资源和服务足以支持学校的教育、研究及公共服务计划等;⑩ 学生支持服务,即学校为学生提供支持计划、服务及与宗旨相一致的活动;⑪ 财政资源,即认证单位成员需提供学校的财务审计报告、财政年度报表、财政职位陈述、年度预算报表等财政陈述;⑫ 质量提高计划,即高校要提供一份可接受的质量提高计划。

第三是综合标准(Comprehensive Standards)。综合标准对学校的运作来说是详细而明确的,它代表了高等教育的实际水平。综合标准提出的要求体现在四个方面:① 学校的宗旨、管理及效力,包括首席执行官的评价或选拔、董事会管理、董事会的利益冲突、董事会的解雇、董事会与管理者的区别、全体教员的指定与聘用、管理人员的评估、学院间运动项目管理、资金筹措活动等；② 计划，包括本科的教育计划及研究生学位和后学士学位专业计划；③ 资源，包括财政资源与物质资源；④ 委员会，包括遵守委员会的程序与政策、遵守委员会的职责、委员会身份地位的相关陈述等。

第四是政府规定（Federal Requirements）。主要内容包括：① 学生成就。学校应按照学生的成就来评价学生的成功与否。学生成就包括课程完成情况，州许可证考试及就业情况；② 专业课程。学校的课程直接与学校的宗旨与目标挂钩，同时适当地与所授予学生的毕业证书及学位证书挂钩；③ 政策的公布。应向学生、公众公布学校的相关政策；④ 计划长度。对于学校的每一个教育计划其长度都是适当的；⑤ 学生申诉。对发布的学生申诉，学校有适当的程序来解决，同时也有责任证明在解决学生申诉时学校遵守了相关程序；⑥ 补充材料。补充材料及陈述应准确地反映学校的政策与实践情况；⑦ 计划责任。学校应遵守《高等教育修正案》关于计划责任的规定。

（三）主要认证程序

美国南部院校协会（SACS）的认证程序主要包括院校自评、同行评估和高校委员会评估三个阶段。

1. 院校自评

成员学校或申请单位定期进行自查，要求吸纳行政管理人员、教师、职工、学生、董事会及其他相关人员参与。通过自查检验学校是否按宗旨办学，是否符合高校委员会对成员的要求。在院校自评过程中，需提供遵守要求的证明和质量提高计划两份文件。遵守要求的证明书（Compliance Certification）需在学校进行预期的再认证前 15 个月提交，这份文件由学校自己完成，学校以此证明在多大程度上遵守了核心要求、综合标准、政府规定。自评中，所有文件必须由学校的校长签名以此证明遵守了要求。通过校长签署这份文件来证明学校的自我评估过程是非常诚实的，文件所包含的信息是真实、准确和完整的。质量提高计划（Quality Enhancement Plan）在委员会进行现场评估的 4 到 6 周前递交。这份文件包括：① 对在院校评估过程中出现的关键问题进行鉴别的过程；

② 学生的学习结果和学校环境;③ 证明学校有制定、执行、完成《质量提高计划》的能力;④ 在质量提高计划及其执行过程中有大量支持学校的选民;⑤ 确定评定学校成就的目标和计划。[5]

2. 同行评估

同行评估包括非现场同行评估(The Off-Site Peer Review)和现场同行评估(The On-Site Peer Review)。非现场同行评估委员会由一位主席和8～10位评估人员组成。他们共同检查申请认证的单位所递交的遵守证明,审查每个单位是否遵守了核心要求、综合标准和政府规定。在评估的总结大会上,非现场同行评估委员会将为每所申请认证的学校准备一份单独的报告,这份报告提出并解释了有关学校是否遵守要求的评估决定。这份报告将递交给每所学校的现场同行评估委员会,由它来最终审定学校是否遵守了所有要求。非现场同行评估之后,现场同行评估委员会将在学校进行集中评估。委员会将派专家组进驻学校进行为期4天的实地考察,对学校进行全面的评估;确定学校是否遵守了核心要求、综合标准及政府规定;对《质量提高计划》中提出的问题进行商议;对《质量提高计划》的可行性进行评估。在现场评估的结束会上,评估委员会将准备一份报告,对学校不符合资格认证条件的问题提出意见,然后向高等院校委员会提交正式报告。

3. 高校委员会评估

高校委员会设立专门的常务委员会,负责对同行评估委员会的报告及认证学校对这些报告的反应进行复评。常务委员会将对学校再认证的推荐信转交给执行理事会。执行理事会推荐认可委员会(the full Commission)采取行动,认可委员会将最终决定学校的再认证及所要求的后续改进活动。高校委员会十分重视学校的后续改进工作,要求学校针对自查和专家考察中提出的不足,向高校委员会报告学校改进情况。高校委员会坚持对学校进行监控,直到学校通过审查为止。

(四) 启示与借鉴

美国南部协会作为一种认证机构,既不隶属于某个政府部门,也不受控于某一高校,它只是作为一种社会中介机构为高校提供认证服务,具体体现了两个方面的特点：

（1）独立性。不管在认证标准的制定（由 SACS 和学校合作制定）方面，还是在认证机构人员的任命（协会委员投票选举）方面都体现了独立性。SACS 的独立性还表现在其经费的独立上。SACS 的经费不依赖于政府拨款，而是来自接受认证服务的院校，包括初次参加认证交纳的评估费、认证单位会员每年交纳的会员费。除此以外，现场评估人员的食宿、交通费等也由院校来承担。由此可见，SACS 与其认证对象之间并非行政上的上下级关系，而是一种服务者与服务对象间的相对独立关系作为民间组织的认证机构不会插手院校的日常管理，也不会让院校干涉其认证活动。

（2）权威性。SACS 的主要成员都是质量评估方面的专家，评估小组的成员主要由认证机构成员院校的教师和管理者组成。这种人员组成决定了认证活动的专业性和权威性，这种专门知识和专家意见是公共行政部门所没有和无法替代的。

我国高等教育评估中介机构经历了从无到有再到逐步专业化的过程，但从我国现阶段来看，高等教育评估中介机构的发展还面临着一系列制约因素。首先是行政依附性过强。政府的支持是各国高等教育评估中介机构得以生存和发展的最重要因素。但在我国，政府对高等教育评估中介机构的支持更多地表现为一种行政控制，因此，高等教育评估中介机构的独立性极其有限。政府与评估中介机构之间没有建立明确的"责任"关系，易造成评估中介机构"责任逃避"。其次是权威性不够充分。高等教育评估中介机构得以共同认可而存在的基础是"权威"评估中介机构的权威性可以从行政权威与学术权威中得到体现。我国高等教育评估中介机构是政府主办的，无疑具有不可替代的行政权威性，但学术权威性不够。我国评估文化尚欠发达，理论研究也滞后于实际发展，评估实践多停留在经验层面，专职研究队伍力量薄弱，评估中介机构较长时间依靠邀请外部专家进行评估。解决上述问题的有效途径是给予评估中介机构更多的独立与自主权，尽快建立评估中介机构的学术权威性，提高机构成员学术素质，并从制度上确保学术权威的有效性。

参考文献：

[1] 江彦桥.高等学校教学质量保证体系的研究与实践[M].上海：上海外语教育出版社,2002:204.

[2] 万毅平.美国的高校认证与教育评估[J].江苏大学学报,2003(2):25.

[3] 田恩舜.高等教育质量保证模式研究[M].青岛：中国海洋大学出版社,2007:150.

[4] 上海市教育评估考察团.国外教育评估机构运行机制分析与借鉴——美国、加拿大教育评估考察报告[J].教育发展研究,2005(8):29—33.

[5] Blake Gumprecht. The American College Town[J]. The Geographical Review,2003(1):23.

（本文发表于《比较教育研究》2008 年第 12 期。作者陈时见,时属单位为西南大学教育学院；作者侯静,时属单位为重庆育才中学）

八、高等教育质量保证趋势——
香港的经验

（一）香港高等教育质量保证运动的背景及进程

当高校质量保证运动在西方方兴未艾之时，香港作为亚洲的世界性城市亦在高等教育领域启动了质量保证进程。探寻其背后发展动因，主要源于四个方面：第一，经济全球化对高校教育成果的需求；第二，知识经济与科技迅猛发展对高等教育带来契机与挑战；第三，社会结构迅速变化推动高校从"精英教育"迈向"大众教育"；第四，英国高等教育质量保证机制对香港的推动作用。

香港于 1995 年 9 月至 1997 年 4 月在高等教育领域正式启动了第一轮教与学质量保证过程检讨（TLQPR）。1999 年在高等教育政策研究中心主持下，聘请荷兰屯特大学（University of Twente）独立顾问小组对第一轮教与学质量保证过程检讨的成果进行评估。评估结论认为，这是在"恰当的时候一种恰当的方式"（the right instrument at the right time），从正面肯定了第一轮的成果。由此大学教育资助委员会（UGC）认为"这场为了质量的运动"（campaign for quality）应该持续进行。在 2000 年 4 月的准备性会议中，大学教育资助委员会聘请海外专家、本地学者、本地大学代表等就第二轮教与学质量保证过程检讨展开讨论，并在 2002 至 2003 年实施完成。相比第一轮而言，从检讨目标、流程、范围以及特点等方面来看，第二轮显得更为深入与全面。

2002 年大学教育资助委员会重申大学教学需要与时俱进，适应社会发展。香港政府也以表现和成果作为质量保证的基准，并特别强调院校的成果。这一建议首先为香港高等教育其后所采取的"成效为本"(outcomes-based)路径进行了铺垫。2004年1月大学教育资助委员会发布《香港高等教育—共展所长，与时俱进》作为未来香港高等教育发展的纲领性文件。这份文件明确指出，高等教育的目标是改善、提升教与学的质量。针对传统的"教师中心"课程，"成效为本"教育强调以学生为中心、关注学生的学习结果。与此同时，实施"成效为本"教育可以帮助大学更好地理解其所付出努力的意义所在。[1]有鉴于此，大学教育资助委员会将以"学生中心"为特征的"成效为本"教育整合到高等教育质量保证进程中。

2007年4月，香港成立质量保证局(QAC)，其核心工作之一就是对香港各高等院校展开质量核证(audit)，[2]由此拉开新一轮质量评估的帷幕。香港质量保证局计划在2008~2011年对香港8所院校依次进行质量核证。此次质量核证主要有两个核心议题：首先是对学生质量的关注与强调，这秉承了香港高等教育10余年来一直致力的方向。在最为核心的目标—保证学生学习质量中，香港质量保证局强调要测量学生的学习成果，大学教育资助委员会鼓励大学采用"成效为本"路径帮助学生学习，而香港质量保证局的核证工作也同时加强了这一重点；[3]其次是推动大学对自身角色的清晰认识与准确定位，以便各所大学在自身角色范围内不断追求卓越，合力将香港塑造成地区教育的枢纽以及领导者。[4]

自2007年香港质量保证局建立以来，香港高等教育的质量保证就进入了制度化、常态化阶段。香港质量保证局尝试作为建构协助者的角色在新世纪为香港高等教育的发展保驾护航。

表1　两轮 TLQPR 要点比较表

	第一轮 TLQPR	第二轮 TLQPR
目标	·强调香港高校的主要使命是教学 ·帮助香港高校提升教学质量 ·推动大学教育资助委员会与高校为教学质量绩效负责	·强调香港高校的主要使命是教学 ·帮助香港高校提升教学质量 ·推动大学教育资助委员会与高校为教学质量绩效负责 ·根据检讨结果考虑大学教育资助委员会未来3年的经费资助

续表

	第一轮 TLQPR	第二轮 TLQPR
流程	·检讨小组（8 名大学教育资助委员会成员、2 名海外专家）赴 7 所高校现场检讨 ·检讨小组为每所大学提出改善建议 ·每所大学根据检讨建议完成回应报告 ·大学提交跟进改善报告	·大学根据大学教育资助委员会提供的构架提交自评报告 ·检讨小组（共 11 人，包括本地高校教育专家、海外专家以及海外大学教育资助委员会成员）赴高校现场检讨 ·检讨小组为每所大学提出改善建议 ·每所大学根据检讨建议完成回应报告 ·大学提交跟进改善报告
范围	·大学教育资助委员会资助的教学课程	·教学课程 ·研究生教育课程 ·自费再教育课程
特点	·关注教学质量的保证	·更为关注实际过程的质量保证与提高 ·关注合作

（二）香港高等教育质量保证制度特色

从质量概念来看，香港高等教育质量保证主要突出了对"适合目标"内涵的关注。大学教育资助委员会一方面大力发展学生评价与雇主追踪调查；另一方面也辅助高校设计发展定位、监督发展规划，其目的是力求使高等教育在配合市场、消费者的需求以及追求卓越两方面获得双赢。另外，从具体运作实施来看，香港近 10 余年的质量保证制度从整体上也凸显出一种立足本土、兼容并包的特色。这主要表现在以下五个方面：

1. 吸纳英国质量保证机制

从历史角度来看，英国高等教育对香港高等教育的发展影响颇为显著。香港质量保证同样深受英国影响。首先，两地质量保证运动均由政府发起，采用"自上而下"的模式实施推动。其次，在平均为 5～6 年作为周期的检讨过程中，两地所采用的形式颇为一致：学校根据建议拟出自评报告—检讨小组根据报告拟定考察方案—现场考察——检讨小组完成检讨报告—学校根据检讨报告做出回应——学校提交改进报告。最后,是关于评价结果的应用。香港第一轮教与学质量保证过程检讨以及香港质量保证局质量核证均提出审核结果并不与资助经费挂钩。与此相仿,英国学术评价的结果也仅仅作为参考,并不影响每年资助大学的经费分配。

2. 探索"成效为本"路径

上个世纪 60 年代,苏联卫星发射成功带给美国极大的震动。人们开始审视当时美国教育存在的种种问题与不足。霍吉(Hodge,S.)认为,在这个背景下,人们开始强调对行为目标的清晰界定,关注学生为获得成功而需要掌握的技能。而这无疑与其后在澳洲兴起的"成效为本"教育源自一脉。[5]

1994 年,澳大利亚出台国家课程文件(National Curriculum Statements and Profiles)将"成效为本"概念引入教育领域,并将之推广实施。所谓"成效"就是对学习内容的确认。[6]斯贝迪(Spady,W.G.)认为,这种"成效为本"的路径代表了一种教育的新范式,与传统的"内容为本"教育大相径庭。[7]

表2 "内容为本"与"成效为本"教育对比表

"内容为本"教育	"成效为本"教育
被动的学习者	主动的学习者
考试驱动	建基于现状的评价
"内容为本"的教学大纲	知识的整合
以教材和教授法为中心	以学习者为中心
大纲十分严格	教师是革新的、有创造力的
教师为学习过程负责	学习者为自己的学习负责
强调教师希望达致的目标	关注成效
将内容放置在严格的时间框架中	弹性的时间框架、学习者决定学习进度
死记硬背	批判性思考、探究与行动

资料来源:斯贝迪(Spady,W.C.,1994)

总体而言,"成效为本"理论将研究重点从投入转为成效;从教师教转为学生学,[8]而其关键点是让所有学生都能够达到高标准、高质量的学习结果。[9]从这一角度而言,质量保证与"成效为本"的理念存在较多共通点:(1)对卓越的追求。质量保证目的是追求卓越的高等教育,[10]而"成效为本"的宗旨是让所

463

有学生获得高质量的成效；[11]（2）强调改变与成效。质量保证要求改变，将结果的质量作为主要目标，"成效为本"同样需要在教学中的改变，为学习者赋权并关注成效；[12]（3）关注"消费者"。质量管理强调客户的需要，"成效为本"关注学生、社会与其他利益相关者的需要；（4）团队合作。哈维（Harvey, L.）认为，质量管理关键的一个原则就是团队合作，促进文化与组织的改变，[13]而在团队中学习构建动态的学习组织则是"成效为本"的重要方式；（5）赋权增能。质量管理是为每个人赋权，提升组织能力，强化责任与绩效。成效为本同样为学生赋权，强调学生的参与感与拥有感。

基于可以相互融通的理论，在推进质量保证的过程中，大学教育资助委员会似乎规避了欧洲以制度设定推动实践行动的单一模式，而是偏向借鉴澳洲经验，推动院校领导及一线教师在学校、院系乃至课程等各个层面将"成效为本"理念整合到具体实践中，从制度引导和路径推介两方面促进大学质量稳步提升。

3. 注重评价层面的整合

英国质量保证制度分为两个方面：学术检视和研究评估。其中，学术检视分为学科和机构两个层面。由于学科评估过于耗费时间精力，在为一线教师增加负担的同时难以富有成效地推动质量提高。因此自 2005 年开始，英国不再进行学科层面的评价，只继续进行机构层面的质量核证。有鉴于此，大学教育资助委员会在实施质量保证过程中将学科层面和机构层面加以整合。分析2008 年香港质量保证局《核证便览》可以发现，香港质量保证局的监督范围覆盖了学校的院系以及各个科目，同时亦关注学校的发展目标、发展计划、评估方法、评估结论等多个方面。总体而言，大学教育资助委员会所进行的质量核证更为综合化、立体化。

4. 明确高校角色，追求卓越共赢

2004 年 1 月大学教育资助委员会的报告明确了香港 8 所高校在香港教育发展中各自所扮演的角色。其目的是为了减少重复竞争，帮助院校发展各自特色，在通力合作、互惠互利中将香港构建成高等教育的领导者。2008 年香港质量保证局启动的质量核证在强调保证学生质量的宗旨之余，亦突出强调各高校需要明确自身的发展方向。同时，香港质量保证局亦会监督高校为达致这一目标所付出的努力与实践。

5. 检讨小组成员的多元化构成

香港作为国际化都市,博采众长一直是香港得以高速发展的持续动力。自1995年开始的第一轮教与学质量保证过程检讨中,大学教育资助委员会聘请的专家中就兼顾了本地学者和海外专家的互补性。这种检讨小组成员构成的多元性在2008年开始的质量核证中始终保持。这种多元性的构成不仅能够使香港高等教育质量保证过程具备较为开放的国际性视野,而且可以帮助香港更好地借鉴其他国家的先进经验。与此同时,在检讨小组中大学教育资助委员会成员、各大学代表的参与可以使得整个核证过程适切香港本土的实际与长远发展。

(三) 对香港高等教育质量保证制度的反思

事实上,在传统中大学已经是代表品质的机构,知识、义理早已蕴含在既有的学术理想中。[14]20世纪末,香港高等教育的内在品质遭遇到外在评价的挑战,在相互的冲突与融合中产生问题在所难免,其主要表现为以下五方面:

1. 外在主导的利与弊

大学教育资助委员会进行的两轮教与学质量保证过程检讨以及香港质量保证局启动的质量核证均采用了"由上至下"(top-down)的外部主导模式。这种外部的评价固然可以为原本"自成一统"的大学教育提供革新的视角与探索的方向,但是这种外部评价亦可能会制造出一种不信任感,从而使大学成员士气低沉。这种外部主导的评价冲击着传统的意义和价值观,极易将教师的专业形象从"独立的学者、鼓舞人的教师"转变为"为了竞争的表演者"。[15]

2. 质量保证难以脱离社会压力

越是不具有威胁性的评价过程就越能够获得开放、符合事实的反馈。[16]香港质量保证局在质量核证之始就申明对大学进行质量核证的目的是推动大学自主建构,而非进行大学之间的比对或排名,另外质量核证的结果也不影响大学教育资助委员会的资助资金分配。但是,舆论及媒体对此次香港质量保证局的核证结果却十分关注。很多媒体将首次香港质量保证局核证报告中针对大学的建议内容一一详列,这种舆论及关注使得其后接受核证的大学时至今日尚未向公众公开自评报告与审核报告。香港高校的这种应对反应了其较强的自我保护意识。我们认为,这种媒体及舆论的关注无疑增加了香港高校参与质量核证的压力,而在这种压力下,高校是否能够真实地面对问题值得参与者与研究者进一步考量。

3. 采纳"成效为本"路径的不足

由于"成效为本"强调清晰表述所希望达致的目标,同时需要收集相关的信息或证据进行佐证,这种取向难免在实施中遭遇难题。教育原本是极为错综复杂的过程,过于强调"成效为本"则有可能将综合统整的教学实践简化为可观察的、低层次的具体任务。[17]另外,香港质量保证机制强调发展学生批判性思考、问题解决等共通能力(generic skills),如何将这些共通能力细化到学科任务中、如何搜集证据确证学生已经获得这些能力仍然十分困难。除此之外,在香港"成效为本"路径更多地被整合进自然科学的相关领域,如何在人文社会科学领域中采纳"成效为本"路径、如何为"成效为本"教育提供持续性动力等问题依然成为香港高等教育研究者急需考虑的问题。

尽管质量保证与"成效为本"在理念上存在颇多一致之处,但是这种理念的一致并不代表在实施过程中能够一帆风顺。大学教育资助委员会在 2005 年就已经开始强调采用"成效为本"路径探讨提高质量的可能性,但是直至 2009 年大学教育资助委员会召开关于"成效为本"的研讨会上,研究者仍然在"成效为本"教育的概念、实施步骤、如何实施等基本问题上徘徊。斯贝迪与马殊(Spady,W. & Marshall,K. J.)曾经指出成效为本教育主要有 3 种形式:传统的——根据已经存在的课程内容设计期望达致的结果或成效;传递的——设立需要批判性思考、解难能力等能力的目标或成效;转化的——以"全方位成功"(success for all)为宗旨的,不局限于学校教育,而是关注学生在社会中的能力与表现。[18]

只有当"成效为本"教育发展到转化性阶段时才可能推动根本性的教育变革。但是,当前香港高等教育所采纳的"成效为本"教育更为关注前面两种形式,而对如何保证所有的学生都取得成功、如何促进学生的全方位发展、怎样对学生的学习成果进行境遇性解释始终欠缺充分的讨论。

最后"成效为本"理论自身存在的不足。尽管"成效为本"理论为教育提供了不同视角,但是这种理论本身仍然有待完善。布林德利(Brindley, G.)认为,在"成效为本"的路径中存在以下问题:

- 在终结性目标与形成性目标之间存在显著的矛盾与张力;
- 对教师教学评价缺乏信度与效度;
- 需要进行高额投入;
- 对结果的过分关注可能导致对过程关注的缺失。[19]

总体而言,"成效为本"如何克服自身理论的不足,香港此次质量核证又如何在具体实施中更好地整合"成效为本"路径,仍然有待实施者与研究者持续探讨。

4. 高等教育适应性与自我发展的困境

促进香港高等教育改革的动因多数来自于经济、社会结构等外部原因的变革,在适应经济变迁、符合市场需要等多项标准的衡量之下,高等教育被推上求变之路与适应之旅。但是,这种外在动因的强大推动是否会导致高等教育日渐走向"标准驱动"(measurement-driven),从而陷入丧失自我价值延续性与完整性的困境?科南特(Conant, J. B.)认为,教育是把一切所学都忘掉后剩下的东西。[20]因为理想的教育应是一种全人的塑造与培养。在我们执着于对内容的分析或技能的掌握的同时,是不是也在某种程度上忽略了高等教育的真义?

5. 高等教育质量保证元评价的缺失

米歇尔认为,尽管品质保证已经成为世界性趋势,但是我们却不得不面对缺乏质量保证可以提升教学和研究水平的确凿证据。没人敢说大学的水平下降,因为这样说就等于承认失败。在资源日渐稀少的情况下,失败必须被惩罚,而只有卓越才能获得奖励。[21]面对这样的情境,建立针对质量保证的评价机制或监督机制无疑十分重要。这种自我的审视与反思可以让整个过程规避当局者迷的陷阱。

(四) 结语

香港启动质量保证是因应社会经济改革浪潮的需要,关注市场需求、推动高校发展是香港乃至全世界进行质量保证的核心议题。需要注意的是,高校质量的持续性发展还需要关注以下三方面问题:怎样在高等教育中建构质量文化？如何真正为高等教育的参与者(教师、学生)赋权？怎样将高等教育质量变革从适应外在目标过渡为批判性的自我转化？

毋庸讳言，上个世纪末启动的质量保证浪潮揭开了新世纪高等教育改革的序幕。作为社会发展的重要动力来源，高等教育已经在国际舞台上成为各国战略发展的焦点。它需要在培育具有学识和批判能力的人才以及帮助大学生具备适于经济环境的能力中寻求平衡；需要在理论研究的前沿与推动国家经济发展的阵地中获得双赢。在高等教育不断演进的过程中，质量保证运动的角色、功能与实施仍然值得研究者进行持续的审视与探索。

参考文献：

[1]Leung,T. P. Learning and Assessment in Higher Education：International Perspectives[EB/OL]. http：//www. ugc. edu. hk/eng/ugc/puBlication/speech/2005/sp171205. htm. 2009—07—02.

[2]质素保证局. 质素保证局通讯(优质之道)[EB/OL]. http：//www. ugc. edu. hk/big5/qac/publication/newsletter/ql200808. pdf. 2009—07—02.

[3]质素保证局. 核证便览[EB/OL]. http：//www. ugc. edu. hk/eng/doc/qac/publication/auditmanual. pdf. 2009—07—02.

[4]大学教育资助委员会. 香港高等教育—院校整合意义重大[EB/OL]. http：//www. ugc. edu. hk/big5/doc/ugc/publication/report/report_integration_ma tters_c. pdf. 2009—07—02.

[5]Hodge,S. (2007). The Origins of Competency-Based Learning[J]. Australian Journal of Adult Learning,47(2)：179—209.

[6]Kudlas,J. M. (1994). Implications of OBE：What Should You Know About Outcome-Based Education? [J]. ScienceTeacher,61(5)：32—35.

[7]Spady,W. G. (1994). Choosing Outcomes of Significance. [J]Educational Leadership,51(6)：18—22.

[8] Alderson，A. ，&Martin，M. (2007). Outcomes Based Education：Where Has It Come From and Where is It Going? [J]Is sues in Educational

Research,17(2):22.

[9]DeJager, H. , &Nieuwenhuis, F. (2005). Linkages Between Total Quality Management and the Outcomes－Based Approach in an Education Environment[J]. Quality in Higher Education,11(3):251—260.

[10]Eriksen,S. D. (1995). TQM and the Transformation from Elite to a Mass System of Higher Education in the UK[J]. Quality Assurance in Education,3(1):14—29.

[11]Lemmer, E. , &Lebeloane, L. (1998). Managing Qucdity in Education－Outcomes－Based Education in South Africa. Randburg: Hodder &Stoughton.

[12]Olivier,C. (1998). How to Educate and Train Out－comes－Based. Pretoria: Van Schaik.

[13]Harvey,L. (1995). Quality Assurance Systems,TQM,and the New Collegialism. QHE,Baker Building,University of Central England in Birmingham,Perry Barr,Birmingham.

[14][21]Palermo, J. (2002). When Somebody's Watching: Researching the Workplace Impact of Academic Audit. AIR 2002 Forum Paper. Paper presented at the Annual Meeting for the Association for Institutional Research, 42nd,Toronto,Ontario,Canada.

[15]Maslen,G. (2000). The Cause of External Audits[J]. Campus Review,9:13—19.

[16]Harvey,L. (2002). Evaluation For What? [J]Teaching in Higher Education,7(3):245—263.

[17]Dunn,L. ,Parry,S. , &Morgan,C. (2002). Seeking Quality in Criterion Referenced Assessment. Learning Communities and Assessment Cultures Conference,28—30.

[18]Spady,W. &Marshall,K. J. (1991). Beyond Traditional Outcomes－Based Education[J]. Educational Leadership,49 (2):67—72.

[19]Brindley,G. (2001). Outcomes—Based Assessment in Practice:Some

Examples and Emerging Insights[J]. Language Testing,18(4):393.

[20]Conant,J. B. (1959). The American High School Today: A First Report to Interested Citizens. NewYork: McGraw—Hill.

（本文发表于《比较教育研究》2010 年第 1 期。作者李子建、黄显涵，时属单位为香港中文大学教育学院；作者钟秉林，时属单位为北京师范大学）

九、"自愿问责制":美国高等教育 问责制发展的新动向

作为现代美国高等教育改革和发展中的一个关键词,问责制(accountability)成为影响美国教育未来走向的重要力量。所谓问责制,是指对他人报告的责任,就资源如何使用以及达到何种效果此类问题作出解释、证明和回答。[1]美国"公立院校本科教育自愿问责制"(Public Universities and Colleges Voluntary System of Accountability for Under-graduate Education, VSA)于 2007 年11 月由美国两大公立院校组织——"美国州立学院及大学协会"(AASCU)和"美国公立及赠地大学协会"(APLU,其前身是 NASULGC)①联合发起成立。AASCU 与 APLU 共包括 520 多所公立学院和大学,容纳了 2/3 以上的美国本科生,每年授予的学士学位比例占全美的 70% 以上。截至 2009 年 11 月,参加"自愿问责制"的院校共计 332 所②,占 AASCU 与 APLU 全部成员的 60% 以上;在"美国大学协会"(AAU)中,共有 19 所公立院校加入,超过 AAU 公立院校的半数。短短两年内形成的自愿注册规模在很大意义上表明"自愿问责制"是"一种最好的实践",[2]并且它"之于公立高等教育的未来将会变得更为重要"。[3]

---

① APLU 是 Association of Public and Land— grant Universities 的简称,由 National Association of State Universities and Land— Grant Colleges(NASULGC)发展而来的,2009 年 3 月 20 日改称为 APLU。

② 目前 VSA 监督委员会(Oversight Board)将申请 VSA 的准入资格限定在 AASCU 与 APLU 成员中的 4 年制公立大学。如果这一标准得以修订和放宽,参与 VSA 的院校会更多。

（一）"自愿问责制"的产生背景

事实上，美国高等教育问责制早已存在并形成了对公立院校的巨大压力，几乎每一所 AASCU 与 APLU 成员，都以很大的代价回应不同利益相关者的诉求，然而美国社会对公立院校的批评却不断高涨和尖刻。美国"高等教育问责全国委员会"（National Commission on Accountability in Higher Education）发表报告，对现行问责制恰如其分地描述为：笨重、过度设计、混乱和无效率，它既使政策制定者处于过度的和误导性材料的重压之下，也使得广大院校不堪重负。[4]美国教育考试服务中心（ETS）也认为，今天大多数院校欠缺一种关注学生学习结果的文化导向和确凿证据。[5]

究其原因，现行问责制度存在一定的缺陷：信息的来源多样和支离破碎，没有形成具有内在联系和相互支撑的体系，限制了信息的价值；信息过于繁杂而淹没了应当关注的核心要素及其意义；概念、定义及工具的不统一，使得不同院校所提供的信息不可比较；出于自身利益的各种考虑，院校不愿公开一些重要信息等。最终结果是，问责制没有达到使高等教育机构很好履行其改进和提高学生学习这一责任的预期目的。作为联邦教育部的声音，2006 年，美国斯林斯委员会（The Spellings Commission）报告提出：学院和大学必须在成本、价格和学生成功方面变得更加透明，并且以一种聚合形式（aggregate form）公开报告，以便消费者和政策制定者衡量不同院校的效能。[6]这一报告在美国社会引起强烈反响，形成了重构问责制以改进公立院校本科教学质量的巨大声浪。在新形势下，"自愿问责制"的出现和发展可谓正当其时。

（二）"自愿问责制"的基本设计思路

"自愿问责制"的形成经历了一个前期酝酿阶段。2006 年 4 月，NASUL-GC 主席麦克比尔森（Peter McPherson）起草了题为《通过更好的问责制和评估改进高等教育中的学生学习》（Improving student learning in higher education through better accountability and assessments）的讨论文件。在广泛吸收 NA-SULGC 和 AASCU 成员领导者们的反馈意见后，麦克比尔森于同年 7 月和 8 月又分别草拟了两份修订文本，这三份文件共同构成了"自愿问责制"的设计蓝图。首先,"自愿问责制"的服务对象定位为预期的学生、家长、教师和校园支持性群体以及公共政策制定者和高等教育的公私资助者。对这些群体负责,就意味着需要达到三重基本目标:为学生及其家庭提供透明的、可比较的和可理解的信息;向公众展示高校的责任和管理能力;通过测量学生学习结果来检测教育效果。[7]其次,三份纲领性文件中还隐含着一些深层考虑。一是,避免政府集权化干预的渗透。在这点上,充分体现了"自愿"(voluntary)的本意:即大学驾驭变革的自主性和主导性,并形成大规模的战略联盟和联合行动,在内部保持院校群落的"完整性"(integrity),在外部为组织选择新方向的发展。二是,维护多样性。"自愿问责制"的核心就是满足外界对本科生学习经历的透明化要求,并维持不同高等教育机构的多样使命。[8]三是,增强公众对公立院校的理解。通过"自愿问责制"所提供的本科教育信息,使公众对每一所成员院校的重要方面都能够获得一种公平而有益的认识,[9]转变学生和家长的择校观念,增强学生取得成功的信心和对公立院校的信赖。

在上述目标的指引下,NASULGC 和 AASC 形成了设计"自愿问责制"的一系列原则(principles)。第一,可比较性。按照统一的概念和工具,就共同项目进行调查、测量和报告,准确反映关键性事实并适用于跨院校的绩效和结果比较。这种比较应当严格限定在具有可比性的院校范围之内。第二,透明。不同数据的定义清晰明确,各种数据收集和报告的规约都要很好地建立,所有问责工具的使用方法和所得结果都应当公开,并且提供可进一步获取实测管理、抽样、反馈率等详细资料的渠道。第三,可理解性。各种信息方便获取、简单明了,并纳入一个标准格式内,使之适宜消费者(consumer-friendly)。第四,可靠性。"自愿问责制"提供的数据要成为规范信息值得信赖的来源,并且信息经过严格筛选和高度结构化。地区认证委员会董事会(Council of Regional Accrediting Commissions)主席芭芭拉(A. Barbara)明确表示,"自愿问责制"所提供的评估策略和数据可以作为院校在参与认证审查过程中的支撑证据。[10]第五,成本。充分调动已有的数据资源,并慎重选取测量工具以代替那些笨重的、散漫的和昂贵的问责测量,尽可能控制成本而不增加院校负担。第六,指导。不对多种信息作优先性排列,以免影响人们的判断,而是通过提供具有一定广度和种类的客观信息,充当消费者指南(consumers guide)的作用;使不同指标与学生和家长的特殊环境、选择偏好发生关联并生成意义,较之预设性和结论式的院校排名而言更有弹性和适切性。第七,持续改进。发展问责工具为改进学生产出和教育质量提供最大化帮助,关注教育的价值增值。[11]

总体而言,这些设计构想体现了美国公立院校领导层应对新挑战的一些基本思考,而其核心则是问责范式的转换。现行问责制的逻辑起点是接受公共资助的公立院校必须向政府和社会就资源使用和教育事务等进行报告和证明,折射出一种基于资源投入—回报的"交易"哲学和经济理性。与此不同"自愿问责制"的逻辑起点是公立院校对教学质量以及整个美国社会发展所应担当的集体责任,体现出一种基于承诺—履行的伦理契约和价值理性。

(三)"自愿问责制"的实现形式和主要内容

2007年1月,NASULGC和AASCU组织成员共推选出82位代表,围绕麦克比尔森在讨论文件中所提出的"消费者信息"、"校园学习环境"以及"教育产出"3个主要方面,形成了5个任务团队和2个技术工作小组,就需要报告的因素、促进比较的方式和测量学习结果的工具等内容进行选择和开展实质性工作。100多位NASULGC和AASCU组织中的专家在此过程中监控不同项目的进展情况并为其发展提供咨询。经过9个月的集体攻关,最后形成了"自愿问责制"最具可视性的产品—"大学肖像"模板(College Portrait Temlate)。"大学肖像"模板以院校网页为平台,以网络传播为渠道,为"自愿问责制"成员提供了一种合成与展现其关键信息的规范样式(uniform format),各院校则据此开辟自己的"大学肖像"界面。具体来讲,"大学肖像"分为"学生与家庭信息"、"学生经历与体会",以及"学生学习结果"3个截面(sections),不同截面的信息要素分布在格式化的5张页面内。结合"大学肖像"模板的基本构架"自愿问责制"的主要内容如"自愿问责制主要内容表"所示(见下页)。

这种实施形式具有鲜明的特点。其一,整合性与集约化并举,充分运用了已有的、成熟的和得到认可的信息资源和测量工具。"自愿问责制"非常注重对体现共性的"信息要素"的提炼,如"学生经历与体会"中的6种"构念"(constructs),就是多种大学生学习体验调查工具所含指标的"交集";推荐给组织成员使用的4种调查工具,也是从16种候选工具中挑选出来的;"学生学习结果"

中的 3 种能力,体现了跨越学科与院校边界并反映企业雇主要求的大学本科教育的"共同目标"(common goals)。其二,规范化与弹性化结合。"大学肖像"模板是一种推行统一标准以增强信息的简约性和可比较性的努力,各组织成员不得对其形式与内容进行随意改变。"自愿问责制"一个基本设想是,学生及其家庭可以将自己感兴趣院校的"大学肖像"打印出来,并把它们一个挨着一个地在餐桌上摊开来进行比较。[12]同时,考虑到院校类型与功能的多样性,在"大学肖像"中鼓励以多种途径传递院校特色:允许建立"更多"链接,在最后可以增加由院校自由决定的"附加页"等。其三,创造性与渐进性兼顾。首先,"自愿问责制"增加"本科生成功与发展率"(undergraduate success&progress)指标,这是充分考虑到学生校际流动和转学不断增多的实际情况,为了能够更好地反映出一所院校对学生成功和发展的实际贡献率,这一指标较之于联邦教育部笼统的毕业率统计而言,更为准确和完整。此外,"自愿问责制"还创设"大学费用计算器"(college cost calculator),在各成员组织的"大学肖像"中建立相应的链接。学生输入有关自己家庭收入状况的信息,就可以得到一个在特定院校内就读所需承担的实际费用估计值。这对于消除一些学生和家庭,尤其是低收入家庭对学习成本过高的错误预期具有实际作用。更具开创意义的是,"自愿问责制"并不停留和纠葛于学习结果及其测量的空泛论争层面,而是提出自己的观点并付诸行动,即将学生学习体验和学习投入调查结果作为表征学习产出的参考指标和正相关变量,进而直接针对学习结果中的核心要素鼓励院校依据标准考试进行大胆尝试。鉴于公立院校以前没有开展过院校层面学习结果测量的经历,也为了比较不同工具之于各类院校的效果,"自愿问责制"在实际推行中坚持循序渐进:依据不同任务的性质而设定不同期限和完成进度,其跨度从 3 个月到 4 年不等;把学习结果测量设计为一种"导航计划"(pilot project),给各院校 4 年的试验期,在此期间院校可尝试不同的测量工具,其结果也可不对外公开,为发布最终报告作缓冲。

自愿问责制主要内容表

截面	页码	信息要素(data element)	信息来源或备选工具	报告期限
学生与家庭／消费者信息	1	主题描述(text description)	院校提供名称、联系、标志等信息	3 月内
		学生特征	"通用数据库"(Common Data Set, CDS)	3 月内
		本科生成功与发展率	"全国学生交流中心"(National Student Clearinghouse)	1 年内
		全日制新生保留率	CDS	3 月内
学生与家庭／消费者信息	2	学习成本与财政资助	CDS	3 月内
		大学费用计算器(college cost calculator)	VSA	6 月内
		本科生录取情况	CDS	3 月内
		学位与系科	CDS	3 月内
	3	院校主题描述	院校提供有关自身使命等特色信息	3 月内
		院校选择按钮(Institution Choice Buttons)	院校自己确定标题及其链接	3 月内
		班级环境与师资队伍	CDS	3 月内
		院校特征	参考卡内基高校分类标准	3 月内
		学生住宿	CDS	3 月内
		校园安全	院校提供相关信息并建立与反映校园安全状况的"克莱里报告"(Clery Report)的链接	3 月内
		学位获得者未来计划	院校春季学期进行一般调查时提供	2 年内
学生经历与体会	4	小组学习 主动学习 体验不同人群和思想 学生满意度 院校服务学生学习与成功 学生与教职人员互动	VSA 推荐成员组织在"全美大学生学习性投入调查"(National Survery of Student Engagement, NSSE)、"大学高年级学生调查"(College Senior Survey, CSS)、"大学生经验问卷"(College Student Experience Questionnaire, CSEQ)以及"加利福尼亚大学本科生经验问卷"(University or California Undergraduate Experience Survey, UCUES)4 种调查工具中任选其一	2 年内

续表

截面	页码	信息要素(data element)	信息来源或备选工具	报告期限
学生学习结果	5	批判性思维 分析性推理 书面交流	VSA推荐成员组织在"大学生学术能力评估"(Collegiate Assessment of Academic Proficiency,CAAP)、"大学生学习评估"(Collegiate Learning Assessment,CLA)以及"学术能力和发展测量"(Measure of Academic Proficiency and Progress,MAPP)3种测量工具中任选其一	4年内

(四)"自愿问责制"的发展困境和未来展望

作为一种新的发展动向,"自愿问责制"的出现和发展伴随着质疑和有待克服的难题,而其核心集中于其最具创造性的学习结果测量上。"自愿问责制"有整合社会问责与自我改进的抱负,但调适这两种不同范式的冲突还存在很大难度。由于目前尚处于起步阶段,"自愿问责制"成员在"大学肖像"中只能以一种"快照"(snapshot)的形式出示学生体验与学习性投入的数据作为学习结果的间接证据,在符合可理解性和可比较性要求的同时,离院校内部改进的要求还有很大差距。正如有学者批评指出,"自愿问责制"是一种满足政治家们渴求对大学问责的尝试,就是"尽快告诉人们一组数字"。更为重要的是"自愿问责制"要求学习结果的测量析出和证明院校给予学生的教育增值(value-added)。但是,价值(value)是一个多维度的概念,包括一系列的基本技能,而且不同使命的大学对学生发展并不追求相同的价值。在工具上,"自愿问责制"所提供的3种标准化测量工具,能否全面测试出学生学习收获和满足院校自我改进的需求,也是值得商榷的。因此,如何从技术上更好地解决这些问题,更全面和准确地反映出学生学习结果,直接关系到"自愿问责制"目标的达成。

虽然如此,"自愿问责制"仍被寄予厚望。凯勒(Christine Keller)认为,"自愿问责制"的贡献在于协助公立院校开展自我评价与改进这一十分艰巨的任务,使国家的关注点从以往基于院校声望的问责报告向基于服务学生发展的院校绩效报告转变。[14]从初期效果看,这一新机制已经缓解了当前大学所面临的问责压力,同时为学生、家庭和政策制定者提供了新的和有价值的信息。[15]"自愿问责制"支持发展新的评价工具和策略,将学习结果评价与带有学科专业特点的"校本"评估有机结合起来,也整体推动了院校的自我改进。可以说,相对于以往过于注重院校声望和外部问责而言,自愿问责制的实践在很大程度上代表了问责制改革的要求和趋势,并悄然改变着人们讨论和评判大学成就的话语和准则。不可否认"自愿问责制"的价值还有待于时间进一步检验,但毋庸置疑的是,它将会对美国高等教育做出自己的独特贡献。

参考文献:

[1] Trow, Martin. Trust, Markets and Accountability in Higher Education: a Comparative Perspective. Higher Education Policy, 1996(9).

[2] Keller, Christine. Voluntary System of Accountability(VSA)[EB/OL]. http://www. ncci-cu. org/resourcelibrary/index. cfm? event = action. download. item&itemid=129&doit=true,2010-01-03.

[3] HoehneAlyssa. The Voluntary System of Accountability[EB/OL]. http://lakeland. edu/assessment/pdfs/Voluntary% 20System% 20of% 20Accountability%20-%20June%202009. pdf. 2010-01-03.

[4] National Commission on Accountability in Higher Education. Accountability for Better Results—A National Imperative for Higher Educat [EB/OL]. http://www. eric. ed. gov/ERICDocs/data/ericdocs2sql/content_storage_01/000019b/80/1b/ab/19. pdf,2010-01-13.

[5]Dwyer,Carol,A. ,Millett,Catherine M&Payne,David G. A Culture of Evidence:Postsecondary Assessment and Learning Outcomes[EB/OL]. http:// www. Ets. org/Media/Resources_For/Policy_Makers/pdf/cultureofevidence. pdf. 2010-01-13.

[6] A Report of the Commission Appointed by Secretary of Education-Margaret Spellings. A Test of Leadership:Chartingthe Future of U. S. Higher

Education[EB/OL]. http://www. eric. ed. gov/ERICDocs/data/ericdocs2sql/content_storage_01/0000019b/80/29/e0/ce. pdf,2010－01－13.

[7] Seehttp://www. voluntarysystem. org/index. cfm? page＝about_vsa,2010－01－13. com/cgi-bin/fulltext/121483776/PDFSTART,2010－01－13.

[8][12]Keller,Christine, M. & Hammang,John, M. The Voluntary System of Accountability for Accountability and Institutional Assessment[EB/OL]. http://www3. interscience. wiley. com/cgi bin/fulltext/121483776/PDFSTART,2010－01－13.

[9][11] McPherson,Peter. Toward a Voluntary System of Accountability Program(VSA) for Public Universities and Colleges[EB/OL]. http://www. Voluntarysystem. org/docs/background/DiscussionPaper3 _ Aug06. pdf,2010－01－03.

[10] See http://www. voluntarysystem. org/docs/vsa/accreditor_letter. pdf,2010－01－13.

[13] Lederman. Doug. A Call for Assessment—of the Right Kind[EB/OL]. http://www. insidehighered. com/news/2009/01/08/aacu, 2010－01－13.

[14] Keller,Christine. Development of a Voluntary System of Accountability for Undergraduate Education[EB/OL]. http://cshe. berkeley. edu/events/serusymposium2009/docs/VSADev_SERU_draft040909. pdf,2010－01－13.

[15] Shulenburger, David. Mehaffy, George L& Keller, Christine. The Voluntary System of Accountability:Responding to a New Era[EB/OL]. http//www. thefreelibrary. com/The＋Vol-untary＋System＋of＋Accountability:＋responding＋to＋a＋new＋era. -a0191130407,2010－01－13.

（本文发表于《比较教育研究》2011年第2期。作者柳亮,时属单位为清华大学教育研究院）

十、非洲高等教育质量保障中的地区合作
——以东非大学理事会为例

与世界其他国家一样,高素质的人力资源是促进非洲各国经济发展和提升其国际竞争力的关键所在。因此近几年,非洲高等教育的质量保障呈现出强劲的发展势头。公众对提高高校办学水平的呼声、对高校提高效率和绩效责任的要求、各国经济发展对高素质毕业生的需求、高等教育公共资源的紧缩以及跨国高等教育办学者的大量涌现等都成为这种发展的重要推动力量。但是,非洲国家在推进高等教育质量保障方面面临着重大挑战。世界银行的一项调查发现,在 52 个非洲国家中,只有 16 个国家(占 31％)拥有高等教育质量保障机构。[1]奥克布克拉在研究非洲 16 个国家的高等院校质量保证体系面临的挑战时发现,最大的挑战在于高校缺乏完善的质量保障框架,其次是高校欠缺质量保障能力。[2]在地区与全球一体化的进程势不可挡和不断加快的时代,对于非洲来说,除了推进和完善国家层面的质量保障体系之外,还需要加强地区合作,建设区域性高等教育质量保障体系。令人欣喜的是,非洲地区在高等教育质量保障领域的跨国合作正稳步推进,并取得了良好的成效。东非大学理事会(IUCEA Inter-University Council for East Africa)就是其中一个地区性的质量保障网络,它在推动东非地区高等教育协调发展方面所取得的成就得到了非洲联盟的高度肯定。[3]

（一）东非一体化进程中的高等教育合作

东非地区在高等教育质量保障领域内的合作主要是在东非大学理事会这

一机制下进行的，而后者又是东非一体化进程的产物。

20世纪60年代，肯尼亚、坦桑尼亚和乌干达三国陆续脱离了英国殖民统治，宣布独立。随后，三国于1967年签署了《东非共同体条约》，成立了东非共同体（EAC，the East African Community），谋求以经济建设为中心共同发展的道路。

1977年，东非共同体因成员国间政治分歧和经济摩擦加剧而解体。1993年11月，坦桑尼亚、肯尼亚、乌干达三国开始恢复合作关系。1996年3月14日，三国成立东非合作体秘书处。1999年11月30日，三国总统签署《东非共同体条约》，决定恢复东非共同体。2001年1月，三国在坦桑尼亚阿鲁沙举行东非共同体正式成立仪式。2004年，三国签订条约，成立关税同盟。2007年6月18日，布隆迪与卢旺达两国正式加入东非共同体。2009年11月20日，东非共同体5个成员国总统正式签署了东非共同市场协议。根据这项协议，东非共同体成员国之间将实现商品、服务、资本和人员的自由流动，从而建立拥有1.2亿人口和600亿美元经济总量的统一市场，进一步推动东非地区经济一体化进程。

东非共同体的宗旨是加强成员国在经济、社会、文化、政治、科技、外交等领域的合作，协调产业发展战略，共同发展基础设施，实现成员国经济和社会的可持续发展，逐步建立关税同盟、共同市场、货币联盟，并最终实现政治联盟。与20世纪60年代的共同体相比，重建的东非共同体合作领域日益广泛、合作目标逐步深入，将教育、卫生等民生目标加入到合作政策和行动方案之中，不仅强调各国经济、政治、外交的平等合作，同时还强调社会文化、科技的共同发展。

随着共同市场建设的不断推进，东非地区劳动力跨国流动的趋势也日益增强，在这样的背景下，东非地区高等教育质量保障和认证问题也逐渐凸显出来。在东非共同体的支持下，东非大学理事会与肯尼亚、坦桑尼亚、乌干达三国高等教育质量保障机构共同协作，开发东非地区协调统一的高等教育质量保障框架，实行各项质量保障活动。

肯尼亚、坦桑尼亚和乌干达都曾经是英属殖民地，其高等教育体制深受英国的影响。1962年，英国殖民政府曾经将肯尼亚的内罗毕皇家技术学院、坦桑尼亚的达累斯萨拉姆学院和乌干达的坎帕拉马克雷尔学院合并成东非大学。

东非大学初建时即是伦敦大学的附属独立学院,其质量管理和质量保障制度完全沿袭伦敦大学的模式,以自治自评为主。在肯尼亚、坦桑尼亚和乌干达相继独立之后,东非大学也于 1970 年宣布解散,分解为三所独立的大学。

东非大学解散后,三国之间高等教育的交流与合作并没有停止。1970 年,东非共同体特别创立了东非大学委员会(the Inter-University Committee),旨在促进东非大学解散后三国大学之间的交流合作。不过随着东非共同体的解体,东非大学委员会也被迫解散。尽管如此,内罗毕大学、达累斯萨拉姆大学和马克雷尔大学的高层管理人员在 1980 年一致同意继续东非大学委员会的工作,并签署了谅解备忘录,创建了东非大学理事会。东非共同体重建后,东非大学理事会成为其下属机构。2002 年,在东非共同体的倡议下,三国正式签署了建立东非大学理事会的协议书。2007 年,卢旺达和布隆迪也成为东非共同体和东非大学理事会的正式成员。

东非大学理事会的座右铭是"为知识和繁荣团结起来"。为使东非高等教育成为一个强大的、具有竞争力的、反应灵敏的地区性团体,东非大学理事会于 2006 年 4 月制定了《五年滚动性战略规划》。这一规划成为了东非大学理事会的路线图,引导着理事会所有的活动。根据这一战略规划,东非大学理事会为自身设置的愿景是成为一个有效的、地区性的高等教育战略发展和管理的倡导者和催化剂。它的使命是协调和帮助利益相关者,以推进东非地区高等教育战略性的、可持续性的和竞争性的发展。它的具体职能包括:

(1)协调东非地区高等学校之间的校际合作。为此,要推进大学、政府与其他组织之间的合作,加强地区与国际交流,协调本地区的研究合作、师生交流。

(2)促进成员国高等学校的战略发展。为此,要协助和鼓励东非高等教育机构的发展,帮助大学改进管理,了解国际发展的最新情况,传递高等教育信息,为高等教育中具有战略意义的校际合作筹措资金。

(3)为地区的共同发展提升高等教育的质量。为此,要推进统一的高等教育质量保障框架的制定与应用,以确保教学和研究达到和保持国际水准,提倡和协助政府和其他团体与当局制定东非高等教育发展战略。[4]

（二）东非大学理事会推进高等教育质量保障的实践

在肯尼亚、坦桑尼亚和乌干达,都有国家层面的承担着高等教育质量保障职责的管理机构,它们是肯尼亚的高等教育委员会、坦桑尼亚的大学委员会和乌干达的高等教育全国委员会。此外,三国的一些高等教育机构也建立了内部的质量保障机制,尽管不同院校之间的质量保障实践不尽相同,并且不够完善。

在东非一体化的背景下,为了统一和简化高等教育的认证和质量保障程序,肯尼亚、坦桑尼亚和乌干达三国的高等教育管理机构于 2006 年 5 月签订了一份《理解协议》。这一协议正式确认了与推进三国高等教育质量管理相关的所有事务。这使得三国的高等教育管理结构能够在与保证高等教育质量相关的所有事务上进行密切的合作。而且,三国的高等教育管理机构还能够与东非大学理事会框架下的所有成员院校密切合作,这些院校既有公立的,也有私立的。

2006 年,东非大学理事会管理委员会（Governing Board）决定为成员国的高等院校引入一个共同的质量保证体系,以促进这一地区高等教育质量的协调性和可比性,同时维护东非作为一个可靠的高等教育区域的完整性。[5] 2007年,东非大学理事会召集肯尼亚高等教育委员会、坦桑尼亚大学委员会（TCU）和乌干达高等教育全国委员会,在德国学术交流服务中心（DAAD）、德国校长会议（HRK）、德国奥登堡大学的指导与协助下,开发并试行了东非地区第一个共同的高等教育质量保障框架。

东非高等教育质量保障框架的总体目标在于"制定和维持东非地区高等教育优秀的、可比较的学术标准。特别是将重点放在提升东非地区高等学校质量的国际竞争力上,不仅要完善质量的地区性认可,更要积极致力于质量的国际标准认可"。[6] 具体来说,东非地区高等教育质量保障框架必须:有效地推动东非地区质量保障体系的发展;为质量保障、评估标准、学分累积与转换等地区统一行动提供一个整体的指导纲领;促进和改善毕业生和学术人员等人力资源的跨国流动;通过国家和地区认证机构的合作行动,消除不同的教育体制之间的分歧;通过网络化信息分享,增强东非地区所有高等教育利益相关者的合作;保证东非地区高等学校能够成为高等教育国际竞技场中不断发展壮大的学术力量。东非大学理事会试行的高等教育质量保障框架中包含了 22 项指标,所涉及的范围广泛,从学习成果到技术设备、从不同层次项目使用的质量保障方法到用于试行项目自评的学生与教师的资格认证,等等。这些指标是各试点单位进行实践时必须遵循的标准。

为了增强高等教育利益相关者的关注,保证质量保障框架的可行性,东非大学理事会还组织肯尼亚、坦桑尼亚、乌干达三国高级政府官员、高校副校长、教育质量管理机构的行政主管以及一些高级学者进行协商讨论。在讨论的过程中,各方代表提议为了有效实行质量保障框架,应制定一个包括质量保障运行机制在内的指导手册。2007 年,这本叫做《质量路线图》(A road map to quality)的指导手册出版,手册是在荷兰顾问的指导下,由东非专家组、东非大学理事会质量保障常设委员会共同编写的,其内容覆盖了从课程到学校,从内部到外部质量保障的各个方面;它着眼于支持东非各国高校实施有效的质量保障措施,应用类似的标准,建立一个完善的、适应高等教育国际发展的内部质量保障体系,通过提供内部自我评估的工具,帮助高校发现自身的质量问题。

为了检验《质量路线图》和改进方法,东非大学理事会于 2007 年选择了 21 所高等院校进行试点。这些院校自愿参加试点,并在内部任命了一名质量保障官员(或称为质量保障协调员或质量保障行动主管),由他们控制、协调和管理质量保障活动的有序开展。这些质量保障人员在德国接受了为期两周的培训。培训内容包括《质量路线图》介绍、案例研究以及如何处置抵制改革的行为等。最后,参与培训者都制定了个人行动计划。受训人员回国后,各国高等教育管理机构都组织了由试点院校的教务长或学院院长参加的全国性研讨会,目的是确保信息的畅通和试点的顺利实施。2008 年 1 月,东非大学理事会组织了第二期培训,培训内容是报告撰写,以及如何在数据收集中运用调查问卷和访谈的方法。此外,还邀请试点院校的教务长或学院院长参加了为期 1 天的研讨,从中发现了自我评价中一些值得进一步讨论的指标。2008 年 6 月,第三期培训的主题是了解试点的进展情况,反馈自评报告,讨论质量保障方法的修订,同时遴选第二组试点院校。2008 年底,开始引入外部同行评价机制。2009 年的 1 月,组织了第一组试点院校的最后一期培训,内容是讨论外部评价结果以及引入外部同行评价的意义。第二组试点院校的质量保障人员参加了这一期培训,目的是与第一组质量保障人员交流经验。

从第一组的情况看,高等教育质量保障试点项目取得了成功。各国的高等教育管理机构以及高等院校的管理人员都对这一项目表现出了浓厚的兴趣,并给予了支持。值得一提的是,大多数院校是第一次实施这样的综合性内部自我评价活动。这非常有助于学校认识自身的优势和劣势。而且很显然,大多数高等院校已经实施了许多质量保障措施,部分措施已经成为了常规性的工作,但是迄今为止,这些措施没有成为一种结构性质量保障方法的一部分。因此,大多数学员正在规划制定这样一种质量保障的结构性方法和全面性政策,并将设立一个单独的质量保障机构。总之,东非大学理事会推进质量保障的举措为成员院校培养了一批质量保障人员,提升了这些院校质量保障的能力,并促进了质量文化的培育。此外,在地区层面上,高等教育质量保障试点项目促进了类似于欧盟波洛尼亚进程的东非高等教育体系的地区整合。

(三) 结语

在知识经济时代,优质的高等教育对于竞争力的提升和经济的发展具有了越来越重要的意义。因此,与世界其他国家一样,非洲国家在经历着高等教育规模扩大的同时,也更加关注高等教育的质量保障问题。在地区一体化与全球化进程势不可挡的今天,在高等教育质量保障中开展跨国合作的意义也日益受到普遍的认可。这种地区性合作的潜在好处是重大的,包括学位的相互承认、师生的流动、在同行评审和外部检查方面进行合作、地区认证、抑制人才流失等。就非洲而言,由于人力资源的不足,地区性高等教育质量保障系统特别适合。对于没有质量保障的高等院校和国家来说,这一系统有助于这种实践活动的产生,并且可以为薄弱的国家层面的质量保障体系提供支持。

最近几年,在欧盟的波洛尼亚进程的影响下,在亚太、拉美和非洲,地区性高等教育质量保障系统纷纷建立。在非洲,除东非大学理事会之外,还有非洲及马达加斯加高等教育委员会(CAMES, Conseil Africain et Malgache pour l'Enseignement Superieur)、南部非洲发展共同体(SADC, the Southern African Development Community)、南部非洲大学联合会(SARUA,the Southern African Regional Universities Association)、南部非洲高等教育质量管理计划 (HEQMISA,the Higher Education Quality Management Initiative for Southern African)、非洲大学联合会(AAU,the Association of African Universities) 等。目前,这些系统在高等教育质量保障方面主要着眼于知识分享和能力建设。从东非大学理事会的高等教育质量保障框架的试点计划的实施情况来看,尽管借助了西方国家的智力和财力援助,但效果是积极的。而且,这种积极的影响具有超越教育领域的政治意义,即它能够推动东非共同体的复兴和东非一体化的进程。

参考文献:

[1] Peter Materu. Higher Education Quality Assurance in SubSahar an Africa:Status,Challenges,Opportunities,and Promising Practices. The International Bank for Reconstruction and Development/the World Bank,Washington,D. C. ,2007:72.

[2] 彼得·奥克布克拉,居马·萨巴尼. 撒哈拉以南非洲的高等教育质量保证和认证,2007 年世界高等教育报告:高等教育的质量保证[M]. 全球大学创新联盟. 汪利兵等译,杭州:浙江大学出版社,2009:197.

[3] Sarah Hoosen,Neil Butcher and Beatrice Khamati Njenga. Harmonization of Higher Education Programmes:A Strategy for the African Union [J]. African Integration Review,2009,Vol. 3,(1):14.

[4] The Inter-University Council for East Africa. http://www. iucea. org/? jc=about1. 参见 IUCEA. Five Year Rolling Strategic Plan 2006/07 — 2010/11. Kampal,Uganda,2006:14—17. http://www. Iucea. org/downloads/ iucea_sp. pdf.

[5] Mayunga, H. H. Nkunya,Stefan Bienefeld and Christoph Hansert. Developing Internal QA MechanismsTowards an East African Quality Assur-

ance Framework，2008. 3. http：// www. daad. de/imperia/md/content/en-twicklung/dies/east_africa_internal_qa_rev_january. pdf.

[6] IUCEA. Regional Quality Assurance Framework[EB/OL]. http：// www. iucea. org/? jc＝qa1,2010—12—04.

（本文发表于《比较教育研究》2011 年第 4 期。作者郑崧，时属单位为浙江师范大学国际文化与教育学院、教育科学研究院；作者郭婧，时属单位为浙江师范大学教育科学研究院）

十一、高等教育外部质量评估
模式的发展趋势
——来自法国的经验

法国是世界现代高等教育的发源地之一,也是欧洲最早进行高等教育外部质量评估的国家之一。1984 年,法国政府正式建立了以国家评估委员会为执行主体的外部评估模式,并在 20 余年的发展和变革中,逐渐形成了与法国高等教育管理体制相适应的、较完善的高等教育外部质量评估体系。我国与法国在高等教育管理体制方面存在许多相似之处,因此以历史演进的角度探讨法国高等教育外部质量评估模式的发展趋势,对构建有中国特色的高等教育外部质量评估模式具有极大的参考价值。

(一) 法国高等教育外部质量评估模式的历史进程

1. 法国高等教育外部质量评估模式的确立阶段:20 世纪 80 年代

20 世纪 80 年代,法国政治的变革、经济与科技的发展以及高等教育大众化的需求对法国高等教育提出了新的挑战,大学自主权缺失、高等教育经费和学生就业问题亟待解决,高等教育必须承担人才培养、科技研发、知识生产等多重使命,数量与质量、公平与效益成为法国高等教育的诉求。在此背景下,1983 年 12 月 20 日,法国出台了《高等教育法》(亦称《萨瓦里法案》)。该法案要求政府与大学签署合同,明确合同期间双方的权利和义务,从而建立政府与大学之间的平等对话关系,进一步赋予大学自主权。[1]为了衡量政府教育投入的有效性,《高等教育法》提出成立国家评估委员会(Comité National d'Evaluation,简称 CNE），负责外部评估大学履行合同的情况及教学、科研成果，以评促建，并为政府调控和监管高等教育提供依据。CNE 是一个独立的评估机构，直接向总统负责。1985 年，经总统和议会批准，CNE 正式成立。[2]这标志着法国以政府为主导的高等教育外部质量评估模式正式确立。

2. 法国高等教育外部质量评估模式的发展阶段：20 世纪 90 年代至 2006 年

20 世纪 90 年代，欧洲高等教育走向一体化进程，高等教育国际化与质量保障成为欧洲高等教育发展中的两大重点。在这种趋势下，法国时任高等教育改革委员会主席的雅克·阿达里（Jacques Attall）于 1998 年春发布了报告《建立欧洲高等教育模式》（简称《阿达里报告》）。[3]该报告提出建立与欧洲接轨的高等教育体系，通过高等教育国际化的路径，根除法国高等教育体制的弊端。该报告成为引领新世纪法国高等教育与研究发展的重要指南。

在此国际背景下，法国高等教育外部质量评估模式有了深入的发展，这体现在三个方面：第一，大学机构评估与大学合同制程序保持同步，在适应 4 年合同程序的日程内进行机构评估，这改变了 1998 年以前 CNE 的评估程序与合同制日程不一致的情况；第二，评估后持续跟进，考察大学教学与科研改进后的成果；第三，CNE 提出应该进行实地评估，以获得"整体印象"，同时撰写并公布评估报告。[4]这些新进展对改进合同制、改善评估效果具有重要意义。此外，在这一阶段，外部质量评估建立了新的标准——《高等教育机构质量保障指南》（Li-vred fe rences de l'assurance de la qualité dans lesé tablissements d, enseigne-ment supé rieur），该标准从教学、科研与管理三个方面建立了十大参考体系、302 条标准。[5]该标准的制定和公布标志着法国高等教育外部质量评估模式的一大飞跃。

3. 法国高等教育质量保证体系的完善阶段：2007 年至今

全球化的发展和博洛尼亚进程的演进要求法国建立公正、透明和易于比较的高等教育外部质量评估机制。这一时期，法国政府在高等教育与科研项目中投入了大量经费，扩大了法国大学的自主权，也需要相应的评估来调控与制衡。2006 年 11 月，法国发布了第 1334 号法令，[6]创建了法国高等教育与研究评估署（Agence d'évaluation de la recherché et de l'enseignement supérieur，简称 AERES）。AERES 于 2007 年 3 月正式运行。该机构整合了法国原有的国家高等学校评估委员会、全国科学研究评估委员会等评估机构及其各项职能,负责评估法国的高等教育和研究机构、研究型组织、研究单位、高等教育专业和学位的质量,并协助各机构、组织进行内部评估,还参与评估外国的或国际的研究组织和高等教育机构。[7]AERES 的成立推动法国高等教育质量保障走向了一个新阶段。

(二)法国高等教育外部质量评估模式的演变趋势

经过 20 余年的探索,法国高等教育外部评估模式在评估主体、评估人员、评估标准、评估内容上进行了变革与调整,呈现出不断发展的趋势(详见演变趋势一览表)。

法国高等教育外部评估模式的演变趋势一览表

	确立阶段	发展阶段	完善阶段	趋势
标志	1984 年《高等教育法》创建国家评估委员会(CNE)。《高等教育法》为法国高等教育外部质量评估模式的确立提供了法律基础和制度框架	改革合同制,建立新的评估标准与程序	2006 年《法国科研规划法》创建高等教育与研究评估署(AERES)同制,建立新的评估标准与程序	持续立法先行
评估主体	以国家评估委员会为主,国家工程师职称委员会、学位授予委员会等多方评估机构为辅	同前	统一为高等教育与研究评估署	主体单一化
评估人员	国家评估委员会由 17 名学术人员和 24 名行政人员组成。其中 3 名学术人员来自国外	同前	高等教育与研究评估署人员分为 4 个不同群体,分别是理事会成员、三大评估处的科研代表、专家和行政人员,其中理事会含 9 名国际成员	国际化,分工精细化

续表

	确立阶段	发展阶段	完善阶段	趋势
评估标准	1987 年,国家评估委员会与大学校长委员会共同确定了评估范围,并将其分为 12 个定量和定性标准	《高等教育机构质量保障指南》	《欧洲高等教育区质量保障标准与指南》	与国际接轨
运行模式	国家评估委员会开展机构评估和学科教学评估,其他机构负责科研评估等	同前	高等教育与研究评估署统一开展机构评估、研究单位评估、教学与学位评估及综合性评估	分化与整合

1. 外部质量评估坚持立法先行

纵观法国高等教育的发展历史,每一次重大变革都是通过立法揭开序幕,并按照法律规定的方向行进,[8]外部质量评估也不例外。从 1984 年《高等教育法》规定成立国家评估委员会,到 2006 年第 1334 号法令提出创建高等教育与研究评估署,外部质量评估模式的变革都以法案的颁布为标志,评估机构的性质、职能与使命也有严格的法律依据,这使评估工作有法可依。立法先行,对于中央集权的法国高等教育管理体制来说有着特别的意义。只有依据法律,才能使得大学在法律规定的范围内自主办学,减少政府不必要的行政干预,保持评估工作的中立和公正,提高评估质量。

2. 评估主体由多主体转为单一主体

法国在建立高等教育外部质量评估模式初期,具有多个外部评估主体,除了最主要的国家评估委员会之外,还有负责工程研究类评估国家工程师职称委员会,在教育部高等教育理事会范围内审定研究生课程、授予相应学位的学位授予委员会等。这些机构往往承担科研或教学等单方面的评估工作,针对的评估对象、评估目的、评估内容各不相同,并各有侧重。这种多方评估的模式虽然在某种程度上使得单方面的评估更加专业化,但也使被评估机构接受多次评估,造成人力和资源的浪费,并难以统一评估结果。随着评估模式的不断演进,这种状况得到转变。高等教育与研究评估署的成立整合了法国原有的多个评估机构及其各项职能,简化了法国庞杂的评估机构设置和重复繁琐的评估程序,优化了评估机构,扩大了评估领域,标志着法国高等教育质量评估的重大改革。

3. 评估人员国际化、分工精细化

自法国高等教育外部评估模式确立以来,其成员构成就呈现国际化和多元化,而在 AERES 成立之后,这种特征更加明显,同时机构内人员的分工更加明确和精细。早期,CNE 由 17 名委员和 24 名行政人员组成。其中,11 名委员代表学术和研究团体,分别由大学国家理事会、中小学校长和企业家联盟、高校校长和教师联盟、经济和社会理事会、国会、国家审计办公室等组织提名,另外 6 人来自政府机关。这些委员中有 3 名来自外国。[9] AERES 成立后,拥有 4 个分工群体,分别是理事会成员、各评估处的科研代表、专家和行政人员。其中,理事会的 25 名成员中,外籍专家为 9 人,是 CNE 外籍人员的 3 倍。人员的国际化有利于使评估更加科学、中立、客观。另外,AERES 的 4 个群体各司其职,理事会负责制定评估框架、评估目标、评估标准和工作安排;科研代表通常是研究员或教授,负责科研组织评估的前期准备、实地考察、参加评估报告编写委员会、组织评分会、起草综合评估总结以及改进评估方法等工作;AERES 在每次大型评估中临时招聘来自不同地域、不同文化背景和学术背景的专家,对评估工作进行指导;另外,AERES 每年还招聘 70 名行政人员协助评估工作。[10] 分工的精细化使评估工作更加专业、细致、高效。

4. 评估标准走向国际化

评估标准是评估工作展开的基础。1987 年,CNE 与大学校长委员会共同确定了评估范围,并将其分为 12 个定量和定性标准。1993 年后,CNE 与大学校长委员会试图减少操作性指标的数量,以鼓励大学根据可靠的信息和教学、科研以及管理领域内的关键性数字创建自己的程序。随着博洛尼亚进程的启动,法国开始考虑将评估标准与欧洲接轨。2003 年,CNE 与大学校长委员会合作制定了《高等教育机构质量保障指南》,该指南在很多指标上采纳了国际标准。2007 年 AERES 成立后,以《欧洲高等教育区质量保障标准与指南》为评估标准。这种评估标准国际化的趋势体现了法国积极参与欧洲高等教育一体化的意愿,通过采纳国际标准,使法国大学能够参与欧洲大学排名,进一步扩大法国高等教育的影响力和知名度。

5. 评估运行模式呈现分化与整合状况

在法国高等教育外部评估模式确立初期,CNE 主要负责机构评估,其他小型评估机构(如全国科学研究评估委员会)负责评估教学或科研。进入 21 世纪以来,高等教育的人才培养、科技研发、知识生产的职能愈来愈受到法国政府重视,外部评估也需要更加全面和整体化。因此 AERES 成立后,下设三个评估处:机构评估处、研究单位评估处和教学与学位评估处,三者分别就高等教育与研究机构的行政管理等整体情况、科研情况以及教学与学位进行评估。每个评估处权责明确,评估目的、评估方法各不相同。根据评估类型及其使命不同,各个评估处的评估程序亦有不同。每个部门相对独立地开展其工作范畴内的评估,但也会互相配合,开展综合性评估。[12]

具体而言,机构评估处负责评估高校、研究型组织、科研合作基地以及法国国家研究局。对高等教育机构来说,评估重点放在机构的组织和监管措施、研究成果开发、学生生活、学校公共关系等战略层面上;对于研究型组织来说,评估则涵盖了组织的所有科研活动,尤其是研究成果开发和转让问题。研究单位评估处负责评估高等教育机构和研究型组织下设的研究单位,接受法国高等教育与研究部和其他部门(农业部、工业部等)的监督。教学与学位评估处则是在建设欧洲高等教育和研究区域的背景下,负责评估法国高等教育的教学质量和学士、硕士、博士三级学位的颁发。评估范围涉及所有公立和私立高等教育机构所开设的本科、研究生专业。评估主要从知识获取和技能培养的角度,分析该专业与科学和职业的相关性,从资源利用的角度,评估博士生就业和终身学习的情况。自 2007 年 11 月,AERES 从政策层面上加强了三个评估处的交流与合作,从而更好地实现了评估使命。综合性评估在 2009 年至 2010 年度首先在波尔多—波城(Bordeaux-Pau)地区试点展开。[13]

AERES 通常按照同一批签署合同的学校和学区的顺序,在一定的期限内同时进行三方面的评估,整合这三部分的评估结论,最后递交一份机构的整体报告,在网站上公开发表。这种评估内容的分化与整合不仅有利于提高评估效益,而且还有利于各个高等教育机构之间的排名与对比,促进了各个机构之间的竞争与合作,为当前法国进行的高等教育及研究自主与责任改革以及高等教育和研究集群建设提供了现实性框架。[14]

（三）结语

法国高等教育外部质量评估经过 20 余年的发展与改革，逐步完善，目前形成了较适合法国高等教育体制的一套评估模式，在演进过程中也呈现出具有参考价值的发展趋势。法国高等教育外部质量评估整体呈现出国际化的趋势，这体现在评估人员组成和评估标准上。这种与国际接轨的做法是欧洲高等教育一体化的要求，也是法国试图消除本国高等教育体制弊端的探索。从评估内容看，法国越来越重视高等教育的科技研发与知识创造的功能。这体现在与早期的 CNE 相比，AERES 尤其注重评估机构的科研及其成果开发利用情况，并且更加注重被评机构的对比与交流。从评估的运行模式看，高等教育与研究评估署各个评估部门分工明确、各司其职，同时又相互配合、和谐统一，做到对被评机构进行整体性评估，从而提出科学、合理的质量提升建议。另外，法国质量评估一向立法先行，使评估工作具有法律依据和保障，促进高等教育朝着自治与卓越迈进。这些对我国构建高等教育外部质量评估模式都具有参考意义。

参考文献：

[1][3] 吴式颖. 外国教育史[M]北京：人民教育出版社，1999.

[2][9] 冯旭芳，李海宗. 法国高等教育质量评估机制对我国的启示[J]. 教育探索，2008(11)：139.

[4][6][14] 高迎爽. 法国高等教育质量保障历史研究（20 世纪 80 年代至今）——基于政府层面的分析[D]. 上海：华东师范大学，2010.

[5] Livre deréfé rences de T assurance de la qualité dans les établissementsd'enseignementsupérieur[EB/OL]. http://cursus. edu/institutions-formations-ressources/formation1196/live-references-assurance-qualite-dans-les/2011－11－01.

[7] [10] [12] [13] Agenced'évaluation de la recherche et de l'enseignement sup é rieur. Missionsdel' AERES[EB/OL]. http://www.ae-

res-evaluation. fr/Agence/Presentation/Profil-de-l-agene. 211—11—01.

[8] 杨建生,廖明岚. 法国高等教育质量保障立法及启示[J]. 高教论坛,2006(1):176.

[11] Danielle Potocki Malicet. Evaluation and Self-Evaluation in French Universities[J]. European Journal of Education,1997(2):165—174.

（本文发表于《比较教育研究》2012 年第 7 期。作者胡淼,时属单位为北京师范大学国际与比较教育研究院）

十二、欧洲高等教育质量保障机构的发展与定位

——博洛尼亚进程新趋势

（一）欧洲各国新建或重组高等教育质量保障机构

近十余年以来，在博洛尼亚进程的推动下，欧洲各国政府高度重视高等教育质量问题，在赋予大学更多自主权的同时，也加强了外部质量的监管。欧洲各国政府在博洛尼亚框架的引导下，纷纷制定或修改了本国在高等教育质量方面的法律，并根据新的法律设立或重组了大批新的高等教育质量保障机构。（见下表 1）这些机构在法律的框架下成立，并获得法律的授权进行高等教育质量保障活动，有着明确的定位和使命。丹麦是欧洲最早建立高等教育外部质量保障体系的国家之一，1999 年丹麦议会通过了《丹麦教育评估机构法令》（the Act on The Danish Evaluation Institute），根据该法令丹麦教育评估机构（the Danish Evaluation Institute，EVA）于同年成立。[1]法国政府根据 2006 年第 450 号法律（Law）以及 2007 年的《大学自由与责任法》（Freedoms and Responsibilities of Universities），于 2007 年建立了法国研究及高等教育评估署（The Evaluation Agency for Research and Higher Education，AERES）。[2]1999 年以来，在博洛尼亚框架内的欧洲国家仅新建的全国性的高等教育质量保障机构就不少于 20 所，完全可以用"雨后春笋"来形容这种局面。在十年左右的时间里如此密集地建立一大批高等教育质量保障机构，在欧洲高等教育的历史上是不曾有过的。

　　各国的法律还赋予高等教育质量保障机构充分的自主权,高等教育质量保障机构的独立性前所未有地得以提高。从 1999 年及之后成立的高等教育保障机构来看,大部分机构为独立机构。这些独立机构又分为若干种情况:有的是独立的自治机构或公共机构,如奥地利质量保障机构(the Austrian Agency for Quality Assurance,2003 年成立)、希腊质量保障机构(The Hellenic Quality Assurance Agency,2005 年成立)和罗马尼亚高等教育质量保障机构(The Romanian Agency for Quality Assurance in Higher Education,2005 年成立);有的是独立的政府机构或行政机构,如挪威教育质量保障机构(The Norway Agency for Quality Assurance in Higher Education,2002 年成立)、法国研究与高等教育评估署;有的是教育部下属的独立性机构,如西班牙的国家质量保障与认证机构(The National Agency for Quality Assurance and Accreditation,2002 年)是由教育部建立的机构,格鲁吉亚的国家教育机构评鉴中心(The State Accreditation Agency for Educational Institutions,2006 年成立)是教育部所属独立机构,亚美尼亚的国家评鉴与资质机构(the National Accreditation and Licensing Agency,)是教育部内部新成立的司局。这些机构无论是自治公共机构、独立政府机构,还是教育部所属的机构,都具有明显的独立性,并遵守博洛尼亚进程所约定的高等教育保障机构独立性的原则开展评估活动。

　　欧洲各国 1999 年以后的高等教育质量保障机构大部分是新成立的,但也有不少国家整合了原有的质量保障机构,在国家层面上加强了对质量保障机构的统筹和协调。如奥地利质量保障机构,是在整合原有的 4 所全国性教育保障机构的基础上建立的。法国整合了原有的 3 所全国性机构,将所有高等教育质量保障的事宜全部划归研究与高等教育评估署,并将其定位为独立行政机构。甚至还出现了跨国的整合,如荷兰与比利时在 2004 年联合建立了荷兰—弗拉芒认证组织(Dutch Flemish Accreditation Organization),统筹荷兰与比利时弗拉芒语地区的高等教育质量保障事务。加强对高等教育质量保障事务的集中和统筹,是欧洲高等教育质量保障机构建设的一个重要趋势。

表 1　欧洲国家新建立的部分高等教育质量保障机构

国家	年份	机构英文名称
丹麦	1999	The Danish Institute of Evaluation
意大利	1999	The National Committee for he Evaluation of the University System
亚美尼亚	2000	the National Accreditation and Licensing Agency
瑞士	2001	Centre for Accreditation and Quality Assurance of the Swiss Universities
西班牙	2002	The National Agency for Quality Assurance and Acereditation
挪威	2002	The Norwegian Ageney for Quality Assurance in Education
波兰	2002	The State Accreditation Commitlee
奥地利	2003	the Austrian Ageney for Quality Assurance
荷兰、比利时	2004	Dutch-Flemish Accreditation Organization
希腊	2005	The Hellenic Qualily Assurance Agency
罗马尼亚	2005	The Romanian Ageney for Quality Assurance in Higher Education
格鲁吉亚	2006	The State Accreditation Ageney for Educational Institutions
法国	2007	The Evaluation Agency for Research and Higher Education

（二）质量保障机构的独立程度与属性定位

欧洲各国普遍高度重视教育质量保障工作的独立性。独立性被认为是高等教育质量保障的首要原则。在独立性方面,博洛尼亚进程确定了"不受第三方干扰"的基本原则。所谓"第三方"在博洛尼亚进程中指政府、高等教育机构以及其他利益相关者。"不受第三方干扰"的涵义为:高等教育质量保障机构的评估过程、结果和判断具有自己的专业独立性,其专业独立性不应受第三方的干扰。高等教育质量保障有了独立性,质量保障工作才能够独立地依据质量评估的内在逻辑运行,对高等教育的质量状况作出客观准确的评价和诊断。

高等教育质量保障机构在高等教育体系中的定位,其问题的核心是高等教育质量保障机构的独立程度,即高等教育质量保障机构的独立性,因为这直接关系到质量保障工作的成效。高等教育质量保障机构的独立性是其客观有效履行职责的基础。独立性包含两层意思:一是机构本身的独立性,即机构独立性,机构自身是独立的法人,在法律上能够作为行为主体具备可起诉对象的资格;二是在质量保障过程中,评估过程的专业独立性,即,评估的目标、方法、过程不受被评估方和政府的影响或暗示,能独立做出判断。机构独立性与专业独立性两者也有内在联系,专业独立性是机构独立性存在的逻辑前提,机构独立性是专业独立性的基础和保障。2/3 以上的博洛尼亚缔约国建立有国家层面的高等教育质量保障机构。多数的欧洲国家已经实现了机构的独立性。有些国家虽然不具备机构独立性,但是存在着专业独立性。也有少数国家,两种独立性都不具备。

根据各国质量保障机构的独立程度,可以将欧洲各国的高等教育质量保障机构划分为(见表 2)单主体－独立型、多主体－独立型、依存型、无国家层面的质量保障机构等 4 种类型:① 单主体－独立型。在这些国家建立有全国性的、单一的、独立性的高等教育质量保障机构,典型的国家如法国和丹麦。② 多主体－独立型。这些国家建立有多所全国性独立型机构,不同类型的机构负责不同方面的高等教育质量保障事务。在单主体－独立型国家中,这多个方面的职能主要是由一个中央性国家质量保障机构统筹管理或实施的,而在多主体独立型国家中,这些功能则分别由不同的全国性机构实施,典型国家如德国、爱尔兰和西班牙。[3] ③ 依存型。设立有国家层面的高等教育质量保障机构,但是不具有独立性,机构多为行政机构的分支或下属机构,这多在前苏联及东欧地区。主要代表如俄罗斯、乌克兰、阿尔巴尼亚、阿塞拜疆等。④ 无国家层面的质量保障机构。这些国家多为欧洲小国,高等教育规模很小,没有成立专门的质量保障机构的必要性,如卢森堡、塞浦路斯等国。

十余年来,欧洲各国的全国性质量保障机构出现了从多主体向单主体转移的倾向。如法国、奥地利等国。其中法国最为典型,法国原本也是多主体的国家,经过 2007 年高等教育质量保障体系改革后,新建立了法国研究与高等教育评估署,从国家层面上统筹所有的高等教育外部质量评估事务,原有其他 3 家机构(CNE、CNER 和 MSTP)的业务统一划归它负责。

20 世纪 90 年代初,法国政府启动了高等教育改革,政府逐渐将办学自主权下放,主要采用的方式是高校与政府签订合同。2007 年,法国制定了《大学自由与责任法》(Freedoms and Responsibility of Universities,LRU)。[4] 该法的出台标志着法国政府与大学关系转折性的变化被立法确认。法律的核心内容有两项:一是改革高等教育管理模式,对不同办学主体的办学权限进行了重新划分,增加了大学董事会和校长的权力;二是改变了政府与大学的关系,从直接的行政管理转向战略管理,政府与大学签订周期性的办学合同,在合同中定义大学的发展策略与路径。合同成为法国政府管理高校的主要工具。

法国政府的角色发生了转变,从高等教育的直接管理者变为战略制定者。在政府角色转型后,对高等教育的评估就成为迫在眉睫的重要任务,法国研究与高等教育评估署正是在这个背景下,于 2007 年建立(根据法国 2006 年第450 号法律)。该法律第一条明确规定:研究及高等教育评估署是一所独立的行政机构。"[5]法国研究与高等教育评估署的主要使命:一是对法国的高等研究机构、高等教育机构、科学合作基金以及法国国家研究机构等的活动进行评估;二是评估上述机构开展的研究活动,法国研究与高等教育评估署有权直接对上述的机构及活动进行评估,也可以应高校的申请进行评估;三是对高等教育机构的学科专业及学位进行评估;四是作为欧洲高等教育合作网络的组成部分,参与国际性的评估及相关研究。法国高等教育体系具有明显的"管、办、评"分离的特点,其质量保障机构建设的历程具有借鉴意义。

表 2　欧洲各国高等教育质量保障机构的类型

类型	代表性国家
Ⅰ.单主体-独立型	法国、英国、瑞典、丹麦、芬兰、挪威、葡萄牙、意大利、瑞士、希腊、波兰
Ⅱ.多主体-独立型	德国、西班牙、爱尔兰、奥地利、比利时、荷兰
Ⅲ.依存型	俄罗斯、乌克兰、冰岛、格鲁吉亚、亚美尼亚
Ⅳ.无国家层面的质量保障机构	卢森堡、塞浦路斯

(三) 对我国高等教育质量保障机构建设的启示

当前我国高等教育质量保障机构建设存在的问题:一是制度设计落后。我国《教育法》中有"国家实行教育督导制度和学校及其他教育机构评估制度"的条款,但是《高等教育法》中并未在《教育法》的基础上提出高等教育评估制度建设的相关内容。当前我国《普通高等学校教育评估暂行规定》是原国家教委1990 年制定的,20 年未变,而国际高等教育评估体系在 1990 年后发生了新的重要变化。

我国在高等教育质量保障体系建设方面已经落后于发达国家高等教育,我国高等教育发展已到了新的阶段,《普通高等学校教育评估暂行规定》已明显不适应当前及未来我国高等教育质量发展的需要,现有的制度体系设计与高等教育发展的需求明显不匹配。二是我国高等教育质量保障机构建设落后,定位不清晰。按前文所述的质量保障机构的独立性分析框架,中国并无独立型的国家层面的质量保障机构。即使与俄罗斯等国家比较,中国的高等教育质量保障机构不但机构本身缺乏独立性,就连专业独立性也不足。我国现有的高等教育质量保障机构定位不清晰,难以充分履行质量保障职责。究其根本原因是对机构建设的重要意义认知不足,重视程度低,缺乏实质性推动。

胡锦涛在 2010 年全国教育工作会议讲话中提出"要建立和健全质量保障体系"。刘延东在 2011 年全国教育工作会议的讲话中提出要"有计划地建立和涵盖各级各类教育的质量标准体系,探索相对独立的督导体系"。其中,机构的建设是质量保障体系建设的关键环节之一。从国际发展大趋势的角度,应深刻认识高等教育质量保障机构建设的重要性,故必须重新定位高等教育质量保障机构在法律体系和教育管理体系中的位置,加强评估机构建设,形成完整的机构体系并明确功能及职责。"十二五"期间是我国高等教育评估体系的定位和发展的关键时期,应借鉴国际高等教育评估体系发展的经验和教训,建立符合中国情况的"管、办、评"分离的高等教育质量保障体系及机构建设,加强我国高等教育的质量保障。

参考文献:

[1][3] EURYDICE. Focus on the Structure of Higher Education in Europe-2006/07:National Trends in the Bologna Process[J]. Brussels:EURYDICE. 2007:37—41.

[2][4][5] ANECA. External Review Report of the French Evaluation Agency for Research and Higher Education[J]. Madrid:ANECA,2010:9—31.

(本文发表于《比较教育研究》2013 年第 1 期。作者杨治平,时属单位为上海市教育科学研究院智力开发研究所;作者黄志成,时属单位为华东师范大学国际与比较教育研究所)

十三、国际高等教育质量保障
组织（INQAAHE）评介

国际高等教育质量保障组织（International Network of Quality Assurance Agencies in Higher Education），简称"INQAAHE"是一家教育领域非政府、专业性、全球性国际组织。INQAAHE 的使命是为了高等院校、学生以及整个社会的利益，促进教育质量保障机构相互分享信息与经验；引领行业的理论与实践发展；开发与推广质量保障专业实践标准；鼓励与帮助会员机构持续地进行专业发展和能力建设。[1]INQAAHE 自成立以来，会员数量快速增长，积极开展了信息交流、人员专业发展、规范引领和多方协作等方面的活动，从而有力地推动了全球教育质量保障能力的提升。我国的一些教育质量保障机构和高等院校加入了 INQAAHE，并积极参加了 INQAAHE 的有关会议，但参与的深度和广度有待进一步拓展。我们应当借助 INQAAHE 的国际平台优势，推动我国教育质量保障能力建设，同时积极传递中国的教育质量保障经验，在国际规范制定过程中表达我们的诉求。

（一）发展历程

1991 年，香港学术评审局（2007 年 10 月该局由于业务拓展，名称改为香港学术与职业资历评审局）组织来自世界各地的 8 家教育质量保障机构在香港召开了学术会议。会议结束时，会议代表认为有必要以一种组织的形式延续这种信息交流。会议代表认为，作为一个自愿性组织，该组织的核心价值在于信息分享，但没有权力强制会员执行任何行动。经过反复讨论，会议代表把组织名

502

称确定为"国际高等教育质量保障组织"(INQAAHE)。

INQAAHE 成立之初,以一种非正式组织的形式进行运行,没有进行注册登记,没有制定章程,也没有明确的决策机构。香港学术评审局承担了日常管理工作,每两年举办的学术会议组委会部分承担了理事会的决策管理工作。1994 年左右,大家认识到,会议组委会兼任理事会功能既不合适,也不规范。1994 年,INQAAHE 制定了章程并在 1995 年的乌德勒支学术会议暨会员大会上获得了通过。1995 年会员大会后,INQAAHE 会员以通讯的方式选举产生了第一届理事会。1999 年,INQAAHE 在新西兰惠灵顿注册成为非营利性组织。至此,INQAAHE 在形式和法律方面都成为正式的组织。2005 年 INQAAHE 成为联合国教科文组织认可的非政府组织(NGO),这标志着 INQAAHE 国际地位的确立。[2]

(二)组织架构

1. 会员情况

INQAAHE 会员分为正式会员和副会员两大类。正式会员是指那些有责任确保自身以外的中学后教育机构或项目学术质量的机构,例如,认证或评估机构以及对这些机构进行外部质量保障的机构。副会员是指那些对高等教育评估、认证和质量保障具有浓厚兴趣,但并没有责任确保教育机构或项目质量的机构,例如高等院校、大学拨款委员会等。那些对高等教育评估、认证和质量保障具有浓厚兴趣的个人可以成为个人会员。INQAAHE 于 1991 年成立时,仅有 8 家创始会员;1997 年,会员数量超过 100 家;2001 年,会员数量达到 130家;2006 年会员数量达到 180 家;[3] 2008 年会员数量达到 201 家;[4] 2011 年,会员数量达到 240 家。[5] 截至 2013 年 1 月底,INQAAHE 共有来自全球 80 多个国家和地区的 282 家会员,其中正式会员为 173 家,副会员 70 家,个人会员39 个。[6] INQAAHE 会员队伍的快速发展,表明教育质量越来越成为全球共同关心的问题。

2. 会员大会

会员大会是 INQAAHE 的最高权力机构,一般每年召开一次。每个正式会员和副会员单位都可以安排一位代表参加会员大会。个人会员可以参加会员大会,但没有选举权。会员大会主要有以下职责:选举主席与其他 7 位理事;在理事会建议下开除有关会员;确定会费及其他费用标准;审议和批准主席和秘书长报告;审议和批准财务报告;审定发展规划;在理事会建议下,审定主要活动举办者等。

3. 理事会

INQAAHE 理事会负责组织的决策管理。INQAAHE 理事会包括主席、经任命的秘书长、7 个当选理事、不超过 4 个的增选理事以及刚离任的主席。秘书长为秘书处所在单位的领导或其指定人员。所有理事都需要来自正式会员或副会员单位,其中至少 2/3 需要来自正式会员单位。同一家单位只能有 1 名当选或增选理事。理事会每两年进行一次换届选举,包括主席在内的当选理事不能连续当选超过三次。理事会可以在内部推举产生副主席。另外,IN-QAAHE《高等教育质量》杂志主编、财务总监以及年会或会员论坛组委会主席如果不是理事会成员,可以作为观察员参加 INQAAHE 理事会,但没有选举权。[8]

4. 秘书处

INQAAHE 秘书处所在单位由正式会员通过竞标产生。2003 年 10 月,INQAAHE 在爱尔兰高等教育与培训评估理事会(HETAC)正式设立第一届秘书处。2008 年 5 月以来,INQAAHE 秘书处由荷兰与弗兰德斯教育认证机构(NVAO)承担。2013 年 7 月起,INQAAHE 秘书处将由阿联酋学术认证委员会承担。秘书处主要承担以下职责:服务会员与理事会;组织会议与活动;编辑与发行出版物和宣传材料;开发与维护网站;进行财务管理和外部联系等。[9]

(三) 主要活动

INQAAHE 的核心目标包括:收集与传播高等教育质量保障理论与实践的有关信息;自主开展或委托开展有关高等教育质量保障方面的研究;通过与有关国际组织的联系或其他方式表达成员的集体声音;为新出现的质量保障机构提供咨询建议;加强认证机构之间的联系,尤其是在跨境运行的情况下;帮助成员机构制定院校跨境运行标准;为国际资历认可提供更多信息;推动开发和使用学分转换机制,从而促进学生跨院校和跨境流动;使成员机构警惕可疑的认证实践和认证机构；接受成员机构申请，开展对质量保障机构的外部评审。[10]围绕组织使命和核心目标，INQAAHE 自成立以来，积极开展了以下活动：

1. 信息传播

收集与传播有关教育质量保障实践与理论方面的信息是 INQAAHE 成立之初就确定的目标，INQAAHE 在这方面开展了多项活动。

（1）简报与年报。1992 年 1 月，INQAAHE 发行了第一份由香港学术评审局负责编印的纸质季度信息简报。2004 年 2 月起，信息简报由纸质改为电子版，并由 INQAAHE 秘书处接手。信息简报的内容主要包括：会议信息、质量保障国际动态、会员信息以及有关质量保障方面的最新书籍或研究报告简介等。2008 年起，简报增加了有关区域性质量保障机构的活动信息。另外，IN-QAAHE 自 2007 年以来还编撰了年度报告。

（2）网站。2000 年左右，时任 INQAAHE 就构建了网站，随后进行了几次调整。目前 INQAAHE 网站已经成为了解国际高等教育质量保障发展动态的重要窗口，汇聚了会议和活动信息、会议论文集、研究报告、INQAAHE 文件、会员机构信息、质量保障范例数据库、辨别认证作坊信息等。据统计，2011 年网站访问达到 41 236 人次，比 2010 年增长了将近 12％；独立访客由 2010 年的 22 350 人增长到 2011 年的 23 446 人；访客在网站平均逗留 4 分钟，浏览 4 个网页；大约 33％进行了两次或多次访问。[11]

（3）专业期刊。《高等教育质量（Quality in Higher Education）》（季刊）是 INQAAHE 创办于 1995 年的专业学术刊物。该刊物目前由劳特利奇（Routledge）出版社发行。INQAAHE 每一家会员都可以以优惠的价格获得每期一本杂志。杂志经常选编 INQAAHE 会议论文以及关于 INQAAHE 有关重要议题的讨论文章等。发行专业期刊是 INQAAHE 走向专业化的重要标志。

（4）教育质量保障机构信息资源中心（QAHEC）。教育质量保障机构信息资源中心（QAHEC）汇集了一些成员机构的有关质量保障政策、程序和标准等方面的材料，以一种可以检索的方式罗列在 INQAAHE 网站上，同时与原始或翻译资料进行网络链接。该项目旨在为教育质量保障机构，尤其是新兴机构查找和获取有关同行的资料提供便利，从而加强能力建设。

（5）年会和会员论坛。INQAAHE 自 1991 年成立以来，每两年举办一次年会暨学术会议。会议已经先后在加拿大蒙特利尔、荷兰乌德勒支、南非克鲁格、智利圣地亚哥、印度班加罗尔、爱尔兰都柏林、新西兰惠灵顿、加拿大多伦多、阿联酋阿布扎比、西班牙马德里等地举办。2013 年会议将在中国台北举办。该会议不仅对会员开放，也对非会员开放。因此，每次会议都有众多的与会代表参加，例如 2011 年在马德里举办的会议，就有来自 70 多个国家和地区的 400 多位代表出席。为了保障会员机构之间的充分交流，2000 年起，IN-QAAHE 在偶数年举办会员论坛。会议已经先后在匈牙利布达佩斯、牙买加蒙特哥湾、阿曼马斯喀特、荷兰海牙、阿根廷布宜诺斯艾利斯和纳米比亚、澳大利亚墨尔本等地举办。这些年会和会员论坛已经成为教育质量保障领域交流与研讨的国际盛会。[12]

（6）咨询服务。INQAAHE 在网站上开辟了问答专区，会员可以提交教育质量保障领域的困惑与问题，来自 INQAAHE 会员机构的 15 个资深专家将提供快速的解答服务。INQAAHE 与亚太地区教育质量保障组织（APQN）合作构建了评审与咨询专家库，入库专家需要经过会员单位推荐和专门委员会的审核，并且有意愿和时间提供咨询服务。目前专家库由 APQN 秘书处管理，在库专家已经达到 122 位，涉及 46 个国家和地区。会员单位可以通过数据库的检索功能快速确定所需要的咨询服务专家。[13]

2. 人员专业发展

（1）质量保障专业人员研究生证书。INQAAHE 于 2009 年组织有关专家编写了教育质量保障人员专业培训材料，并放在 INQAAHE 网站上供会员单位免费下载学习。教材分为以下四个方面：质量保障背景——全球范围高等教育；外部质量保障——质量的内涵以及在不同国家的实践；外部质量保障机构的运行——世界范围外部质量保障机构的结构和管理；保障高等院校的质量——学习评估、自评过程和数据使用。澳大利亚墨尔本大学与 INQAAHE 合作在这套教材的基础上推出了在线质量保障专业人员研究生证书项目。

INQAAHE 每年会为发展中国家提供 5 个左右参加该项目的奖学金名额。2011 年，来自乌干达、纳米比亚、萨摩亚、博茨瓦纳、埃塞俄比亚和巴基斯坦的代表获得了该奖学金。[14]

（2）支持弱小国家人员专业能力发展。INQAAHE 开展了弱小国家质量保障需求调研，并以此提出了具体行动计划。其中一项是组织弱小国家教育质量保障人员到相对成熟的教育质量保障机构进行实习培训。2011 年，来自斐济、萨摩亚和亚美尼亚教育质量保障机构人员在该项目资助下，分别到印度国家教育评估与认证理事会、马来西亚资历管理局和中国台湾财团法人高等教育评鉴中心进行了实习培训。[15]

3. 规范引领

（1）制定《质量保障范例指南》。该指南于 2003 年制定，2006 年进行了一次大的修订。该指南的目的在于推广内部和外部质量保障的范例，确保世界各地的学生获取优质的高等教育。具体目标包括：为指导设立质量保障机构提供框架；为质量保障机构开展自我评估和外部评估提供标准；推动质量保障机构及其人员的专业发展；推进对于质量保障机构的公共问责。随着越来越多的质量保障机构接受或采纳这一指南，将促进质量保障机构运行方面的相互理解，带来更深层次上的合作，最终逐步实现评估结果的相互认可。该指南意在寻求外部质量保障中具有普适性的基本原则，推广实践范例，促进质量保障机构提升专业水平；但指南并不希望造成某一种形式的垄断，因为不同质量保障机构具有不同的演变背景。该指南涵盖四个部分：一是外部质量保障机构：问责、透明与资源；二是高等院校与外部质量保障机构：关系、标准与内部质量保障；三是对于高等院校的外部评审、评估、决策与上诉；四是外部活动：与其他机构的合作和跨国或跨境教育。该指南共 12 条，每一条都包括标准描述和证据来源示例。

例如，第一部分第三条对于外部质量保障机构的质量保障，标准陈述为：外部质量保障机构对于自身活动具有持续的质量保障体系，侧重于适应高等教育发展的灵活性、运行的有效性以及目标的达成度；外部质量保障机构对于自身活动进行自我内部评审，综合考虑效果和价值。评审活动需要有数据、有分析；外部质量保障机构定期接受外部评审；有证据显示，要求改进的地方得到了调整和披露。证据来源示例包括：质量保障政策、体系、活动和计划；内部反馈机制（例如督导员或决策机构）；持续开展自我质量保障的例子；来自高等院校或其他利益相关者的反馈；外部评审报告；利用评审结果进行的改进活动。[16]

（2）对会员单位的外部评审。INQAAHE 在《质量保障范例指南》中指出，在会员申请的情况下，INQAAHE 将为其提供外部评审服务。有关单位需要整体上达到指南要求才算通过，即符合绝大多数条目，尤其是必须完全符合以下条目：第二条（资源）、第三条（外部质量保障机构的质量保障）、第四条（公告信息）、第五条（外部质量保障机构与高等院校的关系）、第六条（外部质量保障机构对于院校或专业的绩效要求）以及第九条（外部质量保障机构的决定）。认证有效期一般为 5 年。截至 2012 年 12 月 31 日，有 10 家会员单位通过了 INQAAHE 的外部评审（见下页列表）。

（3）质量保障范例数据库。INQAAHE 成员机构有很多可以相互借鉴、学习的实践范例。INQAAHE 设计了一套模板来收集这些范例，并在网站上构建了可以检索的数据库，从而使得这些范例能够为所有机构所获取。范例模板一般包括：范例名称、实施目的、实施背景、实施情况、实施的条件要求、成功的证据、意义和影响等。在会员单位提交之后，INQAAHE 会组织一个专家委员会对这些材料进行审核，重点看是否具有可借鉴性和可迁移性。INQAAHE2011 年 10 月与亚太地区教育质量保障组织（APQN）合作组织召开了面向亚太地区的教育质量保障范例研讨会，并收集到 11 个范例。

4．多方协作

（1）与区域性质量保障组织的合作。随着 INQAAHE 活动的开展，世界各地教育质量保障意识随之高涨，加强地缘相近或经济、文化比较相近区域的质量保障方面交流与合作的呼声越来越高，因此 2000 年以来逐渐产生了区域性的质量保障组织，如亚太地区教育质量保障组织（APQN）、欧洲教育质量保障组织（ENQA）、海湾地区阿拉伯国家教育质量保障组织（ANQAHE）、西班牙语国家或地区教育质量保障组织等。2003 年，INQAAHE 在年会上邀请有关区域性质量保障机构进行了对话会。此后 INQAAHE 在年会或会员论坛上安排时间与区域性质量保障机构进行交流。2007 年 10 月，INQAAHE 专门推出了《携手努力》的文件，全面阐述了 INQAAHE 与区域性质量保障组织的关系。该文件指出，INQAAHE 和区域性质量保障组织都具有不可替代的作用，并且两者具有一定的优势互补关系。因此，有必要建立一种机制确保两者之间的良好交流和有效合作。[17]

2007 年年会以来,INQAAHE 专门有两位理事负责与区域性质量保障组织加强交流与合作;确立了 INQAAHE 与区域性质量保障组织代表年度正式会议制度。由于各个区域性质量保障组织有着不同的诉求,因此 INQAAHE 分别与亚太地区教育质量保障组织(APQN)、欧洲教育质量保障组织(EN-QA)、阿拉伯教育质量保障组织(ANQAHE)等 6 家区域质量保障组织分别签订合作协议,并合作开展了一些活动。

通过 INQAAHE 外部评审的质量保障机构列表

资格授予日期	机构名称	国家或地区	有效期至
2009 年 3 月 30 日	中部高等教育认证委员会(MSCHE)	美国	2014 年 3 月 30 日
2009 年 10 月 1 日	澳大利亚大学质量保障署(AUQA)	澳大利亚	2012 年 1 月 29 日
2010 年 2 月 15 日	国家质量评估与认证机构(ANECA)	西班牙	2015 年 2 月 15 日
2010 年 7 月 11 日	国家高等教育认证体系(SINAES)	哥斯达黎加	2015 年 7 月 11 日
2011 年 4 月 4 日	学术认证委员会(CAA)	阿联酋	2016 年 4 月 4 日
2011 年 11 月 7 日	高等教育质量委员会(HEQC)	南非	2016 年 11 月 7 日
2011 年 11 月 11 日	安大略学院质量保障服务局(OCQAS)	加拿大	2016 年 11 月 11 日
2012 年 4 月 16 日	哥伦比亚国家认证理事会(CNA)	哥伦比亚	2012 年 4 月 16 日
2012 年 11 月 5 日	工程、计算机科学、数学与自然科学专业认证机构(ASIIN)	德国	2017 年 11 月 5 日
2012 年 11 月 5 日	新西兰大学学术认证局(NZUAAU)	新西兰	2017 年 11 月 5 日

资料来源:GGP ligned Agencies. vailable at:http://inqaahe. org/main/professional-development/guidelines-of-good-practice-51/ggp-aligned-agencies. Jan. 10,2013.

(2) 与世界银行和联合国教科文组织合作。2008 年 4 月至 2012 年 7 月,INQAAHE 得到了由世界银行和联合国教科文组织共同发起的全球教育质量保障能力行动计划(GIQAC)项目资助。GIQAC 资助使得 INQAAHE 活动在深度和广度方面都得到了拓展。2011 年,INQAAHE 获得 GIQAC 资助的项目主要有:资助成员机构代表参加马德里年会;与欧洲质量保障组织合作举办了"质量保障与国际化"的工作坊;资助人员参加质量保障专业人员研究生证书项目;弱小国家人员交流实习项目;举办关于质量保障范例的研讨会;开展了跨境教育影响的研究。

（四）启示

1. INQAAHE 的国际影响

INQAAHE 是一家全球性的教育质量保障领域非营利性专业组织。IN-QAAHE 成立以来，会员数量快速增长，目前已经达到了 280 多家。INQAA-HE 之所以存在并得到了快速发展的主要原因是因为：经济和社会等方面的发展越来越需要高等教育，尤其是优质高等教育的支撑，如何构建有效的教育质量保障体系已经成为高等教育以及经济和社会发展的关键；同时伴随着跨境教育的发展，如何建立有效、透明、获得国际认可的跨境教育质量保障体系和资历标准也成为发展的必然要求；这两方面的问题具有全球普遍性，并且构建跨境教育质量保障体系和资历框架很难在一个国家或一个区域内部加以解决。因此，迫切需要一个 INQAAHE 这样的全球性教育质量保障组织，汇聚和传播全球教育质量保障信息，推动教育质量保障机构的能力建设，进而不断保障和提升高等教育质量。

INQAAHE 以下理念也使其能够成为最有影响的国际教育质量保障组织：一是尊重教育质量保障机构的多样性，更多的是倡导而不是强加某种理念或原则；二是尊重院校的学术自由，质量保障的首要责任在于院校，外部质量保障更多是一种服务而不是审查；三是注重多方合作，包括与联合国教科文组织、世界银行等政府间组织以及区域性质量保障组织等非政府组织合作。IN-QAAHE 于 2008 年提出的发展战略为：一是加强外部联系，营造良好的发展环境，争取经费和项目等支持，主要包括与全球性、区域性国际组织以及各国政府等联系；二是借助全球智慧开展教育质量保障理论与实践研究，加强研究成果的推广与应用；三是推动质量保障事务发展，包括协助新机构建设，推广实践范例，专业人员培训等；四是加强信息汇聚与传播方面工作。[18]

2. INQAAHE 与中国

INQAAHE 在中国产生了广泛的影响，中国的一些教育质量保障机构在成立以后积极加入 INQAAHE，并积极参加 INQAAHE 举办的年会、会员论坛以及其他活动。截至 2013 年 1 月底，INQAAHE 来自中国的会员有 12 家，其中大陆 5 家，台湾 2 家，香港 4 家，澳门 1 家。中国大陆的会员包括教育部高等教育教学评估中心、教育部学位与研究生教育中心、上海市教育评估院、广东教育评估与发展研究中心、哈尔滨医科大学。[19]另外,同济大学的毕家驹教授和上海市教委的张民选教授分别于 1997～1999 年和 2008～2009 年担任了 INQAAHE 理事会成员。

从总体上看,我国,尤其是大陆的教育质量保障机构在 INQAAHE 中不够活跃,一方面会员数量相对我国评估机构及高等院校总量来说偏少,另一方面参加的活动形式主要为会议,并且更多以听会为主。这与我国高等教育大国的国际地位以及国际社会迫切想了解中国经验的现实需求无法匹配。因此,笔者提出以下建议:一是鼓励和引导更多的教育评估机构和高等院校以及个人加入 INQAAHE;二是实质性地深入参加 INQAAHE 有关活动,例如在 INQAAHE 会议上进行论文交流或做大会报告、争取研究项目、参与规范制定、参加人员实习交流和人员培训等;三是积极承办 INQAAHE 有关活动,例如承办年会或会员论坛;四是积极竞选 INQAAHE 常务理事或秘书处承办权,力争进入决策层或行政管理层;五是鼓励有关教育评估机构申请参加 INQAAHE 组织的外部评审,推动我国教育评估机构取得国际认可;六是我国政府、高等教育协会和教育评估机构等通过项目委托或经费支持的方式,加强我国与 INQAAHE 的联系,提升我国的话语权。

参考文献:

[1] INQAAHE. About INQAAHE. Available at: http://www. inqaahe. org/main/about-inqaahe. Dec. 10, 2012.

[2] Davia Woodhouse. Chronology of INQAAHE. P3. International Network for Quality Assurance Agencies in Higher Education 2011. Postcards to INQAAHE-Celebration the 20th anniversary of the International Network for Quality Assurance Agencies in Higher Education(INQAAHE). Available at: www. inqaahe. org. Oct. 20, 2012.

[3] INQAAHE. 2007 Annual Report. P. 3. Available at: www. inqaahe. org. Oct. 20, 2012.

〔4〕INQAAHE. 2008 Annual Report. P. 7. Available at：www. inqaahe. org. Oct. 20,2012.

〔5〕Membership through the Ages. Postcards to INQAA-HE-Celebrating the 20th anniversary of the International Network for Quality Assurance A-gencies in Higher Education(INQAAHE). P. 73. Available at：www. inqaahe. org. Oct.

〔6〕INQAAHE. Members of INQAAHE. Available at：www. inqaahe. org. Jan. 20,2013.

〔7〕INQAAHE. Constitution-VI. Governing Bodies. Available at：http://www. inqaahe. org/main/about-inqaahe/constitution/constitution-html. Jan. 20,2013.

〔8〕INQAAHE. Constitution-VIII. The Board of Directors. Available at. http://www. inqaahe. org/main/abut-inqaahe/constitution/constitution-ht-ml. Jan. 20,2013.

〔9〕INQAAHE. Secretariat Specifications of Functions. Available at：www,inqaahe. org. Oct. 21,2012.

〔10〕INQAAHE Constitution-II. Purposes（2010）. P. 2Available at：www. inqaahe. org. Oct. 20,2012.

〔11〕INQAAHE. 2011 Annual Report. P. 7. Available at：www. inqaahe. org. Oct. 20,2012.

〔12〕INQAAHE Events. P61. International Network for Quality Assur-ance Agencies in Higher Education 2011. Postcards to INQAAHE-Celebrating the 20th anniversary of the International Network for Quality Assurance A-gencies in Higher Education(INQAAHE). Available at：www. inqaahe. org. Oct. 20,2012.

〔13〕INQAAHE-APQN. Qatabase of Consultants. Available at：http://www. apqn. org/services/consultantsdb/. Jan. 12,2013.

〔14〕President's Report. INQAAHE 2011 Annual Report. P. 3. Available at：www,inqaahe. org. Oct. 22,2012.

［15］President's Report. INQAAHE 2011 Annual Report. P. 3. Available at：www. inqaahe. org. Oct. 22,2012.

［16］INQAAHE. Guidelines for Good Practice in Quality Assurance (2007). Available at：www. inqaahe. org. Oct. 23,2012.

［17］INQAAHE. Networks of Quality Agencies：Working Together (2007). Available at：www. inqaahe. org. Oct. 22,2012.

［18］INQAAHE. Strategic Plan 2008—2012. Available at：www. inqaahe. org. Oct. 20,2012.

［19］Members of INQAAHE. Available at：http：//www. inqaahe. org/members/list. php. Jan. 10,2013.

（本文发表于《比较教育研究》2014 第 2 期。作者方乐,时属单位为上海市教育评估院评估研究所）

高等教育内部质量保障

一、改革中的日本大学招生制度及其启示

伴随着信息化、国际化的发展，顺应世界性潮流，日本的第三次教育改革已进入新的阶段。其中心目的在于：遵循重视个性的原则，将现行的、僵化的、封闭的"模仿型"教育体系转变为自由、多样、开放的"个性型"教育体系，并逐渐实现由学历社会向终生学习社会的过渡。其中，作为中等教育与高等教育衔接点的大学招生制度改革，是实现上述中心目的的关键性环节。本文在对日本高考制度改革的背景、原因及具体措施的阐述分析中，试图提供可资我国改革现行大学招生制度借鉴的经验和教训。

(一) 日本大学招生制度改革的背景及原因

事实上，战后日本的高考制度一直处于变动之中，是被人议论最多的一个教育问题。在 1979 年以前，日本的大学都实行单独考试，单独招生。这种招生办法虽然有利于适应各个大学和专业的特色，招收具有适合各自专业学习的知识基础和智能倾向的学生，但也导致了名牌大学竞争激烈，而一般性高校生源不足的现象发生，使各大学间的差别更加明显。并由于各个大学自行规定考试科目及试题内容，产生了专考偏题、难题、怪题的倾向，这引起了广大考生及国民的不满。因此，1971 年，日本国立大学协会受文部省的支持和委托，开始研究改革大学招生考试制度。经过大量的调查和三次试验性的考试，于 1976 年提出了实行"两次考试选拔大学新生"的意见，并自 1979 年始在国立、公立大学实行这一制度。

所谓"两次考试制度"，是指大学入学考试由全国统一进行的共同第一次学

力考试和各大学单独进行的第二次考试(即复试)构成。共同第一次学力考试由国家大学入学考试中心主持,其目的在于考查学生对于中学阶段所学各门课程基本内容掌握情况如何,考试科目、命题范围与水平均以《高中学习指导要领》(即高中教学大纲)为准。第二次考试由各大学单独进行,其目的在于了解考生对所报考专业的适应能力和学术性向。考试方式或笔试,或面试,或写小论文,或实际操作等等。共同第一次学力考试既要保证尊重高中教育实际的较好的命题,又要与各大学的第二次考试恰当配合,以求多方面地、综合地评价考生的实际能力与性向。"两次考试制度"克服了原来各大学单独考试的种种弊端,但并非全无缺失。尤其是伴随着经济发展,来自社会的、个人的多方面要求的变化,使其自身固有的矛盾及日本社会问题在高考制度上的投射进一步暴露出来。主要表现为:

其一,分数至上主义倾向严重。日本的大学考试最样榜的是公平观念,唯独依据书面考试,按分数高低机械地依次决定入学者。这对从小不断接受应试训练、家庭注重教育投资的考生十分有利,尤其是对生活于都市、家庭收入优裕的考生。这种形式上的公平掩盖了实质上的不公平。继续发展下去,有可能导致新的社会阶层分化,不利于人才的开发。

其二,将大学考试本身目的化。在日本,无论学生,还是家长、以至教师,都将大学入学考试视为目的。对于学生来说,必将忽视与考试无关课业的学习,陷于只求效率的技术性训练;教师只注重进行大量灌输知识的应试教育,这不仅是对全面教育的破坏,而且智育任务也不能很好完成,大学新生入学后专业学习与科研的基础薄弱,学习积极性不高。

其三,偏重偏差值的升学指导。对于报考大学的高中生进行升学指导是必要的。1979 年日本将旧制一期校、二期校一元化后,报考国立、公立大学的机会限定为一次。对考生来说,升学指导更为重要。适应这一要求,以收集、整理、提供大学升学的信息、情报为业的应试产业应运而生,使升学指导偏重偏差值现象更加严偏差值是应试产业根据考生考前模拟测试成绩及往年各大学的招生情况等,用统计方法反映学生的学业成绩及学习能力。学生依此选择的只是自己能考上的大学,而非想考上的大学,影响了学生入学后专业学习的积极性。

此外，由于各国立、公立大学偏重共同第一次学力考试成绩，使各国立、公立大学序列化，仍旧没有改变名牌大学竞争激烈，而二流、三流大学又往往生源不足的现象。

总之，现在日本国民对大学入学考试制度的批评是多方面的，现行高考制度的弊端，许多是源于日本社会的学历主义倾向。在实现高学历化的今天，日本社会已从战前的"纵向学历体系"过渡到"横向学历差别"。每个考生及其家长都希望进名牌大学读书，每个企业在录用、提拔职员时都重视名牌大学的毕业生，这在日本已是一种普遍的现象和风气，给日本的各级各类教育尤其是高考造成很大的弊害。因此以从学历社会向终生学习社会过渡为宗旨的整体教育改革迫在眉睫，大学招生制度的改革更应首当其冲。

(二) 日本大学招生制度的改革措施

高考制度不仅对整个高等教育产生直接而巨大的影响，并波及到实施义务教育的各级学校，而且关系到日本从学历社会向终生学习社会过渡这样一个重大课题。因此，文部省在对现行大学招生制度实施改革时，提出：新的招生制度在检测考生对于高中阶段所学的基本的、基础的课程内容掌握程度的同时，要综合评价高中阶段的多种教育活动的成果，并根据各个大学、学院的教育方向和特色，设法实施多种标准的大学入学选拔。这一改革招生制度的思想观念，在 1991 年 4 月 30 日《文部公报》发表的中等教育审议会《关于适应新时代的教育诸制度改革》的咨询报告中具体化为以下三个方面：(1) 为发掘与选拔出富有多样性个性及才能的学生，要研讨避免分数至上主义的评价方法。(2) 力避以少数名流大学为顶点的全体大学序列化，要充分挥每个大学在教育、科研方面的特色，以促进相互间多选择型竞争，建立多峰式高校体系。(3) 广泛公开与大学招生考试有关的信息，提高透明度。以上三点已成为日本所有大学普遍接受的大学招生制度改革目标。

经过临时教育审议会、国立大学协会以及相关机构的多方探讨、研究，对大学招生制度采取了如下几方面的改革措施：

1. 将共同第一次学力考试改为大学入学中心考试
于 1990 年春开始实行的大学入学中心考试仍由国家大学考试中心主持。

大学入学中心考试与共同第一次学力考试的区别在于:中心考试的题目不仅检查高中阶段知识的掌握程度,更力图考查学生的思考能力、应用能力、创造能力,并打破了共同第一次学力考试科目固定五门的程式,允许各个大学根据自己的特色和需要与个别考试(即第二次考试)相结合而灵活利用。其目的在于克服分数至上主义的倾向,并使私立大学也参加国家统一考试,以便国家对私立大学的调控。此前,参加共同第一次学力考试的仅是国立公立大学,私立大学的考试科目与出题倾向与国立、公立大学不同,这样使同时报考国、公立大学的和私立大学考生负担过重。为了改善这一状况,将逐渐使私立大学的入学考试纳入到统一考试的轨道。据止于 1989 年 5 月 1 日的统计,日本私立大学占日本高等教育机构的76.2%。因此,大学入学中心考试的制度化,也取决于私立大学的灵活利用。

从 1990 年春实施的结果看,这一新的考试制度还是收到实效的,各国立、公立和私立大学在选拔新生的时候,以这次考试的成绩作为多方面地判断考生是否具有适于接受本大学教育的学力、性向的资料,根据各个大学的独到见解以各自不同的方法加以利用。参加这次考试的考生超过过去参加共同第一次学力考试的最高年份达 43 万人。实施大学入学中心考试,使各国立、公立大学能够自由地择定考试项目,扩大其独立性与自主权,也吸引了私立大学参加。据统计,国立 95 所大学、公立 37 所大学的所有学部,私立 16 所大学的 19 个学部参加实施了这一考试。

2. 在各个大学的第二次考试即个别考试中实现多次考试机会

提供两次报考机会,其中一次可考虑升学指导教师及家长的意见,依据自己已达到的学力程度,在有把握考取的大学中选择比较顺应自己愿望的院校和专业报考。另一次为实现自己的志向,适合自己的能力、性向、爱好而选择一所自己喜欢的大学和专业报考。

为实现这一目标,日本的许多国立、公立大学近年来都采用了"连续方式——事后选择制"。所谓"连续方式——事后选择制"是指:各个大学的第二次考试各自独立而连续地进行,但按考试日期分为 A 日程组和 B 日程组,A 日程组一般在 2 月下旬举行,B 日程组一般在 3 月上旬举行,考生可以分别参加A 日程组和 B 日程组中各一所院校的考试。每个院校各自独立地决定合格者。考生在确认自己的考试结果之后,选定自己升入的大学、专业。这样,既保证了考生的两次报考机会,又可使大学选拔具有一定专业性向和能力的学生。

但也存在着许多问题。对于大学来说,难以确定合格者的后补增额,二、三流大学往往出现合格而不来入学者超过后补者数额的情况。对于考生来说,尤其是那些成绩接近各校录取线的学生,很长时间内难以决定最后读哪所大学,有的已在第二志愿大学注册,自己的名字又出现在第一志愿大学的增补名单上,产生退学等不安因素。为缓解上述矛盾,文部省提倡各大学采用"分割、分离方式",即将招生考额分为前期和后期,考试的实施与合格名单的公布及其入学手续办理的日期也相分离。前期与后期选拔新生的方法和标准,分别具有各自的特点。这对大学、学部以考生所具的多方面能力作为选拔标准是较为恰当合理的。"分割、分离方式"具有连续方式的特征,既保证为考生提供两次报考机会,又使大学招收更多的具有专业性向的优秀学生。但在实施时应注意力避恢复一期校、二期校的倾向,要适当分配前期与后期定额的比例,力避偏重前期日程的倾向。

3. 恰当实行推荐入学

日本还将推荐入学作为大学入学考试制的重要辅助手段。推荐入学不单纯以学业成绩而是以多种尺度进行选拔,结合高中阶段的多种教育活动,挑选优秀分子及个性充分发展、具有多种能力或在某一专业领域有特殊才能、性向的学生推荐给对口的高等院校。这一制度运用得好,有利于大学选拔新生标准的多元化,避免学生违背自己的意愿入学现象的发生。同时可以有效地克服分数至上主义及偏重偏差值的弊端。

推荐入学的具体做法是:被推荐学生所在高中的校长要向大学递交该生进行综合评定的推荐书。大学方面对学生进行单独考核,然后决定是否录取。在日本,这一推荐入学制并非新创。但近年来主要在职业高中实施。职业高中的学生由于教学内容、学习时间与普通高中大相径庭,在高考竞争中显然处于劣势,为了鼓励职业高中学生学习的积极性及选拔一批优秀的职业高中学生进入大学学习,恰当实行推荐入学是有效的途径。但在运用中应注意推荐入学者名额占招生名额的比例要适当,高中的推荐书及成绩单要真实可靠,为此大学方面有必要要对推荐生进行综合测试。

4. 加强国立、公立大学与私立大学之间及其它们与高中之间的联系

日本私立大学在高等院校中所占比重很大，近年来也在积极寻求多样化的选拔新生办法，因此，国家在制定新的招生制度时，不能仅从国立、公立大学着眼。无论国立、公立大学还是私立大学，都必须顺应社会发展的要求选拔培养人才，因此，彼此之间加强联系，相互磋商，对促进大学招生制度改革及各大学教学、科研的进步具有重大意义，日本政府为此设置相应机构积极创造条件使国立、公立大学与私立大学之间加强联系。

更为重要的是加强高等院校与高中的联系。高考作为高中教育与大学教育的衔接点，它既要反映高中的教育实际，又要适应大学的教育特点。因此，日本政府强调双方面的联系，在大学入学考试中心设立收集、评价高中方面对高等院校的意见的组织机构，提供国、公立大学协会、私立大学相关各团体与全国高中学校校长协会定期联络的场所和机会，并在各地区、府县也设置高中与附近大学相联系的机构，以使高等院校与高中共同就大学招生改革及广泛的教育问题开展自由讨论、互相交换意见。同时，也为了使高中方面了解各个大学的各专业的性质与特色，从而提高各大学招生、教学、科研工作的清晰度，国家大学入学考试中心也积极地向高中提供有关大学的信息、情报，一般通过电视录相、图片说明等方式进行。

总之，日本政府对大学招生制度的一系列改革，是作为整体教育改革的一部分，从遵循重视个性的原则出发的，也是对现行大学招生制度偏弊的矫正，其改革的指导思想及主要措施，有值得我们借鉴的意义。

（三）对我国大学招生制度改革的几点启示

我国现行的大学招生制度，自 1977 年恢复高考后，虽几经完善和局部改动，基本上仍是 1952 年始确立的全国统一考试制度。这一制度在过去的几十年中（文革期间中断除外），确也以其统一的标准、严格的要求为我国社会主义建设的各行各业选拔出一批又一批优秀人才。但是随着商品经济的发展，科学文化的进步，社会对人才规格要求的更新；这种传统的统一考试制度逐渐地暴露其僵化、死板的弊端。在它的导向下，全国高中片面追求升学率现象愈演愈烈，严重影响高中甚至初中、小学全面发展教育目标的实现，已经到了非改不可

的地步了。我国在大学招生考试中存在的某些问题,同日本有着许多相似之处。因此,从日本大学招生制度改革的措施中,我们可以得到以下几点启示:

1. 两次考试制度

为打破"一考定终身"的局面,建立普通高中毕业会考与大学招生考试相结合的两次考试制度是必要的。我国大学招生现状是"一考定终身",因这"一考"试题的信度、效度、难度的不适,评卷过程中的主客观误差,考生的应试状态及考场内外环境条件的不同而产生诸多的偶然性,使一次考试很难准确地考查与选拔真正的优秀人才。高考是为了选拔 20% 的高中毕业生进入高校而设置的,而目前高考升学率已成为评价高中教学的依据,导致高中按照高考的要求去进行教学。高考成了"指挥棒"。我国教育界及政府有关部门已经认识到这一问题的严重性,并开始试行设置评价高中教育质量的水平考试,即普通高中毕业会考,以改变被高考牵着鼻子走的高中教育现状。在上海、浙江等地近几年的试行已验证了这一措施的可行性,但也存在着许多问题,问题之一在于:如何避免普通高中的毕业会考与全国高考在内容上的重复与形式上的雷同,从而使两者恰当结合起来。日本的经验表明:共同第一次学力考试(今已改为大学入学中心考试)是一种水平或资格考试,通过者均可参加所报考院校的第二次考试,重在内容效度,因此,尊重高中教育的实际情况,以《高中学习指导要领》为依据;而第二次考试则是选拔性的考试,由各大学单独进行以选拔具有各自专业性向的学生,形式灵活多样。值得借鉴的是,日本已将普通高中的毕业考试作为高考制度的重要组成部分,建立起各有侧重,相互补充的两次考试制度。我国将于 1994 年普遍推行高中毕业会考,这可以避免以高考为准绳的片面追求升学率现象。但是为高校选拔新生的高考仍不可忽视。怎样将高中毕业会考与高考恰当地结合,仍是有待探讨的课题。

2. 扩大高等学校的招生自主权,加强高等院校与高中的联系

从适龄青年中选拔优秀人才继续深造是大学招生的目的。由于每个人的天赋素质、知识基础、能力性向迥异,而每个高校及专业的特点、培养方向又各不相同,因此,高校招生工作中要考虑双方的适应性问题。这就要求扩大各个高等院校在招生工作中的自主权,以便于高校对考生的综合评定,较好地把握德、智、体全面考核的原则,使高校能够主动、充分地选择适合各自专业特色的

学生,从而有助于人才结构的优化和新生入学后专业思想的巩固。日本的各高校在招生工作上本来就是很独立自主的,最近的改革措施,如把共同第一次学力考试的固定五科目变为大学入学中心考试的由各大学依自己需要灵活决定考试科目,反映出其重视高校招生自主权的倾向。我国近年虽改传统的统考统招为"招办监督,高校录取",但由于全国统一的考试科目、方式难以适应各院校、专业选拔具有一定专业性向的新生,导致新生入学后才发觉对自己的专业毫无兴趣,学习积极性不高等现象。而扩大各高校在招生工作中的自主权,还要加强高校与高中之间的联系,使考生能够了解各个大学各个专业的内容及特点,减少报考志愿的盲目性。也使大学获得来自高中的信息反馈,不断改进自己的办学方向和特色。日本政府提供国立、公立大学协会与全国高中校长会定期联络的场所和机会,以加强高校与高中间的信息沟通的做法,是值得仿效的。

3. 改革大学入学考试的内容与形式,要既重知识,又重能力

我国的高考制度一直存在着重知识、轻能力的弊端,考生死记硬背成风,在应付考试上下功夫,这种现象在日本的高考中也普遍存在。日本政府已在改革中逐步加以排除,如,在考试命题上,减少知识性内容的比重,增加智能性内容;在考试方式上,除笔试外,还运用面试、实际操作等形式,高考的主要目的是选拔有较强学习能力和有发展潜力的学生升入大学深造,需要有较高的预测效度,不同于以检查学习质量为主要目的的中学毕业会考。而我国由于一直没有会考制度,便一次高考兼有两种不同性质考试的职能,混淆了两者的区别,造成了片面追求升学率的现象。另外,我国的高考命题基本上还是属于经验型命题方式,尚未建立完善的题库,难以保证每年高考命题信度,尤其是效度、难度的科学、合理及稳定,这同样影响对优秀人材的选拔。当然,只凭笔试,难以做到多方面考查学生的能力,因此,光在命题内容上做文章,还是相当有限的。改革考试方式是有效途径,如日本大学的第二次考试中灵活多样的方式,面试、小论文、实际操作等。

此外,日本高考制度改革中的增加考生报考机会,以推荐制辅考试制并面向职业高中等做法,也供我国今后在改革大学招生制度中解决同类问题时参考。

参考文献：

[1]［日］.高校教育.1990.7.P12～18,P19～25,P26～33,P48～56。

[2]［日］.学历社会[M].矢仓久泰,王振宇等译,吉林人民出版社,1982.4.

[3]今日日本教育改革.国家教委情报研究室编,北京工业大学出版社,1988.7.

（本文发表于《外国教育动态》,1992年。作者金海澜,时属单位为北京师范大学教育系）

二、澳大利亚高等教育教学
质量保障策略探究

高等教育发展阶段论的创立人、美国学者马丁·特罗（Martin Trow）认为，在高等教育规模的扩张过程中，学术标准——高等学校的教学与科研质量受到严重的威胁。[1]英国教育家皮特·斯科特（Peter Scott）认为，大众化过程中和大众化之后，随着数量的扩张，教育质量是高等教育自身发展十分关键的、社会各界最为关注的问题。[2]澳大利亚的高等教育已经发展到了大众化阶段，在这种形势下，高等教育质量问题成为澳大利亚高等教育发展的关键所在。为了提高高等教育质量，澳大利亚政府早在 20 世纪 70 年代就开始对高等教育质量进行评估。随着高等教育国际化趋势的加强，澳大利亚成为主要的高等教育服务输出国之一，提高教学质量成为其增强高等教育国际竞争力的重要方面。经过多年的探索，澳大利亚形成了系统的教学质量保障策略，从不同侧面保证了高等教育教学质量。

（一）评估策略

设定一定的标准并依据此标准对教学质量进行评估是澳大利亚教学质量保障策略中最为实用也是最具有可操作性的一点。作为评估的第一步，设定一定的标准是前提条件。在澳大利亚，高等学校分为两种：一种是自我认证大学（self-accrediting university）。在合法的前提下，它们对于课程设置和其他一些计划有自主权；另一种是非自我认证教育机构（non self-accrediting institutions），它们通过中介机构进行认证，调整教学等事务。尽管教学质量的高低没有一个国家级的标准，但是自我认证大学和参与非自我认证大学认证的中介机构都有符合自己或与自身发展相适应的教学标准。这种标准的多元化并不代表评估标准的混乱和低劣，相反，教学评估是在高校"洁身自律"和"勇于面对激烈竞争"的前提下展开的。因此高等教育教学质量的标准是相对较高的、可执行的、学校本位的。

澳大利亚高等教育教学质量的评估形式有两种。第一是学生学习结果（learning outcomes）评估。关于学习结果的信息源有四种：(1) 联邦教育科学与培训部搜集的成绩指标（performance indicators）。联邦教育科学与培训部每年根据学生数量、课程满意度和学生学习结果等指标对各所大学进行评比，借此监督大学的教学质量。(2) 毕业生技能评估（Graduate Skill Assessment）中的出口测验（exist tests）。该测试是测定学生毕业时所具有的实际水平和能力，打破原有按照学生大学毕业总成绩排名来厘定学生水平与能力的做法，能够体现学生的实际水平，是一种过程性的测试。测试内容包括：思辨能力、问题处理能力、人际理解能力和文字交流能力。通过在教学中培养的各种能力的测试推断教学质量的高低。(3) 学生满意度调查（student satisfaction surveys）。学生是高等教育教学的受益人，因此他们的满意度是对学校教学质量的最好反映。现在联邦教育部通过两份学生满意度调查问卷得到他们关于教学的反馈信息：课程经历问卷（Course Experience Questionnaire），和研究生研究经历问卷（Postgraduate Research Experience Questionnaire）。(4) 毕业生去向调查（The Graduate Destination Survey）中的就业数据统计（employment data）。澳大利亚毕业生职业委员会（Graduate Careers Council of Australia）负责对就业的相关数据进行统计。由于这些调查都是在学生刚刚毕业时进行的，因此这些数据能够反映出学生刚刚完成他们的课程之后对于教学的评价。

第二种评估形式是厘定并严格执行学位标准。澳大利亚没有全国性的统一学位标准，一些私立教育机构中在学位要求上往往设立自己的标准。澳大利亚公立大学以自我管理为主，大学具有定毕业标准的权力，但是澳大利亚大学学历资格评定框架（Australia Qualification Framework）为学士学位标准的设立提供了指导。每个学校所设定的学位标准根据该学校所开设的课程内容和课程水平而定，因此学校对于学位标准的厘定本身就是对于教学质量的总结。

学位标准的执行和监督通过以下两种途径完成:学生评估和学位信誉监督。学生对于学位标准的评估是对教学过程整体效果的评价,由教学质量引起的学生成绩的好坏也直接与学位标准有关。学术标准和教学过程关切度也是教学质量的影响因素之一。2001 年澳大利亚大学教学委员会(Australia Universities Teaching Committee)推出了"学生学习评估"(Assessing Student Learning),把它作为教学质量评估的重要形式。学位的信誉监督主要是严格荣誉学位的颁发标准,建立学科本位的学位标准。严格荣誉学位的颁发对于树立学科权威,提高本学科教学质量有着重要作用。学科本位的教学评估更能使教学质量的提高针对各学科展开,更有利于促进教学质量的提高。

(二) 优化策略

优化策略是澳大利亚为了提高高等教育教学质量和办学效益而采取的旨在提高学生学习效率和学习资源利用率的策略。优化策略关注的对象是学生、学校和教师,目的是优化学生的学习活动、教师的教学活动和学校的管理活动,最终目标是促进高等教育教学质量的提高,达到高等教育教学的最优化。优化策略从观念和操作两个层面实施。

观念的革新是教学质量提高的先导,教师观念的转变将最终有助于教学的优化。在此层面上,首先联邦政府引导广大高校教师从"注重自己教"向"注重学生学"转变,使教师认识到提高高等教育教学质量的关键在于理解并研究学生的学习。因此鼓励广大教师把"以学生为中心的学习"(student-centered learning)当作自己学术研究的重要内容来对待,鼓励将学术研究变成促进学生学习的重要手段。

在操作层面,澳大利亚从四个方面达到教学质量的优化。首先,引导学校提高学生的毕业率。随着高等教育大众化的实现,接受高等教育的人员构成日趋复杂,部分时间制的学习和非连续性学习往往导致学生不能顺利完成高等教育课程,这样高等教育的教学质量也受到影响。因此,各高校越来越重视通过各种途径控制学生辍学率,尽可能提高高等教育的毕业率。其次,提高大班教学的效率。高等教育大众化使得班级人数剧增,成为发展的一大难题。1994 年澳大利亚大学班级平均人数为 15 人,而到了 2000 年达到了 18.5 人,在这种情况下,各高校积极探索大班教学法和现代化教学技术的应用,以保证教学质量。同时高校也把课程的设置和教学策略的选择当作应对大班教学的有效措施,提高学生的学习效率。第三,建立以学生为中心的课程结构。随着高等教育的国际化和大众化,澳大利亚接受高等教育的学生的需求也显出多样化的趋势,传统的教学内容、授课方式、学期安排、教学时数和教学服务等都不能够满足学生多样化的需求。因此,有的大学改变传统的课程结构。有的大学也相应延长教学时间,提高学生的学习效率。在课程的年度安排上,为了保证学生得到全面的学习经历,把大学的前两年课程设为公共课程,后面的课程设为专业课程。这样的课程安排更加实用,能满足学生将来就业和参与职业竞争的需要。打通课程间的壁垒,实行学分转换制度是以学生为中心课程结构的另一个重要内容。在相近的高等教育机构内学过相同课程的学生,其成绩可以在转学过程中得到认可。第四,提高在线学习的质量。澳大利亚的高等教育机构已经认识到现代通信技术在教学中的作用,因此,它们尽可能使没有完成学业而中途失去学习机会的人通过在线学习回到教学中来。

(三) 重释策略

重释策略是通过赋予原有一些概念以新的内涵,扩大教学在大学中的份量,达到提高教学质量的目的。

首先,重释“学术”概念。在澳大利亚,一直存在着这样的争议:是不是所有的大学教师都需要从事科研工作。早在 20 世纪 90 年代就存在着多种关于“学术”概念的纷争。鲍尔(Boyer)指出大学教学受到科研的冲击,他提出广义的学术概念:学术关注于发现、整合、运用及教学。这种学问的“四方面说”在高等教育界激起了关于学术工作本质的争论。在高等教育界激起了关于学术工作本质的争论。格拉思克(Glassick)指出这种广义的学术概念的潜在影响:学术的四方面说使得学术成为一种“热衷”,这种热衷包括学习在内的教师的教,但争论在于学术的鲜明特点没有明确表达。斯格贝克(Skibech)指出这种学术观使得大学可以重新致力于除纯学术以外的其他使命——包括教学。学术概念的重释使得忽略了大学教学的人们重新认识到大学的教学功能。在这些思想的影响下,贝拉瑞特大学(University of Ballarat)在 20 世纪 90 年代采纳了鲍尔的思想。虽然这种思想的实施并没有显示它强大的生命力，人们还是认为大学中科研的地位高于教学，但至少这种关于"学术"概念的重释使人们重新认识到大学中的教学具有很强的学术特征。学术这一概念的拓展对大学教学产生了深远影响。

其次，重释"学者"概念。高等学校教师具有双重身份，其一是担任教学任务的教师，其二是担任科研任务的科研人员。这种双重身份使得他们被称为学者，高校中因为有了若干学者的存在而成为大学。但是传统意义上的学者是对专门从事科学研究的人的称呼。在澳大利亚的大学中普遍被接受的一种观点是：教学人员和科研人员只是工作内容和工作形式的不同，因此"学者"的概念应当运用于教学人员，而不应只成为科研人员的专利。澳大利亚学者舒尔曼(Shulman)指出，要严格区分学问的教学(scholarly teaching)和教学的学问(scholarship of teaching)。两个概念的出发点和落脚点都是不同的。这一思想使得人们开始思考并重视教学人员的从业资格问题。在此思想的引导下，中部昆士兰大学(CQU)在 1997 年《学术人员事业合同》中设立了教学学者一类，对从事教学工作又有显著成绩的教学学者进行认定，借以突出教学的地位与作用。

再次，重释"业绩"概念。凡是大学中的教师，不管是主要从事教学还是主要从事科研，学校都依据员工的业绩对员工进行考核，以达到提高员工工作效率的目的。过去的 20 年中，大多数澳大利亚大学都明显地提高教学的地位并较多地开展教与学的创新活动。例如，昆士兰大学为了突出教学的地位，规定了员工业绩量中教学所占的比重，教学和科研所占比例都占到总业绩量的30%；阿德雷德大学(University of Adelaide)的业绩标准有四个：第一是教学，第二是科研、学位，第三是大学管理和服务的参与度，最后是专业活动。通过规定教学所占的比例，教学人员的积极性得到相应提高，进而提高教学质量。

第四，重释"教学"概念。改变传统意义上的教学模式，使高等教育"教学专业化"成为重释教学概念的重点。高等教育中的教学与基础教育中的教学一样，其质量的提高都依赖于教学的专业化水平。因此，为了提高教学质量，澳大利亚大学重新阐释大学教学概念，用专业化的教学来代替传统的大学教学概念。一个不容忽视的事实是，大学教学的专业化最终取决于主要从事教学活动的教师。他们的素质直接影响到专业化水平。教师的素质依赖于他们的动机、行动和教学专长。在澳大利亚,高等教育中的教师培训是落后的。在这种背景下,1998年西部委员会(West Committee)建议大学教职员工发展委员会(Committee for University Teacher and Stuff Development)鼓励各个高校在任命学术员工时,首先让他们取得教师培训的资格认证,从而有效地保证员工的教学能力。2001年,联邦政府制定了一个研究计划,对教师培养及其专业发展进行研究,并开设正规的课程对教师进行专业培训。有些大学还根据教师所学的课程成绩来审定教师资格或对教师进行相应的奖励,借以提高教学的专业化水平。

(四) 角色分承策略

角色分承策略是指为了保证大学的教学质量,与教学质量相关的各个利益群体均分担不同的角色,根据不同角色分别做不同工作。

1. 政府的角色

在澳大利亚,政府在高等教育教学质量保障方面的作用越来越明显,若干高等教育法规的出台、政策的制定都是由联邦政府完成的。现行的高等教育革新计划(High Education Innovation Program)已经支持了若干旨在提高教学质量的项目。早在1990年3月澳大利亚就设立了联邦员工发展基金(Commonwealth Stuff Development Fund),旨在提高高校员工的素质。1992年又成立了澳大利亚大学教学促进委员会(Committee for the Advancement of University Teaching)在该委员会的倡导下,澳大利亚成立了独立的国家教学优化中心(National Center of Teaching Excellence),优化中心的作用就是推动高等教育的优秀教学实践并向国家教学发展认证委员会提出建议。大学教学促进委员会的活动最终导致了1996年大学教学与员工发展委员会(Committee for University Teaching and Stuff Development,CUTSD)的成立。CUTSD在推动大学教学质量优化上起到了关键作用。2000年1月澳大利亚大学教学委员会的成立是澳大利亚联邦政府在保障教学质量中承担角色的最集中体现。此时,大学教学质量已成为国家若干计划中关注的重点。由此可见,联邦政府在保障大学教学质量中的作用是积极的,政府倡导成立的一些委员会对大学教学质量所进行的评估和标准的设定,有力地促进了高等教育教学质量的提高。

2. 大学(高等教育机构)的角色

澳大利亚的高等教育机构在高等教育教学质量保障中发挥主体作用,其主体性主要体现在大学的自我约束和监控体制上。不管是哪种认证方式的大学,内部都设有学术委员会和管理委员会,他们主要对大学教学中的课程设置、教学评估和论文等进行监督和指导,并结合学生的就业情况对教学进行相应调整。大学的各项管理都体现出了对教学质量的关注,大学的竞争力也因为其自身较强的教学质量自我监控意识和能力而增强。以昆士兰州立技术大学为例,他们在 2002 年建立了以提高科研人员教与学质量为目的的《普通科研人员教与学发展计划》(Causal Academic Stuff of Teaching and Learning Development Program)。类似的高等教育机构的校本评估在澳大利亚较为普遍,体现出了学校在提高教学质量上的主动性和创新意识。学校所承担的这种角色形成了教学主体"自我反省"式的教学质量监控模式。

3. 学生的角色

学生是高等教育教学的对象,是教学的受益主体,他们的角色定位在澳大利亚是非常明确的,他们以主人翁的姿态参与到教学质量的保障中。学生通过参与一系列的评估活动共同参与教学质量保障。主要由学生参加的评估活动有:由学校组织的学生对于教学过程、教学绩效的评估——学生根据自己接受的教学对学校进行评估,并提出意见,供学校教学改革之用;由毕业生职业委员会组织的学生对于学校整体满意度的评估——包括教学质量中课程设置、教师的反馈、动机、对教学关注程度等内容在内的诸多内容;由学校承诺的允许学生参与的对于办学要求的各项执行情况的评估——大学向学生公开的教学政策与教育规划、开展教学必须具备的各项资源都随时受到学生的监督和评估。由此可见,学生在参与教学质量监控中的作用是突出的,它体现了澳大利亚高等教育中的民主性。

(五) 信息化策略

大众化条件下,高等教育的教学质量受到若干因素的影响。随着学生人数不断增加,学生对于教学的要求也提出了多样化的需求,教师的教学过程、教学方式都受到严峻考验。对于教师,澳大利亚政府积极推动现代化教学手段的应用,培养教师的信息化意识,培养教师利用和开发信息技术的能力,将在线课程的开设、课件的开发当作教师专业发展的重要内容和教师的关键能力来培养。对于学生,高校加强对学生接受网络课程的引导,向学生传授有关在接受信息技术条件下新课程的方法,并做好配套教学服务。在课程与教学方面,各大学积极开发多元化的课程标准,扩大学生对课程的选择权。教学中的大班教学问题也因为信息技术的使用迎刃而解。在评估方面,各个大学将学校信息公开,进行评估的专业团体和组织也利用信息技术的高效便捷,增强教学质量评估的时效性、准确性、参与的广泛性、标准的科学性。政府还利用畅通的信息加强对教学质量的监控。信息化策略的使用,使大众化条件下的高等教育也有可能提高教学质量,实现高等教育数量扩张与质量提高的齐头并进。

(六) 国际化策略

澳大利亚大学在世界高等教育出口大潮中尽显风流,这与它本身的教学质量高有关。随着高等教育国际化趋势的发展,澳大利亚高等教育面临更多的竞争。为了进一步提高高等教育的质量,增强澳大利亚高等教育的国际竞争力,澳大利亚采取了国际化策略,构建起高等教育质量保证的立交桥。具体体现在两个方面:首先,建立国际化的教学网络,搭建教学立交桥。澳大利亚于 1993 年制定了亚太大学流动计划(University Mobility in Asia and Pacific Program,UMAPP),建立了国际教学交流网络。为了满足学生学习的需要,1999 年由澳大利亚七所大学参与的澳欧网(Australian European Network)开通。这些教学网络的开通为澳大利亚高等教育机构引入世界先进的教学策略和教学内容、提高教学质量提供了便利。根据国际合作的要求,澳大利亚大学力争课程设置国际化,打破课程传输壁垒,使教学内容反映最新的科学技术研究成果。其次,实现教师和学生的国际化。国际化的教育使对教师素质的要求趋向国际标准。澳大利亚教育科学与培训部积极向国外发布对外籍教师的需求信息,力争做到教师聘任的国际化。澳大利亚作为一个高等教育强国,在吸引外国留学生上有较多的优势,但本国学生的"出港率"却不高。针对这种状况,为促进本国学生出国接受高质量的高等教育,澳大利亚大学教学委员会已经建议设立国家学术项目，以鼓励本国大学生出国学习，让他们在国外接受一个学期的教育，从而扩大本国学生的学术视野，培养他们的国际理解力。

参考文献：

[1] Martin Trow. Problems in The Transition from Elite to Mass Higher Education[R]. Carnegie Commission Higher Education, 1973.

[2] Anthony Smith and Frank Wester. The Postmodern University-Contest Vision of Higher Education in Society [M]. Open University Press, 1997：37.

（本文发表于《比较教育研究》2004 年第 9 期。作者吴雪萍、刘辉，时属单位为浙江大学教育学院教育系）

三、以学生学习为中心的高等教育质量评估
——美国 NSSE"全国学生学习投入调查"解析

　　质量被视为教育的生命线。各国经验证明,通过评估,督促高校提高水平,是保障高等教育质量的有效措施。与其他从教学角度进行的评估方式不同,美国"全国学生学习投入调查"(National Survey of Student Engagement,以下简称为 NSSE)从学生投入各项有效学习活动的程度来体现大学教学质量。NSSE 由美国皮尤慈善信托基金会(Pew Charitable Trusts)发起,是一个针对全国范围内四年制本科院校学生投入高层次学习和发展程度的年度调查,目的是提高学校对学生学习质量的重视程度,提升教学质量。自 2000 年在全美正式推行以来,其影响力逐步增加,参加者逐年递增,目前已成为同类研究中项目最广、设计最严密、资讯最丰富的一项调查,"从没有其他任何一种测量能这么迅速地具有如此权威性、提供如此丰富的信息",[1]对提高美国本科学生的学习质量做出了极大贡献。[2]

(一) NSSE 的产生背景和发展

　　20 世纪 90 年代,大学在教学和学生学习方面应更透明化在美国已成为一种社会共识,但传统的学校评估和大学排行榜多侧重学校的财政资源、教学设备、师资力量以及科研数量等,对于学生在校的学习投入程度和学习过程以及学校在促进学生学习方面的举措等学习质量议题却甚少着墨。与其他国家相比,美国中学后教育质量下滑明显,以 1995～1996 学年为例,只有 51% 的四年制大学注册学生在六年内拿到学士学位,[3]这表明许多学生未能获得社会所需

的知识和技能,社会忧虑多数学生在校所学不能满足新世纪的需求。对将入学的学生而言,相关的大学信息甚少。因此,人们意识到必须采用一种既有信度又有效度的测量工具来检测学校对学生的影响,以了解学生在校时间利用和技能学习的信息,衡量不同的学科和学校间学生在学业上的投入程度,比较各校教学的有效性,进而为改进教学提供依据。测量结果还能使教育当局和社会相关人士更深入了解学生的学习质量,并成为学生或家长择校的参考依据。

研究显示教学和大学环境等因素往往决定学生学习的成果,如果学生的努力得到适当的指导,学生花在研究论文上的时间和精力越多,与老师的互动越频繁,同侪合作学习越多,他们的学习收获就越多。[4]为此美国高等教育协会前主席,时任皮尤慈善信托基金会教育项目主任的拉塞尔·埃杰顿1998年召集高等教育专家研制以学生学习作为衡量大学教育质量的方法。皮尤慈善基金会提供了350万美元的启动费用,委托全国高等教育管理系统中心(National Center for Higher Education Management Systems)的彼得·尤厄尔(Peter Ewell)负责评价方法的开发,即为 NSSE。评价标准完成后,于1999年春秋两季在70多所学校进行了两次试测,并由外部教育质量鉴定团体如《美国新闻与世界报告》杂志、美中各州协会(Middle States Association)、各州高等教育监督机构及美国教育委员会(American Council on Education)对调查结果进行复审,证实调查工具切实可行。[5]2000年NSSE开始在全美推动,许多急欲提升学生学习质量、提高办学质量与声望的大学院校纷纷响应,当年有276所大学参加了这项调查。[6]至2006年,NSSE调查已进行了7次,评估高校累计接近1 100所,覆盖了研究型大学、城市大学、女子学院、教会大学、工程学院、独立大学及州立大学等,参与调查的学生则累计超过100万。[7]历年参加评估的学校和学生人数如表1所示:

表1　参加 NSSE 历年评估的学校和学生数

年	2000	2001	2002	2003	2004	2005	2006
参加学校数	276	321	367	437	473	529	557
参加学生人数	63 800	71 425	115 000	222 033	224 000	245 000	316 000

数据来源:由笔者根据资料整理

而报名参加2007年调查的学校将近600所,调查定于2007年1月底至5

月进行,8 月出炉报告结果。

(二) NSSE 的调查体系和测量指标

1. 调查和管理机构

NSSE 是一个非官方性质的跨校调查,总部设在印第安纳大学,目前管理这个调查系统的是印地安纳大学中学后研究中心、印第安纳大学调查研究中心以及全国高等教育管理系统中心,三者均非现有美国大学院校鉴定认证机构的组成部分。独立的第三方调查者的身份,保证了报告内容的可信度。而由教育研究与评鉴专家及公众代表所组成的全国监督委员会(National Oversight Board)确保了调查具有高度独立性与客观性。

2. 调查对象

NSSE 的调查对象为四年制大学院校的一年级与四年级学生,抽样人数依各校总人数而定。因其旨在调查所有攻读学士学位的本科生的学习经验,采集的样本兼顾普通学龄和成人学生,全日制与兼职生,通勤、住校及远程授课生。接受调查的学生应至少在学校就读两个学期以上,且一、四年级学生各半。此抽取方法,可通过调查比较入学两个学期的新生与拥有丰富在校经历的老生在学习质量和经验上的落差,具体呈现学生的整体学习经验。

3. 测量工具

NSSE 的测量工具为"大学生报告"(College Student Report),题数约 40 题,15 分钟内能完成,多项问题所组成的量表针对多元的学习生活,调查学生的学习行为、学校投入有效教学实践的努力以及学生对学校促进学习和自身发展程度的看法,主要涉及三方面:[8]

(1) 学校的做法和要求:包括针对课程重点和教学活动的问题,如"你的阅读和写作量有多大?"和针对教师行为的问题,如"是否和教师一起参与重大学术任务如研究项目?"

(2) 学生行为:学生在有意义的教学活动上投入的时间和精力,测量的变量有学生课堂内外时间的分配利用、课堂提问、与同学合作和讨论、课外阅读等行为,因为这些活动被证实与学习结果、学生发展积极相关。[9]如"是否曾与同学一起在课外准备课堂作业?"

（3）学生对学校的满意度：测量学生对自己学习经验的看法，如"你如何评价自己学习经历的总体质量？"学生自述通过教学和学校创造的其他促进学习的条件对自身技能发展的收获，如"学校是否帮助你发展了批判性思考和分析的能力？"

为保证测量的信度和效度，NSSE 的测量工具由设计团队几经修改。每次调查后，还要对整个过程进行检讨。设计团队会在各校中选出学生组成焦点团体（focus groups），征求他们对调查步骤的改进意见，并基于所得结果对调查过程与问卷题目进行修正和完善。

4. 主要评价指标

为量化大学对学习的促进程度，NSSE 开发了评价有效教学实践的五项指标。[10][11]

（1）学生在学习上面临的挑战性程度（Level of Academic Challenge）。富有挑战性和创造性的学习对大学生的学习和大学生素质至关重要。学校通过强调课程要求与设定学习的高标准来提高学生的学习成就。

（2）积极与合作学习的数量（Active and Collaborative Learning）。旨在测量学生对合作学习以及学习的投入程度。学生若能广泛投入各项学习，主动思考并在不同环境中运用所学，将学得更多。而团队合作有助于学生更好地应对大学及日后可能会遇到的种种意外难题。

（3）师生互动的质量（Student-Faculty Interaction）。通过调查学生是否曾与教师讨论、进行合作研究等活动来测量师生的互动程度。学生能从大学教师身上学到这些专家思考和解决实际问题的技能与知识。教师是学生的行为榜样，是他们持续终身学习的引导者。

（4）丰富教学经验的提供（Enriching Educational Experiences）。测量学生是否获得丰富多彩的教育经验。除了课本知识，实习计划、学习社区等教育经验可补充课堂学习之不足，让学生整合与应用其所学，并学到更多有意义、有用的知识、技能或态度。多元化的体验让学生了解自身和不同文化，推动同侪及师生合作，促进学习。

（5）校园环境的支持度（Supportive Campus Environment）。具有支持性的校园环境能提高学生的学习质量。大学如果关注学生成功并能提供体现积极工作和社会关系的校园,学生会有更好表现。因此 NSSE 也测量校园环境是否能对学生学习提供有效助力。

根据 NSSE 所完成的总体分析,每所参加学校在每个指标上将得到一个百分制的指数,同时还会获得根据卡内基高等学校分类法所确定的同类学校的平均分和全国所有大学的平均分作为参考。NSSE 还提供被调查学校在五项指标上与指数名列所有参加学校前 10%与前 50%的学校的比较。

(三) NSSE 的评估流程

NSSE 的评估流程大致如下:

1. 双方签订协议书

计划参加 NSSE 调查的学校,应与调查机构签订协议。协议规定参加调查的学校可以在校内外使用 NSSE 调查资料;同时 NSSE 承诺除非经学校同意,否则不会将调查结果公开,但 NSSE 有权将资料汇总用于国家和地方改进教学方面的提议。

2. 校方选择调查方式

协议签订后,学校要选择参加调查的方式,有三种选择:(1) 纸版:学生会收到书面的邀请信和纸质问卷;(2) 网络版(Web-only):学生通过网络填写问卷来完成调查;(3) 以网络为主的方式(Web+):学生会收到电子邮件,请他们完成网络版调查。如果学生没有回音,部分学生会收到附有纸版调查卷的催缴信,其他学生则仍以网络方式联系。目前选择网络调查的学校越来越多,2005年以来选择网上答题的学生人数已超过纸版调查。[12]

3. 校方向 NSSE 提供相关信息和资料

在确定调查方式之后,学校需要向 NSSE 提供上一年度秋季入学的学生名单以及学生的相关信息,如学生的学号、通讯地址、电子邮箱、年级、性别、入学身份(全日制还是兼职),NSSE 还希望能提供种族以及学生的 ACT/SAT 成绩。这些背景信息将用于数据分析,NSSE 也会根据这些资料为学生量身订做调查邀请信与追踪信件。

4. 随机抽样,进行调查

NSSE 会根据学校所提供的学生资料进行随机抽样,保证大一和大四学生两个年级选取的样本相等。确定抽样人数后每年的二、三月份 NSSE 会通过网络或信件方式做问卷调查。如果学校选择纸版方式，调查机构会以传统信件邀请学生接受调查，学生填完问卷后用回邮信封将问卷寄回。倘若学校选择网络形式，抽样学生会收到一封电子邀请信，并附有问卷的互联网地址，学生登录其专属网页后，即可填写问卷并表达意见。

5. 敦促未答复者

调查中常有学生未能按时将调查问卷寄回。NSSE 会追踪那些未答复者，提醒学生寄回问卷。NSSE 提高答复率的另一方法是让所有学生，不管是选择纸版还是网络版的都可以在线完成调查。抽样学生的平均应答率约为 40%，2006 年为 39%，其中网络版的回复率为 41%，纸质版 37%。[13]

6. 对数据进行统计和分析

问卷回收后，印地安纳大学中学后研究中心与印第安纳大学调查研究中心合作，对学生的答案总分进行平均与加权，以获得每个学校在五个评估指标方面的原始总分。最后再根据这些分数整理成各校学生的表现报告，以方便进一步使用这些数据。

7. 将结果通报学校

在对回收的问卷进行问卷计分与分析之后，印地安纳大学中学后研究与计划中心与印第安纳大学调查研究中心进一步对各校在五个评估指标中的表现做出摘要报告。NSSE 不仅向大学公布它们的表现，而且还显示它在和其他学校竞争中所处的位置。指标比较报告中还比较大学与其他所有参加年度评估的学校、各校自己选择的同类学校及卡内基同类学校的表现。这些数据可以显示该学校的学生在投入学习方面是否与比较组中的一般学生存在显著差异，让教师得到学生对他们所教课程的反馈意见。

（四）NSSE 数据的应用

NSSE 直接从学生处搜集广泛信息以评估美国大学生的学习质量，美国许多高校均自发参与调查，并依据调查结果改善和提高学生的学习质量。[14][15] NSSE 的调查数据一般应用于一下几个方面：

1. 激励学校采取措施改进教学质量

（1）了解学校的教育工作表现。借助一个较为标准的评价方式，NSSE 通过持续比较与测量学校的表现，并将其与其他同类学校对照，生成多份报告，以此帮助学校了解自己的表现，与其他学校的结果相比较，找出其教育的相对优劣势，帮助学校采取措施进行教学改进。

（2）丰富本科生的学习经验。一些学校根据 NSSE 的调查结果，有针对性地采取措施增加学生的学习经验。如增加海外学习机会、增添课程中服务学习的成分、创立学习社区、扩大参与教师暑假研究的机会等。

（3）促进教师专业发展。通过调查的数据，引发教师对众多教学和学习问题的讨论和反思，促使教师将科技手段融入教学，促进教师的专业化成长。

（4）用作认证前的自我评鉴资料。近三分之一的学校将调查结果用于认证，包括地方性的和专门学科的审核。NSSE 有个专门的工具包，将 NSSE 问题映射于认证机构的标准，用于认证中高等学校内部进行自评。

2. 作为州绩效评鉴的参考

NSSE 调查结果也有助于学校外部的高等教育鉴定团体和州监督代理机构的评鉴。州高教评鉴系统可以用 NSSE 结果与其他调查资料一起来衡量学校主要成就指标是否达到州政府和其他管理机构建立的标准，比较不同院校间学生的表现，并利用这些评估数据追踪学校如何改善学生的学习。

3. 作为公众选校参考数据

部分学校选择向相关新闻媒体公布调查结果，作为这些媒体在进行大学排名时的依据，以提升学校的知名度，争夺生源、师源、财源。此举也可让公众更了解那些将学生学习视为校务发展核心的大学院校，帮助学生与家长择校。

美国的高等教育是一个庞大的体系，他们在评价理论、评价模式以及评价标准等方面，已形成了一套适合自己教育发展的评估机制，为促进美国高等院校或专业的发展起到了保证和监督作用。他山之石，可以攻玉，NSSE 为我们提供了全面提升大学生学习质量的参考。倘若这种调查结果具有公信力，能成为择校的指标之一，各校必然会竞相通过改善大学生学习质量来提升学校声望，从而促使各大学院校更重视教学，促进学生学习质量的提高。

参考文献:

[1] Kuh,G. D. (2003). What We're Learning about Student Engagement from NSSE[J]. Change,35(2):24—32.

[2][10][13] NSSE(2006). Engaged Learning:Fostering Success for All Students [EB/OL]. http://nsseiub. edu/NSSE_2006_Annual_Report/docs/ NSSE_2006_Annual_Report. pdf(2006—11—09).

[3] Berkner,L. ,He,S. ,&Cataldi,E. F. (2002). Descriptive Summary of 1995—1996 Beginning Post-secondary Students[EB/OL]. http://nces. ed. gov/pubsearch/pubsinfo. asp? Pubid=2003151(2006—11—09).

[4][5][6] NSSE(2005). Our Origins and Potential[EB/OL]. http:// nsse. iub. edu/html/origins. cfm(2006—11—09).

[7][11][12] NSSE(2005). Annual Survey Results[EB/OL]. http:// nsse. iub. edu/pdf/NSSE2005_annual_report. pdf(2006—11—09).

[8] NSSE. (2006). Validity and Reliability of NSSE Surveys[EB/OL]. http://www. nsse. org/store/customer_getFreeDown-load. cfm? item=127 (2006—11—09).

[9] Pascarella,E,&Terenzini,P. (2005). How College Affects Students: A Third Decade of Research. SanFrancisco:Jossey-Bass. 7,232,590.

[14] NSSE(2006). Using NSSE Data[EB/OL]. http://nsse. iub. edu/pdf/ 2006-Institutional Report/Using%20NSSE%20Data. pdf(2006—11—10).

[15] NSSE(2003). Converting Data into Action[EB/OL]. http://nsse. iub. edu/2003_annual_report/pdf/NSSE_2003_Annual_Report. pdf(2006—11—09).

(本文发表于《比较教育研究》2007 年第 10 期。作者为罗晓燕、陈洁瑜,时属单位为浙江工业大学外国语学院)

四、近年来美国博士教育面临的挑战及其改革措施

美国的博士生教育在借鉴和移植欧洲模式的基础上,锐意改革,日益成为世界各国仿效的成功榜样,经常被作为"金标准",吸引着世界各地的优秀青年。截止现在,美国的博士教育已历经 150 余年的历史。

(一)美国博士教育面临的挑战及问题

随着时代的发展、社会的变化以及新需要的产生,美国博士教育中存在的问题开始显露,来自国内的批评之声不绝于耳。20 世纪 90 年代以来,许多领袖人物认为,美国有必要重新评估传统博士教育的成效,以保证博士学位获得者能够在公共机构或私营单位继续做出应有的贡献。美国高等教育界的许多领袖人物,如卡内基基金会(CFAT)现任主席李·舒尔曼(Lee Shulman)、全美研究生理事会(CGS)主席朱尔斯·拉皮杜斯(Jules LaPidus)、威尔逊全国奖学金基金会(WWNFF)主席威斯巴赫(Rbert Weisbuch)、斯坦福大学名誉校长唐纳德·肯尼迪(Donald Kennedy)、美国教育理事会名誉主席阿特维尔(Rbert Atwell)、美国学会联合会(ACLS)主席阿姆斯(John D'Ams)以及美国科学进步协会(AAAS)教育与人力资源部主任雪莉·马尔康姆(Shirley Malcom)等,对更大范围的研究生教育提出批评。他们普遍认为,博士生的培养应该脱离传统上对学术的过分关注,要求教育界进行研究生教育改革,使得研究生毕业后能够学以致用。

1. 博士教育的高损耗

博士学位完成时间长短不仅是博士生关注的焦点,也是各博士培养机构的导师和管理者以及支持博士教育的公私立机构关注的焦点。福特基金会 2005 年资助的一项对 45 所大学 54 390 名博士生的调查发现,10 年累积各类学科博士学位完成率是:工程 64％、生命科学 62％、物理科学 55％、社会科学 55％、人文科学 47％。各类学科博士学位的攻读所需时间分别为:工程 6 年、生命科学 7 年、物理科学与数学年、社会科学 9 年、人文科学 10 年。许多人指出,现在获得博士学位平均所花费的时间比过去更长了,在各科领域中,人文学科修业时间最长,而工程学科的博士生修业时间最短。关于造成这种状况的原因,很多大学教授认为,随着知识的激增,相应地博士教育也要花费更多的时间。其次,在博士生数量不断增加的同时,提供的资助却在减少,许多博士生不得不半工半读或者推迟自己的研究计划。另外,由于资助模式的改变,学生不得不在与自己专业不大相关的领域做教学助理或研究助理,这样也延长了修业时间。[1]完成博士学位时间过长,致使博士生求学的积极性降低,而且对其就业极为不利。2003 年全美研究生理事会召集全国博士教育专家商讨关于博士教育损耗和博士学位完成事宜,发现学位完成率呈现“人文科学＜社会科学＜自然科学＜生命科学”的趋势。2003 年加利福尼亚大学对 1998～1999 学年和 1992～1993 学年的 1 970 名注册博士生进行跟踪研究,结果显示,10 年内完成博士学位的人数还不到 2/3,历史、生物、经济三个领域,10 年内完成博士学位的比率分别为 34％、81％、70％。[2]博士教育的高辍学率,导致的直接后果就是博士教育的高损耗(high attrition)。

2. 博士教育脱离了变化不定的工作市场要求

美国每年有数万名博士从全美各大学毕业,走向社会,但是博士生就业困难的问题日益凸显。这主要是因为博士教育模式过分强调学术研究,严重忽视其他方面的培养。“博士生教育中的培养目标与工作现实之间存在不一致,学术职业人才培养与学术工作现实脱节”“美国的 102 所大学培养了约 80％的博士生,而大多数的工作岗位是在不同于研究型大学的 3 000 多所其他高等教育机构中,只有不到 10％的博士毕业生能够到研究型大学工作”。[3]

美国威斯康星大学梅森研究中心查尔斯·戈德领导的研究小组对全美 27

所大学的 4 114 名博士生进行了调查。戈德说:"只有不到一半的博士生毕业后将从事学术研究,而大多数人不会在大学等研究机构中任职,但博士教育课程却仍然主要培训学生掌握和使用学术研究方法的能力。"戈德等人此次发表的报告名为《背道而驰的目的:当今博士生的经历揭示博士教育弊病》。报告指出,博士教育现在搞得"不必要的神秘"。1/3 至 2/3 的博士生弄不清其整个学习和研究的过程是什么,比如他们课程的适用范围,他们应花费多长时间与导师在一起,他们如何获得毕业研究和论文经费,达到什么样的标准后就可以毕业。此次调查还发现,50%至 75%的博士生还没有为各种教学和服务活动做好准备,而这正是大学教员的主要工作,不过博士生中多数人认为自己已经准备好进行学术研究。戈德提出,应该向博士生提供并鼓励他们争取进入社会的机会,以获取多方面的经验,也应该允许博士生提前考虑毕业后从事学术研究以外职业的可能性。[4]一项"十年后博士学位"(PhD—Ten Years Later)的系列调查表明:在英语、数学、政治科学领域的所有博士学位获得者中,大约有三分之二的人得到了教授职位;而在生物化学领域,这个比例只有二分之一;在计算机科学、电机工程领域,只有三分之一的人得到了教授职位。许多获得博士学位的毕业生找不到高等教育职位,因此博士研究生寻找非学术的工作岗位越来越重要。但是企业界和公共部门也在抱怨:几乎所有领域的博士,学术知识以外的生产性知识都极其贫乏。美国《自然》杂志报道,兰德公司和斯坦福大学高等教育研究所的研究人员声称,各个领域每年都有 200 名新的博士生找不到与他们专业相关的工作。这份关于博士生培养的研究报告的主要调研者、斯坦福大学高等教育研究所的威廉·马西认为,各大学应在本身实力不强的领域停止招收博士。马西与兰德公司的查尔斯·戈德曼共同分析了 210 所大学的 13 个科学与工程领域以及聘用博士毕业生的 1 000 个教育机构。他们发现,美国大学所授予的科学与工程学博士比就业市场所能吸收的多 25%。关于造成这种状况的原因,马西认为博士招生政策与潜在的就业市场几乎没有联系,招生主要是为了满足一个系对教学和研究工作的辅助人员的需要。[5]

3. 博士教育过度专业化且越来越受研究资助的影响

随着知识的激增,博士教育出现了过度专业化的趋势,这不仅使博士的专业能力受到限制,而且影响了其就业机会。50 年前博士生是以从事学术研究为人生目标,大多数人毕业后在大学或科研机构找到了工作,现在更多的博士生选择进入私营企业或政府部门。人们往往把美国博士生教育和科技创新的成功归因于教育与科研的结合,并称这种模式为"金标准"。然而,当今美国博士生教育的困境也正与这一模式息息相关,最突出的表现是博士生教育越来越受制于科研资助情况的影响。在美国研究型大学中,寻求科研资助是大学教授的生活方式,寻求科研资助完成学业则是困扰博士生从入学前到毕业结束的难题。但是目前的迹象表明,科研资助的申请竞争越来越激烈,资助机构对科研产出的数量和速度所提出的期望越来越高,教师和学生不得不牺牲比较宽广的知识学习和能力发展。而在许多情况下,尤其当资助不能带来有利可图的产出的时候,资助者不太愿意为博士生提供资助。

(二) 美国博士教育改革的政策措施

自从 20 世纪 90 年代以后,政府机构(美国国家科学基金会)以及许多私人慈善基金会发起或资助多项针对博士生教育问题的改革。这些改革措施的侧重点和适用范围各有不同,既有关于博士教育的整体改革,也有针对博士教育的修业年限、课程质量和就业等问题的局部改革。

1. 关于博士教育问题的整体改革措施

(1)"改革科学家与工程师的研究生教育"。1995 年美国科学、工程和公共政策研究会(COSEPUP)发表了一项题为"改革科学家与工程师的研究生教育"的研究报告。该报告指出,"虽然近期的毕业生都找到了工作,但失业或利用不足的趋势正在增大"。由于近年来许多工程与科学博士纷纷进入非传统职业领域,因此在保持以研究为基础的培养格式的同时,研究生培养还应增开一些旨在加强其从事非研究工作的就业潜力的课程。报告还提出应缩短博士生的培养时间,应改进有关收集就业市场信息以及应更重视听取学生关于学位计划和就业前景方面的意见,报告还谈到应致力于扭转博士生从科学界流失的局面并吸引更多的美国学生来攻读博士生计划。[6]

(2)"IGERT"计划。为了适应跨学科的科学研究模式,以及改革传统的研究生培养模式,美国国家科学基金会(NSF)启动了"研究生教育与科研训练整合计划"(IGERT)。该计划的目的是迎接美国科学与工程领域博士生教育所面临的挑战,以期望博士生具备跨学科知识结构,掌握若干学科领域的精深知识,并具有技术、专业和人际交流技能,能在学术界和教育界中找到合适的职业,成为改革和创造的领导者。从 2000 年启动至今,70 多所大学所申请的近150 个博士生教育项目先后得到资助,每个项目最多可获得 300 万以上的资助,用于课程开发、学生生活费和学费。IGERT 项目针对美国国内对博士教育的批评,试图改变博士生知识结构过度专业化,所资助博士创新教育项目均指向交叉学科领域的局面,从而帮助博士生接触到学术界以外的专业人士,熟悉变动不居的劳动市场,以使博士教育更加灵活,并以范围更为广泛的工作为目标而不是仅仅针对传统的学术职位。

(3)"重新规划博士教育"。美国华盛顿大学完成了一项博士生教育改革的研究课题"重新规划博士教育,以满足 21 世纪社会需要"。该项目由美国慈善信托基金(Pew Chantable Trusts)资助 51.5 万美元,由美国华盛顿大学教学与发展研究中心主持。2000 年 4 月,在西雅图召开了"重新规划博士生教育"的研讨会,与会 200 多名代表涉及全美与博生生教育相关的各个领域。会议代表在 7 项主张上达到高度一致:与博士教育相关的各领域必须在内部或相互之间形成有效的变革机制,分散改革实验风险,提高学术界内外的责任感;必须向未来的博士生讲明博士教育的内容和要求;要采取更为系统和长远的措施提高知识分子的多元性,特别是招收那些未被充分代表的少数民族和女性学生并保证他们完成学业;组织各种力量和手段来影响变革,这些变革可以是校(系)课程的评议、政府的资助政策、基金会的资助政策、博士生的发言权、全国咨询中心的评级标准、对机构的认证以及高等教育界内外博士聘用者的期望;无论是高校还是非高校都必须对博士生加强教学方面的培训,进行教学示范和评估;应该增加更加实在、更加完整的专业成长的体验;为了能够保证长久持续的变革,必须逐渐使全体教师发自内心地支持和促进博士生的成长,特别是在研究型机构的文化氛围中。

2. 关于博士教育问题的针对性改革措施

（1）"未来师资培训计划"。针对博士教育难以适应高等教育对大学新教师的要求，美国学院与大学联合会和研究生院委员会共同发起和推行了"未来师资培训计划"（PFE），目的是将博士生培养成为胜任的新教师，使他们具有教学研究和专业服务的能力，了解不同大学的教师生活和职责，为他们成为新教师创造良好的开端。2000 年"PFE"计划以《大学、学院共同培养我们所需的教师》为题报告了研究和实验成果。报告认为，对于 21 世纪大学教师面临的挑战，传统的博士生培养模式是不够的——开展研究的能力对于绝大多数大学教师只是必要条件而不是充分条件。"未来师资培训计划"对博士生产生了重大的积极影响，44 所研究型大学、399 所合作学校、11 个学科协会、4 000 多名博士生参与了 PFE 项目，取得较好的效果，在美国博士生教育中产生了较大的影响。[7]

（2）改善博士生辍学状况的研究项目。2004 年 1 月全美研究生理事会（CGS）宣布，辉瑞股份公司（Pfizer）提供 200 万美元用于支持研究自然科学、技术工程以及数学博士生的损耗和学位完成情况。该项目主要在美国研究型大学实施，旨在设计一套解决博士生辍学及损耗问题的策略，并评估这些策略的运用效果和完成比率，以有效阻止博士教育的高辍学及高损耗。

（3）针对博士生课程质量，实施博士课程创新计划。美国国家科学基金会针对博士生课程质量，实施"问题为本"的课程创新计划（IGERT）。美国国家科学基金在 5 年的时间内向创新计划投入 6 400 万美元，目前创新计划有 70 个项目在 55 所大学实施。该计划的目标是为博士生提供课程基金，构建自成体系的课程，改革课程结构，使学生最大限度地掌握专业技能，为打算从事非学术研究的博士生提供通向职业的途径。

（4）卡内基博士学位创新计划。2002 年卡内基教学促进基金会发起和实施针对博士学位课程结构的改革，该计划旨在支持系科更加有目的地设置博士学位课程。卡内基教学促进基金会与化学、教育学、英语、历史、数学和神经科学等领域建立学术联系，用直接交流的方式来探讨和改进博士课程结构，提高博士教育质量。[8]

参考文献：

[1] 菲利普 G. 阿特巴赫. 美国博士教育的现状与问题[J]. 教育研究,2004(6):40.

[2] The Chronicle of Higher Education[J]. The Faculty,2004(19):10.

[3] Gaff G. Lambert M. Socializing Faculty to the Values of Undergraduate Education[J]. Change,1996(28):38.

[4] 最新调查:美国博士教育存在弊端[EB/OL]. http://www. daxin. net/abroad/news/news22. htm,2006—11—10.

[5] 邓攀. 一份研究报告说美国的博士生培养过剩[J]. 世界科技研究与发展. 1999(10):53.

[6] 鲁光. 美国国家科学院提出改革美国的研究生教育[J]. 世界科技研究与发展. 1995(8):50.

[7] Gaff,G,Prutt-Logan,S. Building the Faculty We Need:Colleges and Universities Working Together[R/OL]. WashingtonDC,2000. http://www. preparing-faculty. org,2006—10—08.

[8] 何逢春. 20 世纪 90 年代以来美国博士教育的问题与改革[J]. 高等教育研究. 2005(4):93.

（本文发表于《比较教育研究》2008 年第 11 期。作者张济洲,时属单位为鲁东大学心理与教育学院）

五、德国大学博士培养模式的
主要问题及变革尝试

德国大学是近现代博士培养的发源地,其每年的博士学位获得者数量在全球名列前茅。长期以来,德国大学博士生培养主要是两条途径:传统的"师徒制"和小规模的所谓"研究生院"。前者的缺点是从入学到毕业的过程不透明、学习封闭、学习时限较长;后者的问题则是只重视博士生中的精英部分,重理工、轻人文,覆盖面窄,德国只有 10%～20% 的博士生培养采取此种方式。如何能更大范围地提高博士生培养的科学性和透明度,提高人文学科和社会科学博士生培养的水平,增加学科间的交流,缩短培养时间? 这些都是目前德国大学博士培养中遇到的主要问题。本文尝试梳理、分析德国博士生培养模式的历史演变及存在的问题,并以吉森大学人文科学研究生培养中心(Giessener Graduiertenzentrum Kulturwissenschaften,简称 GGK)为例介绍德国大学博士生培养模式正在发生的变革。

(一)师徒制模式

1809 年德国柏林大学的创立标志着现代意义上的大学的诞生。哲学院成为德国大学科学研究的家园,并取代神学院成为大学的中心,哲学博士学位也由此诞生。这一学位的设立标志着现代博士教育的开端。传统的德国大学博士培养模式具有很强的手工作坊式的前工业化时代特征,以师徒式的导师制为核心。博士生导师的德文是"Doktorvater",直译为"博士父亲",体现了师生之间如父子般的亲密关系。这种师徒关系既强调科学研究,也注重人品和个人修养的衣钵相传。博士生以科研助手的身份跟着导师从事相关研究。以研究所为培养单位，所长一般就是导师本人，学生免试入学，没有必修课，导师为博士生开设研讨班(seminar)，取得科学研究的创新性成果是获取学位的前提条件。需要指出的是，当时的博士学位并非是建立在硕士学位之上的学位，而是大学颁发的惟一学位。

直到 20 世纪 80 年代末期，德国大学都没有按英美高校模式设置所谓的学士学位作为第一级学位。20 世纪 50、60 年代，综合性大学里实行的单一学位制被两级学位取代，增设硕士学位为第一级学位(Diplom 或 Magister)，博士学位上升为大学中的第二级学位。德国法律规定，博士学位是取得高校教师资格和在医学等特定行业任职的必要条件。

德国高校除了少数艺术院校外，一般分为两大类：偏学术性的综合大学(包括工业大学和科技大学等)，重实践的应用技术大学，只有前者有博士学位授予权。德国大学的博士入学一般没有考试选拔机制，通常综合性大学毕业生只要成绩优良，并得到相关教授的接收就可以攻读博士研究生。

德国大学没有博士点和博士生导师的概念，所有综合大学的教授及已获得教授资格的讲师都可以作博士生导师。传统的德国大学博士培养模式一般并不提供博士课程，人文学科和社会科学的很多博士生主要在家自己读书和研究。目前，有 80% 至 90% 的德国博士生在此传统框架下学习和研究，博士生培养的理念、目标和方式与 19 世纪并无实质性变化。传统的德国博士培养模式由于过于追求纯科学的研究，只重视个人的独立研究能力，与社会脱节严重，近年来大受诟病。

德国科学委员会认为，传统博士培养模式的主要问题有：与国际相比，学习时间过长，硕士毕业后的平均攻博时间大约为 5 年，由此造成博士生的高龄化；博士培养的结构层次不清；缺乏针对性强的课程设置；博士生学术交流机制缺失；博士培养中缺乏流动性和特色。[1]

德国高校校长会议也指出 6 大问题：博士生的身份不明确，导师对论文选题的辅导不够；研究选题过偏过窄；在第三方经费缺乏的专业，比如人文社科专业，学生往往闭门造车，得不到足够的指导，从而出现选题、研究方法和成果呈现等各方面的问题；传统的博士课程结构不清，约束力不强；博士生与博士论文无关的事务性工作过多,导致毕业延期;就业市场的机会不多,导致学生迟迟不愿毕业等。[2]

2002 年科学委员会的统计表明,博士生年龄持续增大,人文学科毕业生的年龄更是远高于平均水平,达到 36.1 岁。这其中的重要原因是:文科往往需要自己选题,较少得到导师的指导;文科博士生从硕士毕业到开始读博之间的过渡时间过长,平均需等待 1 年时间。

(二) 研究生院(Graduiertenkolleg)模式

20 世纪 90 年代以前,德国大学一直只有硕士和博士学位,而没有学士学位。研究生院实际上是博士生院(Promotionskelleg)。它是对依然占主导地位的"师徒制"模式的补充。德国大学的研究生院主要由德意志研究联合会(DFG)提供资金支持。DFG 的研究生院入学前提是:申请者成绩优秀,而且其博士选题与研究生院的研究方向一致。

虽然德国研究生院模式的初衷是借鉴英美博士培养模式,希望发挥集体力量,加大跨学科研究,但实际上德国式研究生院与英美模式大相径庭。它并非是大学的一级常设机构,也不是博士生的注册和管理机构,而只是由来自多所大学相近专业的 10~15 名教授和 15~25 名博士生围绕一个课题进行研究的一个临时课题组而已。从名称上可以看出,它往往是跨学科研究课题组的名称,比如慕尼黑大学的"性别与差异研究生院"。它们需要定期接受 DFG 的评估,而且可能随着课题的终结而解散,所以也许称为"课题小组"更合适。

研究生院模式最早出现在 1990 年前后。第一批研究生院是由大众汽车基金会和德意志研究联合会(DFG)联合资助的。这种模式通常被称为"结构化培养模式"(Strukturierte promotionsstudien),它与传统模式相比,有三大显著特征:

其一,竞争。高标准博士生选择机制,只有最好的硕士毕业生才能获得资格;

其二,师生双方清晰的责任。老师要负责高水平的指导,提供好的科研工作条件;

其三,设置广泛的博士生课程(包括大量英语课程,4~6 课时/周)。

除了 DFG 资助大部分研究生院外,此类结构化的博士培养模式还有德意志学术交流中心(DAAD)与 DFG 合作的、主要针对外国学生的国际研究生培养计划(International Postgraduate Programmes,简称 IPP)国际博士培养计划,马普所(MPG)与各大学合作设立的马克斯·普克兰国际研究院(International Max Planck Research School,简称 IMPRS)博士培养计划等。

此类博士课程的共同之处包括:开展跨学科研究,发挥教授集体的作用,让博士生受到多方面的训练,既注重个人研究能力的培养,也注重集体合作能力的培养;缩短培养时间,读博时间一般定为 3 年;设立专门的博士生项目服务机构;国际化程度度高,外籍博士生的比例高(约为 20%),科学研究、学术交流的语言往往是英语,与国外学者、机构的合作多。

DFG1990 年设定的"建立 300 个研究生院"的目标,在 2000 年初就已经完成,全德已有 6 000 多名博士生是经过这种模式培养后毕业的,约占同期德国全部博士学位获得者的 10%。2004 年度的 DFG 研究生院项目有 270 个,2003 年度研究生院的全部经费为 7 650 万欧元,2003/2004 年度参与计划的博士生有 6 263 人,博士后有 660 名,奖学金人均为 1 000 欧元/月。[3]

尽管取得了一些成绩,德国研究生院模式也面临挑战,目前主要的问题是:"青年教授制"(Juniorprofessor)的引入使得博士生毕业后就有机会直接走上大学讲台。但这就要求博士生在 3 年时间内除去科研外,还要学习课程设计、教学法、高校行政等方面的基本技能,而过去这些东西是在博士后阶段学习(Habilitation)的;另外,由于规模小,研究生院像个课题组,其重点在研究,往往忽略教学和管理方面技能的培养;由于经费的原因,目前德国只有 10% 左右的博士生在研究生院读博,而且往往是理工科学生。

德国科学委员会虽然赞扬 DFG 的研究生院模式是一项促进博士培养的重要手段,但也要求 DFG 的研究生院对学生提供更多的专业知识领域以外的知识和核心技能,从而促进博士生的独立性和自我负责能力。

(三) 系统培养的模式:以吉森大学人文科学研究生培养中心 (GGK)为例

2005 年巴伐利亚的博士生问卷调查结果表明,大部分学生还是希望两种培养模式并存,认为研究生院模式不应取代传统的师徒制模式的主导地位,它只能起到补充作用;90％以上的教授坚持自己挑选学生,而不是通过所谓的竞争选择机制,认为这是德国传统博士培养模式的优点之一;在入学方面,目前只有不到 1/5 的学生需要通过一个申请和选择程序;人文学科依然是传统导师制培养模式占绝对垄断地位,理工科则是越来越以研究生院的各种课题项目为核心。[4]

据调查 40％的博士生对导师的指导不满意。无论哪种培养模式,大部分学生都抱怨不能从导师那里得到期望的帮助和辅导。比如,在专业知识、科学研究能力的提高、博士论文的定期评审等方面,虽然研究生院里的博士生比大学传统师徒制模式下的博士生得到更多的辅导帮助和业绩考核,但也远远不够;延期毕业或中断学业的最主要的原因是与博士论文无关的事务性负荷;尤其是文科学生希望能得到更多的教师指导和同学之间的交流。

目前,很多高校都在尝试建立覆盖面更广、跨学科的博士生系统化培养模式,探索师徒制、研究生院的课题组制之外的新形式,以便更好地满足学生的需要。吉森大学人文科学研究生培养中心(GGK)就是其中的一个成功范例。

人文科学研究生培养中心是由吉森大学倡议设立的、黑森州科学艺术部提供资助的跨学科常设机构,其主要目标是探索德国文科博士生培养的新模式。它是在 DFG 原有的外语理解的教学法、古典主义和浪漫主义、早新时代的国家化等 3 个研究生院的基础上建立的。中心的建立不仅要保持、延续 DFG 的人才培养结构,更重要的是要开发、引入和实施更全面、系统化的博士培养新模式,为博士生提供从入学到求职的全方位系统管理和服务。

中心的主要组织机构有:咨询委员会、学术领导办公室、11 个不同研究生课题组、1 个行政管理部,其中行政管理部负责中心的日常事务。这些日常事务包括设计并开设课程,组织并资助各课题组的工作,协调职业服务中心的工作。中心没有学位授予权,各专业学生依据各系的学位授予规定申请学位。中心开放和有活力的结构使得它可以整合、组织吉森大学现有的各种博士生培养模式,师徒制和各种名目的研究生院都可以被纳入中心。

与 DFG 为代表的模式不同,GGK 不仅仅是帮助精英人才的精英项目,其目标是帮助吉森大学所有人文学科的博士生,促使其尽可能高效地完成学业。

为缩短大学毕业到读博期间的等待时间,成绩特别优异、有意读博的硕士生在经过商议、获得同意后也可以参加。

GGK 是一个常设机构,所以有可能持续、长期地规划博士生培养结构。其任务主要包括:改善各种博士生项目进入中心的框架条件,从结构和质量方面改进博士培养的现状;协调与继续开发系统结构化的博士课程,尤其是文科博士课程的国际化方面;信息和咨询服务;促进国际化;与现有研究机构的合作;在讲座和出版方面给予博士生支持。[5]

通过实施相应的举措,GGK 创造条件,提高了社会学、历史学、文学、语言学和其他人文科专业博士培养的效率、透明度和针对性。博士生之间的专业合作得到加强,很多刚刚获得学位的博士被聘为博士生的教员,中心建立起学生与老师交流方面的跨学科机制,原先的个人研究和单个辅导通过集体的研究和咨询形式得到补充。

在课程方面,研究生院模式下,往往人数过少,没有固定教师,课程开设不够完整。而 GGK 作为跨学科中心,有约 200 名学生,可以保证有足够多的学生来听课。课程通常分为两大类:核心课程及选修课。核心课程按时间先后分为博士生基础课程(介绍专业理论和研究方法)、深化课程、学术争鸣预备课程3 种;基础课程每年冬季学期定期开设不同重点研究方向的平行课程(语言学、文学、文化学、历史学以及社会学),不仅介绍专业理论和研究方法,也提供工作安排、时间规划、奖学金申请等实用知识;深化课程主要给基础课程的结业学生提供一个与各自的选题相关的深入研究问题的机会;预备课程主要针对已经或即将提交博士论文的博士生,给他们提供学术争鸣的机会,为毕业答辩做准备。

围绕着这 3 类课程还有多组根据博士生建议开设的课程,比如研究方法课、专业研究论坛、论文写作课等。课程主要由水平很高的博士后讲授。GGK中心还对有意读博的学生开放博士基础课程,缩短大学毕业到开始博士学习的时间。选修课的主要形式有:专家讲座、专门研讨会、课题小组和假期学校等。

与传统的松散管理截然不同,GGK 的管理机构与其博士生之间联系紧密。因不同选题而产生的多学科课题小组,成为博士生交流论文课题的论坛。它们根据学生或中心的建议而设立,每组 10~20 人,从事吉森大学人文学科方面的重点研究项目。学生按照各自研究的选题组成文学及文化理论、现代和后现代、历史理论和来源分析方法等 11 个不同的小组,学生自己组织管理,由 GGK 提供经费和出版方面的支持。小组主要的工作形式有:组织讲座、报告会、研讨会等,形式、频率由学生自行决定,是作为正式课程的补充。工作的重点内容包括介绍研究课题、概念辨析和理论建构等。这种灵活的形式使得很多其他大学的博士生也愿意参与其中。在小组里博士生和博士后一起探讨博士论文及研究计划,小组通过任期 1 年的组长和聚会备忘录与行政管理部保持联系,学生的研讨论文也可以由中心资助出版。

对博士生的职业指导服务是中心的又一项主要工作。由于事实上只有一小部分博士毕业生可以留在大学教书或从事科研,所以有必要对学生及早做些进入职场的准备指导。因此,中心定期与吉森劳动局的高校服务团队合作,为博士生举办有关职业目标确定和调整方面的课程。另外,建立 GGK 博士毕业生网络,并举办往届毕业生联谊会。同时,中心也主动建立与 SAP 等大型企业的合作。

总体而言,吉森大学模式的主要特色是:培养对象覆盖面广;跨学科研究;结构化的博士学习;有针对性的职业指导和师生间的互动。在人文社科领域,没有学生的参与博士培养模式的改革是不可能实现的。从开设创办中心开始,博士生的意见和需求得到了充分尊重,从而提高了计划的透明度和接受认可程度。GGK 开发的某些基础课程和延伸课程已成为 DFG 研究生院的必修课程。GGK 还将博士生培养与博士后人员训练结合起来。博士后人员授课有至少三方面的意义:给导师减负,导师的课时量不会增大;博士后人员可以积累教学经验;促进了年轻后备人才间的交流。

自 GGK 成立以来,GGK 已成为德国博士培养模式变革中的一个成功典范。特别值得一提的是,2006 年 11 月,GGK 成为德国"卓越计划"第一轮中惟一获得资助的文科博士生院。从 GGK 这个案例我们可以看到,德国在保持传统博士培养模式的同时也在不断地调整、完善并引入新的培养模式,以更好地适应科学研究的需要。

参考文献:

[1][2] Nuenning, A. Defizite und Desiderate Derdeutschen Doktorande-

nausb ildung. k im m ich. D und Thum fartA:Universitaet 0 hne Zukunft. Su-hrkam p Verlag,Frankfurt am Main,2004:205,206.

[3] Graduierton Kollegs[EB/OL]. http://www. dfg. de/forschungsfoer-derung/koord in ierte_programme/graduierten kollegs/index. html.

[4] Berning,E. Promovieren an den Universitaeten in Bayem:Praxis-Modelle-Perspek tiven. Bayerisches Staatsinstitutfuer Hochschul Forschung und Hochschu lp lanung,Muenchen,2006:183—193.

[5] Scholz,B. Struk turiert Prom ovieren in Deutschland-Doku-mentation eines Symposiums. Wiley-VcH Verlag,2004:43—53.

（本文发表于《比较教育研究》2008 年第 11 期。作者张帆,时属单位为北京师范大学教育学院国际与比较教育研究所;作者王红梅,时属单位为南开大学外国语学院）

六、美国大学学生评教的影响因素研究述评

（一）美国大学学生评教的发展历程

　　早在 20 世纪初,美国大学就出现了学生评价教师教学的实践活动。1915年在全国教育研究学会的年鉴中公开发表了第一个教学等级评定量表,该量表由 45 个项目组成,评价者可以根据这些项目对教师的教学表现进行评价。[1]1926 年普渡大学出版了普渡教学等级评定量表。一些开展学生评教的大学开始采用正式的学生评价表,取代了以往的学生非正式意见。这个时期学生评教还未在各大学中得到广泛应用。

　　20 世纪 60 年代,学生评教在美国大学逐渐兴盛起来。60 年代是美国高等教育大规模扩张时期,高校为了延聘或留住优秀教师往往采取长期聘任的办法,然而长期聘任的名额非常有限,教师队伍的规模又在日益增大,于是出现了"僧多粥少"的现象,教师必须证明他们有资格接受长期聘任,学校对教师的教学评估由此兴盛起来。另外,随着高等教育规模的扩大,也带来了学生、家长、社会对教学质量下降的批评和质疑。为了保障教学质量,越来越多的大学开始开展学生评教,评价工具和方法日趋正规,并出现了研究学生评教的专门机构。然而,这个时期的学生评教还未系统化,各大学的评价活动几乎完全处于自发状态。

　　20 世纪 70 年代,各大学的学生评教活动大大增加。塞尔丁（Seldin）曾两度对 400 多所高校的教务长进行调查,发现 1973 年经常开展学生评教的高校约占 29％,1978 年则上升到 53％。[2]70 年代美国高校教学评价的一个显著变

化就是"系统的学生评价"增加了,大量有关学生评价的研究也如雨后春笋般涌现出来。

20 世纪 80 年代以来,学生评教逐渐成为美国大学教学评价的一个主要信息来源,被广泛应用于各级各类大学。许多高校建立了完善的学生评教体系,制定了清晰的评价政策,评价技术也越来越现代化。尤其是随着信息技术的进步和互联网的出现,新的学生评价形式——网上评价逐步取代了以往纸质的评价表格,学生在校园网上可以随时对任课教师进行评价。到 20 世纪 90 年代初期,已经有了数以千计的关于学生评价教学效果的研究文献和数据。

目前,学生评教凭借其便捷、经济、有效等特点而逐渐制度化,成为美国高校教学管理的一大特色。大学教师的聘任、晋升、加薪等,都需要考查教师的教学工作表现,征集学生的意见;每门课程结束前或是每学期的最后几周都要求学生对该课程及任课教师的教学工作进行评价,以便为教师改进教学提供反馈信息,为学生选课、选教师提供信息。

(二) 学生评教的影响因素研究

学生评教自 20 世纪 60 年代在高校盛行以来,各界对其合理性和有效性一直存在很大争议,很多反对意见都建立在评价存在偏差的基础上,认为学生评教会受到一些与有效教学无关因素的影响。大学的课程在内容、难度、课程性质、授课时间上差异很大,教授这些课程的教师在资历、年龄、个性特征上也大相径庭。这些因素会不会致使学生评教的结果产生偏差呢? 20 世纪 80 年代以前美国学术界有关这个问题的研究就已达数百项之多。综观现有研究,可以把学生评教的可能影响因素分为教师背景因素、学生背景因素、课程背景因素和评价管理因素。

1. 与教师背景有关的影响因素

第一,职称。教师的职称是教授、副教授还是助教会对学生的评价有影响。有研究发现,教师职称与学生评价有显著相关,职称高的教师得到的学生评价也更高,正式教师的学生评价结果要高于助教。[3]

第二,个性特点。教师的某些个性特点与学生评价可能相关。1986 年费尔德曼(Feldman)的研究发现,教师自测的个性特点中很少与学生评价有显著相关。然而,学生和同事观察到的个性特点中多数与学生评价有显著相关。[4]默里(Murray)及其同事后来所做的研究也显示,在某种程度上,从同事察觉的个性特点中可以预测一个教师的教学效果。[5]学生欣赏那些知识渊博、热诚、开朗、热情的教师,这些个性特点有可能使一个人成为更加优秀的教师。

第三,表达力。很多研究都发现教师的表达力与学生评价有正相关。1973年纳弗特林(Naftulin)等人的研究引起了很大的争议,他们聘请一名专业演员给一些研究生上课,这名演员的授课形式生动、有趣,但是内容却空洞无物,然而学生对其反应却很好,评价很高。[6]他们由此推论,学生评价可能更多受教师讲课方式和表达力的影响,而不是受实质讲课内容的影响。后来阿布拉米(Abrami)等人的研究也发现,学生评价对教师的表达力比对课堂内容更加敏感,而课堂内容对学生学业成绩的影响比对学生评价的影响要更大。[7]

2. 与学生背景有关的影响因素

第一,选课动机。1995 年锡尔伯里(Sixbury)和凯辛(Cashin)的研究显示,在 IDEA 评价量表中,"有强烈的愿望要上这门课"的动机指标与其他 37 个评价指标的平均相关系数为 0.40,马什(Marsh)和邓肯(Dimkin)1992 年的研究也发现,选课的原因与学生评价相关,因为兴趣而选课,或是把这门课作为专业选修课的学生给教师的评分更高,当这门课是专业必修课或是通识必修课时,学生给教师的评分更低。

第二,预期成绩。有研究显示,学生的预期成绩与学生评价之间有 0.10 到 0.30 的较低正相关。[9]这种相关可以有 3 种解释:一是当学生感到自己努力学习并掌握了很多知识的时候,通常会对考试成绩有较高的期望,并确实在考试中取得较好的成绩,由此给教师的评价也较高;二是当教师为了迎合学生,给学生评定的成绩比实际分数更高时,学生对成绩的高期望得到满足,因此给教师的评价也更高;三是一些学生可能学习动机较高,希望能取得较好的成绩,因此更加刻苦努力,学习成绩也更好,相应的给教师的评价也更高。

第三,期望。学生期望是一个不在教师掌控之内的因素,已有研究证明它对学生评教有影响。麦基奇(Mckeachie)指出,学生期望是对学生评教有影响的惟一的、重要的影响因素。[10]那些希望教师是好教师的学生通常发现事实确实如此,期望越高的学生对教师的评价也更高。这也可能是由于那些对教师具有高期望的学生,可能要比低期望的学生更注意听讲,学习动机更高和更乐于学习。

第四,性别。早期的一些研究没有发现学生性别与学生评价之间有关系,即使发现有,关联性也很小。然而,吉尔斯泰德(Kierstead)在1988年[11]科布利茨(Koblitz)在1990年[12]贝索(Basow)在1994年[13]的研究却发现,女性教师往往会受到来自性别的偏见,男女学生对女教师的评价要低于对男教师的评价。贝内特(Bennett)[14]和吉尔斯泰德(Kierstead)等人的研究发现,为了避免评价低于男性教师,女教师的行为必须符合传统刻板的女性模式。这可能是因为学生对性别的刻板印象造成的,那些符合传统性别刻板印象的教师往往比那些违反传统刻板印象的教师得到的评价更高。

3. 与课程背景有关的影响因素

第一,班级规模。很多学者的研究发现,教授小班课的教师得到的评价更高。费尔德曼在1978年[15]麦基奇在1990年[16]富兰克林(Franklin)等在1991年就发表了有关研究成果。还有研究者发现班级规模与学生评价之间不是线性关系,而是U形或曲线关系,小班和大班学生给教师的评分要高于中等大小的班级。森特(Center)和克里奇(Creech)对5 000个班级进行的一项研究发现,学生人数少于15人的小班对教师的评分最高,16~35人的班级和100人以上的班级次之,评分最低的是35~100人的班级。[18]这可能是因为小班教学师生交流更加充分,教师可以顾及到每一个学生,便于因材施教。而大班课通常配备的都是最好的教师以及多媒体等教学设备。教师本人上大班课时准备也会更加充分,经常采用小组讨论的方式,在助教的协助下,可以及时回答学生的问题,给学生提供帮助。而中等大小的班级,既没有小班教学那样充分的师生交流,又没有大班的丰富资源,因此授课效果不及小班和大班。

第二,学科领域。1978年费尔德曼的研究发现,人文学科教师的学生评价比社会科学和自然科学的教师高,自然科学教师的学生评价最低。后来凯辛、[19]森特等20人的研究也得到了相似的结论。虽然有很多证据表明不同学科的学生评价存在差异,但是对于这一差异产生的原因至今尚不清楚。森特曾指出,与人文学科相比,自然科学及社会科学的教师很少以学生为主导,课程进度更快、授课难度更大,教学要求教师在科研上投入的时间也更多。这些可能都是影响学生评价的原因。可见,教师的学生评价结果最好在相同学科内进行比较。

第三,课程水平。费尔德曼(Feldman)[15]布拉斯坎普(Bmskamp)和奥里(Ory)的研究显示,教授高年级课程,尤其是研究生课程的教师得到的评价更高。对于这种差异的解释,费尔德曼指出,当对班级大小、预期成绩、课程类型等其他背景变量进行控制时,课程水平与学生评价之间的关系会变小,因此,课程水平对学生评价的影响可能是直接的,也可能是间接的,抑或是两者兼有。另外,这种差异也可能是由于不同年级学生的平均年龄差异和成熟度的不同而导致的。

第四,课程难度和学业负担。教师对课程难度和课后作业的要求与学生评价相关,森特在 1993 年、马什和邓肯在 1992 年发表了相关研究成果。[21]然而,与多数教师的想法相悖的是,课程难度和学业负担与学生评价成正相关,学生给那些要求严格的教师更高的评价,而不是那些放松要求的教师。教师放松对学生的要求,降低学业难度,减轻课业负担,并不能换取学生的"好评"。杜德里(Dudley)和肖弗(Shawve)的研究结果也证实了这一点,当以前不布置作业的营销课程在增加了家庭作业以后,学生对教师的评价也随之提高。[22]这说明课程难度和学业负担并不会使学生评价产生偏差,从而进一步支持了学生评价的有效性。

4. 与评价管理有关的影响因素

第一,匿名评价。很多研究都发现,要求学生署名的评价通常比匿名评价的分数更高。这可能是因为一些学生害怕笔迹被认出来,以后会受到教师的责难。在评价过程中,教师或管理人员要让学生相信评价是匿名的,他们的评价信息是绝对保密的,这会直接影响到学生的评分高低。大多数研究者都建议学生评教最好实行匿名评价。

第二,教师在场。学生进行评价的时候,如果教师在场的话,他们给教师的评分会更高。这跟匿名评价的情况是一样的,学生由于害怕被教师责难,因此不敢客观、真实地评分。最好是由其他教师或管理人员来负责问卷的发放、收集、回答学生评价中的各种疑问,并同时向学生承诺他们的评价是绝对保密和匿名的,任课教师不参与整个评价过程。

第三,评价目的。学生在评价之前如果得知评价结果将用于教师的晋升或任期等人事目的时,他们给教师的评分会更高些。这可能是由于学生顾及到评价可能对教师产生的负面影响,因此,当评价结果的使用者是其他人而不是教师本人时,他们打分会更加宽松。然而,当所有评价程序都遵循一套标准化的管理指南时,这种可能因评价目的而产生的分数差异就可以被消除。

(三) 评价与展望

美国学者开展学生评教影响因素研究的时间较早,研究成果丰富,对学生评教的可能影响因素进行了大量而细致的研究,从教师、学生、课程、评价管理等方面全方位、深层次地挖掘了学生评教的影响因素,探寻其可能产生的偏差。这为我们进一步认识学生评教的内涵、更加客观地解读学生评教的结果、不断完善学生评教体系提供了参考。综观现有研究,不难发现仍有一些不足。例如,现有研究结果还存在许多相互矛盾的地方,在很多问题上依然未能达成一致意见,不同研究者的研究结论差异很大。其次,各影响因素可能不仅仅是单独地产生影响,也有可能会交织在一起,共同对学生评价产生作用。然而研究者们通常根据自己的兴趣,关注某种或某几种背景因素,致使发现的影响因素很多,但缺乏对此有一个整体把握,没有系统性,呈现出散、乱、杂的特点。再次,已有研究主要集中在对各种可能影响因素的探究上,对于如何根据这些研究结果来提高和完善评价体系的研究还不够。

在我国,学生评教自 20 世纪 90 年代以后逐渐兴盛起来,有关学生评价影响因素的研究随之日渐增多。然而,由于起步较晚,在很多方面尚需深化和完善。在今后的研究中,我们应该更多关注以下几个方面:

其一,影响因素的实证研究。学生评教自从在我国高校出现以来,学界一直众说纷纭。从最初对其合理性、有效性、指标设计和评价方法等的探讨逐步扩展到对影响因素的研究上来,在研究范式上以理论分析和经验介绍居多,实证研究较少。然而,对学生评教影响因素的研究若仅停留在经验判断和理论探讨层面的话,一方面不够深入,另一方面也很难令人信服。量化的统计数据较之单纯的理论分析可能更具说服力。因此,在今后的研究中,有待进一步加强对学生评教影响因素的实证研究,通过统计数据来证明各种可能的影响因素是否对学生评价有影响以及影响力的大小,以便我们从诸多影响因素中找出主要的影响因素,辨别哪些因素是需要控制的,哪些因素影响不大是不需要控制的。

其二,评价体系的改进研究。作为一种便捷、经济、有效的教学管理方式,学生评教已经在我国高校得到广泛应用。对其影响因素进行研究目的是为了找出可能致使评价产生偏差的因素并对其进行有效的控制,设法消除评价误差,保证评价结果的客观性、有效性。因此,研究不能仅停留在对影响因素的探讨上,如何根据已有的研究成果改进评价体系,尤其是如何正确地认识和解读学生评价的结果,如何对可能的影响因素进行控制,以及如何将评价结果更好地用于教师的提高和人事决策将是我们今后研究关注的重点。

其三,定性与定量结合的研究。由于定量研究的局限性,对学生评教影响因素的定量研究只能判别各种可能的影响因素与学生评教结果之间是否存在相关以及相关程度的大小,但是对于它们之间到底是一种什么样的相互关系却无法说明和解释。因此,有必要将定性研究与定量研究结合起来,互为补充,在明确哪些因素确实对评价有影响的基础上,进一步探究这些因素与学生评价之间关系的本质以及这些因素作用于学生评价的路径。只有这样才能使我们对学生评教的影响因素有一个全面、准确、清晰的把握,为后继的干预研究奠定基础。

参考文献:

[1] Medley,D. M. Criteria for Evaluating Teaching. In MJ. Dunkin (Ed.),The International Encyclopedia of Teaching and Teacher Education (1987): 169—190.

[2] Seldin,P. The Use and Abuse of Student Ratings of Professors[J]. Journal of Educational Psychology l(1978):75—82.

[3] Braskamp,L. A. & Ory,J. C. Assessing Faculty Work:Enhancing Individual and Institutional Performance. (San Francisco: Jossey-Bass, 1994):298.

[4] Feldman,K. A. The Perceived Instructional Effectiveness of College Teachers as Related to Their Personality and Attitudinal Characteristics:A

Review and Synthesis[J]. Research in Higher Education 24 (1986):139—213.

[5] Murray,H. G. ,Rushton,P. J. &Paunonen,S. V. Teacher Personality Traits and Student Instructional Ratings in Six Types of University Courses [J]. Journal of Educational Psychology 82 (1990):250—261.

[6] Naftulin,D. H. ,Ware,J. E. &Donnelly,F. A. The Doctor Fox lecture:A Paradigm of Educational Seduction[J]. Journal of Medical Education 48 (1973) :630—635.

[7] Abrami,P. C,Leventhal,L. &Perry,R. P. Educational Seduction. [J] Review of Educational Research 52 (1982):446—464.

[8] Sixbury,G. R. Cashin,W. E. IDEA Technical Report no. 9:Description of Database for the IDEA Diagnostic Form. (Manhattan:Kansas State University,Center for Faculty E-valuation and Development,1995).

[9] Cashin,W. E. Student Ratings of Teaching:The Research Revisited. http://www. eric. ed. gov/ERICDocs/data/ericdocs2sql/content_ storge_ 01/ 0000019b/80/14/d2/44. pdf,1995—09/2007—10—05.

[10] Mckeachie,W. J. Student Ratings of Faculty:A Reprise[J]. Academe 65(1979): 384—397.

[11] Kierstead,D. ,A'Agostino,P. &H. Dill. Sex Role Stereo-typing of College Professors:Bias in Students' Ratings of Instructors[J]. Journal of Educational Psychology 3 (1988):342—344.

[12] Koblitz,N. Are Student Ratings Unfair to Women? [J]. Newsletter of the Association for Women in Mathematics 20(1990):17—19.

[13] Basow,S. A. Student Ratings of Professors Are Not Gender blind. Paper Presented at the Meeting of the Society of Teaching and Learning in Higher Education. Vancouver. British Columbia(1994).

[14] Bennett,S. K. Student Perceptions of and Expectations for Male and Female Instructors:Evidence Relating to the Question of Gender Bias in Teaching Evaluation [J]. Journal of Educational Psychology 74 (1982): 170—179.

[15] Feldman，K. A. Course Characteristics and College Students' Ratings of Their Teachers；What We Know and What We Don't[J]. Research in Higher Education 9(1978)：199—242.

[16] Mckeachie，W. J. The Real World of Teaching Improvement：A Faculty Perspective in：M. THEALL&J. FRANKIES(Eds) Effective Practices for Improving Teaching. New Directions for Teaching and Learning[J]. San Francisco. Jossey-Bass 48 (1990)：21—37.

[17] Franklin，J. ，Theal，L. M. &Ludlow，L. Grade Inflation and Student Ratings：A Closer Look. Paper Presented at the Annual Meeting of the American Educational Research Association Chicago1991.

[18] Gentra，J. A. ，&Creech，F. R. The Relationship between Students，Teachers，and Course Characteristics and Student Ratings of Teacher Effectiveness. (Princeton，N. J：Educational Testing Service，1976).

[19] Cashin，W. E. Students Do Rate Different Academic Fields Differently. In M. The all，&J. Franklin (Eds.)，Student Ratings of Instruction：Issues for Improving Practice：New Directions for Teaching and Learning，(San Francisco：Jossey-Bass，1990)：113—121.

[20] Centra，J. A. Reflective faculty Evaluation：Enhancing Teaching and Determining Faculty Effectiveness. (San Francisco：Jossey-Bass，1993)

[21] Marsh，H. W. &Dunkin，M. J. Students' Evaluations of University Teaching：A Multidimensional Perspective，in：J. G. Smart(Ed.) Higher Education：Handbook of Theory and Research. 1(1992)：143—233. (New York. Agathon Press).

[22] Dudley，S. ，&Shawver，D. L. The Effect of Homework on Students' Perceptions of Teaching Effectiveness[J]. Journal of Education for Business 67(1991)：21—25.

（本文发表于《比较教育研究》2009 年第 8 期。作者饶燕婷，时属单位为北京师范大学国际与比较教育研究院）

七、欧洲大学内部质量保障体系的构建及评价

欧洲在世界上最早开始研究和建立高等教育质量保障体系,于20世纪80年代初期就兴起了质量管理革新运动。这对其大学的健康发展和质量提升起到了决定性的作用。迄今欧洲不但成立了"高等教育质量保障协会"(European Association for Quality Assurance in Higher Education),还制定了《欧洲高等教育区质量保障的标准和指南》(Standards and Guidelines for Quality Assurance in the European Higher Education Area),对成员国的大学质量保障提出了纲领性的要求。[1]欧洲各国在参照该文件精神的基础上,纷纷建立了符合本国国情的高等教育质量保障体系。总体来看,欧洲大学质量保障体系一般由3个部分组成,即政府统一监督、中介机构评估和学校自我评价。高等教育发展的现实表明,大学对于本身质量的全面了解和认识是质量保证的重要前提,学校是质量保障的根本动力,承担着最终责任。因此,近年来欧州许多国家已在适当减弱政府对于大学质量的直接外部检查,随之加强了对于学校内部质量保障机制建设的敦促和监控,使大学能够尽早健全科学、有效的质量保障体系,在提高教育教学质量方面发挥更加积极主动的作用。[2]

认真分析和探讨欧洲大学内部质量保障体系的构成及评价策略,有助于我国高等教育的改革与发展。

(一) 学校内部质量保障体系的建立

欧洲高等教育质量保障的重心正在从外部强制向大学自我管理转移。纵

观欧洲大学内部质量保障体系的现状，我们能够清楚地看到，各国大学之间存在着明显的共性，都将如下内容作为质量保证体系构建的重要组成部分。

1. 明确"质量"及"质量保障体系"的涵义

欧洲研究者普遍认为，质量是一个相对的概念，对于不同类型或不同层次的学校，其质量所反映的内容与特征是不同的。从理论上讲，一所大学的教育质量指的是在人才培养上达到预定目标的程度，学生发展水平越接近事先规定的专业标准，其学校的教育质量就越高。所以，在实践层面上，质量是基于学校教育目的与人才标准来加以衡量的，学校只有建立了明确的育人目标，对于质量的科学评判才会成为可能。为了客观、准确地评价学校的教育质量，欧洲大学把及时根据时代变化与要求来调整教育目标和专业标准作为学校的一项重要工作，每隔几年就要进行一次全面的修订。教育目标主要描述经过学校培养后学生应当成为什么样的人才，而专业标准则要详细列出某类人才需要具备的具体的学科知识、技能与经验。

对于"质量保障体系"的含义及构成，欧洲高等教育管理者也同时给予了极大的关注，取得了许多理论与实践成果。虽然呈现的文字阐述不尽相同，但对于质量保障体系的内涵已经达成了共识。正如"挪威教育质量保障署"（Norwegian Agency for Quality Assurance in Education）的观点，高等学校的质量保障意味着一个持续而系统的过程，是依据既定目标及标准对学校培养的人才和开展的教育教学活动与服务所进行的全面监控与检查，其重点是发现教育过程中存在的缺陷与不足。[3] 在这一过程中，参与质量保障实践活动的基本要素相互联系，并且相互制约，形成一个完整的运行体系，共同发挥质量保证的作用。欧洲大学的内部质量保障体系一般包括学校育人目标体系、专业评价标准体系、专门设立的质量管理机构、专业化的人员队伍和质量监控与评价程序等重要组成部分。

2. 建立校内质量保障机构

在欧洲，设立大学内部的质量保障专门机构早已成为一种通行做法。大学具有"以提升质量为中心"的组织文化，有着严密的内部自律机制和自我监督程序，使影响学校质量的关键因素和关键环节在人才培养过程中始终处于被监控的状态，以便作出持续的改进和完善。尽管不同的学校可能为其机构赋予不同的名称,如"质量保障办公室"(Qulity Assurance Office)、"质量促进所"(Quality Promotion Unit)、"质量保障委员会"(Quality Assurance Committee)等,但发挥的作用是完全相同的。这一机构不同于常规的教学管理部门,其独特功能在于设计、组织和管理所有与质量保障相关的活动,总体监测和评价学校的教育教学质量。在人员组成上,通常配备5～7名专职人员,他们都有学科教学与科学研究的背景,并且具有相当丰富的大学行政管理经验。这些专职人员负责协调全校的质量保障工作,定期报告质量信息,更新大学质量手册,并针对质量保障问题与其他院校开展交流与合作。另外,此部门还配备10名左右在其他相关部门和基层院系工作的兼职人员,形成一个覆盖面广、专业性强的质量管理团队。[4]除了建立校级质量管理机构之外,欧洲大学还设有院系的"专业标准与质量委员会"(Academic Standard and Quality Committee),负责开展院系内部的质量保障工作,组织与协调评价活动,更新院系评估操作手册,报告院系质量保障工作的进展与成效等,以保证人才培养的过程和结果与学校乃至国家的专业标准相一致。

欧洲大学内部的质量保障机构不但主管学校的自我检查工作,还负责与校外的大学评估机构联络,如英国大学的质量保障办公室就要与"英国高等教育质量保障局"(Quality Assurance Agency in Higher Education,简称QAA)合作,传达和落实国家高等教育评估的政策、指标及程序,协助开展全国性或地方性的高等教育审核与认证活动。在英国,高等教育质量保障体系不仅包括政府和大学,还涉及与高教界发生联系的社会各方,如拨款机构、中介评估机构、行业协会、法定认证机构及新闻媒体单位等。[5]

3. 制定和实施专业标准

为了能够把质量保障落到实处,使质量监控和质量评价有据可依,欧洲大学十分注重研究和编制与自身培养目标相匹配的专业标准,而且还会根据国家和区域的政治与经济形势变化以及社会对大学生的新要求,作出及时、科学的更新。例如,英国伦敦的坎斯顿大学(Kingston University)就于2010年6月重新公布了《关于专业标准与质量的政策》(Policy on Academic Standards and Quality)。[6]为全面提升学校的专业水准,从各个环节严把质量关,英国许多高校还编制了更加详细的《专业标准和质量手册》(Academic Standards and

Quality Handbook)，对专业设置、专业审批程序、新生录取规则、教学过程标准和学位授予制度等提出了明确而严格的要求。[7]这样，学校各级教学管理人员和教师就可以遵循其规章，在教育教学活动中按照专业标准进行批判性自评与反思。

（二）学校内部质量保障体系的评价

近年来，在评价大学内部质量保障体系的过程中，欧洲许多国家的政府开展了以下几方面工作。

1. 建立科学的评价指标体系

为了全面衡量大学内部质量保障体系的建设和运行情况，欧洲一些国家制定了相应的评价标准，以便在对大学进行检查时能够切中要害。瑞典"国家高等教育局"（National Agency of Higher Education）提出了 8 条用于检查大学内部质量保障体系的评价指标，包括：1）质量改善工作的领导、组织与管理；2）大学的远景目标和发展战略；3）大学相关利益集团的认同与合作情况；4）教职员对质量保障工作的参与度；5）质量审计及跟踪系统；6）学术人员的聘用及专业开发；7）大学教育的国际化；8）大学教授的工作环境及条件。[8]瑞典政府使用的这些标准重点检查大学内部的质量保障工作，而不是具体的教学质量状况。这样，既有利于在源头上把住质量关，又能给高校较大的质量管理空间和办学自主权。

2. 采取系统的评价程序

在对大学内部质量保障体系进行检查时，欧洲一些国家采取了下列具体步骤。

（1）展开外部评估机构与大学之间的协商。以芬兰为例，在开展评价之前，大学要向该国的"高等教育评估委员会"（Finnish Higher Education Evaluation Council）提出接受评价的申请，然后要与此机构进行反复的沟通与协商，根据学校的类型、层次、特点和现状，确定评价的范围和具体内容，选择最能揭示学校内部质量保障体系实施状况的评估方法。整个协商过程包括多次提议、说明、反馈、讨论与修改等环节，以确保对于学校质量保障体系的评价具有针对性和实效性。[9]

（2）要求大学开展自我评价。在与外部评估机构共同签订评价协议之后，大学首先开展针对校内质量保障体系的自我评价。一般情况下，评价依据学校制定的标准（但需要经过政府质量保障机构的审核和批准），并且要采取多种形式和手段，努力保证所得结果的可靠性。在英国诺丁汉川特大学（Nottingham Trent University），自我评价就运用了如下多元化方法。[10]

"专业监控与年度报告"（program monitoring and annual reporting）——这所大学开展自我评价的重要途径之一，由院系的"专业标准与质量委员会"主持。其主要任务包括发现成功的教学实践及经验，确保专业质量监控活动持续进行，完成年度专业标准修订及质量报告，制订院系中各专业的发展计划和行动方案。

"周期性学校检查"（perodic school review）——是一项全校范围的评价活动，每隔5年进行一次，查看各教学单位在质量保障方面所开展的工作。这项检查由一个评价小组来完成。最后，评价小组将评价结论形成报告，提交给学校"质量保障办公室"。

"专业与教学的学生评价"（student evaluation of programs and teaching）——诺丁汉川特大学要求评价要面向全体学生，尽量使用学生语言来总结评价信息，并要求记录学生评价的过程。除了院系开展学生评教以外，该大学还每两年组织一次全校范围内的大规模学生调查，了解他们对于大学学习经历的体会和想法。

"同行教师的教学观察"（peer observation of teaching）——作为一种过程性评价，用来帮助教师开展自我反思和相互促进。这种教学观察通常在系或学科内部进行，由院系指定一名负责人进行总体安排和督促。

3. 实施现场巡查

在完成本校质量保障体系的自我评价之后，欧洲大学要将评价报告上交给外部高等教育评估机构，用以查看学校在质量管理上是否达到了规定的标准。对于大学提交的报告，外部评估机构的成员要独立进行审阅和分析，并且对一些重要的发现展开集体讨论，找出被评学校在质量保障上存在的不足及问题，初步拟定现场巡查（on-site visit）的行动计划和准备探究的问题，并做好具体的人员分工。

在准备现场巡查时,瑞士高等教育评估机构的外部专家要在前一天与大学质量管理人员一起召开预备会议,落实详细的评价计划,包括访谈对象、各种评价活动形式及时间安排等。在现场巡查开始之后,外部专家要对学校的相关文件进行全面检查,针对学校制定的质量标准和自评报告中暴露出来的问题,召集各方面人员的座谈会,系统了解学校在质量保障方面开展工作的情况以及教师和学生的反映与评价。座谈一般在两个层面上进行,一个是调查学校层面和下属主要部门的管理人员,另一个是调查专业或学科层面的教研人员和学生。[11]

4. 撰写评价报告与提供改进建议

现场巡查结束后,外部评估机构的专家要完成一个评价报告初稿,并且对被评大学的质量管理负责人和相关人员进行 30 分钟的口头汇报,包括学校质量保障的强项、弱点以及专家组的主要建议,同时还要倾听学校人员的反馈意见。在这一次交流之后,专家组组长会根据学校方面的说明及解释,进一步完善和修改评价报告,并在专家组内部传阅和讨论,最后达成一致而形成最终的评价报告。按照欧洲许多国家教育部的规定,该报告不能过分冗长(一般要求20～30 页),关键是要清晰描述大学内部质量保障体系的建立和运行状况,教学和管理工作达到每一条质量标准的程度。报告不仅要指出大学在质量保障上的优势、不足及其对于教学与科研的影响,还要全面而深入地分析其原因,更要具体地提出改进建议。如果评价报告不符合这些要求,教育主管部门将指令外部评估机构作进一步的调查、修改和补充。总之,评价报告不仅要揭示大学内部质量保障的实际状况,而且更重要的是要能够帮助大学确定出最有针对性的内部改进措施。这正是近年来欧洲高等教育管理从突出政府强制性约束向注重学校自我规范过渡的重要体现,也是将"质量保障"与"质量提高"有机统一起来的实际做法。

参考文献:

[1] European Association for Quality Assurance in Higher Education. Standards and Guidelines for Quality Assurance in the European Higher Education Area[EB/OL]. http://www.enqa.en/pubs_esg.lasso,2005－03－04.

［2］唐霞.英国高等教育质量保障体系发展趋势探析［J］.世界教育信息，2008(4):30—33.

［3］Norwegian Agency for Quality Assurance in Education. Criteria for Evaluation of Universities and University Colleges Quality Assurance Systems for Educational Activities［EB/OL］. http://www. enqa. en/files/workshop_material/Norway2. pdf,2010—08—25.

［4］The College Courier. Quality Promotion Unit［EB/OL］. http://www. ucc. ie/info/courier/142/page4. html,2010—07—30.

［5］李敏.英国高等教育质量保障体系特点探析［J］.中国电力教育,2008(3):165—166.

［6］Kingston University. Policy on Academic Standards and Quality［EB/OL］. http://www. kingston. ac. uk/aboutkingstonuniversity/howtheuniversityworks/policiesandregulations/documents/Academic_Standards_and_Quality. pdf,2010—07—30.

［7］［10］Nottingham Trent University. Academic Standards and Quality-Handbook［EB/OL］. http://www. ntu. ac. uk/CASQ/quality_assurance/standards_quality/en-us-index. html,2010—08—30.

［8］张苗苗,韦理.瑞典高等教育质量保障体系及启示［J］.中国民族教育,2008(3):41—43.

［9］王俊.芬兰高等教育质量保障体系探析［J］.现代教育管理,2010(7):114—116.

［11］The Center of Accreditation and Quality Assurance of the Swiss Universities. Guide to External Evaluation［EB/OL］. http://www. unifr. ch/evaluation/assets/files/Guidelines_for％20expert_2007_07_11. pdf,2010—07—28.

（本文发表于《比较教育研究》2012年第1期。作者蔡敏,时属单位为辽宁师范大学田家炳教育书院暨教育学院）

八、英国高等教育内部问责的机制与实践

——以曼彻斯特大学为例

　　问责(Accountability)已经成为近二三十年来世界高等教育的热点问题之一。高等教育改革的政策和文献中频繁地出现"问责"以及与"问责"密切相关的"质量"、"绩效"(Performance)、"效率"和"结果"等术语。这一方面是由于新自由主义思想的蔓延和新管理主义的兴起,另一方面,高等教育自身的发展也是原因之一,特别是当高等教育从精英步入大众化阶段之后,高等教育对于公共财政的依赖增加及市场化的加深等因素推动了问责制度的发展。本文的目的在于阐明高等教育问责的概念框架,评介曼彻斯特大学问责的实践,并以此说明英国高等教育内部问责的一些共同特点。

(一) 关于问责和高等教育问责的概念

1. 关于问责的界定

　　"问责"是一个多维度的概念,罗姆泽克(Romzek)从公共管理的视角指出问责是对绩效的回答能力。[1]马丁·特罗(Martin Trow)则从高等教育的视角出发,认为问责就是向他人报告、解释、证明及回答资源的使用方式和效果问题的义务,并指出问责的基本问题是谁负责,对什么负责,向谁负责,通过何种手段和方法,结果如何。[2]

2. 关于问责的类型

　　罗姆泽克根据自治程度的高低和期望与控制的来源两个维度,把问责划分为四种类型,即等级性问责、合法性问责、专业性问责和政治性问责。等级性问

责与合法性问责属于自治程度低的类型,而专业性问责与政治性问责属于自治程度高的类型。对等级性问责与专业性问责的期望与控制主要来自内部,而对合法性问责与政治性问责的期望与控制则主要来自外部。此外,不同的问责类型具有不同的价值追求和行为期望,如下页表格所示。在一个组织中,每种问责类型都可能出现,并且也可能同时存在。[3]而在当前的高等教育领域,专业性问责和政治性问责比较常见。[4]

马丁·特罗从两个维度对问责进行划分:一是内部问责和外部问责;二是法律财务问责和学术问责。马丁·特罗认为,所谓的外部问责是指高等教育机构有义务向他们的资金提供者,并且最终向社会保证:真诚地追求他们的目标;诚实和负责任地使用资源;正在达成法律对其的期望。内部问责是指在大学内部相互间说明:如何完成各自的使命;如何更好地完成绩效;是否在需要改进的地方进行尝试与探索。[5]在高等教育实施中,外部问责是强而明显的,但是外部问责必须依赖于内部问责来实现。

不同问责类型的价值追求和行为期望

问责类型	价值追求	行为期望
等级性(Hierarchical)	效率(Efficiency)	服从组织的指示
合法性(Legal)	法治(Rule of law)	符合外部的规定
专业性(Professional)	专长(Expertise)	遵从个人的意见和专长
政治性(Political)	服务(Responsiveness)	为主要的外部利益相关者服务

资料来源:Romzek,B. S. . Dynamics of Public Sector Accountability in A Era of Reform [J]. International Review of Administrative Science,2000,66(1):29.

(二) 英国高等教育问责在院校层面的实践:以曼彻斯特大学为个案

英国高等教育问责主体是多元化的,这是因为高等教育的利益相关者众多,其中英国大学拨款的主要机构—高等教育基金委员会(HEFCE)在其中发挥着重要作用。大学与 HEFCE 签署的财政备忘录已经明确要求大学必须具有内部问责体系,高等教育机构所接受的问责主要体现在《对于高等教育机构的问责:从 2008 年起新的安排》。[6]

　　曼彻斯特大学是一所拥有光辉历史的国际一流大学。为了促进 2015 年大学战略目标的达成,曼彻斯特大学实施了新的问责机制—《规划和问责的循环体系》(The Planning And Accountability Cycle),确保大学的管理机构能够及时全面地接收到它所需要的信息,从而履行其广泛的治理责任;同时所有利益相关者能够知晓和参与到大学的日常生活中。

　　1. 问责实施的机构

　　曼彻斯特大学的问责在法定的管理框架下运行,涉及具体的权利、责任和问责的一系列问题。

　　学校的董事会(Board of Governors)对学校的所有运行和活动行使最终的职责。董事会监督学校事务的合理运行,保留对于校长和副校长的监督权,通过校长、副校长和其他高级管理者,负责以下事务:① 与大学的评议会(Senate)合作管理大学的学术和研究活动;② 任命、发展、提升和奖励员工;③ 为大学的社区创造和维持一个安全的、支持性的和高质量的环境;④ 维持大学的地位。

　　董事会委任一个财政委员会(Finance Committee)和一个薪酬委员会(Remuneration Committee)监督和管理大学的财政和人力资源。而大学的审查委员会(Audit Committee)和风险委员会(Risk Committee)履行以下的监督责任:学校的财务和不动产管理的廉洁、审慎、有效率和有效果;大学履行承诺义务和管理风险的有效性。

　　大学附属事务的问责是由附属事务分委员会(Sub-Committee)通过财务委员会向董事会报告。总体上,大学的董事会负责大学的一般方向、发展和管理,监督大学成功地达到其战略指向和规划目标。

　　2. 问责的具体内容

　　在履行其责任的过程中,曼彻斯特大学对以下方面负有责任:

　　(1) 对于董事会,大学要说明其所有事务及其目标,并且保证大学运营的合理性。

　　(2) 对于提供其公共资金的政府,大学要说明其致力于实现国家的高等教育目标,并优先考虑此目标,且一直努力与政府机构的其他政策相一致。

　　(3) 对于所有的拨款机构、工商业机构、高等教育的合作者、捐助者和其他的投资者,大学要说明其有效和及时地达成财政的、契约的和其他承诺的款项。

(4)对于大学的毕业生,大学要保证其总体战略发展的合理性,因为学生所持有的学位因大学的名声和地位而具有不同的价值。

(5)对于在学的学生,要尽最大可能地提高教学监管、支持服务以及基础设施的质量。

(6)对于教师和其他的员工,大学要尽可能创造优美的工作环境,提供高质量的专业发展机会并且维持合理薪酬体系。

(7)对于其所处的更广泛的社区,要维持其国际声誉,使其成为更高水平的学习中心。

(8)对于所有曼彻斯特人和英格兰西北部的人们来说,大学要提升这一城市和地区的经济、社会、教育和文化福利。[7]

3. 问责遵循的基本原则

(1)所有的外部报告义务都要通过董事会或者通过董事会的具体授权。

(2)除了在董事会或其委员会层面,责任和问责最终落实到指定的个人,而非委员会。

(3)在没有重大风险的情况下,委员会成员在各自职责范围内可行使独立的判断。

(4)每名员工都有一个明确指定的监管者,要理解各自在学校中与他们职责相关的权利、责任、义务,并参与一年一度的绩效评估。

(5)所有的管理人员都要按照明确的运行目标、任务、绩效措施和报告义务来工作。

(6)所有正式的报告都要通过秘书长来协调,避免在准备信息过程中出现重复工作的现象。

(7)内部报告日程和管理信息系统要尽量整合到与主要的外部问责需要相一致的体系中。

(8)涉及到重大财政和风险问题的承诺或决定应该建立在适当的商业规划基础上。[8]

4. 问责的实施过程

曼彻斯特大学按年度规划、绩效评估和报告的循环体系来运行。每一年的循环结束后重新规划目标、任务和绩效标准，考虑前一年是否取得进步，并进行相应改进。

大学的内部问责重要组成部分是通过大学年度绩效评估来实现的，主要的、系统的评估在每年的 10 月份进行，集中在 5 个主要部分：4 个部门（学院）和大学的行政中枢管理系统。

部门运行绩效评估的目的是评估每一部门是否为达成大学的 2015 年战略规划做出了贡献。评估小组包括校长、秘书长和负责政策的副校长及 1 名学生代表。

具体而言，每一个部门运行绩效评估将从以下几方面进行系统地评价：

（1）研究绩效。包括研究发展计划的绩效、在获得竞争性的拨款收入和产业投资方面是否成功、RAE（科研评估制度）的情况和科研培训状况。

（2）教和学的质量。包括来自学生的反馈、对学生的抱怨和诉求的管理、学生对于正式的课程和学术帮助的满意程度、课程结构变动和教法的变化、在线教学和学位授予的变化等。

（3）与社区的协议。包括与外部利益相关者的协议以及扩大参与等项目活动的执行情况。

（4）院系内部行政管理和实施的质量。

（5）内外部沟通的有效性。员工在学院讨论和决策时是否具有普遍性和有意义地参与。

（6）风险管理。关于风险管理所有承诺的义务都能达成。

（7）财务管理。预算规划和实施成功地得到管理，资源能够有效地得到应用。

（8）人力资源管理。人员的任命和提升、教师的分级、发展和培训的合理性。

（9）与大学主要战略和目标实施达成的相关方面的绩效情况。主要包括：国际学生的数量、研究生的数量、研究收入的增长、战略的制定、支出的有效性等。

大学行政中枢管理系统运行绩效评估的目的是评价其管理的质量、效果、效率，对于教育、研究和学术的支持及对于社区的贡献。评估小组主要包括校长、4 个部门的负责人、由评议会选举出的规划和资源委员会的成员、负责政策的副校长和 1 名学生代表。评估主要体现在以下几个方面：

（1）大学的秘书长（Registrar and Seuretay）及高级管理者创造、维持和改进一种有效果、有效率的中枢管理体系，创造一种支持性的、顾客为导向的管理文化。

（2）在削减管理支出方面所取得的进步，其中包括改进管理结构，提供更好的服务。

（3）工作实践和规程的质量。包括顾客的满意程度，诉求的影响范围及其管理，消除复杂的官僚体系的努力，在各层级管理中提供专业发展的机会，人们工作的士气和努力程度。

（4）管理系统、过程和程序的质量。是否高效率、取得效果的支出情况、反应能力等。

（5）承诺。指大学承诺的义务是否合理地和及时地得以兑现。

（6）财务管理。大学在财务的报告、廉洁、审计和承诺方面的实践。

（7）学生服务。在学生管理和帮助方面是否高质量和持续地得到改进。学生服务的需要是否得到了及时的响应，评估时与其他的学生服务最好的地方相比较。

（8）人力资源管理。学校对于顾客是否是负责的，其人事任命和提拔的过程是否是有效率和有效果的，其专业发展的机会、范围和质量，实践中的不满与诉求的影响和处理的结果。

（9）不动产管理。所有的管理和承诺义务是否得到了充分和合理的满足，所有的资产项目是否及时和在预算之内进行合理的管理，是否有外部项目监控机制。

（10）信息和通讯技术支持。包括服务的范围和质量、顾客的满意程度，以及是否致力于建立以客户为中心的服务文化。

（11）商业和居住服务。这些服务建立在财政可承受的基础之上，大学的住宿和膳食相关的服务是否优先考虑，是否为教师和学生提供健康、安全的保证。[9]

（三）英国高等教育内部问责的特征

结合曼彻斯特大学的实践，可以看出英国高等教育内部问责的一些特点。

1. 与广泛的外部问责紧密联系

可以说，问责的需要最初来自外部，特别是由于全球性的大学的财政困境、新管理主义的兴起及新自由主义政策在教育上的体现，等等。内部问责体系的发展是大学对外部问责回应过程中逐步建立起来的机制，是为了更好地说明责任的举措，是整个英国高等教育问责体系的重要组成部分。当然，有研究表明，加强大学内部问责已经成为英国高等教育问责的发展方向。这是由于广泛的外部问责给大学带来很多负担，为了减轻这些负担，大学就要完善自身的内部问责体系和报告机制，并使之与外部问责机制相整合。英国大学正在完善自身的内部问责体系，这不仅体现在大学对于自身治理体系的完善上，还体现在大学的年度财政报告上，各个大学对于财政和风险等情况都有明确的说明，据此，外部利益相关者可以清楚地了解大学的财政情况和风险状况。可以说，外部问责的强大是内部问责体系健全的强大推动力。

2. 与大学战略发展相结合

英国大学往往具有自身的战略性规划，例如曼彻斯特大学的 2015 年战略规划。而大学的内部问责往往是与大学的战略性规划结合在一起的。大学的内部绩效和发展评价要与大学战略性规划相统一。战略性规划往往不是具体的，只能通过实施性规划的绩效目标体现出来，而大学内部问责主要通过对大学内部实施的具体绩效评估来完成。由于来自于大学外部问责的增加以及内部问责的需要，大学需要重新调整其战略发展的模式，思考大学的课程是应该更加广泛还是更加深入，思考大学如何在教学和研究之间取得平衡，如何在地区间发挥作用，如何去竞争资金，如何集中研究优势去发展某些领域，等等。许多大学都有其战略规划，这些规划其实已经成为大学内部问责的一部分，也是大学自身发展的重要组成部分。通过大学战略规划，大学对外表明其现状和未来发展的目标、表明其优势，可以更好地对内对外说明自身情况，有助于问责的实施。

3. 明确的权责划分

英国大学内部的问责特点是权责明确,大学内部有着明确的治理框架。1997 年《迪尔英报告》最早提出了建立大学有效管理和治理的基本原则,即大学治理机构自治,并对自身的有效性和业绩进行评估,大学治理应该在法律范围之内对大学学术自由进行保护,大学治理结构应该具有开放性和对外部环境的响应性。英国大学的内部治理结构正从"学术主义"向"管理主义"过渡。在这种情况下,大学内部问责体系更加明确了大学的权责划分,一般来说,对于老大学(1992 年之前成立)而言,大学董事会仍然是最高决策机构,大学的战略规划仍是由董事会来制定的,当然大学董事会是非执行性的机构。大学的副校长(Vice-Chancellor)是首要的执行官,并作为大学的理事会主席,对于大学的安全发展和财政增长等根本性的问题负有最主要的责任。除了董事会以外,实际上最高的管理机构是理事会(Council)。除了管理层外,明确的权责划分已经指向所有的员工,如在曼彻斯特大学,问责最终就指向个人。

建立完善的内部问责体系已经成为英国高等教育发展的一个重要特点,这保证了英国高等教育问责的实现,有利于更好地实施外部问责,同时也有利于学内部治理体系的完善,是大学长久发展的动力。

参考文献:

[1][3] Romzek,B. S. Dynamics of Public Sector Accountability in An Era of Reform[J]. International Review of Administrative Sciences,2000,66(1):21—44.

[2][5] Trow,M Trust,Markets and Accountability in Higher Education:A Comparative Perspective[J]. Higher Education Policy,1996,9(4):309—324.

[4] Huisman,J&Currie,J. Accountability in Higher Education:Bridge over Troubled Water? [J]. Higher Education 2004,48(4):529—551.

[6] HEFCE. Accountability for Higher Education Institutions New Arrangements from2008[EB/OL]. http://www. hefce. ac. uk/pubs/hefce/2007/

07_11/07_11. pdf. 2007—05—11.

[7][8][9] The University of Manchester. The Planning and Accountability Cycle[EB/OL]. http://www. manchester. ac. uk/medi-alibrary/2015/2015planningandaccountability. pdf. 2011—07—15.

（本文发表于《比较教育研究》2012 年第 11 期。作者郝世文，时属单位为沈阳大学师范学院）

九、核心与附加指标的统一：加拿大大学学生评教指标体系的精髓

——以曼尼托巴大学为例

学生评教目前已经成为教师教学评价和大学教学质量保障体系的重要一环,担负着改进教学、维护和实现学生利益、保证和提升人才培养质量的重要职责。因此,加强对学生评教的研究,不仅具有丰富大学教学评价理论的重大意义,而且对分析大学学生评教现状及存在的问题、改进学生评教制度具有现实指导作用。

从 20 世纪 80 年代末开始,我国学生评教制度在大学逐渐实施,学界也由此加强了对学生评教的研究,产生了诸多具有较强理论意义和现实意义的成果。这些成果的视角和有关内容可参见颜丽娟[1]和丁三青[2]等的研究综述。本文以加拿大曼尼托巴大学为例,专门分析加拿大大学学生评教指标体系的设计。

（一）曼尼托巴大学与学生评教制度简介

1. 曼尼托巴大学简介

加拿大属于英联邦制的国家,教育包括高等教育的管理权归各省及地区,比较分散。由于并不存在统一的教育管理体制,各省、各地区根据各自实情制定教育评价政策,因而呈现出不同的管理风格和特色。加拿大的大学也是如此。虽然各大学都规定了较为完善的教师业绩评价体系,包括学术评价和教学评价,但也"各显神通",追求差异,这体现着大学的高度自治。

曼尼托巴大学(the University of Manitoba)是加拿大西部的第一所大学，建立于 1877 年，位于该地区中心地带。[3]曼尼托巴大学是西部地区最大的研究型大学，能够提供 90 多种学位、文凭及学习证书以及 60 多种包括诸如医学、法学、工程学等职业性学科在内的大学教育文凭。目前，曼尼托巴大学蓬勃发展，共有 26 000 多名大学生，8 000 多名教职工，180 000 多名校友。国际留学生占学生总数将近 8%，来自近 100 个国家。[4]曼尼托巴大学获得过很多奖项和荣誉，教师和科研人员因其杰出的成绩得到普遍认可。在曼尼托巴大学教学评价中，学生对教师课程教学质量的评价是重要的一环，它已成为学术评议会(Senate)①认可和准予推行的教学评价工具。曼尼托巴大学的学生评教制度有其自身特点，也体现着该大学区别于其他大学的管理思想和人文理念。

2. 曼尼托巴大学的学生评教制度

关于曼尼托巴大学学生评教制度，可从如下两个方面简单阐述：[5]

(1)生效和修订日期。1984 年 11 月，曼尼托巴大学学生评教政策正式生效。多年运行之后，根据出现的问题，结合多方意见，学校对其进行了改进，1996 年 11 月修订完毕并由学术评议会审核通过。

(2)职责分工。学术评议会是制定教师评价政策的最高权力机构，负责宏观规划、指导、议事、审核、批准有关教师评价政策。学生评教政策也不例外。学术评议会规定，教师的教学评价需要运用 SEEQ(Student Evaluation of Educational Quality)这一管理工具实施评价，这始于 1996～1997 年度学术评议会常务会议的决定。学校鼓励系、学院、部门和教师本人根据有关不同因素增加附加评价指标，以探求某些特殊方面和特殊兴趣可能呈现的教学规律。学生对这些评教问题的回答会进行机读评分或者形成书面报告。如果某门课程不用 SEEQ 作为教学评价的常用工具，其请求连同建议的替代性评价方案一并由学院(系)负责人递交至分管学术的副校长及教务长，如果获得认可，还需报至学术评议会。学术评议会还规定，学校每次提供的所有课程及所有教学环节都应

---

① 学术评议会(Senate)：曼尼托巴大学学术评议会是学校地位最高的学术治理机构，其成员包括名誉校长、校长、副校长、系主任、学院院长、系和学院理事会选举的教师代表、学生选举的学生代表、理事会和校友会代表。参见 The University of Manitoba. Senate[EB/OL]. http://umanitoba. ca/admin/govemance/senate/index. html. 2012-07-26.

该进行评价。分管学术的副校长及教务长需要采取相应的手段保证整个大学教学评价过程的质量,在教学评价实施和进行的过程中,他们需要检查是否提供了足够的资源和规范的管理,以保证教学评价的顺利进行。学院(系)负责人应当负责教学评价问卷工具的开发、数据收集、信息反馈等工作,包括反馈教师在哪些方面出现了积极变化的意见等,以保证 SEEQ 这种评价工具利于测评、记录教师教学的改进与教学技能的变化。同时,他们还应鼓励所有教师创建和维持教学档案,以支持和证实其教学活动。这些教学活动可能包括但不限于如下方面:教学职责和任务的概要;教学哲学、教学目标的反思与陈述;课程发展与变化的证据;教学材料的开发;良好教学的结果;评价和改进教学措施的说明;大学生与研究生的培育和管理;教学方面的汇报展示;研究与成果发表情况;与教学相关的管理和委员会工作;来自于同行、学生及其他方面的信息;学生学习成效的客观测评等。

(二) 曼尼托巴大学学生评教指标体系:核心指标与附加指标的有机统一

1. 学生评教核心指标

科学合理的评价指标体系是保证学生评教信度、效度的前提和基础条件。SEEQ 是曼尼托巴大学学术评议会认可、批准的教学评价工具。一般情况下,所有的课程和教学环节都应当由学生进行评价。SEEQ 要求学生对教师教学的九个方面进行评价:学术、热情、组织、团队合作、个人交流、课程拓展、考试、作业和对教师的总体印象。评教指标体系由三部分组成:核心指标、学生与课程的背景特征、补充问题和开放性评价。[6]学生评教的核心指标是所有课程都需要采用的,如不采用,须提出申请和建议的替代评价方案。这些规定和要求是学术评议会在征求和综合各方意见的基础上,经过严密的会议审定程序而形成的。学生评教核心指标及具体评价项目如下:[7]

(1) 学术:① 我发现这门课程在智力上富于挑战性和激励性;② 我已经学到了我认为有价值的东西;③ 由于这门课程,我对这个学科的兴趣增加了;④ 我已经学到和理解了这门课程的学科内容。

(2) 热情:① 教师很热情地讲授这门课程;② 教师充满活力且精神饱满地

进行授课;③ 教师的幽默增加了授课的表现力;④ 教师的讲课方式很吸引我。

（3）组织:① 教师的解释很清楚;② 教师很认真地准备和仔细讲解课件;③ 拟定目标与实际授课相一致,因此我能跟上这门课程的进度;④ 教师的讲课便于记笔记。

（4）团队合作:① 鼓励学生参与课堂讨论;② 邀请学生交流他们的想法和知识;③ 鼓励学生提出问题和给出有意义的答案;④ 鼓励学生表达他们的想法或向教师提问。

（5）个人交流:① 教师对每个学生都很友好;② 无论是课内还是课外,教师都欢迎学生来寻求帮助或提问;③ 教师对每个学生都感兴趣;④ 在办公时间或课后,学生能很容易地找到教师。

（6）课程拓展:① 教师对比各种理论的寓意;② 教师在课堂上介绍背景知识或原始概念;③ 适当的时候,教师会提出一些并不是他/她自己的观点;④ 教师充分讨论该学科领域的当前发展情况。

（7）考试:① 考试成绩所反映的信息有价值;② 评价学生学习的方法是公正和适当的;③ 考试的内容与教师强调的重点一致。同时告诉学生可根据本课程平时作业和测验,对这些评价项目进行判断。

（8）作业:① 必须的阅读或练习是有价值的;② 阅读、课后作业、实验有助于欣赏和理解学科。以上 8 个核心指标设置 5 个评价等级:非常不同意、不同意、中立、同意、非常同意"。

（9）总体印象:① 与其他课程相比,我想说这门课程是……② 与其他教师相比,我想说这位教师是……③ 作为一个整体评价,我想说这位教师是……此项核心指标设置"非常差、差、一般、好、非常好"五个评价等级。

关于教师教学热情和个人交流两个核心指标,教学学习服务中心还向教师提供了一些教学技艺和秘诀,如怎样运用幽默和教学热情提高授课效果、增强学生学习效果和课程满意度,[8] 怎样处理师生关系、促成学生和教师的和谐交流,等等。[9]

学生与课程的背景特征包括年级、选课理由、预期成绩、课程兴趣、课程难度及工作量等。

2. 学生评教附加指标

曼尼托巴大学学生评教评价表的第三部分是补充问题和开放性评价,补充问题就是附加指标。该校采取附加指标作为补充问题是基于这样的教学认识:高等教育课程与教学方法已经取得巨大进步,不再是传统的、说教式的、基于讲授的教育经历和体验了,学生评价工具要超越说教式教学,以便正确评价教师教学;学生评教应该具有足够的弹性,以便推行各种以学生为中心的战略、应对多样的学习环境和各种不同的学生群体。[10]此外,关于附加指标,学校还有如下规定:SEEQ 的附加指标是对核心指标的补充,不是对核心指标的替代;学校构建了附加指标问题库,教师可从中自由选择他们认为适宜于其课程教学的多达 7 个附加指标,以帮助教师定制和个性化适宜于他们的 SEEQ 评价表;附加指标问题库大概包括教学技术、在线教学、远程教育教学、实践教学、教学创新等。[11]曼尼托巴大学学生评教中的核心指标与附加指标是有机统一的,二者不是替代关系,而是相互补充,共同支撑并完成对该门课程教师教学的评价。

(三) 曼尼托巴大学学生评教指标体系的特征:科学与民主并重、刚性与弹性相通

从表面形式来看,曼尼托巴大学的学生评教指标体系只不过是核心指标与附加指标的结合。但是,这一结合及学生评教制度中的有关规定却反映出该大学极其推崇并极力在各种管理制度中实践的教育管理与服务理念:充分尊重教师和学生的主体地位。

1. 学生评教指标设计与确立:科学与民主并重

(1) 科学性。首先,从核心指标来看,其设计符合教学质量形成的内在规律。核心指标涉及九个方面,一方面它们完全能够反映教学质量形成的内在规律及评价活动的基本依据,具有全面性、代表性、定量性、形成性和可操作性等特点,很大程度上折射出加拿大高等教育课堂教育质量的价值观;另一方面,关于教师和课程的问题全面涵盖了教学质量的评价内容,管理者的评价目标也得以实现。其次,核心指标的设计真正体现了学生的主体地位,是完全从学生参与的角度进行的。学生评教的主体是学生,在制度设计中理应注重和体现学生的主体地位。但在实际管理中,我们往往只从教师教学和管理者的角度设计评

教指标和评教制度,忽视了学生应具有的真正参与权。同时,关于教师教学和课程的评价问题本身具有一定的专业性和学术性,学生理解相对较难。这就需要在指标设计时做到既体现教学评价的全部内容,又考虑学生的主体地位和理解能力。曼尼托巴大学学生评教的核心指标设置都较为具体,学生理解应该不难。比如,学术、热情、组织、团队合作、个人交流、考试、作业、总体印象等都是从学生角度考虑的,是充分建立在学生理解能力基础上的,这样的设计无疑提高了学生评教的效度和信度。再次,附加指标体现了分类评价的思想,充分尊重教师教学的独有特点。曼尼托巴大学学生评教制度规定,附加指标由教师从附加指标问题库中自由选择,主要是基于课程不同性质和教师教学不同特点的考虑。这样,教师就可以根据学科性质、课程性质、授课的学生数量、自己特有的教学方法与特点等方面定制适合于自己所授课程教学的评价指标。教师选择的附加指标与核心指标形成该门课程的 SEEQ 评价量表,共同完成对教师教学的评价。

(2)民主性。学生评教指标体系和有关规定是在征求各方意见的基础上形成的,最后由学术评议会讨论决定。而评议会本身就是由各方代表组成的,还包括教师代表和学生代表、理事会和校友会代表等,且不说他们能否发挥作用或发挥作用的大小,但至少学生评教指标体系的设计和确定有来自于他们的意见,体现了教师和学生参与大学教学管理的民主思想,同时也是对教师和学生这两个大学内最为根本和重要的主体的尊重。另外,教师对附加指标的自由选择以及在获得认可的情况下甚至可以完全采用非 SEEQ 的评价工具,都体现着教师在学生评教中的重大参与权以及教师参与教学管理的民主性。另外,院(系)负责人还需要对学生评教问卷工具开发负责,也是院(系)参与教学管理的重要方面。前文还提到过,曼尼托巴大学教学学习服务中心对有些核心指标还提供了诸多秘诀和技巧,这有助于教师获得更高程度的学生满意度。这既是学校对教师的一种教学管理服务,也是对教师主体地位的尊重,同时反映着教师的民主地位和民主管理参与。因为该中心有很多教授参与管理和服务,他们共同为提升教育质量而努力。

2. 学生评教方案选择与替代:刚性与弹性相通

其一,在选择运用 SEEQ 评价方案时,核心指标是必须选取的,这是基本的要求和规范,是不能超越的,因而是刚性的。但是,教师对附加指标拥有自由选择权,就是为了实现教师因教学各因素不同而需要采取教学评价的个性化,这是灵活的,具有很强的弹性。这种规定正是曼尼托巴大学采用附加指标弹性理念的展示。刚性的核心指标与弹性的附加指标相互补充,能够科学地对教师教学进行评价。其二,教师可以运用非 SEEQ 评价方案。运用 SEEQ 对教师教学实施评价是基本要求,所有教学课程和教学环节都是要运用此方案进行评价的。但是,如果教师认为该方案不适合其课程教学的特点,可以提出申请和替代性评价方案,由院(系)负责人递交至分管学术的副校长和教务长,如果获得他们的认可,还需报至学术评议会。这表明,运用 SEEQ 评价方案虽然是一个基本要求,但是,事事总有不同,任何制度及方案不可能完美无缺,不可能穷尽所有的方面。正是基于这一基本规律及思想,曼尼托巴大学出台了赋予教师自由设计和选取学生评教方案的制度安排。每位教师的教学肯定不同,教学差异客观存在,尤其是教学方法、教学技术、个人交流、教学创新等更是表现出教师自身独有的特征和禀赋。因此,教师完全有科学而正当的理由提出符合自身教学特征的学生评教方案。SEEQ 方案和替代性学生评教方案共同构成了教师对学生评教方案的选择,前者具有刚性,如果选了,就需要按照核心指标和附加指标的有关要求实施评价。后者具有弹性,教师根据自身教学特点进行设计,当然只有获得认可方能实施。

(四) 对我国大学学生评教指标体系构建的若干启示

1. 增强学生评教指标体系的科学性

目前,我国大多数高校的学生评教指标体系主要由教学态度、教学内容、教学方法、教学手段、教学效果等组成,这些评教指标集中反映的是教师各种有效教学的行为特征,这完全是"以教评教"。评教指标体系仅以教师为单一的视点,关注的是对教师"教"的评价,忽视了从学生"学"的角度去评价教师教学,缺少学生学习背景、学习行为、学习实际收获等评价内容。同时,指标体系忽视了学生的主体地位,没有从学生参与的角度进行设计,如,可能出现诸如"所选教材的系统性、学术性""授课内容的先进性、前沿性""教学大纲是否科学合理"等偏离学生兴趣和超越学生理解的评价项目。这样的评教指标体系既没有反映教与学的关系,也未能体现教学质量形成的内在规律,同时很大程度上引起学生的反感而导致其随意评价。因此,应该建立体现"以学评教"的学生评教指标体系;增加对学生学习投入、学习状态、学习期望和学习收获等评价信息,从而引导教师由重视"教"的研究逐步转变为重视"学"的研究,真正达成学生评教最终促进学生学业进步的目标。[12]

2. 强化学生评教指标体系管理中的民主参与

学生评教指标体系的设计应该充分吸收多方意见,尤其是学生和教师的意见。当务之急是必须改变目前学生评教指标体系由"教学评价部门说了算"的局面,教师和学生都只能被动接受这些指标,根本没有多少发言权。曼尼托巴大学学生评教指标体系的确定甚至有董事会代表和校友会代表等社会人士参与,我们至少可以先把学生、教师、院(系)代表吸收进来参与讨论和制定。这同时也会增强学生评教指标体系的科学性。

3. 运用和坚持分类评价的思想,尊重教师教学个性,鼓励教师教学创新

不同的学科、专业、课程以及教师教学风格都存在显著差异,理应进行分类评价。同时,多样性也是现代大学课程教学的要求,对多样化课程教学的评价理应有多元的评价标准,如果再遵循一个统一的标准,不仅会使评价缺乏针对性,而且会阻碍当前教学改革的发展。[13]因此,应该按照学科、专业、课程等的不同,分门别类地设计评教指标。国外诸多高等教育比较发达的国家,其学生评教多采取分类与自择相结合的办法,首先按科类(如数学类、自然科学类、社会科学类、人文科学类、语言类)性质将所有课程分类,分别设计评价标准;每一科类的标准由必选标准和自择标准两部分构成,教师和学生都根据自己的特长和兴趣、班级、专业,从备选标准中选择自己感兴趣的标准,与必选标准共同组成学生评价教师课堂教学质量的标准。[14]这样一来,学生评教既有了刚性的必选指标,也存在教师可以自由选择的弹性标准,做到了刚性与弹性的统一。实际上,这种弹性化量表不仅增强了学生评教指标体系的科学性,而且赋予教师和学生自由选择权,教师可以自行定制适合于自己教学特点的学生评教方案,既尊重了教师教学风格与个性,也有助于教师教学创新。这也是教师学术自由的一个重要体现。

参考文献：

[1] 颜丽娟，卞纪兰，宋淑丽.我国高校大学生评教理论综述[J].中国农业教育，2011(3)：31—35.

[2] 丁三青，郑延福.国内"高校学生评教"现状研究——基于文献的分析[J].煤炭高等教育，2012(3)：7—9.

[3] The University of Manitoba. The First Years[EB/OL]. http://umanitoba. ca/about/ourhistory. html. 2012—07—16.

[4] The University of Manitoba. About the University of Manitoba[EB/OL]. http://umanitoba. ca/about. 2012—07—16.

[5] The University of Manitoba. Governing Documents：Academic[EB/OL]. http://umanitoba. ca/admin/governance/governing _ documents/academic/365. html. 2012—07—20.

[6] The University of Manitoba. What is SEEQ? [EB/OL]. http://intranet. umanitoba. ca/academic_support/uts/resources/learning/index. html. 2012—08—21.

[7] The University of Manitoba. SEEQ core items[EB/OL]. http://intranet. umanitoba. ca/academic_support/uts/media/seeq. pdf. 2012—08—21.

[8] The University of Manitoba. SEEQ TIPS：ENTHUSIASM[EB/OL]. http://intranet. umanitoba. ca/academic_support/uts/media/resource_files/SEEQ_Tips__Enthusiasm. pdf. 2012—08—24.

[9] The University of Manitoba. SEEQ TIPS：INDIVIDUALRAPPORT[EB/OL]. http://intranet. umanitoba. ca/academic _ support/uts/media/resource_files/SEEQ_Tips_Individual_Rapport. pdf. 2012—08—24.

[10][11] The University of Manitoba. SEEQ Additional Items[EB/OL]. http://intranet. umanitoba. ca/academic _ support/uts/testing/SEEQ _ Ad _ Items. html.

[12][13] 崔颖，王力纲.学生评教指标体系的调整——基于大学教育理念的思考[J].大学·研究与评价，2008(12)：90—93.

［14］雷敏.论提高高校学生评教质量的方法和策略［J］.高教探索,2005(1):51—52.

（本文发表于《比较教育研究》2013 年第 5 期。作者周继良,时属单位为南京财经大学高等教育研究所）

十、英国研究生教育内部质量保障体系的运行特证

——以剑桥大学为例

(一) 英国研究生教育内部质量保障体系的生成

1. 英国研究生教育质量保障的缘起

英国的研究生教育历史悠久,但发展速度相对比较缓慢,"传统上,英国对于研究生教育的重视程度不及科研和本科生教学,相关的公共支持政策也不完备"。[1]从时间维度来看,它有两次快速发展时期:一是第二次世界大战之后,政府意识到高层次科技人才对于经济发展的重要性,加大了对研究生教育的投资力度,授课式和兼读制研究生得到急速发展。1939 年研究生教育的科研经费不到 1 000 万英镑,1950 年增加到 3 000 万英镑,1963 年更是增至 1.2 亿英镑,且这一数字还在逐年上涨。1951 年与 1939 年相比,本科生人数只增加了 0.7 倍,而研究生人数则增加了 2.8 倍。[2]1979 年英国在校研究生总数达到了100 900 人。[3]二是 20 世纪 90 年代,专业博士学位在英国各大学纷纷开始设立,英国研究生教育又出现了新一轮的增长。到 1994~1995 学年已经达到315 400 人。[4]之后,研究生规模逐步得到调整,但其在整个高等教育中的比例有了较大提升。根据 2012~2013 年度英国高等教育统计署的数据,英国研究生总数已达到 536 440 人。就 2012 年全英获得高等教育资质(含证书,文凭和学位)的人数而言(787 205 人),研究生教育层次的占 31%,达 264 090 人。[5]随着规模的扩大带来的质量问题以及政府经费支持不足,研究生教育的管理体制

以及质量保障体制应运而生。

2. 大学自发的质量意识构成了内部质量保障的核心

英国大学,尤其是牛津、剑桥等老牌大学,传统上是一种自治组织,享受着皇家特许状或议会法案所赋予的授予学位、确定和保证自身学术标准的特权。如何把控学术质量,确保办学水平也就成为高校的分内之事,无需外在机构的监管或考核。泰德·塔玻(Ted Tapper)等学者指出:"牛津、剑桥最持久、最有影响力的信念是大学是一个自我管理的学者社团。"[6]为了维护自身的声誉和应付校际之间的竞争,大学在发展的过程中逐步采取了一系列质量保障措施,比如在专业规划、审批、监控和审查等环节上严格把关,对所授学位的标准与质量负责。另外,绝大多数高校还沿袭了1832年杜伦大学(University of Durham)首创的校外督察员制度(external examiner system),独立聘请外校资深教师或相关行业专家担任学校考试委员会成员,并针对学校的课程设置、学位授予标准和程序等问题提出书面意见和建议。然而植根于大学自治和学术自由理念的内部保障机制更多的是一种自发行为,横向来看,由于办学水平和层次存在差异,且各校往往自行其是,这势必导致整体上教育质量良莠不齐的格局。

3. 外部评估力量的介入促成了内部质量保障的组织化

20世纪70年代末,英国政治经济状况恶化,政府在大幅压缩高等教育经费的同时要求高校提高办学效率和质量。1983年,非官方组织大学副校长委员会(Committee of Vice-Chancellors and Principals of the Universities of the United Kingdom)开始监督各大学校外督察员的遴选工作,进而也开始关注各大学研究所攻读研究学位的学生、课程实施情况等,并于1986年发表了《大学学术标准》报告,详细规定了大学学术标准体系和保证学术标准的一套措施和制度,但此时各大学在学术自主的前提下,仍可自行决定采纳与否。同年,大学拨款委员会(University Grants Committee, UGC)组成的研究选择评估小组(Research Selectivity Exercise)开始对各高校的科研进行评估,也可以说是英国高等教育机构最早一次的科研评估,之后经过不断演化便成为现在的科研评估制度(Research Assessment Excise),是研究型硕士研究生和博士研究生的科研评估中一个重要的组成部分。1987年,英国政府发布高等教育白皮书《高等教育：面对挑战》(Higher Education：Meeting the Challenge)，建议大学应建立一套统一的学术标准审核体系，并要求加强对多科技术学院和其他学院的质量审查。1988 年的《教育改革法案》(Education Reform Act)重新界定了高等教育的管理体制和经费分配方案，多科技术学院及继续教育学院改为中央政府直接管理，UGC 被改组为规模较小的法定机构大学基金委员会(University Funding Council，UFC)，并且单独创建多科技术学院与其他学院基金委员会(Polytechnics and Colleges Funding Council，PCFC)，由它们作为中介机构分别负责大学和公共高等教育体系的拨款和质量评估。1991 年，英国政府发布的白皮书《高等教育的新框架》(Higher Education：A New Framework)提出了质量控制、质量审计、课程审批、质量评估等措施，并宣告将建立一个新的机构保障高等教育质量。1992 年颁布的《继续教育与高等教育法》(Further and Higher Education Act)宣布废除双轨制，撤裁 CNAA，允许多科技术学院升格为大学；将 UFC 和 PCFC 合并改组为高等教育基金委员会(Higher Education Funding Council)，并在英格兰、威尔士及苏格兰三地分设基金委员会，不仅负责对所有高等教育机构的拨款，而且要求对其进行质量评估，包括 RAE 研究评估，它采用专家评定的方式，聘请在各研究领域的著名专家对本领域内同行的工作水平进行评估，目的是保证高校科研水平的创新性和先进性，其评估结果与经费分配挂钩。英格兰高等教育基金委员会(Higher Education Funding Council for England)设立教学质量保障委员会(Quality Assurance Committee)，负责在学科层次上开展教学质量评估。与此同时，大学副校长委员会建立了高等教育质量委员会(Higher Education Quality Council)，确保各大学建立自我规范及审核机制与架构，聘请资深学术人员对院校学术标准和质量管理进行同行评估，约每 5 年一次的质量审计并公开发布评估结果，也就是说它更多关注的是在院校层次上的学术质量和标准的审查。尽管如此，这两套评估体系之间有颇多重复之处，标准不一势必带来结果的明显差异，导致来自参评单位和社会的反响都很差。1997 年 3 月，在它们的基础上合并成立了一个新的机构——高等教育质量保证署(Quality Assurance Agency for Higher Education，QAA)，全面负责英国高等教育的质量保障工作，即围绕教学活动展开的学科层面和机构层面的评估。但进入 20 世纪 90 年代以来，学科评估遭到了高校的强烈抨击,加上评估需要巨额经费,2002 年,QAA 开始改进评估办法,强调以办学单位的质量保障制度有效性为重点,而具体质量保障过程和办法由办学单位自行负责。

麦克尼(Ian McNay)指出,20 世纪 80 年代中期以来,英国老牌大学正从一种学术权力至上的合议型大学转变为注重效率和效用的官僚型和法人型大学。[7]就高等教育质量问题而言,政府不仅组建了外部机构加强对其的全面质量管理,更重要的是以成本和质量为杠杆撬动高等教育机构管理体制的改善,由此也连带着推动了研究生内部质量保障朝着标准化、组织化和体制化的方向发展。马丁·特罗(Martin Trow)评论"高等学校应对质量问责是为了证明自身的诚实可靠性,以及向公众呈现如何自我改进,同时也是为了防止政府和外界对于大学的过度干涉"。[8]正是在这种内生的质量保障意识以及外部力量介入的双重压力下,高校内部质量保障体系不断成熟和完善起来。

(二)剑桥大学研究生教育内部质量保障体系与架构

截至 2013 年,剑桥大学共有 19 385 名学生,其中本科生 12 140 名,研究生 7 245 名。[9]剑桥大学是由书院(college)、系等各种组织组成的一个松散的联邦式机构,各书院有英国皇家枢密院颁发的学院章程,经济上独立核算,自负盈亏,享有自治权,并在大学理事会和校长及有行政职位的校级领导组成的治理团队领导下运行。目前它共有 31 个书院,负责本科生的录取、教学支持以及日常的课外活动,也是本科生和研究生住宿的地方。此外,剑桥大学的 100 多个院系部门又被归入 6 所专业学院(school),即艺术与人文学院、人文与社会科学学院、科技学院、物理科学学院、临床医学学院和生物科学学院。在剑桥,书院活动和学术活动基本是分开进行的,也就是说,来自不同学院的学生,如果选择的是同一个研究生专业,那么上课、实验、考试等一切学术相关的问题都是在专业学院(school)或系里(department)解决的,而其他活动则是在各自的书院里开展的。从这个意义上讲,剑桥大学同各书院的关系是伙伴关系,两者都为实体,而书院同专业学院则属于职能互补。

剑桥大学旨在"以世界领先的水平提供优质的教育、探究高深学问和进行科学研究来服务社会",而其享誉世界的优质教育服务是与其一套完善的内部质量保障组织体系和制度分不开的(详见下图)。

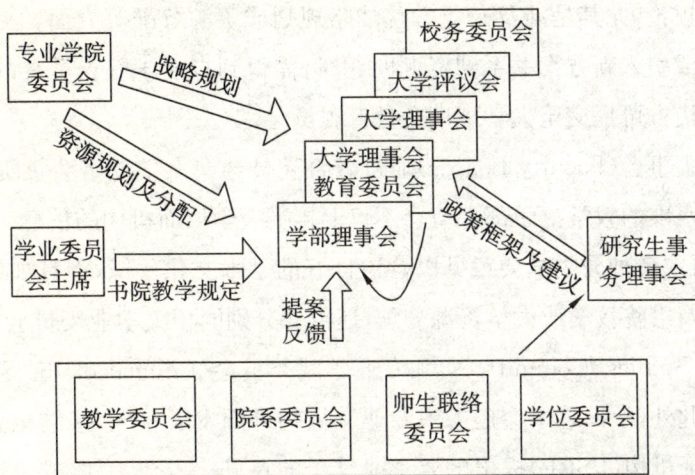

剑桥大学各质量保障参与主体之间的关系图[10]

在剑桥大学,大学理事会(the General board)就大学的教育政策向评议会 (the Council)提供建议(评议会再提交至校务委员会 the Regent House)并控制资源的分配,负责维持大学高标准的教学和研究水平,如批准大学的教学方案(teaching pro-grammes),审核大学考试的规章制度并确保它们得以恰当执行。与此同时,它又管理着大学不同科系的理事会。大学理事会由校务委员会的12名成员(8名由专业学院委员会任命,4名由大学评议会任命),以及由学生群体选举出来的2名学生组成(1名本科生,1名研究生)。其主要的常务委员会—教育委员会(the General Board's Education Committee)则具体履行教学质量保障及标准的实施,主要职责包括:① 新课程的开设或修订提案、评估模式,以及必要的规章调整;② 执行大学的教与学战略(Learning and Teaching Strategy);③ 就相互感兴趣的教育事务同书院进行沟通;④ 质量保障与提升;⑤ 就教育等问题的草案向大学理事会提供意见和建议;⑥ 接收大学各主要机构的会议备忘录,包括考试理事会(Board of Examinations)、研究生委员会(the Board of Graduate Studies)等。[11]

每个学部(faculty)隶属于6大专业学院之一,而专业学院委员会(Councils of the Schools)负责协调学院内部事务,其成员为组成该专业学院各院系的高级代表,每个专业学院委员会中至少有1人为大学理事会的成员。在教学质量保障方面,专业学院委员会的作用包括任命内部审核小组成员以及对内部审核报告进行评论,尤其是涉及专业学院战略规划或资源分配等方面。另外,假如课程修订或引入新方案关系到资源问题时,需得到专业学院委员会的批准后,这些新举措方可提交至大学理事会教育委员会。[12]

学部理事会(Faculty Boards)通过教育委员会向大学理事会负责,确保每个院系高水准的教学。学部理事会不仅要接受大学层面机构的信息、意见和建议,也要听取各种分委员会意见以营造良好的学术文化环境,而且如果有些学术事务涉及书院教学或大学资源分配,还需要分别同相关学业委员会主席(Directors of Studies' Committees)和专业学院委员会(Council of the School)进行协商。此外,学部理事会还参考专业领域的外部发展状况,接纳相关专业法定质量认证机构(PSRB)提出的要求或给予的意见。一个学部,或学部之下的每个院系应设立监管教与学事务的机构,简称为教学委员会(Teaching Committee),而在一些跨院系或跨学部的机构中,可能设置的是课程管理委员会来执行类似职能。一般来说,教学委员会要向学部理事会汇报,负责教学、学习和评估活动的年度审核,比如课程大纲的设置和学生手册。大部分学部都有自己的学位委员会(Degree Committee),具体职责包括决定推荐研究生的录取与否、安排对于研究生的指导工作、决定是否授予哲学硕士学位或其他文凭证书、决定是否向研究生事务理事会推荐授予哲学博士学位等。通常情况下,学位委员会将哲学硕士学位课程的日常管理工作委派给分委员会或哲学硕士学位协调人。而且,学位委员会直接或者通过研究生教育委员会(Graduate Education Committee)和哲学硕士学位分委员对研究课程的运行状况进行年度审核,对研究生的反馈意见予以回复。另外,学位委员会还要考虑采取何种措施保证学部能够紧跟研究生教育领域中相关外部发展的最新状况,例如研究委员会的相关政策等。[13]

研究生教育委员会(Graduate Education Committee)的职责因研究生类型的不同而有所差别(研究型研究生、授课型研究生或两者兼而有之),比如在有些研究所,哲学硕士学位委员会负责处理哲学硕士学位研究生从入学申请到学业进展的整个过程;而在另外一些院系,这项工作以及研究型研究生事务统统由学位委员会负责。其指导性文件"研究型学位及证书学生学习实施准则"

(Code of Practice:Graduate Research Degrees and Certificates of Postgraduate Studies)在以下方面都有详细规定:(1) 研究生教育参与各方的权责,包括研究生、院系所、院系研究生教育主管、导师指导团队、学位委员会、书院;(2) 学术支持和技能发展:导师应同研究生协商正式会面的形式,会面的频次,会议讨论的内容,谁来组织会议;学部/学院给予研究生何种额外的信息、支持和学术技能培养以助于他们完成学位;(3) 研究生科研:导师遴选,学位论文的要求,知识产品及剽窃;(4) 学业进展:研究生导师通过"剑桥大学研究生指导汇报系统(CGSRS)"提交学生进展的报告,学部/学院、学位委员会、书院、研究生事务理事会均可查看此份报告,而学生也需要认真阅读并同导师积极协商;进展评估;(5) 答辩考试:外部答辩委员和内部答辩委员的遴选及两者各自的职责;(6) 问题和投诉:包括研究生资质的复审、性骚扰、学生投诉程序以及答辩津贴等。而具体到院系研究生教育委员会,它的职责包括:除第一、第二导师的指导外,还包括为研究生提供支持;监控研究生整体和个体的学业进展以确保学生的 4 年毕业率,主要手段有导师对于研究生进展的学期评估(满意、不满意或不明确)、学生的学期自我评估(满意、不满意或不明确),以及组织研究型研究生的评估汇报;组织研究生的培训;组织研究生的招生工作。[14]

此外,每个学部或院系都应设置一个包括高级和初级成员组成的委员会,即师生联络委员会(Staff-Student Joint Committee),一般来说包括研究生、本科生、讲座目录秘书、行政官员、本科生及研究生导师和图书管理员。委员会成员每学期至少开一次正式会议,会议记录要递交学部理事会或教学委员会。[15]通过这种方式充分保证了学生参与教育过程的理念,他们能够诉说自己所关心的教学问题并发表意见,同时教师也能够面对面地向学生说明他们修订教学计划、改进教学方法的设想等。

由此可见,剑桥大学内部质量保障体系的特征是大学层面负责宏观政策制定和统筹安排,具体的质量保障工作由承担教学科研工作的实体单位院系所负责,各参与主体之间权责以制度文本形式加以规定。同时,质量保障参与主体多元化,涉及行政管理人员、教师、学生,且任何相关组织或个人都有机会和渠道反馈意见和建议,他们相互协调共同保证了高质量的教育质量和水平。

（三）对我国研究生教育质量评价的启示

1. 高校应树立质量保障的责任主体意识

英国高校秉持质量保障首先是自己分内之事的理念，不断加强自我考核、自我管理和自我监控，将质量意识贯穿于日常教学的每一个环节，从根本上保障教学质量；同时也引入外部督察员共同参与到内部质量保障的活动之中。我国高校基本还是被动接受来自政府的评估，且大多流于形式和走过场，导致高校内部以及高校之间缺乏质量和竞争意识，培养出来的研究生不能很好地适应当下经济发展的需要，出现了就业反而不如本科生的倒挂现象，因此高校应充分意识到加强内部质量建设的必要性和重要性。

2. 政府应通过宏观调控手段发挥引导和规范作用

英国研究生教育内部质量保障体系的完善在很大程度上是政府通过立法、行政和经济等各种手段间接干预的结果。因此在我国研究生教育质量评价中，政府应当重新思考自己的定位，从过去简单的行政干预转向间接地宏观调控，以立法、拨款、信息服务等方式引导和规范高校进行自我评估。

3. 高校应以制度建设来促进质量文化的发展

英国高校内部有一套专门负责质量保障的组织体系，由上而下涵盖校、院、系或所各个层次，同时也将行政管理人员、教师、学生等参与主体的职责以制度形式加以明确。我国高校中仅有研究生院或研究生部一个机构负责研究生招生、培养、管理和学位授予，有关的研究生手册等流于形式，并未自上而下在校、院、系或所之间形成一个系统的质量保障组织体系。总之，在研究生教育的问题上，我国高校当务之急是要构建一套内部质量保障体系，以制度建设来促进质量文化的发展，并吸纳多方参与共同致力于研究生教育质量的提高。

参考文献：

[1] Becher, T., Henkel, M. Kogan, M. Graduate Education in Britain. Higher Education Policy Series 17 [M]. Jessica Kingsley Publishers Ltd., 1994:11.

［2］谢安邦. 比较高等教育［M］. 南宁:广西师范大学出版社,2003:311.

［3］［4］HARRIS M. Review of Postgraduate Education［EB/OL］. Bristol:Higher Educational Funding Council for England. http://www. hefce. ac. uk/pubs/hefce/1996/m14_96. htm.

［5］HE Statistics for the UK 2011/12［EB/OL］. http://www. hesa. ac. uk/content/view/2993/393/. 2014−01−01.

［6］Tapper,T. ,Salter, B. Oxford,Cambridge,and the Changing Idea of the University:The Challenge to Donnish Domination［M］. Open University,1992.

［7］McNay,I. (1995). From Collegial Academy to Corporate Enterprise: The Changing Cultures of Universities. In:Schuller, T. (ed). (1995). The Changing University? Buckingham:SRHE/Open University Press.

［8］Martin Trow. Trust,Markets,and Accountability in Higher Education: A Comparative Perspective［C］. Research&Occasional Paper Series CSHE,1996:2.

［9］HE Statistics for Cambridge 2011/12［EB/OL］. http://www. hesa. ac. uk/mobile/uk-he-stats/? p=institution&y=11/12&l=C&n=0. 2014−01−01.

［10］剑桥大学官方网站［EB/OL］. http://www. admin. cam. ac. uk/offices/education/structure/. 2013−12−08.

［11］［12］［13］［15］剑桥大学章程及法令［EB/OL］. http://www. admin. cam. ac. uk/univ/so/2013/. 2013−12−08.

［14］研究型学生实施准则(13/14)［EB/OL］. http://www. ad-min. cam. ac. uk/students/studentregistry/ current/graduate/policy/quality/cop/index. html. 2013−10−28.

（本文发表于《比较教育研究》2014 年第 10 期。作者岳英,时属单位为华东师范大学高等教育研究所）

英文目录
（Contents）

The Ranking of Colleges and Universities

Theories of Higher Education Quality Assurance

External Quality Assurance System of Higher Education

Internal Quality Assurance System of Higher Education

后记

　　《比较教育研究》(Comparative Education Review)(原名《外国教育动态》)创刊于 1965 年,是受中央宣传部委托创办的新中国第一本教育学术专业刊物。半个世纪以来,《比较教育研究》虽历经坎坷,但不断成长。1966 年,《外国教育动态》在创刊仅一年之后就被迫停刊。在党和国家领导人的关怀下,1972 年,《外国教育动态》作为内部资料重新得到编辑,1980 年正式复刊,并公开发行。1992 年,《外国教育动态》更名为《比较教育研究》,2001 年由双月刊改为月刊。《比较教育研究》现兼作中国教育学会比较教育分会会刊,多年来一直是 CSSCI 来源期刊、全国中文核心期刊、中国人文社会科学核心期刊、教育类核心期刊。2013 年,《比较教育研究》成为国家社科基金首批资助期刊。

　　50 年来,《比较教育研究》共发表了近 5 000 篇文章,它"立足中国,放眼世界",引介国外重要的教育理论与思想,追踪世界各国的教育政策与实践,持续关注我国比较教育学科的发展,促进比较教育学领域学者的成长,助力我国教育改革。2015 年,《比较教育研究》创刊 50 年,我们根据刊物多年关注的重点,以及当前我国教育改革的热点,选编了这套"中国比较教育研究 50 年"丛书。

　　本套丛书选编历时一年,是教育部人文社会科学重点研究基地北京师范大学国际与比较教育研究院各位同仁集体合作的成果。2014 年 9 月至 12 月,《比较教育研究》编辑部成员对 50 年来所刊文章进行了阅读与分类,提出了丛书选题建议,又经过顾明远教授、王英杰教授、曲恒昌教授等专家反复讨论,并征求出版社意见后,编委会最终确认了现有的 12 本分册主题。2014 年年底,确认各分册主编。2015 年年初到 6 月,各分册主编完成选稿工作。

　　《比较教育研究》创刊 50 年,不同时期的稿件编辑规范不同,这给本套丛书的选编带来巨大困难。除参与选编的老师外,北京师范大学国际与比较教育研究院的众多学生也加入到这一工作中,牺牲了宝贵的寒暑假和休息时间,为此付出了艰辛的劳动。在此,特别感谢以下同学(以姓氏笔画为序):

丁瑞常　卫晋津　马　骜　马　瑶　王玉清　王向旭　王苏雅

王希彤　王　珍　王　贺　王雪双　王琳琳　尤　铮　石　玥

冯　祥　宁海芹　吕培培　刘民建　刘晓璇　刘　琦　刘　楠

孙春梅　苏　洋　李婵娟　吴　冬　位秀娟　张晓露　张爱玲

张梦琦　张　曼　陈　柳　郑灵臆　赵博涵　荆晓丽　徐　娜

曹　蕾　蒋芝兰　韩　丰　程　媛　谢银迪　蔡　娟

　　在丛书即将出版之际,我们衷心感谢山东教育出版社对本套丛书的出版给予的最热忱的支持。

　　特别感谢国家社科基金对《比较教育研究》的资助!

　　本套丛书的选编难免存在一些瑕疵,敬请专家和读者批评指正!

"中国比较教育研究 50 年"丛书编委会

2015 年 10 月